본

통합사회2

구성과 특징 Structure

◆ 핵심 개념 정리

이 주제에서 반드시 학습해야 하는 중요 개념을 이해하기 쉽게 정리하였고, 핵심적인 대표 자료와 추가적인 개념 설명을 제시·분석하여 통합사회의 주요 내용을 빠짐없이 수록하였습니다.

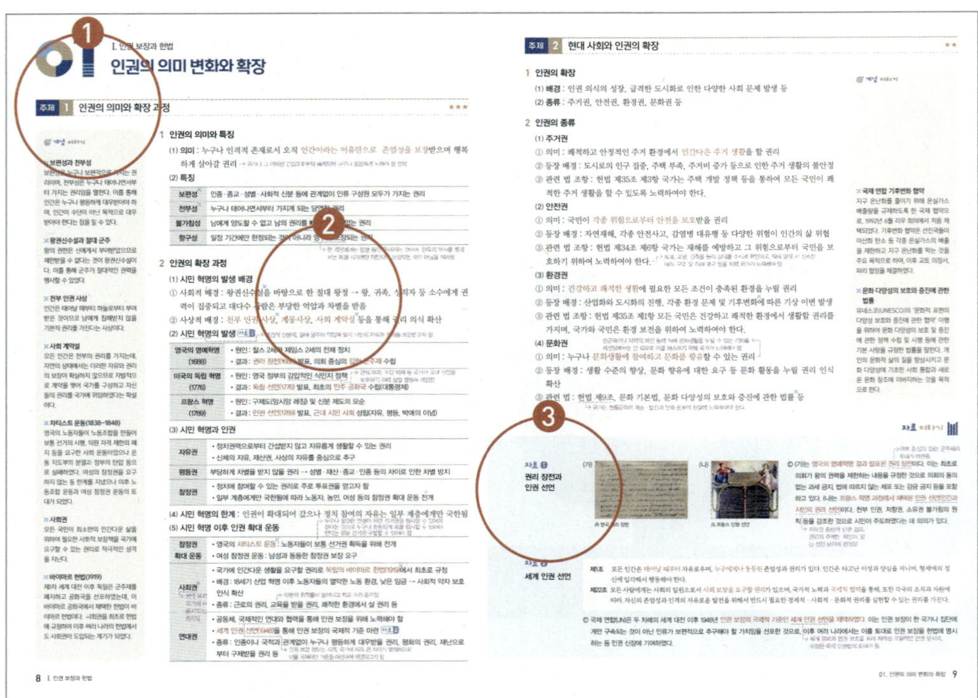

① **대표 주제**

대표 주제별로 요점을 정리하였고, 주제별 출제 가능성 및 중요도를 알기 쉽게 제시하였습니다.

② **핵심 내용**

8종 교과서를 종합하여 정리하였고, 대표 개념과 핵심 문장은 별색으로 구분하여 학생들이 반드시 파악해야 할 내용이 무엇인지를 한눈에 알아보기 쉽도록 하였습니다.

③ **대표 자료**

교과의 핵심 개념과 연계하여 자료 분석 및 해석 능력을 함양할 수 있도록 강별로 대표 자료 1~4개를 제시하고 자세하게 분석하였습니다.

◆ (STEP 1) 내신 다지기

주제별로 쉬운 문제부터 어려운 문제까지 단계적으로 제시하여 문제 풀이를 통해 기본 개념을 확실하게 다질 수 있도록 구성하였습니다.

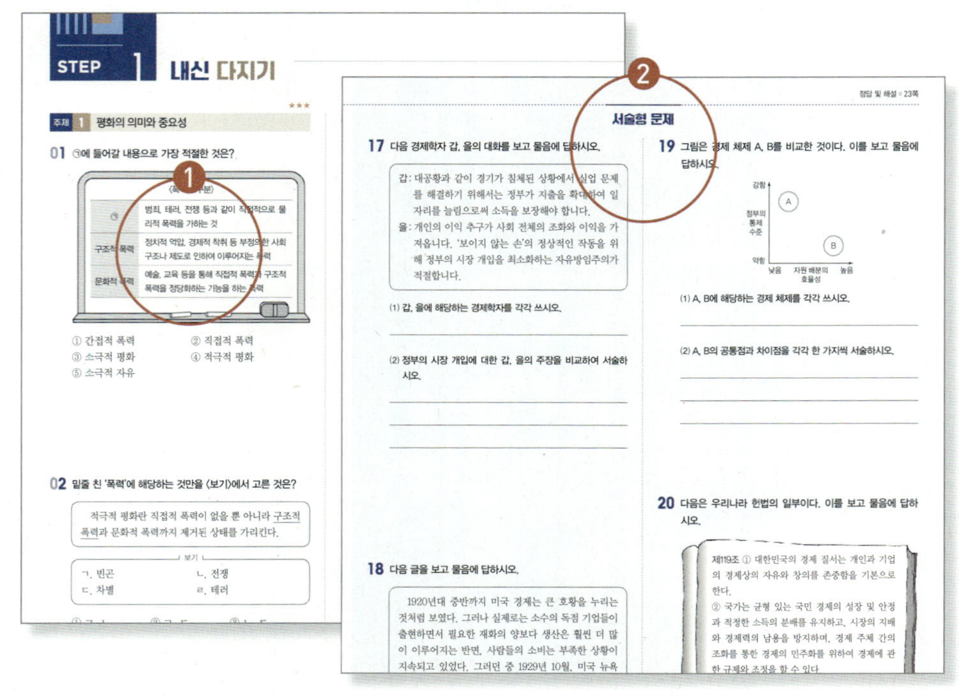

① **객관식 문제**

학교 시험에서 자주 출제되는 여러 유형의 객관식 문제들을 풀어 보면서 실력을 향상시킬 수 있도록 하였습니다.

② **서술형 문제**

내신 시험에서 서술형 문제가 차지하는 비중을 고려하여 학생들이 서술형 문제에도 완벽 대비가 가능하도록 하였습니다.

학교별 내신 빈출 문제, 평가원 수능과 모의평가 및 교육청 학력평가 문제를 수록하여 등급을 변별하는 고난도 문제에도 대비할 수 있도록 하였습니다.

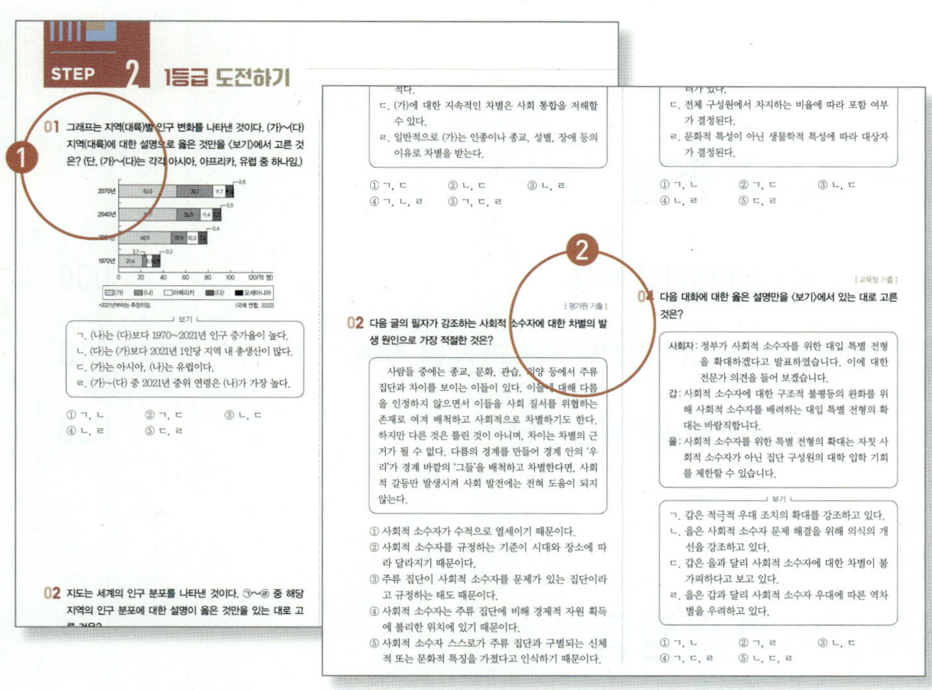

① 고난도 문제

통합적 사고력을 요구하는 1등급 유형의 문제를 풀어 보면서 고난도 문제에서도 자신감을 얻을 수 있도록 하였습니다.

② 평가원 및 교육청 기출문제

해당 주제에서 출제된 평가원 수능과 모의평가 및 교육청 학력평가 문제를 수록하여 통합사회를 구성하는 여러 교과의 다양한 기출문제를 풀어 볼 수 있도록 하였습니다.

◆ 시험 대비 워크북

단원별 핵심 내용 요약과 시험 대비 실전 문제로 구성하여 학교 시험 직전에 중요 내용을 빠르게 확인할 수 있습니다.

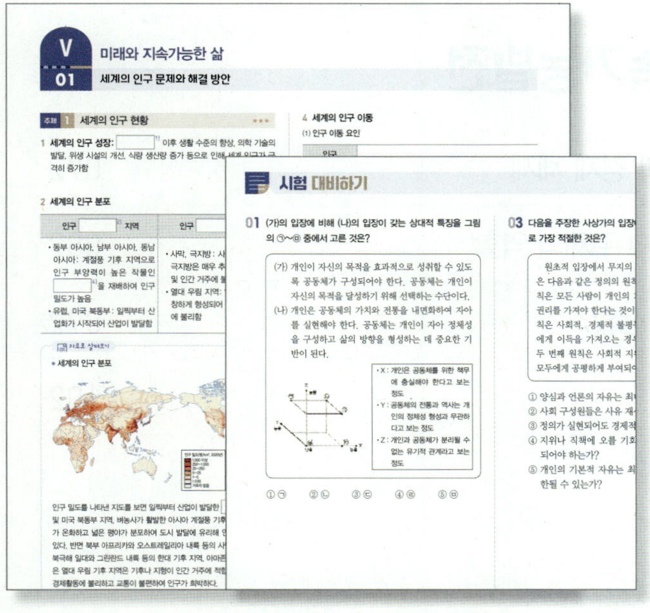

◆ 정답 및 해설

모든 문제에 대한 정답 분석은 물론 오답을 피하기 위한 자세한 해설도 덧붙여 해당 문제를 왜 틀렸는지 파악할 수 있습니다.

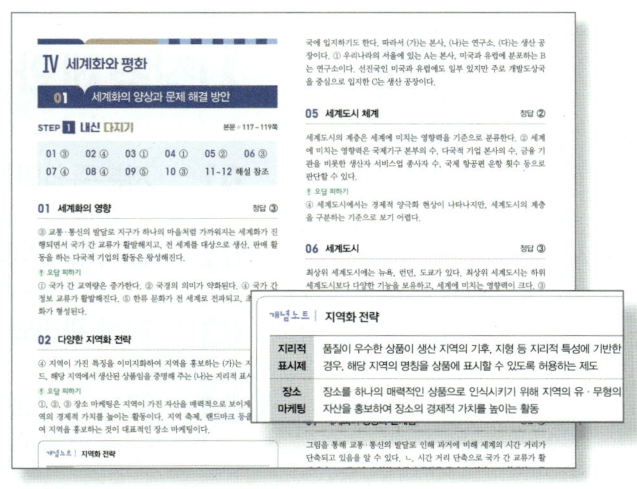

● **개념노트**

문제와 관련된 주요 개념이나 추가로 확인해야 할 내용을 제공하여 한 번 더 개념을 다질 수 있습니다.

차례 Contents

인권 보장과 헌법

"인권의 의미는 무엇이며, 어떻게 확장되어 왔을까?"

–

이 단원에서는 근대 시민 혁명 이후 확립되어 온 인권의 의미와 변화 양상을 이해하고,
현대 사회에서 다양한 영역으로 인권이 확장되고 있는 과정을 살펴본다.

이 단원 핵심 개념

강	대표 주제	대표 개념
01 인권의 의미 변화와 확장	(주제 1) 인권의 의미와 확장 과정	✓ 인권 ✓ 천부 인권 사상 ✓ 계몽사상 ✓ 사회 계약설 ✓ 시민 혁명 ✓ 자유권 ✓ 평등권 ✓ 참정권 ✓ 사회권 ✓ 연대권
	(주제 2) 현대 사회와 인권의 확장	✓ 인권 의식 ✓ 주거권 ✓ 안전권 ✓ 환경권 ✓ 문화권
02 인권 보장을 위한 헌법의 역할과 시민 참여	(주제 1) 인권 보장을 위한 헌법의 역할	✓ 헌법 ✓ 입헌주의 ✓ 기본권 ✓ 자유권 ✓ 평등권 ✓ 참정권 ✓ 사회권 ✓ 청구권
	(주제 2) 인권 보장을 위한 헌법상 제도적 장치	✓ 국민 주권의 원리 ✓ 법치주의 ✓ 권력 분립 제도 ✓ 복수 정당제 ✓ 선거 제도 ✓ 헌법재판소
	(주제 3) 시민의 권익 보호를 위한 시민 참여	✓ 시민 참여 ✓ 참여 의식 ✓ 시민불복종
03 인권 문제의 양상과 해결 방안	(주제 1) 국내 인권 문제	✓ 사회적 소수자 ✓ 청소년 노동권 ✓ 근로관계 ✓ 근로 기준법 ✓ 근로 계약
	(주제 2) 세계 인권 문제	✓ 빈곤 문제 ✓ 난민 문제 ✓ 성차별 문제 ✓ 기본권 침해 ✓ 인권지수 ✓ 세계시민 의식

01 인권의 의미 변화와 확장

1 인권의 의미와 특징

(1) 의미 : 누구나 인격적 존재로서 오직 인간이라는 이유만으로 존엄성을 보장받으며 행복하게 살아갈 권리 → 국가나 그 어떠한 간섭으로부터 배제되어 누구나 동등하게 누려야 할 권리

(2) 특징

보편성	인종·종교·성별·사회적 신분 등에 관계없이 인류 구성원 모두가 가지는 권리
천부성	누구나 태어나면서부터 가지게 되는 당연한 권리
불가침성	남에게 양도할 수 없고 남의 권리를 빼앗을 수도 없는 권리
항구성	일정 기간에만 한정되는 것이 아니라 영구히 보장되는 권리

→ 한 개인에게는 일생 동안 주어지는 것이며, 인류의 역사를 통해서는 특정 시기에만 제한되어 보장되는 것이 아님을 의미함

2 인권의 확장 과정

(1) 시민 혁명의 발생 배경

① 사회적 배경 : 왕권신수설을 바탕으로 한 절대 왕정 → 왕, 귀족, 성직자 등 소수에게 권력이 집중되고 대다수 사람은 부당한 억압과 차별을 받음

② 사상적 배경 : 천부 인권 사상, 계몽사상, 사회 계약설 등을 통해 권리 의식 확산

(2) 시민 혁명의 발생 자료 1 → 봉건적 신분제, 절대 군주의 억압에 맞서 시민의 자유와 권리를 보장받고자 함

영국의 명예혁명 (1688)	• 원인 : 찰스 2세와 제임스 2세의 전제 정치 • 결과 : 권리 장전(1689) 발표, 의회 중심의 입헌 군주제 수립
미국의 독립 혁명 (1776)	• 원인 : 영국 정부의 강압적인 식민지 정책 → 관세 부과, 수입 억제 등 국가가 국내 산업을 보호하기 위해 상업 활동에 개입함 • 결과 : 독립 선언(1776) 발표, 최초의 민주 공화국 수립(대통령제)
프랑스 혁명 (1789)	• 원인 : 구제도(앙시앙 레짐) 및 신분 제도의 모순 • 결과 : 인권 선언(1789) 발표, 근대 시민 사회 성립(자유, 평등, 박애의 이념)

(3) 시민 혁명과 인권

자유권	• 정치권력으로부터 간섭받지 않고 자유롭게 생활할 수 있는 권리 • 신체의 자유, 재산권, 사상의 자유를 중심으로 추구
평등권	부당하게 차별을 받지 않을 권리 → 성별·재산·종교·인종 등의 차이로 인한 차별 방지
참정권	• 정치에 참여할 수 있는 권리로 주로 투표권을 얻고자 함 • 일부 계층에게만 국한됨에 따라 노동자, 농민, 여성 등의 참정권 확대 운동 전개

(4) 시민 혁명의 한계 : 인권이 확대되어 갔으나 정치 참여의 자유는 일부 계층에만 국한됨

→ 누구나 일정한 연령이 되면 선거권을 행사할 수 있어야 한다는 것으로 누구나 동등하게 표를 행사할 수 있어야 한다는 평등 선거와 구별할 수 있어야 함

(5) 시민 혁명 이후 인권 확대 운동

참정권 확대 운동	• 영국의 차티스트 운동 : 노동자들이 보통 선거권 획득을 위해 전개 • 여성 참정권 운동 : 남성과 동등한 참정권 보장 요구
사회권 → 현대 복지 국가에서 중시되는 권리임	• 국가에 인간다운 생활을 요구할 권리로 독일의 바이마르 헌법(1919)에서 최초로 규정 • 배경 : 18세기 산업 혁명 이후 노동자들의 열악한 노동 환경, 낮은 임금 → 사회적 약자 보호 인식 확산 → 아동의 취학률이 늘어나고 학교 수가 증가함 • 종류 : 근로의 권리, 교육을 받을 권리, 쾌적한 환경에서 살 권리 등
연대권	• 공동체, 국제적인 연대와 협력을 통해 인권 보장을 위해 노력해야 함 • 세계 인권 선언(1948)을 통해 인권 보장의 국제적 기준 마련 자료 2 • 종류 : 인종이나 국적과 관계없이 누구나 평등하게 대우받을 권리, 평화의 권리, 재난으로부터 구제받을 권리 등 → 인권 보장 정도는 지역, 국가에 따라 큰 차이가 발생하므로 이를 국제적인 기준을 마련하여 해결하고자 함

개념 더하기

✗ 보편성과 천부성
보편성은 누구나 보편적으로 가지는 권리이며, 천부성은 누구나 태어나면서부터 가지는 권리임을 말한다. 이를 통해 인간은 누구나 평등하게 대우받아야 하며, 인간이 수단이 아닌 목적으로 대우받아야 한다는 점을 알 수 있다.

✗ 왕권신수설과 절대 군주
왕의 권한은 신에게서 부여받았으므로 제한받을 수 없다는 것이 왕권신수설이다. 이를 통해 군주가 절대적인 권력을 행사할 수 있었다.

✗ 천부 인권 사상
인간은 태어날 때부터 하늘로부터 부여받은 것이므로 남에게 침해받지 않을 기본적 권리를 가진다는 사상이다.

✗ 사회 계약설
모든 인간은 천부의 권리를 가지는데, 자연의 상태에서는 이러한 자유와 권리의 보장이 확실하지 않으므로 자발적으로 계약을 맺어 국가를 구성하고 자신들의 권리를 국가에 위임하였다는 학설이다.

✗ 차티스트 운동(1838~1848)
영국의 노동자들이 노동조합을 만들어 보통 선거의 시행, 의원 자격 제한의 폐지 등을 요구한 사회 운동이었으나 운동 지도부의 분열과 정부의 탄압 등으로 실패하였다. 여성의 참정권을 요구하지 않는 등 한계를 지녔으나 이후 노동조합 운동과 여성 참정권 운동의 토대가 되었다.

✗ 사회권
모든 국민이 최소한의 인간다운 삶을 위하여 필요한 사회적 보장책을 국가에 요구할 수 있는 권리로 적극적인 성격을 지닌다.

✗ 바이마르 헌법(1919)
제1차 세계 대전 이후 독일은 군주제를 폐지하고 공화국을 선포하였는데, 이 바이마르 공화국에서 채택한 헌법이 바이마르 헌법이다. 사회권을 최초로 헌법에 규정하여 이후 여러 나라의 헌법에서도 사회권이 도입되는 계기가 되었다.

1 인권의 확장

(1) **배경** : 인권 의식의 성장, 급격한 도시화로 인한 다양한 사회 문제 발생 등

(2) **유형** : 주거권, 안전권, 환경권, 문화권 등

2 확장된 인권의 유형

(1) 주거권

① 의미 : 쾌적하고 안정적인 주거 환경에서 인간다운 주거 생활을 할 권리

② 등장 배경 : 도시로의 인구 집중, 주택 부족, 주거비 증가 등으로 인한 주거 생활의 불안정

③ 관련 법 조항 : 헌법 제35조 제3항 국가는 주택 개발 정책 등을 통하여 모든 국민이 쾌적한 주거 생활을 할 수 있도록 노력하여야 한다.

(2) 안전권

① 의미 : 국민이 각종 위험으로부터 안전을 보호받을 권리

② 등장 배경 : 자연재해, 각종 안전사고, 감염병 대유행 등 다양한 위험이 인간의 삶 위협

③ 관련 법 조항 : 헌법 제34조 제6항 국가는 재해를 예방하고 그 위험으로부터 국민을 보호하기 위하여 노력하여야 한다.
> 도로, 교량, 건축물 등의 상태를 수시로 확인하고, 재해 발생 시 신속한 대피, 구조 및 피해 복구 등을 위해 국가가 노력해야 함

(3) 환경권

① 의미 : 건강하고 쾌적한 생활에 필요한 모든 조건이 충족된 환경을 누릴 권리

② 등장 배경 : 산업화와 도시화의 진행, 각종 환경 문제 및 기후변화에 따른 기상 이변 발생

③ 관련 법 조항 : 헌법 제35조 제1항 모든 국민은 건강하고 쾌적한 환경에서 생활할 권리를 가지며, 국가와 국민은 환경 보전을 위하여 노력하여야 한다.

(4) 문화권

> 빈곤하거나 지역적 여건 등에 의해 문화생활을 누릴 수 있는 기회를 제한당해서는 안 되므로 이를 해소하기 위해 국가가 노력해야 함

① 의미 : 누구나 문화생활에 참여하고 문화를 향유할 수 있는 권리

② 등장 배경 : 생활 수준의 향상, 문화 향유에 대한 요구 등 문화 활동을 누릴 권리 인식 확산

③ 관련 법 : 헌법 제9조, 문화 기본법, 문화 다양성의 보호와 증진에 관한 법률 등
> 국가는 전통문화의 계승·발전과 민족 문화의 창달에 노력하여야 한다.

개념 더하기

✕ 국제 연합 기후변화 협약
지구 온난화를 줄이기 위해 온실가스 배출량을 규제하도록 한 국제 협약으로, 1992년 6월 리우 회의에서 처음 채택되었다. 기후변화 협약은 선진국들이 이산화 탄소 등 각종 온실가스의 배출을 제한하고 지구 온난화를 막는 것을 주요 목적으로 하며, 이후 교토 의정서, 파리 협정을 체결하였다.

✕ 문화 다양성의 보호와 증진에 관한 법률
유네스코(UNESCO)의 '문화적 표현의 다양성 보호와 증진에 관한 협약' 이행을 위하여 문화 다양성의 보호 및 증진에 관한 정책 수립 및 시행 등에 관한 기본 사항을 규정한 법률을 말한다. 개인의 문화적 삶의 질을 향상시키고 문화 다양성에 기초한 사회 통합과 새로운 문화 창조에 이바지하는 것을 목적으로 한다.

자료 더하기

자료 ❶ 권리 장전과 인권 선언

(가)

△ 영국 권리 장전

(나) 

△ 프랑스 인권 선언

> 의회 중심의 입헌 군주제의 토대가 마련됨

➡ (가)는 영국의 명예혁명 결과 발표된 권리 장전이다. 이는 최초로 의회가 왕의 권력을 제한하는 내용을 규정한 것으로 의회의 동의 없는 과세 금지, 법에 따르지 않는 체포 또는 감금 금지 등을 포함하고 있다. (나)는 프랑스 혁명 과정에서 채택된 인권 선언(인간과 시민의 권리 선언)이다. 천부 인권, 저항권, 소유권 불가침의 원칙 등을 강조한 것으로 시민이 주도하였다는 데 의의가 있다.
> 자유권 중심의 인권 강조, 권리의 주체는 재산이 있는 성인 남자에 한정함

자료 ❷ 세계 인권 선언

제1조 모든 인간은 태어날 때부터 자유로우며, 누구에게나 동등한 존엄성과 권리가 있다. 인간은 타고난 이성과 양심을 지니며, 형제애의 정신에 입각해서 행동해야 한다.

제22조 모든 사람에게는 사회의 일원으로서 사회 보장을 요구할 권리가 있으며, 국가적 노력과 국제적 협력을 통해, 또한 각국의 조직과 자원에 따라, 자신의 존엄성과 인격의 자유로운 발전을 위해서 반드시 필요한 경제적·사회적·문화적 권리를 실현할 수 있는 권리를 가진다.

➡ 국제 연합(UN)은 두 차례의 세계 대전 이후 1948년 인권 보장의 국제적 기준인 세계 인권 선언을 채택하였다. 이는 인권 보장이 한 국가나 집단에게만 구속되는 것이 아닌 인류가 보편적으로 추구해야 할 가치임을 선포한 것으로, 이후 여러 나라에서는 이를 토대로 인권 보장을 헌법에 명시하는 등 인권 신장에 기여하였다.
> 세계 평화와 인권 보호를 위해 채택한 포괄적인 인권 문서로, 수많은 국제 인권법의 토대가 됨

★★★

주제 1 인권의 의미와 확장 과정

01 (가)에 들어갈 내용으로 가장 적절한 것은?

> [(가)]이란 인간의 존엄성을 유지하며 살아갈 수 있도록 모든 사람이 누려야 하는 기본적인 권리이다. 또한 인간이 태어나면서부터 당연히 가지는 권리로 자연적으로 주어진 권리이기도 하며, 시간의 흐름에 따라 점차 그 범위가 확장되어 오고 있다.

① 인권 ② 주권 ③ 재산권
④ 참정권 ⑤ 환경권

02 다음 그림에서 갑과 을이 각각 강조하는 인권의 특징으로 옳은 것은?

	갑	을		갑	을
①	보편성	천부성	②	천부성	보편성
③	항구성	불가침성	④	불가침성	천부성
⑤	불가침성	항구성			

03 인권의 특징에 대한 설명으로 옳지 <u>않은</u> 것은?

① 인권은 박탈당하지 않고 영구히 보장되는 권리이다.
② 인권은 사람이라면 누구나 태어나면서부터 가지는 권리이다.
③ 한 개인의 인권은 사회의 발전과 안녕을 위해 제한될 수 있다.
④ 인권은 인간이 수단이 아닌 목적으로 대우받아야 함을 강조한다.
⑤ 인권은 인종, 성별, 종교 등과 관계없이 모든 인간이 누리는 권리이다.

04 인권 보장과 관련된 설명으로 옳지 <u>않은</u> 것은?

① 사회 계약설, 계몽사상에 영향을 받았다.
② 참정권은 자유권, 평등권에 우선하는 권리이다.
③ 시민 혁명 이후 참정권 확대 운동이 전개되었다.
④ 명예혁명을 통해 시민의 자유와 권리가 확산되었다.
⑤ 소수에게 집중되었던 참정권이 보편적인 권리로 확대되었다.

05 인권 보장의 역사적 전개 과정에 대한 설명으로 옳지 <u>않은</u> 것은?

① 명예혁명 – 왕의 권력을 제한하였다.
② 차티스트 운동 – 여성의 참정권 획득 운동이다.
③ 독일의 바이마르 헌법 – 최초로 사회권을 포함하였다.
④ 미국의 독립 선언 – 영국과의 독립 전쟁 과정에서 저항권 등이 명시되었다.
⑤ 프랑스의 인권 선언 – 프랑스 혁명의 결과 자유권, 평등권 등이 명시되었다.

06 (가), (나)에 대한 옳은 설명만을 〈보기〉에서 고른 것은?

> | (가) |와/과| (나) |이/가 명확하게 구분되는 것은 아니지만 | (나) |은/는| (가) |을/를 헌법에 명시하여 법률로써 보장한 것이다. 따라서 | (가) |은/는 국가 이전의 권리이며 자연법상의 권리 성격이 강한 반면, | (나) |은/는 헌법이 보장하는 국민의 기본적인 권리에 해당한다.

─ 보기 ─

ㄱ. (가)는 천부 인권이라고 한다.
ㄴ. (가)는 (나)와 달리 법률에 의해 보장된다.
ㄷ. (가)는 인권, (나)는 기본권이다.
ㄹ. (가)와 (나)는 상호 대립한다.

① ㄱ, ㄴ ② ㄱ, ㄷ ③ ㄴ, ㄷ
④ ㄴ, ㄹ ⑤ ㄷ, ㄹ

07 다음 글에 대한 옳은 설명만을 〈보기〉에서 고른 것은?

> 18세기 후반 프랑스의 루이 16세가 재정 문제 해결을 위해 삼부회를 소집한 결과 발생한 | (가) |은/는 시민의 자유와 같은 권리를 요구하였다는 점에서 의의가 있으나, 그 주체가 | (나) |(이)라는 점에서 ⊙한계가 있었다.

─ 보기 ─

ㄱ. (가)의 결과 권리 장전이 승인되었다.
ㄴ. (나)는 부르주아 남성과 여성을 의미한다.
ㄷ. ⊙은 (나)에게만 참정권을 부여한 것을 들 수 있다.
ㄹ. ⊙은 이후 차티스트 운동, 여성 참정권 운동에 영향을 끼쳤다.

① ㄱ, ㄴ ② ㄱ, ㄷ ③ ㄴ, ㄷ
④ ㄴ, ㄹ ⑤ ㄷ, ㄹ

08 (가)에 들어갈 내용으로 가장 적절한 것은?

> 19세기 자본주의의 발달에 따라 빈부 격차와 사회 불평등이 심화되면서 사회적 약자의 인간다운 삶을 보장해야 한다는 인식이 널리 퍼지게 되었고, 1919년 독일의 바이마르 헌법은 최초로 | (가) |하였다.

① 국제 인권법을 제정
② 사회권적 기본권을 규정
③ 여성에게 참정권을 부여
④ 모든 사람들에게 참정권을 부여
⑤ 소유권에 대한 불가침성을 인정

09 다음 자료에 대한 옳은 설명만을 〈보기〉에서 있는 대로 고른 것은?

> **바이마르 공화국 헌법 제159조**
> 노동 조건 및 경제 조건을 보호하고 개선하기 위하여 단결의 자유는 모든 사람과 모든 직업에 보장된다. 이 자유를 제한하거나 방해하려고 하는 모든 협정과 조치는 위법이다.

─ 보기 ─

ㄱ. 연대권을 언급하고 있다.
ㄴ. 노동권의 보장을 언급하고 있다.
ㄷ. 국가의 정책에 참여할 권리를 강조하고 있다.
ㄹ. 최소한의 인간다운 삶의 보장을 기본권으로 보고 있다.

① ㄱ, ㄷ ② ㄱ, ㄹ ③ ㄴ, ㄹ
④ ㄱ, ㄴ, ㄷ ⑤ ㄴ, ㄷ, ㄹ

10 (가)에 해당하는 기본권에 대한 설명으로 옳은 것은?

> 근대 이후 자본주의 경제의 급속한 성장으로 물질적으로는 풍요로워졌지만, 빈부 격차의 확대 등 사회적 불평등이 심각해지기 시작하였다. 이에 모든 사회 구성원들이 최소한의 인간다운 생활을 보장받을 수 있어야 한다는 | (가) |이 등장하게 되었다.

① 차티스트 운동에서 강조된 권리이다.
② 프랑스 인권 선언에 명시된 권리이다.
③ 시민 혁명을 계기로 대두된 권리이다.
④ 국가로부터의 자유를 중시하는 권리이다.
⑤ 독일의 바이마르 헌법에 처음 명시된 권리이다.

11 밑줄 친 ㉠~㉢에 대한 옳은 설명만을 〈보기〉에서 있는 대로 고른 것?

> 인권 확대에 대한 역사적 전개 과정을 보면 다양한 역사적 사건과 노력들을 볼 수 있다. 그중 대표적인 예가 ㉠ 프랑스 혁명, ㉡ 바이마르 헌법, ㉢ 차티스트 운동 등이 있다.

───── 보기 ─────
ㄱ. ㉠의 결과 노동자도 참정권을 획득하였다.
ㄴ. ㉡은 사회권적 기본권을 최초로 헌법에 명시하였다.
ㄷ. ㉢은 여성들의 선거권 획득 노력에 해당한다.
ㄹ. 역사적으로 ㉠ → ㉢ → ㉡의 순으로 전개되었다.

① ㄱ, ㄴ　　② ㄴ, ㄹ　　③ ㄷ, ㄹ
④ ㄱ, ㄴ, ㄷ　　⑤ ㄱ, ㄷ, ㄹ

12 다음 자료에 대한 분석 및 추론으로 가장 적절한 것?

〈초등학교 취학률 변화 양상〉

(단위 : %)

구분	1890년	1910년	1930년	1950년
갑국	12.5	15.7	16.2	16.7
을국	10.3	18.3	36.7	76.8

* 취학률(%)=(취학 적령 재적 학생 수/취학 적령 인구)×100

① 갑국은 을국에 비해 학교 수가 더 적다.
② 갑국에 비해 을국의 학생 수가 더 많다.
③ 을국은 갑국에 비해 아동의 인권 보장에 관심이 많아졌다.
④ 1950년 초등학교 학생 수는 을국이 갑국의 4배 이상이다.
⑤ 을국의 학생 수는 1890년 대비 1950년에 약 7배 증가하였다.

13 (가)에 들어갈 내용으로 적절하지 <u>않은</u> 것?

① 환경 오염을 피해 쾌적한 환경에서 살 권리가 있어.
② 재난이나 사고의 위험으로부터 안전할 권리가 있어.
③ 안정적이고 쾌적한 주거 환경을 누릴 수 있는 권리가 있어.
④ 누구나 문화생활에 참여하고, 자신의 문화적 정체성을 유지 및 표현할 권리가 있어.
⑤ 특정인이나 특정 기관으로부터 신체의 자유를 부당하게 구속당하지 않을 권리가 있어.

14 (가)에 들어갈 인권에 대한 설명으로 가장 적절한 것?

> 국회 앞에서 ○○ 재개발 지역의 세입자들이 자신들의 [　(가)　]을/를 보장해 달라며 시위를 벌였다. 그들은 재개발로 인해 살고 있는 곳에서 쫓겨나 이사 갈 곳이 없다며 정부의 조속한 해결을 주장하였다.

① 쾌적하고 안정적인 주거 환경에서 살 권리이다.
② 공동체 간 협력을 통해 인권 문제를 해결하고자 한다.
③ 재산에 대한 처분의 자유가 개인에게 있음을 강조한다.
④ 다양한 문화생활에 참여할 수 있는 권리 보장에 해당한다.
⑤ 인간이 환경 오염으로부터 벗어나 쾌적한 환경 속에서 살 권리이다.

15 (가)~(라)에 들어갈 인권에 대한 설명으로 옳은 것은?

구분	내용
(가)	정치에 참여할 수 있는 권리
(나)	국민이 각종 위험으로부터 안전을 보호받을 권리
(다)	쾌적하고 안정적인 주거 환경에서 인간다운 주거 생활을 할 권리
(라)	개인이 자신의 자유로운 영역에 대해서 국가 권력에 의한 간섭이나 침해를 받지 않을 권리

① (가)는 바이마르 헌법에 최초로 규정되었다.
② (나)는 시민 혁명 직후 모든 국민에게 인정되었다.
③ 현대 사회에서는 근대 사회와 달리 (라)가 강조된다.
④ 복지 국가에서는 (가)보다 (다)의 보장을 중시한다.
⑤ (나), (다)는 (가), (라)에 비해 최근에 등장하였다.

16 다음 선언문에 나타난 인권에 대한 옳은 설명만을 〈보기〉에서 있는 대로 고른 것은?

> 이 협약은 문화적 표현의 다양성 보호와 증진, 모든 국가, 특히 개발 도상국에서 문화와 발전 간 연관성의 중요성을 재확인하고, 그 연관성이 지닌 진정한 가치에 대한 인식을 확고히 하기 위한 국가적·국제적 활동 지원, 자국 영토 내에서 문화적 표현의 다양성을 보호하고 증진하기 위한 적절한 정책과 조치를 유지, 채택, 실행하는 데 있어서 ㉠국가의 주권적 권리 재확인 등을 목적으로 한다.

┌ 보기 ┐
ㄱ. 연대권을 통해 문화권을 보장하고자 한다.
ㄴ. ㉠은 약소국의 문화 정체성 유지 권리를 강조한다.
ㄷ. 사회권을 통해 사회적 약자의 권리를 보장하고자 한다.
ㄹ. 현대 사회에서 여가의 중요성이 강조되면서 부각되는 인권이다.

① ㄱ, ㄷ　　　② ㄱ, ㄹ　　　③ ㄴ, ㄷ
④ ㄱ, ㄴ, ㄹ　　　⑤ ㄴ, ㄷ, ㄹ

서술형 문제

17 다음 자료를 보고 물음에 답하시오.

> 인간의 자연 상태는 자연법이 지배하는 평등한 상태이며, 인간은 재산과 생명, 그리고 자유라는 자연권을 누리고 있다. 인간은 이러한 자연권의 보장을 위해 계약을 맺고 국가를 형성하였다. 따라서 지배자가 위탁받은 권한의 한계를 넘어설 때 이에 반항하는 것은 시민의 자연권에 속한다.

(1) 윗글을 통해 파악할 수 있는 사상을 쓰시오.

(2) 위와 같은 입장에서 '미국의 독립 전쟁'에 대한 정당성 여부를 '인권'을 들어 서술하시오.

18 다음 자료를 보고 물음에 답하시오.

> 점점 다양해지는 우리 사회에서는 함께 살려는 의지와 더불어 다원적이고 다양하며, 역동적인 문화 정체성을 지닌 사람들과 집단의 조화로운 상호 작용을 반드시 보장해야 한다. 모든 시민을 포용하고 모든 시민이 참여할 수 있게 하는 정책은 사회적 단결, 시민 사회의 역동성과 평화를 보장할 수 있다.

(1) 윗글이 강조하고 있는 현대 사회에 새롭게 대두되고 있는 인권을 쓰시오.

(2) (1)에 해당하는 인권의 배경을 세계화 측면에서 서술하시오.

01 교사의 질문에 대한 학생의 답변으로 옳은 내용만을 〈보기〉에서 고른 것은?

> 제시문에 부각된 인권의 특징에 대해 발표해 볼까요?

○ 모든 사람은 태어날 때부터 자유롭고, 존엄하며, 평등하다. 모든 사람은 이성과 양심을 가지고 있으므로 서로에게 형제애의 정신으로 대해야 한다.
○ 인류 구성원 모두가 원래부터 존엄성과 동등하고도 남에게 양도할 수 없는 권리를 가지고 있다는 점을 인정하는 것이 평화로운 세상을 이루는 밑바탕이 된다.

― 보기 ―
ㄱ. 다른 누군가에게 양도할 수 있는 권리입니다.
ㄴ. 태어나면서부터 갖게 되는 천부적 권리입니다.
ㄷ. 일정 기간 동안에만 보장되는 제한적 권리입니다.
ㄹ. 인간이라면 누구나 누릴 수 있는 보편적 권리입니다.

① ㄱ, ㄴ ② ㄱ, ㄷ ③ ㄴ, ㄷ
④ ㄴ, ㄹ ⑤ ㄷ, ㄹ

02 밑줄 친 ㉠~㉢에 대한 옳은 설명만을 〈보기〉에서 고른 것은?

> ㉠모든 인류 구성원의 ㉡천부의 존엄성과 동등하고 ㉢양도할 수 없는 권리를 인정하는 것이 세계의 자유, 정의 및 평화의 기초이다.
> – 세계 인권 선언 전문 중 일부

― 보기 ―
ㄱ. ㉠을 통해 인권이 보편성을 지님을 알 수 있다.
ㄴ. ㉡은 인권이 투쟁에 의해서 얻어질 수 있음을 의미한다.
ㄷ. ㉢을 통해 인권이 불가침성을 지님을 알 수 있다.
ㄹ. ㉠~㉢을 통해 인권이 특정한 시기에만 누릴 수 있는 권리임을 알 수 있다.

① ㄱ, ㄴ ② ㄱ, ㄷ ③ ㄴ, ㄷ
④ ㄴ, ㄹ ⑤ ㄷ, ㄹ

03 다음은 A의 일부 조항이다. 이에 대한 설명으로 옳지 <u>않은</u> 것은?

> 제22조 모든 사람에게는 사회의 일원으로서 사회 보장을 요구할 권리가 있으며, 국가적 노력과 국제적 협력을 통해, 또한 각국의 조직과 자원에 따라 자신의 존엄성과 인격의 자유로운 발전을 위해서 반드시 필요한 경제적·사회적·문화적 권리를 실현할 수 있는 권리를 가진다.

① 인권이 보편적인 권리임을 알 수 있다.
② 인권의 영역이 확대되고 있음을 알 수 있다.
③ 자유권을 넘어 사회권이 강조되고 있음을 알 수 있다.
④ 현대 사회가 복지 국가의 이념을 강조하는 것과 맥을 같이한다.
⑤ 귀족을 중심으로 한 지배 계층에 권력이 집중되었음을 알 수 있다.

04 교사의 질문에 대한 옳은 답변만을 〈보기〉에서 고른 것은?

> 제1조 인간은 나면서부터 자유이며 평등한 권리를 가진다.
> 제2조 모든 정치적 결사의 목적은 인간의 자연적이고 소멸할 수 없는 제 권리를 보전함에 있다. 그 권리란 자유, 재산, 안전, 그리고 압제에의 저항이다.
> 제3조 모든 주권의 원리는 본질적으로 국민에게 있다.
> 제4조 자유란 타인에게 해롭지 않은 모든 것을 행할 수 있는 것이다. 그 제약은 법에 의해서만 규정될 수 있다.

― 보기 ―
ㄱ. 자유권, 평등권의 천부성을 강조하고 있습니다.
ㄴ. 계몽사상, 사회 계약설을 사상적 배경으로 합니다.
ㄷ. 위 선언 직후 남성뿐만 아니라 여성의 참정권도 인정되었습니다.
ㄹ. 인간다운 생활을 국가에 요구할 수 있는 권리를 강조하고 있습니다.

① ㄱ, ㄴ ② ㄱ, ㄷ ③ ㄴ, ㄷ
④ ㄴ, ㄹ ⑤ ㄷ, ㄹ

05 다음 사건에 대한 옳은 설명만을 〈보기〉에서 있는 대로 고른 것은?

> 1838년에 발표된 인민헌장(People's Charter)의 이름을 딴 것으로 성인 남성의 보통 선거권 보장, 균등한 선거구 설정, 무기명 비밀 투표, 매년 선거 실시, 의원의 보수 지급, 의원 출마자의 재산 자격 제한 폐지 등을 주장하였다. 이는 노동자들이 자신들의 권리를 얻기 위해 일으킨 노동 계급 운동이었다. 당시에는 참정권이 노동자들에게 주어지지 않았으나 그 영향으로 나중에 참정권을 누릴 수 있게 되었다.

┤ 보기 ├

ㄱ. 노동자들의 권리 투쟁 운동이다.
ㄴ. 참정권을 통해 인권을 보장받고자 하였다.
ㄷ. 자유권보다는 사회권을 보장받고자 하였다.
ㄹ. 참정권이 소수에게만 독점적으로 부여되고 있었다.

① ㄱ, ㄷ   ② ㄱ, ㄹ   ③ ㄴ, ㄷ
④ ㄱ, ㄴ, ㄹ   ⑤ ㄴ, ㄷ, ㄹ

06 다음은 인권 확장의 역사적 전개 과정에서 발표된 문서의 일부이다. 이에 대한 옳은 설명만을 〈보기〉에서 고른 것은?

(가)	(나)
권리 장전(1689년) 1. '국왕은 의회의 동의 없이 법의 효력을 정지하거나 법의 집행을 정지할 수 있는 권력이 있다.'는 주장은 위법이다. 4. 국왕의 대권을 구실로 의회의 승인 없이 … (중략) … 국왕이 쓰기 위한 금전을 징수하는 것은 위법이다.	**인간과 시민의 권리 선언(1789년)** 제1조 인간은 자유롭게, 그리고 평등한 권리를 가지고 태어난다. 제2조 모든 정치적 결사의 목적은 인간의 자연적이고 침해할 수 없는 권리를 보존하는 데 있다. 제3조 모든 주권 원칙은 국민에게 있다.

┤ 보기 ├

ㄱ. (가)는 사회권이 명시된 최초의 문서이다.
ㄴ. (나)는 천부 인권과 국민 주권의 원리를 반영하고 있다.
ㄷ. (가)는 (나)와 달리 사회 계약설을 근거로 하고 있다.
ㄹ. (가)와 (나)는 모두 계몽사상의 영향을 받았다.

① ㄱ, ㄴ   ② ㄱ, ㄷ   ③ ㄴ, ㄷ
④ ㄴ, ㄹ   ⑤ ㄷ, ㄹ

07 (가), (나)는 인권과 관련된 선언문 중 일부이다. 두 조항이 공통적으로 지니는 의미에 대한 설명으로 가장 적절한 것은?

> (가) 제1조 인간은 자유롭고 평등한 권리를 지니고 태어나서 살아간다. 사회적 차별은 오로지 공공 이익에 근거할 때에만 허용될 수 있다.
>
> (나) 제1조 모든 인간은 태어날 때부터 자유로우며, 누구에게나 동등한 존엄성과 권리가 있다. 인간은 타고난 이성과 양심을 지니며, 형제애의 정신에 입각해서 행동해야 한다.

① 폭력을 통한 민주주의의 실현을 주장하고 있다.
② 인간으로서 보장받아야 할 인권을 강조하고 있다.
③ 인권은 인류 평화를 위해 제한될 수 있음을 말하고 있다.
④ 피지배자에 의한 혁명에 의해 사회 정의를 실현하고자 한다.
⑤ 인권은 지배자에 의해 피지배자에게 주어지는 권리임을 말하고 있다.

08 (가)~(다)는 시민 혁명의 사례를 나타낸 것이다. 이에 대한 옳은 설명만을 〈보기〉에서 고른 것은?

> (가) 찰스 2세와 제임스 2세의 전제 정치가 원인이 되어 의회가 메리와 윌리엄을 공동 왕으로 추대하였고, 이후 '권리 장전'이 승인되었다.
>
> (나) 영국의 식민지에서 벗어나 독립을 쟁취한 것으로서 영국 정부의 차세(茶稅) 부과에 대한 반발로 '보스턴 차 사건'이 발생한 이후 독립 전쟁에서 승리하여 독립 선언문을 채택하였다.
>
> (다) 자유, 평등, 박애를 혁명의 이념으로 삼고 제3 신분의 경제적 자유를 비롯한 구제도의 모순을 극복하고자 한 혁명으로, 근대 시민 사회 성립의 계기가 되었다.

┤ 보기 ├

ㄱ. (가)의 결과 의회의 기능이 약화되었다.
ㄴ. (나)에는 행복 추구권을 최초로 규정하였다.
ㄷ. (다)는 상업을 통해 부를 축적한 부르주아가 주도하였다.
ㄹ. 역사적으로 (가) → (나) → (다)의 순으로 전개되었다.

① ㄱ, ㄴ   ② ㄱ, ㄷ   ③ ㄴ, ㄷ
④ ㄴ, ㄹ   ⑤ ㄷ, ㄹ

09 교사의 질문에 대한 학생의 답변으로 옳은 것은?

> 모든 사람이 인권을 누려야 한다는 생각이 처음부터 당연하였을까요? 역사를 살펴보면, 인권의 확장을 위해 많은 사람들의 끊임없는 저항과 투쟁이 이어져 왔습니다. 제시된 (가)~(라) 사례들에서도 우리는 그 저항과 투쟁의 정신을 살펴볼 수 있는데요. (가)~(라)에 대해 발표해 볼까요?

〈인권의 발달 과정〉

(가) 프랑스 인권 선언 (나) 미국 독립 선언
(다) 영국 권리 장전   (라) 차티스트 운동

① (라)의 결과로 19세기 영국에서는 성인 남녀 모두에게 선거권이 보장되었어요.
② (가)는 천부 인권을 천명하였고, (라)는 대표적인 사회권 보장 운동이에요.
③ (나)와 달리 (다)는 시민 혁명의 과정에서 나온 결과물이에요.
④ (가), (나), (다)는 모두 사회 계약설과 계몽사상의 영향을 받았어요.
⑤ 시기 순으로 나열하면 (가) → (다) → (나) → (라)예요.

10 다음은 통합사회 수업 시간에 나누어 준 자료의 일부이다. ㉠~㉢에 대한 옳은 설명만을 〈보기〉에서 고른 것은?

제목: ㉠

연도	사건	내용
1789년	프랑스 혁명	㉡ 인간은 자유롭고 평등한 권리를 지니고 태어나서 살아간다고 천명하였음.
1838~1848년	차티스트 운동 전개	영국의 노동자들은 ㉢ 선거권 확대를 요구하는 운동을 전개하였음.
1919년	바이마르 헌법 제정	인간다운 생활의 보장을 위해 세계 최초로 ㉣ 을/를 기본권으로 인정함.

| 보기 |

ㄱ. ㉠에는 '인권 성장의 역사'가 들어갈 수 없다.
ㄴ. ㉡은 인권이 천부적인 권리임을 의미한다.
ㄷ. ㉢은 침해된 기본권을 구제하기 위한 권리이다.
ㄹ. ㉣은 자본주의의 문제점을 해결하는 과정에서 등장한 권리이다.

① ㄱ, ㄴ   ② ㄱ, ㄷ   ③ ㄴ, ㄷ
④ ㄴ, ㄹ   ⑤ ㄷ, ㄹ

11 다음 자료에 대한 옳은 설명만을 〈보기〉에서 있는 대로 고른 것은?

(가) 미국 독립 선언문	(나) 유엔 아동 권리 협약
…… 모든 사람은 평등하게 태어났고, 조물주는 몇 개의 양도할 수 없는 권리를 부여했으며, …… ㉠ 정부의 정당한 권력은 시민의 동의로부터 유래하고 …….	당사국은 아동이 …… 건강의 회복을 위한 시설을 이용할 권리를 인정한다. …… 권리의 완전한 실현을 점진적으로 달성하기 위해 ㉡ 국제 협력을 증진하고 장려하여야 한다.

| 보기 |

ㄱ. (나)는 아동이 인권의 주체임을 전제하고 있다.
ㄴ. (가)와 달리 (나)는 천부 인권 사상을 제시하고 있다.
ㄷ. ㉠을 통해 (가)가 국민 주권의 원리를 제시하고 있음을 알 수 있다.
ㄹ. ㉡을 통해 (나)가 아동 권리 보장을 위한 국제적 연대를 강조하고 있음을 알 수 있다.

① ㄱ, ㄴ   ② ㄱ, ㄹ   ③ ㄴ, ㄷ
④ ㄱ, ㄷ, ㄹ   ⑤ ㄴ, ㄷ, ㄹ

12 밑줄 친 ㉠~㉣에 대한 옳은 설명만을 〈보기〉에서 있는 대로 고른 것은?

> 과거에는 신분제에 따른 차별에서 벗어나거나 정치적 권리를 보장받는 것 등과 관련된 ㉠인권이 강조되었다. 현대 사회에서는 사회·경제적 환경이 변화하면서 ㉡주거권, ㉢문화권, 안전권, 환경권 등 다양한 분야에서의 인권이 중시되고 있다. 또한 국가와 개인의 관계를 넘어서 국제적 연대와 협력을 중시하는 ㉣연대권도 강조되고 있다.

| 보기 |

ㄱ. 자유권, 평등권은 ㉠에 해당한다.
ㄴ. 층간 소음 피해 구제 방안은 ㉡의 보장과 관련 있다.
ㄷ. ㉢은 재난, 사고의 위험으로부터 안전을 보장 받을 권리이다.
ㄹ. 인종, 국적 등과 관계없이 인도주의적 구제를 받을 권리는 ㉣에 해당한다.

① ㄱ, ㄴ   ② ㄱ, ㄷ   ③ ㄷ, ㄹ
④ ㄱ, ㄴ, ㄹ   ⑤ ㄴ, ㄷ, ㄹ

13 다음 정책들의 공통적인 시행 목적으로 가장 적절한 것은?

> **◉ 보도 자료**
> 냉방 시설 갖춘 4만여 곳을 '무더위 쉼터'로 지정 …… 냉방비 지원
> – 국민 안전처, '범정부 폭염 대책' 발표 –

> **◉ 보도 자료**
> 정부, 실효성 있는 내진 보강 및 지진 방재 대책 마련
> – 행정 안전부, '지진 대응 매뉴얼' 발표 –

① 폭염과 지진의 발생 횟수를 최소화한다.
② 재난을 분산하고 재해 관련 기술을 개발한다.
③ 환경 문제로 인한 국가 간 분쟁을 원만하게 해결한다.
④ 자연재해의 피해를 개인적 차원에서 전적으로 해결한다.
⑤ 안전하고 쾌적한 환경에서 살아갈 시민의 권리를 보장한다.

14 표는 현대 사회의 인권 (가), (나)와 관련된 사례를 나타낸 것이다. 이에 대한 옳은 설명만을 〈보기〉에서 고른 것은? (단, (가), (나)는 각각 주거권, 환경권 중 하나임.)

인권	사례
(가)	프랑스 파리의 일부 청년들은 9m² 크기의 '하녀방(Chambre de bonne)'에 살고 있다. 이는 소설 『소공녀』의 세라가 하녀로 전락하였을 때 머문 다락방과 비슷하다고 붙여진 별명이다. 이 방은 엘리베이터나 화장실도 없고 주택이나 아파트 건물의 꼭대기 층에 있다. 여름에 옥탑방 온도는 40℃까지 올라간다. 파리도 런던과 마찬가지로 소득 대비 임대료가 비싼 도시 중 하나이다. – ○○신문, ○월 ○일 –
(나)	◇◇지역 산업 단지에서 화석 연료 대량 사용으로 대기 오염이 심각하게 발생하였고, 이와 관련된 사망자가 약 500명에 이른다고 △△ 환경 단체 연합이 밝혔다. 이 단체는 호흡기 질환 등으로 인한 사회적 손실을 금액으로 환산하면 2022년 기준 약 3조 원에 이를 것으로 추산하였다. 또한 화석 연료에 계속 의존할 경우, 대기 오염 물질로 인한 누적 사망자가 2050년에는 2만여 명까지 증가할 것이라고 주장하였다. – □□신문, □월 □일 –

> **보기**
> ㄱ. (가)의 사례에서 쾌적한 주거 환경이 보장되고 있음을 알 수 있다.
> ㄴ. (나)의 사례를 통해 과거에 비해 환경권이 더 강조될 것으로 예상할 수 있다.
> ㄷ. (가)는 (나)와 달리 천부 인권적 성격을 가진다.
> ㄹ. (가)와 (나)는 모두 현대 사회에서 확장된 인권이다.

① ㄱ, ㄴ ② ㄱ, ㄷ ③ ㄴ, ㄷ
④ ㄴ, ㄹ ⑤ ㄷ, ㄹ

15 (가)에 대한 설명으로 가장 적절한 것은?

> 최근 도로 한가운데 생긴 싱크홀, 열차 탈선 사고 등을 보면서 국민의 ___(가)___ 와/과 같은 인권의 중요성이 대두되고 있다. 이것을 보장하기 위하여 정부의 철저한 사고 원인 규명과 함께 재발 방지를 위한 대책 마련이 필요하다.

① 소득 재분배 정책으로 사회적 약자를 배려하고자 한다.
② 생명과 안녕을 위협하는 위험으로부터 보호받을 권리이다.
③ 누구나 자아실현을 위하여 필요한 학습을 추구할 권리이다.
④ 침해된 사례로는 저소득층이 문화생활에서 소외되는 것을 들 수 있다.
⑤ 최저 주거 기준을 설정하고 주거 약자를 지원하는 정책을 통해 보장할 수 있다.

16 그림은 현대 사회에 등장한 인권 A~C를 분류한 것이다. 이에 대한 옳은 설명만을 〈보기〉에서 고른 것은? (단, A~C는 각각 안전권, 환경권, 문화권 중 하나임.)

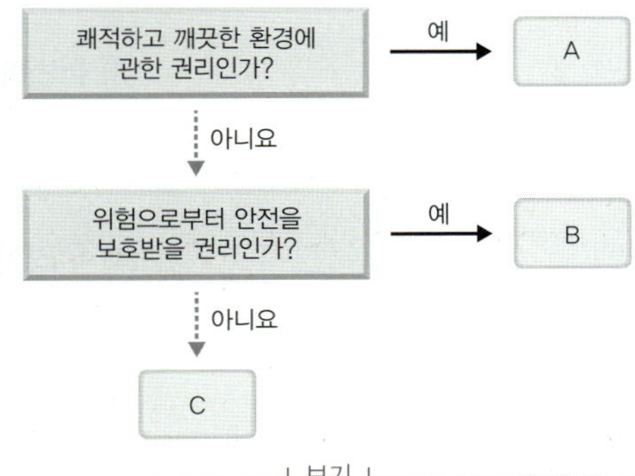

> **보기**
> ㄱ. 사회적 취약 계층에게 임대 주택을 우선 제공하는 것은 A에 해당한다.
> ㄴ. 재난 및 안전 관리 기본법은 B를 보장하기 위한 국가 차원의 노력이다.
> ㄷ. 문화적 차별 방지와 문화적 접근 보장은 C에 해당한다.
> ㄹ. A는 환경권, B는 문화권, C는 안전권이다.

① ㄱ, ㄴ ② ㄱ, ㄷ ③ ㄴ, ㄷ
④ ㄴ, ㄹ ⑤ ㄷ, ㄹ

02 인권 보장을 위한 헌법의 역할과 시민 참여

주제 1 인권 보장을 위한 헌법의 역할 ★★★

개념 더하기

✕ 법의 위계

헌법	정치의 기본 원리와 대통령, 국회, 법원에 대한 기본적인 내용
법률	민법, 상법, 형법 등 국회에서 만든 법
명령	대통령이나 국무총리, 행정 각 부가 만드는 법규
조례·규칙	• 조례: 지방 의회가 만드는 법규 • 규칙: 지방 자치 단체의 장이 만들 수 있는 법규

✕ 입헌주의
국민의 기본적 인권을 보장하기 위해 국가의 통치 작용 및 공동체 생활이 헌법에 따라 이루어져야 한다는 정치 원리로, 헌법에 의한 통치를 통해 인간 존엄성을 실현하고자 한다.

✕ 공무 담임권
국민이 국가의 공적인 업무(공무)를 맡아 처리할 수 있는 공무원이 될 수 있는 권리를 말한다.

1 인권과 헌법

(1) **인권**: 인간이라는 이유만으로 수단이 아닌 목적으로 존중받아야 할 존엄성이 있으며, 인간의 존엄성을 실현하기 위해 반드시 제도적으로 보장되어야 하는 것

(2) **헌법**: 국가 최고의 규범으로 국가의 통치 조직과 운영 원리 등을 규정 → 인권을 기본권으로 규정하고 있으며, 인권 보장을 위한 제도적 장치의 토대가 됨
→ 헌법에 의해 규정된 기본권은 법률을 통해 구체적으로 보장받을 수 있음

2 우리 헌법과 기본권
→ 인간의 존엄과 가치 및 행복 추구권을 바탕으로 자유권, 평등권, 참정권, 사회권, 청구권 등을 기본권으로 보장, 국가의 기본권 보장 의무와 책무를 규정함

(1) **헌법 제10조**: 모든 국민은 인간으로서의 존엄과 가치를 가지며, 행복을 추구할 권리를 가진다. 국가는 개인이 가지는 불가침의 기본적 인권을 확인하고 이를 보장할 의무를 진다.

(2) **헌법에서 보장하는 기본권**

자유권	• 의미: 국가 권력의 간섭을 받지 않고 자유롭게 생활할 수 있는 권리 → 헌법 제12조 • 내용: 신체의 자유, 제14조·제15조 – 거주 이전의 자유, 제16조 – 주거의 자유, 제17조 – 사생활의 비밀을 침해받지 않을 권리 등 _{그 밖에 제18조 – 통신의 자유, 제19조 – 양심의 자유, 제20조 – 종교의 자유, 제21조 – 언론·출판의 자유와 집회·결사의 자유, 제22조 – 학문과 예술의 자유, 제23조 – 재산권 행사의 자유가 있음}
평등권	• 의미: 모든 국민이 성별·종교·사회적 신분 등 불합리한 기준에 의해 차별받지 않을 권리 • 헌법 조항: 제11조 – 모든 국민은 법 앞에 평등, 사회적 특수 계급의 제도 불인정 등 →신분제 부정
참정권	• 의미: 국가의 의사 결정 과정에 참여할 수 있는 권리 • 헌법 조항: 제24조 – 대표자를 뽑는 선거권, 제25조 – 공직을 맡는 공무 담임권, 제72조·제130조 등 – 국가의 중요 정책, 헌법 개정을 직접 결정하는 국민 투표권 등
사회권	• 의미: 국민이 국가에 인간다운 생활의 보장을 요구할 수 있는 권리 • 헌법 조항: 제31조 – 교육을 받을 권리, 제32조 – 근로의 권리, 제34조 – 사회 보장을 받을 권리, 제35조 – 쾌적한 환경에서 살 권리 등 →현대 사회에서 인권에 대한 인식이 확산되면서 사회권, 청구권에 대한 관심이 높아지고 있음
청구권	• 의미: 다른 기본권이 침해되었을 때 이를 구제하도록 요구할 수 있는 권리 • 헌법 조항: 제26조 – 청원권, 제28조 – 형사 보상 청구권, 제29조 – 국가 배상 청구권 등

(3) **헌법에 열거되지 않은 권리의 보장**: 헌법 제37조 제1항에 의해 국민의 자유와 권리는 헌법에 열거되지 아니한 이유로 경시되지 아니하며, 헌법에 열거되지 않은 권리도 보장받을 수 있음

(4) **우리 헌법상 기본권의 제한과 한계**: 헌법 제37조 제2항 국민의 모든 자유와 권리는 국가 안전 보장·질서 유지 또는 공공복리를 위하여 필요한 경우에 한하여 법률로써 제한할 수 있으며, 제한하는 경우에도 자유와 권리의 본질적인 내용을 침해할 수 없음 [자료 1]

주제 2 인권 보장을 위한 헌법상 제도적 장치 ★★★

개념 더하기

✕ 국민 투표권
우리나라는 대의 민주주의를 채택하고 있지만, 헌법 개정 등 중요 정책 결정은 국민 투표를 통해 국민의 의사를 직접 반영함으로써 인권을 보장하고자 한다.

1 인권 보장을 위한 헌법의 원리
→ 국민 주권은 나라의 주인이 국민이므로 최종 결정권이 국민에게 있음을 의미함

(1) **국민 주권의 원리**: 국가의 최고 권력인 주권이 국민에게 있다는 것으로 국민 투표를 통한 헌법 개정, 선거에 의해 대통령과 국회의원 선출 등을 통해 구현함

(2) **법치주의**: 국민의 대표로 구성된 국회가 법률을 제정하고 이에 근거하여 국가를 운영함

(3) **권력 분립 제도**: 국가 권력을 서로 다른 기관이 나누어 맡게 하여 상호 견제와 균형을 이루도록 함으로써 권력의 남용을 막고 국민의 기본권을 보장함 [자료 2]
→ 입법권은 국회, 행정권은 정부, 사법권은 법원에서 담당함

(4) **복수 정당제**: 여러 정당이 자유로이 활동함으로써 의견의 다양성, 정권의 평화적 교체 가능성 등이 보장됨

(5) **민주적 선거 제도**: 국민이 선거를 통해 국가를 운영할 대표자를 선출함으로써 국민의 의사와 이익을 정치에 반영함

2 기본권 구제 제도

→ 대한민국 법령의 위헌 여부 및 분쟁 심판 등을 관장하는 기관

(1) **헌법재판소**: 헌법 소원 심판, 위헌 법률 심판 등을 통해 법률이나 공권력이 개인의 기본권을 침해하였는지를 판단하여 구제함

(2) **국가 인권 기관**: 국가 인권 위원회, 국민 권익 위원회 등을 통해 인권 보호, 국민의 인권 의식 함양 등을 위해 노력함

✕ 복수 정당제
두 개 이상의 정당이 정권 획득을 목표로 경쟁하며 활동함으로써 다원주의에 입각하여 국민의 다양한 의사를 국가 정책에 반영할 수 있어 국민 주권의 원리를 실현하고자 한다.

---

1 시민 참여

(1) **의미**: 시민이 참여 의식을 가지고 정치 과정이나 공적 문제 해결에 적극적으로 참여하여 영향을 미치는 행위

(2) **필요성**: 시민이 정치에 무관심하면 정책 결정 과정이 불공정하게 이루어질 수 있으며, 시민의 권익 침해를 방지하고 시민의 권익을 보호하기 위함

(3) **기능**: 시민 권익을 보호하여 공동체 이익 증진, 대의 민주주의 보완 등

→ 시민의 참여는 직접 민주주의를 실현하기 위한 것이 아닌 대의 민주주의를 보완하기 위한 방안임

2 시민 참여 방법✕

(1) **합법적 참여**: 선거와 투표, 정당·이익 집단·시민 단체 참여, 공청회·주민 간담회 참여, 자원봉사 활동, 입법 청원·주민 조례 청구 등

(2) **시민불복종**: 부당한 법이나 정책의 변화를 통해 공익을 수호하려는 목적에서 양심적으로 행하는 비폭력 위법 행위 → 목적의 정당성(개인의 이익이 아닌 정의를 위해), 최후의 수단성(합법적인 방법을 모두 사용한 후), 처벌의 감수(처벌을 받음으로써 기존 법체계 존중), 비폭력성(폭력적일 경우 시민들의 동의를 얻기 곤란함) → 정당화 조건

개념 더하기

✕ 시민 참여의 방법

선거 참여	국민의 대표 선출
이익 집단	자신이 속한 집단의 이익 실현
시민 단체	공동체의 삶 개선
민원 제기	주민이 행정 기관에 원하는 바를 요구하는 일
집회 참가	다수의 사람들이 특정한 목적을 가지고 특정한 장소에 일시적으로 모이는 것
청원 운동	국민이 국가 기관에 의견이나 희망 등 일정한 사항을 문서로써 진정하는 것

자료 더하기

자료 ❶ 공공복리와 기본권 제한

(가) 헌법 제21조 ① 모든 국민은 언론·출판의 자유와 집회·결사의 자유를 가진다.
② 언론·출판에 대한 허가나 검열과 집회·결사에 대한 허가는 인정되지 아니한다.

(나) 집회 및 시위에 관한 법률 제10조(옥외 집회와 시위의 금지 시간) 누구든지 해가 뜨기 전이나 해가 진 후에는 옥외 집회 또는 시위를 하여서는 아니 된다. 다만, …… 질서 유지를 위한 조건을 붙여 해가 뜨기 전이나 해가 진 후에도 옥외 집회를 허용할 수 있다.

➡ (가) 헌법에는 집회와 시위의 자유를 허용하지만 (나) 집회 및 시위에 관한 법률은 옥외 집회와 시위의 금지 시간을 정하여 제한하고 있다. 또한 헌법에서는 집회·결사의 자유가 허가 대상이 아니지만, 법률은 야간 옥외 집회가 허가 대상임을 말하고 있다. 이는 모두 공공복리를 해친다는 이유에서 기본권을 제한하는 것이다. 이처럼 헌법에서 보장된 기본권이라고 할지라도 국가 안전 보장, 질서 유지, 공공복리를 위해서는 법률로써 제한할 수 있다.

← 사회 구성원 전체에 공통되는 이익

자료 ❷ 삼권 분립

→ 국가 권력을 입법부, 행정부, 사법부 셋으로 나누어 상호 견제와 균형 추구

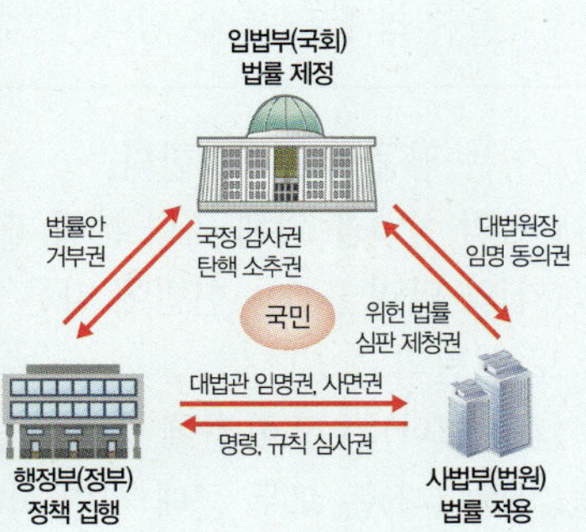

➡ 삼권 분립은 근대 시민 혁명 과정에서 권력 집중을 막아 절대 군주의 권한을 제한하려는 측면에서 부각되었다. 로크는 『정치 이론』에서 입법권과 집행권을 나누어야 한다고 주장하였다. 이후 몽테스키외는 『법의 정신』에서 권력자는 권력을 남용하기 쉽고 악용할 가능성이 있기 때문에 국가 권력을 입법권, 사법권, 행정권으로 나누어야 한다고 주장하였다. 이후 삼권 분립은 여러 나라의 헌법에 적용되어 국가 권력의 집중을 막아 국민의 자유와 권리를 보호하는 기능을 하고 있다.

→ 권력 분립 제도

주제 1 인권 보장을 위한 헌법의 역할 ★★★

01 (가)에 공통적으로 들어갈 용어로 옳은 것은?

> 국가의 권력 구조와 운영 원리를 규정하고 있는 것이 (가) (이)다. (가) 은/는 국민의 기본권을 규정하는 국가의 최고법으로 국민의 인권을 수호하는 근본적 토대이다.

① 민법 ② 상법 ③ 헌법
④ 형법 ⑤ 형사 소송법

02 갑이 침해당하였다고 주장하는 기본권에 대한 설명으로 옳은 것은?

> 갑이 살고 있는 집은 아침마다 밝은 햇살을 볼 수 있었다. 그런데 어느 날 옆집을 산 사람이 5층 높이 건물을 짓기 시작하자 갑은 공사 중지 소송을 제기하였다. 소송의 이유는 건물이 아침 해를 가리므로 기본권을 침해당하였기 때문이라고 밝혔다.

① 기본권 중 역사가 가장 오래된 기본권이다.
② 현대 사회에 와서 부각되고 있는 기본권이다.
③ 절대 군주로부터의 자유를 주장하는 기본권이다.
④ 국가의 간섭을 배제하는 소극적 권리에 해당한다.
⑤ 근대 사회의 천부 인권 사상과 부합하는 기본권이다.

03 우리나라 헌법이 보장하는 수단적 권리의 사례로 옳은 것만을 〈보기〉에서 고른 것은?

> ┌─ 보기 ─┐
> ㄱ. 투표권 ㄴ. 청원권
> ㄷ. 양심의 자유 ㄹ. 국가 배상 청구권

① ㄱ, ㄴ ② ㄱ, ㄷ ③ ㄴ, ㄷ
④ ㄴ, ㄹ ⑤ ㄷ, ㄹ

04 갑과 을의 대화를 통해 공통적으로 파악할 수 있는 기본권에 대한 옳은 설명만을 〈보기〉에서 고른 것은?

> ┌─ 보기 ─┐
> ㄱ. 대표적인 예로 근로의 권리가 있다.
> ㄴ. 국가로부터의 간섭을 배제하고자 한다.
> ㄷ. 독일의 바이마르 헌법에서 처음 규정되었다.
> ㄹ. 국가 성립 이전부터 인간이 지닌 천부적 권리이다.

① ㄱ, ㄴ ② ㄱ, ㄷ ③ ㄴ, ㄷ
④ ㄴ, ㄹ ⑤ ㄷ, ㄹ

05 (가), (나)에 해당하는 기본권에 대한 설명으로 옳은 것은?

> (가) 국가 권력의 간섭을 받지 않고 자유롭게 생활할 수 있는 권리로 신체의 자유, 종교의 자유 등을 들 수 있다.
> (나) 국가에 인간다운 생활의 보장을 요구할 수 있는 권리로 사회 보장을 받을 권리, 쾌적한 환경에서 살 권리 등을 들 수 있다.

① (가)는 평등권에 해당한다.
② (나)의 실현을 위해 권력 분립 제도를 두고 있다.
③ (가)와 달리 (나)는 헌법에 따른 법률을 통해 구체적으로 실현되고 있다.
④ (가)와 (나)는 상호 간에 충돌이 발생할 가능성이 있다.
⑤ (가)와 (나)는 모두 근대 시민 혁명에서 강조된 기본권이다.

06 (가)에 들어갈 옳은 내용만을 〈보기〉에서 고른 것은?

┌ 보기 ┐
ㄱ. 국가의 공공복리를 위해서야.
ㄴ. 국가의 안전 보장을 위해서야.
ㄷ. 국가 기관의 행정 효율성을 위해서야.
ㄹ. 국가 기관 간의 힘의 균형을 추구하기 위해서야.

① ㄱ, ㄴ　　　② ㄱ, ㄷ　　　③ ㄴ, ㄷ
④ ㄴ, ㄹ　　　⑤ ㄷ, ㄹ

---

07 다음 헌법 조항에 대한 옳은 설명만을 〈보기〉에서 있는 대로 고른 것은?

> 제37조 ② 국민의 모든 자유와 권리는 　(가)　을/를 위하여 필요한 경우에 한하여 　(나)　(으)로써 제한할 수 있으며, 제한하는 경우에도 자유와 권리의 본질적인 내용을 침해할 수 없다.

┌ 보기 ┐
ㄱ. (가)에는 국가 안전 보장이 들어갈 수 있다.
ㄴ. (나)에는 대통령의 명령이 해당한다.
ㄷ. 제37조 제2항은 기본권은 절대적 권리이므로 제한될 수 없음을 의미한다.
ㄹ. 제37조 제2항은 기본권 제한의 범위를 밝혀 인권 침해를 방지하고자 한다.

① ㄱ, ㄴ　　　② ㄱ, ㄹ　　　③ ㄴ, ㄷ
④ ㄱ, ㄷ, ㄹ　　　⑤ ㄴ, ㄷ, ㄹ

★★★

08 우리나라 헌법이 다음과 같은 조항을 둔 이유에 대한 옳은 설명만을 〈보기〉에서 있는 대로 고른 것은?

> 제40조 입법권은 국회에 속한다.
> 제66조 ④ 행정권은 대통령을 수반으로 하는 정부에 속한다.
> 제101조 ① 사법권은 법관으로 구성된 법원에 속한다.

┌ 보기 ┐
ㄱ. 삼권 분립을 추구한다.
ㄴ. 권력 기관 간의 견제와 균형을 도모한다.
ㄷ. 독재 권력의 출현을 막아 인권을 보호한다.
ㄹ. 공공의 이익을 위해 기본권을 제한하고자 한다.

① ㄱ, ㄴ　　　② ㄱ, ㄹ　　　③ ㄷ, ㄹ
④ ㄱ, ㄴ, ㄷ　　　⑤ ㄴ, ㄷ, ㄹ

---

09 갑국과 을국의 정당 제도 유형에 대한 옳은 설명만을 〈보기〉에서 있는 대로 고른 것은?

> 갑국은 정권 획득 가능성이 있는 정당이 A 정당 하나밖에 없다. 다른 정당들은 모두 A 정당에 의해 만들어진 허수아비에 불과하다. 반면 을국은 다수의 정당이 정권 획득을 목표로 경쟁을 벌인다. 때로는 2개 혹은 4개의 정당이 경쟁을 하는 경우도 있다.

┌ 보기 ┐
ㄱ. 갑국은 을국에 비해 독재의 가능성이 높다.
ㄴ. 갑국은 을국에 비해 인권 보장 측면에서 불리하다.
ㄷ. 을국은 갑국에 비해 다양한 정치적 의견이 공존할 것이다.
ㄹ. 을국에서는 갑국과 달리 민주적 정권 교체 가능성이 적을 것이다.

① ㄱ, ㄴ　　　② ㄱ, ㄹ　　　③ ㄷ, ㄹ
④ ㄱ, ㄴ, ㄷ　　　⑤ ㄴ, ㄷ, ㄹ

10 다음 헌법 조항을 통해 실현하고자 하는 점에 대한 설명으로 옳지 <u>않은</u> 것은?

> 제8조 ① 정당의 설립은 자유이며, 복수 정당제는 보장된다.

① 국민의 다양한 의견을 반영하고자 한다.
② 사회의 다양한 가치를 정책에 반영할 수 있다.
③ 정권의 평화적 교체 가능성을 보장하고자 한다.
④ 국민의 정치적 견해를 정책에 반영하고자 한다.
⑤ 모든 국민이 정치에 참여하여 공무를 담임할 수 있다.

11 우리나라에서 시행하고 있는 인권 보장을 위한 헌법상의 제도적 장치로 옳지 <u>않은</u> 것은?

① 복수 정당제
② 권력 분립 제도
③ 대통령 연임 제도
④ 기본권 구제 제도
⑤ 민주적 선거 제도

12 (가), (나)는 수업 시간에 교사가 제시한 자료이다. 이를 통해 다루고자 하였던 공통된 학습 주제로 가장 적절한 것은?

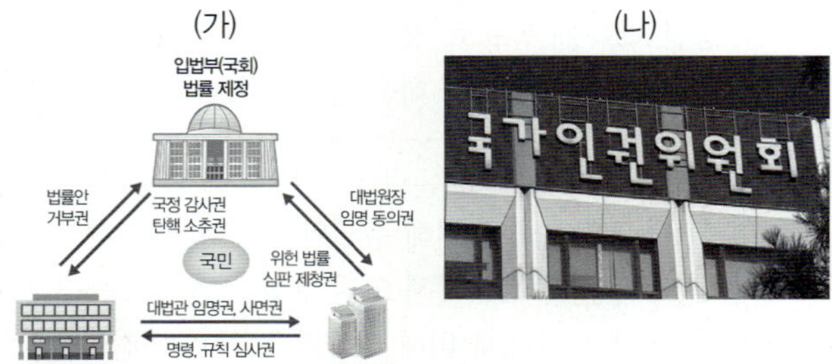

① 인권의 개념
② 인권의 특성
③ 새로운 인권의 등장
④ 인권 보호를 위한 제도
⑤ 인권의 역사적 변천 과정

13 다음은 어느 국가 기관의 역할에 관한 내용이다. (가) 기관의 기능에 대한 설명으로 옳지 <u>않은</u> 것은?

> 법률관계의 근거가 되는 법률이 헌법에 위반되는 잘못이 있다고 주장하거나, 국민에게 의무를 지우거나 국민의 자유를 제한하는 국가 공권력의 작용이 헌법에 위반된다고 다툴 때가 있다. 이때에는 ____(가)____ 의 심판을 통해 바로잡는다.

① 헌법을 보호한다.
② 국가 공권력을 통제한다.
③ 국민의 기본권을 보장한다.
④ 입법부가 사법부를 견제하는 수단이다.
⑤ 헌법 소원 심판을 통해 권리를 구제한다.

14 다음 글에서 설명하고 있는 제도로 옳은 것은?

> 기본권이 침해된 국민은 자신의 기본권을 침해하는 국가 권력의 행위가 헌법에 위반되는지 가려내 주기를 헌법재판소에 요청할 수 있다.

① 심급 제도
② 권력 분립 제도
③ 복수 정당 제도
④ 위헌 법률 심판
⑤ 헌법 소원 심판

★★

15 (가)에 들어갈 수 있는 내용으로 가장 적절한 것은?

> 〈수업 지도안〉
>
> I. 인권 보장과 헌법
>   2. 인권 보장을 위한 헌법의 역할과 시민 참여
>   (1) ____(가)____
>   ① 선거
>   ② 이익 집단 활동
>   ③ 시민 단체 활동
>   ④ 국가 기관의 홈페이지에 민원 제기

① 준법 의식의 의미
② 준법 의식의 기능
③ 시민 참여의 의미
④ 시민 참여의 방법
⑤ 시민불복종 운동의 의미와 한계

서술형 문제

16 다음 글을 통해 파악할 수 있는 내용으로 옳지 <u>않은</u> 것은?

> 우리 〈○○ 연대〉는 경제 정의를 목표로 정부 활동 감시, 국회 입법 감시, 공무원의 불법 행위 감시, 입법 청원 등을 통한 시민 교육을 실시하고 있습니다. 평화적인 방법을 지향하나 정의를 위해서 일부 현행법을 어겨 처벌을 받더라도 이를 우리 사회의 정의를 위한 희생으로 이해하고 감수할 수 있는 회원을 모집합니다.

① 인권 보장을 위한 시민들의 직접적 노력이다.
② 국가 권력의 남용과 부패 발생을 견제하고자 한다.
③ 사회 문제에 대한 비판과 해결책을 제시하고자 한다.
④ 대의 민주주의를 보완하는 시민의 정치 참여 방법이다.
⑤ 시민의 참여는 합법적인 경우에만 정당성을 지님을 강조한다.

17 (가), (나)는 시민 참여 방법을 나타낸 것이다. 이에 대한 설명으로 옳지 <u>않은</u> 것은?

> (가) 갑은 자신의 소신을 지키기 위해 정부 청사 앞에서 1인 시위를 펼쳤다.
> (나) 을은 구청의 처분이 부당하다며 여러 방면으로 노력하다가 불복종 운동을 전개하였다.

① (가)는 (나)에 비해 행위의 정당성을 중시한다.
② (가)와 (나)를 시민 의식 수준의 차이로 구분하기 곤란하다.
③ (가)와 (나) 모두 남용될 경우 사회 혼란이 가중될 우려가 있다.
④ (가)와 (나)의 차이는 행위의 합법성 여부에 따라 구별할 수 있다.
⑤ (가)와 (나) 모두 시민이 공동체의 문제에 관심이 많을 때 나타난다.

18 다음과 같은 운동이 정당성을 갖기 위한 조건으로 옳지 <u>않은</u> 것은?

> 오늘 우리는 영국의 소금 제조 금지법에 도전하고 있습니다. 내일 우리는 다른 법들에 도전해야 합니다. 이러한 식으로 우리가 비협력을 실행하면 결국 행정은 마비될 것입니다.

① 목적이 정당해야 한다.
② 비폭력적 방법을 택해야 한다.
③ 사회 정의 실현을 목적으로 해야 한다.
④ 법을 어긴 것이므로 처벌을 감수해야 한다.
⑤ 다른 수단에 앞서 우선적으로 시행되어야 한다.

19 다음 자료를 보고 물음에 답하시오.

> 공장의 소음과 악취로 주민들이 ㉠ 집에서 휴식과 숙면을 취하지 못하고 스트레스성 적응 장애와 불안 신경증 등으로 고통을 겪은 사실을 인정한 ㉡ 재판의 판결문으로 인해 공장 측은 주민들에게 정신적 피해를 배상하고 야간작업을 중단하게 되었다.

(1) 밑줄 친 ㉠으로 침해받은 헌법에서 규정한 기본권을 쓰시오.

(2) 밑줄 친 ㉡을 요구할 수 있는 기본권의 명칭을 쓰고 그 필요성에 대해 서술하시오.

20 다음 자료를 보고 물음에 답하시오.

> A국 국민들은 정부의 국회의원 선출 방식 변경에 항의하는 집회를 열었다. 시민 대표단은 정부에 항의하는 서한을 보내고 대화를 요청하였으나 거부당하자, 결국 국민 주권주의의 실현을 주장하며 집회를 열었다. 이에 정부는 강제 해산에 나섰고, 지도부는 대부분 체포되었다. 외신들은 이 사실을 보도하며 간디의 소금법 거부 운동과 같은 대표적인 [(가)] 운동이라고 소개하였다.

(1) (가)에 들어갈 시민 참여 방법을 쓰시오.

(2) (가) 운동을 펼친 시민 대표단 지도부가 참여한 시민들에게 당부하였을 내용을 준법 의식 측면에서 세 가지 서술하시오.

01 (가)에 들어갈 기본권에 대한 옳은 설명만을 〈보기〉에서 있는 대로 고른 것은?

> 산업 혁명 이후 자본주의가 발달하면서 빈부 격차의 심화, 빈곤 문제, 사회적 약자의 문제가 사회적으로 부각되었고, 이로 인해 ___(가)___ 이/가 강조되기 시작하였다.

― 보기 ―
ㄱ. 바이마르 헌법에서 최초로 규정되었다.
ㄴ. 모든 인간이 인간답게 살 권리를 의미한다.
ㄷ. 국가에 권리를 요구한다는 측면에서 적극적 권리이다.
ㄹ. 절대 군주의 억압에서 벗어나기 위해 요구된 권리이다.

① ㄱ, ㄴ　　② ㄱ, ㄹ　　③ ㄷ, ㄹ
④ ㄱ, ㄴ, ㄷ　　⑤ ㄴ, ㄷ, ㄹ

02 다음 글에서 설명하고 있는 기본권의 성격으로 옳은 내용만을 〈보기〉에서 고른 것은?

> 우리나라 헌법에서 보장하는 기본권으로 국민이 법률에 정한 절차에 따라 법률, 명령 등의 개정이나 공무원의 파면 등을 국가 기관에 문서로 청구할 수 있는 권리이다.

― 보기 ―
ㄱ. 교육을 받을 권리, 근로의 권리 등이 포함된다.
ㄴ. 헌법재판소의 심판을 통해서만 실현되는 권리이다.
ㄷ. 다른 기본권이 침해되었을 경우 이를 구제하는 수단이다.
ㄹ. 대표적인 예로 국가 배상 청구권, 형사 보상 청구권 등이 있다.

① ㄱ, ㄴ　　② ㄱ, ㄷ　　③ ㄴ, ㄷ
④ ㄴ, ㄹ　　⑤ ㄷ, ㄹ

03 밑줄 친 ㉠의 목적에 대한 옳은 설명만을 〈보기〉에서 있는 대로 고른 것은?

> 갑은 대학교에 합격하였다는 통지를 받고 기뻤지만 입학식 날부터 그의 대학교 생활은 어려움의 연속이었다. 휠체어를 사용하는 장애인이었던 갑에게 대학교의 수많은 계단은 극복의 대상이었다. 이에 갑은 대학교 측을 상대로 이동 통로의 개선을 요구하였지만 받아들여지지 않자 ㉠ 소송을 제기하였다.

― 보기 ―
ㄱ. 인권을 보장받기 위해서이다.
ㄴ. 평등권을 보장받기 위해서이다.
ㄷ. 재산권을 행사하기 위해서이다.
ㄹ. 청구권을 행사하기 위해서이다.

① ㄱ, ㄴ　　② ㄱ, ㄷ　　③ ㄷ, ㄹ
④ ㄱ, ㄴ, ㄹ　　⑤ ㄴ, ㄷ, ㄹ

04 (가), (나)에 들어갈 질문을 〈보기〉에서 옳게 연결한 것은?

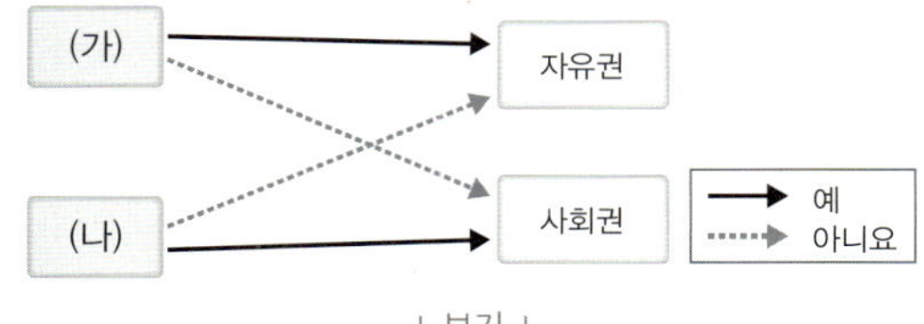

― 보기 ―
ㄱ. 적극적 성격의 기본권인가?
ㄴ. 기본권 보장을 위한 기본권인가?
ㄷ. 역사적으로 가장 오래된 기본권인가?
ㄹ. 현대 복지 국가에서 강조되는 기본권인가?

	(가)	(나)		(가)	(나)
①	ㄱ	ㄴ	②	ㄱ	ㄷ
③	ㄴ	ㄷ	④	ㄴ	ㄹ
⑤	ㄷ	ㄹ			

05 표는 기본권 (가), (나)와 관련된 헌법 조항을 정리한 것이다. 이에 대한 옳은 설명만을 〈보기〉에서 있는 대로 고른 것은?

기본권	헌법 조항
(가)	모든 국민은 사생활의 비밀과 자유를 침해받지 아니한다.
(나)	모든 국민은 능력에 따라 균등하게 교육받을 권리를 가진다.

─ 보기 ─

ㄱ. (가)에는 양심의 자유, 종교의 자유 등이 포함된다.
ㄴ. (나)는 국가의 정치 과정에 참여할 수 있는 권리이다.
ㄷ. (가)는 (나)와 달리 현대 복지 국가에서 중시되는 권리이다.
ㄹ. (나)는 (가)와 달리 국가에 대해 일정한 행위를 요구할 수 있는 권리이다.

① ㄱ, ㄴ　　　② ㄱ, ㄹ　　　③ ㄷ, ㄹ
④ ㄱ, ㄴ, ㄷ　　　⑤ ㄴ, ㄷ, ㄹ

┃ 교육청 기출 ┃

06 기본권 유형 A~C에 대한 설명으로 옳은 것은? (단, A~C는 각각 자유권, 평등권, 참정권 중 하나임.)

아래 그림은 [질문 1], [질문 2]에 대해 '예', '아니요' 중 같은 답을 할 수 있는 것끼리 점선으로 묶은 것이다.

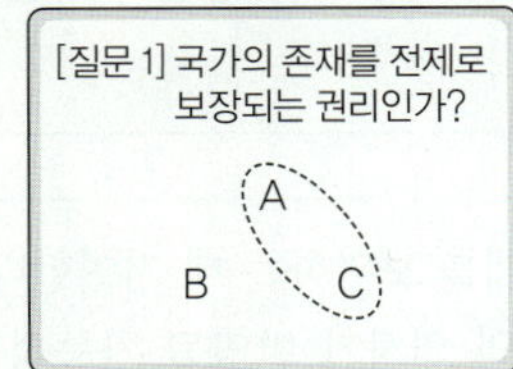

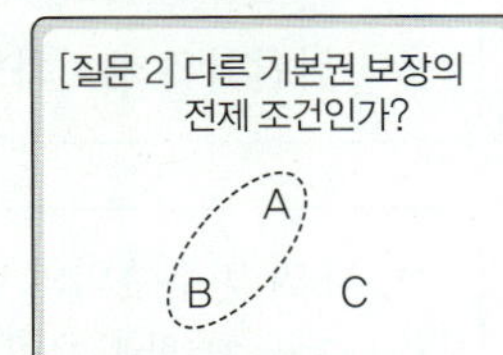

① A는 가장 최근에 등장한 권리이다.
② B는 국가의 정치 과정에 참여할 수 있는 권리이다.
③ C는 자본주의의 문제점을 해결하는 과정에서 등장한 권리이다.
④ A는 B, C와 달리 적극적 성격의 권리이다.
⑤ C는 A, B와 달리 다른 기본권 구제를 위한 수단적 권리이다.

07 다음 필자의 주장에 부합하는 내용만을 〈보기〉에서 있는 대로 고른 것은?

같은 사람 또는 같은 관리 집단에 입법권과 행정권을 주었을 때 자유란 존재하지 않는다. 왜냐하면 이들이 독재적인 법을 만들어 집행할 수 있기 때문이다. 그리고 사법권이 입법권과 행정권으로부터 분리되어 있지 않은 때에도 역시 자유는 존재하지 않는다.

─ 보기 ─

ㄱ. 인권을 보장해야 한다.
ㄴ. 정치권력을 분립시켜야 한다.
ㄷ. 정치권력은 상호 독립되어야 한다.
ㄹ. 권력을 집중시켜 강력한 통치를 시행해야 한다.

① ㄱ, ㄴ　　　② ㄱ, ㄹ　　　③ ㄷ, ㄹ
④ ㄱ, ㄴ, ㄷ　　　⑤ ㄴ, ㄷ, ㄹ

08 우리 헌법상의 제도적 장치 (가)~(라)에 대한 설명으로 옳지 <u>않은</u> 것은?

(가) 두 개 이상의 정당이 자유롭게 활동하는 것을 보장하고 있다.
(나) 국민이 선거를 통해 국가를 운영할 국민의 대표자를 선출하게 하고 있다.
(다) 국가 기관의 권한 행사는 국회가 제정한 법률에 근거하여 수행하도록 하고 있다.
(라) 국가 권력을 나누어 각각 다른 기관에 분담시켜 상호 견제와 균형을 이루도록 하고 있다.

① (가)는 정권의 평화적 교체에 기여한다.
② (나)를 위해 우리 헌법은 공무 담임권을 규정하고 있다.
③ (다)는 법에 따라 통치가 이루어져야 함을 의미한다.
④ (라)는 국가 기관의 권력이 남용되는 것을 막는 데 기여한다.
⑤ (가)~(라)는 모두 인권을 보장하기 위한 제도적 장치이다.

09 밑줄 친 ㉠~㉢에 대한 옳은 설명만을 〈보기〉에서 있는 대로 고른 것은?

> 인간의 기본권을 보장하기 위한 헌법의 제도적 장치에는 여러 가지가 있다. 우선 ㉠ 국가의 공권력 행사는 반드시 법률에 근거한 것만 허용한다는 것, 둘째 ㉡ 국가 기관을 입법부와 행정부 그리고 사법부로 분리하여 상호 견제하도록 하는 것, 셋째 ㉢ 인권을 침해하는 국가 권력의 행사 등에 대한 위헌 여부 결정을 통한 국민의 인권 보장 등이 있다.

┤ 보기 ├

ㄱ. ㉠에 따르면 국가의 행정도 법에 따라 이루어져야 한다.
ㄴ. ㉡은 복수 정당제를 통한 인권 보장을 의미한다.
ㄷ. ㉢은 ㉡과 달리 법률에 근거한다.
ㄹ. ㉢에서 위헌 여부를 결정하는 곳은 헌법재판소이다.

① ㄱ, ㄴ　　　② ㄱ, ㄹ　　　③ ㄷ, ㄹ
④ ㄱ, ㄴ, ㄷ　　　⑤ ㄴ, ㄷ, ㄹ

10 밑줄 친 ㉠, ㉡에 대한 옳은 설명만을 〈보기〉에서 고른 것은?

> ㉠ 헌법재판소는 4급 이상 공무원이 신고한 병역 사항의 내용 중 병역 면제의 근거인 질병명이 관보와 인터넷에 예외 없이 공개되도록 규정한 공직자 관련 법령이 4급 이상 공무원의 ㉡ 기본권을 침해한다고 결정하였다.

┤ 보기 ├

ㄱ. ㉠은 법률을 제정한다.
ㄴ. ㉠은 법률이 헌법에 위반되는지 여부에 대해 심판한다.
ㄷ. ㉡은 국가의 간섭을 받지 않을 소극적 권리에 해당한다.
ㄹ. ㉡은 현대 사회에 새롭게 부각되고 있는 사회권에 해당한다.

① ㄱ, ㄴ　　　② ㄱ, ㄷ　　　③ ㄴ, ㄷ
④ ㄴ, ㄹ　　　⑤ ㄷ, ㄹ

11 다음 행위들의 공통적인 기능으로 가장 적절한 것은?

> • 장애인 날을 앞두고 장애인 이동권 보장을 촉구하는 집회가 전국 곳곳에서 열렸다.
> • 전세 사기 피해가 늘어나자 전세 사기 피해자들은 관련 법률 개정을 촉구하는 서명 운동을 실시하였다.
> • ○○초등학교 학부모들은 상가 주택 공사 차량과 진출입 차량 통행으로 사고 위험이 커진 통학로 개선을 요구하는 민원을 제기하였다.

① 참여 주체의 정치적 효능감을 저하시킨다.
② 직접 민주주의의 한계를 보완하는 데 기여한다.
③ 국가 정책에 시민들의 의사가 반영될 가능성을 높인다.
④ 사회의 공공 문제에 대한 시민들의 무관심을 심화시킨다.
⑤ 시민들의 인권이 보장되는 정의로운 사회의 실현을 저해한다.

12 (가)~(다)에 나타난 행위들의 공통적인 기능으로 옳은 내용만을 〈보기〉에서 고른 것은?

> (가) ○○산에 불법 수렵 및 야영 시설이 늘어나자 인근 주민들은 관련 법률 개정을 촉구하는 서명 운동을 실시하였다.
> (나) □□ 제품의 불량으로 인한 피해가 늘어나자 관련 피해자들은 행정 당국의 규제 강화를 촉구하는 집회를 주최하였다.
> (다) △△초등학교 학부모들은 통학로에 있는 위험한 철도 건널목의 개선을 요구하는 민원을 국민 권익 위원회에 제기하였다.

┤ 보기 ├

ㄱ. 대의 민주주의의 한계를 보완하는 데 기여한다.
ㄴ. 국가 정책에 시민들의 의사가 반영될 가능성을 높인다.
ㄷ. 사회의 공공 문제에 대한 시민들의 무관심을 심화시킨다.
ㄹ. 시민들의 인권이 보장되는 정의로운 사회의 실현을 저해한다.

① ㄱ, ㄴ　　　② ㄱ, ㄷ　　　③ ㄴ, ㄷ
④ ㄴ, ㄹ　　　⑤ ㄷ, ㄹ

| 교육청 기출 |

13 밑줄 친 ⊙~@에 대한 옳은 설명만을 〈보기〉에서 고른 것은?

┤ 보기 ├

ㄱ. ⊙은 정치 참여 주체의 정치적 효능감을 향상시킨다.
ㄴ. ⓒ은 정치권력에 대한 국민의 감시 기능을 강화시킨다.
ㄷ. ⓒ은 ⊙과 달리 대의 민주주의의 한계를 보완할 수 있다.
ㄹ. ⓒ, @은 모두 집단적 정치 참여 방법에 해당한다.

① ㄱ, ㄴ   ② ㄱ, ㄷ   ③ ㄴ, ㄷ
④ ㄴ, ㄹ   ⑤ ㄷ, ㄹ

14 밑줄 친 ⊙, ⓒ에 대한 옳은 설명만을 〈보기〉에서 고른 것은?

- 1900년대 초반에 영국은 인도의 소금 채취를 금지하게 하는 '소금법'을 시행하였다. 이에 간디는 어떠한 무력도 행사하지 않고 행진대를 구성하여 바다까지 행진하여 소금을 직접 가져왔다. 이어 간디는 ⊙ 소금법에 대한 비협조 운동은 인간의 타고난 권리라고 말하였다.
- 1955년 미국의 한 시내버스에서 몽고메리 흑백 분리 시법(市法)을 위반하였다는 명목으로 흑인 여성이 체포되었다. 이후 1963년 미국 워싱턴에서 ⓒ 노예 해방 100주년을 기념하는 평화 대행진에서 마틴 루서 킹 목사는 흑인 차별 문제의 심각성에 대한 연설을 하였다.

┤ 보기 ├

ㄱ. ⊙은 국가 권력이 정당하지 못할 때 진행될 수 있다.
ㄴ. ⓒ은 비폭력적인 방법을 통한 시민불복종 운동이다.
ㄷ. ⊙과 달리 ⓒ은 목적의 정당성보다 법을 존중한다는 태도가 중요하다.
ㄹ. ⓒ과 달리 ⊙은 정의롭지 못한 법을 변혁시키려는 시민 참여이다.

① ㄱ, ㄴ   ② ㄱ, ㄷ   ③ ㄴ, ㄷ
④ ㄴ, ㄹ   ⑤ ㄷ, ㄹ

15 다음 글에서 강조하는 시민불복종의 정당화 조건으로 옳지 않은 것은?

시민불복종은 부정의한 법이나 정부의 정책에 변혁을 가져올 목적으로 행해지는 공공적이고 공개적이며 비폭력적이고 양심적이기는 하지만, 법에 반하는 정치적 행위이다. 시민불복종은 최후의 대책이어야 하며, 법을 위반한 데 대한 법적인 결과들을 받아들이는 법에 대한 충실성의 영역 내에서 이루어져야 한다.

① 시민불복종은 비폭력적인 방법으로 전개되어야 한다.
② 시민불복종은 사회 정의의 실현을 목적으로 삼아야 한다.
③ 시민불복종 참여자는 불복종 행위에 따른 처벌을 감수해야 한다.
④ 시민불복종은 합법적인 절차를 거친 이후에 시도되어야 한다.
⑤ 시민불복종은 성공 가능성을 고려하여 은밀히 행해져야 한다.

| 교육청 기출 |

16 밑줄 친 ⊙이 시민불복종으로서 정당화되기 위한 조건만을 〈보기〉에서 있는 대로 고른 것은?

2014년에 일어난 홍콩의 ⊙ 우산 혁명은 홍콩 행정장관 선거의 완전 직선제를 요구하며 79일간 이어진 시위를 말한다. 시민들이 시위 과정에서 경찰이 뿌리는 최루액을 막기 위해 들기 시작한 우산이 시위의 상징이 되면서 우산 혁명으로 불리게 되었다.

┤ 보기 ├

ㄱ. 공개적이며 비폭력적이어야 한다.
ㄴ. 현행 법규를 위반하지 않는 범위 내에서 행해져야 한다.
ㄷ. 사회 정의 실현을 목표로 하는 양심적인 행동이어야 한다.
ㄹ. 다른 방법으로는 문제를 해결할 수 없을 때 사용되는 최후의 수단이어야 한다.

① ㄱ, ㄴ   ② ㄴ, ㄹ   ③ ㄷ, ㄹ
④ ㄱ, ㄴ, ㄷ   ⑤ ㄱ, ㄷ, ㄹ

03 인권 문제의 양상과 해결 방안

개념 더하기

✕ 사회적 소수자의 성립 요건

식별 가능성	신체적이나 문화적으로 다른 집단과 뚜렷하게 구별됨
권력의 열세	정치, 경제, 사회·문화적 권한의 행사에서 주류 집단보다 열세에 있음
사회적 차별	사회적 소수자 집단의 구성원이라는 이유만으로 차별을 받음
집합적 정체성	스스로 차별받는 집단의 구성원이라는 소속 의식을 가짐

✕ 적극적 우대 조치
사회적 소수자가 받고 있는 차별을 제도적으로 구제하기 위해 취업이나 입학 등에서 사회적 소수자를 우대하는 정책을 말한다.

✕ 근로 기준법
헌법에 따라 근로 조건의 기준을 정하여 놓은 법률을 의미한다. 근로자의 기본적 생활을 보장·향상시키며 균형 있는 국민 경제의 발전을 목적으로 한다.

1 사회적 소수자 차별 문제

(1) 사회적 소수자의 의미

① 의미: 신체적 또는 문화적 특징 때문에 사회의 다른 구성원에게 차별을 받으며, 스스로 차별받는 집단에 속해 있다는 의식을 가진 사람

② 유형: 장애인, 이주 외국인(외국인 노동자, 결혼 이민자), 노인, 여성, 북한 이탈 주민 등

(2) 사회적 소수자의 특성

① 반드시 수적으로 소수(少數)를 의미하는 것은 아님

② 소수자 집단의 구성원이라는 이유만으로 사회적 차별의 대상이 됨

③ 주류 집단에 비해 사회적 자원 획득에서 불리한 위치에 있음

④ 자신들이 주류 집단으로부터 차별받는 집단의 구성원이라는 인식이 존재함

⑤ 시대, 장소, 소속 집단의 범주 등에 따라 사회적 소수자 여부가 달라짐

(3) 사회적 소수자 차별 양상

① 성별에 따라 특정한 사회적 역할이 요구되거나 나이를 이유로 부당한 대우를 받음

② 외국인이라는 이유로 노동권을 침해받거나 문화적 차이로 불편함을 겪음

③ 장애를 이유로 이동권을 제약받거나 교육 및 취업에서 차별을 겪음

④ 교육, 사회적 관계 등에서 배제되어 사회 적응에 어려움을 겪음

⑤ 취업에 대한 정보 부족, 업무 능력에 대한 편견 등으로 경제적 어려움을 겪음

(4) 사회적 소수자 차별의 문제점: 차별받는 사람의 인간 존엄성을 해치고, 사회적 소수자를 비정상으로 규정하는 차별적 사고로 사회 갈등을 야기할 수 있음

(5) 사회적 소수자 차별 문제의 해결 방안 자료 1

① 개인적 차원: 사회적 소수자에 대한 편견 극복, 사회적 소수자가 겪는 고통에 공감하고 배려하는 인권 감수성 함양, 다양성을 존중할 줄 아는 자세 확립 등

② 사회적 차원: 사회적 소수자를 차별하는 정책이나 법률 정비, 적극적 우대 조치 도입, 지속적인 인권 교육과 의식 개선 활동 등
→ 사회적 소수자들에게도 평등권을 보장해 주어야 함
→ 차이를 차별로 인식하지 않기 등 공존의 자세를 지니도록 의식 개선을 위한 지속적인 교육이 필요함

2 청소년 노동권 침해 문제

(1) 청소년 노동권 자료 2

① 의미: 청소년이 노동할 기회나 근로관계, 임금, 근로 시간 등에서 정당한 대우를 받을 권리 → 청소년 노동권은 성인이 보장받는 노동 조건에 대한 권리와 동일하게 보장됨

② 근로 기준법에 청소년을 위한 특별한 규정을 두어 정당한 권리 행사를 보장함

(2) 청소년 노동권의 침해 양상과 원인

① 침해 양상: 근로 계약서 미작성, 규정된 노동 시간 초과, 최저 임금 미만의 저임금 지급 등

② 원인: 청소년 노동권에 대한 이해 부족, 고용주의 준법 의식 결여, 법이나 제도의 미흡 등

(3) 청소년 노동권의 침해 문제의 해결 방안

① 사용자: 청소년의 노동권 보장을 위한 관련 법규 준수 의지, 청소년을 보호하고 배려하는 자세 함양 등
→ 고용 노동부 중앙 노동 위원회, 대한 법률 구조 공단 등에 문의하여 적극적으로 대응해야 함

② 청소년: 노동권에 관한 지식 습득, 근로 계약서 작성, 노동권을 침해당한 경우 적극적인 대처 자세 필요 등
→ 청소년 노동 인권에 관한 사회적 인식 개선

③ 국가: 청소년 노동 관련 법률이나 제도 보완, 노동 인권 교육 실시 등

1 세계 인권 문제의 양상과 인권지수

(1) 세계 인권 문제의 양상
→ 인간의 기본적인 욕구를 충족하는 데 필요한 자원이나 소득의 결핍이 계속되는 상태
① 빈곤 문제 : 일부 국가에서는 굶주림 등으로 최소한의 인간다운 생활을 보장받지 못함

② 난민 문제 : 전쟁과 잦은 내전으로 생명을 위협받거나 난민이 발생함

③ 성차별 문제 : 임금, 고용 및 승진, 교육 수준, 정치 참여 기회 등에서 남녀 차별이 나타나는 나라가 많음

→ 아동이 부모나 사회, 국가의 적절한 보호와 배려 등을 받으면서 건강하게 성장할 권리
④ 아동 인권 침해 문제 : 척박한 자연환경과 빈곤, 내전 등으로 아동이 생존을 위해 과중한 노동을 하고 학교 교육이나 적절한 보호를 받지 못하는 경우가 많음

⑤ 기본권 침해 문제 : 일부 국가에서 국민의 기본권을 침해하고 언론을 통제하기도 함

(2) 인권지수
① 의미: 한 국가나 사회의 인권을 종합적으로 나타낸 지수

② 인권 문제를 객관적으로 파악할 수 있는 도구로 국가별 인권 보장 실태와 그 변동 상황의 비교를 위해 여러 국제기구들이 발표함 → 인권 지수를 바탕으로 인권 문제 개선을 위한 계기를 마련할 수 있음

2 세계 인권 문제의 해결

(1) 배경 : 인권 문제는 개별 국가의 문제인 경우도 있지만, 이의 해결을 위해 국제 사회가 관심을 갖고 노력하고 있음
국제 연합 인권 이사회(UNHRC), 국제 사면 위원회
(국제 앰네스티), 국경 없는 의사회 등

(2) 해결 방안
① 사회적 차원 : 각국의 인권 상황 파악, 국제적 연대를 통해 빈곤 국가에 대한 경제적 지원, 국제법에 근거한 제재 등을 통해 관심을 기울임 IBRD(국제 부흥 개발 은행 : 상대적으로 가난한 국가 지원), IDA(국제 개발 협회 : 세계 최빈국 지원) 등

② 국가적 차원 : 국제적 연대에 동참, 개별 국가 차원에서 어려움을 겪는 나라 지원 등

③ 개인적 차원 : 세계시민 의식을 가지고 국제 사회의 인권 문제에 관심을 기울임

개념 더하기

✕ 인권지수
국제 식량 정책 연구소에서는 영양실조 상태인 인구 비율 등을 조사하여 '세계 기아 지수'를, 세계 경제 포럼에서는 남녀 간 경제 참여 기회 등을 조사하여 '세계 성 격차 지수'를, 국제 인권 단체인 프리덤 하우스에서는 신체의 자유, 사상 및 양심의 자유 등을 조사하여 '시민 자유권 지수'를 발표하고 있다.

✕ 국제법
국제 사회의 질서 유지를 위해 국제 관계를 규율하는 규범이나 원칙으로, 여러 국가 간의 합의에 의해 성립된다. 주로 국가와 국가 간의 관계 및 국제기구뿐만 아니라 개인의 기본적인 권리도 규율한다.

✕ 세계시민 의식
특정한 국가나 장소의 시민으로서가 아니라 전 세계적인 철학과 감각을 가지고 세계의 일원이 되는 것으로 세계시민으로서의 권리와 시민적 책임을 갖는다.

자료 더하기

자료 ❶
사회적 소수자 차별 문제의 해결 방안

- ㉠ 국가 인권 위원회: 개인의 기본적 인권 보호 향상과 인간으로서의 존엄과 가치를 구현하기 위한 국가 기관으로 인권 보호 향상에 관한 모든 사항을 다룬다.
- ㉡ 근로 기준법: 헌법에 따라 근로 조건의 기준을 정하여 근로자의 기본적 생활을 보장 및 향상하고, 균형 있는 국민 경제의 발전을 도모하기 위한 법률이다.
  → 경제적·사회적으로 약자인 근로자들의 실질적 지위를 보호, 개선하기 위해 근로 조건의 최저 기준을 정한 법
- ㉢ 인권의 소중함 깨닫기: 인권의 소중함을 깨닫고 일상생활 속에서 인권 보호를 위해 노력하려는 자세를 지니고, 특히 편견을 가지고 다른 사람을 차별하거나 부당하게 대우하지 않으려는 태도를 기르도록 한다.

➥ 사회적 소수자 차별 문제를 해결하기 위한 방안으로는 크게 사회적 측면과 개인적 측면으로 나눌 수 있다. 사회적 측면에서의 노력은 사회 제도적 장치를 마련하는 것으로 ㉠ 국가 기관을 설치하거나 ㉡ 관련 법률의 제·개정, 교육 프로그램 마련 등이 있다. 이와 함께 개인적 측면에서는 ㉢ 사회적 소수자에 대한 이해를 바탕으로 스스로 편견을 버리고 이해하고 배려하려는 자세를 지니는 것을 들 수 있다.

자료 ❷
「근로 기준법」의 청소년 노동권 관련 규정

제43조(임금 지급) ① 임금은 통화(通貨)로 직접 근로자에게 그 전액을 지급하여야 한다.
　　　　　　　　② 임금은 매월 1회 이상 일정한 날짜를 정하여 지급하여야 한다.

제54조(휴게) ① 사용자는 근로 시간이 4시간인 경우에는 30분 이상, 8시간인 경우에는 1시간 이상의 휴게 시간을 근로 시간 도중에 주어야 한다.

제66조(연소자 증명서) 사용자는 18세 미만인 사람에 대하여는 그 연령을 증명하는 가족 관계 기록 사항에 관한 증명서와 친권자 또는 후견인의 동의서를 사업장에 갖추어 두어야 한다.

제69조(근로 시간) 15세 이상 18세 미만인 사람의 근로 시간은 1일에 7시간, 1주에 35시간을 초과하지 못한다. 다만, 당사자 사이의 합의에 따라 1일에 1시간, 1주에 5시간을 한도로 연장할 수 있다.

➥ 청소년은 경제적·사회적·신체적으로 약자이므로 청소년이라는 이유로 노동 현장에서 부당한 대우를 받는 등 인권 침해를 당하는 경우가 종종 발생한다. 이에 우리나라는 「근로 기준법」에서 청소년의 근로를 특별히 보호하고 있다. 청소년은 스스로 자신과 관련된 법규를 정확히 숙지하여 부당한 대우를 받았을 때 적극적으로 대응할 수 있어야 한다.

01 다음 사례를 통해 도출할 수 있는 결론으로 가장 적절한 것은?

> A 종교를 믿고 있는 갑은 자신의 나라에서는 평범하게 종교 생활을 하며 지냈다. 그런데 회사에서 B 종교를 국교로 삼고 있는 이웃 나라로 파견을 보내면서 삶이 크게 변하였다. 그곳에서 갑은 A 종교를 믿는다는 이유만으로 비난과 조롱을 받으며 차별 대우를 받았다. 이러한 생활을 견디다 못해 갑은 회사에 사표를 내고 자신의 나라로 돌아갔다.

① 어느 사회에나 사회적 소수자는 존재한다.
② 사회적 소수자는 개인의 특성에 따라 결정된다.
③ 제도적 차별에 의해 사회적 소수자가 결정된다.
④ 사회적 소수자 여부는 보편적이지 않고 상대적이다.
⑤ 전체 구성원 중 비율이 적을수록 사회적 소수자로 구분된다.

02 다음 글에 대한 설명으로 옳지 <u>않은</u> 것은?

> 인종·성별·종교 등의 차이로 인해 다른 사회 구성원으로부터 차별을 받으며 스스로 차별을 받는 집단에 속해 있다고 느끼는 집단을 ［　(가)　］(이)라고 한다. 이들에 대한 차별을 개선하는 방안으로는 ㉠ 개인적 차원과 ㉡ 사회적 차원이 있다.

① (가)는 사회적 소수자이다.
② (가)는 그 집단의 규모와 밀접한 관련이 없다.
③ ㉡을 통한 지원은 역차별 논란을 일으킬 수 있다.
④ ㉠은 다양성과 관용의 정신을 함양하는 것과 관련 있다.
⑤ ㉡은 ㉠과 달리 (가)에 대한 차별을 인권 문제로 인식하는 데서 기인한다.

03 다음 글에서 설명하고자 하는 내용으로 가장 적절한 것은?

> 갑국은 백인과 흑인 및 기타 인종으로 구성되어 있다. 백인 계열이 약 60%이며, 흑인과 아시아인의 비율은 각각 약 12%, 약 5% 정도이지만 그 수치가 점점 증가하고 있다. 그러나 이들은 여전히 백인에 비해 갑국 사회에서 차별을 받고 있다고 생각하며, 앞으로도 변하지 않을 것이라고 본다.

① 사회적 소수자는 권력적 열세에 놓여 있다.
② 사회적 소수자는 집단의 규모와 관련 없다.
③ 사회적 소수자는 사회에 따라 상대적으로 규정된다.
④ 집단에 대한 동질감이 없다면 사회적 소수자가 아니다.
⑤ 사회적 소수자에 대한 제도적 측면에서의 지원이 필요하다.

04 갑과 을의 대화에 대한 설명으로 옳은 것은?

> 갑: A국으로 이민을 가려고 생각해.
> 을: 그곳에서 우리 B국 국민은 차별받는 것으로 유명해.
> 갑: 그래도 이민자를 지원하는 정책이 있잖아.
> 을: 그 문제로 A국 내에서도 논란이 많아 축소될 것이라는 이야기가 있어.

① 갑은 B국에서 차별을 받는 문제로 이민을 결심하였다.
② 갑은 을과 달리 A국 내에서의 역차별 논란을 걱정하고 있다.
③ 갑은 A국의 사회적 소수자에 대한 지원 정책을 기대하고 있다.
④ 을은 갑과 달리 사회적 소수자에 대한 지원 정책을 지지하고 있다.
⑤ B국에서의 사회적 차별은 A국에서 사회적 갈등으로 나타나고 있다.

05 다음과 같은 법의 제정 목적으로 가장 적절한 것은?

> 제17조(금융 상품 및 서비스 제공에 있어서의 차별 금지)
> 금융 상품 및 서비스의 제공자는 금전 대출, 신용 카드 발급, 보험 가입 등 각종 금융 상품과 서비스의 제공에 있어서 정당한 사유 없이 장애인을 제한·배제·분리·거부하여서는 아니 된다.

① 인종 차별 문제를 해결하고자 한다.
② 성 불평등 문제를 해소하고자 한다.
③ 빈곤 문제의 근본적인 해결을 추구한다.
④ 사회적 소수자의 인권을 보장하고자 한다.
⑤ 문화적 차이에 의해 발생하는 차별을 방지하고자 한다.

06 다음 글을 통해 추론할 수 있는 내용으로 가장 적절한 것은?

〈체험 일지〉

어둠 속의 대화라는 이색적인 체험을 하였다. 말 그대로 아무 것도 보이지 않는 암흑 속 그 자체에서 여행을 하는 체험이었다. 어둠 속에서 계곡도 들렀다가 시장에도 갔다가 카페에도 다니면서 시각 없이 다른 감각들에 의존을 하면서 미션들을 수행하였다. 서로 손을 잡고 더듬거리다가 몇 번이나 넘어질 뻔하였다. 이 체험에는 엄청난 반전이 있었다. 안내자가 시각 장애인이었던 것이다. 어둠 속에서는 시각 장애인이 그 사회의 주류였고, 100분 동안의 어둠 속에서 나를 포함한 체험자 8명은 안내자 1명에게 생사를 맡겨야 할 정도로 사회적 약자였다. 어둠밖에 없는 공간에서 아무 것도 보이지 않아 무서움을 많이 느꼈는데, 이 과정에서 우리가 일상적으로 마주하는 상황들이 시각 장애인들에게는 어려운 상황일 수 있음을 깨달을 수 있었던 소중한 체험이었다.

① 사회적 소수자는 역차별의 결과이다.
② 사회적 소수자는 수적으로 열세에 높인 집단이다.
③ 사회적 소수자는 상황에 따라 상대적으로 규정된다.
④ 사회적 소수자의 집단 안에 또 다른 사회적 소수자가 존재한다.
⑤ 사회적 소수자에 대한 차별은 주류 집단의 정체성을 약화시킨다.

07 갑과 을의 대화에 대한 옳은 설명만을 〈보기〉에서 고른 것은?

갑 : 사회적 차별을 해소하기 위한 제도를 보완해야 해.
을 : 아니야. 그러한 제도를 오히려 없애야 해.
갑 : 그렇지 않아. 사회적 차별로 고통 받는 이들에 대한 지원 정책이 필요해.
을 : 사회적 차별을 해소한다며 시행하는 제도가 오히려 다른 사람들에게는 차별이 될 수 있어.

┤ 보기 ├

ㄱ. 갑은 차별 해소 정책이 역차별 문제를 해소한다고 본다.
ㄴ. 갑은 사회적 소수자에 대한 우대 정책을 지지할 것이다.
ㄷ. 을은 사회적 소수자에 대한 우대 정책을 반대할 것이다.
ㄹ. 을은 차별 시정 노력이 인권 문제의 해결 방안이 될 수 있다고 본다.

① ㄱ, ㄴ ② ㄱ, ㄷ ③ ㄴ, ㄷ
④ ㄴ, ㄹ ⑤ ㄷ, ㄹ

08 다음 글에서 강조하는 내용으로 가장 적절한 것은?

우리 사회에서 장애인은 취업에서 차별을 겪는 경우가 많다. 이러한 차별을 개선하기 위해 정부는 장애인의 의무 고용률을 중앙 정부와 지방 자치 단체 등에서는 3.4%, 일정 규모 이상의 일반 사업장에서는 3.1%로 정하고 이를 이행하지 않으면 부담금을 부과하고 있다. 지속적인 정부 정책의 시행으로 장애인의 고용 여건은 점차 개선되고 있는데, 이는 사회 문제 해결을 위한 정부 정책의 수립이 중요하다는 점을 보여 주는 사례이다.

① 사회적 소수자 우대 정책으로 인한 역차별 문제를 해결해야 한다.
② 사회적 소수자가 겪는 차별을 개선하기 위한 법과 제도의 도입이 필요하다.
③ 집단의 크기에 의해 사회적 소수자가 결정되는 것이 아님을 인식해야 한다.
④ 사회적 소수자들은 자신들이 차별받는 집단에 속해 있다는 의식을 가져야 한다.
⑤ 사회적 소수자가 겪는 인권 문제에 대한 사회 구성원들의 의식 개선이 필요하다.

09 다음 자료에서 공통적으로 추론할 수 있는 내용으로 가장 적절한 것은?

• 헌법재판소는 북한 이탈 주민 정착 지원법 제33조를 근거로 탈북자 갑이 아무 양심의 가책 없이 거짓말로 보호 대상자에 선정되어 받은 지원금 전액을 몰수한 것은 헌법에 위배되지 않는다는 결정을 내렸다.
• 장애인 고용 협회는 최근 장애인 고용 촉진법 적용 대상인 전체 기관이나 기업을 상대로 조사한 결과 장애인 의무 고용률에 미달하는 곳이 52.1%로 여전히 많은 것으로 나타났다. 특히 그 원인을 공공 기관의 솔선수범 부족으로 보고 있다.

① 사회적 소수자의 인권 보호 제도의 적용 범위를 확대시켜야 한다.
② 사회적 소수자의 인권 보호 제도가 오히려 역차별 문제를 발생시킨다.
③ 사회적 소수자의 인권 보호 제도는 개인의 삶의 질 향상에 실질적인 도움을 주고 있다.
④ 사회적 소수자의 인권 보호 제도는 개인이나 기관의 의식 전환과 함께 병행되어야 한다.
⑤ 사회적 소수자의 인권 보호 제도는 지역별로 균형 있게 정착되어야 실효를 거둘 수 있다.

10 청소년 노동 관련 인권 문제의 해결 방안으로 그 성격이 <u>다른</u> 하나는?

① 청소년 또래 인권 상담사 제도를 시행한다.
② 근로 기준법 중 청소년 관련 조항을 보완한다.
③ 청소년 근로 십계명 등을 청소년들에게 보급한다.
④ 노동권 침해 시 적극적으로 대처하는 자세를 기른다.
⑤ 청소년을 대상으로 고용 노동 교육을 위한 사이트를 운영한다.

11 밑줄 친 ㉠에 해당하는 내용으로 옳지 <u>않은</u> 것은?

> 청소년에게 노동 경험은 일과 소득의 소중함을 알게 하는 장점이 있으나 일부 노동권이 침해되는 경우가 있다. 따라서 이에 대한 ㉠ <u>해결 방안</u>이 모색되어야 한다.

① 고용주가 준법 의식을 지녀야 한다.
② 청소년 노동 관련 법률을 보완해야 한다.
③ 청소년 스스로 문제를 해결해 나가도록 해야 한다.
④ 청소년을 대상으로 하는 교육 프로그램을 마련한다.
⑤ 청소년 스스로 노동권에 대한 지식을 갖추어야 한다.

12 다음과 같은 법을 시행하는 이유로 가장 적절한 것은?

> 제67조(근로 계약)
> ① 친권자나 후견인은 미성년자의 근로 계약을 대리할 수 없다.
> ② 친권자, 후견인 또는 고용 노동부 장관은 근로 계약이 미성년자에게 불리하다고 인정하는 경우에는 이를 해지할 수 있다.

① 미성년자의 문자 해독력이 낮기 때문이다.
② 미성년자를 사회적 약자로 인식하기 때문이다.
③ 미성년자는 노동권 보호 대상이 아니기 때문이다.
④ 미성년자는 법률 행위를 할 수 없는 대상이기 때문이다.
⑤ 미성년자의 독립적인 경제 활동이 허용되지 않기 때문이다.

13 (가)에 들어갈 용어로 적절한 것은?

> 국제 사회에서 발생하는 인권 문제를 객관적으로 파악할 수 있는 도구가 ___(가)___ (이)다. 국가별 인권 보장 실태와 그 변동 상황의 비교를 하기 위해 다양한 국제기구들이 조사·발표하그 있다.

① 인권　　② 국제기구　　③ 인권지수
④ 국제 원조　　⑤ 국제 인권

14 교사의 질문에 대한 학생의 답변으로 가장 적절한 것은?

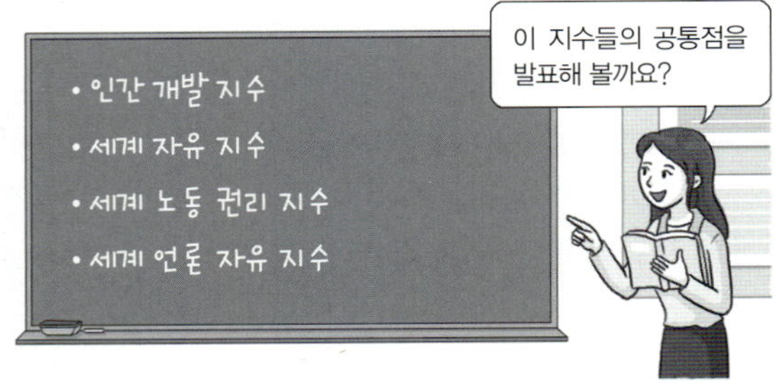

① 수희: 빈곤의 정도를 알 수 있습니다.
② 영심: 환경 오염의 정도를 알 수 있습니다.
③ 경철: 아동 학대의 정도를 알 수 있습니다.
④ 경진: 종교적 갈등 문제를 알 수 있습니다.
⑤ 철희: 인권이 보장되는 정도를 알 수 있습니다.

15 다음 글의 A의 입장에 부합하는 진술로 옳은 것은?

> A는 빈곤층을 돕는 것이 인간의 의무임을 강조하였다. 당장 생존과 관련 없는 지출을 하면서도 기부하지 않는 것은 마치 물에 빠진 어린아이를 쉽게 구할 수 있는데도 그냥 지나친 것과 같다는 것이다.

① 인류가 하나의 공동체 의식을 지녀야 한다.
② 경제 발전을 통해 후진국의 인권을 개선시켜야 한다.
③ 국제 사회가 연대하여 후진국의 인권 문제에 개입해야 한다.
④ 빈곤층에 대한 기술 교육 제도를 통해 자활 능력을 기르도록 한다.
⑤ 빈곤의 원인을 사회가 제공하였다는 관점에서 사회적 측면에서 해결해야 한다.

16 다음 글은 영양 결핍과 성인 비만 간의 관계와 관련된 것이다. 이에 대한 설명으로 가장 적절한 것은?

> 국가별 영양 결핍 인구 비율이 높은 지역은 아프리카와 몽골, 파키스탄 등 아시아의 여러 국가이다. 반면 국가별 성인 비만 인구 비율이 높은 지역은 유럽, 북아메리카 등이다. 국가별 영양 결핍 인구 비율과 국가별 성인 비만 인구 비율을 비교하면 대체적으로 반비례 관계에 있다. 그리고 국가별 성인 비만 인구 비율과 경제 발전 정도는 비례 관계에 있으며, 국가별 영양 결핍 인구는 반비례 관계에 있다. 또한 관련 문제 해결을 위한 국가의 재정 지출 규모 역시 양적·질적으로 경제 발전 정도와 비례하였다.

① 인권 문제는 경제적 약자에게 주로 나타난다.
② 빈곤 문제가 개인의 문제가 아닌 사회 문제임을 나타낸다.
③ 경제적 이유로 인해 사회적 소수자로 분류됨을 알 수 있다.
④ 경제 발전 정도가 높은 나라 국민들이 건강 관리에 소홀하다.
⑤ 사회 문제를 해결하기 위해 국제적 연대가 필요함을 알 수 있다.

17 다음 글을 통해 파악할 수 있는 내용으로 옳지 <u>않은</u> 것은?

> 난민으로 산다는 것은 상상하기 어려울 수 있습니다. 하지만 전 세계 수백만 명의 사람들에게, 이는 끔찍한 현실입니다. 2021년, 유엔 난민 기구가 보호하는 난민의 수는 2,940만 명으로 증가하였습니다. 난민 보호에는 여러 측면이 있습니다. 위험으로 돌아가지 않도록 하는 안전성, 공정하고 효율적인 비호 절차에 대한 접근성, 장기적인 해결책을 확보하는 동안 기본 인권이 존중되도록 보장하는 조치 등이 이에 포함됩니다. 유엔 난민 기구는 이 모든 것을 달성하기 위해 밤낮없이 일하지만, 우리 혼자서는 할 수 없습니다.
> — 유엔 난민 기구(UNHCR)

① 인권 문제 해결을 위한 연대권을 강조하고 있다.
② 예전에는 없었고 현대 사회에서 새롭게 나타나는 문제이다.
③ 인권 문제 해결을 위한 국제 사회의 사회적 차원의 노력이다.
④ 근본적인 문제의 해결을 위해서는 우리 모두의 적극적인 책임 의식이 필요하다.
⑤ 인권 문제 해결을 위해서 개인은 세계시민 의식을 가지고 국제 인권 문제에 관심을 가져야 한다.

18 다음 자료를 보고 물음에 답하시오.

> 어느 사회에나 차별을 받는 사람들이 있다. 차별의 종류는 크게 두 가지로 구분할 수 있다. 우선 정당하지 않은 차별은 성별, 인종, 국적 등이 다르거나 장애가 있다는 이유만으로 부당한 대우를 받는 것이다. 이와 달리 정당화된 차별은 장애인, 이주 외국인으로 결혼 이민자 또는 노동자, 여성, 아동 등을 약자로 인식하고 이들을 위한 제도적 지원을 하는 것이다.

(1) 윗글에서 논의되는 사람들을 지칭하는 사회학적 개념을 쓰시오.

(2) 윗글에 제시된 주장에 대해 반대하는 입장에서 그 이유를 서술하시오.

19 다음과 같은 계약이 필요한 이유에 대해 서술하시오.

> **근로 계약서**
> 사업주 갑(55세)은 근로자 을(17세)과 다음과 같이 근로 계약을 체결한다.
> (1) 계약 기간: 2024. 1. 1. ~ 2024. 6. 30.
> (2) 근무 장소: ○○ 영화관
> (3) 업무 내용: 영화 관람권 확인, 영화관 내 청결 관리 등
> (4) 근무일과 휴일: 주 5일 / 토, 일, 법정 휴일
> (5) 근로 시간: 오전 10시 ~ 오후 5시
> … (후략) …

01 (가)에 대한 옳은 설명만을 〈보기〉에서 있는 대로 고른 것은?

> ▣ (가) 은/는 신체적 또는 문화적 특징으로 인해 불리한 환경에 놓여 있거나 차별 대우를 받는 사람들을 의미한다. 이들은 사회의 다른 구성원으로부터 차별을 받고 있으며, 스스로 차별받는 집단에 속해 있다고 믿는다.

┤ 보기 ├

> ㄱ. (가)의 해당 여부는 상대적으로 규정된다.
> ㄴ. (가)는 일반적으로 사회 내에서 차지하는 비중이 적다.
> ㄷ. (가)에 대한 지속적인 차별은 사회 통합을 저해할 수 있다.
> ㄹ. 일반적으로 (가)는 인종이나 종교, 성별, 장애 등의 이유로 차별을 받는다.

① ㄱ, ㄷ　　　② ㄴ, ㄷ　　　③ ㄴ, ㄹ
④ ㄱ, ㄴ, ㄹ　　⑤ ㄱ, ㄷ, ㄹ

│ 평가원 기출 │

02 다음 글의 필자가 강조하는 사회적 소수자에 대한 차별의 발생 원인으로 가장 적절한 것은?

> 　사람들 중에는 종교, 문화, 관습, 외양 등에서 주류 집단과 차이를 보이는 이들이 있다. 이들에 대해 다름을 인정하지 않으면서 이들을 사회 질서를 위협하는 존재로 여겨 배척하고 사회적으로 차별하기도 한다. 하지만 다른 것은 틀린 것이 아니며, 차이는 차별의 근거가 될 수 없다. 다름의 경계를 만들어 경계 안의 '우리'가 경계 바깥의 '그들'을 배척하고 차별한다면, 사회적 갈등만 발생시켜 사회 발전에는 전혀 도움이 되지 않는다.

① 사회적 소수자가 수적으로 열세이기 때문이다.
② 사회적 소수자를 규정하는 기준이 시대와 장소에 따라 달라지기 때문이다.
③ 주류 집단이 사회적 소수자를 문제가 있는 집단이라고 규정하는 태도 때문이다.
④ 사회적 소수자는 주류 집단에 비해 경제적 자원 획득에 불리한 위치에 있기 때문이다.
⑤ 사회적 소수자 스스로가 주류 집단과 구별되는 신체적 또는 문화적 특징을 가졌다고 인식하기 때문이다.

03 (가)에 대한 옳은 설명만을 〈보기〉에서 고른 것은?

> 　우리나라에서 여성, 외국인 노동자, 결혼 이민자, 장애인 등은 ▣ (가) ▣ (이)라고 불린다. 이들은 사회적으로 일자리를 얻거나 임금 등에서 지속적으로 차별을 받고 있어 우리 사회의 다양한 인권 문제 중 하나로 부각되고 있다.

┤ 보기 ├

> ㄱ. 시대, 장소 등에 따라 그 범주가 달라진다.
> ㄴ. 이들에 대한 지원은 역차별 논란을 불러일으킬 우려가 있다.
> ㄷ. 전체 구성원에서 차지하는 비율에 따라 포함 여부가 결정된다.
> ㄹ. 문화적 특성이 아닌 생물학적 특성에 따라 대상자가 결정된다.

① ㄱ, ㄴ　　　② ㄱ, ㄷ　　　③ ㄴ, ㄷ
④ ㄴ, ㄹ　　　⑤ ㄷ, ㄹ

│ 교육청 기출 │

04 다음 대화에 대한 옳은 설명만을 〈보기〉에서 있는 대로 고른 것은?

> 사회자: 정부가 사회적 소수자를 위한 대입 특별 전형을 확대하겠다고 발표하였습니다. 이에 대한 전문가 의견을 들어 보겠습니다.
> 갑: 사회적 소수자에 대한 구조적 불평등의 완화를 위해 사회적 소수자를 배려하는 대입 특별 전형의 확대는 바람직합니다.
> 을: 사회적 소수자를 위한 특별 전형의 확대는 자칫 사회적 소수자가 아닌 집단 구성원의 대학 입학 기회를 제한할 수 있습니다.

┤ 보기 ├

> ㄱ. 갑은 적극적 우대 조치의 확대를 강조하고 있다.
> ㄴ. 을은 사회적 소수자 문제 해결을 위해 의식의 개선을 강조하고 있다.
> ㄷ. 갑은 을과 달리 사회적 소수자에 대한 차별이 불가피하다고 보고 있다.
> ㄹ. 을은 갑과 달리 사회적 소수자 우대에 따른 역차별을 우려하고 있다.

① ㄱ, ㄴ　　　② ㄱ, ㄹ　　　③ ㄴ, ㄷ
④ ㄱ, ㄷ, ㄹ　　⑤ ㄴ, ㄷ, ㄹ

05 밑줄 친 ㉠~㉢에 대한 옳은 설명만을 〈보기〉에서 있는 대로 고른 것은?

> 여성인 갑은 ㉠ 여성 고용 할당제를 통해 ○○ 회사에 신입 사원으로 입사하였다. 하지만 입사하자마자 황당한 일을 겪었다. 회사 측으로부터 ㉡ 혼인을 하면 퇴사하겠다는 서약서를 요구받은 것이다. 갑은 여성들에게만 이와 같은 요구를 하는 관행이 있다는 것을 알게 되었고, 이에 어쩔 수 없이 자필로 작성하여 서약서를 제출하였다. 황당한 일은 여기서 그치지 않았는데, 신입 사원들에게 업무를 가르쳐 준다고 배치된 상사는 수시로 ㉢ 갑에게 성적인 농담을 하여 성적 굴욕감을 느끼게 하였다.

〈보기〉

ㄱ. ㉠은 사회적 약자에게 더 많은 기회를 제공함이 목적이다.
ㄴ. ㉡은 합리적인 차별에 해당한다.
ㄷ. 준법 의식의 결여는 ㉢의 요인이 아니다.
ㄹ. ㉠은 ㉡과 달리 남성들에게 역차별 문제를 발생시킨다.

① ㄱ, ㄴ ② ㄱ, ㄹ ③ ㄴ, ㄷ
④ ㄱ, ㄷ, ㄹ ⑤ ㄴ, ㄷ, ㄹ

06 (가), (나)에서 공통으로 추론할 수 있는 내용으로 가장 적절한 것은?

> (가) 장애인 의무 고용 제도란 국내 사업주에게 일정 비율 이상의 장애인을 고용하도록 의무를 부과하는 제도로, 이를 이행하지 않으면 부담금을 내야 한다. 그러나 아직 우리 사회에서는 장애인에 관한 사회적 인식이 크게 바뀌지 않아 여전히 장애인 고용은 저조한 수준에 머물러 있다.
> (나) 남녀 고용 평등법은 고용 시장에서의 여성의 채용·승진·임금 차별을 막기 위해서 제정되었다. 하지만 법이 시행된 이후에도 성차별적 인식으로 인해 여전히 여성은 임금과 고용에서 차별을 받고 있다.

① 성별에 따른 차별이 장애에 따른 차별보다 강하다.
② 사회적 소수자를 규정하는 기준은 절대적이며 변하지 않는다.
③ 장애인과 여성에 대한 사회적 차별은 개인적 능력 차이에서 기인한다.
④ 사회적 소수자 우대 정책으로 인한 역차별 문제도 함께 해소해야 한다.
⑤ 사회적 소수자에 대한 차별을 해소하기 위해서는 법과 제도의 시행뿐만 아니라 의식 개선도 이루어져야 한다.

07 다음 대화에 대한 옳은 설명만을 〈보기〉에서 고른 것은?

> 교사: ㉠ 사회적 소수자에 대한 차별 문제의 해결 방안에 대해 발표해 볼까요?
> 갑: 사회적 소수자에 대한 차별은 우리는 정상이고 그들은 비정상이라고 판단하는 순간부터 시작됩니다. 따라서 다름을 틀린 것 또는 옳지 않은 것으로 규정하지 않고, 있는 그대로 인정함으로써 사회적 소수자를 우리 사회의 구성원으로 받아들이고 공존하려는 자세가 필요합니다.
> 을: 사회적 소수자가 현재 어려움을 겪고 있는 것은 오랫동안 지속되어 온 차별의 결과이기 때문에 의식의 변화만으로는 바로 문제가 해결되지 않습니다. 따라서 진학, 취업, 승진 등에서 사회적 소수자를 일반인보다 우대하는 할당제 등과 같은 ㉡ 특별한 조치가 필요합니다.

〈보기〉

ㄱ. ㉠은 수적으로 열세에 놓인 집단이다.
ㄴ. ㉡은 실질적 평등의 증진을 목적으로 한다.
ㄷ. 갑은 을과 달리 ㉠에 대한 주류 집단의 희생을 강조하고 있다.
ㄹ. 을은 갑과 달리 제도적 측면에서의 해결 방안을 제시하고 있다.

① ㄱ, ㄴ ② ㄱ, ㄷ ③ ㄴ, ㄷ
④ ㄴ, ㄹ ⑤ ㄷ, ㄹ

08 다음 질문에 대해 옳은 답변을 한 사람만을 고른 것은?

> www.청소년 노동인권 상담소.kr
>
> **질문** 저는 올해 16세가 된 고등학생입니다. 근로 계약서를 쓰기 전에 제가 알아 두어야 할 근로 기준이나 근로자의 권리에는 무엇이 있을까요?
>
> **답변**
> └ 갑: 연소 근로자도 성인과 동일하게 최저 임금을 적용받습니다.
> └ 을: 연소 근로자는 임금 청구 시 반드시 법정 대리인의 동의가 필요합니다.
> └ 병: 연소 근로자는 법정 대리인의 동의가 있어도 보건상 유해 업종에서 근로할 수 없습니다.
> └ 정: 연소 근로자는 단결권, 단체 교섭권, 단체 행동권과 같은 노동 3권을 보장받을 수 없습니다.

① 갑, 을 ② 갑, 병 ③ 을, 병
④ 을, 정 ⑤ 병, 정

09 다음은 청소년 노동 인권에 대한 수업 장면이다. (가)에 들어갈 학생의 옳은 답변만을 〈보기〉에서 고른 것은?

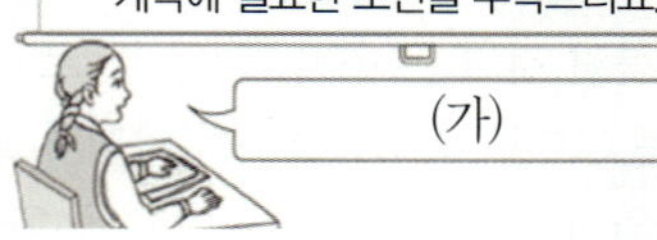

┌─── 보기 ───┐

ㄱ. 성인과 동일한 최저 임금을 보장받습니다.
ㄴ. 자신의 임금을 독자적으로 청구할 수 있습니다.
ㄷ. 보호자가 대리하여 근로 계약을 체결해야 합니다.
ㄹ. 근무 시간 도중의 휴게 시간을 요구할 수 없습니다.

① ㄱ, ㄴ   ② ㄱ, ㄷ   ③ ㄴ, ㄷ
④ ㄴ, ㄹ   ⑤ ㄷ, ㄹ

---

10 다음 자료에 대한 설명으로 옳지 <u>않은</u> 것은?

근로 계약서

사용자 갑과 근로자 을(17세)은 다음과 같이 근로 계약을 체결한다.

1. 근로 계약 기간 : 2024년 1월 1일부터 2024년 4월 30일까지
2. 근무 장소 및 내용 : ○○ 음식점 / 음식 배달
3. 근로 시간 : (가)
4. 근무일 : (나)
5. 임금 및 지급 방법 : (다)

– 이하 생략 –

① 을이 단독으로 근로 계약을 체결하되, 부모의 동의를 얻어야 가능하다.
② (가)에 '오전 9시부터 오후 5시까지(휴게 시간 2시간 포함)'가 들어가면 근로 기준법 위반이다.
③ (가)에 들어간 근로 시간이 '1일 7시간'일 경우 (나)에 '매주 6일 근무'가 들어가면 근로 기준법 위반이다.
④ (다)에 '을의 부모 통장에 입금'이 들어가면 해당 조항의 내용은 무효이다.
⑤ (다)에 들어간 임금은 갑과 을이 합의를 해도 법정 최저 임금에 미달해서는 안 된다.

---

11 (가)에 들어갈 내용 중 법적으로 옳지 <u>않은</u> 것은?

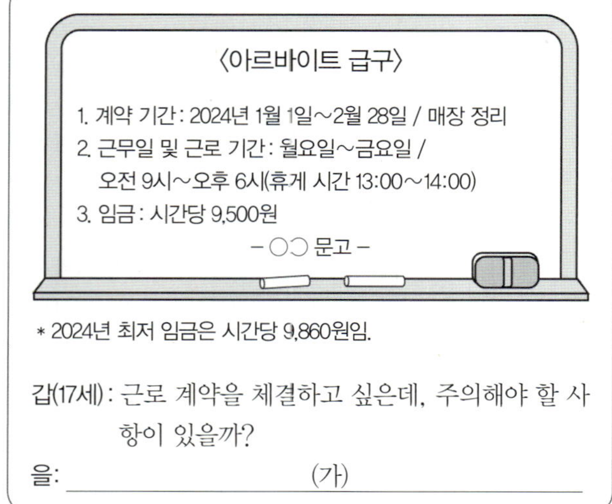

* 2024년 최저 임금은 시간당 9,860원임.

갑(17세) : 근로 계약을 체결하고 싶은데, 주의해야 할 사항이 있을까?
을 : _______________(가)_______________

① 부모님의 동의를 얻어 네가 직접 근로 계약을 체결해야 해.
② 법에 정해진 요건을 충족하면 유급 휴일을 보장받을 수 있어.
③ 휴게 시간을 고려하더라도 근로 시간이 근로 기준법 위반이야.
④ 너는 17세이므로 시간당 9,500원을 지급하는 것은 법 위반이 아니야.
⑤ 원칙적으로 15세 미만은 근로할 수 없는데, 너는 근로 계약 체결이 가능해.

12 다음 사례에 대한 옳은 법적 판단만을 〈보기〉에서 고른 것은?

갑(16세)은 방학 동안 용돈을 벌기 위해 편의점 사장인 을과 매주 월요일부터 금요일에 걸쳐 오전 9시부터 오후 6시까지 휴게 시간 없이 근무하기로 근로 계약을 체결하였다. 그러나 첫 월급을 수령하던 날에 갑은 최저 임금의 80%에 해당하는 급여를 받았다는 사실을 확인하고 을에게 이의를 제기하였다. 이에 을은 상호 합의하에 작성한 근로 계약서에 근거하여 명시된 임금을 지급한 것이므로 더 줄 수 없다고 주장하였다.

┌─── 보기 ───┐

ㄱ. 갑은 미성년자이므로 휴게 시간 보장을 요구할 수 없다.
ㄴ. 당사자 간 합의하에 이루어진 계약이므로 을의 갑에 대한 추가 임금 지급 거부 행위는 정당하다.
ㄷ. 갑과 을이 체결한 근로 시간에 대한 계약 사항은 근로 기준법 위반에 해당한다.
ㄹ. 갑은 을을 상대로 부당한 근로 계약에 대해 고용 노동부에 신고할 수 있다.

① ㄱ, ㄴ   ② ㄱ, ㄷ   ③ ㄴ, ㄷ
④ ㄴ, ㄹ   ⑤ ㄷ, ㄹ

13 다음 자료에 나타난 사회 문제의 바람직한 해결 방안으로 옳지 <u>않은</u> 것은?

> A 씨는 한국인과 결혼을 하여 한국에서 가정을 꾸린 필리핀 여성이다. 최근 A 씨는 초등학생인 딸 때문에 큰 고민에 빠져 있다. A 씨의 딸은 아직 한국말도 익숙하지 않아 수업 내용을 따라가기 어려워하고, 이국적인 외모로 학급 친구들에게 놀림까지 받고 있다. 이에 A 씨의 딸은 학교를 마치고 집에 오면 우는 날이 많다.

① 다문화 학생 전담 상담 센터를 설치한다.
② 다문화 학생에게 무료 언어 교육을 실시한다.
③ 국내 학생에게 다른 문화를 이해하는 교육을 실시한다.
④ 국내 학생과 학부모에게 문화의 다양성과 관용 정신에 대한 캠페인 활동을 한다.
⑤ 국내외 학생과 학부모에게 소수 문화가 다수 문화에 동화되는 것은 자연스러운 것이라고 교육한다.

|교육청 기출|

14 다음에서 제시하는 난민 문제의 해결 방안으로 가장 적절한 것은?

> 난민은 전쟁, 내전, 종교, 인종, 정치·경제적 이유 등으로 인한 심각한 박해를 피해 국외로 떠도는 사람들이다. 난민 문제를 해결하기 위해서는 인간 안보의 개념이 고려되어야 한다. 인간 안보란 외부의 침략이나 내전으로부터 국가를 지키는 것뿐 아니라 환경 오염, 질병, 소수자 차별, 불평등과 빈곤 등 인간에게 위협이 되는 모든 문제로부터 인간의 존엄과 가치를 지키는 확장된 인권 개념이다. 그러므로 난민 문제의 실마리는 인간 안보를 가로막는 모든 장애물을 허물고자 하는 노력에서 찾아야 한다.

① 난민에게 이동권을 보장함으로써 난민 문제를 해결할 수 있다.
② 자유주의적 정의관을 함양함으로써 난민 문제를 해결할 수 있다.
③ 국제기구가 개별 국가의 모든 행위를 규제함으로써 난민 문제를 해결할 수 있다.
④ 난민과 난민 수용국 간의 대화를 통해 난민 문제를 완전히 해결할 수 있다.
⑤ 물리적 폭력뿐 아니라 구조적·문화적 폭력을 제거함으로써 난민 문제를 해결할 수 있다.

15 (가)~(다)에 대한 옳은 설명만을 〈보기〉에서 있는 대로 고른 것은?

> (가) 1979년 국제 연합(UN) 총회에서 「여성에 대한 모든 형태의 차별 철폐에 관한 협약」이 채택되었다.
> (나) 2016년 우리나라에서는 「남녀 고용 평등과 일·가정 양립 지원에 관한 법률」이 채택되었다.
> (다) 일부 이슬람교 국가에서는 여성의 외부 활동을 엄격히 제한하는 율법에 따라 여성의 올림픽 경기 출전은 물론 구경까지도 금지하고 있다.

| 보기 |

ㄱ. (가)는 국제 사회에서 인종 차별을 개선하기 위한 노력이다.
ㄴ. (나)는 차이를 차별로 만들어 나타난 현상을 시정하기 위한 것이다.
ㄷ. (다)를 통해 생물학적 차이만이 아닌 사회적 차원에서 차별이 이루어짐을 알 수 있다.
ㄹ. (가)~(다)를 통해 성차별 문제가 한 국가만의 문제가 아님을 알 수 있다.

① ㄱ, ㄴ   ② ㄱ, ㄹ   ③ ㄷ, ㄹ
④ ㄱ, ㄴ, ㄷ   ⑤ ㄴ, ㄷ, ㄹ

16 갑과 을의 대화에 대한 옳은 설명만을 〈보기〉에서 있는 대로 고른 것은?

> 갑 : 전 세계 아동의 11%인 1억 6,800만 명이 노동을 착취당하고 있어.
> 을 : 맞아. 보통 가난한 나라에서 성인보다 낮은 임금을 주며 착취하고 있어.
> 갑 : 국제 사회가 아동 문제에 대해 관심을 가져야 해.
> 을 : 사회적 차원에서의 노력과 함께 우리들의 인식 전환이 더욱 필요해.

| 보기 |

ㄱ. 갑은 연대권을 통해 인권 문제를 해결하고자 한다.
ㄴ. 갑과 달리 을은 아동을 사회적 소수자로 인식할 것이다.
ㄷ. 을과 달리 갑은 사회적 차원의 노력을 근본적인 해결책이라고 본다.
ㄹ. 갑과 을은 모두 아동 인권 문제를 세계 인권 문제로 인식한다.

① ㄱ, ㄴ   ② ㄱ, ㄹ   ③ ㄴ, ㄷ
④ ㄱ, ㄷ, ㄹ   ⑤ ㄴ, ㄷ, ㄹ

사회정의와 불평등

"정의의 의미와 분배적 정의의 실질적 기준에는 무엇이 있으며,
사회 불평등 현상 극복 및 정의로운 사회 실현을 위해서는 어떻게 해야 할까?"
–
이 단원에서는 정의의 다양한 의미와 분배적 정의를 이루기 위한 실질적 기준을 파악하고,
사회 불평등 현상의 극복과 정의 실현을 위해 시민으로서 실천할 수 있는 방안을 모색한다.

이 단원 핵심 개념

강	대표 주제		대표 개념
01 정의의 의미와 실질적 기준	주제 1	정의의 의미와 필요성	✓ 의로움 ✓ 옳음 ✓ 각자에게 그의 몫을 주는 것 ✓ 아리스토텔레스 ✓ 분배적 정의 ✓ 교정적 정의
	주제 2	분배적 정의의 실질적 기준	✓ 능력에 따른 분배 ✓ 업적에 따른 분배 ✓ 필요에 따른 분배
02 다양한 정의관	주제 1	자유주의적 정의관	✓ 자유주의 ✓ 개인선 ✓ 독립적 자아 ✓ 롤스 ✓ 노직
	주제 2	공동체주의적 정의관	✓ 공동체주의 ✓ 공동선 ✓ 관계적 자아 ✓ 매킨타이어 ✓ 공유지의 비극
03 사회 불평등 현상과 해결 방안	주제 1	사회 불평등 현상	✓ 사회 계층의 양극화 ✓ 공간 불평등 ✓ 사회적 약자에 대한 차별
	주제 2	정의로운 사회를 실현하기 위한 방안	✓ 사회 복지 제도 ✓ 사회 보험 ✓ 공공 부조 ✓ 지역 격차 완화 정책 ✓ 공공 기관 지방 이전 ✓ 적극적 평등 실현 조치 ✓ 장애인 의무 고용제

01 정의의 의미와 실질적 기준

주제 1 정의의 의미와 필요성 ★★

개념 더하기

✕ 아리스토텔레스의 정의 구분

일반적 정의	공익을 지향하는 법을 준수하는 것
특수적 정의	• 분배적 정의 : 권력, 명예, 재화를 사회 구성원 각자의 가치에 따라 분배함으로써 공정함을 실현하는 것 • 교정적 정의 : 다른 사람에게 해를 끼치면 그만큼 보상하게 하고, 다른 사람에게 이익을 주었으면 그만큼 받게 함으로써 서로 간의 동등하지 않음을 바로잡는 것

✕ 정의의 필요성
- 자신이 받아야 할 정당한 대가를 받지 못하거나 잘못을 해도 처벌받지 않는다면 모든 구성원이 인간 존엄성을 누리며 자유롭고 평등한 삶을 살기 어렵다.
- 사회가 정의롭지 못하다면 사회 구성원들이 서로를 신뢰하지 못하고 자신의 이익만을 추구하면서 갈등과 분열이 생겨날 것이다.

1 정의의 의미

(1) 일반적 의미
① 인간이 지켜야 할 올바른 도리, 사회를 구성하고 유지하는 공정한 도리
② 개인과 사회가 함께 추구해야 할 중요한 덕목이자 기본적이고 핵심적인 가치

(2) 동양과 서양에서의 정의
① 동양 : 대체로 '의로움', '옳음'을 의미함
② 서양 : '각자에게 그의 몫을 주는 것'을 의미함

2 정의의 구분✕

(1) 분배적 정의 → 가치에 비례하는 몫의 분배를 추구하는 것임
① 권력, 명예, 재화 등 다양한 사회적 가치를 각자의 가치에 따라 분배함으로써 각자가 자신의 정당한 몫을 누릴 수 있게 하는 것
② '같은 것은 같게, 다른 것은 다르게' 각자에게 각자의 몫을 분배해야 함

(2) 교정적 정의 → 잘못된 것을 바로잡는 처벌과 배상의 정당성임
① 범죄 행위와 같이 누군가 잘못을 했을 때 그를 처벌함으로써 부정의한 상태를 정의로운 상태로 돌리는 것
② 다른 이에게 해를 끼치면 그만큼 보상하게 하고, 이익을 주었다면 그만큼 받게 하여 서로 간의 동등하지 않음을 바로잡아야 함 → 비례의 원칙에 따라 잘못과 처벌에 적정한 균형이 유지되어야 함 → 작은 잘못에는 작은 처벌, 큰 잘못은 큰 처벌이 가해져야 공정한 것임

3 정의의 필요성✕

(1) 기본적 권리 보장과 인간다운 삶의 실현을 위해 필요함
(2) 사회 통합을 위해 필요함 → 오늘날 사회 구조가 복잡해지고 갈등이 심화되면서 더욱 강조되고 있음

주제 2 분배적 정의의 실질적 기준 ★★★

개념 더하기

✕ 능력과 업적

능력	일을 감당할 수 있는 힘을 의미함
업적	어떤 사업이나 연구 등에서 세운 공적, 성취해 놓은 일이나 이룩해 놓은 성과를 의미함

- 일반적으로 능력을 갖추고 있어야 업적을 이루기 용이하다.
- 능력이 있다고 하더라도 노력을 하지 않거나, 상황이 여의치 않을 경우 업적을 내지 못할 수도 있다.

1 능력에 따른 분배✕ 자료1

(1) 의미
① 개인이 지닌 잠재력과 재능에 따라 분배
② 신체적·정신적 능력이 뛰어난 사람에게 더 많은 분배와 보상이 이루어지는 것

(2) 장점
① 능력이 뛰어난 사람에게 적절한 대우와 보상을 하여 높은 업적을 쌓도록 할 수 있음
② 사회 구성원의 성취 동기를 높이고, 창의성과 같은 잠재 능력 계발의 동기를 자극하여 개인과 사회 발전에 기여할 수 있음

(3) 문제점
① 타고난 재능이나 환경과 같은 우연적·선천적 요소들이 개입될 수 있음
② 각 개인이 지닌 능력을 정확히 측정하여 비교, 평가할 수 있는 객관적 기준 마련이 어려움
③ 사회적 약자의 소외감과 상대적 박탈감을 유발하고 사회 불평등을 심화시킬 수 있음

(4) 사례
- 기업에서 전문적인 자격증을 갖춘 사람을 우선적으로 채용하는 것
- 대학 입시에서 잠재 가능성과 재능을 보고 학생을 선발하는 것

2 업적에 따른 분배  자료 1

(1) 의미

① 개인이 능력과 노력을 발휘하여 성취한 업적과 기여에 따라 분배

② 당사자들이 성취한 업무 성과와 실적 정도에 따라, 조직의 목표 달성에 이바지한 정도에 따라 분배가 이루어지는 것

(2) 장점

① 각자가 달성한 업적을 수량화할 수 있어서 객관적인 측정과 평가가 비교적 용이함

② 분배의 과정과 결과에 주관적인 편견을 배제하여 공정성을 확보할 수 있음

③ 자신의 재능을 최대로 발휘하도록 성취 동기를 높여 개인과 사회 발전에 기여할 수 있음

(3) 문제점

① 업적 성취를 위한 경쟁이 과열되어 구성원 간 갈등이 심화될 수 있음

② 절대적·상대적 능력이 부족한 사회적 약자에게 불리하여 양극화가 심화될 수 있음

③ 예술, 스포츠, 학문 등 서로 다른 종류의 업적을 비교하여 양과 질을 평가하기 어려움

(4) 사례

• 시험에서 성적이 가장 높은 학생에게 장학금을 지급하는 것

• 이번 달에 자동차를 가장 많이 판매한 사원에게 성과급을 지급하는 것

3 필요에 따른 분배 자료 1

(1) 의미

① 사람들의 기본적인 필요에 따라 분배

② 인간다운 삶의 보장을 위해 기본적인 욕구를 충족할 수 있도록 분배가 이루어지는 것

(2) 장점

① 약자를 보호하여 모든 사회 구성원들이 인간다운 삶을 영위할 수 있음

② 다양한 복지 제도와 사회 안전망 구축 등을 통해 사회 불평등 문제를 개선할 수 있음

(3) 문제점

① 인간의 욕구는 무한하지만 사회적 자원은 제한적이기 때문에 모든 사람의 필요와 욕구를 충족시킬 수 없음

→ '자원의 희소성'이라고도 표현함 → 인간의 욕구는 무한한 데 비해 그를 충족시킬 자원은 상대적으로 부족한 상태를 의미함

② 업적과 무관한 분배로 개인의 성취 동기를 약화시켜 경제적 효율성이 떨어질 수 있음

(4) 사례

• 소득이 적어 기본적인 생활을 영위하기 힘든 가정에 생계비를 지원하는 것

• 일을 하고 싶지만 채용이 어려운 장애인에게 일자리를 제공하는 것

× 능력, 업적, 필요에 따른 분배

능력에 따른 분배	• 개인의 잠재력을 실현할 수 있는 기회를 제공함 • 선천적이고 우연적 요소가 분배에 영향을 미침
업적에 따른 분배	• 객관적 평가와 보상으로 개인의 성취 동기를 높일 수 있음 • 경쟁 과열로 구성원 간 갈등이 심화될 수 있음
필요에 따른 분배	• 사회적 약자의 최소한의 생활을 보장할 수 있음 • 모두의 필요를 충족하기 어렵고, 성취 동기 저하를 초래함

× 서로 다른 업적 평가의 어려움

• 동일한 목표를 추구하면서 경쟁한 경우에는 각자가 이룬 업적을 비교하여 이에 따라 대우와 보상을 하는 것이 비교적 용이하다.

• 서로 다른 목표를 추구하여 업적을 낸 경우, 예를 들어 '전 세계를 대표하는 음원 차트에서 1위를 한 가수'와 '올림픽에서 금메달을 딴 운동선수', '세계 학술 대회에서 수상을 한 학자' 중 객관적으로 누구의 업적이 더 높거나 낮다고 평가하기는 어렵다.

× 필요에 따른 분배와 절대적 평등에 따른 분배의 차이점

필요에 따른 분배	개인 간의 차이에 의한 필요를 고려하여 각자의 필요에 따라 분배하는 것
절대적 평등에 따른 분배	개인 간의 차이에 대한 고려 없이 모든 사람에게 동일하게 분배하는 것

자료 더하기

자료 1

분배적 정의의 다양한 기준

〈마을에서 공동으로 김장한 뒤에 김치를 어떤 기준으로 나눠야 할까?〉

구분	내용	비판
업적에 따른 분배	각자가 자신이 담근 양만큼 받아야죠. 그래야 더 많은 몫을 받으려고 다들 성실히 일할 테니까요.	건강 상태가 좋지 않은 사람처럼 불리한 출발점에 있다면, 열심히 일해도 성과가 좋지 못할 수 있어요. 또한 경쟁이 과열되면 일하는 분위기도 좋지 않을 거예요.
능력에 따른 분배	경력이 많거나 자격증이 있다면 더 많이 받아야죠. 다른 사람보다 더 맛있게 김치를 담글 능력이 있을 테니까요.	경력이 많거나 자격증이 있다고 해서 김치를 잘 담근다거나 성실하다는 보장은 없어요. 또한 뛰어난 재주를 타고나는 것은 우연히 결정되므로, 그렇지 못한 사람에게는 공정하지 못하지요.
필요에 따른 분배	부양가족 수나 각자의 경제 형편을 고려하여 분배해야 합니다. 모두의 기본적인 욕구가 충족되는 사회가 좋은 사회이니까요.	각자의 필요와 상황을 고려하자는 말에는 공감하지만, 열심히 일하려는 동기가 약해질 수 있어요. 또한 한정된 재화로 모든 사람의 필요를 충족하기는 어려워요.

➡ 소득, 기회, 지위 등과 같은 사회적 자원은 한정적이어서 이를 누구에게 얼마나 나누어 주어야 하는가와 관련한 분배적 정의 문제가 발생한다. 분배적 정의가 요구되는 상황에서는 여러 가지 기준을 고려하여 상황에 가장 적합한 분배 기준을 찾아보려는 노력이 필요하다.

★★

주제 1 정의의 의미와 필요성

01 ㉠에 해당하는 말로 가장 적절한 것은?

① 민주　　　② 복지　　　③ 윤리
④ 자유　　　⑤ 정의

02 밑줄 친 ㉠~㉢에 대한 설명으로 적절한 것만을 〈보기〉에서 있는 대로 고른 것은?

옳고 그름을 판별하여 벌을 주는, 정의와 법을 대표하는 상징물로서 정의의 여신상(Justitia)이 있다. 정의의 여신상은 ㉠ <u>눈을 가리는 안대</u>를 두르고 있으며, 한 손에는 ㉡ <u>저울</u>을, 다른 한 손에는 ㉢ <u>칼</u>을 들고 있는 모습으로 묘사되어 있다.

─ 보기 ─

ㄱ. ㉠은 사사로움에 눈을 감는 공평무사함을 상징한다.
ㄴ. ㉡은 어느 한쪽에 치우침이 없이 공정한 정의의 기준을 상징한다.
ㄷ. ㉢은 부정의한 것들을 응징하여 정의를 실현하겠다는 힘을 상징한다.

① ㄱ　　　　② ㄴ　　　　③ ㄱ, ㄷ
④ ㄴ, ㄷ　　　⑤ ㄱ, ㄴ, ㄷ

03 밑줄 친 '이것'에 대한 설명으로 적절하지 <u>않은</u> 것은?

<u>이것</u>은 사회 제도의 제1덕목이다. 어떤 이론이 아무리 세련되고 간결하다 할지라도 그것이 진리가 아니라면 배척되거나 수정되어야 하듯이, 법이나 제도가 아무리 효율적이고 정연하다 할지라도 그것이 정당하지 못하면 개선되거나 폐기되어야 하기 때문이다.

– 롤스 –

① 개인이 지켜야 할 올바른 도리를 의미한다.
② 사회를 구성하고 유지하는 공정성을 의미한다.
③ 도덕이나 법과 같은 사회 규범의 기준을 제시한다.
④ 국가가 법을 공평하게 집행함으로써 실현할 수 있다.
⑤ 공동선의 실현보다 개인적인 이익의 극대화를 추구한다.

04 ㉠, ㉡에 들어갈 개념을 옳게 연결한 것은?

〈정의에 대한 아리스토텔레스의 구분〉

구분		의미
일반적 정의		• 법을 준수하는 것을 의미함 • 법을 지키는 사람은 정의로운 사람이고, 법을 지키지 않는 사람은 부정의한 사람임
특수적 정의	㉠	다른 사람에게 해를 끼치면 그만큼 보상하게 하고, 다른 사람에게 이익을 주었으면 그만큼 받게 함으로써 서로 간의 동등하지 않음을 바로잡는 것
	㉡	권력, 명예, 재화를 사회 구성원 각자의 가치에 따라 분배함으로써 공정함을 실현하는 것
	교환적 정의	같은 가치를 가진 두 물건을 교환하게 함으로써 교환의 결과를 공정하게 하는 것

	㉠	㉡
①	절차적 정의	결과적 정의
②	형식적 정의	실질적 정의
③	실질적 정의	형식적 정의
④	분배적 정의	교정적 정의
⑤	교정적 정의	분배적 정의

05 교사의 질문에 적절하지 <u>않은</u> 답변을 한 학생은?

> 교사: 정의에 대해 설명해 볼까요?
>
> 갑: 개인과 사회가 함께 추구해야 할 기본적이고 핵심적인 가치입니다.
>
> 을: 시대나 사회가 바뀌어도 정의의 구체적인 내용은 달라지지 않습니다.
>
> 병: 다른 사람에게 피해를 주었다면 그에 대한 적절한 처벌을 받는 것입니다.
>
> 정: 개인의 권리와 의무, 공동체의 성과와 부담을 공정하게 분담하는 것입니다.
>
> 무: 다양한 사회적 가치들을 '같은 것은 같게, 다른 것은 다르게' 분배하는 것입니다.

① 갑　　② 을　　③ 병　　④ 정　　⑤ 무

06 밑줄 친 ㉠이 필요한 이유로 적절한 것만을 〈보기〉에서 고른 것은?

> 유죄와 무죄, 승리와 패배가 명백하게 갈리는 재판이나 축구 경기에서 재판관이나 축구 심판에게 요구되는 덕목은 '선함'이나 '착함'이 아니라 바로 공정함, 즉 ㉠정의이다. 만약 재판관이 살인을 저지른 범죄자에게 그의 처지가 불쌍하다고 무죄 판결을 내리거나, 축구 경기의 심판이 연패의 늪에 빠진 팀을 가엾다고 여겨 소속 선수들이 경기 중 반칙을 하는 것을 눈감아 준다면 우리는 머지않아 살인 범죄가 난무하는 사회에서 쉴 새 없이 반칙을 일삼는 축구 경기를 보게 될 수도 있다.

┤ 보기 ├

ㄱ. 개인이나 집단 간의 갈등을 공정하게 처리하기 위해 필요하다.

ㄴ. 정당하지 못한 방법으로 사회적 지위나 부를 획득하기 위해 필요하다.

ㄷ. 모든 구성원이 기본적인 권리를 누리며 인간다운 삶을 살아가기 위해 필요하다.

ㄹ. 분배 결과에 어떤 차이도 없이 모두가 결과적으로 평등한 사회의 실현을 위해 필요하다.

① ㄱ, ㄴ　　② ㄱ, ㄷ　　③ ㄴ, ㄷ

④ ㄴ, ㄹ　　⑤ ㄷ, ㄹ

★★★

주제 **2** 분배적 정의의 실질적 기준

07 ㉠에 들어갈 내용으로 적절한 것만을 〈보기〉에서 있는 대로 고른 것은?

> 인간이 살아가는 데 필요한 사회적 자원과 가치는 한정되어 있기에 각자에게 이를 공정하게 분배하기 위해서는 적절한 분배 기준을 설정해야 한다. 분배적 정의를 실현하기 위한 실질적 기준으로는 ┌ ㉠ ┐을/를 들 수 있다.

┤ 보기 ├

ㄱ. 능력　　　　　　ㄴ. 업적

ㄷ. 필요　　　　　　ㄹ. 행운

① ㄱ, ㄷ　　② ㄱ, ㄹ　　③ ㄴ, ㄹ

④ ㄱ, ㄴ, ㄷ　　⑤ ㄴ, ㄷ, ㄹ

08 갑~병이 강조하고 있는 분배적 정의의 실질적 기준을 〈보기〉에서 골라 옳게 연결한 것은?

> 갑: 저는 해당 분야에 더 뛰어난 재능을 지니고 있는 사람에게 우선적으로 분배가 이루어져야 한다고 생각합니다.
>
> 을: 저는 모든 구성원이 인간다운 삶을 위한 기본적 욕구를 충족할 수 있도록 분배가 이루어져야 한다고 생각합니다.
>
> 병: 저는 성과를 많이 낸 사람에게 더 많은 보상을 주어 성취 동기를 높이도록 분배가 이루어져야 한다고 생각합니다.

┤ 보기 ├

ㄱ. 능력에 따른 분배

ㄴ. 업적에 따른 분배

ㄷ. 필요에 따른 분배

	갑	을	병		갑	을	병
①	ㄱ	ㄴ	ㄷ	②	ㄱ	ㄷ	ㄴ
③	ㄴ	ㄱ	ㄷ	④	ㄴ	ㄷ	ㄱ
⑤	ㄷ	ㄴ	ㄱ				

09 다음을 주장한 사람의 분배 기준에 대한 입장으로 가장 적절한 것은?

> 올림픽에 나갈 국가 대표를 선발할 때 어떤 기준을 적용해야 할까요? 남들보다 더 빠르게 달릴 수 있는 사람을 육상 선수로 선발해야 하며, 남들보다 공을 더 잘 찰 수 있는 사람을 축구 선수로 선발해야 합니다. 이러한 분배 기준은 비단 스포츠 분야에만 적용 가능한 것이 아닙니다. 노래와 춤에 뛰어난 사람이 가수가 되어야 하며, 남에게 지식을 쉽게 전달하며 잘 가르칠 수 있는 사람이 교사가 되어야 합니다. 탁월한 기능을 가진 사람이 자신의 기량을 펼칠 수 있는 기회를 부여받아야 하는 것입니다.

① 각자의 필요에 따라 서로 다르게 분배해야 한다.
② 결과에 대한 개인의 기여도에 따라 분배해야 한다.
③ 모두에게 기회와 혜택이 동일하도록 분배해야 한다.
④ 능력이 뛰어난 사람에게 우선적으로 분배해야 한다.
⑤ 개인이 일하거나 노력한 시간에 따라 분배해야 한다.

10 ㉠에 들어갈 내용으로 가장 적절한 것은?

> 갑, 을 두 사람이 동일한 조건에서 동일한 시간 동안 동일한 제품을 생산하기 위한 노동을 했을 때, 하루에 갑은 10개를 만들었는데 을은 20개를 만들었다면, 을의 하루 노동은 갑의 이틀 노동에 해당하는 가치를 창출한 것이다. 이 경우 갑과 을이 동일한 시간 동안 동일한 노동을 하였다고 해서 갑과 을에게 동등하게 보상하는 것은 오히려 불공정하며, 갑보다 을에게 더 많은 보상을 하는 것이 정당하다고 보아야 한다. 이처럼 분배가 공정하고 정의롭기 위해서는 　　㉠　　

① 사회적 약자의 이익이 최대가 될 수 있도록 분배해야 한다.
② 사회적 재화를 분배할 때에는 업무 성과를 고려하지 말아야 한다.
③ 사람들 각자가 지닌 잠재적인 능력을 분배 기준으로 삼아야 한다.
④ 모든 사람들이 인간다운 삶을 누릴 수 있도록 동일하게 보상해야 한다.
⑤ 개인이 달성한 업적의 차이에 따라 차등적인 보상이 이루어져야 한다.

11 다음 분배 기준의 문제점으로 적절한 것만을 〈보기〉에서 고른 것은?

> 모든 인간은 평등한 존재이다. 따라서 각자가 어떤 능력을 가졌건, 또는 얼마만큼 성취를 이루었건 간에 모든 구성원이 각자의 필요에 따라 분배받아야 한다.

보기

ㄱ. 빈부 격차를 심화시킬 수 있다.
ㄴ. 경제적 생산성이 낮아질 수 있다.
ㄷ. 개인의 성취 동기가 약화될 수 있다.
ㄹ. 사회적 약자에 대한 배려를 소홀히 할 수 있다.

① ㄱ, ㄴ　　② ㄱ, ㄷ　　③ ㄴ, ㄷ
④ ㄴ, ㄹ　　⑤ ㄷ, ㄹ

12 갑, 을이 강조하는 분배 기준의 공통된 특징으로 가장 적절한 것은?

① 균등한 분배로 인해 생산성이 저하될 수 있다.
② 성과를 많이 낸 사람이 오히려 손해를 볼 수 있다.
③ 능력이나 성과가 없어도 재화를 분배받을 수 있다.
④ 개인의 성취 동기를 높여 사회 발전에 기여할 수 있다.
⑤ 모두가 필요로 하는 만큼 재화를 무제한적으로 분배받을 수 있다.

13 밑줄 친 ㉠~㉢의 구체적 사례로 적절한 것만을 〈보기〉에서 있는 대로 고른 것은?

> 분배적 정의를 실현하기 위한 실질적 기준으로는 대표적으로 ㉠능력에 따른 분배, ㉡업적에 따른 분배, ㉢필요에 따른 분배가 있습니다.

─ 보기 ─

ㄱ. ㉠ : 다양한 분야의 영재를 선발하여 특성화 교육을 실시한다.
ㄴ. ㉡ : 거동이 불편한 장애인들에게 교통수단을 지원한다.
ㄷ. ㉢ : 저소득층 가정을 대상으로 최저 생계비를 지급한다.

① ㄱ   ② ㄴ   ③ ㄱ, ㄷ
④ ㄴ, ㄷ   ⑤ ㄱ, ㄴ, ㄷ

14 밑줄 친 ㉠~㉢에 대한 설명으로 적절한 것만을 〈보기〉에서 고른 것은?

> 교사 : 마을에서 공동으로 김장한 뒤에 김치를 어떤 기준으로 나누면 좋을까요?
> 갑 : ㉠담근 양만큼 받아야죠. 그래야 더 많은 몫을 받으려고 다들 성실히 일할 테니까요.
> 을 : ㉡경력이 많거나 자격증이 있다면 더 많이 받아야죠. 다른 사람보다 더 맛있게 김치를 담글 수 있을 테니까요.
> 병 : ㉢부양가족 수나 각자의 경제 형편을 고려하여 분배해야 해요. 모두의 기본적인 욕구가 충족되는 사회가 좋은 사회죠.

─ 보기 ─

ㄱ. ㉠은 구성원 간 경쟁이 과열되어 갈등이 발생할 수 있다.
ㄴ. ㉡은 개인이 지닌 능력이 분배에 영향을 미친다.
ㄷ. ㉢은 구성원의 근로 의욕을 높이는 데 기여한다.
ㄹ. ㉠보다 ㉢이 생산성 향상을 통한 사회 발전에 유리하다.

① ㄱ, ㄴ   ② ㄱ, ㄷ   ③ ㄴ, ㄷ
④ ㄴ, ㄹ   ⑤ ㄷ, ㄹ

15 다음 자료를 보고 물음에 답하시오.

> • 고대 이집트에서는 이것을 '법의 준수와 공동체에 대한 순종'을 의미한다고 보았다.
> • 로마의 정치가 울피아누스는 이것이란 '각자에게 그의 몫을 돌려주려는 항구적인 의지'라고 설명하였다.
> • 이것을 동양에서는 '의로움[義]', 서양에서는 '각자에게 자신의 몫을 주는 것' 또는 '공정성'을 의미한다고 보았다.

(1) 밑줄 친 '이것'이 무엇인지 쓰시오.

____

(2) 밑줄 친 '이것'이 필요한 이유를 한 문장으로 서술하시오.

____

____

16 다음 자료를 보고 물음에 답하시오.

> 갑 : 개개인이 지니고 있는 각자의 소질과 잠재력, 재능에 따라 분배가 이루어지는 것이 바람직합니다.
> 을 : 그렇지 않습니다. 개인의 의지나 선택과 무관하게 개인이 선천적으로 지니고 있는 재능이나 능력은 우연적 요인에 불과하며, 우연적 요인에 의해 사회적 가치를 분배하는 것은 불공평합니다. 인간은 모두 평등한 존재이므로 어떤 능력을 가졌든, 얼마만큼의 업적을 성취했든 인간다운 삶의 보장을 위해 기본적인 욕구의 충족이 가능하도록 분배가 이루어지는 것이 바람직합니다.

(1) 갑, 을이 강조하고 있는 분배의 실질적 기준은 무엇인지 각각 쓰시오.

____

____

(2) 을의 입장에서 갑이 강조하는 분배적 정의의 기준이 지니는 문제점 한 가지를 서술하시오.

____

____

01 밑줄 친 '이것'의 기능에 대한 설명으로 적절하지 <u>않은</u> 것은?

> • 이것은 사회적 대우나 보상, 처벌 등에 있어 마땅히 받을 만한 몫을 공정하게 받는 것으로, 같은 것은 같게 대우하고 다른 것은 다르게 대우하는 것이며, 각자에게 각자의 몫을 주는 것을 의미한다.
> • 이것은 옳음, 공정성, 공평성 등과 비슷한 의미를 지니며, 공정한 절차에 따라 자유와 평등이 조화롭게 실현된 상태를 의미하기도 한다.

① 분배 과정에서 발생하는 갈등과 분쟁을 조정한다.
② 사회 제도의 정당성을 확보할 수 있는 근거가 된다.
③ 사적 이익 추구의 극대화를 정당화하는 근거가 된다.
④ 구성원들의 화합을 도모하여 사회 통합을 이끌어 준다.
⑤ 다양한 사회적 재화를 교환하고 분배하는 기준이 된다.

|교육청 기출|

02 다음 강연자의 입장만을 〈보기〉에서 고른 것은?

> ┤ 보기 ├
> ㄱ. 각 사람의 필요에 따른 분배가 정의로운 분배이다.
> ㄴ. 공동체의 법규를 잘 지키는 것은 정의로운 행위이다.
> ㄷ. 교정적 정의는 이익과 손해의 동등함을 회복하는 것이다.
> ㄹ. 분배적 정의는 만인에게 재화를 동일하게 분배하는 것이다.

① ㄱ, ㄴ   ② ㄱ, ㄷ   ③ ㄴ, ㄷ
④ ㄴ, ㄹ   ⑤ ㄷ, ㄹ

03 다음을 주장한 사람이 긍정의 대답을 할 질문만을 〈보기〉에서 있는 대로 고른 것은?

> 법을 준수하는 것과 공정한 것은 정의롭다. 공공의 재화를 분배할 때 당사자들이 거기에 기여한 정도에 비례하여 분배하는 것은 정의롭다. 어떤 사람이 누군가를 상처 입혀 가해와 피해가 불균등하게 분배되어 있을 때 가해자 측으로부터 이득을 빼앗아 손실이 균등해지도록 하는 것은 정의롭다.

> ┤ 보기 ├
> ㄱ. 분배적으로 정의로운 것은 일종의 비례적인 것인가?
> ㄴ. 공공의 재화를 기여도에 비례하여 분배하는 것은 정의로운가?
> ㄷ. 가치가 동등함에도 동등하지 않은 몫을 받는 것은 정의로운가?
> ㄹ. 한 사람이 타인보다 많이 분배받는 것이 정의로운 경우가 있는가?

① ㄱ, ㄷ   ② ㄱ, ㄹ   ③ ㄴ, ㄷ
④ ㄱ, ㄴ, ㄹ   ⑤ ㄴ, ㄷ, ㄹ

04 다음을 주장한 사람이 지지할 입장으로 가장 적절한 것은?

> 공정한 사회가 되려면 정의의 원칙이 필요하다. 정의의 원칙에 따르면 모든 사람은 양심의 자유나 종교의 자유와 같은 기본적 자유를 평등하게 누려야 한다. 그리고 사회적·경제적 불평등은 사회적 약자에게 가장 큰 이익이 돌아가도록 할 경우에만 정당화될 수 있으며, 모든 구성원은 사회적 재화를 분배받을 수 있는 공정한 기회를 균등하게 보장받아야 한다.

> ┤ 보기 ├
> ㄱ. 사회적 약자의 이익을 증진하는 제도는 정의롭다.
> ㄴ. 사회 지도층에 오를 수 있는 기회를 특정 계층에게만 부여해야 한다.
> ㄷ. 기본적 자유는 개인의 능력과 관련 없이 모든 사람이 평등하게 보장받아야 한다.
> ㄹ. 모든 사람에게 모든 사회적 재화를 균등하게 분배할 때만 사회정의가 실현된다.

① ㄱ, ㄴ   ② ㄱ, ㄷ   ③ ㄴ, ㄷ
④ ㄴ, ㄹ   ⑤ ㄷ, ㄹ

05 다음을 주장한 사람의 입장으로 가장 적절한 것은?

> 사상 체계의 제1덕목을 진리라고 한다면 사회 제도의 제1덕목은 정의이다. 이론이 아무리 정교하고 간결할지라도 그것이 진리라 아니라면 배척되거나 수정되어야 하듯이, 법이나 제도가 아무리 효율적일지라도 그것이 정당하지 못하면 개선되거나 폐기되어야 한다. 모든 사람은 전체 사회의 복지를 위한다는 이유로도 결코 침해될 수 없는 기본적 권리를 가지고 있다. 정의는 타인이 갖게 될 큰 선을 위하여 소수의 자유를 빼앗는 것이 정당화될 수 없다고 본다. 정의에 의해 보장된 권리들은 어떠한 정치적 거래나 사회적 이득의 계산에도 좌우되지 않는 것이다.

① 사회 제도는 효율적이기만 하면 정의롭고 정당한 것이다.
② 의회에서 제정된 법을 바꾸려고 하는 것은 항상 정의롭지 않다.
③ 사회 전체의 행복을 위해 개인에게 무조건적인 희생을 강요할 수 있다.
④ 모든 사회 구성원이 지니는 기본적 권리를 함부로 침해하지 않는 것이 정의롭다.
⑤ 타인의 기본적 권리를 침해하면서 그 대신 경제적 이익을 제공하는 것은 정당하다.

06 다음을 주장한 사람의 입장으로 적절한 것만을 〈보기〉에서 고른 것은?

> 개인이 갖춘 능력이나 개인이 이룬 성과에 따라 차등적으로 보수를 지급하는 것이 정의롭다. 만약 개인의 능력이나 성과와 무관하게 모두가 동일한 보수를 받는다면 굳이 많은 훈련과 교육을 통해 더 뛰어난 능력을 갖추거나 더 높은 성과를 이루고자 애쓰려는 사람은 없을 것이며, 그 결과 사회 전체의 효율성은 떨어지게 될 것이다.

┤ 보기 ├
ㄱ. 개인의 성취 동기를 높이려면 차등 분배가 이루어져야 한다.
ㄴ. 정의로운 사회의 실현을 위해서는 소득 격차를 제거해야 한다.
ㄷ. 필요가 아니라 능력과 업적을 분배적 정의의 기준으로 삼아야 한다.
ㄹ. 개인이 이룬 업무 성과를 상대적으로 평가하여 분배하는 것은 정의롭지 않다.

① ㄱ, ㄴ   ② ㄱ, ㄷ   ③ ㄴ, ㄷ
④ ㄴ, ㄹ   ⑤ ㄷ, ㄹ

07 ㉠에 들어갈 진술로 가장 적절한 것은?

> 나는 한정된 재화로 모든 사람의 욕구를 충족시킬 수 없기 때문에 분배의 몫을 결정할 때에는 당사자들이 성취하고 이바지한 업적의 정도에 따라 분배해야 한다고 생각한다. 그런데 어떤 사람은 업적에 따라 분배할 경우 능력이 부족한 사람에게 불리한 결과가 나타나므로 사회 불평등의 문제를 개선하기 위해서는 사회 구성원들의 필요를 기준으로 분배해야 한다고 주장한다. 나는 필요에 따른 분배 방식이 '⎡ ㉠ ⎤'는 문제점이 있다고 생각한다.

① 타고난 능력의 우열이 지나치게 중시될 수 있다.
② 사회 구성원들 간의 경제적 격차가 커질 수 있다.
③ 경쟁을 과열시켜 비인간적인 사회를 만들 수 있다.
④ 열심히 일하려는 사람의 노동 의욕이 저하될 수 있다.
⑤ 사회적·경제적 약자에 대한 배려가 부족해질 수 있다.

08 (가)의 갑, 을의 입장에서 서로에게 제기할 수 있는 비판을 (나) 그림으로 표현할 때, A, B에 해당하는 내용으로 적절한 것만을 〈보기〉에서 고른 것은?

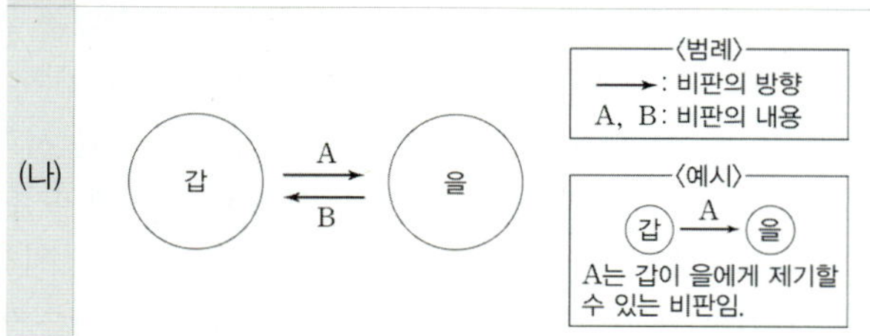

(가) 갑: 수해를 입은 지역의 주민 모두에게 동일한 금액의 복구비를 지원해야 합니다.
을: 아닙니다. 개인이 입은 피해 규모 등을 고려하여 복구비를 차등적으로 지원해야 합니다.

(나)

┤ 보기 ├
ㄱ. A: 결과의 평등이 오히려 더 큰 불평등을 초래할 수 있음을 간과한다.
ㄴ. A: 인간은 모두 평등한 존재임을 고려해 균등하게 분배해야 함을 간과한다.
ㄷ. B: 지역 주민 간 불평등이 발생하지 않도록 분배해야 함을 간과한다.
ㄹ. B: 각자의 처지와 상황에 따라 서로 다르게 분배해야 함을 간과한다.

① ㄱ, ㄴ   ② ㄱ, ㄷ   ③ ㄴ, ㄷ
④ ㄴ, ㄹ   ⑤ ㄷ, ㄹ

09 (가)의 갑, 을, 병의 입장에서 서로에게 제기할 수 있는 비판을 (나) 그림으로 표현할 때, A~F에 해당하는 내용으로 가장 적절한 것은?

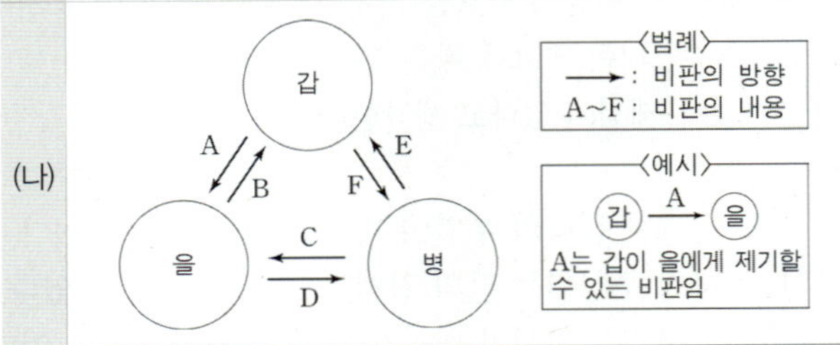

① A와 F : 책임 의식이 약화되고 성취 동기가 저하됨을 간과한다.
② B : 기여도를 객관적으로 평가할 기준을 마련하기 어려움을 간과한다.
③ C : 상대적 박탈감과 함께 과열 경쟁으로 갈등을 유발할 수 있음을 간과한다.
④ D : 한정된 재화로 모두의 필요를 충족시키는 것이 가능함을 간과한다.
⑤ E : 우연적이고 선천적인 요인이 분배에 영향을 미쳐서는 안 됨을 간과한다.

10 ㉠에 들어갈 내용으로 가장 적절한 것은?

나는 사회적 약자들이 기회의 불균등으로 차별받지 않도록 사회적 약자의 고용 및 취업 기회 확대를 위한 우대 정책을 시행함으로써 실질적인 평등이 이루어지도록 해야 한다고 본다. 그런데 어떤 사람들은 사회적 약자를 우대하는 정책이 개인의 능력과 그에 따른 성취로 성공 여부가 결정되어야 한다는 업적주의 원칙에 위배되므로 역차별을 초래한다고 주장한다. 나는 이러한 주장에 대해 [㉠   ]고 생각한다.

① 소외된 계층들의 기본적인 필요를 충족시켜야 함을 강조한다
② 분배의 기준으로 개인의 능력과 업적만을 지나치게 강조한다
③ 모두에게 공정한 기회균등의 원칙이 적용되어야 함을 강조한다
④ 사회의 모든 구성원에게 균등한 분배가 이루어져야 함을 강조한다
⑤ 정의로운 사회를 위해 사회적 약자에 대한 배려가 필요함을 강조한다

11 갑, 을의 입장으로 가장 적절한 것은?

갑 : 각 개인은 자신이 정당하게 획득한 모든 재화에 대해 절대적인 소유 권리를 지닌다. 따라서 올바른 재화의 분배는 개인의 자유에 전적으로 위임해야 하며, 국가는 개인의 자유와 권리를 침해하지 않고 보장하는 역할만을 수행해야 한다. 사회적 약자를 위한다는 명분으로 국가가 재분배 정책을 실시하는 것은 부자들에게 강제 노동을 시키는 것과 같이 부정의하다.
을 : 각 개인이 자유와 평등을 누리기 위해서는 사적 소유제를 전면적으로 철폐하고 국가가 해체되어야 한다. 그렇게 되면 모두가 자신의 능력만큼 일하고 자신이 필요한 만큼 분배받게 되므로 노동이 고통스럽지 않고 경제적으로 평등한, 진정 모든 인간이 행복하고 정의로운 세상이 펼쳐질 것이다.

① 갑 : 사회적 약자를 위한 국가의 재분배 정책은 정의롭다.
② 갑 : 정의로운 분배는 국가가 없는 상태에서만 실현될 수 있다.
③ 을 : 능력에 따른 노동과 필요에 따른 분배가 이루어져야 한다.
④ 을 : 개인의 능력으로 획득한 모든 재화는 온전히 그 개인의 것이다.
⑤ 갑과 을 : 개인이 아니라 국가만이 정당한 분배의 주체가 될 수 있다.

12 갑에 비해 을이 주장하는 분배 기준의 특징으로 가장 적절한 것은?

갑 : 가정 형편이 어려운 학생은 등록금을 마련하기가 쉽지 않으므로 장학금은 가정 형편을 고려하여 경제적으로 어려운 학생에게 주어야 합니다.
을 : 장학금은 성적이 우수한 학생에게 주어야 합니다. 그래야 더 많은 학생들이 장학금을 획득하기 위해 공부를 열심히 하게 될 것입니다.

① 경제적 빈부 격차를 완화시키는 데 기여한다.
② 학습 의욕을 고취시켜 학업 성취도를 높일 수 있다.
③ 사회적 약자를 보호해야 한다는 도덕의식에 부합한다.
④ 후천적인 노력이 분배에 영향을 미치는 것을 배제한다.
⑤ 과열 경쟁을 방지하여 사회적 갈등 해소 및 사회 통합에 기여할 수 있다.

13 그림은 어떤 학생이 작성한 노트 필기의 일부이다. ㉠~㉤ 중 옳지 <u>않은</u> 것은?

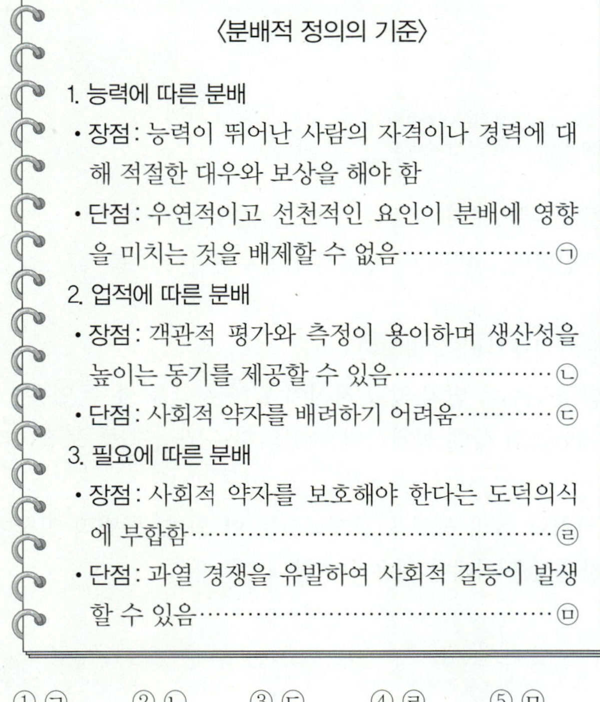

① ㉠ ② ㉡ ③ ㉢ ④ ㉣ ⑤ ㉤

14 그림의 A~D에 들어갈 질문으로 적절한 것만을 〈보기〉에서 있는 대로 고른 것은?

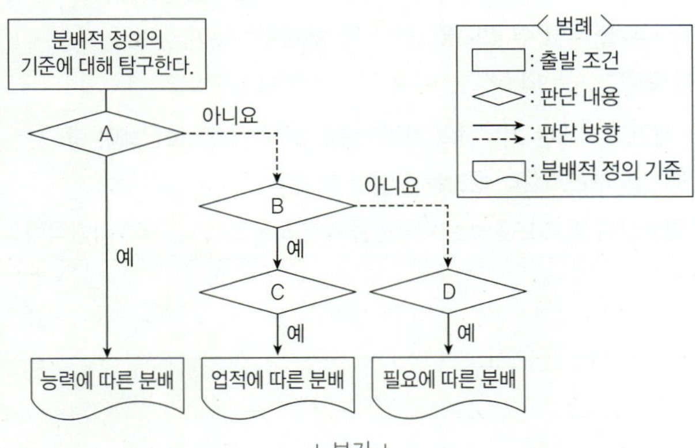

〈 보기 〉

ㄱ. A : 개인이 지닌 탁월한 재능을 기준으로 재화가 분배되어야 하는가?
ㄴ. B : 인간의 삶에 필요한 사회적 가치를 공정하게 분배해야 하는가?
ㄷ. C : 개인이 성취한 업무 성과에 따른 차등 분배는 정의로운가?
ㄹ. D : 정의로운 분배는 사회적 약자의 기본적 욕구 충족과는 무관해야 하는가?

① ㄱ, ㄴ ② ㄱ, ㄷ ③ ㄷ, ㄹ
④ ㄱ, ㄴ, ㄹ ⑤ ㄴ, ㄷ, ㄹ

15 갑에게 을이 제시할 수 있는 비판으로 적절한 것만을 〈보기〉에서 있는 대로 고른 것은?

> 갑 : 복지 혜택은 누구나 고르게 누릴 수 있어야 합니다. 모든 국민에게 균등하게 복지 혜택을 제공함으로써 형평성을 높일 수 있고, 수혜 받는 사람들이 개인적 자존감을 훼손당하지 않을 수 있습니다.
> 을 : 복지 혜택은 그것을 절실히 필요로 하는 일부 국민들에게 집중되어야 합니다. 빈곤으로 고통받는 저소득층 국민에게 집중적으로 복지 혜택을 제공함으로써 효율성을 높일 수 있고, 복지 정책에 들어가는 비용도 절감할 수 있습니다.

〈 보기 〉

ㄱ. 복지 정책은 소득 재분배 효과를 지니는 것이 바람직함을 간과한다.
ㄴ. 복지 정책이 일부 국민만을 대상으로 하면 형평성이 침해됨을 간과한다.
ㄷ. 복지 정책의 시행에 소득 수준의 차이는 고려할 필요가 없음을 간과한다.
ㄹ. 복지 정책은 사회적 약자를 우선적으로 고려하여 시행되어야 함을 간과한다.

① ㄱ, ㄴ ② ㄱ, ㄹ ③ ㄴ, ㄷ
④ ㄱ, ㄷ, ㄹ ⑤ ㄴ, ㄷ, ㄹ

16 갑, 을, 병의 입장에서 서로에게 제기할 수 있는 비판 내용으로 가장 적절한 것은?

> 갑 : A보다 B가 부양가족이 많다면 B에게 더 많이 분배해야 한다. 더 많이 필요로 하는 사람에게 더 많이 분배하는 것이 정의롭기 때문이다.
> 을 : A와 B의 생산량에 차이가 난다면 분배에 차등을 두어야 한다. 더 높은 업적이나 기여를 이룬 사람에게 더 많이 분배하는 것이 정의롭기 때문이다.
> 병 : A가 B보다 뛰어난 능력을 갖추었다면 A가 더 좋은 대우를 받아야 한다. 능력이 탁월한 사람에게 더 많이 분배하는 것이 정의롭기 때문이다.

	~이	~에게	비판 내용
①	갑	을	사회적 약자나 소외된 사람들을 배려하기 어렵다.
②	을	갑	과열 경쟁을 초래하여 사회 통합에 지장을 줄 수 있다.
③	병	갑	능력을 객관적으로 측정할 수 있는 기준을 마련하기 어렵다.
④	갑, 을	병	사회적 재화는 한정적이므로 모든 사람의 필요를 충족시킬 수 없다.
⑤	갑, 병	을	생산 의욕을 저하시켜 효율성이 떨어지게 한다.

02 다양한 정의관

주제 1 자유주의적 정의관 ★★★

개념 더하기

✗ 자유주의 정의관의 특징

기본 입장	• 개인이 사회보다 우선함 • 개인의 자유와 권리 중시
개인	독립적 자아 : 개별적이며 독립적인 존재
사회	개인의 집합체에 붙인 이름에 불과함
국가	개인의 자유와 권리를 침해해서는 안 되며, 보호하는 역할만을 해야 함
장점	개인의 자유와 권리 및 사적인 이익을 최대한 존중하고 보장하고자 함
단점	이기주의로 변질되어 불평등을 초래하고 사회적 유대를 해칠 수 있음

✗ 롤스와 노직의 정의관 비교

롤스	노직
• 자유와 평등의 조화 추구 • 국가의 재분배 정책 찬성: 사회적·경제적 불평등을 최소화하고자 함	• 개인의 자유와 소유 권리 중시 • 국가의 재분배 정책 반대: 개인의 절대적인 소유 권리를 침해하기 때문
절차적 정의: 공정한 절차에 따른 분배 결과는 그 내용과 상관없이 정의로운 것으로 간주할 수 있음	

1 자유주의

→ 자신의 자유와 권리를 누리기 위해 타인의 자유를 함부로 침해하는 것을 허용하지 않는다는 점에서 극단적 이기주의와 구분됨

(1) 의미

① 개인의 자유와 권리를 다른 그 무엇보다 소중한 가치로 여기는 사상

② 개인은 사회나 국가보다 우선하며, 개인선이 공동선보다 우선한다고 봄

(2) 특징

① 개인은 공동체의 전통이나 가치로부터 독립적이고 자율적인 존재임

② 모든 인간은 타인이나 사회의 간섭을 받지 않고 자신이 원하는 삶을 살 수 있음

③ 사회나 국가는 개별적인 개인들의 합에 불과하며 개인의 자유와 권리를 보장하기 위한 수단적 존재일 뿐임

④ 국가는 개인에게 특정한 가치나 삶의 방식을 강제해서는 안 되며, 중립적 입장에서 개인의 자유로운 선택권과 자율성을 최대한 허용해야 함

2 자유주의적 정의관

→ 타인이나 사회, 국가 등 외부로부터의 간섭이나 방해가 없는 상태인 '소극적 자유'를 추구하며, 사회적·경제적 불평등 문제 해결을 위해 국가보다 개인의 노력을 우선시하며 강조함

(1) 특징

① 개인선 추구 : 개인의 자유와 권리를 최대한 보장하여 개인선을 실현하는 것이 정의로움

② 개인에게 선택의 자유와 공정한 기회를 보장해야 한다고 봄

③ 독립적 개인을 강조하므로 과거 세대의 잘못에 대해 현세대가 사과하거나 배상할 책임은 없다고 봄

(2) 대표 사상가 자료 1

롤스	• 평등주의적 자유주의 입장 : 자유와 평등의 조화를 통한 공정한 분배를 중시함 • 모든 구성원이 평등한 자유를 누릴 수 있도록 공정성을 실현하는 것이 정의임 • 국가는 사회적 약자를 포함한 모두의 이익을 위해 적극적 역할을 해야 함
노직	• 자유 지상주의 입장 : 개인의 자유는 최우선의 가치이므로 최대한으로 보장해야 함 • 개인의 정당한 소유 권리를 배타적으로 보장하는 것이 정의임 • 개인의 소유 권리를 침해하지 않고 보호하는 역할만을 수행하는 최소 국가가 바람직함

주제 2 공동체주의적 정의관 ★★★

개념 더하기

✗ 공동체주의 등장 배경

자유주의가 지나치게 개인의 독립성에만 초점을 맞춤으로써 극단적인 개인주의나 이기주의로 변질되고 분열되어 나타나는 문제점을 해결하기 위해 사회 구성원으로서의 정체성과 공동체적 유대가 개인의 행복의 바탕이라고 보고 인간의 삶에서 공동체가 갖는 중요성을 강조하는 공동체주의가 등장하였다.

1 공동체주의

→ 공동체의 구성원일 때 개인의 자유와 권리도 보장될 수 있다고 보아 개인선과 공공선의 조화를 추구하므로, 공동체를 위해 개인의 희생을 강요하는 전체주의와 구분됨

(1) 의미

① 인간의 삶이 공동체에 뿌리를 두고 있음을 강조하며 공동체의 의미를 중시하는 사상

② 공동체가 개인보다 우선하며, 공동선이 개인선보다 우선한다고 봄

(2) 특징

① 공동체의 문화와 역사, 전통과 규범을 중시함 → 공동체의 가치와 전통에 따라 구성원은 자아실현과 인격 완성을 추구함

② 개인은 공동체의 영향을 받으며 소속감과 정체성을 형성해 나가는 존재로, 공동체와 분리되어 독립적으로 존재할 수 없음

③ 국가는 개인이 공동체의 가치와 목적을 내면화하고 자신에게 부여된 책임과 역할, 의무에 충실히 임하여 공동체의 발전에 기여할 수 있도록 바람직한 가치를 권장해야 함

2 공동체주의적 정의관[×]

→ 공동체는 우리 존재의 출발점이기 때문에 공동선이 실현되어야 개인의 행복한 삶이 가능하며, 개인의 좋은 삶은 공동체가 올바르게 유지되고 발전하는 경우에만 가능하다고 봄

(1) 특징

① **공동선** 추구 : 공동체의 구성원들이 유대감을 바탕으로 자신이 속한 공동체의 이익이나 공동선을 추구하는 것을 정의로운 것으로 봄

② 개인은 공동체의 구성원으로서의 의무와 책임을 다해야 하며, **공동선이 실현될 때 개인의 행복한 삶도 가능하다고 봄**

③ 사회적 존재인 인간은 공동체의 유산뿐만 아니라 빚이나 의무 역시 물려받으므로 과거 세대의 잘못에 대해서도 현세대는 책임을 지고 공동체의 의무를 다해야 한다고 봄

(2) 대표 사상가 [자료 1]

매킨타이어	• 서사적 자아 : 인간은 공동체의 전통과 역사가 담긴 이야기를 통해 자신의 정체성을 형성함 • 개인은 공동체의 전통과 역사를 바탕으로 책임감 있는 시민으로 살아야 함
샌델	• 연고적 자아 : 인간은 공동선에 관한 숙고와 연대 의식을 바탕으로 공동체 구성원으로서 정체성을 형성함 • 개인은 공동체가 공유하는 가치와 목적을 실현하기 위해 노력해야 함

3 개인선과 공동선의 조화

→ 공동체는 개인의 자유와 권리를 보장하기 위해 노력해야 하며, 개인은 공동체의 구성원으로서 자신의 책임과 의무를 다하려는 모습을 보여야 함

(1) 자유주의적 정의관만을 강조할 경우

① 사회에 대한 무관심이 나타날 수 있음

② 오직 개인의 이익만을 추구하는 극단적인 이기주의로 변질되어 타인의 자유와 권리를 침해하고 공동체를 위태롭게 할 수 있음 → **공유지의 비극**[×]

(2) 공동체주의적 정의관만을 강조할 경우

→ 개인은 민족이나 국가와 같은 전체의 존립과 발전을 위해서만 존재한다고 보는 이념

① 공동체에 의한 가치의 통합 등을 강조함으로써 **권위주의나 전체주의로 흐를 위험이 있음**

② 개인의 권리와 자유를 억압하고 공동체를 위해 개인의 희생을 정당화할 수 있음

(3) 자유주의적 정의관과 공동체주의적 정의관의 조화

① 인간은 자신의 욕구를 실현하려는 자유 지향적 측면과 공동체를 통해 안정적 삶을 추구하려는 공동체 지향적 측면을 동시에 지님

② 개인선과 공동선을 조화롭게 추구하고자 노력해야 함

개인	연대 의식, 책임 의식, 배려와 공감의 덕목을 갖추고 공동체에 대한 의무를 적극적으로 다해야 함
공동체	개인의 자유와 권리를 최대한 보장하면서 사회정의를 실현할 수 있는 제도를 마련해야 함

③ 개인선과 공동선의 조화가 적절히 이루어질 때 모든 구성원이 행복한 정의로운 사회가 실현될 수 있음

× 공동체주의 정의관의 특징

기본 입장	• 사회가 개인보다 우선함 • 공동체 구성원으로서의 의무와 책임 중시
개인	관계적 자아 : 개인은 공동체의 역사와 문화에 영향을 받으며, 사회 속에서만 자아실현이 가능함
국가의 역할	공동선을 제시하고 그 실현을 위해 적절한 개입을 할 수 있음
장점	공동체의 발전과 사회 통합에 기여함
단점	전체주의로 변질되어 공동선을 명분으로 개인에게 일방적인 희생을 강요하거나 이를 정당화할 수 있음

× 공유지의 비극

"목초지를 공유한 어느 마을이 있었다. 마을 사람들은 각자 더 많은 이익을 얻기 위해 키우는 소의 수를 늘려 나갔다. 그 결과 풀이 무성하던 목초지는 소들이 먹을 만한 풀이 하나도 없는 황량한 땅으로 변하고 말았다."

개인선에 대한 무절제한 추구는 결국 공동체의 이익을 해치고, 결과적으로 모두가 그 피해를 보게 된다는 의미이다.

자료 더하기 

자료 ❶

자유주의적 정의관과 공동체주의적 정의관

➲ **노직**은 자유주의 입장에서 **개인의 자유와 권리를 보호하는 것이 곧 정의**이며, 국가 권력이 개인의 자유를 제약해서는 안 된다고 보았다. **매킨타이어**는 공동체주의 입장에서 개인의 자유와 선택보다 **공동체의 전통과 역사를 중시**하였으며, 현대 사회가 자유주의적 개인주의로 말미암아 심각한 분열 상태에 빠져 있다고 지적하면서, 이를 극복하기 위해 공동체의 부활을 모색해야 한다고 보았다.

01 ㉠에 들어갈 내용으로 가장 적절한 것은?

> ㉠ 은/는 개인의 자유를 무엇보다 소중한 가치로 여기는 사상으로, 개인이 공동체의 전통이나 가치로부터 독립적이고 자율적인 존재임을 강조한다.

① 사회주의 ② 집단주의 ③ 자유주의
④ 전체주의 ⑤ 공동체주의

02 다음을 주장한 사람이 지지할 입장으로 적절한 것만을 〈보기〉에서 고른 것은?

> 개인은 공동체 성립 이전에 이미 자유롭게 존재하며 자신의 선택에 따라 살아간다. 공동체는 개인의 자유와 존엄성 보장을 위한 수단적 존재에 불과하다.

┤ 보기 ├

ㄱ. 개인은 자율적 선택에 따라 살아가는 독립적 존재이다.
ㄴ. 개인의 자유와 권리보다 공동체의 이익이 더 중요하다.
ㄷ. 개인의 권리 보장을 위한 수단으로 사회가 만들어진 것이다.
ㄹ. 개인은 공동체에 소속된 존재일 때만 자아실현을 이룰 수 있다.

① ㄱ, ㄴ ② ㄱ, ㄷ ③ ㄴ, ㄷ
④ ㄴ, ㄹ ⑤ ㄷ, ㄹ

03 다음 글에 나타난 정의관에 대한 설명으로 가장 적절한 것은?

> 인간은 누구나 고유한 가치와 존재의 의의를 지니고 있으므로 개인의 자유를 존중하고 보장하는 것은 다른 그 어떤 가치보다도 우위에 있다. 따라서 인간의 존엄과 가치를 절대적 가치로 규정하고, 개인의 자유와 권리를 보장하는 데 기여하는 사회 제도만이 정당화될 수 있다.

① 개인선의 실현을 정의로운 것으로 본다.
② 인간의 삶에서 공동체의 의미를 중시한다.
③ 공동선을 추구하는 것이 바람직하다고 본다.
④ 공동체에 속한 구성원으로서의 책임과 의무 이행을 강조한다.
⑤ 개인주의나 이기주의로 나타난 사회 문제의 해결에 기여한다.

04 다음을 주장한 사람이 긍정의 대답을 할 질문으로 가장 적절한 것은?

> 모든 사람은 태어나면서부터 평등하고, 신은 그들에게 몇 가지 양도할 수 없는 권리를 부여하였다. 그 권리 중에 생명과 자유와 행복의 추구가 있다는 것은 자명한 진리이다. 즉, 인간은 권리에 있어서 자유롭고 평등하게 태어나 생존하며, 개인들은 자신의 자유와 권리를 보다 안정적으로 확실하게 보장받기 위해 사회와 국가를 형성한 것으로 보아야 한다.

① 개인들이 모여 이룬 사회가 개인보다 우선하는가?
② 개인의 자유와 권리는 국가의 형성에서 비롯되었는가?
③ 개인은 공동체가 부여하는 삶의 목적을 실현해야 하는가?
④ 국가와 사회 제도는 개인의 자유를 보장하기 위해 존재하는가?
⑤ 공동선의 실현을 위해 국가가 개인의 삶을 제약하는 것은 정의로운가?

05 그림의 강연자가 지지할 입장으로 적절한 것만을 〈보기〉에서 고른 것은?

┤ 보기 ├
ㄱ. 최소 수혜자의 이익을 위해 기본적 자유를 제한할 수 있다.
ㄴ. 국가는 사회적 약자의 이익을 위해 적극적 역할을 해야 한다.
ㄷ. 정의로운 사회에서 사회적·경제적 불평등은 결코 정당화될 수 없다.
ㄹ. 모든 구성원이 평등한 자유를 누리도록 공정성을 실현하는 것이 정의이다.

① ㄱ, ㄴ ② ㄱ, ㄷ ③ ㄴ, ㄷ
④ ㄴ, ㄹ ⑤ ㄷ, ㄹ

06 다음을 주장한 사상가의 입장으로 적절한 것만을 〈보기〉에서 고른 것은?

> 어떤 사람이 다른 사람에게 피해를 주지 않고 정당하게 소유물을 취득하였거나 양도받았다면, 그 사람은 그 소유물에 대해 정당한 권리를 가져야 한다. 그 결과로 빈부 격차가 생기는 것은 문제가 되지 않으며, 개인의 소유물을 어떻게 사용할 것인가는 전적으로 개인의 자유로운 선택에 맡겨야 한다. 국가에 의한 재분배 정책은 개인의 자유와 권리를 침해하는 것이므로 부정의하다.

┤ 보기 ├
ㄱ. 개인의 소유 권리를 배타적으로 보장하는 것이 정의롭다.
ㄴ. 국가는 사회적 약자를 위한 재분배 정책에 적극 힘써야 한다.
ㄷ. 개인의 자유와 권리를 침해하지 않는 최소 국가가 바람직하다.
ㄹ. 모든 구성원이 경제적으로 평등해야 정의로운 사회라고 할 수 있다.

① ㄱ, ㄴ ② ㄱ, ㄷ ③ ㄴ, ㄷ
④ ㄴ, ㄹ ⑤ ㄷ, ㄹ

07 갑, 을 사상가들의 입장으로 적절하지 <u>않은</u> 것은?

> 갑: 평등한 자유의 원칙, 차등의 원칙, 공정한 기회균등의 원칙에 따라 이루어진 분배는 정의로운 것으로 간주할 수 있다. 정의의 원칙들은 누구도 자연적 또는 사회적 우연성으로 인해 유리하거나 불리하지 않은 원초적 입장에서 모두가 동의할 만한 것으로, 공정한 합의의 결과가 된다.
> 을: 취득·양도·교정에서의 정의의 원칙에 따라 분배가 이루어져야 한다. 근로 소득에 대한 국가의 과세는 강제 노동과 같은 것이며, 오직 사람들을 무력과 절도와 사기에서 보호하는 기능을 수행하는 최소 국가만이 정당화될 수 있다.

① 갑 : 최소 수혜자에게 최대의 이익이 되도록 분배해야 한다.
② 갑 : 분배 기준이 공정하려면 자연적·사회적 우연성을 배제해야 한다.
③ 을 : 재화의 분배는 전적으로 개인의 자유로운 선택에 맡겨야 한다.
④ 을 : 정의의 원칙은 배타적인 개인의 소유 권리 보장을 위해 필요하다.
⑤ 갑과 을 : 정의의 원칙을 통한 결과의 평등이 분배적 정의의 목표이다.

08 갑, 을 사상가들의 입장으로 적절한 것만을 〈보기〉에서 고른 것은?

> 갑: 개인은 평등한 기본적 자유를 최대한 누려야 하며, 사회적·경제적 불평등은 최소 수혜자에게 최대 이익이 되도록 편성될 때 정당화된다.
> 을: 개인은 정당한 취득과 양도 과정을 거쳐 획득한 소유물에 대한 배타적 권리를 가져야 한다. 최소 국가만이 이러한 소유 권리를 보장한다.

┤ 보기 ├
ㄱ. 갑 : 사유 재산을 가질 권리는 차등 분배되어야 한다.
ㄴ. 을 : 사회 복지 증진을 위한 재분배 정책은 바람직하지 않다.
ㄷ. 을 : 모든 경제적 재화는 개인의 노력에 따라 분배해야 한다.
ㄹ. 갑과 을 : 분배 정의를 실현하기 위해 국가의 역할이 필요하다.

① ㄱ, ㄴ ② ㄱ, ㄷ ③ ㄴ, ㄷ
④ ㄴ, ㄹ ⑤ ㄷ, ㄹ

09 다음 글의 입장에서 바라보는 밑줄 친 '개인'의 모습으로 가장 적절한 것은?

> 개인은 공동체 속에서만 정체성을 형성할 수 있는 존재이다. 개인은 공동체적 관계에 기반을 두고 공동체가 추구하는 좋은 삶을 지향해야 한다.

① 개별적 자아
② 고립된 자아
③ 독립적 자아
④ 연고적 자아
⑤ 이기적 자아

10 다음 글의 입장에 대한 설명으로 적절하지 **않은** 것은?

> 개인은 공동체에 의해서, 그리고 공동체가 부여하는 삶의 목적에 따라 영향을 받을 수밖에 없다. 개인은 공동체 안에서 항상 누군가와 관계를 맺으면서 성장하는 가운데 공동체에 대한 소속감을 자연스럽게 형성하게 되는 것이다.

① 개인의 권리보다 공동체의 유대를 강조한다.
② 개인은 공동체적 삶에 헌신해야 한다고 본다.
③ 개인의 삶에 영향을 주는 공동체의 전통을 중시한다.
④ 개인은 소속된 자아로서 공동선을 추구해야 한다고 본다.
⑤ 개인은 사회보다 우선하며 사회와 분리될 수 있는 존재라고 본다.

11 다음을 주장한 사상가가 긍정의 대답을 할 질문으로 가장 적절한 것은?

> 나는 누군가의 아들 혹은 딸이며, 누군가의 사촌 혹은 삼촌이다. 나는 이 도시 혹은 저 도시의 시민이며, 이 조합 혹은 저 단체의 구성원이다. 나는 이 종족, 저 씨족, 이 민족에 속해 있다. 공동체의 구성원들에게 좋은 것은 나에게도 좋은 것이다. 나는 가족, 도시, 종족, 민족의 과거로부터 다양한 은혜와 유산, 기대와 책무를 물려받았다. 이런 것들이 나의 도덕적 출발점을 이룬다.

① 개인의 정체성은 공동체와 독립적으로 형성되는가?
② 공동체는 단순히 개인들의 집합체에 불과한 것인가?
③ 개인은 공동체의 전통과 역사를 바탕으로 책임감 있는 시민이어야 하는가?
④ 개인의 이익과 사회의 이익은 상호 모순과 대립 관계에 있다고 보아야 하는가?
⑤ 도덕적 선(善)을 공동체의 맥락과 무관하게 개인의 자율적 관점에서 이해해야 하는가?

12 갑이 을에게 제기할 수 있는 비판으로 적절한 것만을 〈보기〉에서 고른 것은?

〈보기〉

ㄱ. 공동체에 의해 개인의 자아가 억압될 수 있음을 간과한다.
ㄴ. 사익만을 중시하여 사회 통합 및 공공선 추구를 저해할 수 있음을 간과한다.
ㄷ. 개인의 희생을 당연시하는 권위주의와 전체주의로 변질될 수 있음을 간과한다.
ㄹ. 개인은 공동체에 속할 때만 진정한 자유와 존재의 의미를 찾을 수 있음을 간과한다.

① ㄱ, ㄴ
② ㄱ, ㄷ
③ ㄴ, ㄷ
④ ㄴ, ㄹ
⑤ ㄷ, ㄹ

서술형 문제

13 다음 글을 통해 추론할 수 있는 내용으로 적절한 것만을 〈보기〉에서 고른 것은?

> 어느 마을에 한 목초지가 있었다. 이 목초지는 아무런 비용을 지불하지 않고도 누구나 이용할 수 있는 공유지였다. 이 마을 사람들은 목초지에서 소를 키워 생계를 꾸려갔는데, 누구나 마음대로 이용할 수 있는 공유지였기 때문에 대부분의 사람들은 자신이 더 많은 이익을 얻기 위해 키우는 소의 수를 늘려 나갔다. 그 결과 목초지의 풀들은 결국 메말라 버렸고 아무도 그곳에서 더 이상 소를 키울 수 없게 되어 버렸다.

> ┤ 보기 ├
> ㄱ. 사적 이익을 언제나 공적 이익보다 우선시해야 한다.
> ㄴ. 개인선만을 지나치게 강조할 경우 공동선을 해칠 수 있다.
> ㄷ. 공동선의 실현을 위해 개인선을 적절히 조절할 필요가 있다.
> ㄹ. 개인의 경제적 자유를 무제한적으로 보장할 때 공동선이 극대화된다.

① ㄱ, ㄴ ② ㄱ, ㄷ ③ ㄴ, ㄷ
④ ㄴ, ㄹ ⑤ ㄷ, ㄹ

14 (가), (나) 정의관에 대한 설명으로 가장 적절한 것은?

> (가) 개인의 권리는 전체의 선을 위해 희생될 수 없다. 좋은 삶에 대한 특정한 전망을 전제로 개인의 권리를 제한해서는 안 된다.
> (나) 공동의 목표와 목적을 배제하고는 그 어떠한 장치나 제도도 정당화될 수 없으며, 공동의 삶을 살아가는 시민으로서의 역할을 배제하고는 우리 자신을 생각할 수 없다.

① (가)는 공동체에 대한 개인의 책무를 강조한다.
② (가)는 개인의 행위를 역사적 맥락에서 이해하고자 한다.
③ (나)는 사회에 대한 헌신보다 개인의 권익 보호를 우선시한다.
④ (나)는 (가)보다 개인이 선택한 가치의 다원성을 중시한다.
⑤ (가)는 개인의 자율성을, (나)는 구성원들 간의 연대성을 중시한다.

15 다음 자료를 보고 물음에 답하시오.

> 갑: 개인은 사회로부터 독립적인 존재이고, 사회보다 우선적인 가치가 있다. 따라서 개인의 자유를 위협하고 개인이 지닌 잠재 가능성의 실현을 방해하는 어떠한 체제에도 반대해야 한다.
> 을: 자아 정체성조차도 개인이 속한 공동체와의 관계를 통하여 형성된다. 인간은 공동체를 선택하기 이전에 태어났고, 도덕적 유대에 의해 결합한 공동체 안에서 바람직한 역할을 요구받는 공동체적 존재이다.

(1) 갑과 을이 지니고 있는 정의관을 각각 쓰시오.

____

____

(2) 을이 갑에게 제기할 수 있는 적절한 비판을 한 문장으로 서술하시오.

____

____

16 다음 자료를 보고 물음에 답하시오.

> 갑: 나의 정의론은 정의의 원칙을 원초적 합의 대상으로 본다. 사회는 상호 이익을 위한 협동체이므로 정의는 다수의 이익을 위해 소수의 권리가 침해되는 것을 용납하지 않으며, 최소 수혜자를 포함한 모든 사람에게 이익이 되도록 절차적 공정성을 보장할 것을 요구한다.
> 을: 나의 정의론은 개인의 권리를 절대적 존중의 대상으로 본다. 최소 국가는 개인의 권리를 존중하므로 타인의 이익을 위해 개인의 권리가 침해되는 것을 용납하지 않으며, 강압·절도·사기로부터의 보호 등과 같은 제한적 역할만을 수행한다.

(1) 갑, 을 사상가들의 이름을 각각 쓰시오.

____

(2) '국가에 의한 재분배 정책'에 대한 갑, 을 사상가들의 입장을 논거를 들어 각각 서술하시오.

____

____

01 ㉠에 들어갈 진술로 적절한 것만을 〈보기〉에서 고른 것은?

나는 '개인이 우선인가, 사회가 우선인가?'의 문제에 대해 사회보다 개인이 우선한다고 보며, 각 개인은 자기 자신의 신체와 정신에 대한 주권자로서 절대적 자유를 지닌다고 본다. 그런데 어떤 사람은 사회는 개인들의 단순한 집합체가 아니라 그 자체로서 하나의 생명을 가진 존재이며, 우리 개개인이 사회에 영향을 미치는 것보다 훨씬 강력하게 사회가 개개인에게 영향을 미친다고 주장한다. 나는 이러한 주장이 [㉠]고 생각한다.

─── 보기 ───

ㄱ. 사회는 개인이 존재하기 이전부터 존재하고 있었음을 간과한다
ㄴ. 사회는 개인의 목표를 실현시켜 주는 수단에 불과함을 간과한다
ㄷ. 사회의 역사와 전통이 개인의 정체성을 형성하는 주요 요인임을 간과한다
ㄹ. 사회는 중립적인 입장에서 개인선의 실현에 간섭하지 말아야 함을 간과한다

① ㄱ, ㄴ 　② ㄱ, ㄷ 　③ ㄴ, ㄷ
④ ㄴ, ㄹ 　⑤ ㄷ, ㄹ

02 (가)의 입장에 비해 (나)의 입장이 갖는 상대적 특징을 그림의 ㉠~㉤ 중에서 고른 것은?

(가) 개인의 자아 정체성은 사회에 선행하여 존재할 수 없으며, 공동체와의 관계를 통해 형성된다. 인간은 사회적 존재이다.

(나) 공동체는 개인의 존엄성 보장을 위해 만들어진 것으로, 개인은 공동체 성립 이전에 이미 자유롭게 존재하며 자신의 선택에 따라 살아간다. 인간은 독립적 존재이다.

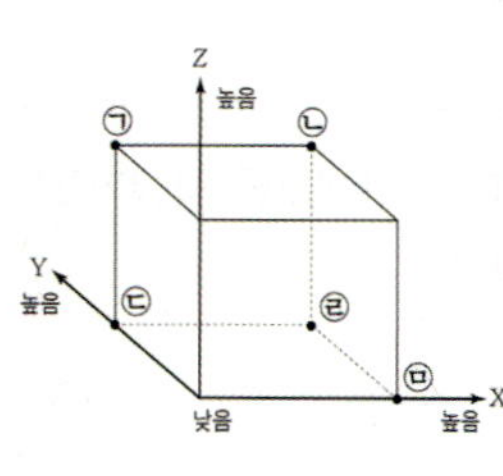

- X : 공동선보다 개인의 권리가 우선한다고 보는 정도
- Y : 공동체는 개인의 권리 보장을 위한 수단이라고 보는 정도
- Z : 개인은 공동체와 무관하게 스스로의 정체성을 형성할 수 있다고 보는 정도

① ㉠ 　② ㉡ 　③ ㉢ 　④ ㉣ 　⑤ ㉤

03 그림의 강연자가 부정의 대답을 할 질문으로 가장 적절한 것은?

① 정의로운 사회에서는 경제적 불평등이 존재할 수 있는가?
② 모든 사회 구성원의 기본적 자유는 평등하게 보장되어야 하는가?
③ 최소 수혜자에게 최대의 이익을 보장하는 사회 제도는 정의로운가?
④ 천부적으로 뛰어난 능력을 지닌 사람들에게 우선적으로 기회를 제공해야 하는가?
⑤ 누구에게도 유리하거나 불리하지 않은 상황에서 모두에게 공정한 정의의 원칙이 도출될 수 있는가?

| 교육청 기출 |

04 다음 갑 사상가가 〈사례〉 속 A 국가의 정책에 대해 취할 입장으로 가장 적절한 것은?

갑 : 취득·양도·교정의 과정에서 정당하게 얻은 재화는 전적으로 자신의 것이므로 배타적 소유권을 인정해야 한다. 그러므로 근로 소득에 대한 과세는 강제 노동과 같다.

〈사례〉

A 국가는 복지 제도 확대를 위해 높은 소득을 올리는 개인에게 고율의 세금을 부과하는 부유세를 도입했다.

① 개인의 소유 권리를 침해할 수 있으므로 반대한다.
② 경제적 재화를 균등하게 분배할 수 있으므로 지지한다.
③ 계층 간의 빈부 격차를 심화시킬 수 있으므로 반대한다.
④ 사회적 약자를 우선적으로 배려할 수 있으므로 지지한다.
⑤ 사회 구성원 모두의 복지를 보장할 수 있으므로 지지한다.

05 갑, 을 사상가들의 입장으로 적절한 것만을 〈보기〉에서 고른 것은?

> 갑: 정의로운 상황에서 정의로운 단계를 거쳐 발생한 것은 모두 정의롭다. 취득에서의 정의, 양도에서의 정의의 원리에 따라 소유물을 취득한 자는 그 소유물에 대한 소유 권리가 있다.
> 을: 정의의 원칙은 공정한 합의의 결과로, 원초적 입장에서 채택된다. 각자는 평등한 기본적 자유를 가지며, 사회적·경제적 불평등은 모든 사람, 특히 최소 수혜자에게 이득을 가져올 때만 정당하다.

┤ 보기 ├

> ㄱ. 갑 : 개인의 자유와 권리를 보호하고 존중하는 것은 정의롭다.
> ㄴ. 을 : 절차가 공정하다면 그에 따른 결과가 불평등할 수는 없다.
> ㄷ. 을 : 경제적 불평등은 모든 구성원에게 이익이 될 때 허용될 수 있다.
> ㄹ. 갑과 을 : 사회적 약자를 위한 국가의 재분배 정책은 정의롭다.

① ㄱ, ㄴ　　② ㄱ, ㄷ　　③ ㄴ, ㄷ
④ ㄴ, ㄹ　　⑤ ㄷ, ㄹ

06 다음을 주장한 사상가의 입장으로 적절한 것만을 〈보기〉에서 고른 것은?

> 나는 개인의 자격만으로는 선을 탐구할 수도 없고 덕을 실천할 수도 없다. 나는 내가 속한 공동체로부터 정당한 기대와 책무를 물려받는다. 그것들은 나의 도덕적 출발점을 구성한다.

┤ 보기 ├

> ㄱ. 시민은 연대 의식을 바탕으로 공동체에 참여해야 한다.
> ㄴ. 공동체는 개인의 권리를 보호하기 위한 수단에 불과하다.
> ㄷ. 공동체는 좋은 삶의 원천이며 시민적 정체성의 토대이다.
> ㄹ. 공동체로부터 개인은 기대나 책무와 달리 과거의 잘못이나 빚은 물려받지 않는다.

① ㄱ, ㄴ　　② ㄱ, ㄷ　　③ ㄴ, ㄷ
④ ㄴ, ㄹ　　⑤ ㄷ, ㄹ

07 갑의 입장에서 을에게 제기할 수 있는 반론으로 가장 적절한 것은?

> 갑: 각 개인은 소정의 침해되어서는 안 되는 권리들을 소유하고 있다. 사회란 이런 권리를 소유한 개인들이 자발적인 교환을 하는 체계이며, 정의란 그 소정의 권리를 침해하지 않고 이 자발적인 교환을 가능하게 하는 것이다.
> 을: 각 개인은 사회적 역할을 통해 자신의 정체성을 형성하고, 공동체의 역사적 흐름 속에서 자신의 삶을 구성하는 존재이다. 개인의 인격과 도덕성은 그가 참여하고 있는 공동체의 관행이나 전통을 고려한 서사적 맥락에서 파악해야 한다.

① 국가는 재화를 재분배하는 복지 정책에 힘써야 한다.
② 개인의 자유는 어떠한 경우에도 사회의 제재를 받아서는 안 된다.
③ 사회가 지향하는 공통의 목표를 개인적 이익보다 우선시해야 한다.
④ 자아 형성에 있어서 공동체가 끼치는 영향력을 간과해서는 안 된다.
⑤ 사회의 역할은 개인이 각자의 선을 실현할 수 있도록 보장하는 것이다.

08 갑, 을의 입장으로 적절하지 <u>않은</u> 것은?

> 갑: 개인은 공동체의 전통이나 가치로부터 독립적이고 자율적인 존재이다. 공동체의 이익은 공동체에 속한 개인이 자유롭게 이익을 추구함으로써 증가할 수 있다.
> 을: 개인은 공동체의 영향을 받으며 정체성을 형성해 나가는 존재이다. 공동체 속에서 살아가는 구성원 각자는 공동체가 발전함으로써 행복한 삶을 영위할 수 있다.

① 갑 : 개인선의 실현이 공동선의 실현으로 이어질 수 있다.
② 갑 : 개인의 선택은 자아 정체성 형성에 중요한 역할을 한다.
③ 을 : 개인은 연대 의식을 갖고 사회 문제 해결에 참여해야 한다.
④ 을 : 개인은 공동체가 지향하는 가치와 규범을 내면화해야 한다.
⑤ 갑과 을 : 개인의 좋은 삶의 모습은 공동체에 의해 결정된다.

09 갑, 을 사상가들의 입장으로 적절하지 <u>않은</u> 것은?

> 갑 : 나는 진정한 자유인 소극적 자유를 '~로부터의 자
> 유'라 부른다. 소극적 자유의 보장 정도는 제도나
> 타인의 방해 없이 이 길, 저 길을 얼마나 자유롭게
> 갈 수 있는지에 달려 있다.
> 을 : 나의 삶의 역사는 내가 나의 정체성을 도출해 내는
> 공동체의 역사 속에 편입되어 있다. 우리는 자신의
> 도덕적 정체성을 가족과 같은 공동체의 구성원 자
> 격 속에서 발견한다.

① 갑 : 공동체는 개인의 자유와 권리 실현을 위한 수단
  이다.
② 갑 : 공동체는 개인의 자유로운 선택에 함부로 개입해
  서는 안 된다.
③ 을 : 개인의 정체성은 공동체의 역사적 전통 속에서 형
  성된다.
④ 을 : 개인은 공동체와 분리되어 독립적으로 존재함을
  인정해야 한다.
⑤ 갑과 을 : 공동체의 규범은 개인의 삶에 영향을 미칠
  수 있다.

10 그림은 서술형 평가 문제와 학생 답안이다. 학생 답안의 ⊙~⑩ 중 옳은 것은?

> **서술형 평가**
>
> ◎ 문제 : 갑, 을 사상가들의 입장을 비교하여 서술하시오.
>
> > 갑 : 다수의 횡포는 큰 해악이다. 집단의 생각이 일정 한계
> > 를 넘어 개인의 독립성을 간섭해서는 안 된다. 개인의
> > 자유에 대한 간섭은 타인에 대한 해악을 방지하는 경
> > 우에만 정당하다.
> > 을 : 자신을 자유롭고 독립적인 자아로 여기고 스스로 선택
> > 하지 않은 도덕에 구속되지 않는다고 생각하는 자유주
> > 의자는 우리가 공통적으로 중시하는 연대의 의무, 역사
> > 를 기억해야 할 의무 등을 이해할 수 없을 것이다. 이
> > 의무들은 우리의 정체성 형성에 바탕이 되는 공동체가
> > 요구하는 도덕이며, 동시에 우리가 받아들여야 할 의무
> > 들이다.
>
> ◎ 학생 답안
>
> 갑, 을의 입장을 비교해 보면, 갑은 ⊙공동체가 개인의
> 자유를 어떤 경우에도 제한하지 말아야 한다고 보며, ⓒ개
> 인에게 해를 주는 관습을 강요하지 말아야 한다고 본다. 이
> 에 비해 을은 ⓒ각 개인의 정체성은 어떤 공동체에 속해
> 있는가와 무관하게 형성된다고 보며, ②시민은 각자의 좋
> 은 삶을 위해 공동체가 부여한 공적인 의무를 거부해야 한
> 다고 본다. 한편 갑과 을은 모두 ⑩공동체는 개인의 자유
> 실현을 위한 수단에 불과한 존재가 아니라고 본다.

① ⊙   ② ⓒ   ③ ⓒ   ④ ②   ⑤ ⑩

11 (가)를 주장한 사상가의 입장에서 (나)의 A에게 제시할 수 있는 조언으로 가장 적절한 것은?

(가)	나의 삶의 역사는 내가 속한 공동체의 역사 속에 편입되어 있다. 나는 나의 가족, 나의 도시, 나의 부족, 나의 민족으로부터 다양한 부채와 유산, 책무들을 물려받는다. 그것들은 삶의 도덕적 출발점을 구성하며 나의 삶의 도덕적 특수성을 부분적으로 제공한다.
(나)	A는 과거에 이웃 나라를 침략하여 식민 지배한 역사를 가진 국가의 중요 정치인이다. 식민지였던 이웃 나라에서 최근 과거사에 대해 사과할 것을 요구하자, A는 자신이 태어나기도 전의 일에 대해 자신이 사과하는 것이 옳은지 고민하고 있다.

① 과거의 조상과 현재의 후손은 전혀 다른 사람이므로
  책임이 없음을 아세요.
② 이웃 나라에 피해를 끼친 조상의 직계 후손만이 과거의
  잘못에 책임이 있음을 아세요.
③ 개인의 정체성은 그가 속한 국가의 역사와 무관하지
  않으므로 책임이 있음을 아세요.
④ 과거의 잘못에 대해 현재의 후손에게 책임을 묻는 것
  은 인류 화합을 해칠 뿐임을 아세요.
⑤ 과거의 잘못을 책임질 것인가 여부는 후손 개개인의
  자율적 선택에 따라 달라질 수 있음을 아세요.

12 갑, 을의 입장에 대한 설명으로 적절한 것만을 〈보기〉에서 고른 것은?

> 갑 : 공동체는 개인에 우선하기 때문에 개인은 공동체의
> 문화와 역사, 전통과 규범을 중시해야 한다. 따라
> 서 공동선을 실현하는 것을 정의라고 보아야 한다.
> 을 : 개인은 공동체에 우선하기 때문에 공동체는 개인
> 의 독립성과 자율성을 중시해야 한다. 따라서 개인
> 의 기본권을 보장하여 개인선을 실현하는 것을 정
> 의라고 보아야 한다.

> ─────── 보기 ───────
> ㄱ. 갑은 공동체의 발전을 위한 개인의 책무를 강조한다.
> ㄴ. 을은 공동체가 개인의 삶의 방식을 결정해야 한다
> 고 본다.
> ㄷ. 을은 개인의 자유와 권리의 보장을 최우선적 가치
> 로 중시한다.
> ㄹ. 갑과 을은 개인의 이익과 공동체의 이익이 항상 배
> 타적이라고 본다.

① ㄱ, ㄴ   ② ㄱ, ㄷ   ③ ㄴ, ㄷ
④ ㄴ, ㄹ   ⑤ ㄷ, ㄹ

13 (가)의 갑, 을의 입장에서 서로에게 제기할 수 있는 비판을 (나) 그림으로 표현할 때, A, B에 해당하는 내용으로 가장 적절한 것은?

(가)	갑 : 각자의 삶의 방식은 스스로 선택해야 한다. 타인에게 피해를 주지 않는 한 개인의 자유와 권리는 최대한 보장되어야 하며, 공동체는 개인에게 특정한 가치를 강요하는 등 그들의 삶에 간섭하지 않아야 한다. 을 : 각자의 삶의 방식은 소속된 공동체의 역사와 전통을 공유하는 가운데 형성되는 것이다. 공동체는 개인에게 공동선을 지향하는 가치와 미덕을 적극 권장할 수 있으며, 개인은 공동체의 책무를 물려받게 된다.

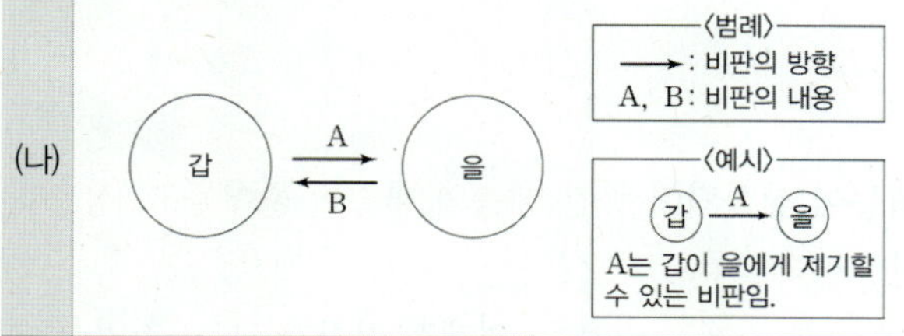

① A : 공동체가 개인의 삶의 방식을 규제해야 함을 간과한다.
② A : 개인의 자유는 어떤 경우에도 제한될 수 없음을 간과한다.
③ A : 개인은 공동체가 권장하는 미덕을 함양해야 함을 간과한다.
④ B : 공동체는 개인의 정체성 형성의 중요한 토대가 됨을 간과한다.
⑤ B : 공동체는 개인의 권리를 보장하는 수단에 불과함을 간과한다.

14 (가)에 대한 (나)의 갑, 을의 입장으로 가장 적절한 것은?

(가)	우리나라에서는 해외여행을 간 사람이 외국에서 값비싼 상품을 구입하여 입국할 경우 정해진 관세법에 따라 일정액의 세금을 부과하고 있다.
(나)	갑 : 자신의 돈으로 상품을 구입하는 것은 개인의 정당한 재산권 행사에 해당합니다. 따라서 값비싼 상품 구입에 대해 세금을 부과하는 것은 개인의 재산권을 부당하게 침해하는 것입니다. 을 : 상품을 구입하는 것이 개인의 재산권 행사라고 해도 개인의 재산권은 공공복리와 사회질서 유지를 위해 제한될 수 있습니다. 따라서 국민 전체의 복지를 위해 세금을 부과하는 것은 정당합니다.

① 갑 : 공동선을 위해 개인의 희생을 감수해야 한다.
② 갑 : 개인의 권리보다 시민의 책무를 중시해야 한다.
③ 을 : 개인은 공동체의 유지와 발전을 위해 협력해야 한다.
④ 을 : 개인의 사유 재산권은 어떤 경우에도 제한 없이 보장되어야 한다.
⑤ 갑과 을 : 개인의 권리와 시민으로서의 의무는 양립할 수 없다.

15 ㉠에 들어갈 내용으로 가장 적절한 것은?

① 배려와 관용의 덕목을 개인에게 강요한다
② 자유의 배타적 성격을 지나치게 강조한다
③ 개인이 지닌 자율성을 의도적으로 훼손한다
④ 개인의 이익보다 공동체의 이익을 우선시한다
⑤ 독립성의 가치보다 연대성의 가치를 중시한다

16 (가)의 입장에서 (나)의 밑줄 친 '마을 사람들'에게 제시할 조언으로 가장 적절한 것은?

(가)	• 공동체에 속하지 않은 개인, 개인이 존재하지 않는 공동체는 상상할 수 없다. • 공동체 구성원들은 각자 능력을 발휘하고 서로 역할을 보완하여 더 나은 공동체를 이루어야 한다.
(나)	큰 목초지를 공유한 어느 마을이 있었다. 마을 사람들은 각자 더 많은 이익을 얻기 위해 목초지에서 자신이 키우는 소의 수를 계속적으로 늘려 나갔다. 그 결과 풀이 무성하던 목초지는 더 이상 소들이 먹을 만한 풀이 하나도 없는 황량한 땅으로 변하였고, 아무도 그곳에서 더 이상 소를 키울 수 없게 되었다.

① 공동선을 위해 모든 사유지를 공유지로 전환해야 함을 아세요.
② 공동선을 실현하려면 개인의 모든 이익을 포기해야 함을 아세요.
③ 공동선보다 개인의 이익을 우선적으로 보장하는 제도를 마련해야 함을 아세요.
④ 개인들이 각자의 이익만을 최대로 추구하면 공동선은 저절로 극대화됨을 아세요.
⑤ 개인선에 대한 무절제한 추구는 공동선을 해치고 개인에게도 피해를 끼칠 수 있음을 아세요.

03 사회 불평등 현상과 해결 방안

주제 1 사회 불평등 현상 ★★★

1 사회 불평등

(1) **의미** : 부, 권력, 명예 등 사회 구성원들이 가치 있다고 생각하여 갖기를 원하는 사회적 희소가치가 차등적으로 분배되어 개인이나 집단이 서열화되는 것

(2) **문제점** : 사회 불평등 정도가 심해지면 사회적 갈등이 일어나고 사회 통합이 저해되어 정의로운 사회의 실현을 방해함

2 대표적인 사회 불평등 현상

(1) 사회 계층의 양극화

① 의미 : 사회 구성원 간 불평등이 심화되어 중간 계층의 비중이 줄어들고, 상층과 하층의 양극단 비중이 증가하는 현상

② 대표적 원인 : 재산과 소득에 따른 경제적 격차 → 경제적 격차가 교육, 취업, 주거, 여가, 건강 등 다양한 측면에 영향을 미쳐 사회 전반에 걸쳐 양극화 현상이 나타나게 됨

③ 문제점
- 부모의 계층이 자녀에게 대물림되는 폐쇄적인 사회 구조가 형성될 수 있음
- 계층 간에 갈등과 대립 및 위화감이 조성되어 사회 통합이 저해될 수 있음

(2) 공간 불평등

> 수도권은 우리나라의 수도인 서울 및 주변 지역을 통칭하는 권역으로, '서울＋경기도＋인천을 포함하는 지역'을 의미함

① 의미 : 지역 간에 사회적·경제적·문화적으로 격차가 발생하는 현상 → 수도권과 비수도권의 격차, 도시와 촌락의 격차, 도시 지역 내 격차 등

② 대표적 원인 : 성장 거점 개발 정책 → 성장 가능성이 큰 수도권과 대도시를 중심으로 투자를 집중하여 수도권과 대도시는 인구가 늘고 경제가 성장하였으나, 그 외 지역은 인구가 유출되고 경제가 침체되는 등의 문제가 발생하였음

③ 문제점
- 공간 불평등은 소득뿐만 아니라 교육, 의료, 문화 등 생활 전반의 불평등으로 이어짐
- 지역 격차 심화 및 지역 간 갈등을 불러와 사회 통합을 저해함

(3) 사회적 약자에 대한 차별

> 장애인, 노인, 빈곤층, 여성, 이주 노동자 등

① 사회적 약자 : 경제 수준이나 사회적 지위 등 다양한 측면에서 열악한 위치에 있어 사회적으로 소외되어 인간다운 삶을 영위하는 데 어려움을 겪는 개인이나 집단을 의미함

② 대표적 원인 : 선입견과 편견 및 차별을 용인하는 사회적 환경 → 사회적 약자에 대한 차별은 능력이나 업적과 무관하게 사회 주류 집단과 다르다는 비합리적 이유로 발생함

③ 문제점 : 사회적 약자들이 인간으로서 갖는 존엄성과 기본적인 권리를 침해할 수 있음

주제 2 정의로운 사회를 실현하기 위한 방안 ★★★

1 사회 복지 제도 [자료 1]

(1) 사회 복지 제도의 의미와 필요성

① 의미 : 질병, 실업, 빈곤, 재해 등 누구나 경험할 수 있는 다양한 사회적 위험에서 벗어나 사회 구성원이 기본적 욕구를 충족하고 인간다운 삶을 살 수 있도록 지원하는 제도

② 필요성 : 사회 계층의 양극화 현상을 완화하고, 사회적 약자를 보호함으로써 인간의 존엄성을 보장하며, 사회 통합을 증진하기 위해 필요함

(2) 우리나라에서 시행하는 사회 복지 제도

구분	사회 보험	공공 부조	사회 서비스
의미	일정 수준의 소득이 있는 개인, 기업, 정부가 보험료를 분담하여 질병이나 실업, 사고 등의 사회적 위험에 대비하는 제도	생활 유지 능력이 없거나 생활이 어려운 저소득층에 국가와 지방 자치 단체가 전액 지원하여 최소한의 생활을 보장하려는 제도	국가와 지방 자치 단체, 민간 부문의 도움이 필요한 모든 국민에게 상담, 재활, 돌봄 등의 다양한 서비스 혜택을 제공하는 제도
특징	의무 가입을 원칙으로 함	소득 재분배 효과가 가장 큼	비금전적 지원을 원칙으로 함
종류	국민 건강 보험, 고용 보험, 국민연금, 산업 재해 보상 보험 등	국민 기초 생활 보장 제도, 기초 연금, 의료 급여 등	노인 돌봄 서비스, 장애인 활동 지원, 가사·간병 서비스 등

2 지역 격차 완화 정책 [자료1]

(1) **필요성** : 지역 개발에서 소외되었던 지방을 중심으로 균형 개발을 추진하여 공간 불평등을 해소하고 국토의 균형 발전을 이루어야 함

(2) **구체적 노력**

① 공공 기관 지방 이전 : 수도권에 집중된 다양한 기능을 지방으로 분산하여 수도권 과밀화를 해소할 수 있음 → 공공 기관 이전 및 수도권에 있는 기업이 지방으로 이전할 경우 세금 감면이나 규제 완화 등의 혜택을 제공하는 정책을 실시하고 있음

② 지방 자치 단체의 자체적 노력 : 지역의 역사적 또는 공간적 특성을 살린 특산품이나 관광 자원 개발, 지역 축제 개최 등을 통해 지역 경제 활성화를 위해 노력함

③ 도시 내부의 불평등 개선 노력 : 노후 불량 주택을 개량하고 도시 기반 시설을 확충하는 도시 환경 정비 사업을 실시하여 쾌적한 주거 환경 및 생활환경을 누릴 수 있도록 함

3 적극적 평등 실현 조치 [자료1]

(1) **필요성** : 오랫동안 사회적으로 차별받아 온 사회적 약자에게 다양한 측면에서 직간접적 혜택을 제공하여 불평등을 바로잡기 위해 필요함

(2) **구체적 노력**

① 장애인 의무 고용 제도 : 기업이나 관공서에서 일정 비율 이상의 장애인을 의무적으로 고용해야 함 → 장애인을 3% 가량 고용해야 하며, 이를 달성하지 못하면 장애인 고용 부담금을 의무적으로 납부해야 함

② 여성 공천 할당제 : 정당에서 국회 의원 후보자 등을 공천할 때 일정 비율을 여성에게 배분해야 함 → 국회의원 선거 후보자 추천 시 비례 대표 의석은 여성을 50% 이상 추천할 것을 의무화하고 있음

4 개인적 차원에서 시민으로서의 실천 방안

(1) 사회 불평등 문제에 관심을 가지고, 사회적 차원의 노력이 잘 이루어지고 있는지 살펴보아야 함

(2) 사회적 약자의 고통을 공감하고 배려하면서 사회적 약자의 자립을 도와야 함

✗ 국민연금과 기초 연금

국민연금	사용자, 근로자 또는 자영업자 등이 공동으로 마련한 재원으로 노령, 장애, 사망 시 본인이나 가족에게 연금 급여를 실시하는 제도 → 사회 보험에 속함
기초연금	국가와 지방 자치 단체의 재정으로 65세 이상 노인 중 소득이 일정 수준 이하인 사람에게 생활 안정에 필요한 연금을 지급하는 제도 → 공공 부조에 속함

✗ 적극적 평등 실현 조치에 대한 입장

찬성 입장	사회적 약자에게 부나 지위를 얻을 수 있는 유리한 기회를 부여함으로써 사회 전체의 평화와 행복을 증진할 수 있음
반대 입장	사회적 약자에 대한 특혜는 개인의 노력이나 성취에 따라 사회적 재화가 분배되어야 한다는 업적주의 원칙에 위배되므로 공정하지 못하며, 일반 사람의 기회를 박탈하여 또 다른 역차별을 유발할 수 있음

자료 더하기 

자료 ❶

사회 불평등을 개선하기 위한 다양한 제도적 노력

(가) 소득, 건강, 주거, 사회적 접촉 등의 수준을 평가하여 선정된 65세 이상의 독거 노인에게 정기적인 안전 확인 및 정서적 지원, 보건 서비스 연계·조정, 생활 교육 지원 등의 노인 맞춤 돌봄 서비스를 제공한다.

(나) 정부는 2005년에 수도권의 공공 기관 지방 이전 계획을 수립한 후, 전국에 10대 혁신 도시를 지정하여 공공 기관 이주를 추진하고 있다. 혁신 도시는 지역의 새로운 성장 동력을 창출하는 기반이 된다.

(다) 국가와 지방 자치 단체의 장은 소속 공무원 정원의 3% 이상의 장애인을 고용해야 하며, 시험을 통해 공무원을 선발하는 경우 장애인이 신규 채용 인원의 3% 이상 채용되도록 시험을 실시해야 한다.

➡ (가)는 노인 돌봄 서비스로, 사회 복지 제도 중 하나인 사회 서비스에 해당한다. 사회 복지 제도는 사회 계층의 양극화 완화에 기여한다.

(나)는 공공 기관 지방 이전 정책으로, 국토의 균형 발전을 목적으로 하며 지역 격차에 따른 공간 불평등 해소에 기여한다.

(다)는 장애인 의무 고용 제도의 내용으로, 사회적 약자에 대한 차별을 극복하고 불평등을 바로잡기 위해 사회적 약자에게 직간접적 혜택을 제공하는 적극적 평등 실현 조치에 해당한다.

주제 1 **사회 불평등 현상** ★★★

01 밑줄 친 '이것'으로 가장 적절한 것은?

> 이것은 부, 권력, 지위와 같은 사회적 희소가치가 불평등하게 분배되어 개인, 집단 및 지역이 서열화되어 있는 현상을 의미한다.

① 공간 불평등
② 사회 불평등
③ 사회 계층의 양극화
④ 사회적 약자에 대한 차별
⑤ 적극적 평등 실현 조치에 따른 역차별

02 ㉠에 들어갈 신문 기사의 제목으로 가장 적절한 것은?

> ○○신문 ○○○○년 ○○월 ○○일
>
> **칼 럼**
>
> ㉠
>
> 우리 사회의 중산층이 빠르게 무너지고 있다. 최근 전 세계적인 경제 불황의 여파와 함께 교육 수준이나 부모의 직업 등에 따라 소득 격차가 크게 벌어지면서 중산층의 극소수는 상층으로 이동하지만, 대다수의 중산층이 하층으로 몰락하고 있다. 이에 따라 우리 사회의 계층 구조가 피라미드형에서 모래시계형으로 급속도로 변하고 있다.

① 사회 불평등 현상이 완화되고 있다
② 사회 계층의 양극화가 심화되고 있다
③ 사회 통합에 유리한 여건이 조성되고 있다
④ 사회의 계층 구조가 안정적으로 바뀌고 있다
⑤ 사회의 경제 성장이 급속도로 이루어지고 있다

03 밑줄 친 '이러한 현상'에 해당하는 내용으로 가장 적절한 것은?

> 수도권의 면적은 우리나라 전체 국토 면적의 약 12%에 불과하지만, 경제 발전 과정에서 추진된 성장 위주 개발 정책의 영향으로 기업, 공공 기관 및 각종 교육·문화·의료 시설 등이 수도권에 집중되었다. 이로 인해 비수도권에서 수도권으로 인구 유입은 지속되고 있으며, 2020년에는 수도권 인구가 비수도권 인구를 처음으로 넘어섰다. 이러한 현상을 완화하기 위해서는 수도권에 집중된 인구와 다양한 기능을 비수도권으로 분산하고, 비수도권의 경제 활성화와 생활환경 개선에 힘써야 한다.

① 편견에 의한 사회적 약자 차별 현상
② 지역 간 격차에 따른 공간 불평등 현상
③ 성별에 따른 남성과 여성의 불평등 현상
④ 복지 제도 확대에 따른 노동 의욕 감소 현상
⑤ 중층의 몰락에 따른 사회 계층의 양극화 현상

04 ㉠에 해당하는 구체적 사례로 적절한 것만을 〈보기〉에서 고른 것은?

> - 　㉠　은 대표적인 사회 불평등 현상 가운데 하나로, 경제 수준이나 사회적 지위 등이 열악한 위치에 있어 사회적으로 소외된 사람이나 집단을 그들이 주류 집단과 다르다는 비합리적 이유로 차별하고 불이익을 주는 것을 용인하는 것을 의미한다.
> - 　㉠　은 차이를 존중하지 않고 그들이 지니고 있는 인간 존엄성을 훼손하는 행위임을 분명히 알아야 한다.

━ 보기 ━
ㄱ. 결혼한 여성이 일정 직급 이상으로 승진하는 것을 제한한다.
ㄴ. 기업에 일정 비율 이상의 장애인 고용을 법적으로 의무화한다.
ㄷ. 동일 업무에 종사하는 이주 노동자에게 더 적은 임금을 지급한다.
ㄹ. 정당이 후보를 공천할 때 특정 성별이 60%를 초과하지 못하도록 한다.

① ㄱ, ㄴ ② ㄱ, ㄷ ③ ㄴ, ㄷ
④ ㄴ, ㄹ ⑤ ㄷ, ㄹ

★★★

주제 2 정의로운 사회를 실현하기 위한 방안

05 우리나라에서 시행하는 사회 복지 제도 (가)~(다)를 모두 옳게 연결한 것은?

> (가) 일정 수준 이상의 소득이 있는 개인, 기업, 정부가 비용을 분담하여 구성원의 사회적 위험에 대비하는 제도
> (나) 국가와 지방 자치 단체가 전액 지원하여 생활 유지 능력이 없거나 생활이 어려운 계층에게 최소한의 인간다운 생활을 보장하는 제도
> (다) 국가와 지방 자치 단체 및 민간 부문의 도움이 필요한 모든 국민에게 상담, 재활, 돌봄, 정보 제공 등의 다양한 서비스 혜택을 제공하는 제도

	(가)	(나)	(다)
①	공공 부조	사회 보험	사회 서비스
②	공공 부조	사회 서비스	사회 보험
③	사회 보험	공공 부조	사회 서비스
④	사회 보험	사회 서비스	공공 부조
⑤	사회 서비스	공공 부조	사회 보험

06 표는 우리나라의 사회 복지 제도를 정리한 것이다. 이에 대한 설명으로 적절하지 <u>않은</u> 것은?

구분	종류
(가)	• 의료 급여 • ㉠
사회 서비스	• 장애인 활동 지원 • 노인 돌봄 서비스 • 가사 · 간병 서비스
(나)	• 노인 장기 요양 보험 • ㉡

① (가)는 공공 부조이다.
② (나)는 사회 보험이다.
③ (가)보다 (나)는 사회적 약자에 대한 사후 처방적 성격이 강하다.
④ ㉠에는 국민 기초 생활 보장 제도가 들어갈 수 있다.
⑤ ㉡에는 건강 보험과 국민연금이 모두 들어갈 수 있다.

07 밑줄 친 '이것'에 해당하는 것만을 〈보기〉에서 있는 대로 고른 것은?

> 이것은 질병, 실업, 사고 등 구성원에게 발생하는 사회적 위험에 대비하기 위한 제도로, 일정 수준의 소득이 있는 사람은 의무적으로 가입해야 하는 사회 복지 제도이다.

보기	
ㄱ. 국민연금	ㄴ. 고용 보험
ㄷ. 기초 연금	ㄹ. 여성 할당제

① ㄱ, ㄴ ② ㄴ, ㄹ ③ ㄷ, ㄹ
④ ㄱ, ㄴ, ㄷ ⑤ ㄱ, ㄷ, ㄹ

08 우리나라의 사회 복지 제도 (가), (나)에 대한 설명으로 옳은 것은?

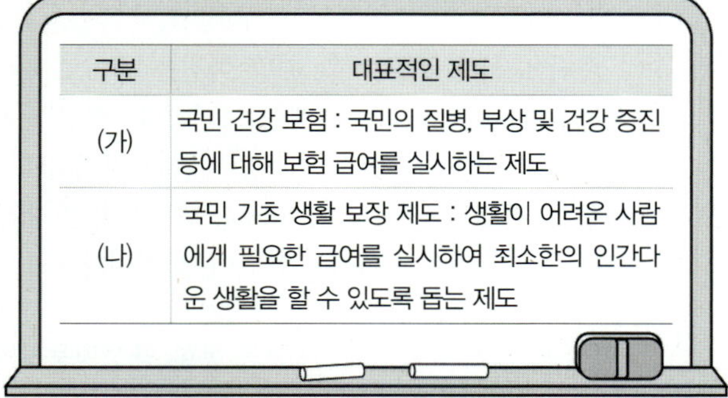

구분	대표적인 제도
(가)	국민 건강 보험 : 국민의 질병, 부상 및 건강 증진 등에 대해 보험 급여를 실시하는 제도
(나)	국민 기초 생활 보장 제도 : 생활이 어려운 사람에게 필요한 급여를 실시하여 최소한의 인간다운 생활을 할 수 있도록 돕는 제도

① (가)는 저소득층을 대상으로 하는 공공 부조이다.
② (나)는 도움을 필요로 하는 국민에게 상담, 재활 등의 서비스를 제공한다.
③ (가)와 달리 (나)는 사전 예방적 성격이 강하다.
④ (나)와 달리 (가)는 국가가 비용을 전액 부담한다.
⑤ (가)와 (나)는 모두 금전적 지원을 원칙으로 한다.

09 그림은 서술형 평가 문제와 학생 답안이다. 학생 답안의 ㉠~㉤ 중 옳지 <u>않은</u> 것은?

서술형 평가

◎ 문제 : 다음을 이루기 위해 필요한 노력에 대해 서술하시오.

수도권과 비수도권의 격차, 도시와 촌락의 격차를 완화하고 공간 불평등을 해소히여 국토의 균형 발전을 이루어야 한다.

◎ 학생 답안

공간 불평등을 해소하여 정의로운 사회를 실현하기 위해서는 ㉠ 수도권에 집중된 다양한 기능을 지방으로 분산시켜야 한다. 이를 위해 ㉡ 수도권에서 지방으로 이전하는 기업에는 규제 완화, 세금 감면 등의 혜택을 제공해야 하며, ㉢ 비수도권 지역의 혁신 도시에 분포해 있는 공공 기관은 수도권으로 집중시키는 노력이 요구된다. 그리고 ㉣ 지역 경쟁력을 높이기 위해 자립형 지역 발전 기반을 구축할 필요가 있다. 이를 위해 ㉤ 해당 지역의 발전 잠재력 발굴과 지역의 특성을 살리는 발전 전략을 추진해야 한다.

① ㉠　　② ㉡　　③ ㉢　　④ ㉣　　⑤ ㉤

10 다음 정책을 추진하는 목적으로 가장 적절한 것은?

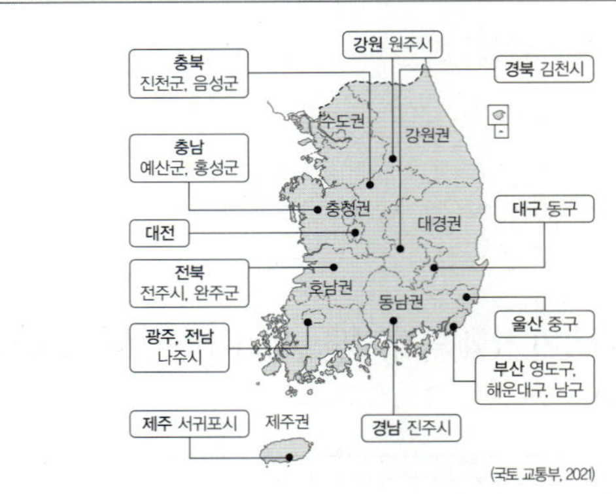

혁신 도시란 공공 기관 지방 이전을 계기로 지역의 성장 거점에 조성되는 미래형 도시이다. 혁신 도시의 건설은 수도권에서 이전된 공공 기관과 지역의 대학 · 연구소 · 산업체 · 지방 자치 단체가 협력하여 지역의 새로운 성장 동력을 창출하는 기반이 될 것이다.

① 남성 중심의 사회 구조 개선을 통한 양성평등 구현
② 비수도권 지역의 균형 발전을 통한 공간 불평등 해소
③ 개인, 기업, 국가의 보험료 분담을 통한 사회적 위험 대비
④ 인구 과밀 지역 중심의 성장 거점 개발을 통한 국가 경쟁력 강화
⑤ 사회적 약자에 대한 적극적 평등 실현 조치를 통한 사회 계층 양극화 해소

11 밑줄 친 ㉠~㉤에 대한 설명으로 적절하지 <u>않은</u> 것은?

우리나라는 1970년대에 정부 주도의 ㉠성장 거점 개발을 추진하였다. 이로 인해 ㉡수도권은 인구와 자본의 유입으로 크게 성장했지만, ㉢비수도권은 상대적으로 성장이 정체되거나 낙후되었다. 우리나라는 이러한 ㉣수도권과 비수도권 간의 격차를 해결하기 위해 다양한 ㉤지역 격차 완화 정책을 추진하고 있다.

① ㉠: 투자의 효율성보다 지역 간 형평성을 강조한다.
② ㉡: 수도권의 인구 과밀화 등 수도권 집중 현상이 급속도로 진행되었다.
③ ㉢: 국토의 공간적 불평등이 심화하였음을 의미한다.
④ ㉣: 사회 통합을 저해하는 요인으로 작용할 수 있다.
⑤ ㉤: 수도권 소재 공공 기관의 지방 이전이 대표적이다.

12 다음을 주장한 사람이 지지할 입장으로 가장 적절한 것은?

사회적으로 불리한 위치에 있는 사회적 약자에게 직간접적인 혜택을 제공하는 적극적 평등 실현 조치는 많은 국가에서 실시되고 있다. 대표적으로 사회 활동이 어려운 장애인을 일정 비율 이상으로 고용하도록 의무화하거나, 남성 중심의 사회 구조에서 각 분야에 필요한 인력 중 일정 비율을 여성에게 할당하도록 하는 제도 등을 들 수 있다. 이러한 적극적 평등 실현 조치는 성과 위주의 분배 방식이 야기한 사회적 긴장을 완화하고, 다양성이 존중받는 공동체 실현에 기여하므로 정당하다.

① 사회적 약자에게 특별히 유리한 기회를 제공하는 것은 부당하다.
② 적극적 평등 실현 조치는 사회의 다양성 증진에 기여하지 못한다.
③ 취업의 기회는 더 뛰어난 능력을 지닌 사람에게 우선적이어야 한다.
④ 사회적 약자가 실질적 평등을 누릴 수 있는 정책이 시행되어야 한다.
⑤ 적극적 평등 실현 조치는 역차별을 초래하여 사회적 갈등을 심화시킨다.

서술형 문제

13 ㉠에 들어갈 진술로 적절하지 <u>않은</u> 것은?

① 사회적 약자에게 실질적인 경쟁의 기회를 제공할 수 있습니다.
② 사회적 긴장을 완화시켜 진정한 사회 통합을 이룰 수 있습니다.
③ 사회 구성원의 인권을 보장하고 사회정의를 실현할 수 있습니다.
④ 비합리적 차별로 인한 사회·경제적 불평등이 해소될 수 있습니다.
⑤ 업적주의 원칙에 근거하여 개인의 성취를 정당하게 평가할 수 있습니다.

14 밑줄 친 ㉠에 해당하는 실천 방안으로 적절한 것만을 〈보기〉에서 고른 것은?

> 개인의 능력이나 업적에 따른 불평등은 사회 구성원들에게 열심히 일하려는 동기를 주어 사회 발전에 긍정적인 역할을 하기도 한다. 그러나 불평등이 환경적·구조적 원인으로 나타나거나 이에 따른 분배가 지나치게 편중된다면 개인이 능력을 발휘할 기회가 사라지고 사회적으로 갈등이 심해질 수 있다. 따라서 불평등을 완화하고 정의로운 사회를 만들기 위해서는 다양한 사회 구조적 장치와 함께 ㉠시민들 개개인의 실천이 필요하다.

─ 보기 ─
ㄱ. 사회적 약자에 대한 선입견이나 편견에서 탈피
ㄴ. 공공 기관 지방 이전 등 지역 격차 완화 정책 실시
ㄷ. 사회적 약자의 고통을 공감하고 배려하는 자세 함양
ㄹ. 장애인 의무 고용제 등 적극적 평등 실현 조치 마련

① ㄱ, ㄴ   ② ㄱ, ㄷ   ③ ㄴ, ㄷ
④ ㄴ, ㄹ   ⑤ ㄷ, ㄹ

15 다음 자료를 보고 물음에 답하시오.

> ㉠ 은 사회적 약자를 포함한 모든 사회 구성원이 기본적인 욕구를 충족하며 최소한의 인간다운 생활을 할 수 있도록 사회적으로 지원하는 제도이다. 우리나라에서는 사회 보험, ㉡ , 사회 서비스를 시행하고 있다.

(1) ㉠, ㉡에 들어갈 내용을 각각 쓰시오.

____

____

(2) ㉡의 특징에 해당하는 내용을 한 문장으로 서술하시오.

____

____

16 다음 자료를 보고 물음에 답하시오.

> 국가와 지방 자치 단체의 장은 장애인을 소속 공무원 정원의 3% 이상 고용해야 하며, 이에 따라 시험을 통해 공무원을 선발하는 경우 장애인이 신규 채용 인원의 3% 이상 채용되도록 시험을 실시해야 한다. 또한 상시 50명 이상의 근로자를 고용하는 사업주의 경우에도 대통령령으로 정하는 비율 이상의 장애인을 고용하여야 한다.

(1) 위의 글에 나타나 있는 제도의 명칭을 쓰시오.

____

(2) 위와 같은 제도를 시행하는 이유에 대해 한 문장으로 서술하시오.

____

____

01 밑줄 친 '이것'에 대한 설명으로 적절한 것만을 〈보기〉에서 고른 것은?

> 이것은 재산, 권력, 사회적 지위 등과 같은 사회적 가치가 불평등하게 분배되어 개인, 집단, 지역이 서열화되어 있는 현상을 의미한다.

┤ 보기 ├

ㄱ. 사회 구성원 간 갈등을 해소하여 사회 통합을 이루는 데 기여한다.
ㄴ. 인간의 욕망은 무한한데, 사회적 자원은 희소하기 때문에 발생한다.
ㄷ. 개인의 능력이나 업적에 따라 자원이 차등적으로 분배되면서 발생한다.
ㄹ. 사회 제도적 차원의 노력 없이 개인적 차원의 노력만으로도 극복 가능하다.

① ㄱ, ㄴ　　　② ㄱ, ㄷ　　　③ ㄴ, ㄷ
④ ㄴ, ㄹ　　　⑤ ㄷ, ㄹ

02 선생님의 질문에 적절하지 <u>않은</u> 답변을 한 학생은?

> 근로 소득과 종합 소득을 합친 통합 소득 상위 20%의 연 소득은 평균 1억 1천만 원, 하위 20%는 429만 원으로 상위 20%가 하위 20%의 25.6배에 달하는 것으로 나타났다. 상위 20%와 하위 20%의 소득 격차는 2018년 23.9배, 2020년 25.3배, 2022년 25.6배로 점차 커지는 양상이다.

① 갑 : 사회 발전의 동력이 줄어들게 됩니다.
② 을 : 폐쇄적인 사회 구조가 형성될 수 있습니다.
③ 병 : 사회 계층 간에 위화감이 조성될 수 있습니다.
④ 정 : 부모의 계층이 자녀에게 대물림되기 쉽습니다.
⑤ 무 : 평등한 분배로 개인의 성취 동기가 저하될 수 있습니다.

03 ㉠에 들어갈 내용으로 적절한 것만을 〈보기〉에서 고른 것은?

> **〈공간 불평등〉**
>
> • 발생 원인 : ㉠ (으)로 인해 지역 간의 격차 초래
> • 유형 : 수도권과 비수도권의 격차, 도시와 촌락의 격차, 도시 지역 내 도심과 주변 지역의 격차
> • 문제점 : 국토의 효율적 이용이 어려움

┤ 보기 ├

ㄱ. 지역 간 균형에 초점을 둔 개발 정책
ㄴ. 지방 자치 단체에 의한 분권형 개발 정책
ㄷ. 정부 주도로 특정 지역에 대한 집중 투자
ㄹ. 형평성보다 성장을 중시한 지역 개발 정책

① ㄱ, ㄴ　　　② ㄱ, ㄷ　　　③ ㄴ, ㄷ
④ ㄴ, ㄹ　　　⑤ ㄷ, ㄹ

04 다음 글의 입장으로 가장 적절한 것은?

> 사회적 약자는 한 사회에서 상대적으로 불리한 위치에 놓인 사람들을 의미하며, 사회적 약자를 대하는 사회 구성원들의 태도와 사회적 지원은 그 사회의 건전성을 판단하는 기준이 된다. 따라서 사회적 약자에 대한 차별을 해소하기 위해서는 이들에 대한 비합리적인 편견과 선입견을 없애는 개인적인 노력뿐만 아니라, 사회적 약자에게 실질적인 기회의 평등을 보장하기 위한 관련 제도 개선 등이 전개되어야 한다.

① 사회적 재화를 얻을 수 있는 기회는 오직 능력에 따라 분배해야 한다.
② 사회 발전을 위해서는 업적에 따른 불평등을 인정하고 받아들여야 한다.
③ 사회적 약자를 배려하는 태도나 정책은 그 사회의 건전성과는 무관하다.
④ 사회적 약자에 대한 차별을 방지하기 위해 사회적 차원의 노력이 필요하다.
⑤ 사회적 약자에 대한 비합리적 편견만 없애면 모든 불평등 문제가 해소된다.

05 그림은 서술형 평가 문제와 학생 답안이다. 학생 답안의 ○∼○ 중 옳지 <u>않은</u> 것은?

> **서술형 평가**
>
> ◎ 문제 : 우리나라의 사회 복지 제도 (가), (나), (다)의 특징을 비교하여 서술하시오.
>
> > (가) 공공 부조
> > (나) 사회 보험
> > (다) 사회 서비스
>
> ◎ 학생 답안
>
> (가), (나), (다)의 특징을 비교해 보면, ○(가)는 국가가 전액 지원하여 빈곤 계층에게 최소한의 생활을 보장하는 제도이고, ○(나)는 질병이나 실업 등 사회 구성원에게 발생할 수 있는 사회적 위험에 대처하는 사전 예방적 성격의 제도이며, ○(다)는 도움을 필요로 하는 국민에게 상담, 재활, 돌봄 등의 비금전적인 다양한 복지 서비스 혜택을 제공하는 제도이다. 그리고 ○(나), (다)와 달리 (가)는 법률이 정한 기준에 해당하는 사람은 의무적으로 가입해야 한다. 한편 ○(가), (나), (다)는 모두 사회적 약자를 포함한 모든 사회 구성원이 기본적인 욕구를 충족하며 최소한의 인간다운 삶을 영위할 수 있도록 지원하는 것을 목표로 한다.

① ○　　② ○　　③ ○　　④ ○　　⑤ ○

06 밑줄 친 '이 제도'에 대한 설명으로 적절한 것만을 〈보기〉에서 고른 것은?

> 이 제도는 생활이 어려운 사람에게 필요한 급여를 제공하여 이들의 최저 생활을 보장하고 자활을 돕는 것을 목적으로 하며, 제도 시행에 소요되는 비용 전액을 국가와 지방 자치 단체의 재정으로 부담한다.

| 보기 |

> ㄱ. 금전적 지원과 의무 가입을 원칙으로 한다.
> ㄴ. 빈부 격차를 줄이는 소득 재분배 효과가 있다.
> ㄷ. 국민 기초 생활 보장 제도로, 공공 부조에 해당한다.
> ㄹ. 보험 방식을 통해 개인과 국가가 공동으로 사회적 위험을 대비하는 제도이다.

① ㄱ, ㄴ　　　② ㄱ, ㄷ　　　③ ㄴ, ㄷ
④ ㄴ, ㄹ　　　⑤ ㄷ, ㄹ

07 표는 우리나라에서 시행하는 사회 복지 제도를 정리한 것이다. 이에 대한 설명으로 옳지 <u>않은</u> 것은?

구분	사회 보험	(가)	사회 서비스
의미	일정 수준의 소득이 있는 개인, 기업, 정부가 보험료를 분담하여 질병이나 실업, 사고 등의 사회적 위험에 대비하는 제도	생활 유지 능력이 없거나 생활이 어려운 저소득층에 국가와 지방 자치 단체가 전액 지원하여 최소한의 생활을 보장하는 제도	국가와 지방 자치 단체, 민간 부문의 도움이 필요한 모든 국민에게 상담, 재활, 돌봄 등의 다양한 서비스 혜택을 제공하는 제도
특징	○	○	○
종류	○	국민 기초 생활 보장 제도, 기초 연금, 의료 급여 등	노인 돌봄 서비스, 장애인 활동 지원, 가사·간병 서비스 등

① (가)에 들어갈 내용은 '공공 부조'이다.
② ○에는 '의무 가입을 원칙으로 한다.'가 들어갈 수 있다.
③ ○에는 '사회 보험보다 소득 재분배 효과가 작다.'가 들어갈 수 있다.
④ ○에는 '비금전적 지원을 원칙으로 한다.'가 들어갈 수 있다.
⑤ ○에는 '국민 건강 보험'과 '국민 연금 제도'가 모두 들어갈 수 있다.

| 교육청 기출 |

08 우리나라의 사회 복지 제도 A∼C에 대한 설명으로 옳은 것은? (단, A∼C는 각각 공공 부조, 사회 보험, 사회 서비스 중 하나임.)

> • '노령, 장애, 사망 시 본인 및 가족에게 연금 급여를 실시하는 제도가 포함되는가?'라는 질문으로 A와 C를 구분할 수 있다.
> • '금전적 지원을 원칙으로 하는가?'라는 질문으로 B와 C를 구분할 수 없다.
> • 　(가)　라는 질문으로 A와 B를 구분할 수 있다.

① A에는 국민 건강 보험 제도가 포함된다.
② B는 상호 부조의 원리를 기반으로 한다.
③ C는 원칙적으로 모든 국민을 대상으로 한다.
④ B, C 모두 사후 처방적 성격이 강하다.
⑤ (가)에는 '강제 가입을 원칙으로 하는가?'가 들어갈 수 있다.

09 다음은 어느 학생의 필기 노트이다. ㉠에 들어갈 내용으로 가장 적절한 것은?

> • 원인 : 1970년대에 정부 주도의 성장 거점 개발을 추진
> • 영향
>   – 수도권 : 인구와 자본의 유입으로 크게 성장함
>   – 비수도권 : 수도권에 비해 상대적으로 성장이 정체되거나 낙후됨
> • ⎡　　　㉠　　　⎤
>   – 대표 정책 : 공공 기관 지방 이전 계획
>   – 전국에 주요 혁신 도시를 지정하여 수도권 소재의 공공 기관을 지방으로 이전하고 있음

① 인구 감소 문제 해결을 위한 정책
② 지역 격차 완화를 위한 정부의 노력
③ 공간 불평등 현상을 심화시키기 위한 대책
④ 균형보다 성장을 최우선적으로 추구하기 위한 방안
⑤ 국가 경제를 효율적으로 향상시키기 위한 기업의 노력

10 다음에서 나타나는 건강 불평등 문제에 대한 옳은 설명만을 〈보기〉에서 고른 것은?

> 주로 숲 모기에 의해 전염되는 지카 바이러스는 태아의 뇌 기능을 저하시켜 소두증을 일으킨다. 임산부와 태아의 건강을 위협하는 이 바이러스는 방충망을 살 돈이 없는 빈곤층, 하수 처리 시설이 미흡한 지역, 방역 시스템이 제대로 작동하지 않는 저소득 국가에서 주로 발생한다. 또한 이러한 건강 불평등 현상은 건강 보험 제도와 같은 사회 보장 제도가 취약한 지역에서 더 심각하게 나타난다.

┤ 보기 ├

ㄱ. 사회 계층에 따라 건강 불평등이 나타날 수 있다.
ㄴ. 공간 불평등은 건강 불평등을 초래하는 요인이 된다.
ㄷ. 선진국에서는 건강 불평등 문제가 나타나지 않는다.
ㄹ. 건강 불평등 문제는 개인의 의식 개혁만으로 해결 가능하다.

① ㄱ, ㄴ　　　② ㄱ, ㄷ　　　③ ㄴ, ㄷ
④ ㄴ, ㄹ　　　⑤ ㄷ, ㄹ

11 다음 글의 밑줄 친 ㉠~㉣에 대한 설명으로 적절한 것만을 〈보기〉에서 있는 대로 고른 것은?

> 우리나라의 수도권은 남한 면적의 약 11.8%에 불과하지만 전체 인구의 약 50.4%가 거주하고 있고 국내 총생산의 약 52.5%를 차지하고 있다. 2020년에는 수도권 인구가 비수도권 인구를 처음으로 넘어섰다. 이러한 ㉠공간 불평등 현상은 과거 정부 주도하에 추진된 ㉡성장 중심 개발 정책이 주요 원인이며, ㉢여러 가지 문제점을 유발하고 있다. 지방 자치 단체와 지역 주민이 중심이 되어 ㉣지역 경쟁력 강화를 위해 힘쓰는 것도 공간 불평등 현상을 해소하기 위한 방안이 될 수 있다.

┤ 보기 ├

ㄱ. ㉠에는 도시와 촌락 간의 경제적 수준 차이도 포함된다.
ㄴ. ㉡은 국토 개발의 효율성보다는 형평성을 중시한 정책이다.
ㄷ. ㉢에는 수도권으로의 지역 인재 유출도 해당한다.
ㄹ. ㉣의 사례로 지역의 특성을 살릴 수 있는 지역 브랜드 개발을 들 수 있다.

① ㄱ, ㄴ　　　② ㄱ, ㄹ　　　③ ㄴ, ㄷ
④ ㄱ, ㄷ, ㄹ　　　⑤ ㄴ, ㄷ, ㄹ

12 다음 자료에 대한 설명으로 옳은 것은?

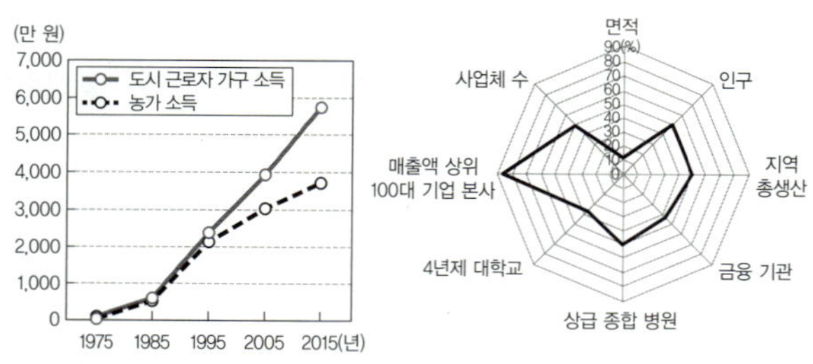

▲ 도시와 촌락의 소득 변화　　　▲ 수도권 집중도

① 수도권은 면적에 비해 금융 기관과 사업체 수의 비중이 낮다.
② 도시와 촌락의 가구 소득 격차는 1995년 이후 점차 커지고 있다.
③ 교육과 의료 분야에서는 수도권과 비수도권 간 지역 격차 없이 평등하다.
④ 촌락 가구 소득과 달리 도시 가구 소득은 1975년 이후 지속적으로 증가하였다.
⑤ 비수도권에 비해 수도권은 면적과 국내 총생산에서 차지하는 비중이 모두 크다.

13 다음 신문 칼럼의 입장으로 가장 적절한 것은?

○○신문 ○○○○년 ○○월 ○○일

칼 럼

우리 사회에서 장애인은 취업에서 차별을 겪는 경우가 많다. 이러한 차별을 개선하기 위해 정부는 장애인의 의무 고용률을 중앙 정부와 지방 자치 단체 등에서는 3.4%, 일정 규모 이상의 일반 사업장에서는 3.1%로 정하고 이를 이행하지 않으면 부담금을 부과하고 있다. 지속적인 정부 정책의 시행으로 장애인의 고용 여건은 점차 개선되고 있는데, 이는 사회 문제 해결을 위한 정부 정책의 수립이 중요하다는 점을 보여주는 사례이다.

① 사회적 약자는 능력과 업적에 따른 분배가 정당함을 받아들여야 한다.
② 사회적 약자에게 직간접적 혜택을 주는 제도는 역차별 문제를 야기한다.
③ 사회적 약자에 대한 차별을 해소하기 위한 법과 제도의 개선이 필요하다.
④ 사회적 약자에 대한 적극적 평등 실현 조치로는 불평등을 바로잡을 수 없다.
⑤ 사회적 약자가 겪는 차별을 용인하지 않도록 개개인의 인식을 개선해야 한다.

14 그림의 강연자가 지지할 주장으로 적절한 것만을 〈보기〉에서 고른 것은?

〈 보기 〉

ㄱ. 오랜 기간의 부당한 대우에 대해 보상하는 것은 정당하다.
ㄴ. 사회적 약자에 대한 특혜는 또 다른 차별로 이어지게 된다.
ㄷ. 사회적 약자에 대한 배려를 통해 사회 전체의 평화와 행복을 증진할 수 있다.
ㄹ. 과거의 차별에 대해 잘못이 없는 후손에게 보상 책임을 지우는 것은 부당하다.

① ㄱ, ㄴ　　② ㄱ, ㄷ　　③ ㄴ, ㄷ
④ ㄴ, ㄹ　　⑤ ㄷ, ㄹ

15 갑, 을의 입장에 대한 설명으로 가장 적절한 것은?

갑: 사회 불평등을 해소하고 정의로운 사회를 실현하기 위해서는 장애인 의무 고용제와 같이 공동체 내에서 사회적 약자와 소외 계층을 우선적으로 배려하는 사회 제도의 마련이 필요합니다.
을: 장애인 의무 고용제를 지나치게 강조하면 비장애인이 취업 기회를 얻지 못하게 되는 또 다른 차별과 갈등이 초래될 수도 있습니다. 따라서 시행 전에 어느 정도까지 소외 계층을 배려할 것인지 구성원들의 의견을 수렴해야 합니다.

① 갑은 사회적 약자의 권리를 경시하고 있다.
② 갑은 적극적 평등 실현 조치에 대해 반대하고 있다.
③ 을은 적극적 평등 실현 조치가 정당성을 얻으려면 사회적 합의가 필요하다고 본다.
④ 을은 장애인 의무 고용제를 확대하는 것이 모든 사회 구성원에게 이익이 된다고 본다.
⑤ 갑과 을은 모두 사회적 약자의 기본적 권리는 보장할 필요가 없다고 본다.

16 다음 두 사례에 대한 설명으로 옳은 것은?

• 갑국에서는 고등 교육 기회에서 오랜 기간 소수 민족이 받아 왔던 차별을 해소하기 위해 신입생 정원의 5% 이상을 소수 민족 학생으로 충원할 경우 해당 대학에 보조금을 지원하는 제도를 시행하고 있다.
• 을국에서는 장애인 고용을 촉진하기 위해 공기업의 총 고용 인원 중 장애인이 4% 미만일 경우 해당 공기업에 과태료를 부과하는 제도를 시행하고 있다.

① 갑국에서는 사회 불평등을 사회적 관점에서 접근하지 못하고 있다.
② 을국은 사회 제도의 개선보다 개인의 의식 개혁을 통해 차별을 해소하고자 한다.
③ 갑국은 을국과 달리 보상보다는 제재를 통해 제도의 목적을 달성하고자 한다.
④ 을국에서는 갑국과 달리 역차별 문제의 발생 소지가 없다.
⑤ 갑국과 을국 모두 사회적 소수자에 대한 적극적 평등 실현 조치를 시행하고 있다.

Ⅲ

시장경제와 지속가능발전

이 단원
핵심 질문

"자본주의의 역사적 전개 과정과 그 특징은 무엇이며,
지속가능발전을 위해 각 경제 주체는 무엇을 해야 할까?"

–

이 단원에서는 자본주의의 전개 과정을 역사적 사건이나 사상가들의 주장을 통해 알아보고,
지속가능발전을 위해 요청되는 경제 주체의 역할을 정부, 기업, 노동자, 소비자의 측면에서 파악한다.

이 단원 핵심 개념

강	대표 주제	대표 개념
01 자본주의의 발달과 경제 체제	주제 1 자본주의의 특징과 역사적 전개	✓ 자본주의 ✓ 상업 자본주의 ✓ 산업 자본주의 ✓ 수정 자본주의 ✓ 신자유주의
	주제 2 시장과 정부의 관계와 경제 체제	✓ 시장경제 체제 ✓ 계획경제 체제 ✓ 혼합 경제 체제
02 합리적 선택과 경제 주체의 역할	주제 1 합리적 선택과 시장 실패	✓ 자원의 희소성 ✓ 합리적 선택 ✓ 기회비용 ✓ 시장 실패 ✓ 독과점 ✓ 공공재 ✓ 외부 효과
	주제 2 지속가능발전을 위한 경제 주체의 역할과 책임	✓ 정부 ✓ 기업가 정신 ✓ 기업의 사회적 책임 ✓ 윤리적 소비 ✓ 노동 3권
03 자산 관리와 금융 생활	주제 1 자산 관리와 금융 생활 설계	✓ 자산 관리 원칙 ✓ 예금 ✓ 채권 ✓ 주식 ✓ 재무 설계
	주제 2 거시 환경의 변화와 금융 의사 결정	✓ 금융 의사 결정 ✓ 금리 ✓ 물가 ✓ 환율
04 국제 분업과 무역	주제 1 국제 분업과 무역의 필요성	✓ 국제 분업 ✓ 무역 ✓ 특화 ✓ 절대 우위 ✓ 비교 우위
	주제 2 지속가능발전과 국제무역	✓ 국제무역 ✓ 지속가능발전 ✓ 공정 무역

 01 자본주의의 발달과 경제 체제

주제 1 자본주의의 특징과 역사적 전개 ★★★

개념 더하기

✕ 자유방임주의
시장에 대한 국가의 개입을 최소한으로 제한하고, 개인의 경제적 자유를 최대한으로 보장하려는 경제사상이다.

✕ 시장 실패
산업 자본주의 시기에 시장은 가장 효율적으로 자원을 배분하는 기구라고 생각하였다. 그러나 독과점의 심화 등으로 자유로운 경쟁이 줄어듦에 따라 더 이상 시장이 자원을 효율적으로 배분하지 못하게 되었다. 이를 시장 실패라고 한다.

✕ 뉴딜 정책
미국의 루스벨트 대통령은 수정 자본주의에 입각한 뉴딜 정책을 통해 대공황으로 인한 국가의 경제적 위기를 타개해 나갔다. 재기 가능한 은행에 자금을 빌려줌으로써 파산을 막았고, 농산물의 가격 폭락을 막기 위해 자금을 지원했으며, 대규모 공공사업을 통해 일자리를 만들어 유효 수요를 창출하였다.

✕ 스태그플레이션
경기 침체(stagnation)와 인플레이션(inflation)의 합성어로, 경기 침체 상황에서 물가가 상승하는 현상을 말한다. 일반적으로 경기가 침체될 경우 물가는 하락하지만, 1970년대 석유 파동에 따른 경기 침체는 물가 상승까지 동반하여 더 큰 악영향을 미쳤다. 대공황과 달리 정부의 적극적인 개입에도 스태그플레이션이 해결되지 않아 수정 자본주의에 대한 비판이 제기되었다.

✕ 자본주의의 전개 과정과 대표 학자

산업 자본 주의	· 애덤 스미스(Smith, A.) · 작은 정부 → 정부 역할의 최소화
수정 자본 주의	· 케인스(Keynes, J. M.) · 큰 정부 → 정부의 적극적인 시장 개입
신자유 주의	· 하이에크(Hayek, F. A.) · 작은 정부 → 정부 역할의 최소화

---

1 자본주의의 의미와 특징

(1) 의미: 사유 재산 제도를 바탕으로 자유로운 경제활동을 보장하는 경제 원리

(2) 특징
→ 개인이 생산 수단을 소유 · 관리 · 처분할 수 있는 권리를 법으로 보장하는 제도

① **사유 재산권의 법적 보장**: 개인이나 기업이 사유 재산을 자유롭게 획득 및 사용 가능

② **경제활동의 자유 보장**: 시장에서의 경쟁을 통한 사적 이익의 추구 인정

③ **시장경제의 원리에 따른 경제 운영**: 시장에서 결정된 가격에 따라 상품 거래

2 자본주의의 역사적 전개 과정

(1) 상업 자본주의(16~18세기)

① **의미**: 상품의 유통 및 무역을 통해 이윤을 추구하는 자본주의 형태

② **배경**: 신항로 및 식민지 개척, 교역의 확대

③ **특징**
→ 16~17세기 유럽에서는 강력한 왕권을 바탕으로 국가가 신항로 및 식민지 개척을 주도함

- 국가가 상공업 지원 → 상업과 유통 발달, 상인 계급 성장
- 수출을 장려하고 수입을 억제하여 자국 산업 보호
- 절대 왕정의 강력한 **중상주의** 정책하에서 더욱 발전함

(2) 산업 자본주의(18~19세기)
→ 국가가 국내 산업을 보호하기 위해 관세 부과, 수입 억제 등 상업 활동에 개입하는 사상

① **의미**: 상품의 유통보다 생산 과정에서 이윤을 추구하는 자본주의 형태

② **배경**: 18세기 중반 영국에서 시작된 **산업 혁명** → 공장제 기계 공업 발달, 대량 생산 가능

③ **특징**: 시장에서 개인의 자유로운 경제활동 보장 → 국가의 시장 개입을 최소화하는 **작은 정부** 추구

④ **애덤 스미스**
→ 애덤 스미스는 시장에서의 가격이 모든 경제 문제를 해결한다고 주장하며, 시장의 가격 기능을 '보이지 않는 손'에 비유함

- '보이지 않는 손'에 의한 경제 문제의 해결 주장 자료 1
- **자유방임주의** 주장 → 자본주의 경제 체제 확립의 사상적 토대 마련

(3) 수정 자본주의(20세기)
→ 자유 경쟁을 지나치게 강조한 결과, 소수의 거대 독점 기업이 시장 지배 → 자원의 비효율적 배분 초래

① **의미**: 국가의 적극적인 시장 개입으로 시장 실패를 해결해야 한다는 자본주의 형태

② **배경**: 19세기 말 시장 실패 발생, 1929년 대공황으로 기업 도산, 대량 실업, 경기 침체

③ **특징**: 정부의 역할을 강조하는 **큰 정부** 지향 → 국가가 대규모 공공사업이나 복지 정책 시행 예 미국의 뉴딜 정책
→ 정부의 재정 지출 확대를 통해 대공황 극복 시도

④ **케인스**: 정부가 적극적으로 시장에 개입하여 경제 문제를 해결해야 한다고 주장

(4) 신자유주의(20세기 후반)

① **의미**: 정부의 역할을 제한하고, 시장에 의한 경제 문제의 해결을 강조하는 자본주의 형태

② **배경**: 1970년대 석유 파동으로 **스태그플레이션** 발생 → 정부의 개입이 비효율 초래

③ **특징**
→ 물가 상승과 경기 침체가 동시에 나타나는 현상 → 정부 실패

- 정부의 간섭과 규제를 줄이고 민영화, 규제 완화, 자유 무역 등을 추구함
- 1980년대 미국과 영국 등에서는 기업에 대한 세금 감면, 공기업의 민영화, 노동 시장의 유연화, 복지 축소 등을 실시함
→ 기업의 필요에 따라 노동자의 고용과 해고를 용이하게 하는 것
- 시장의 효율성을 높이지만 빈부 격차의 심화, 경제의 불안정성 증대 등의 문제를 일으켰다는 비판을 받기도 함

④ **하이에크**: 정부의 지나친 시장 개입을 비판하며 민간의 자유로운 경제활동 강조

1 시장경제 체제

(1) **의미**: 시장의 원리에 의해 경제 문제를 해결하는 경제 체제

(2) **시장과 정부의 관계**
→ '무엇을 얼마나 생산할 것인가', '어떻게 생산할 것인가', '누구를 위하여 생산할 것인가'를 기본적인 경제 문제라고 함

시장	• 공급과 수요에 따라 시장 가격 결정 • 개별 경제 주체의 자유로운 선택과 경쟁에 따른 경제활동 → 효율적인 자원 배분 • 각 개인의 자유로운 이익 추구 → 개인의 능력과 창의성 발휘
정부	• 정부의 시장 개입 최소화 • 정부는 자유로운 경제활동을 위한 법적·제도적 장치 마련

(3) **한계**: 빈부 격차나 환경 오염 등의 사회문제 발생, 급격한 경기 변동 발생 등

2 계획경제 체제

(1) **의미**: 정부의 계획과 명령에 따라 경제 문제를 해결하는 경제 체제

(2) **시장과 정부의 관계**

시장	• 시장의 기능과 역할 최소화 • 개별 경제 주체의 경제활동의 자유 제한
정부	• 정부가 생산 수단의 대부분 소유 → 사유 재산권 부정 • 정부의 의사 결정과 통제에 의한 자원 배분 → 분배의 형평성 실현, 국가의 정책 목표 달성에 효과적

(3) **한계**: 개인의 자유로운 선택 제한, 경제적 유인의 부족으로 경제 전체의 효율성 저하
→ 근로 의욕 저하, 낮은 경제 성장 등의 문제가 발생할 수 있음

3 혼합 경제 체제

(1) **의미**: 시장경제 체제와 계획경제 체제의 요소를 결합한 경제 체제

(2) **시장과 정부의 관계**
→ 오늘날 대부분 국가는 시장경제 체제를 기반으로 하면서 계획경제 체제 요소가 일부 섞인 혼합 경제 체제를 채택하고 있음

① **시장과 정부의 상호 보완적 관계 형성**: 시장경제 체제와 계획경제 체제의 장점을 결합하여 시장과 정부가 상호 균형을 이루기 위해 노력해야 함

② **정부의 역할**: 지나친 개입과 규제 자제, 공정한 경쟁을 위한 규칙과 제도 마련, 공공재 생산, 조세 제도나 사회 보장 제도 등을 통한 소득 분배의 불균형 개선 등

(3) **우리나라의 경제 체제**: 시장경제 체제를 기반으로 하면서 필요한 경우 정부가 개입하는 혼합 경제 체제로 운용 [자료 2]
→ 시장의 한계 보완

자료 더하기

자료 ❶ '보이지 않는 손', 애덤 스미스

우리가 저녁 식사를 기대할 수 있는 것은 정육점 주인, 양조장 주인, 빵집 주인의 자비심 덕분이 아니라 그들이 자기 이익을 챙기려는 생각 덕분이다. … (중략) … 각 개인은 '보이지 않는 손'에 이끌려 자기가 전혀 의도하지 않았던 목표를 달성할 수 있게 된다. … (중략) … 그는 자신의 이익을 추구함으로써 오히려 더 효율적으로 사회의 이익을 증진한다.
– 애덤 스미스, 『국부론』

애덤 스미스(Smith, A.) ≫

➡ 애덤 스미스는 『국부론』에서 시장의 작동 원리를 '보이지 않는 손'에 비유하면서, 개인이 사익을 추구하는 과정에서 누가 의도하지 않아도 효율적인 자원 배분이 이루어진다고 주장하였다. 이러한 애덤 스미스의 자유방임주의는 산업 자본주의의 이론적 기반이 되었다.

자료 ❷ 헌법에 나타난 우리나라의 경제 체제

제119조 ① 대한민국의 경제 질서는 개인과 기업의 경제상의 자유와 창의를 존중함을 기본으로 한다.
② 국가는 균형 있는 국민 경제의 성장 및 안정과 적정한 소득의 분배를 유지하고, 시장의 지배와 경제력의 남용을 방지하며, 경제 주체 간의 조화를 통한 경제의 민주화를 위하여 경제에 관한 규제와 조정을 할 수 있다.

➡ 오늘날에는 많은 국가에서 시장경제 체제와 계획경제 체제를 결합한 혼합 경제 체제를 택하고 있다. 우리나라도 시장경제 체제를 기본으로 하면서 필요에 따라 정부가 개입하는 혼합 경제 체제로 운영하고 있다. 헌법 제119조 제1항에는 시장경제 체제, 제2항에는 계획경제 체제 요소와 관련된 내용이 규정되어 있다.

주제 1 자본주의의 특징과 역사적 전개 ★★★

01 자본주의의 특징에 해당하는 것만을 〈보기〉에서 있는 대로 고른 것은?

보기
ㄱ. 사적 이익의 추구
ㄴ. 생산 수단의 국유화
ㄷ. 사유 재산권의 보장
ㄹ. 경제 활동의 자유 보장

① ㄱ, ㄴ   ② ㄱ, ㄹ   ③ ㄴ, ㄷ
④ ㄱ, ㄷ, ㄹ   ⑤ ㄴ, ㄷ, ㄹ

02 다음 내용과 관련 있는 자본주의에 대한 설명으로 옳은 것은?

> 16~18세기에 신항로 개척, 교역의 확대 등을 배경으로 유럽에서 성장한 자본주의

① 큰 정부를 지향하였다.
② 대표적인 사상가는 하이에크이다.
③ 스태그플레이션을 계기로 등장하였다.
④ 자유방임주의가 이론적 기반이 되었다.
⑤ 절대 왕정의 중상주의 정책을 통해 발전하였다.

03 ㉠, ㉡에 해당하는 역사적 사건을 바르게 연결한 것은?

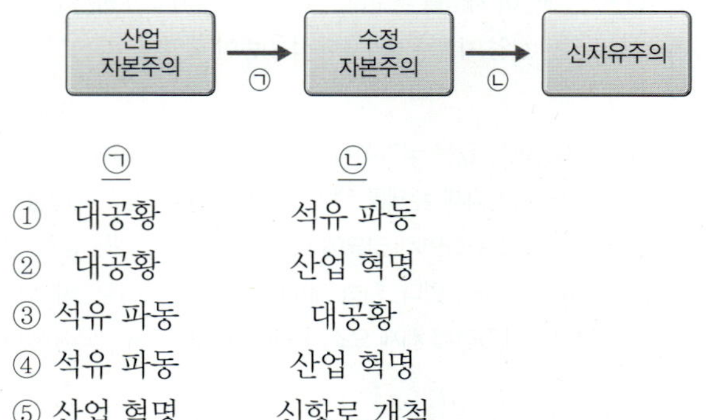

	㉠	㉡
①	대공황	석유 파동
②	대공황	산업 혁명
③	석유 파동	대공황
④	석유 파동	산업 혁명
⑤	산업 혁명	신항로 개척

04 밑줄 친 ㉠에 대한 내용으로 가장 적절한 것은?

> 산업 혁명 이후 대규모 독점 기업들이 나타나면서 여러 사회문제가 발생하였다. 이러한 상황에서 1929년에 미국에서 대공황이 발생하자, ㉠ 자본주의의 운영 방식에 대한 변화의 필요성이 제기되었다.

① 정부가 상업을 보호해야 한다.
② 각종 경제 관련 규제를 철폐해야 한다.
③ 시장에서 정부의 역할을 축소해야 한다.
④ 민간의 자유로운 경제활동을 보장해야 한다.
⑤ 정부가 지출을 확대하고 고용을 창출해야 한다.

05 밑줄 친 '이것'에 해당하는 경제 이론의 특징만을 〈보기〉에서 고른 것은?

> 애덤 스미스가 주장한 이것은 개인의 경제적 자유를 최대한 보장하려는 경제사상으로, 각자가 자신의 이익을 추구하도록 시장에서의 자유가 보장될 때 국가 전체의 이익도 커진다고 보았다.

보기
ㄱ. 국가의 적극적인 시장 개입을 강조한다.
ㄴ. 민간 기업의 국영화 필요성을 강조한다.
ㄷ. 경제 주체의 사적 이익 추구를 허용한다.
ㄹ. 경제 주체 간의 자유로운 경쟁을 강조한다.

① ㄱ, ㄴ   ② ㄱ, ㄷ   ③ ㄴ, ㄷ
④ ㄴ, ㄹ   ⑤ ㄷ, ㄹ

06 표는 시기에 따른 자본주의의 역사적 전개를 나타낸 것이다. (가), (나)에 해당하는 자본주의에 대한 설명으로 옳지 않은 것은?

16~18세기	18~19세기	20세기	20세기 말
상업 자본주의	산업 자본주의	(가)	(나)

① (가)는 대공황을 계기로 등장하였다.
② (가)는 애덤 스미스가 사상적 기초를 마련하였다.
③ (나)는 석유 파동을 계기로 등장하였다.
④ (나)는 (가)와 달리 작은 정부를 추구하였다.
⑤ (가)는 수정 자본주의, (나)는 신자유주의이다.

07 다음은 어느 경제학자의 주장이다. 이에 부합하는 내용으로 옳은 것은?

> 우리가 저녁 식사를 기대할 수 있는 것은 정육점 주인, 양조장 주인, 빵집 주인의 자비심 때문이 아니라 그들이 자기 이익을 챙기려는 생각 덕분이다.
> … (중략) … 각 개인은 '보이지 않는 손'에 이끌려 자기가 전혀 의도하지 않았던 목표를 달성할 수 있게 된다.

① 최소한의 정부가 최선의 정부이다.
② 시장이 항상 효율적인 것은 아니다.
③ 분배는 정부의 계획을 통해 이루어져야 한다.
④ 경기 회복을 위해 정부 지출을 확대해야 한다.
⑤ 시장의 부작용을 개선하기 위해 정부가 개입해야 한다.

08 밑줄 친 '경제학자 갑'에 대한 설명으로 옳은 것은?

> 경제학자 갑은 1930년대 미국에서 대공황이 일어난 원인이 생산물을 실제로 구매할 수 있는 수요가 부족했기 때문이라고 진단하였다. 이에 수요를 증가시키려면 정부가 시장에 개입하여 고용을 증대시키고 소득 격차를 줄여야 한다고 주장하였다.

① 자유방임주의의 필요성을 주장하였다.
② 신자유주의의 이론적 기반을 마련하였다.
③ '보이지 않는 손'의 기능 강화를 강조하였다.
④ 경기 조절을 위한 정부의 시장 개입을 강조하였다.
⑤ 시장에만 맡겨두면 모든 문제가 해결된다고 주장하였다.

09 다음 글에 나타난 경제 상황에 대한 설명으로 옳은 것은?

> 1973~1974년과 1978~1980년 두 차례에 걸친 국제 석유 가격의 폭등으로 전 세계가 경제적 위기와 혼란을 겪게 되었다. 특히, 이전과 달리 경기가 침체된 상황에서 물가까지 상승하게 되어 사람들은 더 큰 어려움을 겪게 되었다.

① 대응 방안으로 뉴딜 정책이 추진되었다.
② 초과 공급으로 인해 발생한 대공황이다.
③ '큰 정부로 돌아가자.'라는 주장이 나타났다.
④ 국가의 적극적인 시장 개입을 강조하게 되었다.
⑤ 신자유주의가 위기 극복을 위한 대안으로 제시되었다.

10 (가), (나)에 대한 옳은 설명만을 〈보기〉에서 고른 것은?

> (가) 20세기 초 대규모 독점 기업들이 출현하면서 자본의 집중 현상이 심화되었고, 이러한 상황은 과잉 생산과 소비 부족으로 이어졌다. 이로 인해 대공황이 시작되었다.
> (나) 20세기 후반 정부의 적극적인 시장 개입이 오히려 효율적인 자원 배분을 악화시키는 상황이 나타났다. 복지의 확대로 근로 의욕이 저하되고 경제 성장이 둔화되었다.

┤ 보기 ├
ㄱ. (가)는 산업 자본주의의 등장 배경이 되었다.
ㄴ. (나)는 신자유주의의 등장 배경이 되었다.
ㄷ. (가)는 (나)와 달리 시장이 정상적인 기능을 수행하는 경우이다.
ㄹ. (나)는 (가)와 달리 정부의 개입이 비효율성을 초래한 경우이다.

① ㄱ, ㄴ　　② ㄱ, ㄷ　　③ ㄴ, ㄷ
④ ㄴ, ㄹ　　⑤ ㄷ, ㄹ

11 다음 대화에 대한 설명으로 옳은 것은?

① 갑은 정부의 시장 개입 최소화를 주장하고 있다.
② 을의 주장은 신자유주의의 입장에 부합한다.
③ 갑의 주장은 을의 주장과 달리 애덤 스미스의 입장에 부합한다.
④ 을은 갑과 달리 '보이지 않는 손'의 기능을 부정하고 있다.
⑤ 갑은 정부 실패를, 을은 시장 실패를 우려하고 있다.

★★

12 다음은 갑국 헌법 조항의 일부이다. 이를 통해 추론할 수 있는 갑국 경제 체제의 특징만을 〈보기〉에서 고른 것은?

> • 모든 국민의 재산권은 보장된다. 그 내용과 한계는 법률로 정한다.
> • 경제 질서는 개인과 기업의 경제상의 자유와 창의를 존중함을 기본으로 한다.

─ 보기 ─

> ㄱ. 개인의 이익 추구가 보장된다.
> ㄴ. 생산 수단을 국가가 소유한다.
> ㄷ. 시장 가격에 의한 자원 배분이 강조된다.
> ㄹ. 정부의 계획에 의해 기본적인 경제 문제를 해결한다.

① ㄱ, ㄴ ② ㄱ, ㄷ ③ ㄴ, ㄷ
④ ㄴ, ㄹ ⑤ ㄷ, ㄹ

13 다음 갑국과 을국의 경제 체제에 대한 추론으로 옳은 것은? (단, 갑국과 을국의 경제 체제는 서로 다름.)

> 갑국은 중앙 정부가 생산 자원의 대부분을 가지고 있으며, 경제 활동을 통제하고 경제 문제에 대한 의사 결정을 직접 내린다. 반면, 을국은 가계와 기업이 자신의 이익을 추구할 수 있으며, 시장 가격에 기초하여 자유롭게 경제적 의사 결정을 할 수 있다.

① 갑국에서는 민간 기업의 자유로운 경쟁을 강조할 것이다.
② 을국에서는 경제 활동에 관한 정부의 역할이 클 것이다.
③ 갑국에서는 을국과 달리 자원의 희소성이 나타나지 않을 것이다.
④ 을국에서는 갑국과 달리 '보이지 않는 손'의 기능을 중시할 것이다.
⑤ 갑국과 을국 모두에서는 원칙적으로 생산 수단의 사적 소유가 인정되지 않을 것이다.

14 경제 체제가 (가)에서 (나)로 전환될 때, 예상되는 변화로 가장 적절한 것은?

> (가) 생산 수단의 국유화와 정부의 명령이나 계획에 따른 경제 문제 해결을 전형적인 특징으로 한다.
> (나) 생산 수단의 사유화와 시장 원리에 따른 경제 문제 해결을 전형적인 특징으로 한다.

① 자원 배분의 효율성이 더 높아진다.
② 경제 주체들이 분배 과정에서 형평성을 강조한다.
③ 경제 주체들이 경제활동에 참여할 유인이 감소한다.
④ 경제 정책의 목표를 더 효과적으로 달성할 수 있다.
⑤ 개별 경제 주체들의 경제활동에 대한 제약이 늘어난다.

15 교사의 질문에 대해 옳게 답한 학생만을 〈보기〉에서 있는 대로 고른 것은?

─ 보기 ─

> 갑 : 사적 이익의 추구를 인정합니다.
> 을 : 정부의 계획에 의해 자원이 배분됩니다.
> 병 : 경제 주체 간 자유로운 경제활동이 보장됩니다.
> 정 : 개인이 재산을 소유할 권리를 법으로 보장합니다.

① 갑, 을 ② 갑, 병 ③ 을, 정
④ 갑, 병, 정 ⑤ 을, 병, 정

16 그림은 갑국~병국의 경제 체제를 분류한 것이다. 이에 대한 옳은 설명만을 〈보기〉에서 고른 것은?

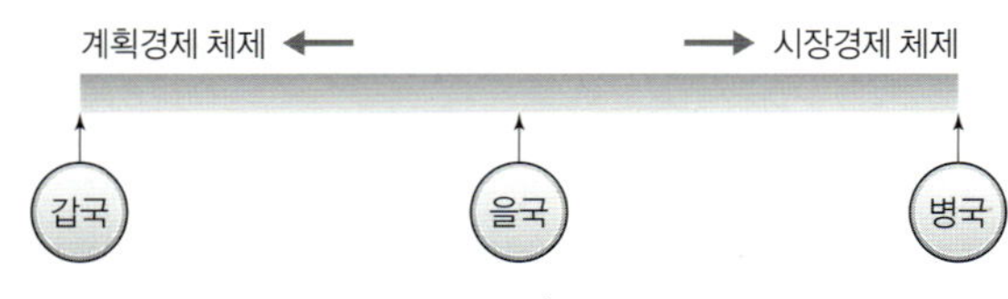

─ 보기 ─

> ㄱ. 갑국은 을국보다 생산 수단의 사적 소유를 더 중시한다.
> ㄴ. 을국은 갑국보다 정부의 명령에 의한 자원 배분을 더 중시한다.
> ㄷ. 병국은 갑국과 달리 시장 가격의 기능을 강조한다.
> ㄹ. 갑국~병국에서는 모두 기본적인 경제 문제가 발생한다.

① ㄱ, ㄴ ② ㄱ, ㄷ ③ ㄴ, ㄷ
④ ㄴ, ㄹ ⑤ ㄷ, ㄹ

서술형 문제

17 다음 경제학자 갑, 을의 대화를 보고 물음에 답하시오.

> 갑 : 대공황과 같이 경기가 침체된 상황에서 실업 문제를 해결하기 위해서는 정부가 지출을 확대하여 일자리를 늘림으로써 소득을 보장해야 합니다.
>
> 을 : 개인의 이익 추구가 사회 전체의 조화와 이익을 가져옵니다. '보이지 않는 손'의 정상적인 작동을 위해 정부의 시장 개입을 최소화하는 자유방임주의가 적절합니다.

(1) 갑, 을에 해당하는 경제학자를 각각 쓰시오.

(2) 정부의 시장 개입에 대한 갑, 을의 주장을 비교하여 서술하시오.

18 다음 글을 보고 물음에 답하시오.

> 1920년대 중반까지 미국 경제는 큰 호황을 누리는 것처럼 보였다. 그러나 실제로는 소수의 독점 기업들이 출현하면서 필요한 재화의 양보다 생산은 훨씬 더 많이 이루어지는 반면, 사람들의 소비는 부족한 상황이 지속되고 있었다. 그러던 중 1929년 10월, 미국 뉴욕 주식 시장의 주가가 대폭락하기 시작하였다. 이로 인해 기업과 은행이 도산하였고, 실업자가 급증하였다. 이렇게 시작된 주가 폭락은 각국으로 파급되었다.

(1) 윗글에서 설명하는 역사적 사건을 쓰시오.

(2) 윗글에서 설명하는 사건 이후 등장한 자본주의의 특징을 서술하시오.

19 그림은 경제 체제 A, B를 비교한 것이다. 이를 보고 물음에 답하시오.

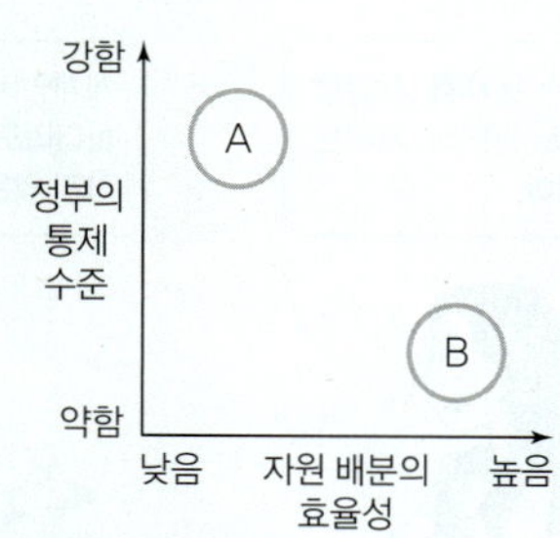

(1) A, B에 해당하는 경제 체제를 각각 쓰시오.

(2) A, B의 공통점과 차이점을 각각 한 가지씩 서술하시오.

20 다음은 우리나라 헌법의 일부이다. 이를 보고 물음에 답하시오.

> 제119조 ① 대한민국의 경제 질서는 개인과 기업의 경제상의 자유와 창의를 존중함을 기본으로 한다.
>
> ② 국가는 균형 있는 국민 경제의 성장 및 안정과 적정한 소득의 분배를 유지하고, 시장의 지배와 경제력의 남용을 방지하며, 경제 주체 간의 조화를 통한 경제의 민주화를 위하여 경제에 관한 규제와 조정을 할 수 있다.

(1) 위의 헌법 조항에서 시장경제 체제와 계획경제 체제에 해당하는 조항을 각각 찾아 쓰시오.

(2) 위의 헌법 조항을 통해 알 수 있는 우리나라 경제 체제의 특징을 서술하시오.

01 다음 대화에 대한 옳은 설명만을 〈보기〉에서 고른 것은?

┌──── 보기 ────┐

ㄱ. 갑의 입장은 수정 자본주의에 부합한다.
ㄴ. 갑은 을과 달리 공기업의 민영화에 찬성할 것이다.
ㄷ. 을은 갑에 비해 정부의 역할을 강조할 것이다.
ㄹ. 대공황은 을과 달리 갑의 주장이 설득력을 얻는 계기가 되었다.

① ㄱ, ㄴ　　② ㄱ, ㄷ　　③ ㄴ, ㄷ
④ ㄴ, ㄹ　　⑤ ㄷ, ㄹ

02 (가)~(다)에 대한 옳은 설명만을 〈보기〉에서 고른 것은? (단, (가)~(다)는 각각 산업 자본주의, 수정 자본주의, 신자유주의 중 하나임.)

• 석유 파동으로 경기 침체가 심화되었으나, 정부가 적절한 대응을 하는 데 실패하면서 │ (가) │ 가 설득력을 얻게 되었다.
• 미국에서 발생한 대공황은 수많은 은행과 기업의 도산을 야기하였으며, 실업률마저 폭증함에 따라 정부의 역할을 재정립하게 되었다. 이에 │ (나) │ 가 등장하게 되었다.
• 영국에서 산업 혁명이 발생하여 공장제 기계 공업이 확산하고 대량 생산 및 대량 소비 시대가 시작되었다. 이는 │ (다) │ 가 성장하게 된 중요한 배경으로 작용하였다.

┌──── 보기 ────┐

ㄱ. (가)는 정부 실패를 유발하는 원인으로 작용하였다.
ㄴ. (나)는 정부의 역할이 확대되는 중요한 계기가 되었다.
ㄷ. (다)는 국가의 중상주의 정책에 기반을 두고 있었다.
ㄹ. 역사적으로 (다) – (나) – (가) 순으로 등장하였다.

① ㄱ, ㄴ　　② ㄱ, ㄷ　　③ ㄴ, ㄷ
④ ㄴ, ㄹ　　⑤ ㄷ, ㄹ

03 그림은 자본주의의 변화를 나타낸 것이다. 이에 대한 옳은 설명만을 〈보기〉에서 고른 것은?

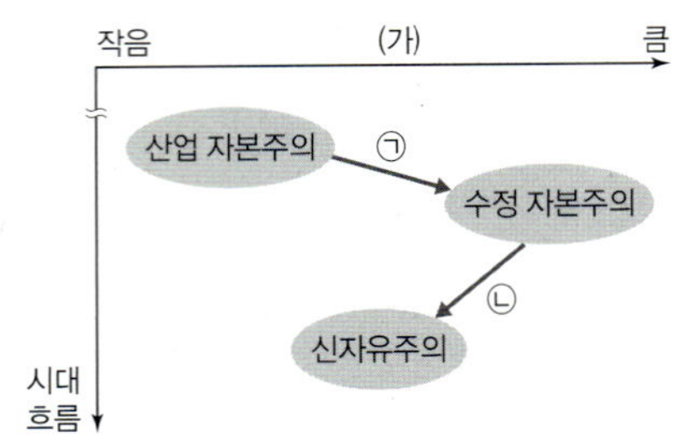

┌──── 보기 ────┐

ㄱ. (가)에는 '정부의 시장 개입 정도와 역할 비중'이 들어갈 수 있다.
ㄴ. ㉠에는 복지 축소, 공기업의 민영화, 규제 완화 등이 해당한다.
ㄷ. ㉡에는 석유 파동과 스태그플레이션 등이 해당한다.
ㄹ. 경제 문제 해결에서 시장 기능에 대한 의존도는 시대 흐름에 따라 꾸준히 증가하였다.

① ㄱ, ㄴ　　② ㄱ, ㄷ　　③ ㄴ, ㄷ
④ ㄴ, ㄹ　　⑤ ㄷ, ㄹ

04 밑줄 친 ㉠~㉤에 대한 설명으로 옳은 것은?

케인스는 ㉠ 대공황의 원인을 유효 수요의 부족으로 보고, 이에 대해 ㉡ 정부의 적극적인 개입을 주장하였다. 이를 케인스의 '총수요 관리 정책'이라고 한다. 하지만 1970년대에 발생한 석유 파동을 계기로 케인스의 총수요 관리 정책은 비난을 받기 시작한다. 즉, 석유 파동 이후 전 세계적으로 ㉢ 물가 상승과 경기 침체가 동시에 나타나는 현상이 발생하였다. 당시 ㉣ 이를 해결하려는 정부 정책이 효과를 보지 못하자 ㉤ 새로운 자본주의가 지지를 받기 시작하였다.

① ㉠은 시장 실패의 결과이다.
② ㉡에 따라 시장경제 원리는 작동하지 않았다.
③ ㉢을 해결하기 위해 뉴딜 정책이 실시되었다.
④ ㉣에 따라 더 큰 정부를 추구하였다.
⑤ ㉤에서는 시장의 자율성 축소를 주장한다.

05 그림은 질문 (가)~(다)를 통해 산업 자본주의와 수정 자본주의를 비교한 것이다. 이에 대한 옳은 설명만을 〈보기〉에서 고른 것은?

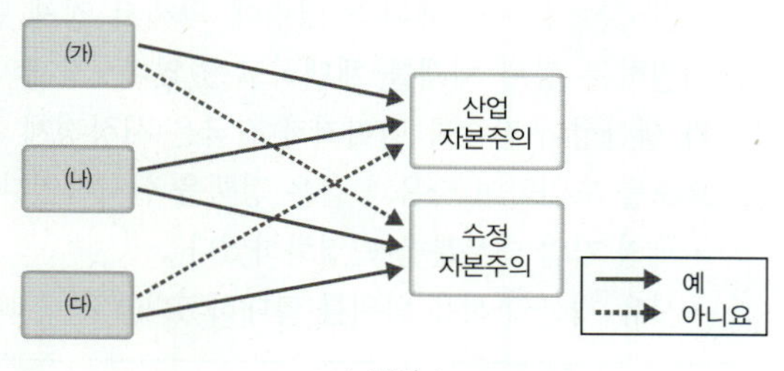

─ 보기 ─

ㄱ. (가)에는 '최소의 정부가 최선의 정부라는 입장을 취하는가?'가 들어갈 수 있다.
ㄴ. (나)에는 '보이지 않는 손의 역할을 인정하는가?'가 들어갈 수 있다.
ㄷ. (다)에는 '생산 수단의 국·공유화를 강조하는가?'가 들어갈 수 있다.
ㄹ. '국가에 의한 사회 보장 제도의 시행을 강조하는가?'는 (다)가 아닌 (나)에 들어갈 수 있다.

① ㄱ, ㄴ ② ㄱ, ㄷ ③ ㄴ, ㄷ
④ ㄴ, ㄹ ⑤ ㄷ, ㄹ

07 (가), (나)에 대한 옳은 설명만을 〈보기〉에서 고른 것은?

(가) 정부의 시장 개입에도 불구하고 스태그플레이션이라는 새로운 형태의 경기 침체는 해결되지 않았으며, 복지 과잉에 따른 근로 의욕 저하 등과 같은 비효율성 문제는 더욱 심화되었다.

(나) 과잉 생산의 영향으로 주가가 폭락하면서 20세기 초 대공황이 시작되었다. 주가 폭락은 지속되었고, 기업의 도산과 대량 실업이 이어졌으며, 국가 경제의 전체적인 침체가 지속되었다.

─ 보기 ─

ㄱ. (가)는 정부의 시장 개입에 따른 부작용에 해당한다.
ㄴ. (가)로 인해 등장한 자본주의는 시장 가격의 기능을 중시한다.
ㄷ. (나)로 인해 신자유주의가 등장하였다.
ㄹ. (나)로 인해 등장한 자본주의는 자유방임주의를 강조한다.

① ㄱ, ㄴ ② ㄱ, ㄷ ③ ㄴ, ㄷ
④ ㄴ, ㄹ ⑤ ㄷ, ㄹ

06 그림의 A, B는 각각 수정 자본주의와 신자유주의 중 하나이다. 이에 대한 설명으로 옳은 것은?

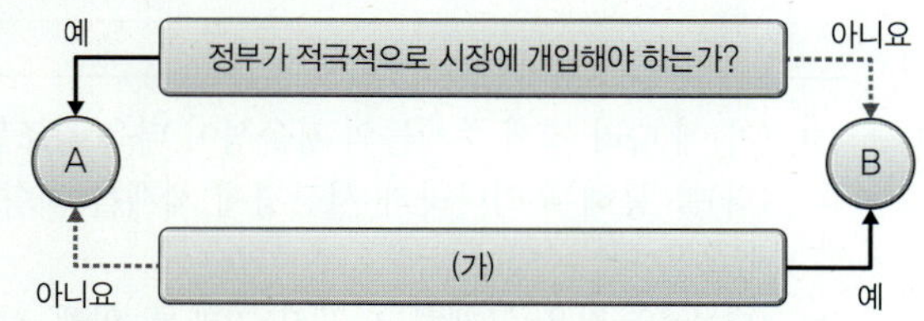

① A는 시장 실패에 대한 대응으로 등장하였다.
② A는 큰 정부보다 작은 정부를 지향할 것을 주장한다.
③ B는 '보이지 않는 손'의 역할을 인정하지 않는다.
④ B는 자원 배분에 있어 효율성보다 형평성을 추구한다.
⑤ (가)에는 '복지 정책을 강화해야 하는가?'가 들어갈 수 있다.

08 다음은 자본주의의 전개 과정을 도식화한 것이다. 이에 대한 설명으로 옳은 것은? (단, (가), (나)는 각각 신자유주의, 수정 자본주의 중 하나임.)

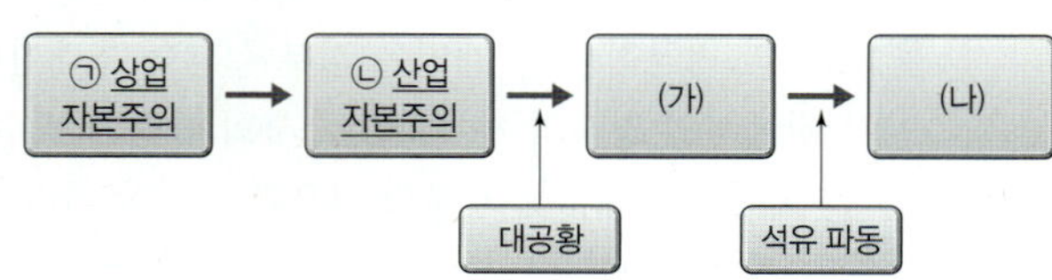

① 산업 혁명은 ㉠의 등장 배경으로 작용하였다.
② ㉠은 ㉡과 달리 '보이지 않는 손'의 역할을 중시하였다.
③ (나)는 공기업의 민영화에 적극적이다.
④ (가)는 (나)와 달리 정부의 시장 개입을 축소해야 한다고 본다.
⑤ (나)는 (가)와 달리 복지 예산의 확대를 추구한다.

09 그림은 1970년대 석유 파동으로 인한 자본주의의 변화를 나타낸 것이다. 이에 대한 옳은 설명만을 〈보기〉에서 고른 것은?

(가) →석유 파동→ (나)

| 보기 |

ㄱ. (가)는 공기업의 민영화, 복지 축소를 추진하였다.
ㄴ. (나)는 스태그플레이션에 대응하는 과정에서 등장하였다.
ㄷ. (나)는 (가)에 비해 정부의 적극적인 역할을 강조하였다.
ㄹ. (가)는 시장 실패, (나)는 정부 실패에 대한 대응을 강조하였다.

① ㄱ, ㄴ 　② ㄱ, ㄷ 　③ ㄴ, ㄷ
④ ㄴ, ㄹ 　⑤ ㄷ, ㄹ

10 경제학자 갑, 을의 입장에 대한 설명으로 옳은 것은? (단, 갑, 을은 각각 수정 자본주의, 신자유주의 중 하나를 주장함.)

갑: 대공황과 같은 경기가 침체된 상황에서는 정부가 시장에 적극적으로 개입하여 일자리를 창출하고 소비를 증진시켜야 한다.
을: 정부의 적극적 시장 개입은 정부 실패를 초래한다. 시장에서의 경쟁의 자유야말로 사회 발전의 필수적인 요소이기 때문에 시장의 자유를 지켜야 한다.

① 갑은 공기업 민영화와 복지 정책의 축소를 주장한다.
② 갑은 자유 시장경제를 부정하고 계획경제를 주장한다.
③ 을은 큰 정부보다 작은 정부를 지향할 것을 주장한다.
④ 을은 개인이 재산을 자유롭게 소유할 수 있음을 부정한다.
⑤ 갑은 을과 달리 '보이지 않는 손'의 원리를 인정한다.

11 밑줄 친 '정책'으로 인해 갑국 경제에 나타날 변화에 대한 추론으로 가장 적절한 것은?

갑국은 정부의 계획과 명령에 의해서 경제 문제를 해결하는 경제 체제를 채택하고 있었다. 경제의 활력과 생산성이 갈수록 떨어지자 갑국은 시장경제 체제의 요소를 도입하여 다음과 같은 정책을 실시하였다.
• 국영 기업 대부분을 민영화하였다.
• 사유 재산의 허용 범위를 확대하였다.

① 기업 간 경쟁이 줄어들 것이다.
② 개인의 경제적 자율성이 약화될 것이다.
③ '보이지 않는 손'의 기능이 강화될 것이다.
④ 자원의 희소성으로 인한 문제가 사라질 것이다.
⑤ 민간 경제 주체의 사익 추구가 불가능해질 것이다.

12 다음은 우리나라 헌법 조항의 일부이다. (가), (나)에 대한 옳은 설명만을 〈보기〉에서 고른 것은?

(가)	(나)
• 모든 국민의 재산권은 보장된다. • 대한민국의 경제 질서는 개인과 기업의 경제상의 자유와 창의를 존중함을 기본으로 한다.	• 국가는 균형 있는 국민 경제의 성장 및 안정과 적정한 소득의 분배를 유지하고, 시장의 지배와 경제력의 남용을 방지하며, 경제 주체 간의 조화를 통한 경제의 민주화를 위하여 경제에 관한 규제와 조정을 할 수 있다.

| 보기 |

ㄱ. (가)에 따라 경제 주체들의 자율성이 더욱 강조된다.
ㄴ. (나)를 통해 우리나라가 시장경제 체제를 지향하고 있음을 알 수 있다.
ㄷ. (나)는 독점을 규제하고 공정 거래를 위해 정부가 시장에 개입하는 정책을 정당화한다.
ㄹ. (가), (나)를 종합해 볼 때, 우리나라 경제활동의 목표는 분배의 형평성을 극대화하는 것이다.

① ㄱ, ㄴ 　② ㄱ, ㄷ 　③ ㄴ, ㄷ
④ ㄴ, ㄹ 　⑤ ㄷ, ㄹ

13 (가), (나)에 대한 설명으로 옳은 것은?

> (가) 2008년 말, 미국은 주택 가격 하락에 따른 금융 위기로 많은 은행과 보험 회사가 파산 위기에 처하였다. 이에 미국 정부는 약 7,000억 달러를 지원함으로써 여러 은행과 보험 회사의 파산을 막기 위해 노력하였다. 사기업의 존폐 문제에 정부가 개입하는 것이 미국의 기존 경제 체제와는 맞지 않았지만, 파산으로 인해 생겨날 더 큰 문제를 막기 위해 정부가 나선 것이다.
>
> (나) 중국은 20세기 중반에 계획경제 체제의 틀을 마련하면서 공장 대부분을 국가가 소유하여 운영하고, 생산 품목이나 생산량을 정부가 계획 및 통제하였다. 그러나 1978년 개혁·개방 정책을 실시한 이후 연평균 9.5% 성장을 지속하고 있으며, 세계 무역 기구(WTO) 가입 이후에는 세계 최대 교역국으로 도약하고 있다. 그러나 여전히 핵심 기업과 금융 기관의 국유화를 유지하고 이들 기업의 경영에 적극적으로 개입하는 등 정부에 의한 계획과 통제라는 큰 틀은 유지하고 있다.

① (가)는 계획경제에 기반을 두고 시장경제의 장점을 도입하였다.
② (나)는 시장경제에 기반을 두고 계획경제의 장점을 도입하였다.
③ (가)의 경제 체제에서는 자원 배분이 정부의 계획과 명령에 따라 이루어진다.
④ (나)의 경제 체제에서는 경제 주체의 창의성이 극대화될 것으로 예상된다.
⑤ (가), (나) 모두 시장경제와 계획경제의 모습이 혼합되어 있다.

14 표는 A~C의 특징을 비교한 것이다. 이에 대한 설명으로 가장 적절한 것은? (단, A~C는 각각 시장경제 체제, 계획경제 체제, 혼합 경제 체제 중 하나임.)

비교 기준	비교 결과
자원 배분이 가격 기구에 의해 결정되는 정도	B > C > A
(가)	A > C > B

① A는 생산 수단의 사적 소유를 기반으로 한다.
② B에서는 개인의 이기심에 따른 이익 추구가 보장된다.
③ A에 비해 C는 분배 과정에서 형평성을 중시한다.
④ B와 달리 A에서는 급격한 경기 변동이 나타난다.
⑤ (가)에는 '시장 실패가 나타날 가능성'이 적절하다.

15 다음 자료에 대한 설명으로 옳은 것은? (단, A, B는 각각 계획경제 체제, 시장경제 체제 중 하나임.)

> 표는 경제 체제 A, B를 비교하여 〈기준 1〉에 따르면 상대적으로 강함(높음)으로 평가되는 경제 체제를, 〈기준 2〉에 따르면 상대적으로 약함(낮음)으로 평가되는 경제 체제를 나타낸 것이다.
>
> | 〈기준 1〉 | 해당하는 경제 체제 | 〈기준 2〉 |
> | --- | --- | --- |
> | (가) | A | 생산 수단의 국유화 정도 |
> | (나) | B | (다) |

① A는 B와 달리 기본적인 경제 문제에 직면한다.
② B는 A와 달리 자유 경쟁의 원리를 강조한다.
③ (가)에는 '급격한 경기 변동 가능성'이 들어갈 수 있다.
④ (나)에는 '자원 배분의 효율성'이 들어갈 수 있다.
⑤ (다)에는 '경제활동의 자유 제한 정도'가 들어갈 수 있다.

16 다음 자료에 대한 옳은 설명만을 〈보기〉에서 고른 것은? (단, A, B는 각각 계획경제 체제, 시장경제 체제 중 하나임.)

| 보기 |

ㄱ. ㉠은 '정'이다.
ㄴ. (가)에는 'A는 작은 정부를 최선의 정부라고 봅니다.'가 들어갈 수 있다.
ㄷ. B는 시장 가격에 의한 자원 배분 기능을 신뢰한다.
ㄹ. B에서는 A와 달리 기본적인 경제 문제가 나타나지 않는다.

① ㄱ, ㄴ　　　② ㄱ, ㄷ　　　③ ㄴ, ㄷ
④ ㄴ, ㄹ　　　⑤ ㄷ, ㄹ

02 합리적 선택과 경제 주체의 역할

주제 1 합리적 선택과 시장 실패 ★★★

1 합리적 선택

(1) 의미 → 선택을 함으로써 치르게 되는 돈, 시간 등의 대가 → 경제적 선택을 함으로써 얻게 되는 이익이나 만족감

① 최소의 비용으로 최대의 편익을 얻을 수 있는 선택

② 편익이 일정할 경우: 비용을 최소화하는 선택

③ 비용이 일정할 경우: 편익을 최대화하는 선택

(2) 발생 이유: 인간의 욕구에 비해 이를 충족해 줄 자원의 양이 상대적으로 부족함 → 자원의 희소성

(3) 기회비용과 매몰 비용

① 기회비용 자료1

• 의미: 어떤 선택을 함으로써 포기하게 되는 대안 중 가장 가치가 큰 것

• 구성: 명시적 비용 + 암묵적 비용

명시적 비용	선택에 따라 직접적으로 지불해야 하는 비용 → 회계적 비용이라고도 함
암묵적 비용	직접 지불한 비용은 아니지만 선택으로 포기한 다른 대안의 가치

• 합리적 선택을 위해서는 편익이 기회비용보다 더 큰 것을 선택해야 함

② 매몰 비용

• 의미: 이미 지출되어 회수할 수 없는 비용

• 특징: 매몰 비용은 어떤 선택을 하더라도 회수할 수 없으므로 합리적 선택을 위해서는 매몰 비용을 고려해서는 안 됨

2 시장 실패

(1) 의미: 경제 주체들은 합리적으로 선택하였으나, 시장이 자원을 효율적으로 배분하지 못하는 상태 → 합리적 선택의 한계

(2) 유형

① 독과점 문제 → 과점 기업들이 시장에서의 경쟁을 제한하고 새로운 경쟁 기업의 진입을 저지하기 위해 상품의 가격, 생산량 등을 공동으로 결정하는 행위

• 독과점: 독점은 시장에 상품을 공급하는 기업이 하나인 경우, 과점은 시장에 상품을 공급하는 기업이 담합을 할 수 있을 정도로 소수인 경우

• 문제점: 공급자가 재화나 서비스의 가격과 생산량을 임의로 결정 → 소비자는 시장 가격보다 높은 가격을 주고 재화나 서비스를 구매하는 등 자원의 비효율적 배분 발생 → 공급자는 생산량을 줄이고 가격을 올려 이윤을 극대화하고자 함

② 공공재 공급 부족

• 공공재: 국방, 치안 등 다수의 사람이 공동으로 사용하는 재화나 서비스

• 문제점: 공공재는 비용을 지불하지 않아도 누구나 소비가 가능하기 때문에 수익성이 낮아 사회적으로 필요한 만큼 시장에서 충분히 공급되지 못함 → 소비자의 무임승차 문제 발생

③ 외부 효과의 발생

• 외부 효과: 어떤 경제활동이 다른 경제 주체에게 의도하지 않은 이익이나 피해를 주는데도 이에 대해 아무런 경제적 대가를 받거나 치르지 않는 것

• 문제점: 자원의 비효율적 배분 발생

긍정적 외부 효과	사회적 최적 수준보다 적게 생산되거나 소비됨
부정적 외부 효과	사회적 최적 수준보다 많이 생산되거나 소비됨

개념 더하기

✕ 희귀성과 희소성

희귀성은 사람들의 욕구와는 상관없이 자원의 양이 절대적으로 적은 것을 의미하고, 희소성은 사람들의 욕구에 비해 자원의 존재량이 상대적으로 적은 것을 의미한다. 아무리 희귀한 것이라 할지라도 사람들이 원하지 않으면 희소한 것이 될 수 없고, 반대로 아무리 존재량이 많아도 사람들이 원하는 양이 그보다 훨씬 많다면 희소한 것이 된다.

✕ 공공재의 특성

• 비경합성: 한 사람의 소비가 다른 사람의 소비를 감소시키지 않아 그 재화를 얻기 위해 경쟁할 필요가 없는 성질

• 비배제성: 대가를 지불하지 않은 사람들의 소비를 배제시킬 수 없는 성질

✕ 외부 효과의 유형

외부 경제 (긍정적 외부 효과)	어떤 경제 주체의 경제활동이 다른 경제 주체에게 의도하지 않은 이익을 주고도 아무런 경제적 대가를 받지 않는 경우
외부 불경제 (부정적 외부 효과)	어떤 경제 주체의 경제활동이 다른 경제 주체에게 의도하지 않은 손해를 주고도 아무런 경제적 대가를 치르지 않는 경우

1 정부의 역할과 책임 [자료 2]

(1) **불공정 거래 행위 규제**: 독과점의 횡포와 불공정한 거래 규제, 공정한 경쟁을 위한 법과 제도 마련 **예** 「독점 규제 및 공정 거래에 관한 법률」, 공정 거래 위원회, 한국 소비자원 등

(2) **외부 효과 개선**: 정부가 경제적 유인이나 규제를 통해 사회적 최적 수준의 생산과 소비 유도 **예** 세금 감면이나 보조금 지급, 과징금 및 세금 부과 등
→ 환경 오염과 같은 부정적 외부 효과에는 부정적 유인 제공

(3) **공공재 생산**: 정부가 직접 생산 및 공급 **예** 국방, 치안 등
→ 신기술 개발과 같은 긍정적 외부 효과에는 긍정적 유인 제공

(4) **소득 불균형 완화**: 소득 재분배 정책 시행 **예** 사회 보장 제도, 누진세 등

2 기업의 역할과 책임

(1) **재화와 서비스 생산**: 소비자의 수요 충족, 일자리 창출과 국민 소득 증대 등

(2) **기업가 정신**: 이윤 극대화를 추구하는 과정에서 위험과 불확실성을 감수하고 새로운 도전을 추구하는 기업가의 의지 → 새로운 상품과 기술 개발, 새로운 시장 개척, 경영 조직의 혁신 등을 통해 기업의 생산성을 향상시키고, 경제 발전에 기여함

(3) **기업의 사회적 책임**: 건전한 이윤 추구와 함께 생산 및 유통 과정에서 기업 윤리 준수, 환경 보호, 소비자와 노동자의 권익 존중 등을 통해 지속가능발전에 기여하기 위해 노력함

3 노동자의 역할과 책임

(1) **노동력 제공**: 기업에 노동을 제공하여 생산 활동에 참여
→ 자신의 업무를 성실히 수행하고, 생산성 향상을 위해 노력해야 함

(2) **노동자의 권리 보장**: 노동 3권 보장, 「근로 기준법」 제정, 최저 임금제 시행 등

(3) **사용자와 상생 관계 형성**: 공동의 이익을 달성하기 위해 사용자와 협력 관계 유지
→ 단결권, 단체 교섭권, 단체 행동권

4 소비자의 역할과 책임

(1) **합리적 소비**: 비용과 편익을 고려하여 소비함 → 시장경제를 원활하게 작동시키는 원동력

(2) **소비자 주권**: 소비자가 생산의 문제를 결정할 수 있는 최종적 권한을 가지고 있는 것

(3) **윤리적 소비**: 상품이 만들어지는 과정이 자신의 소비와 연결되어 있다는 것을 인식하고 생명, 인권, 동물, 환경, 공동체를 배려하여 소비하는 것 → 자신의 소비가 사회에 미치는 영향을 고려한 소비

개념 더하기

지속가능발전
미래 세대가 자신들의 필요를 충족시킬 수 있는 능력을 저해하지 않으면서 현세대의 필요를 충족시키는 발전을 말한다.

기업의 재화와 서비스 생산
기업은 토지, 노동, 자본 등의 생산 요소를 구입하여 재화와 서비스를 생산한다. 이때 기업은 최소의 비용으로 생산 요소를 구입하여 최대의 생산을 이끌어 냄으로써 이윤을 창출한다.

노동 3권(근로 3권)

단결권	노동자들이 근로 조건을 개선하기 위해 노동조합을 결성할 수 있는 권리
단체 교섭권	노동조합을 통해 사용자와 교섭할 수 있는 권리
단체 행동권	노사 분쟁이 발생할 경우 단체 행동을 할 수 있는 권리

윤리적 소비
단순히 가격과 효용만을 비교하는 것이 아니라 사회적 책임을 다하지 않는 기업에 대한 불매 운동, 친환경적인 제품이나 공정 무역 제품을 구입하려는 태도 등이 윤리적 소비에 해당한다.

자료 더하기 

자료 1
기회비용과 합리적 선택

갑은 편의점에서 아르바이트를 하며 1시간당 1만 원을 받고 있다. 내일 친구들이 놀이공원에 가자고 하였는데, 아르바이트 시간과 겹쳐 둘 중 하나를 선택해야 하는 상황이다. 놀이공원에 가려면 아르바이트를 3시간 빠져야 하고, 놀이공원 입장료는 2만 원이다. 만약 갑이 친구들과 놀이공원에 놀러 가기로 하였다면, 놀이공원을 통해 어느 정도의 편익을 얻어야 합리적 선택이라고 할 수 있을까?

→ 놀이공원에서 놀기 위해 지불해야 하는 돈은 2만 원으로, 이는 놀이공원을 선택할 때의 명시적 비용에 해당한다. 놀이공원에서 3시간 놀기 위해 포기해야 하는 가치는 아르바이트를 3시간 하여 벌 수 있는 돈인 3만 원으로, 이는 놀이공원을 선택할 때의 암묵적 비용에 해당한다. 즉, 놀이공원을 선택할 때의 기회비용은 5만 원(= 2만 원 + 3만 원)이다. 놀이공원을 선택한 것이 합리적 선택이 되려면 놀이공원을 선택할 때의 편익이 기회비용인 5만 원보다 커야 한다.

자료 2
지속가능발전을 위한 경제 주체의 노력

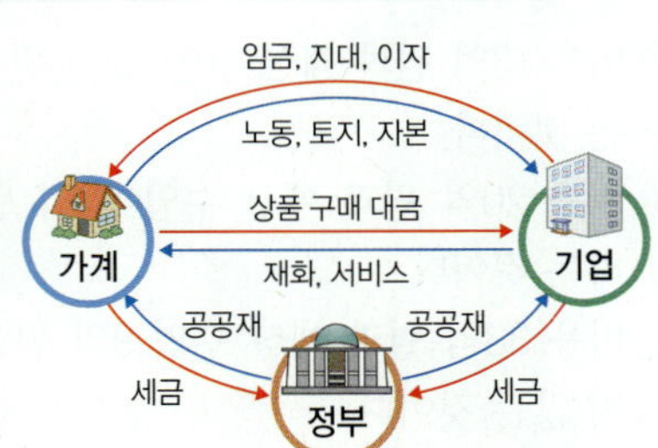

→ 시장경제는 가계, 기업, 정부의 경제활동을 바탕으로 운영된다. 가계는 기업에 생산 요소인 노동, 토지, 자본을 제공한 대가로 받은 돈으로 상품을 구매하고, 기업은 가계가 제공한 생산 요소를 구매하여 이를 활용하여 재화와 서비스를 생산한다. 정부는 가계와 기업이 납부한 세금으로 공공재를 생산한다. 따라서 각 경제 주체는 자신의 선택이 사회 전체에 미치는 영향을 고려하여 경제활동을 할 필요가 있다. 특히 오늘날에는 지속가능발전이 강조되면서 지속가능한 생산과 소비 방법을 선택하고, 생태계의 수용 능력을 고려하여 환경을 보전하면서 경제 발전을 추구하려는 경제 주체들의 노력이 요구되고 있다.

★★★

주제 1 합리적 선택과 시장 실패

01 다음 사례에 나타난 고민들의 공통된 원인으로 가장 적절한 것은?

> • 정부는 복지 분야와 연구 개발 분야 중 어디에 예산을 중점적으로 투입할지 고민하고 있다.
> • ○○ 기업은 소비자들이 선호하는 재화를 생산하기 위해 어떤 분야에 투자를 집중해야 할지 고민하고 있다.
> • 갑은 이번 달에 받은 월급으로 어떤 재화와 서비스를 구매해야 할지 고민하고 있다.

① 인간의 욕망이 유한하기 때문이다.
② 선택의 기회가 무한하기 때문이다.
③ 이윤의 극대화를 추구해야 하기 때문이다.
④ 사용할 수 있는 자원의 양이 희소하기 때문이다.
⑤ 효율성과 형평성을 함께 고려해야 하기 때문이다.

02 합리적 선택에 대한 옳은 설명만을 〈보기〉에서 고른 것은?

> ┤ 보기 ├
> ㄱ. 매몰 비용을 최대한 고려해야 한다.
> ㄴ. 편익보다 기회비용이 큰 선택을 한다.
> ㄷ. 최소 비용으로 최대 편익을 얻을 수 있는 선택을 한다.
> ㄹ. 명시적 비용과 암묵적 비용을 합친 기회비용을 고려해야 한다.

① ㄱ, ㄴ   ② ㄱ, ㄷ   ③ ㄴ, ㄷ
④ ㄴ, ㄹ   ⑤ ㄷ, ㄹ

03 다음 상황에서 갑이 축구를 보기로 결심하였다면, 축구 경기가 갑에게 주는 최소한의 편익으로 옳은 것은?

> 갑은 아르바이트를 하면서 한 시간당 15,000원을 받고 있다. 그런데 오늘 저녁에 친구들이 축구 경기를 보러 가자고 하는데, 아르바이트와 시간이 겹쳐서 둘 중 하나를 선택해야 하는 상황이다. 축구 경기 관람 비용은 13,000원이며, 축구 경기를 보기 위해서는 아르바이트를 2시간 빠져야 한다.

① 15,000원 초과   ② 28,000원 초과
③ 30,000원 초과   ④ 41,000원 초과
⑤ 43,000원 초과

04 다음 대화에 대한 옳은 설명만을 〈보기〉에서 고른 것은? (단, 갑~병은 모두 합리적 선택을 함.)

> 갑: 나는 매점에서 빵을 2,000원에 구입했어.
> 을: 나는 빵값 2,000원이 비싸다고 생각하여 빵을 구입하지 않고 1,000원짜리 우유를 구입했어.
> 병: 나는 빵과 우유를 모두 구입하여 정말 맛있게 잘 먹었어.

> ┤ 보기 ├
> ㄱ. 갑에게 빵의 편익은 2,000원을 넘지 않는다.
> ㄴ. 을에게 우유의 편익은 1,000원을 초과한다.
> ㄷ. 을에게 빵의 편익은 1,000원 이상 2,000원 미만이다.
> ㄹ. 병에게 빵의 편익은 2,000원을 초과한다.

① ㄱ, ㄴ   ② ㄱ, ㄷ   ③ ㄴ, ㄷ
④ ㄴ, ㄹ   ⑤ ㄷ, ㄹ

05 (가)에 들어갈 내용으로 가장 적절한 것은?

> A 기업은 현재까지 획기적인 드론 비행 관련 기술에 대한 개발 비용으로 20억 원을 지출하였으며, 이 비용은 회수가 불가능한 상태이다. 앞으로 드론 비행 관련 기술이 상품화되기까지 현재 시점부터 13억 원이 더 소요될 것으로 예상되며, 상품화될 경우 22억 원의 수입이 예상된다. 따라서 A 기업의 합리적 선택은 현 시점에서 [(가)]

① 비용 7억 원과 예상 수입 22억 원을 고려하여 투자하는 것이다.
② 비용 13억 원과 예상 수입 22억 원을 고려하여 투자하는 것이다.
③ 비용 20억 원과 예상 수입 22억 원을 고려하여 투자하는 것이다.
④ 비용 33억 원과 예상 수입 9억 원을 고려하여 투자하지 않는 것이다.
⑤ 비용 22억 원과 예상 수입 33억 원을 고려하여 투자하지 않는 것이다.

06 다음 사례에 대한 옳은 설명만을 〈보기〉에서 있는 대로 고른 것은?

> 고등학교를 졸업할 예정인 갑은 A 대학교에 합격한 동시에 B 기업의 입사 시험에도 합격하였다. 갑은 A 대학교 입학과 B 기업 입사 중 하나를 선택해야 하는 상황이다. A 대학교에 진학할 경우 월 100만 원의 학비가 필요하고, B 기업에 입사할 경우 월 200만 원의 소득을 올릴 수 있다.

―― 보기 ――

ㄱ. A 대학교 진학을 선택할 경우 기회비용은 월 300만 원이다.
ㄴ. A 대학교 진학을 선택할 경우 암묵적 비용은 월 100만 원이다.
ㄷ. A 대학교 진학을 선택할 경우 명시적 비용은 월 200만 원이다.
ㄹ. A 대학교 진학이 합리적 선택이 되기 위해서는 A 대학교 진학의 편익이 월 300만 원보다 커야 한다.

① ㄱ, ㄴ ② ㄱ, ㄹ ③ ㄴ, ㄷ
④ ㄱ, ㄷ, ㄹ ⑤ ㄴ, ㄷ, ㄹ

07 그림의 (가)에 들어갈 말로 적절하지 <u>않은</u> 것은?

① 외부 효과가 있어.
② 독점의 발생이 있어.
③ 과점 기업의 담합이 있어.
④ 공공재의 공급 부족이 있어.
⑤ 공기업의 방만한 경영이 있어.

08 (가)에 들어갈 용어에 대한 설명으로 옳은 것은?

> 만약 거리에 가로등이 없다면 우리 모두가 불편함을 겪을 것이다. 그런데 가로등이 고장 난다면, 누가 수리할까? 아마 아무도 나서지 않을 것이다. 자신의 돈을 들여 가로등을 수리하더라도 자신뿐만 아니라 다른 사람들 또한 그 혜택을 누릴 수 있기 때문이다. 이러한 가로등과 같이 다수의 사람이 공동으로 사용하는 재화나 서비스를 (가) (이)라고 한다.

① 일부 구성원만 소비 혜택을 누릴 수 있다.
② 사회에서 요구되는 양에 비해 과다 생산된다.
③ 이윤을 추구하는 기업에 의해 충분히 공급된다.
④ 한 사람의 소비가 다른 사람의 소비를 제한한다.
⑤ 비용을 지불하지 않은 사람의 소비를 막을 수 없다.

09 다음과 같은 상황에 대해 옳게 진술한 학생만을 〈보기〉에서 고른 것은?

> 만약 하나의 기업에서만 생산할 수 있는 상품이 있다면 어떤 일이 벌어질까? 그 기업은 해당 상품을 몇 개 생산하고 얼마에 판매할까? 기업은 이윤을 추구하는 집단이므로 그 기업이 합리적 선택을 추구한다면 다양한 기업들과의 경쟁이 존재할 때에 비해 공급량은 줄이고 판매 가격은 더 올려 이윤의 극대화를 추구할 것이다.

―― 보기 ――

갑: 시장 실패인 독점 시장의 발생에 해당합니다.
을: 독점으로 인해 자원이 효율적으로 배분되고 있습니다.
병: 비싼 가격 때문에 재화를 사용하지 못하는 소비자가 나타날 수 있습니다.
정: 비싼 가격에 판매되므로 경쟁 상황에 비해 소비자의 이익은 증가합니다.

① 갑, 을 ② 갑, 병 ③ 을, 병
④ 을, 정 ⑤ 병, 정

10 (가), (나) 사례에 대한 옳은 설명만을 〈보기〉에서 고른 것은?

> (가) ○○ 기업은 제품을 생산하는 과정에서 의도하지 않게 폐수를 방류하여 주변 하천이 오염되었다. 이로 인해 공장 주변 주민들 중에 피부 질환을 호소하는 사람들이 증가하였다.
> (나) 어떤 집에서 밤 늦은 시간에 귀가하는 자신의 가족을 위해 집 밖으로 등을 설치하였다. 그 덕분에 어둡던 골목길이 환해졌고, 사람들은 밤에 골목길을 안전히 다닐 수 있게 되었다.

> ──┤ 보기 ├──
> ㄱ. (가)는 외부 효과, (나)는 공공재 부족에 해당한다.
> ㄴ. (가)는 (나)와 달리 사회적 최적 수준에 비해 많이 생산된다.
> ㄷ. (나)에서는 (가)와 달리 자원이 효율적으로 배분되고 있다.
> ㄹ. (가)와 (나)는 모두 시장 실패에 해당한다.

① ㄱ, ㄴ   ② ㄱ, ㄷ   ③ ㄴ, ㄷ
④ ㄴ, ㄹ   ⑤ ㄷ, ㄹ

---

11 다음은 「독점 규제 및 공정 거래에 관한 법률」의 일부 조항이다. 이를 통해 정부가 추구하고자 하는 목적으로 가장 적절한 것은?

> 제40조 ① 사업자는 계약·협정·결의 또는 그 밖의 어떠한 방법으로도 다른 사업자와 공동으로 부당하게 경쟁을 제한하는 다음 각 호의 어느 하나에 해당하는 행위를 할 것을 합의하거나 다른 사업자로 하여금 이를 하도록 하여서는 아니 된다.
> 　1. 가격을 결정·유지 또는 변경하는 행위
> 　4. 거래 지역 또는 거래 상대방을 제한하는 행위

① 경기 부양   ② 소득 재분배
③ 정부 실패 개선   ④ 공공재 부족 문제 해결
⑤ 불공정 거래 행위 규제

---

12 지속가능발전을 위한 정부의 바람직한 역할만을 〈보기〉에서 고른 것은?

> ──┤ 보기 ├──
> ㄱ. 이윤 창출을 위해 공공재를 생산하여 공급한다.
> ㄴ. 경제적 유인 정책을 통해 사회적 최적 수준의 생산을 유도한다.
> ㄷ. 경제 주체의 자유로운 경제활동을 위해 시장에 직접 개입하지 않는다.
> ㄹ. 소득 불균형을 완화하기 위해 누진세와 같은 소득 재분배 정책을 실시한다.

① ㄱ, ㄴ   ② ㄱ, ㄷ   ③ ㄴ, ㄷ
④ ㄴ, ㄹ   ⑤ ㄷ, ㄹ

---

13 교사의 질문에 대한 학생의 답변으로 옳지 <u>않은</u> 것은?

① 갑: 소득의 범위에서 소비해야 합니다.
② 을: 사회 규범을 준수하며 소비해야 합니다.
③ 병: 비용이 편익보다 크도록 소비해야 합니다.
④ 정: 지역 사회에 이바지할 수 있는 상품을 소비해야 합니다.
⑤ 무: 윤리적인 가치 판단에 따라 올바른 선택을 실천하는 소비를 해야 합니다.

---

14 다음 사례를 통해 알 수 있는 기업의 역할로 가장 적절한 것은?

> **○○ 신 문**   ○○월 ○○일
>
> 창립 50주년을 맞은 □□ 철강이 친환경 녹색 제련소 구현에 더욱 박차를 가하겠다는 의지를 드러냈다. □□ 철강은 1990년대부터 제련 과정에서 발생하는 폐기물을 재활용하는 방안을 모색해 왔으며, 현재까지 신재생에너지의 사용을 통한 온실가스 감축 등 탄소중립 실현을 위한 노력이 이어지고 있다.

① 사익보다 공익 추구에 힘써야 한다.
② 효율성 증대를 위해 최선을 다해야 한다.
③ 기업의 사회적 책무를 신경 쓸 필요가 없다.
④ 이윤 추구 과정이 지속가능발전에 기여해야 한다.
⑤ 효율성을 높이기 위해 기업의 의사 결정 과정에 노동자를 배제해야 한다.

서술형 문제

15 다음 사례를 통해 추론할 수 있는 적절한 내용만을 〈보기〉에서 고른 것은?

> 세계적인 스포츠용품 회사인 A사의 운동화가 제3세계 어린이들의 노동력을 이용하여 생산되었다는 사실이 알려진 이후, A사 제품에 대한 불매 운동이 전 세계적으로 퍼지고 있다. A사는 아동 노동을 이용하였지만 규정된 임금을 지급하였다며 억울하다는 입장을 표명하였다. A사 제품이 타사 제품에 비해 가격이 저렴하고 품질은 우수하였지만, 많은 소비자들은 불매 운동에 동참하였다. 결국 A사는 아동 노동을 통해 제품을 생산하지 않겠다고 공개적으로 선언하였다.

---- 보기 ----

ㄱ. 소비자 주권이 기업에 영향을 미치고 있다.
ㄴ. 혁신과 발전을 위한 기업가 정신이 요구되고 있다.
ㄷ. 윤리적 소비에 대한 소비자의 관심이 증가하고 있다.
ㄹ. 노동자 권리 보호를 위해 정당한 대가 지급의 필요성이 요구되고 있다.

① ㄱ, ㄴ   ② ㄱ, ㄷ   ③ ㄴ, ㄷ
④ ㄴ, ㄹ   ⑤ ㄷ, ㄹ

16 다음과 같은 권리를 헌법에 규정하여 보장하는 공통적인 목적으로 가장 적절한 것은?

> • 단결권 : 노동자들이 근로 조건을 개선하기 위해 노동조합을 결성할 수 있는 권리
> • 단체 교섭권 : 노동조합을 통해 사용자와 교섭할 수 있는 권리
> • 단체 행동권 : 노사 분쟁이 발생한 경우 단체 행동을 할 수 있는 권리

① 노동자의 자아실현을 위해
② 노동력의 질적 향상을 위해
③ 노동자의 권익을 보장하기 위해
④ 노동자의 생활 안정을 이루기 위해
⑤ 사용자와의 원만한 관계 유지를 위해

17 다음 자료를 보고 물음에 답하시오.

> 회사원인 갑은 회사를 그만두고 음식점을 운영할 계획이다. 시장 조사 결과, 음식점을 운영할 경우 1년에 9,000만 원의 매출을 올릴 수 있으며, 인건비 및 재료비 등으로 1년에 3,000만 원이 소요되는 것으로 나타났다. 현재 갑은 회사에서 연 5,000만 원을 벌고 있다.

(1) 음식점 운영을 선택할 때의 명시적 비용과 암묵적 비용을 쓰시오. (단, 기간은 1년임.)

(2) 갑에게 합리적 선택은 무엇인지 편익과 비용 측면에서 서술하시오.

18 다음 자료를 보고 물음에 답하시오.

> 아파트 화장실 및 베란다에서의 흡연으로 인해 입주 가구의 90%가 간접 흡연의 피해를 입는 것으로 나타났다. 우리나라의 가장 대표적인 주거 형태인 아파트에서 국민들이 간접 흡연의 피해에 노출되어 있는 것이다. 정부는 아파트 내 흡연에 따른 피해를 예방하기 위한 대책을 마련하고 있다.

(1) 윗글에 나타난 시장 실패의 유형을 쓰시오.

(2) 윗글에 나타난 문제점을 해결하기 위한 정부의 바람직한 역할을 두 가지 이상 서술하시오.

01 다음 상황에 대한 옳은 설명만을 〈보기〉에서 고른 것은?

> 갑은 저녁 식사를 하기 위해 식당을 찾았다. 식당에는 A, B 2개의 메뉴가 있었으며, 두 메뉴의 가격은 각각 8,000원이었다. 갑은 A, B를 먹음으로써 느끼게 되는 만족감을 수치화해 보았는데, A는 9,000원, B는 10,000원으로 계산되었다.

보기
> ㄱ. 갑은 A를 선택하는 것이 합리적이다.
> ㄴ. A 선택에 따른 기회비용은 10,000원이다.
> ㄷ. A 선택에 따른 암묵적 비용은 B 선택에 따른 편익보다 크다.
> ㄹ. A 선택에 따른 명시적 비용과 B 선택에 따른 명시적 비용은 같다.

① ㄱ, ㄴ ② ㄱ, ㄷ ③ ㄴ, ㄷ
④ ㄴ, ㄹ ⑤ ㄷ, ㄹ

02 다음 자료에 대한 설명으로 옳은 것은?

> 월 400만 원을 받는 회사원 갑은 현재 직장을 그만두고 커피 전문점을 차릴 것인지를 고민하고 있다. 갑의 커피 전문점 운영에 따른 예상 수입과 운영 비용은 다음과 같다.

수입	월 1,000만 원
운영 비용	월 700만 원(재료비와 임대료 및 기타 비용)

① 커피 전문점 운영에 따른 편익은 월 400만 원이다.
② 갑의 합리적 선택은 커피 전문점을 운영하는 것이다.
③ 커피 전문점 운영에 따른 기회비용은 월 1,100만 원이다.
④ 커피 전문점 운영에 따른 명시적 비용은 월 300만 원이다.
⑤ 커피 전문점 운영에 따른 암묵적 비용은 월 700만 원이다.

03 다음 사례에 대한 옳은 설명만을 〈보기〉에서 고른 것은?

> 갑은 보고 싶었던 뮤지컬을 10만 원을 주고 티켓을 구입하여 관람하였다. 을 또한 뮤지컬을 보고 싶었지만 10만 원이라는 가격 때문에 티켓 구입을 망설였다. 뮤지컬 공연 시작 직전에 티켓 가격이 7만 원으로 내려가자, 을은 티켓을 구입하여 뮤지컬을 관람하였다.

보기
> ㄱ. 을의 선택은 갑과 달리 합리적이다.
> ㄴ. 뮤지컬 관람에 따른 을의 편익은 10만 원보다 크다.
> ㄷ. 뮤지컬 관람에 따른 명시적 비용은 갑이 을보다 크다.
> ㄹ. 뮤지컬 관람에 따른 편익의 최솟값은 갑이 을보다 크다.

① ㄱ, ㄴ ② ㄱ, ㄷ ③ ㄴ, ㄷ
④ ㄴ, ㄹ ⑤ ㄷ, ㄹ

04 교사의 질문에 대한 학생의 답변으로 옳은 것은?

> 표는 갑과 을이 X재와 Y재를 구입할 때 얻을 수 있는 편익을 나타냅니다. X재와 Y재의 가격은 동일하고, 갑과 을은 X재와 Y재 중 하나만 구입할 수 있습니다. 단, 갑과 을이 느끼는 X재와 Y재의 편익은 가격보다 큽니다. 이에 대해 분석한 내용을 발표해 볼까요?

(단위: 원)

구분	갑의 편익	을의 편익
X재	5,000	5,000
Y재	4,000	5,500

① 갑: X재를 구매할 경우 기회비용은 갑과 을이 같습니다.
② 을: X재를 구매할 경우 명시적 비용은 갑이 을보다 큽니다.
③ 병: Y재를 구매할 경우 편익은 갑과 을이 같습니다.
④ 정: Y재를 구매할 경우 암묵적 비용은 을이 갑보다 큽니다.
⑤ 무: 갑은 X재를, 을은 Y재를 구매하는 것이 합리적입니다.

05 밑줄 친 ㉠~㉣에 대한 옳은 분석만을 〈보기〉에서 고른 것은? (단, 수강료는 환불되지 않으며, 다른 조건은 고려하지 않음.)

> 갑은 한정판 '아이돌 포토 카드' 판매 시간과 요가 수업 시간이 겹치자 둘 중 무엇을 선택할 것인지 고민하였다. '아이돌 포토 카드'는 재판매 시장에서 ㉠기존 가격보다 5배 이상 비싼 가격에 판매될 정도로 인기가 높다. 결국 갑은 ㉡월 20만 원의 수강료를 지불한 요가 수업 대신 ㉢3만 원을 주고 ㉣'아이돌 포토 카드'를 구매하는 합리적 선택을 하였다.

> | 보기 |
> ㄱ. ㉠은 '아이돌 포토 카드'의 희소성 때문에 발생한다.
> ㄴ. ㉡은 ㉣의 기회비용에 포함된다.
> ㄷ. ㉢은 ㉣의 명시적 비용이다.
> ㄹ. 갑은 ㉣의 편익이 기회비용보다 작다고 판단했다.

① ㄱ, ㄴ　　② ㄱ, ㄷ　　③ ㄴ, ㄷ
④ ㄴ, ㄹ　　⑤ ㄷ, ㄹ

06 (가), (나)는 시장 실패와 관련된 사례이다. 이에 대한 옳은 설명만을 〈보기〉에서 고른 것은?

> (가) 주방 세제를 생산하는 3~4개의 업체들이 가격을 담합하여 소비자들이 피해를 보았다.
> (나) 도로의 건설을 시장에서 자유롭게 이루어질 수 있게 하자 필요한 만큼 충분히 공급되지 못하는 문제가 발생하였다.

> | 보기 |
> ㄱ. (가)에서는 사회적 최적 수준에 비해 과다 생산된다.
> ㄴ. (가)는 정부의 시장 개입으로 개선할 수 있다.
> ㄷ. (나)는 재화의 비배제성과 비경합성으로 인해 발생한다.
> ㄹ. (나)는 (가)와 달리 외부 효과가 발생한 사례이다.

① ㄱ, ㄴ　　② ㄱ, ㄷ　　③ ㄴ, ㄷ
④ ㄴ, ㄹ　　⑤ ㄷ, ㄹ

07 (가), (나)에 대한 옳은 설명만을 〈보기〉에서 고른 것은?

> (가) 갑은 살고 있는 아파트 화장실에서 매일 저녁 환풍구를 타고 흘러나오는 담배 연기로 인해 피해를 보고 있다.
> (나) 을은 공기 좋은 강가 마을에 살고 있는데, 강 상류 지역에 들어선 축사에서 폐수를 흘려 보내 피해를 입고 있다.

> | 보기 |
> ㄱ. (가)는 긍정적 외부 효과의 사례이다.
> ㄴ. (나)는 부정적 외부 효과의 사례이다.
> ㄷ. (가)는 (나)와 달리 사회적으로 필요한 양보다 적게 생산된다.
> ㄹ. (가)와 (나)는 모두 시장에 대한 정부 개입의 근거가 된다.

① ㄱ, ㄴ　　② ㄱ, ㄷ　　③ ㄴ, ㄷ
④ ㄴ, ㄹ　　⑤ ㄷ, ㄹ

08 A, B에 대한 설명으로 옳은 것은?

> 교사: 외부 효과를 경험한 사례를 발표해 볼까요?
> 갑: 밤마다 이웃집에서 키우는 강아지 짖는 소리 때문에 공부에 집중하기가 어려워요.
> 을: 이웃집에서 꽃밭을 잘 가꿔 놓아서 등교할 때마다 기분이 좋아요.
> 교사: 외부 효과의 두 유형 중 갑은 A를 경험하였고, 을은 B를 경험하였군요.

① A는 B와 달리 외부 경제의 사례이다.
② '독감 예방 접종'은 B가 아닌 A를 초래한다.
③ A에서는 B와 달리 자원이 효율적으로 배분된다.
④ B에서는 A와 달리 시장 거래량이 사회적 최적 수준보다 적다.
⑤ A, B 모두에서 시장 기능이 원활하게 작동한다.

09 다음 글에 나타난 정부의 역할로 가장 적절한 것은?

> 「독점 규제 및 공정 거래에 관한 법률」에 따라 설치된 정부 기구인 공정 거래 위원회는 담합을 통해 가격을 인상한 A, B, C 업체에 대해 과징금을 부과하였다. 공정 거래 위원회 발표에 따르면, LPG 연료를 생산하는 세 업체는 담합으로 지난 10년 동안 동일한 수준으로 판매 가격을 책정하였다.

① 기업가 정신을 통한 혁신을 장려한다.
② 사회적 최적 수준으로 공공재를 생산한다.
③ 사회적 책임을 다하도록 기업을 독려한다.
④ 소득 재분배 정책으로 사회적 갈등을 완화한다.
⑤ 시장 내에서 자유로운 경쟁 질서를 확립하고자 한다.

10 시장 실패의 사례 (가), (나)에 대한 옳은 설명만을 〈보기〉에서 고른 것은?

> (가) 국내 ○○ 제품 시장에서 점유율이 높은 4개 기업이 담합을 통해 제품 가격을 공동으로 인상하였다. 이에 공정 거래 위원회는 해당 기업들에게 시정 명령을 내리고 과징금을 부과하기로 결정하였다.
> (나) ◇◇ 공장이 주변 하천에 폐수를 몰래 방출하여 많은 물고기가 폐사하였다. 이 하천은 농업용수로 이용될 뿐 아니라, 인근 해안가와 연결되어 있어 생태계의 피해가 더욱 심각해질 것으로 예상된다.

―― 보기 ――
ㄱ. (가)는 전체 공급자 간에 공정한 경쟁이 이루어지고 있다.
ㄴ. (나)는 시장에 대한 정부 개입의 근거가 된다.
ㄷ. (나)는 (가)와 달리 긍정적 외부 효과가 발생한 사례이다.
ㄹ. (가), (나)는 모두 자원의 효율적인 배분이 저해되고 있다.

① ㄱ, ㄴ　　② ㄱ, ㄷ　　③ ㄴ, ㄷ
④ ㄴ, ㄹ　　⑤ ㄷ, ㄹ

11 (가), (나)는 우리나라의 헌법 조항 중 일부이다. 이에 대한 설명으로 옳지 <u>않은</u> 것은?

> (가) 모든 국민은 근로의 권리를 가진다. 국가는 사회적·경제적 방법으로 근로자의 고용의 증진과 적정 임금의 보장에 노력하여야 하며, 법률이 정하는 바에 의하여 최저 임금제를 시행하여야 한다.
> (나) 근로자는 근로 조건의 향상을 위하여 자주적인 단결권·단체 교섭권 및 단체 행동권을 가진다.

① (가)는 노동자의 생활 안정을 추구하고 있다.
② (가)에 나타난 최저 임금제 실시는 국가의 의무이다.
③ (나)로 인해 노사 간 대등한 위치에서의 협상이 가능하다.
④ (나)에 따라 노동조합의 결성은 근로자의 정당한 권리이다.
⑤ (가), (나)에 나타난 권리는 산업 혁명 초기부터 보장된 권리이다.

12 밑줄 친 ㉠, ㉡에 대한 정부의 적절한 대책만을 〈보기〉에서 고른 것은?

―― 보기 ――
ㄱ. ㉠ – 사회 간접 자본 확충
ㄴ. ㉠ – 소득에 대한 누진세율 강화
ㄷ. ㉡ – 부가 가치 세율 인상
ㄹ. ㉡ – 불공정 거래 행위 규제

① ㄱ, ㄴ　　② ㄱ, ㄷ　　③ ㄴ, ㄷ
④ ㄴ, ㄹ　　⑤ ㄷ, ㄹ

13 다음 대화에 대한 옳은 설명 및 추론만을 〈보기〉에서 고른 것은?

┌─ 보기 ─┐

ㄱ. 갑은 을과 달리 기업이 취약 계층에 대해 일자리나 사회 서비스를 제공해야 한다는 견해에 동의할 것이다.

ㄴ. 을은 갑과 달리 기업의 이윤 증대가 곧 사회적 부의 증대라는 견해에 동의할 것이다.

ㄷ. 갑은 을보다 기업의 사회적 책임의 범위를 좁게 보고 있다.

ㄹ. 을은 갑보다 기업 이윤의 사회 환원을 강조할 것이다.

① ㄱ, ㄴ   ② ㄱ, ㄷ   ③ ㄴ, ㄷ
④ ㄴ, ㄹ   ⑤ ㄷ, ㄹ

14 다음 두 사례에 대한 공통된 설명으로 옳은 것은?

• 갑은 최근 공정 무역 커피를 구입하였다. 일반 커피보다는 비싼 가격이지만, 커피를 수확한 생산자에게 정당한 대가가 지불된다는 이야기를 듣고 이를 구입할 결심을 하게 되었다.

• A 기업은 사회 복지 사업에 기업 이익의 10%를 매년 기부하고 있다. A 기업은 사회의 한 구성원으로서 역할을 다할 필요가 있다며 앞으로도 기부를 지속할 것이라고 밝혔다.

① 최소의 비용으로 최대의 효용을 올리고 있다.
② 기업 간 불공정한 거래 행위를 규제하고 있다.
③ 시장을 통해 자원을 효율적으로 활용하고 있다.
④ 정부의 실패를 구성원의 노력으로 해결하고 있다.
⑤ 윤리적 의식을 바탕으로 사회적 책임을 고려하고 있다.

15 그림의 (가)에 들어갈 개념의 적절한 사례만을 〈보기〉에서 고른 것은?

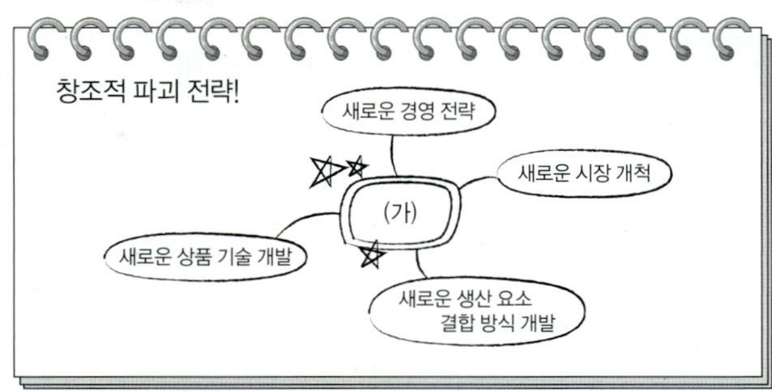

┌─ 보기 ─┐

ㄱ. 갑 기업은 납품 업체와의 계약금을 예년에 비해 5%p 낮춘 금액으로 계약을 성사시켰다.

ㄴ. 을 기업은 기존에 사용하던 전자 상거래 전산망을 3배 이상 확대 구축하여 상품 판매율을 높였다.

ㄷ. 병 기업은 이전에는 찾아볼 수 없었던 드론을 이용한 택배 서비스를 시작하여 수익을 증대시켰다.

ㄹ. 정 기업은 신차를 출시하였는데, 자동차 본체를 강철 대신 고강도 신소재를 사용하여 제품 단가를 크게 낮추었다.

① ㄱ, ㄴ   ② ㄱ, ㄷ   ③ ㄴ, ㄷ
④ ㄴ, ㄹ   ⑤ ㄷ, ㄹ

┤ 교육청 기출 ├

16 (가), (나)에서 공통적으로 도출할 수 있는 기업의 역할로 가장 적절한 것은?

(가) A 기업은 글로벌 탄소 감축 기여도를 높이기 위해 넷제로*와 RE100** 실현 의지를 담은 보고서를 발간하였다. A 기업은 해당 보고서를 통해 2030년 넷제로와 RE100을 모든 계열사에서 동시에 달성하겠다는 의지를 밝히고, 온실가스 감축 목표 달성을 위한 중장기 전략도 공개하였다.

(나) B 기업은 해양 폐기물을 자사 제품의 부품 소재로 재활용하고 있다. 더 나아가 모든 신제품에 재활용 소재 적용, 제품 패키지에서 플라스틱 소재 제거, 매립 폐기물 제로화 등의 비전을 실천 중이다.

* 넷제로(net-zero): 6대 온실가스의 순배출량을 0(zero)으로 만드는 것
** RE100: 기업의 소비 전력 100%를 재생 에너지로 충당하겠다는 글로벌 캠페인

① 회계를 투명하게 운영해야 한다.
② 노동자의 근로 조건을 개선해야 한다.
③ 소비자의 경제적 이익을 보호해야 한다.
④ 공정한 경쟁을 통해 이윤을 추구해야 한다.
⑤ 친환경적인 생산을 통해 환경 보호에 기여해야 한다.

03 자산 관리와 금융 생활

개념 더하기

✕ 포트폴리오 투자
'달걀을 한 바구니에 담지 마라.'라는 말처럼 한 자산에 몰아서 투자를 해서는 안 된다. 투자에서의 위험을 줄이고 수익을 높이려면 다양한 금융 자산에 분산 투자하는 것이 바람직한데, 이렇게 여러 가지 자산에 분산 투자하는 것을 포트폴리오 투자라고 한다.

✕ 다양한 금융 자산

연금	노후 대비를 위해 벌어들인 소득을 적립하고, 은퇴 또는 일정 연령 이후에 약속한 금액을 받는 제도
펀드	다수의 투자자로부터 모은 자금을 자산 운용 회사가 주식, 채권 등에 투자하여 그 수익을 배분하는 간접 투자 상품
보험	미래에 발생할 수 있는 위험에 대비하여 정기적으로 보험료를 내고 사고가 나면 약속한 보험금을 받는 제도

✕ 요구불 예금과 저축성 예금
요구불 예금은 입출금이 자유로운 금융 상품이고, 저축성 예금은 정해진 기간 동안 돈을 맡겨 두거나 적립하고 만기에 찾는 금융 상품이다. 저축성 예금이 요구불 예금에 비해 이자 수익이 높다.

✕ 예금자 보호 제도
금융 기관이 영업 정지나 파산 등으로 예금을 돌려주지 못할 때 예금 보험 공사가 일정 한도 내에서 예금자에게 예금 보험금을 지급하는 제도이다.

✕ 생애 주기에 따른 소득과 소비

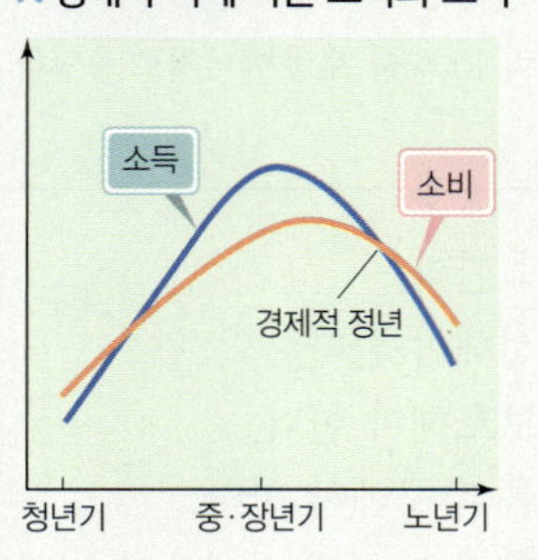

1 자산 관리

→ 경제적 가치가 있는 유·무형의 재산

(1) **의미** : 저축이나 투자 등을 통하여 자산을 취득, 보유, 처분하는 과정

(2) **기본 원칙** 자료1 → 금융 자산을 잘 관리하려면 자산 관리의 기본 원칙을 고려해야 함

수익성	• 의미 : 보유한 금융 자산의 가격 상승이나 이자 수익을 기대할 수 있는 정도 • 특징 : 수익성이 높을수록 안전성이 낮음
유동성	• 의미 : 보유하고 있는 자산을 현금으로 쉽게 전환할 수 있는 정도 • 특징 : 유동성이 낮으면 필요할 때 현금으로의 전환이 어려움
안전성	• 의미 : 투자한 금융 자산의 가치가 보호될 수 있는 정도 • 특징 : 안전성이 높을수록 수익성이 낮음

→ 안전성이 높다는 것은 원금 손실의 위험성이 적다는 것을 의미함

2 금융 자산

(1) **의미** : 자산 중 토지, 건물, 기계 등의 실물 자산과 대비되는 현금이나 예금, 채권, 주식 등

(2) **종류**

→ 목돈을 한번에 맡긴 후 만기일에 원리금을 수령하는 예금

예금	• 의미 : 금융 기관에 돈을 맡기고 약속된 이자를 받는 금융 상품 • 종류 : 요구불 예금, 저축성 예금(정기 예금, 정기 적금) • 특징 : 수익성이 낮지만 안전성은 높음
채권	• 의미 : 정부, 공공 기관, 기업 등이 돈을 빌리면서 발행하는 증서 • 특징 　– 정해진 기간 후 이자와 원금을 돌려받을 수 있음 　– 채권 매매에 따른 시세 차익 및 이자 수익 기대 가능 　– 예금보다 수익성은 높지만 안전성이 낮고, 주식보다 안전성이 높음
주식	• 의미 : 주식회사가 경영 자금을 마련하기 위해 투자자로부터 돈을 받고 발행하는 증서 • 특징 　– 주식 매매에 따른 시세 차익 및 배당 수익 기대 가능 　– 수익성은 높지만 안전성이 낮음

→ 매달 정해진 금액을 정기적으로 적립한 후 만기일에 원리금을 수령하는 예금

→ 미래에 일정한 원리금을 지급할 것을 명시

→ 상품의 가격이 낮은 시점에 구입했다가 가격이 오른 시점에 판매하여 얻은 이익

→ 주식 회사가 경영을 통해 얻은 이익을 투자자들이 소유한 주식에 비례하여 나누어 주는 것

3 금융 생활 설계

(1) **생애 주기별 수입과 지출의 변화**

→ 시간의 흐름에 따라 인간 삶이 변화하는 일련의 단계

① 청년기 : 사회생활을 시작함에 따라 수입이 점차 증가하는 시기

② 중·장년기 : 활발한 경제활동으로 수입이 많아지는 시기로, 저축이 가능함

③ 노년기 : 수입보다 지출이 큰 시기로, 노년기 이전에 충분한 금융 자산을 확보해 두어야 함

→ 평균 수명의 연장 등으로 고령화가 가속화되면서 은퇴 이후에 대한 대비의 필요성이 더욱 높아짐

(2) **재무 설계**

① 의미 : 생애 주기의 각 시기에 수행할 과업을 토대로 재무 목표를 세우고, 목표를 달성하기 위해 수입과 지출을 고려하여 구체적인 자금 준비 계획을 수립하고 실천하는 것

→ 주택 마련, 노후 자금 준비 등과 같이 목돈이 필요한 목표

② 필요성 : 현재와 미래의 수입과 지출의 변화를 고려하여 불확실한 미래에 대비

③ 과정

→ 주기적으로 재무 실행 성과를 점검 및 평가하고 그에 따라 재무 목표와 계획 조정

재무 목표 설정	→	재무 상태 분석	→	재무 설계안 작성	→	재무 설계안 실행	→	재무 실행 평가와 수정

↳ 삶의 목표를 고려하여 구체적으로 설정

↳ 수입, 지출, 자산, 부채 등 파악

↳ 재무 목표 달성을 위한 저축, 투자, 대출 등의 계획 설정

1 개인의 금융 의사 결정 시 고려 요인

(1) **개인적 요인** : 개인의 소득 수준, 자산, 재무 목표 등

(2) **거시적 요인** : 경제적 요인, 정치적 요인, 사회적 요인 등
　　　　　　　　→ 정부 정책, 국제　→ 금융 위기, 전쟁이나 테러,
　　　　　　　　　관계의 변화 등　　　전염병의 세계적 유행 등

2 경제적 환경의 변화와 금융 의사 결정

(1) 금리

금리 상승 시	이자 상환 부담 증가 → 소비와 대출 감소, 예금이나 채권 등 안전 자산 선호
금리 하락 시	이자 소득 감소 → 예금 감소, 주식 등 수익성이 높은 자산에 투자, 대출을 받아 다른 금융 자산에 투자하는 경우도 증가

(2) 물가

→ 같은 금액으로 살 수 있는 재화나 서비스의 양 감소

물가 상승 시	화폐 가치 하락 → 실물 자산에 대한 투자 증가
물가 하락 시	화폐 가치 상승 → 현금 보유 비중 증가, 예금 등 유동성이 높은 자산 선호

(3) 환율 [자료 2]

→ 외국 화폐에 비해 우리나라 화폐의 가치가 떨어질 때 발생

환율 상승 시	외국 주식에 투자하거나 외국 화폐를 보유한 사람의 원화 환산 수익 증가, 내국인의 해외 여행 감소, 수입품 구매 감소 등
환율 하락 시	외국 주식에 투자하거나 외국 화폐를 보유한 사람의 원화 환산 수익 감소, 내국인의 해외 여행 증가, 수입품 구매 증가 등

3 정치적 · 사회적 환경의 변화와 금융 의사 결정

(1) **정부 정책** : 정치적 판단에 따라 특정 산업 육성 → 관련 기업의 주가 상승

(2) **세계 금융 위기** : 은행과 기업 파산, 금융 자산의 가격 하락 → 소비와 투자 감소

(3) **전쟁** : 국제 원자재 가격이나 국제 유가 급등 → 물가 상승 → 소비와 저축에 영향, 실물 자산 선호 [자료 2]

(4) **팬데믹(Pandemic)** : 봉쇄 조치 → 기업 운영에 어려움 발생 → 소비와 투자 위축

자료 더하기 

자료 ❶
수익성과 안전성의 상충 관계

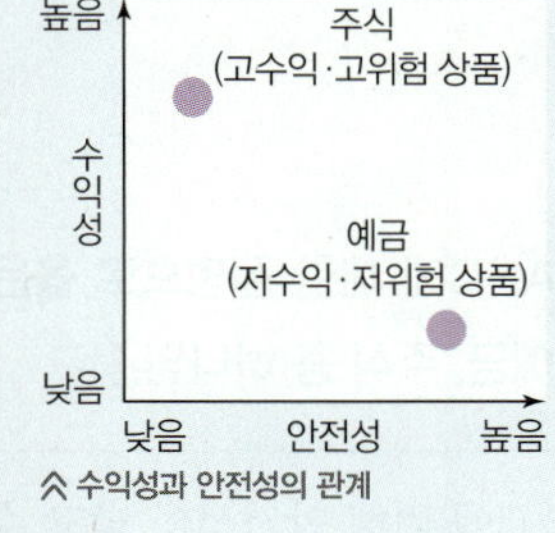

➡ 일반적으로 수익성이 높은 상품은 안전성이 낮고, 안전성이 높은 상품은 수익성이 낮다. 예금은 원금 손실의 위험이 낮아 안전성이 높지만 확정된 이자 수익만을 기대할 수 있어 비교적 수익성이 낮다. 반면에 주식은 원금 손실의 위험이 높아 안전성이 낮지만 시세 차익이나 배당 수익을 얻을 수 있어 높은 수익률을 기대할 수 있다. 한편 예금은 원할 때 바로 현금으로 찾을 수 있어 유동성이 높고, 주식이나 채권은 예금에 비해 유동성이 낮은 편이다.

자료 ❷
거시 환경의 변화가 개인의 금융 의사 결정에 미치는 영향

· 원/달러 환율이 장중 1,400원을 돌파하면서 우리 경제에 상당한 파장이 예상된다. 중동발 위기감이 고조되고, 미국의 견고한 경제 상황으로 금리 인하 시점이 늦어지면서 안전 자산인 달러 수요가 강해지고 있는 것이다. — 한국경제TV, 2024. 4. 16.

· 2022년 러시아의 우크라이나 침공으로 국제 유가가 7배 넘게 상승하였으며, 세계의 곡창으로 불리는 우크라이나 들판이 화염에 휩싸이면서 곡물 가격도 급등하였다. 이러한 원자재 가격 상승의 연쇄 작용으로 미국의 소비자 물가 상승률은 2022년 6월, 41년 만의 최고치인 9.1%까지 치솟았고, 유럽 연합(EU) 국가들도 10월에 10.6%로 나타났다. — 뉴스1, 2023. 2. 4.

➡ 환율이 상승하면 원화로 환전할 수 있는 외국 화폐 금액이 줄어든다. 이에 따라 우리나라 사람들은 해외여행 경비가 늘어나 해외여행을 자제하지만, 우리나라를 찾는 외국인 관광객의 수는 증가하게 된다. 또한 수입품의 가격이 올라 수입품에 대한 수요가 감소하게 되고, 외국에서 유학 중인 우리나라 학생의 경제적 부담이 증가하게 된다. 한편 국가 간 전쟁이 일어나면 국제 원자재 가격이나 국제 유가가 급등할 수 있다. 이에 따라 물가가 상승하여 소비가 감소하게 되며, 물가 상승에 대처하기 위해 실물 자산을 선호하는 현상이 나타나기도 한다.

★★★

주제 1 자산 관리와 금융 생활 설계

01 (가)~(다)에 들어갈 내용으로 옳은 것은?

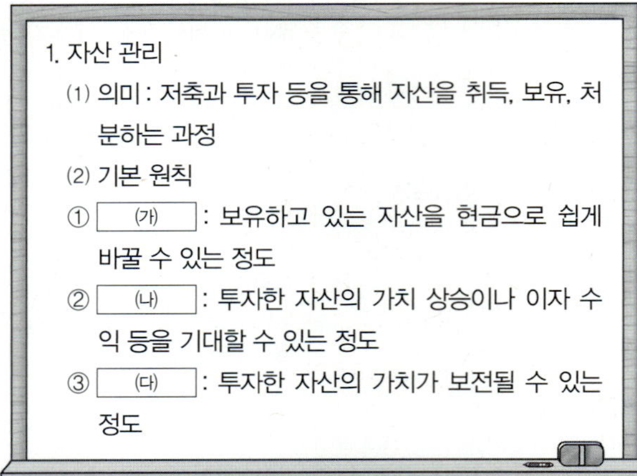

	(가)	(나)	(다)
①	유동성	수익성	안전성
②	유동성	안전성	수익성
③	안전성	유동성	수익성
④	안전성	수익성	유동성
⑤	수익성	유동성	안전성

02 그림은 자산 관리의 기본 원칙 (가), (나)에 따라 자산을 구분한 것이다. (가), (나)에 해당하는 기본 원칙을 〈보기〉에서 고른 것은?

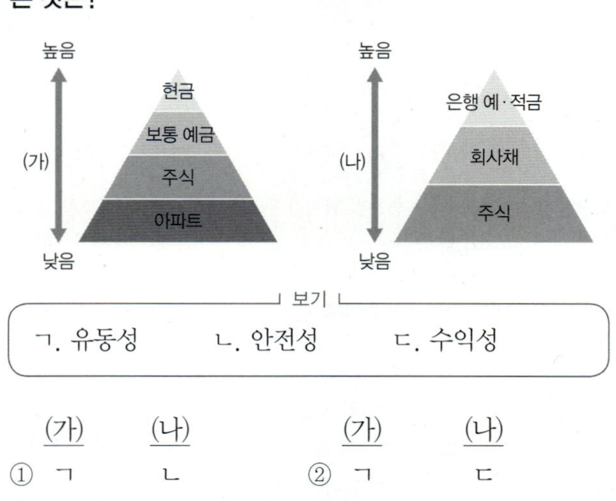

┌─ 보기 ─┐
ㄱ. 유동성　　　ㄴ. 안전성　　　ㄷ. 수익성

	(가)	(나)		(가)	(나)
①	ㄱ	ㄴ	②	ㄱ	ㄷ
③	ㄴ	ㄱ	④	ㄴ	ㄷ
⑤	ㄷ	ㄱ			

03 갑이 투자한 금융 자산의 특징으로 옳지 <u>않은</u> 것은?

> 갑은 5년 동안 열심히 일해서 모은 5천만 원을 어디에 투자할지 고민하다가 A 증권 회사의 증권 거래 시스템을 활용하여 ○○ 회사의 주식을 한 주당 5만 원에 1,000주 매입하였다.

① 자산 가치의 변동성이 매우 심하다.
② 시장 거래를 통해 매매 차익을 얻을 수 있다.
③ 정해진 기간 이후 일정 수준의 이자가 보장된다.
④ 주식 가격에 따라 높은 수익성을 기대할 수 있다.
⑤ 주식 가격이 하락하면 원금의 손실이 발생할 수 있다.

04 (가)~(다)에 대한 옳은 설명만을 〈보기〉에서 고른 것은?

> (가) 예금　　　　(나) 주식　　　　(다) 채권

┌─ 보기 ─┐
ㄱ. (가)는 원금 손실의 위험이 낮다.
ㄴ. (나)는 배당 수익을 기대할 수 있다.
ㄷ. (다)는 (가)와 달리 만기가 정해져 있다.
ㄹ. 안전성은 (가)>(나)>(다) 순이다.

① ㄱ, ㄴ　　　② ㄱ, ㄷ　　　③ ㄴ, ㄷ
④ ㄴ, ㄹ　　　⑤ ㄷ, ㄹ

05 금융 자산 A~C에 대한 설명으로 옳은 것은? (단, A~C는 각각 보험, 예금, 주식 중 하나임.)

> • A는 B, C에 비해 안전성이 낮고 수익성이 높다.
> • B는 C와 달리 약속된 이자율에 따른 이자 수익을 자산 투자의 목적으로 한다.

① A는 보험, B는 예금이다.
② 고수익, 고위험을 선호한다면 A보다 B를 선택할 것이다.
③ B는 A와 달리 법에 따라 원금이 보장된다.
④ B는 C와 달리 예상하지 못한 위험에 대비하기 위한 것이다.
⑤ C는 A와 달리 시세 차익을 기대할 수 있다.

06 그림은 금융 자산의 수익성과 위험성 정도를 나타낸 것이다. 이에 대한 옳은 설명만을 〈보기〉에서 고른 것은?

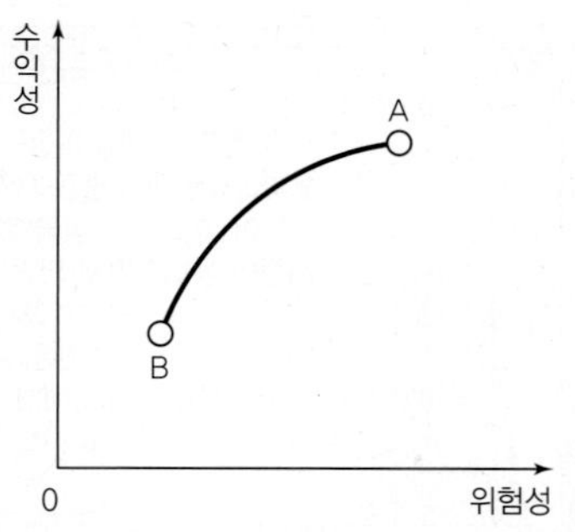

┌─ 보기 ┐
ㄱ. A는 B에 비해 안전성이 낮다.
ㄴ. 주식은 A보다는 B에 가깝다.
ㄷ. B는 A에 비해 수익성이 낮다.
ㄹ. 정기 예금은 B보다는 A에 가깝다.
└─────┘

① ㄱ, ㄴ ② ㄱ, ㄷ ③ ㄴ, ㄷ
④ ㄴ, ㄹ ⑤ ㄷ, ㄹ

07 밑줄 친 '이것'에 대한 옳은 설명만을 〈보기〉에서 고른 것은?

> 이것은 자신의 생애 주기별 과업을 토대로 재무 목표를 설정하고, 미래의 수입과 지출을 예상하면서 목표 달성에 필요한 구체적인 계획을 세우는 과정을 말한다.

┌─ 보기 ┐
ㄱ. '이것'은 재무 설계이다.
ㄴ. 제한된 소득으로 안정적인 미래 설계를 하도록 한다.
ㄷ. 최종 단계에서는 행동 계획을 수립하고 실행을 해야 한다.
ㄹ. 일반적으로 재무 목표를 설정하기 앞서 재무 상태를 먼저 점검해야 한다.
└─────┘

① ㄱ, ㄴ ② ㄱ, ㄷ ③ ㄴ, ㄷ
④ ㄴ, ㄹ ⑤ ㄷ, ㄹ

08 다음은 갑이 노후 생활 대비를 위해 재무 설계한 내용을 나타낸 것이다. 이에 대한 분석 및 추론으로 옳은 것은?

> • 현재부터 은퇴까지의 예상 소득 : 5억 원
> • 현재부터 은퇴까지의 예상 소비 : 3억 원
> • 은퇴 이후 예상 소득 : 1억 원
> • 은퇴 이후 예상 소비 : 3억 원

① 은퇴 이후에는 저축 규모가 증가할 것이다.
② 노후 대비를 위해 현재의 소비를 줄여야 한다.
③ 은퇴 이후 소득만으로는 소비를 충당할 수 없다.
④ 생애 전체에 걸쳐 총소비에 비해 총소득이 많다.
⑤ 은퇴 이후 소득이 없어도 안정적인 노후 생활이 가능할 것이다.

09 (가)에 들어갈 내용으로 가장 적절한 것은?

> 갑 : '달걀을 한 바구니에 담지 마라.'라는 말이 있는데, 이 말이 의미하는 바가 뭘까요?
> 을 : 그것은 자산 관리를 할 때 '______(가)______'라는 뜻입니다.

① 여러 상품에 분산 투자하라.
② 수익성을 고려하여 투자하라.
③ 재무 상태를 고려하여 투자하라.
④ 비용과 편익을 고려하여 투자하라.
⑤ 장기적인 목표를 가지고 투자하라.

10 재무 설계 과정에서 다음과 같은 활동 그다음에 이루어지는 단계로 옳은 것은?

> 예산을 세울 때 가장 중요한 것이 자신의 수입과 지출을 정확하게 파악하는 일이다. 이를 위해서는 자신의 수입, 지출, 투자 상태, 보험, 저축액 등의 재무 상태를 확인하고 이용 가능한 자원을 파악해야 한다.

① 재무 상태를 분석한다.
② 재무 목표를 설정한다.
③ 재무 설계안을 실행에 옮긴다.
④ 재무 목표 달성을 위한 저축, 투자 등의 계획을 설정한다.
⑤ 재무 실행 성과를 평가하고 그에 따라 재무 계획을 수정한다.

11 개인의 금융 의사 결정에 영향을 미칠 수 있는 거시 환경의 변화 요인만을 〈보기〉에서 있는 대로 고른 것은?

───── 보기 ─────
ㄱ. 금리 변동
ㄴ. 정부 정책
ㄷ. 환율 변화
ㄹ. 개인의 소득 수준

① ㄱ, ㄷ   ② ㄱ, ㄹ   ③ ㄴ, ㄹ
④ ㄱ, ㄴ, ㄷ   ⑤ ㄴ, ㄷ, ㄹ

12 (가)에 들어갈 내용으로 적절하지 <u>않은</u> 것은?

갑국 중앙은행은 작년에 이어 올해에도 기준 금리를 인상하였다. 이처럼 갑국의 금리가 상승하면서 갑국 국민들은 (가)

① 투자금을 회수하여 빚을 갚고 있다.
② 안전 자산에 대한 선호가 증가하였다.
③ 대출 이자를 갚아야 할 부담이 커졌다.
④ 대출을 받아 다른 금융 자산에 투자하고 있다.
⑤ 만기가 짧은 예·적금에 대한 선호가 증가하였다.

13 갑의 금융 의사 결정에 영향을 미쳤을 것으로 예상되는 요인만을 〈보기〉에서 고른 것은?

갑은 최근 들어 예금을 줄이고, 금과 같은 실물 자산에 대한 투자 비중을 늘리고 있다.

───── 보기 ─────
ㄱ. 금리가 대폭 상승하였다.
ㄴ. 국내 물가가 상승하였다.
ㄷ. 우리나라의 화폐 가치가 상승하였다.
ㄹ. 중동 지역 전쟁으로 국제 유가가 급등하였다.

① ㄱ, ㄴ   ② ㄱ, ㄷ   ③ ㄴ, ㄷ
④ ㄴ, ㄹ   ⑤ ㄷ, ㄹ

14 뉴스에 나타난 환율 변동이 개인의 금융 의사 결정에 미칠 영향에 대한 옳은 추론만을 〈보기〉에서 고른 것은?

───── 보기 ─────
ㄱ. 우리나라 사람들의 미국 여행이 증가할 것이다.
ㄴ. 상대적으로 저렴해진 미국산 수입품의 구매가 증가할 것이다.
ㄷ. 무역업자들은 상품 수출 대금으로 받은 달러화의 원화 환전을 최대한 미루려고 할 것이다.
ㄹ. 미국에서 유학 중인 자녀를 둔 부모들은 하루라도 빨리 자녀에게 학비를 송금하려고 할 것이다.

① ㄱ, ㄴ   ② ㄱ, ㄷ   ③ ㄴ, ㄷ
④ ㄴ, ㄹ   ⑤ ㄷ, ㄹ

15 (가)~(다) 상황에서 효과적인 금융 의사 결정으로 가장 적절한 것은?

(가) ○○ 전쟁의 장기화로 국제 원자재 가격이 급등하였다.
(나) 주요 무역 상대국인 □□ 나라와의 외교 관계가 악화하였다.
(다) 세계 금융 위기의 발생으로 많은 은행과 기업이 파산하였다.

① (가) – 물가 상승에 대비하여 소비를 늘린다.
② (나) – □□ 나라 관련 기업의 주식에 투자한다.
③ (다) – 예금을 들어 은행에 돈을 맡긴다.
④ (가), (다) – 실물 자산에 대한 투자를 늘린다.
⑤ (나), (다) – 주식과 같은 수익성이 높은 금융 자산에 투자한다.

서술형 문제

16 표는 금융 자산 (가)~(다)의 특징을 구분한 것이다. 이를 보고 물음에 답하시오. (단, (가)~(다)는 각각 예금, 주식, 채권 중 하나임.)

구분	(가)	(나)	(다)
수익성	+++	++	+
안전성	+	++	+++

* '+'가 많을수록 특징이 강함을 의미함

(1) (가)~(다)에 해당하는 금융 자산을 쓰시오.

(2) (가)와 (나), (나)와 (다)의 공통점을 각각 서술하시오.

17 다음 자료를 보고 물음에 답하시오.

- 갑은 금융 자산의 70%를 정기 예금에, 20%를 채권에, 10%를 주식에 투자하고 있다.
- 을은 금융 자산의 80%를 주식에, 15%를 채권에, 5%를 정기 적금에 투자하고 있다.
- 병은 금융 자산 중 33%씩 정기 예금과 채권에 각각 투자하고, 주식에는 34%를 투자하고 있다.

(1) 갑, 을의 투자 전략을 안전성과 수익성 측면에서 비교하여 서술하시오.

(2) 갑, 을의 투자 전략에 비해 병의 투자 전략이 갖는 장점을 서술하시오.

18 다음과 같은 상황에서 안정적인 노년의 삶을 위한 금융 생활 설계를 생애 주기별 수입과 지출 측면에서 서술하시오.

- 의학 기술의 발달 등으로 평균 수명이 연장되면서 은퇴 이후의 삶이 길어지고 있다.
- 은퇴 이후 수입은 빠르게 줄어들지만, 지출은 수입에 비해 줄어드는 속도가 느리다.

19 다음 자료를 보고 물음에 답하시오.

○○신문	○○월 ○○일

2022년 러시아의 우크라이나 침공으로 국제 유가가 7배 넘게 상승하였으며, 세계의 곡창으로 불리는 우크라이나 들판이 화염에 휩싸이면서 곡물 가격도 급등하였다. 이러한 원자재 가격 상승의 연쇄 작용으로 미국의 소비자 물가 상승률은 2022년 6월, 41년 만의 최고치인 9.1%까지 치솟았고, 유럽 연합(EU) 국가들도 10월에 10.6%로 나타났다.

(1) 윗글에 나타난 거시 환경의 변화 요인을 쓰시오.

(2) 윗글에 나타난 변화가 개인의 금융 의사 결정에 미치게 될 영향을 세 가지 이상 서술하시오.

01 그림은 예금과 주식의 일반적인 특징을 비교한 것이다. 이에 대한 옳은 설명만을 〈보기〉에서 고른 것은?

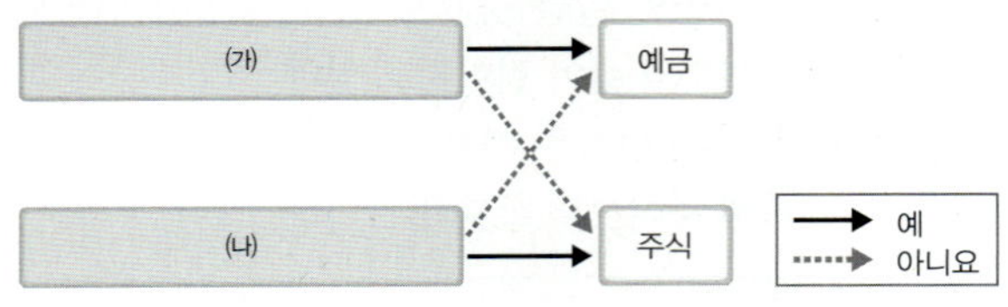

┌─ 보기 ─┐

ㄱ. (가)에는 '안전성과 수익성이 모두 높은가?'가 들어 갈 수 있다.
ㄴ. (가)에는 '국가나 공공기관이 발행하는가?'가 들어 갈 수 없다.
ㄷ. (나)에는 '시세 차익을 기대할 수 있는가?'가 들어 갈 수 있다.
ㄹ. (나)에는 '예금자 보호 제도의 적용을 받는가?'가 들어갈 수 있다.

① ㄱ, ㄴ ② ㄱ, ㄷ ③ ㄴ, ㄷ
④ ㄴ, ㄹ ⑤ ㄷ, ㄹ

|교육청 기출|

02 표는 자산 관리의 원칙 A~C를 정리한 것이다. 이에 대한 옳은 설명만을 〈보기〉에서 고른 것은? (단, A~C는 각각 수익성, 안전성, 유동성 중 하나임.)

구분	내용
A	금융 자산의 원금이 보전될 수 있는 정도
B	금융 자산을 쉽고 빠르게 현금화할 수 있는 정도
C	금융 자산의 가격 상승이나 이자 수익을 기대할 수 있는 정도

┌─ 보기 ─┐

ㄱ. A는 유동성, B는 안전성, C는 수익성이다.
ㄴ. 일반적으로 A가 높은 금융 자산은 C도 높다.
ㄷ. 예금은 채권보다 B가 높다.
ㄹ. 주식은 예금보다 A, B가 모두 낮다.

① ㄱ, ㄴ ② ㄱ, ㄷ ③ ㄴ, ㄷ
④ ㄴ, ㄹ ⑤ ㄷ, ㄹ

03 표는 갑과 을의 금융 자산 보유 비중을 나타낸 것이다. 이에 대한 옳은 설명만을 〈보기〉에서 고른 것은?

(단위 : %)

구분	요구불 예금	저축성 예금	주식	채권
갑	0	20	60	20
을	20	50	30	0

┌─ 보기 ─┐

ㄱ. 갑은 을보다 수익성을 중시한다.
ㄴ. 을은 갑보다 안전성을 중시한다.
ㄷ. 갑은 을과 달리 시세 차익을 기대할 수 있는 금융 자산을 보유하고 있다.
ㄹ. 갑과 을은 모두 입출금이 자유로운 예금을 보유하고 있다.

① ㄱ, ㄴ ② ㄱ, ㄷ ③ ㄴ, ㄷ
④ ㄴ, ㄹ ⑤ ㄷ, ㄹ

04 그림은 안전성과 수익성을 기준으로 금융 자산을 분류한 것이다. 이에 대한 옳은 설명만을 〈보기〉에서 있는 대로 고른 것은?

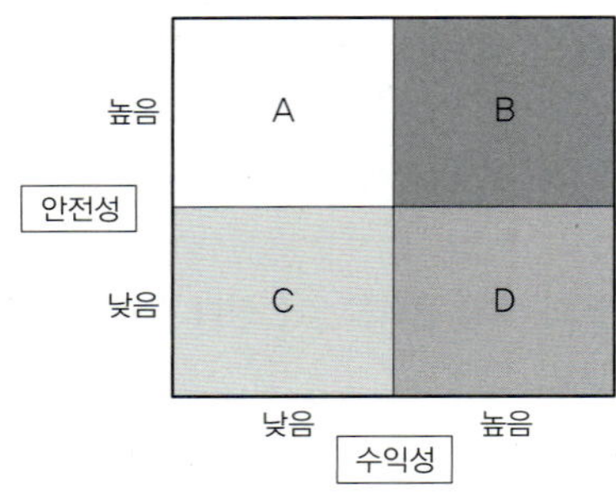

┌─ 보기 ─┐

ㄱ. 저축성 예금은 A에 해당한다.
ㄴ. 채권은 B에 해당한다.
ㄷ. 주식은 C에 해당한다.
ㄹ. 높은 수익률을 기대하는 투자자일수록 A보다 D를 선호한다.

① ㄱ, ㄴ ② ㄱ, ㄹ ③ ㄷ, ㄹ
④ ㄱ, ㄴ, ㄷ ⑤ ㄴ, ㄷ, ㄹ

05 밑줄 친 ㉠~㉢의 일반적인 특징에 대한 설명으로 옳은 것은?

> 갑 : ㉠○○ 정기 예금과 ㉡△△ 채권에 각각 투자하려
> 고 하는데 조언을 부탁드립니다.
> 을 : ○○ 정기 예금의 수익률이 낮기 때문에, △△ 채
> 권과 함께 ㉢□□ 주식에 투자하는 것을 추천해 드
> 립니다.

① ㉠은 배당 수익을 기대할 수 있다.
② ㉡은 예금자 보호 제도의 적용 대상이다.
③ ㉢은 ㉠보다 안전성이 높다.
④ ㉠과 ㉡은 모두 이자 수익을 기대할 수 있다.
⑤ ㉡과 ㉢은 모두 시세 차익을 기대할 수 없다.

06 학생의 답변에 대한 옳은 설명만을 〈보기〉에서 고른 것은?

> ┌─── 보기 ───┐
> ㄱ. 자산 관리의 원칙 중 갑은 유동성을, 정은 안전성
> 을 중시하고 있다.
> ㄴ. 병보다 갑이 선택한 상품의 수익성이 높은 편이다.
> ㄷ. 병이 선택한 금융 상품은 을이 선택한 금융 상품보
> 다 수익성이 낮다.
> ㄹ. 정이 선택한 금융 상품은 을과 병이 선택한 금융
> 상품보다 수익성이 높다.

① ㄱ, ㄴ ② ㄱ, ㄷ ③ ㄴ, ㄷ
④ ㄴ, ㄹ ⑤ ㄷ, ㄹ

07 표는 갑이 보유하고 있는 금융 자산의 비중 변화를 나타낸 것이다. 이에 대한 설명으로 옳은 것은?

(단위 : %)

구분	㉠ 예금	㉡ 주식	㉢ 채권	계
2019년	40.5	31.5	28.0	100.0
2020년	29.5	31.5	39.0	100.0

① ㉡은 ㉠에 비해 일반적으로 안전성이 높다.
② ㉢은 ㉡과 달리 만기가 없다.
③ ㉠, ㉡은 모두 배당 수익을 기대할 수 있다.
④ 2019년에 이자 수익을 기대할 수 있는 금융 자산의 비
중은 60%보다 크다.
⑤ 2020년에 시세 차익을 기대할 수 있는 금융 자산의
비중은 2019년보다 감소하였다.

08 다음 게임에 대한 설명으로 옳은 것은?

> ㉠ 갑, 을 두 사람은 각각 2장의 카드를 배부받았다.
> 이후 ㉡ 갑은 을의 카드 중 1장을, 을은 갑의 카드 중
> 1장을 임의로 가져갔다. 그리고 갑과 을이 각각 2장의
> 카드로 획득한 점수를 계산해 보니 갑이 을보다 높은
> 점수를 얻었다. 단, 각 카드의 내용이 예금, 주식, 채권
> 중 하나에만 해당하는 내용이면 1점, 두 개에 해당하는
> 내용이면 2점, 세 개에 해당하는 내용이면 3점을 부여
> 한다. 그림은 갑과 을이 처음에 배부받은 카드이다.
>
> 〈갑이 배부받은 카드〉　　〈을이 배부받은 카드〉
>
> | 배당금을 받을 수 있다. | 일반적으로 이자 수익이 발생한다. | 금융 자산이다. | 시세 차익을 기대할 수 있다. |

① ㉠이 행해졌을 때 갑의 점수는 을의 점수보다 높았다.
② ㉠이 행해졌을 때 갑은 채권에 해당하는 내용이 적힌
카드를 갖지 못하였다.
③ ㉡이 행해졌을 때 갑이 얻은 점수는 4점이다.
④ ㉡이 행해졌을 때 을은 예금에 해당하는 내용이 적힌
카드를 가지게 되었다.
⑤ 갑과 을의 점수 차이는 ㉠이 행해졌을 때와 ㉡이 행해
졌을 때가 같다.

09 갑~병의 투자 사례에 대한 옳은 설명만을 〈보기〉에서 고른 것은? (단, 갑~병은 각각 안전성, 수익성, 유동성 중 하나만을 고려하여 투자하였음.)

> 갑: 위험이 큰 주식 보유 비중을 낮추고 정기 예금 비중을 늘렸어.
> 을: 경기 변동을 고려하여 높은 시세 차익을 기대할 수 있는 주식의 비중을 높였어.
> 병: 현금화하기 쉬운 금융 자산의 비중을 높였어.

── 보기 ──
ㄱ. 갑은 수익성보다 안전성을 기준으로 투자하였다.
ㄴ. 을은 자산을 쉽게 현금화하기 위한 기준을 다른 기준보다 더 고려하여 투자하였다.
ㄷ. 병은 수익성보다 유동성을 우선적으로 고려하여 투자하였다.
ㄹ. 투자한 원금을 안전하게 유지하고 싶다면 갑보다 을과 같은 투자가 적절할 것이다.

① ㄱ, ㄴ　　② ㄱ, ㄷ　　③ ㄴ, ㄷ
④ ㄴ, ㄹ　　⑤ ㄷ, ㄹ

10 밑줄 친 ㉠~㉢의 일반적 특징에 대한 설명으로 옳은 것은?

① ㉠은 배당금을 기대할 수 있다.
② ㉡은 이자 수익을 기대할 수 있다.
③ ㉢은 예금자 보호 제도의 대상이다.
④ ㉠은 ㉡에 비해 안전성이 높다.
⑤ ㉡은 ㉢과 달리 만기가 있다.

11 표는 갑의 노후 생활을 위한 재무 설계를 나타낸 것이다. 이에 대한 옳은 설명만을 〈보기〉에서 고른 것은? (단, 소득 외에 기타 수입은 고려하지 않음.)

현재부터 정년까지의 예상 소득	12억 원
현재부터 정년까지의 예상 소비	8억 원
정년 이후의 예상 소득	4억 원
정년 이후의 예상 소비	8억 원

── 보기 ──
ㄱ. 은퇴 이후에는 소득만으로 소비를 충당할 수 없다.
ㄴ. 현재부터 은퇴 이후를 포함한 소득 총액은 소비 총액과 같다.
ㄷ. 현재부터 은퇴까지의 소득만으로 안정적인 노후 생활이 가능하다.
ㄹ. 은퇴 이전에는 순자산이 감소하고, 은퇴 이후에는 순자산이 증가한다.

① ㄱ, ㄴ　　② ㄱ, ㄷ　　③ ㄴ, ㄷ
④ ㄴ, ㄹ　　⑤ ㄷ, ㄹ

12 그림은 갑과 을의 생애 주기에 따른 저축을 나타낸 것이다. 이에 대한 옳은 분석만을 〈보기〉에서 고른 것은?

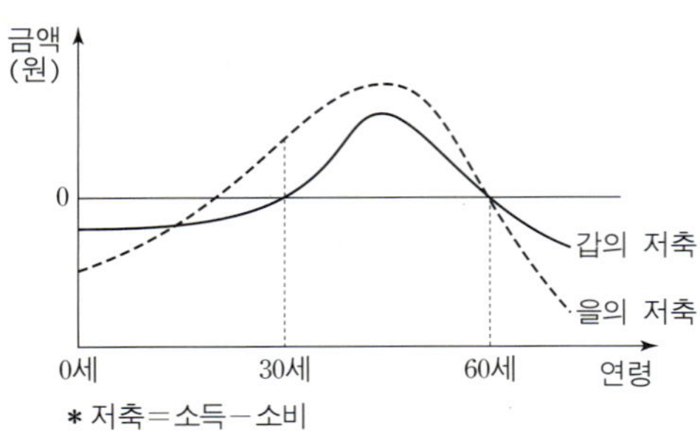

── 보기 ──
ㄱ. 30세일 때의 소득은 갑이 을보다 많다.
ㄴ. 소득이 소비보다 많았던 기간은 을이 갑보다 길다.
ㄷ. 누적 저축액이 최대가 되는 연령은 갑과 을이 같다.
ㄹ. 갑의 경우, 30세부터 60세까지 매년 소득의 증가폭이 소비의 증가폭보다 크다.

① ㄱ, ㄴ　　② ㄱ, ㄷ　　③ ㄴ, ㄷ
④ ㄴ, ㄹ　　⑤ ㄷ, ㄹ

13 다음은 생애 주기 곡선을 나타낸 것이다. 이에 대한 설명으로 옳은 것은? (단, (가), (나)는 각각 소득, 소비 중 하나임.)

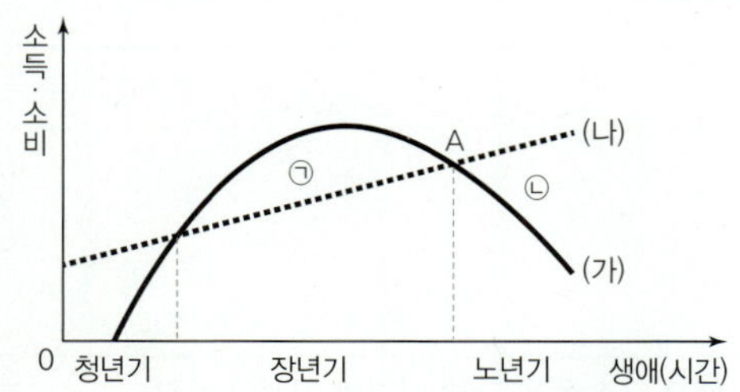

① (가)는 소비, (나)는 소득이다.
② 장년기에 비해 노년기는 저축 규모가 많다.
③ ㉠보다 ㉡이 클 경우 안정적 노후 생활이 가능하다.
④ 평균 수명이 증가할 경우 ㉡의 넓이는 확대될 것이다.
⑤ A는 소비와 소득이 일치하는 시기로 누적 저축 규모가 0이다.

14 교사의 질문에 옳게 답한 학생은?

구분	1970년	1980년	1990년	2000년	2010년
기대 수명 (세)	65.8	70.4	75.9	79.7	83.6

① 갑 ② 을 ③ 병
④ 정 ⑤ 무

15 그림은 경제 수업 모둠 활동지의 일부이다. (가)~(마)에 들어갈 내용으로 옳은 것은?

<경제 역할극 대본 작성하기>

제출 모둠: ○○ 모둠

등장 인물	주요 대사
진행자	원/달러 환율이 지속적으로 상승한다고 합니다. 여러분이 받을 영향에 대해 말씀해 주세요.
미국 여행을 준비하는 국내 동호회 회장	(가)
미국으로 제품을 수출하는 국내 기업가	(나)
우리나라에서 유학 중인 미국인 유학생	(다)
원화 표시 금융 상품에 투자한 미국인 기업가	(라)
매달 원화를 환전하여 100달러를 예금하는 국내 직장인	(마)

① (가): 우리 회원들의 미국 여행 경비 부담이 줄어들겠군요.
② (나): 우리 회사가 수출하는 제품이 미국 시장에서 가격 경쟁력이 낮아지겠군요.
③ (다): 매달 달러를 원화로 환전하여 100만 원을 보내 주시는 부모님의 부담이 줄어들겠군요.
④ (라): 달러로 환산한 수익이 커지겠군요.
⑤ (마): 100달러를 예금하기 위해 이전보다 적은 금액의 원화가 필요하겠군요.

16 그림은 갑국의 소비자 물가 지수의 변화를 나타낸 것이다. 이러한 추세가 지속될 경우 이에 대한 추론으로 적절하지 <u>않은</u> 것은?

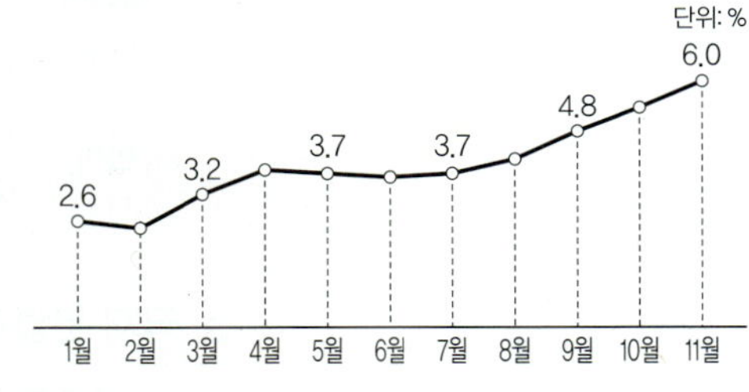

① 화폐 가치가 하락할 것이다.
② 물가가 크게 상승할 것이다.
③ 은행 예금에 대한 유인이 높아질 것이다.
④ 실물 자산에 대한 수요가 증가할 것이다.
⑤ 같은 금액으로 살 수 있는 재화의 양이 감소할 것이다.

04 국제 분업과 무역

개념 더하기

✕ 특화
생산하기 유리한 특정 상품만을 전문적으로 생산하는 것을 말한다.

✕ 나라별 생산 비용의 차이
단순 노동력이 많이 필요한 경공업 제품의 경우 임금 수준이 높은 국가보다 임금 수준이 낮고 노동력이 풍부한 국가에서 생산하는 것이 생산비를 줄일 수 있다. 이처럼 지역별로 생산 요소가 다르게 분포하기 때문에 같은 상품을 생산하더라도 생산비의 차이가 나타난다.

✕ 절대 우위와 절대 열위
절대 우위란 어떤 기업이나 국가가 재화나 서비스를 생산할 때 다른 기업이나 국가보다 낮은 생산비로 생산할 수 있는 능력을 말한다. 즉, 동일한 양의 생산물을 생산할 때 생산 요소의 투입량이 적은 것을 의미한다. 반대로 동일한 양의 생산물을 생산할 때 생산 요소의 투입량이 많을 경우 절대 열위에 있다고 한다.

✕ 비교 우위의 결정 요인
비교 우위를 결정하는 요인에는 각국이 보유하는 생산 자원의 부존량, 기술 수준, 지리적 조건 등이 있다. 이러한 차이가 생산비의 차이를 가져오고, 국가 간의 생산비 차이가 무역 발생의 원인이 된다.

✕ 기회비용
특정 재화 한 단위의 생산을 위해 포기해야 하는 다른 재화의 양을 말한다.

1 국제 분업과 무역의 의미

(1) 무역

의미	각 나라가 생산한 상품, 서비스, 생산 요소 등을 다른 나라와 거래하는 것
특징	• 과거 : 재화와 자원 위주로 국제 거래가 이루어짐 • 오늘날 : 기술 및 서비스 분야로 거래의 범위 확대, 노동과 자본 등 생산 요소의 거래 증가

(2) 국제 분업

→ 모든 재화와 서비스를 생산하는 것보다는 다른 나라보다 상대적으로 잘 만들 수 있는 것에 집중하여 생산한 후 교환하는 것이 생산성도 향상되고 더 많은 이익을 얻을 수 있음

의미	각 나라가 무역에 유리한 것을 특화하여 생산하는 것
특징	무역이 확대되면서 국제 분업이 발달하고, 이는 다시 무역의 활성화를 가져옴 → 무역과 국제 분업은 서로를 촉진하는 선순환의 관계임

2 국제 분업과 무역이 필요한 이유

각 국가의 주요 생산품에 차이 발생 예 열대 기후 지역에서는 카카오나 커피 같은 상품 수출, 임금이 저렴한 나라에서는 의류나 신발 등과 같이 많은 노동력이 필요한 상품 수출, 자본이 풍부한 나라에서는 반도체나 통신 기기 등 수출 등

(1) 생산 요소의 지역별 분포 차이 : 생산 요소가 지역에 따라 다르게 분포하여 나라마다 생산하기에 적합한 상품이 다름 → 자원, 노동, 자본 등

① 자연환경의 차이 : 지역별로 기후, 지형 등이 다름

② 보유 자원의 차이 : 나라마다 석유, 천연가스 등 보유한 자원의 양과 질이 다름

③ 사회적 조건의 차이 : 나라마다 인구, 교육 수준, 경제 규모, 기술 수준 등 사회적 조건이 다름

(2) 나라별 생산비의 차이

① 생산 요소의 지역별 분포 차이로 인해 같은 종류의 상품이라도 나라마다 생산비의 차이가 발생함

② 국내에서 생산 가능한 상품이라도 외국에서 더 저렴하게 생산 가능한 경우가 있음

(3) 절대 우위와 비교 우위 자료 1

① 절대 우위

의미	한 나라가 다른 나라보다 절대적으로 적은 비용을 들여 특정 상품을 생산할 수 있는 능력
무역의 발생	다른 나라보다 절대 우위에 있는 상품을 생산하여 수출하고, 다른 나라보다 절대 우위가 없는 상품을 수입함 → 바나나는 우리나라보다 열대 기후 지역에서 생산비가 더 적기 때문에 우리나라는 바나나를 수입하고 있음

② 비교 우위

의미	한 나라가 다른 나라보다 상대적으로 더 적은 기회비용으로 특정 상품을 생산할 수 있는 능력
무역의 발생	다른 나라보다 상대적으로 기회비용이 적은 상품을 특화 생산하여 수출하고, 기회비용이 큰 상품을 수입함 → 우리나라는 전자 기기와 섬유 제품의 기술력이 모두 뛰어나 생산 비용이 동남아시아 국가보다 낮으나, 상대적으로 기회비용이 적은 전자 기기 생산에 집중하여 수출하고, 섬유 제품은 동남아시아 국가에서 수입함
의의	한 나라가 모든 상품의 생산에서 절대 우위가 있을 때에도 무역이 필요하다는 것을 잘 설명할 수 있음

3 국제 분업과 무역의 의의

→ 생산 요소의 분포 차이 → 상대적 생산비 차이 → 국가별 유리한 재화와 서비스 특화 생산 → 무역을 통한 교환 → 무역 당사국 모두 이익

(1) 풍요로운 경제생활 : 자국에서 얻기 힘든 상품을 다른 나라에서 얻게 됨으로써 무역 당사국 모두 풍요로운 경제생활을 할 수 있음

(2) 무역 당사국 모두 이익 : 다른 나라에 비해 생산에 유리한 재화와 서비스를 특화 생산하여 무역함으로써 무역 당사국 모두 더 많은 이익을 얻고, 자원을 효율적으로 사용할 수 있음 → 상대적으로 기회비용이 적은 상품에 특화함

1 국제 분업과 무역의 영향

(1) **긍정적 영향**: 소비자의 상품 선택의 폭 확대, 규모의 경제[X]실현 등 → 경제 전체의 효율성 증대, 국가 및 세계 경제의 성장 계기 마련
→ 기업은 전 세계 시장을 상대로 대량 생산을 하게 되면서 규모의 경제를 실현함

(2) **부정적 영향**: 지속가능발전 저해

국가 간 불평등 심화	선진국의 소수 기업에만 무역의 이익 분배, 개발 도상국의 생산자와 노동자는 빈곤 심화
인권 침해	아동 노동, 강제 노동 등과 같은 인권 침해 발생
환경 파괴	수출을 위한 대량 생산으로 생태계 파괴, 상품 유통 과정에서 배출되는 온실가스로 인한 기후변화 등

→ 개발 도상국의 노동자는 열악한 근로 조건에서 낮은 임금을 받으며 일하는 경우가 많음

2 지속가능발전을 위한 국제무역의 방안

(1) **공정 무역[X]의 활성화** 자료**2**

① 무역의 이익이 생산자와 노동자에게도 공정하게 돌아갈 수 있도록 함 → 공정한 가격을 책정하여 생산자에게 공정한 가격이 지불될 수 있게 함

② 이윤만을 추구하지 않으며, 소외된 생산자의 상황을 고려하여 거래함

(2) **노동 인권 보호**

① 아동 노동, 강제 노동으로 상품을 생산하지는 않는지 감시함

② 생산 과정에 참여하는 노동자의 권리가 보호될 수 있도록 함

(3) **환경 보전** → 무역이 끼치는 환경에 대한 부정적 영향을 최소화해야 함

① 대체 에너지의 사용 비율을 늘리고, 이산화 탄소의 배출을 줄이기 위해 노력함

② 자원을 재활용하고, 책임 광물[X]을 사용할 수 있도록 하며, 기후 협약의 준수를 위해 노력함

(4) **각 경제 주체별 노력**
2015년 기후변화 당사국이 온실가스 감축 목표를 지키도록 규정한 '파리 기후변화 협약(파리 협정)'을 체결함

정부	환경 보호를 위한 규제 강화, 친환경 기술 개발 지원, 노동 조건 개선을 위한 법과 제도 마련 등
기업	환경 오염을 줄이는 생산 방법 개발, 사회적 책임을 고려하여 부당 거래나 인권 침해 지양 등
개인	공정 무역을 통해 거래된 상품 소비 등

개념 더하기

[X] 규모의 경제
생산 규모가 커지거나 생산량이 늘어날수록 제품 단위당 생산에 드는 평균 비용이 감소하는 현상을 의미한다.

[X] 공정 무역
생산자와 노동자에게 정당한 대가를 지불하여 무역의 혜택이 공정하게 분배됨으로써 불평등을 해소하려는 무역이다.

[X] 책임 광물
환경 파괴나 인권 침해 등을 하지 않고 사회적 책임을 준수하면서 채굴된 광물을 말한다.

자료 더하기

자료 ❶
절대 우위와 비교 우위

구분	텔레비전	노트북
갑국	120명	120명
을국	100명	50명

∧ 각 재화 1단위 생산에 필요한 노동자 수

구분	텔레비전	노트북
갑국	노트북 1단위	텔레비전 1단위
을국	노트북 2단위	텔레비전 1/2단위

∧ 각 재화 1단위 생산의 기회비용

➡ 갑국과 을국이 노동만을 생산 요소로 사용하여 텔레비전과 노트북만을 생산한다고 가정했을 때 갑국과 을국이 텔레비전과 노트북을 1단위 생산하는 데 필요한 노동자 수가 위의 표와 같다면, 을국은 텔레비전과 노트북 생산에 모두 절대 우위를 가진다. 그러나 상대적인 생산비를 살펴보면, 텔레비전 1단위 생산을 위해 갑국은 노트북 1단위, 을국은 노트북 2단위를 포기해야 한다. 반면 노트북 1단위 생산을 위해 갑국은 텔레비전 1단위, 을국은 텔레비전 1/2단위를 포기해야 한다. 따라서 갑국은 텔레비전 생산에, 을국은 노트북 생산에 비교 우위를 가진다.

자료 ❷
공정 무역 원칙

- 경제적으로 소외된 생산자, 노동자와 주로 거래하여 이들이 소득 불안정과 빈곤에서 벗어나게 한다.
- 이윤만을 추구하지 않고 소외된 생산자의 사회적·경제적 상황을 모두 고려한 거래를 통해 신뢰 관계를 유지한다.
- 생산자에게 공정한 가격이 지불되게 하며, 시장 상황과 현지 생활 임금을 고려하여 공정한 가격을 책정한다.
- 국제 연합(UN) 아동 권리 협약과 아동 노동에 관한 국가나 지역의 법을 준수하며, 생산 과정에 아동이 참여할 경우 아동의 권리가 보호될 수 있도록 관찰한다.
- 이산화 탄소 배출을 감소시키고, 지속가능한 생산을 장려하며, 폐기물과 플라스틱을 줄이기 위해 노력한다.

➡ 자료는 한국 공정 무역 협의회에서 확립한 공정 무역 원칙의 일부이다. 오늘날 많은 경제 주체들이 공정 무역을 통해 국제 사회의 공정하지 못한 무역 관행을 개선하고, 지속가능발전에 이바지하기 위해 노력하고 있다.

★★★

01 (가)에 들어갈 경제 개념에 대한 설명으로 옳지 <u>않은</u> 것은?

> 우리가 일상생활에서 사용하는 재화나 서비스 중 일부는 다른 나라에서 수입한 것도 많다. 또한 국내 기업들 중에는 생산한 물건을 수출하기도 한다. 이와 같이 각 나라가 생산한 상품, 서비스, 생산 요소 등을 다른 나라와 거래하는 것을 ⬚ (가) ⬚ (이)라고 한다.

① 오늘날에는 재화와 자원 중심으로 이루어진다.
② 자국에서 얻기 힘든 상품을 얻을 수 있게 한다.
③ 국내 산업 규모의 성장과 경제 발전에 이바지한다.
④ 노동력이나 자본의 이동도 활발하게 이루어지고 있다.
⑤ 원활하게 이루어지지 않으면 우리의 일상생활에 큰 불편이 생긴다.

02 다음 글을 통해 추론할 수 있는 국제 분업과 무역에 대한 옳은 설명만을 〈보기〉에서 고른 것은?

> 우리나라에서 열대 과일인 바나나를 생산하려면 바나나가 자라기 적절한 온도를 맞추기 위해 비닐 하우스와 같은 시설이 필요하고, 난방도 해야 한다. 반면 열대 기후 지역인 필리핀에서는 별도의 시설 없이 바나나 재배가 가능하다. 필리핀에서 바나나 수입이 가능하다면, 우리나라는 직접 생산하는 것보다 더 낮은 비용으로 바나나를 소비할 수 있고, 필리핀도 바나나를 수출하여 경제적 이득을 얻을 수 있다.

— 보기 —

ㄱ. 국제 분업의 발달은 무역의 쇠퇴를 가져오기도 한다.
ㄴ. 국제 분업이 발달함으로써 국가 간 빈부 격차가 완화된다.
ㄷ. 국제 분업과 무역은 한정된 자원을 효율적으로 활용할 수 있게 한다.
ㄹ. 각 나라가 무역에 유리한 것을 특화 생산하여 교환함으로써 더 많은 이익을 얻을 수 있다.

① ㄱ, ㄴ ② ㄱ, ㄷ ③ ㄴ, ㄷ
④ ㄴ, ㄹ ⑤ ㄷ, ㄹ

03 다음 글을 통해 추론할 수 있는 오늘날 무역의 특징으로 가장 적절한 것은?

> 운송 기술이 발달하지 않았던 과거에는 공산품이 주된 교역의 대상이었다. 그러나 냉장 기술과 더불어 운송 기술이 발달함에 따라 농수산물을 비롯한 거의 모든 재화가 교역되고 있다. 또한 노래, 드라마 등과 같이 과거에는 거래가 이루어지지 않던 문화 상품도 인터넷을 기반으로 한 온라인을 통해 활발하게 거래되고 있다.

① 무역에 대한 규제가 완화하고 있다.
② 무역의 대상과 범위가 확대되고 있다.
③ 무역으로 인해 문화 다양성이 약화하고 있다.
④ 무역에 참여하는 국가의 수가 증가하고 있다.
⑤ 무역으로 인해 발생하는 이익이 증가하고 있다.

04 교사의 질문에 적절한 답변을 한 학생만을 〈보기〉에서 있는 대로 고른 것은?

— 보기 —

갑: 각 나라마다 가진 자원이 다르기 때문입니다.
을: 국가마다 생산 요소의 질과 양에 차이가 있기 때문입니다.
병: 국가마다 기술 수준이나 지식 수준 등이 다르기 때문입니다.
정: 생산 비용이 많이 드는 상품을 특화하는 것이 유리하기 때문입니다.

① 갑, 병 ② 갑, 정 ③ 을, 정
④ 갑, 을, 병 ⑤ 을, 병, 정

05 지도는 세계 여러 나라의 1위 수출 상품(2022년 기준)을 나타낸 것이다. 이와 같이 나라마다 수출 상품이 서로 다른 이유로 적절하지 <u>않은</u> 것은?

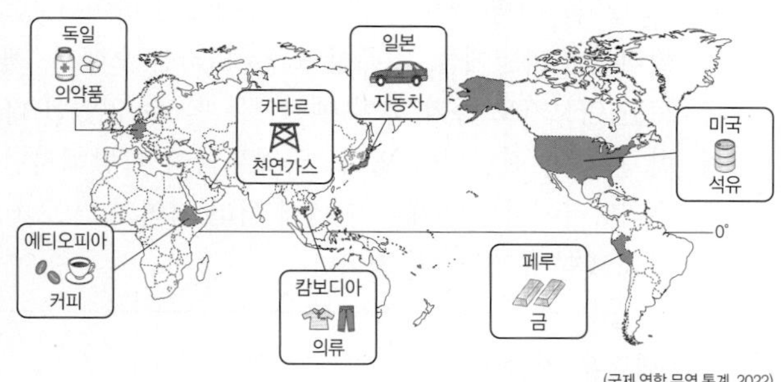

(국제 연합 무역 통계, 2022)

① 나라마다 사용하는 화폐 단위가 다르기 때문이다.
② 나라마다 보유한 자원의 종류나 양이 다르기 때문이다.
③ 나라마다 생산 요소나 기술 수준이 다르기 때문이다.
④ 나라마다 기후, 지형 등 자연환경이 다르기 때문이다.
⑤ 나라마다 경제 규모, 정책 등과 같은 사회적 상황이 다르기 때문이다.

06 다음 글을 통해 설명하고자 하는 경제 개념으로 가장 적절한 것은?

> 대학 축구팀에 소속된 갑은 축구 선수 을에 비해 수비수와 공격수 역할을 모두 잘하지만, 공격수 역할을 상대적으로 더 잘하는 갑은 공격수 역할을 맡고, 을은 수비수 역할을 맡는 것으로 결정되었다.

① 매몰 비용　　② 절대 우위　　③ 비교 우위
④ 국제 거래　　⑤ 규모의 경제

07 다음 자료에 대한 옳은 분석만을 〈보기〉에서 고른 것은?

> 휴대 전화 1단위를 생산하는 데 갑국은 10달러가 필요하고, 을국은 15달러가 필요하다. 반면, 옷 1단위를 생산하는 데 갑국은 12달러가 들고, 을국은 8달러가 든다.

┌─── 보기 ───┐
ㄱ. 갑국은 휴대 전화 생산에 절대 우위가 있다.
ㄴ. 을국은 옷 생산에 절대 열위가 있다.
ㄷ. 갑국은 휴대 전화 생산에, 을국은 옷 생산에 비교 우위가 있다.
ㄹ. 갑국과 을국이 비교 우위에 있는 상품을 특화하여 1 : 1로 교환하면, 갑국은 교역 전에 비해 7달러의 이익이 발생한다.

① ㄱ, ㄴ　　② ㄱ, ㄷ　　③ ㄴ, ㄷ
④ ㄴ, ㄹ　　⑤ ㄷ, ㄹ

[08~09] 다음 자료를 보고 물음에 답하시오.

> 표는 텔레비전과 노트북만을 생산하는 갑국, 을국 두 나라의 재화 1단위 생산의 비용을 나타낸 것이다. 전 세계에는 갑국, 을국 두 나라밖에 없으며, 두 나라는 생산 요소를 모두 두 재화의 생산에 투입한다고 가정한다.

구분	텔레비전	노트북
갑국	50달러	100달러
을국	300달러	200달러

08 갑국과 을국의 상황에 대한 옳은 설명만을 〈보기〉에서 고른 것은?

┌─── 보기 ───┐
ㄱ. 갑국은 을국보다 낮은 가격에 노트북을 생산한다.
ㄴ. 을국은 갑국보다 낮은 가격에 텔레비전을 생산한다.
ㄷ. 갑국은 을국에 대해 텔레비전 생산에 절대 우위를 가진다.
ㄹ. 을국은 갑국에 대해 노트북 생산에 절대 우위를 가진다.

① ㄱ, ㄴ　　② ㄱ, ㄷ　　③ ㄴ, ㄷ
④ ㄴ, ㄹ　　⑤ ㄷ, ㄹ

09 표는 위 자료를 바탕으로 갑국과 을국의 각 재화 1단위 생산의 기회비용을 나타낸 것이다. 이에 대한 설명으로 옳지 <u>않은</u> 것은?

구분	텔레비전	노트북
갑국	노트북 1/2단위	(가)
을국	(나)	(다)

① (가)에는 '텔레비전 2단위'가 적절하다.
② (나)에는 '노트북 3/2단위'가 적절하다.
③ (다)에는 '텔레비전 1/3단위'가 적절하다.
④ 텔레비전 생산에 있어 갑국이 비교 우위를 갖는다.
⑤ 노트북 생산에 있어 을국이 비교 우위를 갖는다.

10 다음 자료에 대한 분석으로 옳은 것은?

> 표는 갑국과 을국이 X재와 Y재 1개를 생산하는 데 필요한 노동자 수를 나타낸 것이다. 단, X재와 Y재 생산에 투입되는 생산 요소는 노동뿐이고, 노동 생산성은 일정하며, 교역 시 양국은 비교 우위가 있는 재화에 특화한다.
>
> | 구분 | 갑국 | 을국 |
> | --- | --- | --- |
> | X재 | 4명 | 3명 |
> | Y재 | 10명 | 9명 |

① 갑국은 X재와 Y재 생산 모두에 절대 우위가 있다.
② 을국은 Y재 생산에 비교 우위가 있다.
③ 을국에서 Y재 1개 생산의 기회비용은 X재 1/3개이다.
④ X재 1개 생산의 기회비용은 갑국이 을국보다 크다.
⑤ X재 1개당 Y재 1개를 교환하면, 갑국과 을국 모두 이익을 얻는다.

주제 **2** 지속가능발전과 국제무역 ★★

11 다음 갑~정의 답변에 대한 설명으로 옳지 <u>않은</u> 것은?

① 개발 도상국 노동자의 열악한 근로 조건과 저임금은 갑의 답변의 근거가 될 수 있다.
② 소비자의 상품 선택의 폭 확대는 을의 답변의 근거가 될 수 있다.
③ 경제 성장에 따른 생태계 파괴는 병의 답변의 근거가 될 수 있다.
④ 세계 시장을 상대로 한 기업의 다품종 소량 생산은 정의 답변의 근거가 될 수 있다.
⑤ 을, 정은 갑, 병과 달리 국제무역 확대의 긍정적인 영향을 말하고 있다.

12 다음 글에서 추론할 수 있는 국제무역 확대의 영향으로 가장 적절한 것은?

> 요즈음 대형 마트의 과일 판매대에는 타이산 망고, 필리핀산 파인애플, 칠레산 포도, 미국산 오렌지, 멕시코산 아보카도 등과 같이 예전에는 볼 수 없었던 다양한 과일이 진열되어 있다. 국제무역이 활발해지면서 우리나라에서도 언제든지 세계 여러 지역의 다양한 과일을 맛볼 수 있게 된 것이다.

① 새로운 기술이 전파된다.
② 국내 기업의 경쟁력이 강화된다.
③ 국가 간 문화 교류가 활성화된다.
④ 소비자의 상품 선택의 폭이 넓어진다.
⑤ 기업의 생산 증가로 고용이 창출된다.

13 다음 내용과 관련 있는 지속가능발전을 위한 국제무역의 방안으로 가장 적절한 것은?

> • 경제적으로 소외된 생산자, 노동자와 주로 거래하여 이들이 소득 불안정과 빈곤에서 벗어나게 한다.
> • 생산자에게 공정한 가격이 지불되도록 하며, 불안정한 시장 상황과 현지 생활 임금을 고려하여 공정한 가격을 책정한다.

① 강제 노동을 금지한다.
② 공정 무역을 활성화한다.
③ 대체 에너지의 사용을 늘린다.
④ 환경 보호를 위한 규제를 강화한다.
⑤ 무역의 이익을 선진국 중심으로 분배한다.

14 밑줄 친 ㉠을 실현하기 위한 각 경제 주체의 노력만을 〈보기〉에서 고른 것은?

> 국제 분업과 무역의 확대로 발생하는 문제를 해결하기 위해서는 각 경제 주체가 국제무역으로 발생하는 문제점을 인식하고, ㉠ 지속가능발전을 위한 방안을 마련하여 실천하기 위해 노력해야 한다.

┤ 보기 ├

ㄱ. 정부 – 친환경 기술 개발을 지원한다.
ㄴ. 기업 – 화석 연료의 사용 비율을 늘린다.
ㄷ. 개인 – 공정 무역을 통해 거래된 상품을 소비한다.
ㄹ. 개인 – 노동 조건의 개선을 위한 법률을 마련한다.

① ㄱ, ㄴ 　② ㄱ, ㄷ 　③ ㄴ, ㄷ
④ ㄴ, ㄹ 　⑤ ㄷ, ㄹ

서술형 문제

15 다음 글을 보고 물음에 답하시오.

> 사우디아라비아는 석유 매장량과 석유 일일 생산량이 세계 2위(2021년 기준)로, 우리나라가 원유를 가장 많이 수입하는 나라도 사우디아라비아이다. 우리나라는 사우디아라비아와의 무역에서 원유, 나프타 등 광물성 연료를 주로 수입하고, 자동차, 화물선 등 수송 기계를 주로 수출한다. 한편, 사우디아라비아는 국토 대부분이 사막이며, 고온 건조한 기후 때문에 농업에 적합한 땅이 좁은 편이다. 따라서 자국 내에서 소비되는 식량의 약 80%를 수입하고 있다.

(1) 윗글에서 우리나라와 사우디아라비아의 주요 수출입품이 서로 다른 까닭을 쓰시오.

(2) 윗글을 통해 알 수 있는 국제 분업과 무역의 의의를 서술하시오.

16 표는 갑국과 을국에서 X재와 Y재 1단위 생산에 필요한 비용을 나타낸 것이다. 이를 보고 물음에 답하시오. (단, 갑국과 을국만 존재하며, 갑국과 을국은 X재와 Y재만을 생산함.)

구분	갑국	을국
X재	100달러	50달러
Y재	200달러	150달러

(1) X재와 Y재 생산에 절대 우위가 있는 나라를 각각 쓰시오.

(2) X재 생산에 비교 우위가 있는 나라를 쓰고, 그 이유를 기회비용 개념을 활용하여 서술하시오.

17 (가), (나)에 들어갈 내용을 각각 한 가지씩 서술하시오.

> • 국제무역 확대의 영향
> (1) 긍정적 영향: ____(가)____
> (2) 부정적 영향: ____(나)____

18 다음 자료를 보고 물음에 답하시오.

> **○○신문** ○○월 ○○일
>
> 케냐는 유럽 연합(EU)에서 수입하는 꽃의 약 38%를 생산하는, 세계에서 네 번째로 큰 원예 생산국이다. 그러나 케냐의 원예 산업이 호황인 것과는 달리, 케냐의 장미 농장에서 아침부터 저녁까지 일하는 노동자에게 주는 돈은 한 달에 우리 돈 약 13만 원에 불과하다. 또한 노동자들은 아무런 안전장치 없이 장미의 성장을 촉진하는 화학 물질을 뿌리고 있어 일부 노동자들은 피부병을 앓거나 암에 걸리기도 하였다.

(1) 윗글을 통해 알 수 있는 국제무역 확대의 부정적 영향을 한 가지만 서술하시오.

(2) 윗글과 관련하여 지속가능발전을 위한 국제무역의 방안을 두 가지 이상 서술하시오.

01 다음 글을 통해 파악할 수 있는 옳은 내용만을 〈보기〉에서 고른 것은?

> 과거 우리나라는 섬유 제품을 주로 생산하여 수출하였지만, 오늘날 국내에 있던 섬유 제품 생산 공장들은 대부분 단순 노동력을 저렴한 임금으로 활용할 수 있는 동남아시아 지역으로 이전하였다. 그 결과 오늘날 우리나라의 주요 수출 상품들은 높은 기술과 자본이 요구되는 반도체, 자동차 등으로 변화하였다.

─ 보기 ─

ㄱ. 생산 요소는 나라마다 고르게 분포되어 있다.
ㄴ. 국가마다 보유한 생산 요소의 양과 질이 다르다.
ㄷ. 우리나라 근로자들의 임금 수준은 과거에 비해 높아졌다.
ㄹ. 노동 집약적 상품의 경우 임금이 높은 국가에서 생산하는 것이 유리하다.

① ㄱ, ㄴ　　② ㄱ, ㄷ　　③ ㄴ, ㄷ
④ ㄴ, ㄹ　　⑤ ㄷ, ㄹ

02 교사의 질문에 대해 옳은 답변을 한 학생만을 〈보기〉에서 고른 것은?

─ 보기 ─

갑: ⊙에 따르면, 보유한 생산 요소의 절대량에 따라 절대 우위가 결정됩니다.
을: ⊙에 따르면, 상대국에 비해 생산의 기회비용이 작은 재화를 수입하는 것이 유리합니다.
병: ⓒ에 따르면, 한 국가가 두 재화의 생산에 절대 우위가 있더라도 교역이 가능합니다.
정: ⓒ은 국가 간 자유 무역으로 당사국 모두 더 많은 재화를 소비할 수 있다고 봅니다.

① 갑, 을　　② 갑, 병　　③ 을, 병
④ 을, 정　　⑤ 병, 정

03 ⊙에 들어갈 진술로 적절하지 <u>않은</u> 것은?

> 노인과 청년만이 무인도에 남게 되었다. 청년은 노인보다 식량을 구하는 데는 3배, 물을 구하는 데는 2배 뛰어나다. 청년은 노인보다 식량과 물을 구하는 데 우위에 있기 때문에 청년 혼자서 두 가지 모두를 구하는 것이 생존에 유리해 보인다. 하지만 청년과 노인이 상대적으로 우위에 있는 부분을 전담하여 서로 교환하는 것이 둘 모두의 생존을 유리하게 한다. 이러한 원리를 두 나라 간의 무역에 적용하면 ⊙ 는 점을 알 수 있다.

① 개발 도상국도 선진국에 수출할 수 있다
② 무역에 참여한 두 나라 모두가 이득을 본다
③ 무역의 이득이 사회 구성원에게 균등하게 분배된다
④ 절대 열위에 있는 국가도 비교 우위를 가질 수 있다
⑤ 국내에서 생산하지 않은 상품도 소비가 가능해진다

04 국제무역과 관련하여 다음 주장에 부합하는 진술만을 〈보기〉에서 고른 것은?

> 어떤 사람이 현명하다고 가정할 경우 그는 물건을 밖에서 사는 것보다 집에서 만드는 것이 더 비싸다면 결코 그것을 집에서 만들려고 시도하지 않을 것이다. 양복 재단사는 자신의 신발을 직접 만들지 않고 신발 제조업자를 고용하는 게 더 나을 것이다. 신발 제조업자는 자신의 양복을 직접 만들지 않고 양복 재단사를 고용하는 게 더 나을 것이다. … (중략) … 이처럼 모든 가계들이 행하는 현명한 행위는 국가 간의 무역에서도 그대로 적용될 수 있다.

─ 보기 ─

ㄱ. 무역은 비교 우위론에 따라 이루어져야 한다.
ㄴ. 무역을 통해 당사국 모두 이익을 얻을 수 있다.
ㄷ. 무역은 최대로 생산할 수 있는 범위를 초과한 소비를 가능하게 한다.
ㄹ. 상대국보다 생산비가 더 많이 드는 제품을 특화하여 수출하는 것이 유리하다.

① ㄱ, ㄴ　　② ㄱ, ㄷ　　③ ㄴ, ㄷ
④ ㄴ, ㄹ　　⑤ ㄷ, ㄹ

05 다음 대화에 대한 옳은 분석만을 〈보기〉에서 고른 것은? (단, 갑과 을은 김밥과 라면만을 만들며, 품질의 차이는 없음.)

┌── 보기 ──┐

ㄱ. 갑은 김밥을 만드는 데 절대 우위에 있다.

ㄴ. 라면을 만드는 데 을의 노동 생산성은 갑보다 높다.

ㄷ. 김밥 1줄을 만드는 데 따른 기회비용은 을이 갑보다 크다.

ㄹ. 갑과 을이 비교 우위에 따라 각각 1시간씩 일할 경우, 김밥 12줄과 라면 10그릇을 만들 수 있다.

① ㄱ, ㄴ   ② ㄱ, ㄷ   ③ ㄴ, ㄷ
④ ㄴ, ㄹ   ⑤ ㄷ, ㄹ

06 다음 자료에 대한 옳은 분석만을 〈보기〉에서 고른 것은?

갑과 을은 함께 제과점을 열어 마카롱과 샌드위치만 만들어 팔기로 하고 각자 두 상품을 만들고 있다. 그림은 갑과 을이 각각 1시간 동안 최대한 만들 수 있는 마카롱 수 또는 샌드위치 수를 나타낸다.

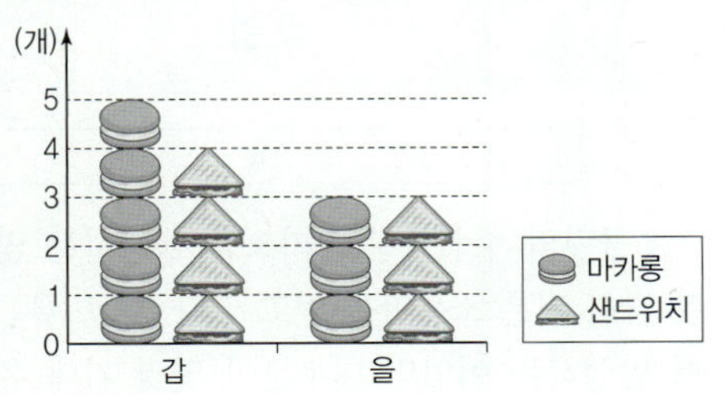

┌── 보기 ──┐

ㄱ. 갑은 마카롱을 만드는 데 절대 우위를 가진다.

ㄴ. 을은 샌드위치를 만드는 데 비교 우위를 가진다.

ㄷ. 갑이 샌드위치를 1개 만드는 데 따른 기회비용은 마카롱 5개이다.

ㄹ. 을은 1시간 동안 마카롱 3개와 샌드위치 3개를 동시에 만들 수 있다.

① ㄱ, ㄴ   ② ㄱ, ㄷ   ③ ㄴ, ㄷ
④ ㄴ, ㄹ   ⑤ ㄷ, ㄹ

07 다음 자료에 대한 옳은 분석만을 〈보기〉에서 고른 것은?

표는 갑국과 을국의 쌀과 물고기 1단위 생산에 필요한 노동자 수를 나타낸 것이다. 단, 갑국과 을국은 쌀과 물고기만을 생산하며, 노동만을 생산 요소로 사용한다.

구분	갑국	을국
쌀	5명	15명
물고기	10명	15명

┌── 보기 ──┐

ㄱ. 을국은 쌀과 물고기 생산에 대해 모두 절대 우위를 가진다.

ㄴ. 갑국의 물고기 1단위 생산의 기회비용은 쌀 2단위이다.

ㄷ. 물고기 1단위 생산의 기회비용은 을국이 갑국보다 크다.

ㄹ. 갑국은 쌀 생산에 대해 비교 우위를 가진다.

① ㄱ, ㄴ   ② ㄱ, ㄷ   ③ ㄴ, ㄷ
④ ㄴ, ㄹ   ⑤ ㄷ, ㄹ

08 다음 자료에 대한 설명으로 옳은 것은?

표는 갑국과 을국이 X재와 Y재를 각각 1단위씩 생산하는 데 소요되는 노동 시간을 나타낸 것이다. 단, X재와 Y재의 생산에는 노동만 필요하다.

구분	갑국	을국
X재	5시간	2시간
Y재	10시간	8시간

① 갑국은 X재와 Y재의 생산 모두에 절대 우위가 있다.

② 을국의 X재 1단위 생산의 기회비용은 Y재 4단위이다.

③ Y재 1단위 생산의 기회비용은 갑국이 을국보다 크다.

④ 갑국은 X재 생산에, 을국은 Y재 생산에 비교 우위가 있다.

⑤ 을국이 X재 1단위를 갑국의 Y재 1/3단위와 교환할 경우, 양국 모두 이익을 얻을 수 있다.

09 다음 자료에 대한 옳은 분석만을 〈보기〉에서 고른 것은?

그림은 X재와 Y재만을 생산하는 갑국과 을국의 생산 가능 곡선을 나타낸 것이다. 단, 갑국과 을국의 생산 요소의 양은 같고, 교역 시 양국은 비교 우위가 있는 재화에 특화한다.

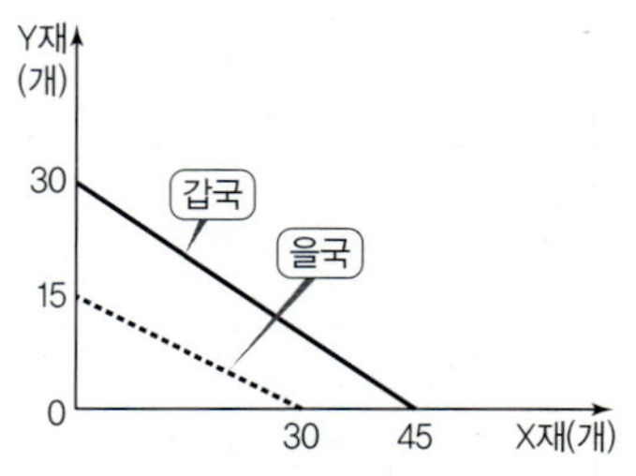

| 보기 |

ㄱ. 갑국은 X재 생산에 절대 우위가 있다.
ㄴ. X재 1개 생산의 기회비용은 갑국이 을국보다 크다.
ㄷ. 을국은 X재 30개와 Y재 15개를 동시에 생산할 수 있다.
ㄹ. 교역 조건이 X재 3개당 Y재 1개라면, 을국은 무역에 응할 것이다.

① ㄱ, ㄴ ② ㄱ, ㄷ ③ ㄴ, ㄷ
④ ㄴ, ㄹ ⑤ ㄷ, ㄹ

10 표는 갑국과 을국의 생산비를 비교한 것이다. (가), (나)에 대한 설명으로 옳은 것은? (단, 갑국과 을국은 옥수수와 고구마만을 생산하며, 생산 요소를 모두 두 재화의 생산에만 투입함.)

(단위: 달러)

구분	(가)		(나)	
	갑국	을국	갑국	을국
옥수수(1kg)	2	3	2	3
고구마(1kg)	2	1	1	2

① (가)의 경우 갑국에서 옥수수 1kg 생산의 기회비용은 고구마 2/3kg이다.
② (나)의 경우 을국에서 고구마 1kg 생산의 기회비용은 옥수수 1.5kg이다.
③ (가)의 경우 갑국은 고구마 생산에 절대 우위와 비교 우위가 있다.
④ (나)의 경우 을국은 옥수수 생산에 절대 우위와 비교 우위가 있다.
⑤ 갑국은 (가)의 경우 옥수수 생산에 특화하고, (나)의 경우 고구마 생산에 특화한다.

11 다음 글을 통해 추론할 수 있는 무역의 이점으로 가장 적절한 것은?

빵, 스프, 양파 등으로 만든 짠 맛 위주였던 15세기 유럽인의 식단에서 질 좋은 육류의 공급은 중요한 부분을 차지하였다. 육류의 누린내를 제거하고, 식욕을 돋우며, 부패를 방지하는 기능을 한 향신료는 당시 유럽인들에게 매우 귀한 식재료였다. 그러나 15세기 유럽에서는 후추, 생강, 정향, 육두구 등의 대표적인 향신료가 생산되지 않았기 때문에 유럽인들은 중국, 인도 등과의 동방 무역을 통해 향신료에 대한 막대한 수요를 해결할 수 있었다.

① 해외 선진 기술을 도입하는 통로가 된다.
② 비교 우위가 있는 재화의 특화를 촉진한다.
③ 국제 분업을 통해 규모의 경제의 이익을 얻는다.
④ 외국 상품과의 경쟁을 통해 독과점 시장의 폐해를 줄인다.
⑤ 재화의 희소성 감소로 보다 많은 소비자가 소비할 수 있다.

12 그림은 신문 칼럼이다. ㉠에 들어갈 제목으로 가장 적절한 것은?

○○ 신문　　　　　　　　○○○○년 ○○월 ○○일

칼 럼

㉠

초콜릿의 주원료인 카카오를 생산하는 많은 농가들은 극히 적은 소득만을 얻고 있다. 그 이유는 초콜릿에서 발생하는 이익의 대부분이 몇몇 거대 유통 업체와 제조업체에 돌아가기 때문이다. 이러한 가난한 농가들의 경제적 자립과 지속가능한 발전을 위해 생산 농가에게 유리한 판매 조건을 제공하고, 복잡한 유통 구조를 개선해야 한다.

① 기업들의 경제적 자립을 도와야!
② 농작물 생산량의 증대를 도모해야!
③ 유통 단계를 늘려 이익을 창출해야!
④ 정당한 이익을 카카오 생산자들에게!
⑤ 칼로리가 높은 초콜릿 소비의 자제를!

13 다음은 공정 무역 원칙의 일부이다. 이러한 원칙을 확립한 목적으로 적절하지 <u>않은</u> 것은?

> - 경제적으로 소외된 생산자, 노동자와 주로 거래하여 이들이 소득 불안정과 빈곤에서 벗어나게 한다.
> - 이윤만을 추구하지 않고 소외된 생산자의 사회적 · 경제적 상황을 모두 고려한 거래를 통해 신뢰 관계를 유지한다.
> - 생산자에게 공정한 가격이 지불되도록 하며, 불안정한 시장 상황과 현지 생활 임금을 고려하여 공정한 가격을 책정한다.
> - 국제 연합(UN) 아동 권리 협약과 아동 노동에 관한 국가나 지역의 법을 준수하며, 생산 과정에 아동이 참여할 경우 아동의 권리가 보호될 수 있도록 관찰한다.
> - 이산화 탄소 배출을 감소시키고, 지속가능한 생산을 장려하며, 폐기물과 플라스틱을 줄이기 위해 노력한다.

① 공정 무역을 통해 지속가능발전에 이바지하기 위해
② 세계 무역 시장의 공정하지 못한 관행을 개선하기 위해
③ 국제무역의 확대로 인한 부정적 영향을 최소화하기 위해
④ 국제 분업과 무역의 과정에서 정의와 공정성 등을 실현하기 위해
⑤ 국제 분업과 무역의 과정에서 경제적 효율성의 증대를 추구하기 위해

14 을의 주장을 뒷받침할 수 있는 적절한 근거만을 〈보기〉에서 있는 대로 고른 것은?

> 교사: 갑국과 자유 무역 협정(FTA)이 타결되었다고 해요. 이에 대해 어떻게 생각하는지 발표해 볼까요?
> 갑: 수입을 규제하는 게 우리 경제에 더 도움이 되었을 텐데 아쉽습니다.
> 을: 저는 우리 경제에 이익이 될 것으로 생각됩니다.

> ┌─── 보기 ───┐
> ㄱ. 소비 가능 영역이 축소된다.
> ㄴ. 선진 기술이 전파되기도 한다.
> ㄷ. 기업은 규모의 경제를 실현할 수 있다.
> ㄹ. 국내 기업과 산업의 효율성이 향상될 수 있다.

① ㄱ, ㄴ   ② ㄱ, ㄷ   ③ ㄴ, ㄷ
④ ㄱ, ㄷ, ㄹ   ⑤ ㄴ, ㄷ, ㄹ

15 다음 사례를 통해 알 수 있는 지속가능한 국제무역을 위한 기업의 노력으로 적절한 내용만을 〈보기〉에서 고른 것은?

> 국내 ○○ 기업은 버려진 즉석밥 용기를 깨끗한 플라스틱 원료로 재가공하여 응원봉 손잡이를 생산하였다. 그뿐만 아니라 응원봉 손잡이는 따로 떼어 내 플라스틱 수거함에 분리배출할 수 있도록 하였다.

> ┌─── 보기 ───┐
> ㄱ. 순환 경제를 추구한다.
> ㄴ. 환경 친화적 제품을 개발한다.
> ㄷ. 자원의 재사용은 되도록 지양한다.
> ㄹ. 폐자원 활용을 위한 정책을 마련한다.

① ㄱ, ㄴ   ② ㄱ, ㄷ   ③ ㄴ, ㄷ
④ ㄴ, ㄹ   ⑤ ㄷ, ㄹ

| 교육청 기출 |

16 밑줄 친 '공정 무역'이 활성화될 때 나타날 수 있는 변화로 옳게 추론한 것만을 〈보기〉에서 고른 것은?

> 일반 커피의 경우, 최종 소비자 가격에서 농민이 차지하는 몫은 0.5%에 불과했다. 이러한 문제에 주목하여 선진국 시민단체들은 커피 생산자 조합과 직접 계약을 맺어 정당한 대가를 지불하는 <u>공정 무역</u>을 시작하였다. 커피 수입 가격에 포함된 사회 기금을 이용하여 도로 · 주택 · 병원 · 학교 건설에 사용하도록 하는 한편, 재배 과정에서 농약을 쓰지 않도록 하고 있다.

〈커피의 이익 배분 구조〉

(단위: %)

구분	일반 커피	공정 무역 커피
커피 재배 농민	0.5	6.0
소매상	94.0	50.0
기타/제3세계 기금	5.5	44.0
합계	100.0	100.0

> ┌─── 보기 ───┐
> ㄱ. 세계 경제의 불평등 정도가 심화될 것이다.
> ㄴ. 공정 무역 커피의 유통 단계가 늘어날 것이다.
> ㄷ. 낙후 지역의 생활 기반 시설이 확충될 것이다.
> ㄹ. 공정 무역 커피 생산 농가의 소득이 늘어날 것이다.

① ㄱ, ㄴ   ② ㄱ, ㄷ   ③ ㄴ, ㄷ
④ ㄴ, ㄹ   ⑤ ㄷ, ㄹ

IV

세계화와 평화

"세계화는 우리의 삶에 어떠한 영향을 미치며,
평화를 실현하기 위해 국제 사회의 행위 주체는 어떤 역할을 해야 할까?"

–

이 단원에서는 세계화의 다양한 양상과 문제점 및 그에 대한 해결 방안을 학습하고,
진정한 평화 실현을 위한 국제 사회의 협력과 다양한 행위 주체들의 역할을 이해한다.

이 단원 핵심 개념

강	대표 주제	대표 개념
01 세계화의 양상과 문제 해결 방안	**주제 1** 세계화의 다양한 양상	✓ 세계화 ✓ 지리적 표시제 ✓ 장소 마케팅 ✓ 지역 브랜드 ✓ 세계도시 ✓ 다국적 기업 ✓ 공간적 분업
	주제 2 세계화에 따른 문제점과 해결 방안	✓ 빈부 격차 ✓ 문화의 획일화 ✓ 보편 윤리 ✓ 특수 윤리
02 평화의 중요성과 국제 사회의 행위 주체	**주제 1** 평화의 의미와 중요성	✓ 직접적 폭력 ✓ 구조적 폭력 ✓ 문화적 폭력 ✓ 소극적 평화 ✓ 적극적 평화 ✓ 국제 사회 ✓ 국제 갈등
	주제 2 국제 사회 행위 주체의 역할	✓ 국가 ✓ 정부 간 국제기구 ✓ 국제 비정부 기구 ✓ 영향력 있는 개인
03 남북 분단과 동아시아의 역사 갈등 해결	**주제 1** 남북 분단과 평화통일	✓ 남북 분단의 배경 ✓ 냉전 ✓ 통일 ✓ 분단 비용 ✓ 통일 비용
	주제 2 동아시아의 역사 갈등과 세계 평화를 위한 노력	✓ 중국 ✓ 동북공정 ✓ 일본 ✓ 역사 교과서 왜곡

01 세계화의 양상과 문제 해결 방안

주제 1 세계화의 다양한 양상 ★★

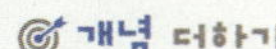
개념 더하기

✕ 세계 무역 기구(WTO)
우루과이 라운드 협상의 이행을 감시하는 국제기구로 1995년 1월 1일 정식으로 출범하였다. 자유 무역을 통해 전 세계적인 경제 발전을 목적으로 하고, 국가 간 무역 분쟁을 조정하는 역할을 한다.

✕ 우리나라의 지리적 표시제
2002년 보성 녹차가 최초로 지리적 표시제에 등록되었으며 이후 순창 고추장, 횡성 한우, 이천 쌀, 의성 마늘 등 100여 개의 품목이 등록되었다.

✕ 지역 축제의 세계화 사례

브라질의 지역 축제인 리우 카니발은 차별화된 경쟁력으로 세계인의 축제로 발전하였다. 이는 한 지역의 문화가 세계적으로 확산함과 동시에 세계 속에서 정체성과 경쟁력을 갖추게 된 사례로, 세계화와 지역화가 동시에 이루어졌음을 보여준다.

✕ 최상위 세계도시
다국적 기업 본사의 수, 국제기구 본부의 수, 국제 금융 영향력, 생산자 서비스업 종사자 수, 국제 항공편 운항 횟수 등이 압도적인 세계도시로 뉴욕, 런던, 도쿄가 이에 해당한다.

✕ 생산자 서비스업
기업 활동에 필요한 서비스업으로 다른 산업의 생산 활동을 지원한다. 금융업, 보험업, 부동산업 및 법률, 회계, 광고, 컨설팅을 포함하는 사업 서비스업 등이 해당한다.

1 세계화와 지역화

(1) 세계화

의미	국가의 경계를 넘어 세계가 하나로 통합되어 가는 현상, 세계가 하나의 생활권을 형성해 나가는 범세계적인 흐름과 추세
배경	교통·통신의 발달로 국가 간·지역 간 물자와 사람, 정보 등의 교류와 이동이 활발해져 국제 사회의 상호 의존성이 높아짐 → 시간 거리가 단축되면서 물리적 거리의 중요성이 낮아짐, 세계 무역 기구(WTO) 출범 및 자유 무역 확대
영향	• 국경의 의미 약화 → 전 지구적 규모로 경제적 상호 의존과 협력이 이루어짐 • 사회·문화적 측면에서 지역 간 연계가 뚜렷해짐 → 음식, 의복, 음악, 영화, 스포츠 등 다양한 영역에서 국경을 초월한 세계 문화 등장 • 세계도시와 다국적 기업 등장

(2) 지역화

의미		지역의 특성이 정치·경제·문화적 측면에서 독자적이면서 세계적인 가치를 지니게 되는 현상
배경		세계화로 지역 간 경쟁이 치열해지면서 다양한 지역들이 독특한 지역성을 내세우면서 세계를 움직이는 주체로 성장 → 지역의 독특한 요소들이 세계적 가치를 지니게 됨
전략	지리적 표시제	• 의미: 품질이 우수한 상품이 생산 지역의 기후, 지형 등 지리적 특성에 기반한 경우, 해당 지역의 명칭을 상품에 표시할 수 있도록 허용하는 제도 • 사례: 보성 녹차, 프랑스 카망베르 치즈, 자메이카 블루 마운틴 커피 등
	장소 마케팅	• 의미: 장소를 하나의 매력적인 상품으로 인식시키기 위해 지역의 유·무형의 자산을 홍보하여 장소의 경제적 가치를 높이는 활동 • 사례: 함평 나비 축제, 미국 뉴욕 자유의 여신상, 프랑스 칸 국제 영화제 등
	지역 브랜드	• 의미: 지역 특성을 반영한 로고나 슬로건 등을 창작하여 하나의 특별한 브랜드처럼 활용해 지역을 홍보하는 활동 • 사례: 제주(Only Jeju), 미국 뉴욕(I♥NY), 독일 베를린(be Berlin) 등

2 세계도시의 등장 자료 1

(1) **세계도시**: 정치, 경제, 문화 등 다양한 측면에서 세계적인 중심지 역할을 하는 대도시

(2) **등장 배경**: 교통·통신의 발달에 따른 경제의 세계화, 자유 무역의 확대, 다국적 기업 등장에 따른 경제협력과 분업의 확대 → 세계화에 따라 지역 간 교류·협력 강화

▲ 주요 세계도시
영향력에 따라 세계도시 간 계층 구조가 형성된 것을 세계도시 체계라고 함

(3) **세계도시의 역할 및 기능**

① 다국적 기업의 본사와 대형 금융 기관 밀집, 생산자 서비스업 집중 → 세계 경제의 의사 결정, 세계 정보의 흐름 주도

② 국제기구의 본부 입지, 다양한 국제회의 및 행사 집중 → 문화 활동과 국제 정치 활동에서 중심적 역할 수행

③ 국제적인 교통·통신망의 중심지

3 다국적 기업의 등장

(1) 다국적 기업의 의미와 등장 배경

의미	국가의 경계를 넘어 세계 여러 국가에 자회사, 지점, 생산 공장 등을 두고 세계적인 규모로 생산과 판매 활동을 하는 기업
등장 배경	• 교통·통신의 발달 → 국가 간 상호 의존성 강화 • 경제활동의 세계화 → 세계 무역 기구(WTO)의 등장과 자유 무역 협정(FTA)의 확대

(2) 다국적 기업의 공간적 분업 자료2

① 공간적 분업의 의미: 기업의 규모가 커지면서 각각의 기능이 공간적으로 분리되는 현상
② 본사, 연구소, 생산 공장 등을 분리하여 전 세계에서 각 기능을 가장 잘 수행할 수 있는 지역에 입지 → 경영의 효율성 향상과 이윤 극대화
③ 기능별 입지 특성

구분	담당 기능	입지 장소	목적
본사	경영 기획 및 관리	주로 본국의 대도시	정보 수집, 자본과 우수한 전문 인력 확보
연구소	연구 및 개발	대학 및 연구 시설이 밀집된 지역, 쾌적한 연구 환경이 갖춰진 지역 → 주로 기술 수준이 높은 선진국	핵심 기술 개발, 디자인 개발, 현지 시장 개척 등에 필요한 인력 확보
생산 공장	생산	저임금 노동력이 풍부한 개발도상국	생산 비용 절감
		선진국	무역 장벽 극복, 시장 확대

↳ 관세 부과 등을 통해 자국 산업을 보호하는 것

(3) 다국적 기업의 활동이 지역에 미치는 영향

긍정적 영향	본국	진출 국가에서 확보한 수익을 본국에 투자 가능
	진출 국가	일자리 창출, 기술과 자본 이전 → 지역 경제 활력
부정적 영향	본국	생산 공장 이전으로 인한 산업 공동화 현상 및 실업률 증가 → 지역 경제 침체
	진출 국가	자본 유출, 환경 오염, 다국적 기업에 대한 경제 의존도 심화, 경쟁력이 취약한 지역 내 기업 활동 위축

 세계화에 따른 문제점과 해결 방안 ★

1 세계화에 따른 문제점

(1) 국가 간 빈부 격차 심화: 자유 무역이 확대되면서 기술과 자본이 풍부한 선진국에 부(富)가 집중되어 상대적으로 경쟁력이 약한 개발도상국과 빈부 격차 심화
(2) 문화의 획일화: 선진국의 생활양식이 확대되면서 약소국이나 원주민 고유문화의 정체성 상실 → 문화의 다양성 훼손 자료3 ↳ 선진국이 자국 문화를 상품화하여 수출하기 때문
(3) 보편 윤리와 특수 윤리 간의 갈등: 인권, 자유, 평화 등 보편적 가치를 중시하는 보편 윤리 입장과 특정 국가의 시민으로서 국가의 주권이나 시민의 복지를 우선하는 특수 윤리 간 충돌 가능성이 커짐

2 세계화에 따른 문제점의 해결 방안

(1) 국가 간 빈부 격차 완화: 국제기구와 선진국의 공적 개발 원조 및 기술 이전을 통해 개발도상국을 지원, 소비자들의 공정 무역 및 공정 여행 실천 등
(2) 문화의 다양성 증진: 자국 문화의 정체성을 유지하면서 외래문화 수용, 문화의 고유성과 다양성을 보존하기 위한 국제적 노력 등
(3) 보편 윤리와 특수 윤리 간의 갈등 해소: 세계시민 의식 함양, 보편 윤리를 중시하면서 특수 윤리를 성찰하는 태도 함양 등

✕ 자유 무역 협정(FTA)
국가 간 상품의 자유로운 이동을 위해 모든 무역 장벽을 완화하거나 제거하는 협정이다.

✕ 산업 공동화 현상
국내 산업이 상대적으로 생산 비용이 저렴한 해외로 직접 투자를 하게 되면서 국내의 생산 능력이 저하되어 국내 산업이 쇠퇴해 가는 현상이다.

개념 더하기

✕ 공적 개발 원조
국제 개발 협력 활동의 일부로, 중앙 및 지방 정부를 포함한 공공 기관이나 이들 기관의 집행 기관이 개발도상국과 국제기구에 제공하는 각종 자원이다.

✕ 공정 여행
여행지의 환경에 해를 끼치지 않고, 여행지의 현지 문화를 존중하며, 여행지의 주민들에게 적절한 비용을 지불하여 지역 경제에 혜택이 돌아가도록 노력하는 여행이다.

자료 ❶
세계도시 종합 경쟁력 순위

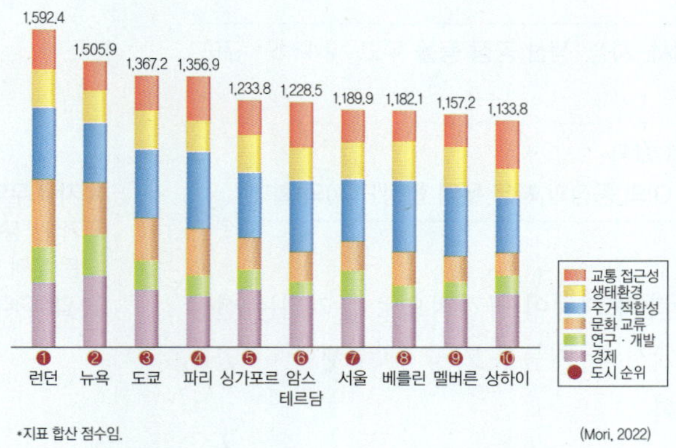

*지표 합산 점수임.

(Mori, 2022)

세계도시의 경쟁력은 정치, 경제, 문화 등 여러 측면을 고려하여 판단한다. 경제적 측면에서는 다국적 기업의 본사와 국제 금융 기관 등을 고려하며, 정치적 측면에서는 국제기구의 본부 등을 고려한다. 문화적 측면에서는 세계적인 문화 예술 기관, 영향력 있는 대중 매체 등을 고려한다. 세계도시 종합 경쟁력 순위는 조사 기관별로 사용하는 선정 지표에 따라 다르게 나타날 수 있다. 조사 기관과 조사 연도별로 세계도시 순위에는 차이가 있지만, 이를 종합적으로 분석해 보면 뉴욕, 런던, 도쿄, 파리 등이 세계도시 순위에서 상위권을 차지한다. 특히 뉴욕은 다국적 기업의 본사와 대형 금융 기관이 모여 있고, 세계 금융 시장의 중심지인 '월 스트리트'에 세계 최대 규모의 증권 거래소가 위치하여 세계 경제에 큰 영향을 미친다. 또한 각국 대표들이 국제 문제를 논의하는 국제 연합(UN) 본부가 있고, 세계적 패션쇼인 '뉴욕 패션 위크'가 열리는 등 세계의 정치, 경제, 문화의 중심지 역할을 하는 명실상부한 최상위 세계도시이다.

자료 ❷
다국적 기업의 공간적 분업

⌃ H 기업의 기능별 입지 분포와 미국 생산 공장 현황

국내에 본사를 둔 H 기업은 해외에도 연구소와 생산 공장 등을 설립하여 세계적 규모의 경영 체제를 구축한 다국적 기업이다. 최근 H 기업은 미국 조지아주에 연간 30만 대의 전기차를 생산할 수 있는 규모의 공장을 짓기로 하고, 2025년 상반기부터 전기차 생산에 들어갈 예정이다. H 기업은 다양한 차종의 전기차를 탄력적으로 생산할 수 있는 시스템을 갖추어 현지 고객의 수요에 빠르게 대응할 방침이다. 또한 미국 내 H 기업 생산 거점은 서로 인접해 있어 부품 조달이나 공급망 관리 측면에서 경제적 이점을 기대할 수 있다. 조지아주 정부는 H 기업에 각종 보상책을 단계별로 지급할 계획으로, 조지아주 정부의 보상책에는 일자리 창출에 따른 소득 공제, 재산세 감면 등이 있다.

↳ 생산 공장의 주요 입지 조건

자료 ❸
문화의 획일화 및 소멸 : 소멸 위기에 처한 언어, 제주어

⌃ 소멸 위기 언어인 제주어 전시관

세계화로 영어가 세계 공용어처럼 사용되면서 소수 민족의 언어나 방언의 사용 인구가 급감하고 있다. 2019년 기준 전 세계 언어 중 1/3이 넘는 언어가 소멸 위기에 처해 있다. 언어가 사라지면 인류가 장기간 축적해 온 지혜도 함께 사라지고 문화의 다양성이 훼손된다. 우리의 언어인 제주어 역시 1950년대 이전에 태어난 70세 이상 인구 1만 명 정도만 자유자재로 구사하고 있어, 유네스코는 제주어를 소멸 위기 언어로 분류하였다. 이러한 문제점을 해결하기 위해 K사가 인공지능(AI)을 활용한 제주어 번역을 선보였다. K사 관계자는 "인공지능 제주어 번역기가 소멸 위기에 처한 제주어에 관한 관심을 불러오고, 제주어 연구가 활발해지는 계기가 되었으면 하는 바람"이라고 강조하였다.

STEP 1 내신 다지기

주제 1 세계화의 다양한 양상 ★★

01 다음 글의 ㉠의 영향으로 옳지 <u>않은</u> 것은?

> 과거와 달리 지구가 하나의 마을처럼 가까워지면서 ㉠ 세계화의 속도가 빨라지고 있다. 이로 인해 전 세계는 이전보다 훨씬 더 많은 영향을 서로 주고받게 되었다.

① 국제 교역량이 증가한다.
② 국경의 의미가 약화된다.
③ 다국적 기업의 활동이 위축된다.
④ 국가 간 정보 교류가 활발해진다.
⑤ 한류 문화가 여러 국가로 전파된다.

02 다음 글의 (가), (나)에 들어갈 용어로 옳은 것은?

> 지역의 경쟁력을 키우고 지역 경제를 활성화할 목적으로 [(가)], [(나)] 등의 지역화 전략을 활용한다. [(가)]은/는 지역이 가진 특징을 이미지로 표현하여 지역을 하나의 상품으로 홍보하는 전략이다. [(나)]은/는 우수성이 인정되는 상품이 해당 지역에서 생산되었음을 증명해 주고, 지명을 상표권으로 인정해 주는 것이다.

	(가)	(나)
①	장소 마케팅	지역 브랜드
②	장소 마케팅	지리적 표시제
③	지역 브랜드	장소 마케팅
④	지역 브랜드	지리적 표시제
⑤	지리적 표시제	지역 브랜드

03 다음은 어느 지역의 축제 홍보 포스터이다. 이 지역에 대한 설명으로 옳은 것은?

① 넓은 갯벌이 분포한다.
② 자동차 공업 출하액이 많다.
③ 우리나라 최대 항구 도시이다.
④ 대규모 쇼핑몰이 밀집되어 있다.
⑤ 해발 고도가 높은 고원이 펼쳐져 있다.

04 (가)~(다)에 해당하는 기능을 지도의 A~C에서 고른 것은?

> (가) 자본과 우수한 인력을 확보하기 유리한 본국의 대도시에 입지한다.
> (나) 우수 전문 인력 확보에 유리한 대학 및 연구 시설이 밀집한 지역에 입지한다.
> (다) 인건비가 저렴한 개발도상국에 주로 입지하나, 무역 장벽을 극복하기 위해 선진국에 입지하기도 한다.

〈우리나라 H 기업의 국제 분업 현황〉

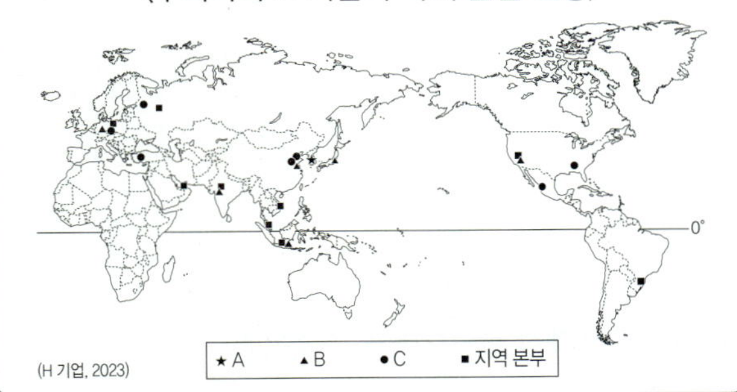

	(가)	(나)	(다)		(가)	(나)	(다)
①	A	B	C	②	A	C	B
③	B	A	C	④	B	C	A
⑤	C	A	B				

세계도시란 한 국가의 경계를 넘어서 세계적인 중심지 역할을 수행하는 대도시를 가리킨다. 세계도시에는 세계의 주요 업무 기능이 집중되어 있으며, 생산자 서비스업과 고급 소비자 서비스업이 발달되어 있다. 도시 계층은 도시의 규모와 기능의 보유 정도에 따른 도시 간의 차이를 말하며, 세계도시 또한 ㉠ 다양한 기준으로 ㉡ 최상위 세계도시, 상위 세계도시, ㉢ 하위 세계도시 등 여러 계층으로 나눌 수 있다.

05 ㉠에 해당하는 요소로 가장 적절한 것은?

① 도시 발달의 역사
② 다국적 기업의 본사 수
③ 도시의 평균 해발 고도
④ 상류층과 하류층 간 빈부 격차
⑤ 청장년층 인구가 차지하는 비율

06 ㉡, ㉢에 대한 설명으로 옳은 것은?

① ㉡은 대부분 남반구에 위치한다.
② ㉢에는 국제 연합(UN) 본부가 있다.
③ ㉡은 ㉢보다 도시의 수가 적다.
④ ㉢은 ㉡보다 동일 계층의 도시 간 평균 거리가 멀다.
⑤ ㉡과 ㉢은 모두 해당 국가의 수도에 해당한다.

---

07 그림은 교통 발달로 인한 지구의 상대적 크기 변화를 나타낸 것이다. 이러한 변화에 따른 영향으로 옳은 것만을 〈보기〉에서 고른 것은?

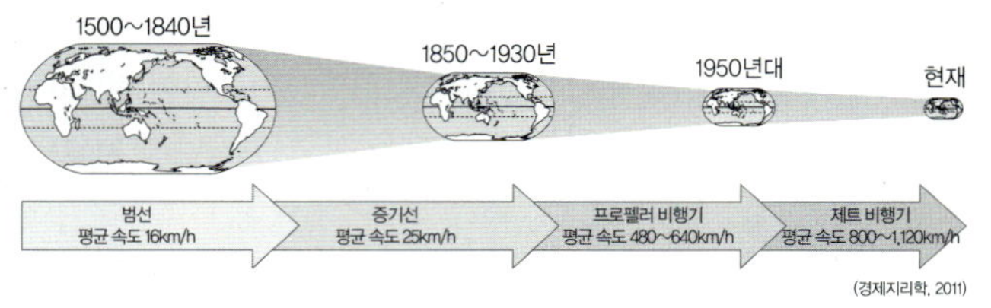

보기
ㄱ. 국경의 의미가 강화되었다.
ㄴ. 초국적 문화가 형성되었다.
ㄷ. 국가 간 빈부의 격차가 완화되었다.
ㄹ. 국제 사회의 상호 의존성이 증대되었다.

① ㄱ, ㄴ   ② ㄱ, ㄷ   ③ ㄴ, ㄷ
④ ㄴ, ㄹ   ⑤ ㄷ, ㄹ

08 다음은 수행 평가 보고서의 일부이다. (가)에 들어갈 내용으로 가장 적절한 것은?

(가) 의 사례

난민 수용에 대한 찬반 논란은 여전하다. 한국 전쟁 이후 국제적 지원을 바탕으로 세계적인 선진국으로 성장한 우리나라는 난민 수용에 인도적인 자세를 취해야 한다는 것이 난민 수용 찬성론자들의 주장이다. 그러나 일찍부터 난민 수용으로 경제적 부담과 난민들의 범죄에 노출된 유럽 국가들이 국민의 생명과 재산이 위협당하고 있는 현실을 직시해야 한다는 것이 난민 수용 반대론자들의 주장이다. 정부는 두 견해를 충분히 고려하여 우리 국민이 수용할 수 있는 난민 정책을 세워야 할 것이다.

… (하략) …

① 특수 윤리의 한계
② 보편 윤리의 중요성
③ 세계화와 보편 윤리
④ 보편 윤리와 특수 윤리 간 조화
⑤ 특수 윤리보다 가치 있는 보편 윤리

09 다음은 통합사회 수업 중 학생이 작성한 노트이다. (가)에 들어갈 내용으로 가장 적절한 것은?

> **1. 세계화**
> (1) **의미**: 세계가 하나로 통합되는 현상
> (2) **배경**: 교통과 통신의 발달
> (3) **영향**: 국가 간 상호 의존 증대, 세계도시와 다국적 기업 등장
> (4) **문제점**: [(가)]
> … (하략) …

① 국제결혼의 감소
② 초국적 문화의 쇠퇴
③ 해외 정보 획득 곤란
④ 국가 간 문화 교류 감소
⑤ 국가 간 빈부 격차 심화

11 다음 글을 읽고 물음에 답하시오.

> 우리나라 ㉠ H 기업은 해외에도 연구소와 생산 공장 등을 설립하여 세계적 규모의 경영 체제를 구축하였다. 미국·독일 등에 연구소를 설치하고, ㉡ 튀르키예·인도·브라질 등에 공장을 설립하여 자동차를 판매하는 등 세계 곳곳에서 기업 활동을 한다.

(1) ㉠이 ㉡으로 진출한 배경을 두 가지 서술하시오.

(2) ㉠이 ㉡에 생산 공장을 건설하면서 ㉡에서 발생할 긍정적 영향과 부정적 영향을 각각 서술하시오.

12 표는 세계 여러 국가의 1인당 국내 총생산(GDP)을 나타낸 것이다. 물음에 답하시오.

	(가)			(나)	
순위	국가	1인당 GDP($)	순위	국가	1인당 GDP($)
1	룩셈부르크	126,426	108	예멘	677
2	노르웨이	118,846	109	말라위	645
3	아일랜드	106,149	110	콩고민주공화국	586
4	스위스	104,039	111	모잠비크	541
5	카타르	92,101	112	니제르	533
6	싱가포르	88,046	113	마다가스카르	505
7	미국	82,808	114	소말리아	462
8	아이슬란드	76,399	115	시에라리온	461
9	덴마크	72,903	116	중앙아프리카공화국	427
10	오스트레일리아	66,983	117	부룬디	238

(세계은행, 2022)

(1) (가) 국가군과 (나) 국가군의 경제적 격차가 발생한 배경을 세계화와 관련지어 서술하시오.

(2) (가) 국가군과 (나) 국가군의 경제적 격차를 완화할 수 있는 방안을 세 가지 서술하시오.

10 다음 글의 ㉠~㉤에 대한 설명으로 옳은 것은?

> ㉠ 이슬람교 국가인 [㉡]에서 명예살인으로 한 여성이 목숨을 잃었다. ㉢ 그녀는 이슬람 사회 통념에 어긋난 성평등을 외치며, 성적 내용의 게시물을 누리소통망(SNS)에 올려 논란을 일으켰다. 그러자 ㉣ 그녀의 오빠는 가문의 명예를 더럽혔다는 이유로 여동생을 살해하였다. 이번 사건으로 국제 사회의 비난이 거세지자 [㉡]에서는 명예살인을 저지른 피고인을 약하게 처벌하던 법을 개정하여 최대 징역 25년 형을 선고할 수 있도록 하였다. 이 법에 있던 '㉤ 피해자 가족이 용서하면 처벌하지 않는다.'라는 예외 법규 조항도 폐지하였다.

① ㉠은 카스트 제도를 바탕으로 성립되었다.
② ㉡은 라틴 아메리카에 속한 국가이다.
③ ㉢이 살해된 원인은 특수 윤리를 위배했기 때문이다.
④ ㉣이 비난받은 이유는 보편 윤리를 옹호했기 때문이다.
⑤ ㉤은 특수 윤리보다 보편 윤리에 입각한 규정이다.

01 표는 다국적 기업의 국가별 판매 전략을 정리한 것이다. (가)에 들어갈 용어로 가장 적절한 것은?

다국적 기업 (본국)	주력 상품	(가) 전략
I사 (스웨덴)	가구	• 미국 : 대형 가구 전시 • 중국 : 붉은색 가구 전시
M사 (미국)	햄버거	• 인도 : 소고기를 패티에서 제외 • 일본 : 라이스버거, 새우버거 판매
S사 (대한민국)	스마트폰	• 인도 : 저가형 스마트폰 판매 • 이란 : 메카 위치 표기 핸드폰 개발

① 보편화 ② 세계화
③ 현지화 ④ 획일화
⑤ 국제 분업

교육청 기출

02 다음은 학생이 작성한 주제 탐구 보고서이다. (가)에 들어갈 내용으로 가장 적절한 것은?

〈주제 탐구 보고서〉

• 주제 : (가)
• 사례 조사하기

(사례 1) 에스파냐의 작은 마을 부뇰은 지역 전통의 토마토 축제를 활성화하기 위해 노력했다. 지역의 특산품인 토마토를 던지는 모습이 유명해지면서 매년 전 세계에서 수만 명이 축제 참가를 위해 부뇰로 모여든다.

(사례 2) 프랑스의 카망베르 마을은 지역 특산품인 치즈를 지리적 표시제로 등록하여 상표로 인정받았다. 이를 계기로 카망베르 치즈가 세계적으로 더욱 널리 알려지면서 카망베르 마을도 함께 유명해졌다.

① 다국적 기업의 공간적 분업
② 세계화에 따른 문화 획일화 현상
③ 지역 경쟁력 강화를 위한 지역화 전략
④ 국제적 중심지 역할을 하는 세계도시의 등장
⑤ 세계 무역 기구의 등장과 자유 무역 협정의 확대

03 다음 글의 ㉠~㉥에 대한 설명으로 옳지 않은 것은?

㉠ Glocalization은 ㉡ Globalization(세계화)과 ㉢ Localization(지역화)의 합성어로 표준화된 업무 프로세스를 기반으로 하면서 현지 국가의 풍토를 존중하는 경영 전략이다. ㉣ 미국에 본사를 둔 ㉤ S 커피가 한국 진출 초기에 값비싼 인테리어 장식으로 고급화를 추구했지만 실패했다. 이후 ㉥ 전통차 메뉴를 추가하고 매장 분위기를 편안하게 바꾸는 등의 전략을 펼친 끝에 사랑받는 카페로 자리매김할 수 있었다.

① ㉠의 사례로 우리나라에서 판매되는 불고기 버거를 들 수 있다.
② ㉢의 전략에는 지역 브랜드, 지리적 표시제 등이 있다.
③ ㉣에는 최상위 세계도시가 있다.
④ ㉤은 다국적 기업에 해당한다.
⑤ ㉥은 ㉡의 사례에 해당한다.

교육청 기출

04 다음은 여행기의 일부이다. ㉠, ㉡과 관련된 지역화 전략으로 옳은 것은?

9월 30일
네덜란드 암스테르담에 도착하자마자 시티 카드를 구입하였다. 이 카드는 ㉠ 'I amsterdam'이라는 슬로건을 활용하여 관광객을 위해 개발한 상품으로 대중교통뿐만 아니라 여러 관광 명소까지 자유롭게 이용할 수 있어 편리했다. 이 슬로건을 활용한 다양한 관광 상품은 지역의 가치를 높이고 경제를 활성화시키는 데 도움을 주고 있었다.

10월 4일
오늘 축제에 제공된 모든 맥주의 병뚜껑에는 ㉡ 'Münchner Bier'라는 마크가 그려져 있었다. 전통 방식으로 뮌헨 지역에서만 제조한 맥주에 부여되는 마크로, 500년 넘게 이어져 온 뮌헨 맥주에 대한 그들의 자부심을 느낄 수 있었다.

	㉠	㉡
①	지리적 표시제	공정 무역
②	지역 브랜드화	공정 무역
③	지역 브랜드화	지리적 표시제
④	생산공정의 표준화	지리적 표시제
⑤	생산공정의 표준화	지역 브랜드화

05 다음 글은 유럽의 축제를 설명한 것이다. ㉠, ㉡ 축제가 개최되는 국가를 지도의 A~D에서 고른 것은?

- ㉠ 옥토버페스트는 9~10월에 개최되는 맥주 축제이다. 화려하게 치장한 마차와 악단의 행진으로 시작되며, 민속 의상을 차려입은 시민과 방문객의 시가행진이 이어진다. 서커스, 팬터마임, 영화 상영회, 음악회 등의 볼거리를 제공한다.
- ㉡ 에든버러 국제 페스티벌은 제2차 세계 대전으로 인해 받은 상처를 치유할 목적으로 1947년에 시작되었다. 오페라, 클래식 음악, 연극, 춤, 시각 예술 분야에서 활약하는 여러 나라의 공연팀들을 초청하여 꾸미는 세계 최대의 공연 축제이다.

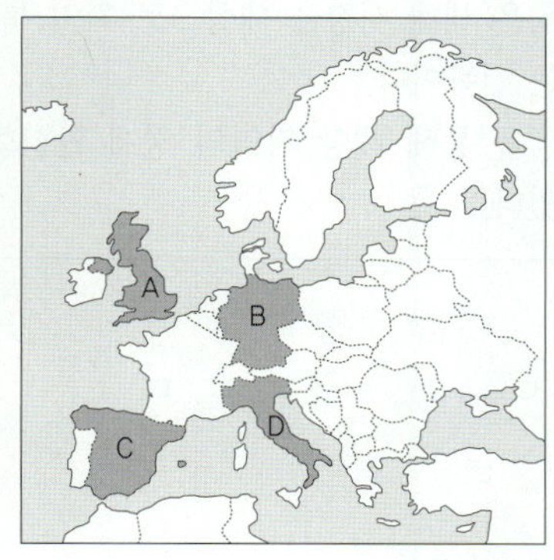

	㉠	㉡		㉠	㉡
①	A	B	②	A	D
③	B	A	④	C	D
⑤	D	C			

교육청 기출

06 다음 자료의 (가)에 들어갈 내용으로 가장 적절한 것은?

① 플랜테이션　　② 공간적 분업
③ 산업 공동화　　④ 지역 브랜드
⑤ 탄소 발자국

07 표는 어느 다국적 기업의 성장 과정을 정리한 것이다. ㉠과 비교한 ㉡ 시기 N사의 상대적 특징으로 옳지 <u>않은</u> 것은?

1964년	육상 선수 P가 미국 오리건주에 B스포츠사 설립, 유통업체로 운영
1971년	N사로 회사명을 바꾸고 운동화 생산 및 판매 시작
㉠ 1977년	대한민국과 타이완에 생산 공장 설립
1990년	세계 최대의 스포츠화 회사로 부상
㉡ 2018년	본사를 오리건주에서 뉴욕으로 이전, 42개국 567개 생산 공장에서 운동화 생산 및 판매

① 매출액 규모가 크다.
② 국제 분업 현상이 뚜렷하다.
③ 상품을 판매하는 국가가 많다.
④ 전체 근로자 중 미국 국적 근로자의 비율이 높다.
⑤ 총매출액 중 미국 이외 국가의 매출액 비율이 높다.

08 다음은 ○○ 기업의 청바지 생산에 관한 자료이다. 이에 대한 설명으로 옳은 것만을 〈보기〉에서 고른 것은? (단, (가)~(다)는 각각 본사, 생산 공장, 원료 공급지 중 하나임.)

- (가) 최상위 세계도시인 영국의 ┃ ㉠ ┃에서 청바지 디자인 기획
- (나) 파키스탄에서 목화를 재배해 청바지의 원료인 면직물 생산
- (다) 탄자니아에서 노동자들이 면직물을 봉제해 청바지 완제품 생산

━━ 보기 ━━
ㄱ. ㉠의 랜드마크는 '자유의 여신상'이다.
ㄴ. (다)는 생산비 절감을 위해 주로 선진국에 입지한다.
ㄷ. (가)는 (나)보다 기업의 의사결정에 미치는 영향이 크다.
ㄹ. (다)는 (가)보다 노동자의 평균 임금이 낮다.

① ㄱ, ㄴ　　② ㄱ, ㄷ　　③ ㄴ, ㄷ
④ ㄴ, ㄹ　　⑤ ㄷ, ㄹ

09 (가)에 들어갈 내용으로 가장 적절한 것은?

> 〈탐구 활동 보고서〉
>
> • 탐구 주제: ______(가)______
> • 탐구 목적: 세계 다양한 커피가 수입되고 우리나라에서 커피 소비가 급증하면서 녹차 수요는 오히려 감소 추세에 있다. 그래서 우리 모둠은 우리 지역의 대표 상품인 '○○녹차'를 세계에 알리는 방안을 모색해 보고자 한다.
> • 탐구 내용
>   – 세계인의 입맛에 맞는 녹차 음식(녹차 식빵, 녹차 잼 등) 개발하기
>   – '○○녹차' 축제에서 다양한 녹차 체험 부스 만들기 (녹차 화장품 체험)
>   – '○○녹차' 홍보 영상을 제작하여 누리 소통망(SNS)을 통해 전 세계에 홍보하기

① 세계화 시대의 지역화 전략
② 세계도시의 형성과 발전 과정
③ 세계화를 통한 인류의 보편적 가치 확산
④ 공정 무역을 통한 지구촌 분배 정의 실현
⑤ 무역 장벽의 극복을 통한 다국적 기업의 성장

10 다음은 학생이 '세계화' 단원의 내용을 정리한 것이다. 밑줄 친 ㉠~㉤에 대한 설명으로 옳지 <u>않은</u> 것은?

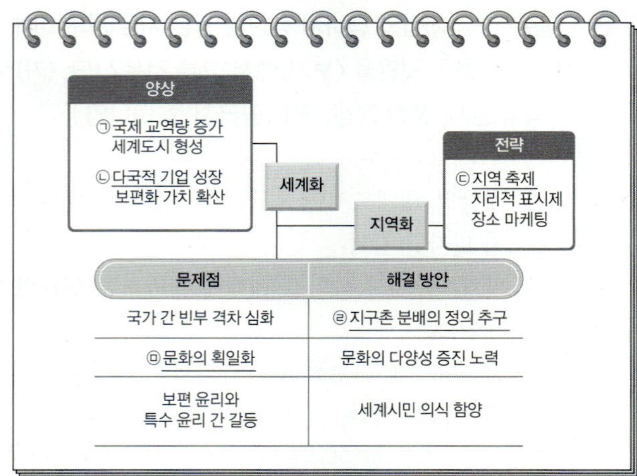

① ㉠의 배경으로 교통과 정보 통신 기술의 발달이 있다.
② ㉡은 공간적 분업을 통해 경영의 효율성을 추구한다.
③ ㉢은 지역의 정체성 강화와 지역 경제 활성화에 기여할 수 있다.
④ ㉣의 사례로 개발도상국의 생산자에게 정당한 대가를 지불하는 공정 무역이 있다.
⑤ ㉤은 지역 고유의 전통문화 정체성이 강화되는 현상이다.

11 다음 글의 ㉠~㉢에 대한 설명으로 옳은 것만을 〈보기〉에서 있는 대로 고른 것은?

> 푸드 서비스 기업 □□사는 ㉠ 미국 일리노이주 시카고시 인근에서 1955년에 첫 매장을 개장한 이래, 세계 여러 지역으로 진출하여 120여 나라에 3만 7천여 개의 매장을 가진 세계적 규모의 프랜차이즈 업체로 성장하였다. 최근에는 ㉡ 각 지역의 특성에 맞는 메뉴를 개발하여 지역 특화 상품을 판매하기도 한다. 우리나라의 경우 ㉢ 진도의 특산물인 대파를 이용한 메뉴가 있다.

┤ 보기 ├

ㄱ. ㉠에는 최상위 세계도시가 위치하고 있다.
ㄴ. ㉡은 세계 시장을 대상으로 지역 특산물을 홍보하는 전략이다.
ㄷ. ㉢을 통해 해당 지역의 경제 활성화에 기여할 수 있다.

① ㄱ   ② ㄴ   ③ ㄱ, ㄷ
④ ㄴ, ㄷ   ⑤ ㄱ, ㄴ, ㄷ

12 다음 글의 ㉠~㉣에 대한 설명으로 옳은 것만을 〈보기〉에서 고른 것은?

> 우리나라 ㉠ ○○ 자동차 회사는 세계 여러 나라에서 자동차를 생산, 판매하고 있다. ㉡ 러시아 공장에서는 혹한의 환경에서도 시동이 잘 걸리는 배터리를 장착한 자동차를 판매한다. ㉢ 브라질 공장에서는 바이오 에너지를 원료로 이용한 자동차를 판매한다. 러시아와 브라질에서의 ㉣ 이런 전략은 자동차 판매량의 증가로 이어졌다.

┤ 보기 ├

ㄱ. ㉠은 여러 나라에서 상품의 생산 및 판매 활동을 하는 다국적 기업이다.
ㄴ. ㉣은 지리적 특성을 고려한 다국적 기업의 현지화 전략이다.
ㄷ. ㉡은 ㉢보다 바이오 에너지 생산량이 많다.
ㄹ. ㉢은 ㉡보다 기온의 연교차가 크다.

① ㄱ, ㄴ   ② ㄱ, ㄷ   ③ ㄴ, ㄷ
④ ㄴ, ㄹ   ⑤ ㄷ, ㄹ

13 다음 글의 (가), (나)에 들어갈 용어에 대한 설명으로 옳은 것만을 〈보기〉에서 고른 것은?

> - _(가)_ 은/는 직접 제품 생산에 기여한 저개발국 노동자가 취해야 할 정당한 몫을 다국적 기업이 가로채고 있다는 인식이 나타난 1950년대부터 미국과 유럽을 중심으로 시작되었다. 다국적 기업에 의해 무시된 노동의 가치를 정당하게 인정해 주고 저개발국의 지속가능한 발전에 기여하자는 취지에서 전개되었다. 대표적인 제품으로는 커피, 초콜릿, 설탕 등이 있다.
> - _(나)_ 은/는 _(가)_ 에서 따온 개념으로, 착한 여행이라고도 한다. 즐기기만 하는 여행에서 초래된 환경 오염, 문명 파괴, 낭비 등을 반성하고 여행지 주민들에게 도움을 주자는 취지에서 2000년대 들어서면서 유럽을 비롯한 영미권에서 추진되었다. 현지인이 운영하는 숙소를 이용하고, 현지에서 생산되는 음식을 구입하여 지역 사회를 살리자는 취지를 담고 있다.

┤ 보기 ├

ㄱ. (가)는 선진국과 개발도상국 간의 경제적 격차를 심화시킨다.
ㄴ. (나)는 지속가능한 여행에 해당한다.
ㄷ. (가)와 (나)는 모두 윤리적 소비의 사례이다.
ㄹ. (가)에는 자유 무역, (나)에는 대중 관광이 들어간다.

① ㄱ, ㄴ ② ㄱ, ㄷ ③ ㄴ, ㄷ
④ ㄴ, ㄹ ⑤ ㄷ, ㄹ

14 다음 글의 ㉠~㉣에 대한 설명으로 옳은 것만을 〈보기〉에서 고른 것은?

> ㉠ 세계화의 진행으로 국가 간 교역 및 투자가 늘어나고, 국가 간 상호 의존성이 높아지고 있다. 경제의 세계화는 ㉡ 세계 무역 기구(WTO)가 출범하고, ㉢ 다국적 기업이 등장하면서 가속화되고 있다. 경제의 세계화는 ㉣ 긍정적인 효과와 부정적인 효과를 동시에 가져오고 있다.

┤ 보기 ├

ㄱ. ㉠은 국경의 의미가 강화된 배경이다.
ㄴ. ㉡은 자유 무역을 지향하는 국제기구이다.
ㄷ. ㉢은 국제 분업을 통해 이윤을 추구한다.
ㄹ. ㉣의 사례로 다국적 기업이 진출한 국가의 환경 보전을 들 수 있다.

① ㄱ, ㄴ ② ㄱ, ㄷ ③ ㄴ, ㄷ
④ ㄴ, ㄹ ⑤ ㄷ, ㄹ

15 표는 조사 기관별 세계도시 순위를 나타낸 것이다. ㉠~㉣ 도시에 대한 설명으로 옳은 것은?

조사 기관 순위	A.T.Keamey		Mori	
	도시	국가	도시	국가
1위	㉠	미국	㉡	영국
2위	㉡	영국	㉠	미국
3위	㉢	프랑스	㉣	일본
4위	㉣	일본	㉢	프랑스

(2022)

① ㉠은 미국의 수도이다.
② ㉡에는 유럽 연합(EU) 본부가 있다.
③ ㉢의 대표적인 랜드마크는 에펠탑이다.
④ ㉠은 ㉡보다 도시 형성 시기가 이르다.
⑤ ㉡과 ㉣은 모두 대서양과 접해 있다.

16 (가)에 들어갈 적절한 내용만을 〈보기〉에서 고른 것은?

> _(가)_ : 사라질 위기에 처한 언어들
>
> 세계화로 영어가 세계 공용어처럼 사용되면서 소수 민족의 언어나 방언의 사용 인구가 급감하고 있다. 2019년 기준 전 세계 언어 중 1/3이 넘는 언어가 소멸 위기에 처해 있다. 언어가 사라지면 인류가 장기간 축적해 온 지혜도 함께 사라지고 문화의 다양성이 훼손된다.

┤ 보기 ├

ㄱ. 문화의 획일화
ㄴ. 세계도시의 공용어
ㄷ. 세계화가 야기한 문제점
ㄹ. 보편 윤리와 특수 윤리의 대립

① ㄱ, ㄴ ② ㄱ, ㄷ ③ ㄴ, ㄷ
④ ㄴ, ㄹ ⑤ ㄷ, ㄹ

02 평화의 중요성과 국제 사회의 행위 주체

주제 1 평화의 의미와 중요성 ★★★

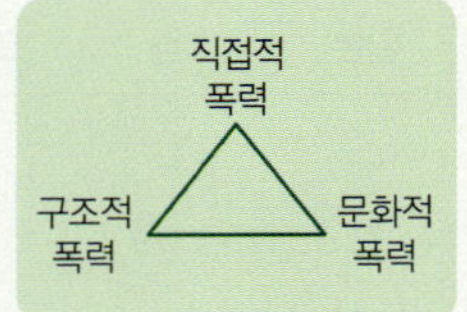

개념 더하기

※ 폭력의 구분

직접적 폭력 / 구조적 폭력 / 문화적 폭력

• 노르웨이의 평화학자인 갈퉁(Galtung, J.)은 평화를 이해하기 위해서는 먼저 폭력에 대해 알아야 한다고 주장하면서, 폭력을 직접적 폭력, 구조적 폭력, 문화적 폭력으로 구분하였다.
• 갈퉁은 폭력은 어떤 꼭짓점에서도 시작될 수 있고, 다른 꼭짓점으로도 쉽게 이어진다고 보아, 모든 폭력을 제거해야 함을 강조하였다.

※ 평화의 구분
• 갈퉁은 평화를 직접적 폭력이 제거되어 사라진 '소극적 평화'와, 직접적 폭력에 더해 구조적 폭력과 문화적 폭력까지 모두 사라진 '적극적 평화'로 구분하였다.
• 갈퉁은 인간 존엄성, 삶의 질을 중시하는 적극적 평화의 실현을 강조함으로써 평화 개념을 국가 안보 차원에서 인간 안보 차원으로 확장하였다.

※ 국제 사회의 특징

자국 이익 우선	자국의 이해관계에 따라 갈등 발생 → 심화될 경우 전쟁으로 이어질 수도 있음
힘의 논리 작용	국제 사회의 질서가 강대국의 논리에 의해 주도되는 경우가 있음
중앙 정부 부재	• 국가 간에 갈등이 발생할 경우 이를 중재할 권한을 지닌 세계 정부가 존재하지 않음 • 국제법이나 국제기구는 강제력 행사에 한계가 있음

1 폭력의 구분※

(1) 직접적 폭력
① 범죄, 테러, 전쟁 등과 같이 직접적으로 물리적 폭력을 가하는 것
② 언어적 폭력과 신체적 폭력으로 나눌 수 있음

(2) 간접적 폭력
① 구조적 폭력
• 부정의한 사회 구조나 제도로 인하여 이루어지는 폭력
• 빈곤, 정치적 억압, 경제적 착취, 사회적 차별과 소외, 인종 탄압, 이념 갈등 등을 포함함
② 문화적 폭력
• 종교, 사상, 언어, 예술, 과학, 대중 매체, 교육 등의 내부에 존재하는 폭력
• 문화적 폭력은 직접적 폭력과 구조적 폭력을 정당화하는 기능을 함

2 평화의 구분※ 자료 1

평화의 의미	• 소극적 평화 : 직접적 폭력이 없는 상태 • 적극적 평화 : 직접적 폭력, 구조적 폭력, 문화적 폭력이 모두 제거되어 사라진 상태
평화의 중요성	인류의 생존 보장, 국제 정의의 실현, 인류의 번영 도모를 위해 평화 실현이 필수적임

(1) 소극적 평화
① 의미 : 범죄, 테러, 전쟁 등과 같은 직접적·물리적 폭력이 없는 상태를 의미함
② 의의 : 소극적 평화의 실현은 인류가 생존 위협에서 벗어나 안전하게 살아갈 수 있는 환경을 조성해 줌
③ 한계 : 직접적 폭력이 없다고 해도 빈곤, 차별 등으로 고통을 겪을 수 있으므로 소극적 평화만으로는 진정한 평화가 실현되었다고 볼 수 없음

(2) 적극적 평화
① 의미 : 직접적 폭력뿐 아니라 구조적 폭력과 문화적 폭력까지 모두 제거된 상태를 의미함
② 의의 : 국내외적으로 전쟁이 없을 뿐만 아니라 빈곤, 기아, 정치적 억압, 경제적 착취, 각종 차별 및 불평등이 모두 사라져서 인류가 인간답게 살아갈 수 있게 해 줌
③ 소극적 평화를 넘어 적극적 평화를 추구해야만 진정한 평화가 실현될 수 있음
→ 단순히 안전이나 생존을 넘어 인간다운 삶의 안정성과 지속성을 확보하기 위해 필요함

3 국제 사회의 갈등과 협력

(1) 국제 사회의 갈등※
① 원인 : 오늘날 국제 사회에서는 자원, 영토, 민족, 인종, 종교, 언어 등 다양한 원인이 복잡하게 얽혀 갈등과 분쟁이 일어나고 있음
② 국제 사회에서 발생하는 갈등과 분쟁의 특징
• 지구촌 곳곳에서 발생하는 갈등과 분쟁은 인류의 안전과 생존을 위협함
• 빈곤과 기아, 차별과 불평등을 유발하여 인간이 당연히 누려야 할 권리를 빼앗고 있음
• 상호 의존성 심화로 국제 갈등은 전 세계에 영향을 미치며, 어느 한 국가의 노력만으로는 해결하기 어려움

(2) 국제 사회의 협력
① 갈등 당사국 간 대화와 양보, 타협을 통해 갈등을 평화적으로 해결하려고 노력해야 함
② 다양한 국제 사회의 행위 주체들이 지구 공동체 의식을 갖고 공동의 노력을 기울여야 함
③ 국제 갈등을 극복하고 평화를 실현할 때 인류가 안전하게 살아갈 수 있는 환경이 조성됨
④ 국제 평화의 실현은 인류가 인간답게 살 권리를 보장받고 삶의 질을 높일 수 있도록 함

1 국제 사회의 행위 주체 [자료 2]

(1) 국가

① 국제 사회의 가장 기본적이고 대표적인 행위 주체임

② 일정한 영토와 국민을 바탕으로 독립적인 주권을 행사함

③ 자국의 이익과 자국민 보호를 최우선으로 추구하며 활동함

④ 국제 사회에서 법적 지위를 갖고 여러 국제기구에 참여하여 공식적 활동을 할 수 있는 자격을 가짐

⑤ 국가는 양보와 타협을 통한 외교적 협상으로 갈등을 해결하고 다른 나라들과 협력함

(2) 정부 간 국제기구 → 교과서에 따라서는 간략하게 '국제기구'라고 표현하기도 함

① 각국의 정부를 회원으로 하는 국제 사회의 행위 주체임

② 국가들 사이의 이해관계를 조정하고 국가 간의 분쟁을 중재하는 역할을 함

③ 국가의 행위를 규율하는 국제 규범을 정립함으로써 국제 관계에 영향을 미침

④ 종류 : 국제 연합(UN), 세계 보건 기구(WHO), 국제 통화 기금(IMF) 등

(3) 국제 비정부 기구 → 교과서에 따라서는 간략하게 '비정부 기구'라고 표현하기도 함

① 개인이나 민간단체의 주도로 만들어진 국제 사회의 행위 주체임

② 특정 개인이나 기업, 국가의 이익이 아닌 생명 존중, 인권 보장, 환경 보호 등의 인류의 보편적 가치를 위해 활동함

③ 오늘날 시민사회의 영향력이 강화되면서 비정부 기구의 역할이 확대되고 있음

④ 종류 : 국경 없는 의사회, 그린피스, 국제 사면 위원회 등
→ '국제 앰네스티'라고도 하며, 사형 폐지 및 난민 수용, 양심수 옹호 등을 통해 국제 사법 정의 실현을 목적으로 활동하는 인권 운동 단체임

(4) 영향력 있는 개인

① 국제적으로 영향력이 있는 개인도 국제 사회의 중요한 행위 주체가 될 수 있음

② 종류 : 전직 국가 원수, 국제 연합의 사무총장, 노벨상 수상자, 유명 운동선수나 가수, 영화배우 등

2 세계 평화를 위한 행위 주체의 바람직한 역할

(1) **국가** : 힘의 논리에서 벗어나 대화와 타협으로 갈등을 평화적으로 해결하려고 노력해야 함

(2) **국제기구와 비정부 기구** : 갈등 중재자 역할과 함께 인도주의적 구호 활동에 힘써야 함

(3) **개인** : 한 국가의 구성원인 동시에 지구 공동체의 일원이라는 세계시민으로서의 책임감을 느끼고, 지구촌 갈등 문제에 관심을 가지며 기부나 봉사 활동에 적극 참여해야 함

개념 더하기

✕ 국제 사회에서 국가의 역할
국가 간 정상 회담, 조약 체결, 국제기구 가입, 동맹 형성 등 국제 사회의 중요한 상호 작용 대부분이 국가를 중심으로 이루어짐

✕ 국제 연합(UN)
- 제2차 세계 대전 이후 전쟁 방지와 평화 유지를 위해 설립된 대표적인 정부 간 국제기구임
- 분야별로 전문 기관을 두고 경제적, 사회적, 문화적 차원에서 국제 협력을 증진하기 위해 노력하고 있음

✕ 그린피스(Greenpeace)
지구 환경 보존과 평화 증진을 목적으로 활동하는 국제적인 환경 보호 단체이자 대표적인 국제 비정부 기구임

자료 더하기 

자료 ❶
평화에 대한 갈퉁의 입장

　　전쟁, 테러, 폭행 등 신체에 직접 해를 가하는 직접적·물리적 폭력이 제거된 소극적 평화 상태뿐만 아니라, 억압, 착취 등의 구조적 폭력과 종교와 사상, 언어와 예술, 과학과 법, 대중 매체와 교육의 내부에 존재하는 문화적 폭력까지 모두 사라진 적극적 평화 상태를 추구해야 한다. 또한 목적이 수단을 정당화할 수 없듯이, 평화는 평화적 수단으로만 이루어져야 한다.

➡ 노르웨이의 평화학자인 갈퉁은 평화를 소극적 평화와 적극적 평화로 구분하면서, 단순히 직접적 폭력만이 제거된 소극적 평화를 넘어서 구조적 폭력과 문화적 폭력까지 모두 제거된 적극적 평화를 실현해야 한다고 주장하였다.

자료 ❷
국제 사회의 다양한 행위 주체

　　㉠ 기후변화 문제를 해결하기 위해 국제 사회가 함께 노력하고 있다. ㉡ 그린피스와 같은 국제 환경 단체들이 적극적으로 앞장서고 있으며, 일부 ㉢ 국가들은 자국의 법적 규제를 통해 온실가스 배출을 억제하고 있다. 이와 함께 ㉣ 국제 연합(UN)이 문제 해결을 위해 국제적 협력을 더 적극적으로 이끌어 내야 한다는 목소리가 커지고 있다.

➡ ㉠은 어느 한 국가나 일부 지역의 노력만으로는 해결하기 어려운 국제 문제이다. ㉡은 환경 문제 해결을 위한 대표적인 국제 비정부 기구이다. ㉢은 국제 사회에서 가장 기본적이고 대표적인 행위 주체이다. ㉣은 각국의 정부를 회원으로 하는 대표적인 정부 간 국제기구이다.

01 ㉠에 들어갈 내용으로 가장 적절한 것은?

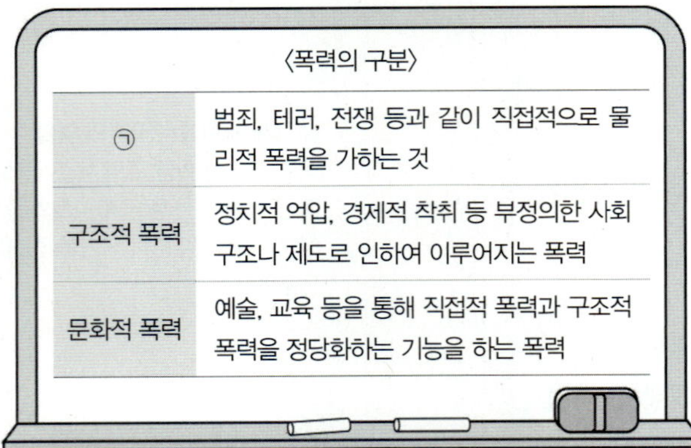

① 간접적 폭력
② 직접적 폭력
③ 소극적 평화
④ 적극적 평화
⑤ 소극적 자유

02 밑줄 친 '폭력'에 해당하는 것만을 〈보기〉에서 고른 것은?

> 적극적 평화란 직접적 폭력이 없을 뿐 아니라 <u>구조적 폭력과 문화적 폭력</u>까지 제거된 상태를 가리킨다.

보기
ㄱ. 빈곤 　　 ㄴ. 전쟁 ㄷ. 차별 　　 ㄹ. 테러

① ㄱ, ㄴ
② ㄱ, ㄷ
③ ㄴ, ㄷ
④ ㄴ, ㄹ
⑤ ㄷ, ㄹ

03 ㉠에 들어갈 내용으로 가장 적절한 것은?

> 소극적 평화란 [㉠]를 의미한다.

① 구조적 폭력이 없는 상태
② 문화적 폭력이 없는 상태
③ 물리적 폭력이 없는 상태
④ 부당한 억압과 차별이 사라진 상태
⑤ 빈곤으로 인한 고통에서 벗어난 상태

04 밑줄 친 ㉠, ㉡에 대한 설명으로 적절하지 <u>않은</u> 것은?

> '현대 평화학의 아버지'로 불리는 평화학자 갈퉁은 평화의 개념을 ㉠소극적 평화와 ㉡적극적 평화로 구분하였다. 소극적 평화는 직접적 폭력이 없는 상태를 뜻한다. 적극적 평화는 직접적·물리적 폭력이 없을 뿐만 아니라 억압, 착취 등의 구조적 폭력과 종교와 사상, 언어와 예술 등의 내부에 존재하는 문화적 폭력까지 모두 제거된 상태를 가리킨다.

① ㉠은 물리적 폭력이 제거된 상태를 의미한다.
② ㉠은 전쟁 중인 지역에서 전쟁을 멈추지 않아도 실현된다.
③ ㉡은 각종 경제적 착취와 빈곤이 제거된 상태를 포함한다.
④ ㉡을 실현하기 위해서는 부정의한 사회 제도의 개선이 필요하다.
⑤ ㉠과 ㉡은 모두 분쟁, 테러 등이 발생하지 않는 상태를 포함한다.

05 그림의 강연자가 긍정의 대답을 할 질문으로 가장 적절한 것은?

① 물리적 폭력만 제거하면 진정한 평화가 달성되는가?
② 적극적 평화는 전쟁의 완전한 종식과 동시에 실현되는가?
③ 구조적 폭력이 제거되어야 소극적 평화를 이룰 수 있는가?
④ 인간 존엄성 실현을 위해 적극적 평화가 달성되어야 하는가?
⑤ 평화 실현을 위해서라면 다른 나라를 침략하는 전쟁도 정당한가?

06 다음을 주장한 사람의 입장으로 적절한 것만을 〈보기〉에서 고른 것은?

> 전쟁, 범죄와 같은 직접적 폭력만이 사라진 상태인 소극적 평화는 언제든지 깨어질 수 있으므로 진정한 평화라고 할 수 없다. 진정한 평화를 실현하기 위해서는 직접적 폭력뿐만 아니라 사회 제도에서 나타나는 억압과 착취와 같은 구조적 폭력 그리고 이러한 폭력들을 정당화하는 문화적 폭력까지 모두 사라진 적극적 평화를 실현해야 한다.

―――― 보기 ――――
ㄱ. 소극적 평화만으로는 진정한 평화가 실현되기 어렵다.
ㄴ. 적극적 평화는 직접적 폭력의 제거만으로도 달성된다.
ㄷ. 진정한 평화는 문화적 폭력이 존재하더라도 가능하다.
ㄹ. 진정한 평화는 적극적 평화를 달성함으로써 이루어진다.

① ㄱ, ㄴ　　② ㄱ, ㄹ　　③ ㄴ, ㄷ
④ ㄴ, ㄹ　　⑤ ㄷ, ㄹ

07 밑줄 친 '평화 유지 활동'에 대한 설명으로 적절한 것만을 〈보기〉에서 고른 것은?

> 국제 연합(UN)의 평화 유지 활동은 상호 무력 충돌을 일으키거나 그러한 우려가 있는 분쟁 지역에 평화 유지군을 파견하여 정전 감시, 군대 철수 감독, 무장 해제 등을 돕는다. 또한 갈등을 겪는 지역에서 선거를 통해 민주적이고 정통성 있는 정부가 수립되도록 돕는 선거 지원, 내전과 기근으로 발생한 난민들의 송환과 생존을 돕는 인도주의적 구호 등도 담당하고 있다.

―――― 보기 ――――
ㄱ. 소극적 평화뿐만 아니라 적극적 평화의 실현을 목적으로 한다.
ㄴ. 구조적 폭력까지 제거하여 인간다운 삶을 살 수 있도록 지원한다.
ㄷ. 전쟁, 테러, 범죄, 폭행 등 물리적 폭력이 제거된 상태만을 추구한다.
ㄹ. 평화 유지를 목표로 하기 때문에 군사 작전이나 일체의 무력은 사용하지 않는다.

① ㄱ, ㄴ　　② ㄱ, ㄷ　　③ ㄴ, ㄷ
④ ㄴ, ㄹ　　⑤ ㄷ, ㄹ

08 ㉠에 들어갈 학생의 답변으로 적절하지 <u>않은</u> 것은?

> 선생님: 오늘날 국제 사회에서는 갈등과 분쟁이 끊이지 않고 일어나고 있습니다. 국제 사회의 갈등과 그 해결 방안에 대해 설명해 볼까요?
>
> 학생: ＿＿＿＿＿＿㉠＿＿＿＿＿＿

① 하나의 원인보다는 여러 원인이 복합적으로 작용하여 발생합니다.
② 국제 협약 등의 국제법을 통해서 해결 방안을 모색할 수 있습니다.
③ 국제 갈등의 대부분은 개별 국가의 노력만으로 충분히 해결할 수 있습니다.
④ 국제 갈등은 어느 한 국가나 지역의 문제가 아니라 지구촌 전체의 문제로 보아야 합니다.
⑤ 세계의 어느 한 부분에서 발생하는 국제 갈등이 지구촌의 다른 국가에도 영향을 끼칩니다.

09 다음 신문 칼럼의 입장으로 가장 적절한 것은?

○○신문	○○○○년 ○○월 ○○일

칼럼

> 오늘날 지구촌 곳곳에서는 자원, 영토, 민족, 인종, 종교, 언어 등 다양한 원인이 복잡하게 얽혀 갈등과 분쟁이 일어나고 있다. 국제 사회에서 발생하는 갈등과 분쟁은 인류의 안전과 생존을 위협하며 빈곤과 기아, 차별과 불평등을 유발하여 인간으로서 당연히 누려야 할 권리를 빼앗을 수 있다. 국제 사회의 갈등은 물리적 폭력을 사용해서 해결하려고 해서는 안 되며, 견해가 다르더라도 상대방을 존중하면서 의사소통을 이어나가려는 노력이 필요하다. 그리고 자국에 직접적인 이익이 되지 않는다고 해서 국제 갈등을 외면해서도 안 된다. 평화적 과정을 통해서만 갈등을 근본적으로 해결할 수 있으며, 갈등을 해결해야만 인류가 인간답게 살 권리를 보장받고 삶의 질을 높일 수 있는 환경이 조성됨을 분명히 이해해야 한다.

① 자신과 다른 견해를 가진 국가와는 모든 교류를 단절해야 한다.
② 무력적 방법을 사용해서라도 국제 갈등을 신속히 해결해야 한다.
③ 대화와 양보, 타협을 통해 국제 갈등을 평화적으로 해결해야 한다.
④ 국가 간 갈등은 해결 불가능하므로 자국의 이익만을 추구해야 한다.
⑤ 자국에 이익이 되지 않는 국제 갈등은 개입하지 말고 회피해야 한다.

주제 2 국제 사회 행위 주체의 역할

10 밑줄 친 '이것'에 해당하는 국제 사회의 행위 주체로 가장 적절한 것은?

> • 이것은 국제 사회의 가장 기본적이고 대표적인 행위 주체이다.
> • 이것은 자국의 이익과 자국민 보호를 위한 외교 활동을 최우선으로 한다.
> • 이것은 국제 사회에서 법적 지위를 갖고 공식적 활동을 할 자격을 가진다.

① 개인
② 국가
③ 다국적 기업
④ 국제 비정부 기구
⑤ 정부 간 국제기구

11 ㉠에 해당하는 행위 주체로 적절한 것만을 〈보기〉에서 고른 것은?

> ［ ㉠ ］은/는 국가들 사이의 이해관계를 조정하고 국제 규범을 정립하는 역할을 수행하며, 각국의 정부를 회원으로 하는 국제 사회의 행위 주체이다.

─── 보기 ───
ㄱ. 그린피스
ㄴ. 국제 연합
ㄷ. 세계 보건 기구
ㄹ. 국경 없는 의사회

① ㄱ, ㄴ
② ㄱ, ㄷ
③ ㄴ, ㄷ
④ ㄴ, ㄹ
⑤ ㄷ, ㄹ

12 밑줄 친 단체가 해당하는 국제 사회의 행위 주체로 가장 적절한 것은?

> 국제 사면 위원회는 '앰네스티'라고도 하는데, 1961년 영국의 변호사가 설립하였으며 사형제 폐지, 난민의 수용과 처우 개선, 양심수 옹호 등을 통한 국제 사법 정의 실현을 제창하는 세계적인 인권 운동 단체이다.

① 다국적 기업
② 영향력 있는 개인
③ 주권을 지닌 국가
④ 국제 비정부 기구
⑤ 정부 간 국제기구

13 국제 사회의 행위 주체 (가), (나)에 대한 설명으로 가장 적절한 것은?

> (가) 평화 유지와 경제 협력 등 국제적 목적이나 활동을 위해 각 나라의 정부를 구성단위로 하여 두 국가 이상으로 구성된 조직체를 의미한다.
> (나) 개인이나 민간단체를 회원으로 하며, 환경이나 평화, 인권 등 인류 공동의 이익을 위해 활동한다.

① (가)는 국제 비정부 기구이다.
② (가)에는 '국제 사면 위원회'와 '국제 통화 기금'이 포함된다.
③ (나)는 정부 간 국제기구이다.
④ (나)는 시민 사회의 영향력이 강화되면서 그 역할이 확대되고 있다.
⑤ (가)와 (나)는 모두 자국의 이익을 최우선으로 추구한다.

14 밑줄 친 ㉠~㉤에 대한 설명으로 옳지 <u>않은</u> 것은?

> ㉠기후변화 문제를 해결하기 위해 국제 사회가 함께 노력하고 있다. ㉡그린피스와 같은 국제 환경 단체들이 적극적으로 앞장서고 있으며, 일부 ㉢국가들은 자국의 법적 규제를 통해 온실가스 배출을 억제하고 있고, ㉣개인들은 일회용품 사용 자제, 전기 절약 등의 노력을 자발적으로 실천하고 있다. 이와 함께 ㉤국제 연합(UN)이 문제 해결을 위해 국제적 협력을 더 적극적으로 이끌어 내야 한다는 목소리가 커지고 있다.

① ㉠은 어느 한 국가의 노력만으로는 해결되기 어렵다.
② ㉡은 환경 문제 해결을 위한 정부 간 국제기구이다.
③ ㉢은 국제 사회의 가장 기본적인 행위 주체이다.
④ ㉣은 ㉠의 문제를 해결하는 데 기여할 수 있다.
⑤ ㉤은 각국의 정부를 회원으로 하여 구성된다.

15 다음 사례에 나타난 지구촌 문제 해결의 시사점으로 가장 적절한 것은?

> 유럽 연합은 난민이 처음 입국한 국가에서 난민 자격 심사를 처리해 왔다. 이로 인해 지리적 특성상 북아프리카 및 중동 지역 난민의 유럽 관문에 해당되는 유럽 일부 국가들의 부담이 커졌다. 그래서 유럽 연합은 난민을 고루 나누어 수용하는 난민 쿼터제(할당제)를 마련하여, 유럽 일부 국가들이 겪고 있었던 부담을 완화시키고 각국의 협력을 강화하기로 하는 등 난민 문제 해결을 위한 의미 있는 진전을 이뤄냈다.

① 비정부 기구의 주도적인 역할이 필요하다.
② 개인의 적극적인 관심과 참여가 필요하다.
③ 물리적 강제력을 동원한 해결이 필요하다.
④ 국가 간 상호 협력을 통한 해결이 필요하다.
⑤ 이해 당사국을 배제한 제3자에 의한 해결이 필요하다.

16 다음 교사의 질문에 대해 적절한 대답을 한 학생만을 〈보기〉에서 고른 것은?

─── 보기 ───

> 갑: 개인은 어려움을 겪는 지구촌 이웃에게 관심을 갖고 기부 등의 노력을 해야 합니다.
> 을: 국제 사회는 고통받는 사람들의 생존권을 보호하기 위해 공동으로 노력해야 합니다.
> 병: 각국이 겪는 기아 문제는 해당 국가가 스스로 해결해야 할 과제임을 인정해야 합니다.
> 정: 인도주의적 구호 활동은 공식적인 정부 간 국제기구가 아닌 국제 비정부 기구가 전담해야 합니다.

① 갑, 을　　　② 갑, 병　　　③ 을, 병
④ 을, 정　　　⑤ 병, 정

서술형 문제

17 다음 자료를 보고 물음에 답하시오.

> **1. 폭력의 의미**
>
> | | |
> |---|---|
> | 직접적 폭력 | 범죄, 테러, 전쟁 등과 같이 직접적으로 물리적 폭력을 가하는 것 |
> | 구조적 폭력 | 억압, 착취 등 부정의한 사회 구조나 제도로 인하여 이루어지는 폭력 |
> | 문화적 폭력 | 예술, 교육 등을 통해 직접적 폭력과 구조적 폭력을 정당화하는 기능을 하는 폭력 |
>
> **2. 평화의 의미**
>
> | | |
> |---|---|
> | 소극적 평화 | 범죄, 테러, 전쟁 등의 직접적 폭력이 없는 상태 |
> | 적극적 평화 | ㉠ |
>
> **3. 평화의 실현이 중요한 이유**
>
> | |
> |---|
> | ㉡ |

(1) ㉠에 들어갈 내용을 서술하시오.

(2) ㉡에 들어갈 내용을 한 가지만 서술하시오.

18 표는 국제 사회의 행위 주체를 구분한 것이다. 물음에 답하시오.

구분	특징
국가	㉠
(가)	• 각국의 정부를 회원으로 한다. • 국가 간의 분쟁을 중재하는 역할을 한다.
(나)	• 개인이나 민간단체의 주도로 만들어진다. • 특정 국가의 이익이 아닌 인류 공동의 이익과 보편적 가치를 추구한다.

(1) (가), (나)에 해당하는 국제 사회의 행위 주체를 각각 쓰시오.

(2) ㉠에 들어갈 적절한 내용을 한 가지만 서술하시오.

01 다음을 주장한 사상가의 입장으로 적절한 것만을 〈보기〉에서 고른 것은?

> 모든 사람의 인간다운 삶을 위해 소극적 평화뿐만 아니라 적극적 평화까지 이루어야 한다. 신체적 폭력, 전쟁, 테러 등의 직접적 폭력을 제거할 때 소극적 평화가 실현된다. 또한 빈곤, 기아, 차별 등과 같은 잘못된 사회 제도나 구조에 의한 간접적 폭력이 존재한다. 간접적 폭력은 의도하지 않아도 발생하며 이 폭력마저 사라져야 적극적 평화를 이룩할 수 있다. 진정한 평화는 모든 폭력이 사라진 상태이며 이러한 상태는 평화적인 방법으로 이루어야 한다.

—— 보기 ——
ㄱ. 모든 사람은 폭력이 없는 평화로운 삶을 누려야 한다.
ㄴ. 적극적 평화 실현을 위해 불평등한 제도를 개선해야 한다.
ㄷ. 타인에게 피해를 입히려는 고의가 없다면 폭력으로 볼 수 없다.
ㄹ. 직접적인 폭력적 수단을 통해서만 직접적 폭력을 제거할 수 있다.

① ㄱ, ㄴ　　② ㄱ, ㄷ　　③ ㄴ, ㄷ
④ ㄴ, ㄹ　　⑤ ㄷ, ㄹ

02 ㉠, ㉡에 대한 옳은 설명만을 〈보기〉에서 고른 것은?

> 폭력을 줄이는 것도 중요하지만, 폭력을 예방하는 것이 더 중요하다. 전자는 ┌ ㉠ ┐ 을/를 목표로 하지만, 후자는 ┌ ㉡ ┐ 을/를 지향한다. 진정한 평화를 실현하기 위해서는 전쟁, 테러 등 신체에 직접 해를 가하는 직접적·물리적 폭력이 제거된 ┌ ㉠ ┐ 상태뿐만 아니라, 억압, 착취 등의 구조적 폭력과 종교와 사상, 언어와 예술 등의 내부에 존재하는 문화적 폭력까지 사라진 ┌ ㉡ ┐ 상태를 추구해야 한다.

—— 보기 ——
ㄱ. ㉠의 실현은 구조적 폭력의 해소를 보장한다.
ㄴ. ㉡은 각종 억압과 차별이 사라진 상태를 포함한다.
ㄷ. ㉡은 모든 종류의 폭력이 사라진 상태를 의미한다.
ㄹ. ㉠이 실현되기 이전에도 ㉡은 실현될 수 있다.

① ㄱ, ㄴ　　② ㄱ, ㄷ　　③ ㄴ, ㄷ
④ ㄴ, ㄹ　　⑤ ㄷ, ㄹ

03 다음을 주장한 사람이 긍정의 대답을 할 질문만을 〈보기〉에서 있는 대로 고른 것은?

> • 과거에 많은 사람들이 노예가 되어 폭력에 희생되었다. 이러한 직접적 폭력은 노예 제도라는 구조적 폭력으로 확산되었고, 인종주의와 같은 문화적 폭력을 낳았다. 폭력은 직접적, 구조적, 문화적 폭력 어디에서도 시작될 수 있고 쉽게 전달된다.
> • 직접적 폭력이 없는 소극적 평화뿐만 아니라, 간접적 폭력까지 사라진 적극적 평화 상태를 추구해야 한다. 그리고 평화는 어떤 경우에도 평화적 수단으로 성취해야 한다.

—— 보기 ——
ㄱ. 직접적 폭력이 존재해도 적극적 평화는 실현 가능한가?
ㄴ. 직접적 폭력이 없는 곳에서도 구조적 폭력이 존재할 수 있는가?
ㄷ. 정의롭지 못한 사회 제도는 적극적 평화 실현에 위협이 되는가?
ㄹ. 불평등을 정당화하는 사상과 이념은 폭력으로 규정할 수 있는가?

① ㄱ, ㄴ　　② ㄱ, ㄷ　　③ ㄴ, ㄹ
④ ㄱ, ㄷ, ㄹ　　⑤ ㄴ, ㄷ, ㄹ

04 그림의 강연자가 지지할 주장으로 가장 적절한 것은?

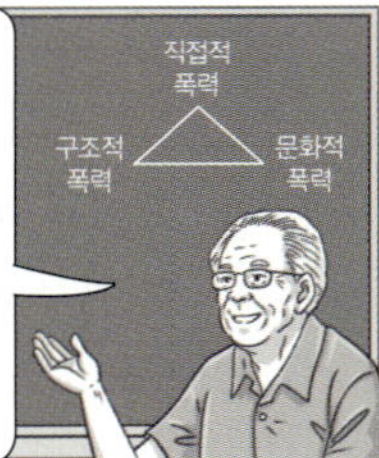

① 구조적 폭력은 전쟁이 발생하는 원인이 될 수 없다.
② 폭력의 주체는 사회 구조가 아닌 개인으로 한정된다.
③ 진정한 평화는 직접적 폭력의 제거만으로도 완성된다.
④ 문화적 폭력은 구조적 폭력을 정당화하는 요인이 될 수 있다.
⑤ 폭력은 항상 직접적 폭력에서 시작해 다른 폭력으로 이어진다.

05 다음 A국, B국의 사례를 통해 알 수 있는 국제 사회의 특징으로 가장 적절한 것은?

> - A국은 주변국들의 군사 위협에 대비하고 자국의 안보를 보장하기 위한 목적에서 다자간 상호 방위 조약 기구에 회원국으로 가입했다.
> - B국은 온실가스 감축을 골자로 하는 기후변화 협약에 가입했으나, 국가별로 감축 목표가 설정되자 자국의 산업 보호를 이유로 이 협약에서 탈퇴했다.

① 국가는 도덕적 규범에 따라 외교 정책을 수립한다.
② 국가 간 상호 협력을 자국의 경제적 이익보다 중시한다.
③ 국제 사회에서 국가는 자국의 이익을 우선적으로 추구한다.
④ 개별 국가의 독자적인 힘만으로 안보를 확고히 하고자 한다.
⑤ 국가는 자국의 이익 보장을 위해 국제 비정부 기구에 참여한다.

06 다음 신문 칼럼의 입장에서 지지할 내용으로 적절한 것만을 〈보기〉에서 고른 것은?

> ○○신문　　　　　　　　○○○○년 ○○월 ○○일
>
> ### 칼 럼
>
> 　오늘날 기후변화로 인하여 세계 곳곳에서 다양한 문제가 발생하고 있다. 이는 특정 국가나 일부 지역에만 국한되어 나타나는 것이 아니며, 현세대뿐만 아니라 미래 세대에게까지도 지속적으로 영향을 끼치므로 지구촌의 모든 인류가 함께 고민하고 해결 방안을 모색해야 한다. 특히 기후 정의 실현을 위해서는 기후변화로 고통받고 있는 개발도상국에게 선진국들이 함께 적극적인 보상과 지원을 해야 한다. 왜냐하면 기후변화에 직접적인 영향을 미치는 온실가스는 최근까지 선진국에서 주로 배출되어 왔고, 기후변화에 따른 자연 재해는 대부분 온실가스 배출량이 적은 개발도상국에서 발생하고 있기 때문이다.

보기
ㄱ. 기후변화는 전 지구적 차원에서 대처해야 할 문제이다.
ㄴ. 기후 정의를 실현하기 위해서는 국제적인 협력이 필요하다.
ㄷ. 기후변화에 따른 피해는 개발도상국보다 선진국에서 크게 나타난다.
ㄹ. 기후변화에 따른 책임은 선진국과 개발도상국이 동등하게 부담해야 한다.

07 다음에서 제시하는 난민 문제의 해결 방안으로 가장 적절한 것은?

> 　난민은 전쟁, 내전, 종교, 인종, 정치·경제적 이유 등으로 인한 심각한 박해를 피해 국외로 떠도는 사람들이다. 난민 문제를 해결하기 위해서는 인간 안보의 개념이 고려되어야 한다. 인간 안보란 외부의 침략이나 내전으로부터 국가를 지키는 것뿐 아니라 환경 오염, 질병, 소수자 차별, 불평등과 빈곤 등 인간에게 위협이 되는 모든 문제로부터 인간의 존엄과 가치를 지키는 확장된 인권 개념이다. 그러므로 난민 문제의 실마리는 인간 안보를 가로막는 모든 장애물을 허물고자 하는 노력에서 찾아야 한다.

① 난민에게 이동권을 보장함으로써 난민 문제를 해결할 수 있다.
② 자유주의적 정의관을 함양함으로써 난민 문제를 해결할 수 있다.
③ 국제기구가 개별 국가의 모든 행위를 규제함으로써 난민 문제를 해결할 수 있다.
④ 난민과 난민 수용국 간의 대화를 통해 난민 문제를 완전히 해결할 수 있다.
⑤ 물리적 폭력뿐 아니라 구조적·문화적 폭력을 제거함으로써 난민 문제를 해결할 수 있다.

08 국제 사회의 행위 주체 ㉠～㉢에 대한 옳은 설명만을 〈보기〉에서 고른 것은? (단, ㉠～㉢은 각각 국가, 정부 간 국제기구, 국제 비정부 기구 중 하나임.)

> - 　㉠　은/는 일정한 영토와 국민을 바탕으로 주권을 행사하는 주체이다.
> - 　㉡　은/는 국가들 사이의 이해관계를 조정하고 국가 간의 분쟁을 중재하는 역할을 한다.
> - 　㉢　은/는 권력이나 이윤을 추구하지 않고 공공의 이익을 추구하는 국제적 시민 사회단체이다.

보기
ㄱ. ㉡은 국제 사회에서 가장 기본이 되는 행위 주체이다.
ㄴ. ㉢은 다원화로 인해 국제 사회에서의 영향력이 축소되고 있다.
ㄷ. ㉠은 ㉡에 가입하여 회원으로 활동하기도 한다.
ㄹ. ㉡과 달리 ㉢은 개인과 민간단체를 중심으로 구성된다.

06번 · 08번 답지
① ㄱ, ㄴ　　　② ㄱ, ㄷ　　　③ ㄴ, ㄷ
④ ㄴ, ㄹ　　　⑤ ㄷ, ㄹ

 밑줄 친 ㉠~㉣에 대한 설명으로 적절한 것만을 〈보기〉에서 고른 것은?

최근 ㉠세계 무역 기구(WTO)는 ㉡갑국이 방사능 오염 우려가 있는 을국의 수산물에 대해 수입을 금지한 조치가 ㉢WTO 협정에 위배되지 않는다고 판정하였다. 이와 관련하여 국제 환경 단체 ㉣그린피스는 "을국은 방사능 오염수를 바다에 방류하는 계획을 즉각 철회하라."라고 요구하였다.

┤ 보기 ├

ㄱ. ㉢은 국제 분쟁을 해결하는 기준으로 작용하고 있다.
ㄴ. ㉠과 ㉣은 모두 정부 간 국제기구에 해당한다.
ㄷ. ㉡과 ㉣은 모두 국제 문제 해결의 주체가 될 수 있다.
ㄹ. ㉠, ㉡과 달리 ㉣은 특정 국가의 이익이 아닌 인류의 보편적 이익 실현에 기여한다.

① ㄱ, ㄴ   ② ㄱ, ㄷ   ③ ㄴ, ㄷ
④ ㄴ, ㄹ   ⑤ ㄷ, ㄹ

 밑줄 친 ㉠~㉢에 대한 옳은 설명만을 〈보기〉에서 있는 대로 고른 것은?

파리 기후변화 협정은 기후변화 방지를 위해 우리나라를 포함한 전 세계 195개의 ㉠국가들이 서명하여 채택한 조약이다. 그런데 세계의 주요 강대국 중 하나인 A국은 자국의 이익을 위해 파리 기후변화 협정을 탈퇴한다고 발표하였다. A국의 이러한 결정에 대해 ㉡국제 연합의 기후변화 협약 사무총장은 "어떠한 국가도 다국 간의 협정을 일방적으로 파기할 수는 없다."고 규탄하였고, ㉢A국의 전임 대통령 갑은 "국제 사회에서 A국의 리더십을 약화시키고, 미래 산업 발전을 저해하게 될 것"이라고 우려를 나타냈다.

┤ 보기 ├

ㄱ. ㉠은 국제 사회의 가장 기본적인 행위 주체이다.
ㄴ. ㉡은 정부 간 국제기구에 해당한다.
ㄷ. ㉠, ㉡과 달리 ㉢은 국제 사회의 행위 주체로 볼 수 없다.
ㄹ. ㉠과 ㉢은 모두 ㉡의 회원으로 활동할 수 있다.

① ㄱ, ㄴ   ② ㄴ, ㄹ   ③ ㄷ, ㄹ
④ ㄱ, ㄴ, ㄷ   ⑤ ㄱ, ㄷ, ㄹ

 (가)의 입장에 비해 (나)의 입장이 갖는 상대적 특징을 그림의 ㉠~㉤ 중에서 고른 것은?

(가) 국가는 국제 사회에서 독립적 주권을 가진 유일한 행위 주체로, 힘의 논리를 바탕으로 국민 안전, 영토 확장 등의 국익을 추구한다. 국제 평화는 국가 간 힘의 평형 상태에서만 실현된다.

(나) 국가뿐만 아니라 각종 국제기구도 국제 사회의 행위 주체이다. 국제기구는 전 지구적 문제에 대한 규범을 정립하고 국가 간 갈등을 중재한다. 국제 평화는 국가 간 세력 균형보다 정부 간 국제기구의 대화와 협력으로 실현된다.

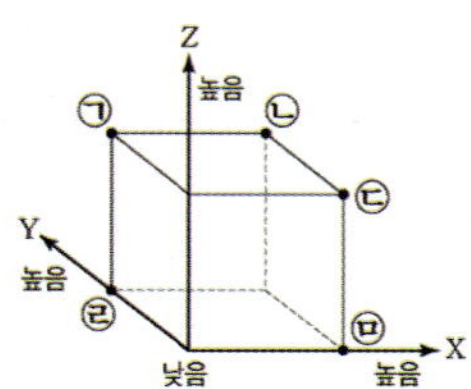

• X : 국제기구가 국제 분쟁 해결에 기여한다고 보는 정도
• Y : 국가 간 힘의 균형을 평화 실현의 주된 방법으로 보는 정도
• Z : 국제 사회에서 활동하는 행위 주체가 다양하다고 보는 정도

① ㉠   ② ㉡   ③ ㉢   ④ ㉣   ⑤ ㉤

 ㉠~㉢에 대한 설명으로 적절한 것만을 〈보기〉에서 고른 것은?

〈국제 사회의 행위 주체〉
• ㉠ 국가
• ㉡ 정부 간 국제기구
• ㉢
• 영향력 있는 개인

┤ 보기 ├

ㄱ. ㉠은 일정한 영토와 국민을 토대로 독립적 주권을 행사한다.
ㄴ. ㉡은 개인과 민간단체가 회원으로 가입할 수 있다.
ㄷ. ㉢의 예로 그린피스, 국경 없는 의사회를 들 수 있다.
ㄹ. ㉢은 세계 여러 나라에서 생산과 판매를 하며 국제적으로 이윤을 추구하는 활동을 한다.

① ㄱ, ㄴ   ② ㄱ, ㄷ   ③ ㄴ, ㄷ
④ ㄴ, ㄹ   ⑤ ㄷ, ㄹ

13 밑줄 친 ㉠~㉣에 대한 설명으로 옳은 것은?

> 　전 세계적으로 전염병이 확산되면서 백신을 확보한 ㉠ 국가들과 백신을 확보하지 못한 국가들 간 불평등이 심화되고 있다. 이에 저개발 국가의 경우 백신 특허를 보유하지 않은 기업일지라도 백신을 생산할 수 있도록 해야 한다는 주장이 일부에서 제기되고 있다. 이러한 주장에 대해 ㉡ 세계 보건 기구(WHO) 사무총장과 ㉢ 국제 연합(UN) 회원국 일부는 긍정적인 반응을 보였으나, 특허권을 보유한 ㉣ 다국적 제약 회사들은 자신들의 권리가 침해될 수 있다면서 반대하고 있다.

① ㉡은 개인이 회원으로 가입할 수 있다.
② ㉣의 영향력은 세계화로 인해 감소하고 있다.
③ ㉠과 달리 ㉢은 국제 사회의 가장 기본적인 행위 주체이다.
④ ㉢과 달리 ㉡은 국제 비정부 기구이다.
⑤ ㉣과 달리 ㉡은 사익보다 공익을 추구하고자 한다.

14 다음 토론의 핵심 쟁점으로 가장 적절한 것은?

> 갑: 오늘날에는 시민 사회의 영향력이 강화되면서 독자적인 영역에서 국제적으로 연대하며 활동하는 민간단체들의 영향력 또한 증대되고 있습니다.
> 을: 동의합니다. 그러나 갈등과 협력을 반복하면서 국제 질서를 주도해 온 것은 개별 주권 국가들입니다. 앞으로도 개별 국가들과 이에 기반한 국제기구가 국제 사회에서 강력한 주도권을 행사할 것입니다.
> 갑: 빈곤이나 기아와 같이 보편적 인류애를 통해 접근해야 하는 국제 문제들은 지구 공동체 구성원이라는 연대감에 기초한 국제적인 민간단체의 활동을 통해 해결하는 것이 효과적입니다.
> 을: 아닙니다. 빈곤이나 기아, 기후변화, 환경 파괴 문제 등은 많은 비용과 시간을 필요로 하므로 민간단체의 역할만으로는 한계가 있습니다. 따라서 정부 간 국제기구를 통한 초국가적 협력을 통해 문제를 해결하는 것이 효과적입니다.

① 국제 사회에서 개별 국가의 영향력은 조만간 상실될 것인가?
② 국제 사회에서 국제 비정부 기구의 영향력은 증대되고 있는가?
③ 국제 사회에서 가장 주도적인 행위 주체는 국제적 영향력이 큰 개인인가?
④ 국제 사회의 문제는 정부 간 국제기구를 통해 해결하는 것이 효과적인가?
⑤ 국제 문제 해결에 있어 개별 국가를 초월한 국제 사회 행위 주체의 역할이 필요한가?

15 표는 질문에 따라 국제 사회의 행위 주체를 구분한 것이다. 이에 대한 설명으로 적절하지 않은 것은? (단, (가)~(다)는 각각 국가, 국제 비정부 기구, 정부 간 국제기구 중 하나임.)

질문　　　　　　　　　　　　행위 주체	(가)	(나)	(다)
각국의 정부를 회원으로 하는가?	아니요	아니요	예
자국의 이익을 최우선으로 추구하며 활동하는가?	예	아니요	아니요
㉠	아니요	예	아니요

① ㉠에는 '국제 사면 위원회, 그린피스 등이 대표적인가?'가 들어갈 수 있다.
② (가)는 국제 사회의 가장 기본적인 행위 주체이다.
③ (나)는 개별 국가의 이익보다 국제 사회의 보편적 가치를 추구한다.
④ (다)는 국제 규범을 정립함으로써 국제 관계에 영향을 미친다.
⑤ (가)는 국가, (나)는 정부 간 국제기구, (다)는 국제 비정부 기구이다.

16 다음 글의 입장에서 지지할 내용으로 가장 적절한 것은?

> 　우리는 인류의 구성원으로서 인간 존엄성을 존중해야 하며 인종, 민족, 국가를 넘어서는 세계 시민으로서 다른 사람들의 다양성을 인정하고 관용을 베풀어야 한다. 국제 사회의 다양한 행위 주체는 모두 지구 공동체의 문제들에 관심을 가져야 하며, 국가 간 갈등을 평화로운 방법으로 해결하여 세계 평화를 실현하기 위해 노력해야 한다.

① 자국의 이익과 무관한 국제 문제에는 무관심해야 한다.
② 개개인은 타민족에 대한 편견과 차별에서 벗어나야 한다.
③ 국가는 인류 전체를 위해 개인에게 희생을 요구해야 한다.
④ 국제 문제는 강대국의 이해관계를 중심으로 해결해야 한다.
⑤ 국제 비정부 기구는 인권을 침해하는 행위에 대해 개입해서는 안 된다.

03 남북 분단과 동아시아의 역사 갈등 해결

※ 남북 분단의 역사적 과정

일본 패망 과 광복 (1945년 8월 15일)	한반도에 있는 일본군의 무장해제를 목적으로 북위 38도선을 경계로 하여 남쪽은 미국이, 북쪽은 구소련이 한반도를 분할 점령함
신탁 통치 (1945년 12월)	• 모스크바 3국 외상 회의에서 한반도에 대해 5년간 미국, 영국, 중국, 소련 4개국이 신탁 통치한다는 내용을 결정함 • 이후 우리 민족 내부에서 신탁 통치 찬성과 반대를 둘러싼 갈등이 발생함
대한민국 정부 수립 (1948년 8월 15일)	• 제헌 헌법을 토대로 광복 3주년 기념일에 대한민국 정부 수립 • 북한은 1948년 9월 9일에 정부 수립
6·25 전쟁 (1950년 6월 25일)	북한이 불법 남침하여 동족 상잔의 비극이 초래됨

※ 분단 비용과 통일 비용

분단 비용	• 분단으로 인한 대립과 갈등으로 발생하는 소모적인 비용 • 군사비, 안보비 등의 유형적 비용 + 이산가족의 고통, 국민 불안 등의 무형적 비용
통일 비용	• 통일 이후 남북한 체제 통합 등 통일에 따른 편익을 증진시키는 투자적 성격의 비용 • 정치와 경제 제도 통합, 치안, 실업 해소 등의 위기 관리 비용

1 남북 분단의 배경

(1) 국제적 배경

① 미국과 구소련 간 냉전 대결의 심화 : 제2차 세계 대전이 끝나고 세계는 미국을 중심으로 한 자유주의 진영과 구소련을 중심으로 한 공산주의 진영의 대결 구도로 나뉘어 이념적 갈등상태에 놓이게 되었음 → 인문지리학의 원리를 적용하여 지리적 환경이 국제정치에 미치는 영향을 연구하는 학문

② 한반도의 지정학적 위치 : 유라시아 대륙과 태평양을 연결하는 지정학적 요충지였던 우리나라는 광복과 동시에 북위 38도선을 기준으로 남쪽은 미국, 북쪽은 구소련의 영향력 아래 들어가게 되었음

(2) 국내적 배경 → 자치 능력이 부족한 나라를 다른 국가가 대신해 일정 기간 통치하는 것을 의미함

① 민족 내부의 응집력 부족 : 광복 후 신탁 통치에 대한 찬반 논쟁과 민족 내부의 이념적 갈등은 외세에 의한 분단을 효과적으로 막아 내지 못하는 원인이 되었음

② 6·25 전쟁의 발발 : 북한의 남침으로 같은 민족끼리 전쟁을 치르게 되면서 상대를 적대시하게 되었으며, 이는 오늘날까지 남북 분단을 고착화시키는 결과를 가져왔음 → 어떤 상황이나 현상이 굳어져 변하지 않는 상태가 됨

2 통일의 필요성

(1) 개인 및 민족적 측면

① 우리 민족은 같은 문화와 전통을 유지해 왔으나 분단 이후 다른 체제 속에서 살아오면서 이질화가 심화되었음

② 통일은 이산가족과 실향민의 아픔을 해소하고, 북한 주민의 삶을 개선하며 민족의 동질성을 회복하는 데 필요함

(2) 사회 및 문화적 측면

① 통일은 인적, 물적 교류를 활발하게 하여 분단이 빚어낸 이념, 지역, 세대 간의 갈등을 해소할 수 있을 것임

② 우리 민족의 유구한 역사와 전통을 발전시키고 문화유산을 더욱 풍요롭게 만들 것임

(3) 정치적 측면

① 한반도뿐만 아니라 주변 세계가 전쟁의 위협에서 벗어나 안정과 평화를 얻을 수 있음

② 우리나라의 위상이 더욱 높아지고, 구성원 모두가 자유와 인권을 보장받고 평화를 누리며 살아갈 수 있음

(4) 경제적 측면 → 통일 한국은 항공과 해운 교통은 물론, 육로를 통해 동아시아에서 유럽까지 사람과 물자의 이동이 가능한 중심에 위치하고 있어 위치적 잠재력이 매우 큼

① 남한의 자본과 기술이 북한의 자원 및 노동력과 결합하여 경제가 성장함

② 태평양과 유라시아를 연결하여 물류의 중심지로 성장할 수 있음

③ 분단을 유지하면서 소모되는 분단 비용을 주민 삶의 질을 향상하는 데 사용할 수 있음

3 평화통일을 위한 노력 자료 1

(1) 남북한 간 교류와 협력의 지속적 추진

① 남북한의 교류와 협력은 군사적 긴장을 완화하고 신뢰를 회복하여 화해하는 데 기여함

② 이산가족 상봉, 문화·예술·체육 교류, 남북 교역 및 정상 회담 등을 이어가야 함

(2) 남북한 통일에 우호적인 국제 환경 조성

① 평화통일을 이루려면 남북한의 주도적인 노력과 함께 주변국의 지지와 협력이 필요함

② 한반도의 평화통일이 세계 평화와 번영에 이바지할 수 있음을 주변국에 인식시켜야 함

1 동아시아의 역사 갈등

(1) 중국과의 역사 갈등

① 중국은 동북공정을 통해 고조선, 부여, 고구려, 발해의 과거 만주 지역을 중심으로 전개된 우리 역사를 중국의 지방사(史)라고 주장하면서 역사를 왜곡하였음

② 중국이 고구려와 발해를 중국 소수 민족의 지방 정권으로 왜곡하는 이유는 현재의 중국 영토 내에 있는 소수 민족을 통합하여 이들의 분리 독립을 막고 국경 지역을 안정화하기 위해서임

③ 최근 중국은 자신들의 문화의 우수성을 강조하는 과정에서 우리나라를 포함한 인근 국가들과 문화 원조 논란이 벌어지기도 하였음

(2) 일본과의 역사 갈등

① 일본은 역사 교과서를 왜곡하여 자신들의 침략 전쟁과 식민 지배를 정당화하거나 미화하고, 전쟁 범죄를 은폐함으로써 우리나라를 비롯한 주변국들과 갈등을 빚고 있음

> • 우리나라 침략을 '진출'로, 출병을 '파견'으로 미화하여 왜곡하였음
> • 자신의 의지로 참여한 경우도 있기 때문에 '종군 위안부'나 '강제 연행'이라는 표현이 부적절하다고 주장하며 교과서에서 삭제하였음

② 최근에는 우리 고유의 영토인 독도를 일본 영토라고 왜곡한 내용을 교과서에 포함하였음

③ 이외에도 일본군 위안부 문제, 야스쿠니 신사 참배 문제 등으로 우리나라와 지속적인 역사 갈등을 겪고 있음

(3) 동아시아 역사 갈등 해결을 위한 노력

① 공동 역사 연구 진행 : 역사 인식 차이를 극복하고 평화로운 동아시아의 미래를 지향하기 위해 공동 역사 연구의 진행과 이를 통한 공동 역사 교재 개발 사례가 있음

② 국제 연대와 인적 교류의 활성화 : 한·중·일 3국의 학술 문화 교류와 협력 강화, 동아시아 청소년 역사 체험 캠프 개최 활성화 등을 통해 서로의 역사를 배우고 이해하며 평화로운 공존을 도모해야 함

2 세계 평화를 위한 우리나라의 노력

(1) 국가적 차원

① 분쟁 지역에 군대를 파견하여 국제 연합(UN)의 평화 유지 활동에 기여하고 있음

② 우리나라의 경험과 기술을 필요로 하는 개발도상국을 지원하고 있음

③ 빈곤, 기아, 재난 등으로 고통을 겪고 있는 국가에 구호 활동을 하고 있음

④ 다양한 국제기구에 주도적으로 참여하여 세계 인권과 민주주의 증진에 이바지하고 있음

(2) 개인과 민간단체 차원 : 다양한 국제 비정부 기구에 참여하여 반전, 평화, 환경, 빈곤, 기아 등 세계적인 문제를 함께 해결하기 위해 노력하고 있음

✕ 동북공정

동북공정(東北工程)은 동북 3성, 즉 랴오닝성, 지린성, 헤이룽장성의 역사, 지리, 민족에 관한 문제를 2002년 2월부터 5년간 집중적으로 연구한 사업이다. 이 과정에서 중국은 역사적 자료를 일방적으로 해석하여 만리장성의 동쪽 끝을 옛 고구려와 발해의 영역인 헤이룽장성까지 확장하여 발표함으로써 이 지역이 중국의 고유 영토라고 왜곡된 주장을 하였다.

✕ 야스쿠니 신사 참배

야스쿠니 신사는 일본의 침략 전쟁 과정에서 전사한 군인들을 신격화하여 숭배하며 제사를 지내는 곳이다. 이곳에는 침략 전쟁을 수행한 A급 전범이 합사되어 있다.

✕ 일본의 고노 담화와 무라야마 담화

고노 담화	1993년 일본의 고노 요헤이 관방장관이 위안소 운영에 일본군과 정부의 관여를 인정하고, 일본군 위안부로 강제 동원된 피해자들에게 사과와 반성을 한 일본 정부의 공식 성명
무라야마 담화	1995년 8월 15일 무라야마 도미이치 일본 총리가 태평양 전쟁 당시 일본의 식민 지배에 대해 공식적으로 사죄하는 뜻을 표명한 담화

자료 더하기 

자료 ❶
독일 통일의 교훈

　독일의 통일 사례는 통일을 준비하는 우리에게 중요한 교훈을 준다. 독일은 통일 전 많은 교류와 협력을 추진해 왔음에도 불구하고, 통일 이후 구 동독 지역 주민들과 구 서독 지역 주민들이 서로를 비하하고 무시하는 등 심각한 갈등을 겪었다. 서독인은 동독인을 가난하고 게으르다는 의미인 '오씨(Ossi)'로 부르고, 동독인은 서독인을 거만하고 잘났다는 의미인 '베씨(Wessi)'로 부르는 현상이 나타난 것이다. 또한 사회·문화적인 이질성을 줄이지 못한 상황에서 통일이 되면서 통일 이후에 사회를 통합하는 데 막대한 비용을 지불해야 했다.

➲ 독일은 갑작스럽게 통일이 이루어진 이후, 동서독 주민들은 통일 이전의 상이한 체제에서 비롯된 사고방식과 정서의 차이로 심각한 갈등을 겪었다. 이처럼 오랜 기간 서로 다른 이념과 체제에서 살아온 사람들이 서로에 대한 이질감을 극복하고 내적인 통합을 이루는 것은 단기간에 달성할 수 있는 쉬운 문제가 아니므로 사회·문화적 통합을 위한 점진적이고 장기적인 노력을 기울여야 한다.

★★★

주제 **1** 남북 분단과 평화통일

01 다음 글의 ㉠~㉤에 들어갈 내용으로 적절하지 <u>않은</u> 것은?

> 한반도는 1945년 8월 15일 [㉠]의 식민지에서 벗어나 광복을 맞이함과 동시에 [㉡]과 구소련에 의해 북위 38도선을 기준으로 분할 점령되었다. 이후 1950년 [㉢]의 침략에 의한 [㉣]의 발발은 오늘날까지 남북 [㉤]을 고착화시키는 결과를 가져왔다.

① ㉠ : 일본
② ㉡ : 미국
③ ㉢ : 북한
④ ㉣ : 6·25 전쟁
⑤ ㉤ : 통일

02 남북 분단의 배경으로 적절한 것만을 〈보기〉에서 고른 것은?

> ── 보기 ──
> ㄱ. 민족 내부의 응집력 부족과 이념적 갈등
> ㄴ. 남한의 북침으로 인한 6·25 전쟁의 발발
> ㄷ. 자유주의 진영과 공산주의 진영 간의 냉전 체제
> ㄹ. 일본의 식민지에서 벗어나기 위한 독립 운동의 전개

① ㄱ, ㄴ
② ㄱ, ㄷ
③ ㄴ, ㄷ
④ ㄴ, ㄹ
⑤ ㄷ, ㄹ

03 ㉠에 들어갈 진술로 가장 적절한 것은?

> 갑: 통일에 반대한다. 통일이 되면 북한 주민들의 생활과 복지까지 책임져야 하므로 경제적 부담과 혼란이 가중될 것이다.
> 을: 통일에 찬성한다. 통일이 되면 [㉠]

① 소극적 평화가 실현될 가능성이 낮아질 것이다.
② 이산가족의 고통과 남북한의 이질화가 심화될 것이다.
③ 자원의 분할 사용 등 불필요한 국력 낭비가 초래될 것이다.
④ 남한의 기술과 북한의 자원이 결합하여 경제가 성장할 것이다.
⑤ 전쟁의 위협이 커져서 정치적 안정과 평화를 해치게 될 것이다.

04 (가), (나)에 대한 설명으로 적절하지 <u>않은</u> 것은?

> (가) 분단 비용   (나) 통일 비용

① (가) : 분단으로 인한 대립과 갈등으로 발생하는 비용이다.
② (가) : 통일 이후에도 지속적으로 발생하는 소모적 비용이다.
③ (가) : 군사비 등의 유형적 비용과 이산가족의 고통 등 무형적 비용도 포함된다.
④ (나) : 남북한의 서로 다른 체제를 통합하는 데 드는 비용이다.
⑤ (나) : 통일에 따른 편익을 증진시키는 투자적 성격의 비용이다.

05 다음 사례를 통해 얻을 수 있는 시사점으로 가장 적절한 것은?

> 독일은 제2차 세계 대전을 일으킨 전범 국가로, 패전 이후 공산주의 동독과 자본주의 서독으로 분단되었다가 갑작스럽게 통일을 맞게 되었다. 통일 직후, 동독과 서독의 주민들은 통일 이전의 상이한 체제에서 비롯된 사고방식과 정서의 차이로 심각한 갈등과 분열을 겪었다.

① 정치·군사적 방식을 통해 하나의 민족 공동체를 수립해야 한다.
② 남북한 정치 지도자들의 결단으로 신속한 통일을 이루어야 한다.
③ 사회·문화적 교류를 확대하여 남북한의 이질성을 줄여나가야 한다.
④ 민족 내부의 결속보다는 주변국들에 의지해 분단을 극복해야 한다.
⑤ 사회 구성원들의 내면적 통합보다 외형적인 체제 통합을 추구해야 한다.

★★

주제 **2** 동아시아의 역사 갈등과 세계 평화를 위한 노력

06 ㉠에 들어갈 내용으로 가장 적절한 것은?

> 중국은 [㉠]을/를 통해 우리나라의 고조선, 부여, 고구려, 발해의 역사가 자신들 중국의 지방사(史)라고 주장하면서 역사를 왜곡하고 있다.

① 동북공정
② 신사 참배
③ 신탁 통치
④ 공동 역사 연구
⑤ 해양 영토 분쟁

07 밑줄 친 '이 행위'에 해당하는 가장 적절한 것은?

① 일본군 위안부에 대한 인정과 사과
② 침략과 식민 지배에 대한 반성
③ 독도에 대한 영유권 주장
④ 원전 오염수 무단 방류
⑤ 야스쿠니 신사 참배

08 ㉠에 들어갈 내용으로 적절한 것만을 〈보기〉에서 있는 대로 고른 것은?

> 동아시아의 역사 갈등 문제는 한국, 중국, 일본 각국의 상호 불신, 대립, 경쟁을 심화하여 국가 간 갈등과 동아시아 지역의 불안을 키우는 요인이다. 왜곡되고 잘못된 역사를 바로잡고 오랜 세월 이어진 동아시아의 역사 갈등을 해결하기 위해서는 ⃞㉠⃞.

| 보기 |

ㄱ. 패권적이고 자국 중심주의적인 역사관을 경계해야 한다.
ㄴ. 공동 역사 연구를 진행하여 역사 인식 차이를 극복해야 한다.
ㄷ. 국제 연대와 교류의 활성화로 각국에 관한 혐오 정서를 줄여야 한다.
ㄹ. 공식적이고 객관적인 역사 정립을 위해 민간 차원의 연구는 자제해야 한다.

① ㄱ, ㄴ   ② ㄴ, ㄹ   ③ ㄷ, ㄹ
④ ㄱ, ㄴ, ㄷ   ⑤ ㄱ, ㄷ, ㄹ

서술형 문제

09 다음 자료를 보고 물음에 답하시오.

〈남북 분단 극복과 평화통일을 위한 노력〉

1. 남북 분단의 역사적 배경

국제적 배경	㉠
국내적 배경	• 민족 내부의 응집력 부족 • 신탁 통치에 대한 찬반 논쟁과 이념 갈등

2. 통일의 필요성
• 전쟁의 위협으로부터 벗어난 평화로운 삶을 영위할 수 있다.
• ________㉡________

(1) ㉠에 들어갈 적절한 내용을 한 가지만 서술하시오.

(2) ㉡에 들어갈 적절한 내용을 한 가지만 서술하시오.

10 다음 자료를 보고 물음에 답하시오.

> ㉠일본은 역사를 왜곡하여 우리나라와 지속적인 역사 갈등을 겪고 있다. 중국은 동북공정을 통해 고구려사가 중국의 지방사라고 주장하고 있다. 중국이 고구려와 발해를 중국의 지방 정권이라고 주장하는 이유는 ⃞㉡⃞. 이처럼 중국과 일본은 객관적인 역사적 사실을 외면한 채 자국의 이익에만 몰두하여 역사 왜곡을 자행하고 있다. 역사 왜곡을 바로잡기 위해서는 서로의 역사 인식을 공유하면서 과거의 잘못을 인정하고 반성하는 태도가 필요하다.

(1) ㉠에 해당하는 사례를 한 가지만 서술하시오.

(2) ㉡에 들어갈 내용을 구체적으로 서술하시오.

01 갑, 을의 입장으로 적절한 것만을 〈보기〉에서 고른 것은?

> 갑 : 남북한의 통일을 위해서는 이산가족 상봉, 스포츠 교류 등 비정치적 영역부터 교류 협력을 시작하여 단계적으로 확대해 나가야 한다. 이러한 노력이 지속되어야 남북한의 불신이 해소되어 정치 통합의 기반이 조성될 것이다.
> 을 : 남북한의 통일을 위해서는 신속한 정치적, 법적 결단이 이루어져야 한다. 정치적 영역에서 일괄 타결이 이루어질 때 통일에 이르는 시간이 단축될 뿐만 아니라 다른 분야의 문제도 빠르게 해결되어 통일이 실현될 것이다.

── 보기 ──

ㄱ. 갑 : 남북통일을 위해서는 사회·문화적 통합이 선행되어야 한다.
ㄴ. 갑 : 남북통일은 점진적인 방식으로 이루어지는 것이 바람직하다.
ㄷ. 을 : 비정치적 분야에서 교류를 확산한 후 정치적 통일로 나아가야 한다.
ㄹ. 갑과 을 : 남북한은 분단 극복보다 분단 유지가 서로에게 더 유리하다.

① ㄱ, ㄴ ② ㄱ, ㄷ ③ ㄴ, ㄷ
④ ㄴ, ㄹ ⑤ ㄷ, ㄹ

02 (가)의 입장에 비해 (나)의 입장이 갖는 상대적 특징을 그림의 ㉠~㉤ 중에서 고른 것은?

> (가) 북한은 우리의 안보를 위협하는 경계의 대상이다. 따라서 북한보다 우월한 군사력과 군사 동맹을 바탕으로 전쟁을 억지해야 한다. 이를 통해 국민의 생명과 재산을 보호하고 평화를 실현할 수 있을 뿐만 아니라 통일로 나아가는 기초를 마련할 수 있다.
> (나) 북한은 우리와 함께 평화통일을 실현해야 할 협력의 상대이다. 따라서 한반도 평화를 위해서는 군사적 경쟁보다는 활발한 남북 대화와 교류를 통해 상호 불신을 해소하고, 통일을 이뤄 분단으로 인한 구조적·문화적 폭력까지 제거해야 한다.

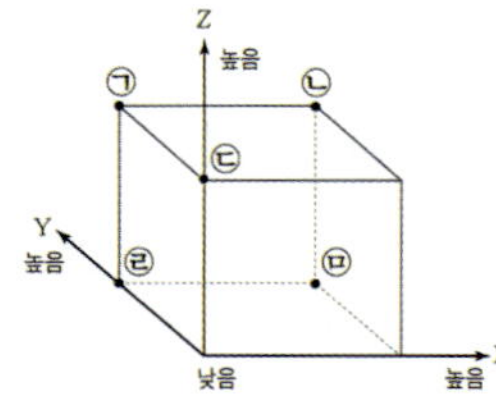

- X : 남북한 관계에서 군사적 힘의 논리를 강조하는 정도
- Y : 통일을 통한 적극적 평화의 실현을 강조하는 정도
- Z : 남북한 간 신뢰 형성의 중요성을 강조하는 정도

① ㉠ ② ㉡ ③ ㉢ ④ ㉣ ⑤ ㉤

03 갑, 을의 입장으로 가장 적절한 것은?

① 갑 : 통일 이후에는 국방비가 감소하게 될 것이다.
② 갑 : 통일 이후에도 분단 비용은 더욱 증가할 것이다.
③ 을 : 통일 이후 국방비가 감소하여 통일 편익이 증대될 것이다.
④ 을 : 통일 이후 국방비와 달리 통일 비용에 대한 부담은 증가할 것이다.
⑤ 갑과 을 : 통일 이전 대비 통일 이후의 국방비는 증가할 것이다.

04 다음 토론의 핵심 쟁점으로 가장 적절한 것은?

> 갑 : 통일은 우리 민족의 동질성을 회복하고 정체성을 확립하기 위해 반드시 이루어 내야 할 과제입니다.
> 을 : 동의합니다. 하지만 통일은 비용과 편익을 최우선으로 고려하여 우리 민족의 경제적 이익 실현을 위해 추진되어야 합니다.
> 갑 : 아닙니다. 통일의 필요성을 경제적 가치에서 찾을 경우 통일이 경제적 이익에 도움이 되지 않는다면 통일을 이룰 필요가 없다는 결론으로 이어질 수도 있습니다. 통일은 남북 간 이질성을 극복하고, 평화로운 민족 공동체 건설을 위해 실현되어야 합니다.
> 을 : 물론 통일은 평화로운 민족 공동체 건설을 위해서도 필요하지만, 그보다는 민족의 경제적 이익 증대를 우선시해야 합니다. 우리가 통일을 추진해야 하는 첫 번째 이유는 국방비 절감, 시장 확대 등 통일 편익이 통일 비용보다 크기 때문입니다.

① 통일을 통해 민족적 정체성을 확립할 수 있는가?
② 통일은 민족의 이질성 극복에 기여하지 못하는가?
③ 통일은 우리 민족이 이루어 내야 할 필수적 과제인가?
④ 통일은 우리 민족의 평화로운 공동체 건설에 기여하는가?
⑤ 통일의 필요성을 민족의 경제적 이익 증진에서 찾아야 하는가?

05 밑줄 친 '중국', '일본'에 대한 설명으로 적절하지 <u>않은</u> 것은?

> • 중국은 한반도 북방의 고대 국가 역사를 자신의 지방 역사라고 주장하면서 고대사를 왜곡하고 있다.
> • 일본은 침략 전쟁 과정에서 당시 식민지 여성들을 군대의 '위안부'로 강제 동원하였으나, 현재 '위안부'에 대한 강제성을 인정하지 않고 있다.

① 중국은 동북공정을 추진하면서 고구려가 자신의 지방 정권이라고 주장하고 있다.
② 중국의 역사 왜곡은 소수 민족의 분리 독립 요구를 막고 국경 지역의 안정화를 위한 것이다.
③ 일본은 야스쿠니 신사 참배를 통해 과거의 잘못된 역사를 미화하여 주변국에 물의를 일으키고 있다.
④ 일본은 역사 교과서 왜곡 이외에도 독도 영유권 주장 등으로 우리나라와 지속적인 역사 갈등을 겪고 있다.
⑤ 중국과 일본은 모두 객관적인 역사적 사실과 정확한 고증을 토대로 자국의 이익만을 추구하고 있다.

06 다음 자료에 대한 설명으로 적절한 것만을 〈보기〉에서 고른 것은?

> 중국은 동북 3성, 즉 랴오닝성, 지린성, 헤이룽장성의 역사, 지리, 민족에 대한 문제를 집중적으로 연구하는 사업을 추진하면서, 만리장성의 동쪽 끝을 옛 고구려와 발해의 영역인 헤이룽장성까지 확장 발표하였다.

─ 보기 ─

> ㄱ. 독도에 대한 자국의 영유권을 주장하는 내용이 포함되어 있다.
> ㄴ. 자국 영토 내 소수 민족의 분리 독립을 막고 통합하려는 의도가 있다.
> ㄷ. 고구려, 백제, 신라의 역사를 자국 역사의 일부로 편입하려는 시도이다.
> ㄹ. 만리장성이 늘어나 있는 모습을 통해 역사를 왜곡하고 있음을 알 수 있다.

① ㄱ, ㄴ　　② ㄱ, ㄷ　　③ ㄴ, ㄷ
④ ㄴ, ㄹ　　⑤ ㄷ, ㄹ

07 다음은 왜곡된 일본 역사 교과서의 일부 내용이다. 이에 대한 설명으로 적절한 것만을 〈보기〉에서 고른 것은?

> 일본해에 있는 다케시마는 1905년에 메이지 정부가 국제법에 따라 시마네 현에 편입하여 일본 고유의 영토라고 재확인하였다. 그러나 1952년부터 한국이 일방적으로 다케시마를 자국의 영토라고 주장하고 불법으로 점거하였기 때문에 일본은 국제 사법 재판소에 공동 제소할 것을 세 차례나 제안하였지만, 한국이 이에 응하지 않고 현재에 이르렀다.

─ 보기 ─

> ㄱ. 일본은 한국이 독도를 불법적으로 점유하고 있다고 왜곡하고 있다.
> ㄴ. 일본은 독도가 영유권 분쟁 지역이 아님을 국제 사회에 강조하고자 한다.
> ㄷ. 일본은 동해에 위치한 독도가 자국의 영토라고 거짓된 주장을 하고 있다.
> ㄹ. 일본의 단독 제소에 따라 국제 사법 재판소는 독도가 한국의 영토임을 인정하였다.

① ㄱ, ㄴ　　② ㄱ, ㄷ　　③ ㄴ, ㄷ
④ ㄴ, ㄹ　　⑤ ㄷ, ㄹ

08 다음 글의 밑줄 친 ㉠~㉣에 대한 설명으로 적절한 것만을 〈보기〉에서 있는 대로 고른 것은?

> 한국·중국·일본의 동아시아 3국은 정치적·경제적으로 긴밀한 관계를 맺고 있지만 최근 ㉠중국의 동북 공정과 ㉡일본의 역사 교과서 왜곡 등으로 ㉢역사 인식을 둘러싼 갈등이 발생하고 있다. 동아시아 역사 갈등을 해소하고 평화를 정착하기 위해 동아시아 3국은 ㉣역사 인식을 공유하려는 다양한 노력을 전개해야 한다.

─ 보기 ─

> ㄱ. ㉠: 한반도의 통일 이후 발생할 수 있는 영토 분쟁을 방지하기 위한 의도가 숨어 있다.
> ㄴ. ㉡: 대한민국이 일방적으로 독도를 자국의 영토라고 주장하며 불법으로 점거하고 있다고 서술한 것이 대표적 사례이다.
> ㄷ. ㉢: 동아시아 지역은 물론 세계 평화를 위협하는 요인이 될 수 있다.
> ㄹ. ㉣: 일본 주요 정치인들의 야스쿠니 신사 참배는 침략 전쟁과 식민 지배에 사죄하려는 노력에 해당한다.

① ㄱ, ㄴ　　② ㄴ, ㄹ　　③ ㄷ, ㄹ
④ ㄱ, ㄴ, ㄷ　　⑤ ㄱ, ㄷ, ㄹ

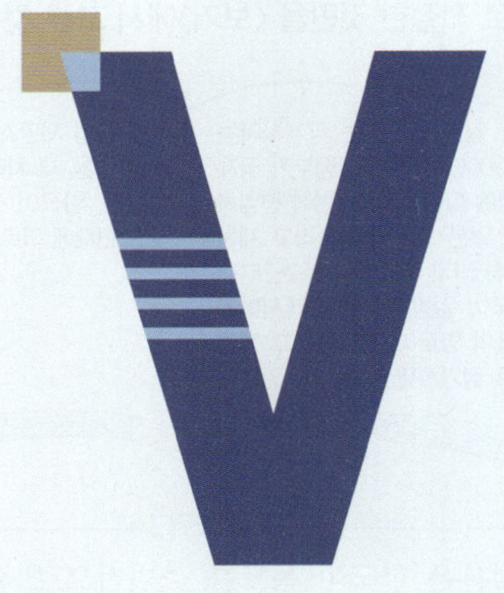

미래와 지속가능한 삶

사회의 인구 문제와 해결 방안

이 단원
핵심 질문

“지구적 차원에서 지속가능한 발전을 위한 방법에는 무엇이 있으며,
세계시민으로서 우리는 무엇을 해야 할까?”

–

이 단원에서는 인류 공동의 문제를 지속가능성의 측면에서 탐구하고,
지구촌의 미래 모습을 예측해 보면서 자신의 미래 삶의 방향을 설계해 본다.

이 단원 핵심 개념

강	대표 주제	대표 개념
01 세계의 인구 문제와 해결 방안	주제1 세계의 인구 현황	✓ 인구 분포 ✓ 인구 구조 ✓ 인구 이동
	주제2 인구 문제와 해결 방안	✓ 인구 과잉 ✓ 저출생 ✓ 고령화 ✓ 가족 친화적 가치관 ✓ 세대 간 정의
02 에너지 자원과 지속가능한 발전 ~ **03** 미래 사회의 모습과 나의 삶	주제1 에너지 자원의 분포와 소비	✓ 유한성 ✓ 편재성 ✓ 석유 ✓ 석탄 ✓ 천연가스 ✓ 자원 민족주의 ✓ 자원 고갈
	주제2 지속가능한 발전을 위한 노력	✓ 지속가능한 발전 ✓ 신·재생 에너지 ✓ 윤리적 소비 ✓ 온실가스 배출권 거래 제도
	주제3 미래 사회의 모습과 삶의 방향	✓ 미래 사회 ✓ 미래 예측 ✓ 세계시민

01 세계의 인구 문제와 해결 방안

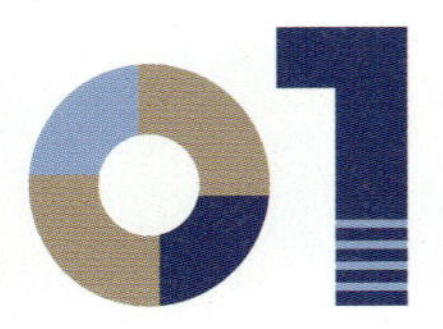

주제 1 세계의 인구 현황 ★★★

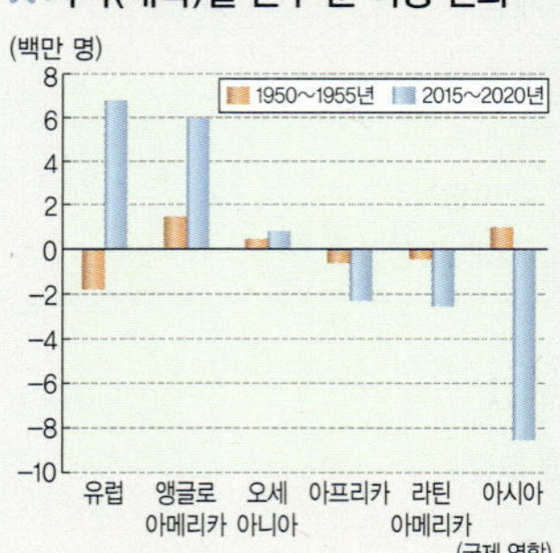

1 세계의 인구 성장 : 의학 기술의 발달, 생활 수준의 향상, 위생 시설의 개선, 식량 생산량 증가 등으로 인해 산업화 이후 세계 인구가 급격히 증가함 [자료 1]
→ 이러한 요인들로 인해 사망률이 낮아지면서 평균 수명이 길어짐

2 세계의 인구 분포 : 대부분의 인구가 북반구에 거주하고 있으며 고산 지역보다는 저지대, 내륙보다는 해안에 많이 거주함 [자료 2]

인구 밀집 지역	• 기후가 온화하고 넓은 평야가 분포한 지역 : 농업에 유리하여 식량이 풍부함 • 산업과 도시가 발달한 지역 : 일자리가 풍부하고 임금 수준이 높으며, 각종 편의 시설들이 갖춰져 있음
인구 희박 지역	• 사막 기후 지역 : 물을 구하기 어려워 곡물 재배가 어렵고 인간 거주에 불리함 • 열대 우림 지역 : 열대림이 울창하게 형성되어 있어 거주지 개발이 어려움 • 한대 기후 지역 : 기후가 한랭하여 곡물 재배가 어렵고 인간 거주에 불리함 • 험준한 산지 : 평지가 적고 기온이 낮아 인간 거주에 불리함

→ 열대 고산 기후 지역의 경우 해발 고도가 높지만 저지대보다 기후가 온화하여 인구가 밀집해 있음
예 안데스산맥의 고산 도시(에콰도르의 키토, 볼리비아의 라파스 등)

3 세계의 인구 구조

(1) 인구 구조 : 인구 집단의 연령별, 성별 인구 구성 상태 → 지역의 자연적, 사회적 특성을 반영함

(2) 선진국과 개발도상국의 인구 구조 비교 [자료 3]

선진국	출생률이 낮아 유소년층 인구 비율이 낮고, 기대 수명이 길어 노년층 인구 비율이 높음 → 중위 연령이 높음 → 인구 천 명당 출생자 수
개발도상국	출생률이 높아 유소년층 인구 비율이 높고, 기대 수명이 짧아 노년층 인구 비율이 낮음 → 중위 연령이 낮음

4 세계의 인구 이동

(1) 인구 이동의 요인

배출 요인	특정 지역의 인구를 다른 지역으로 밀어내 이동하게 만드는 요인 예 빈곤, 낮은 임금 수준, 부족한 일자리, 생활 시설의 부족 등
흡인 요인	다른 지역으로부터 인구를 끌어들여 머무르게 하는 요인 예 높은 임금 수준, 풍부한 일자리, 쾌적한 주거 환경 등

(2) 인구 이동의 유형 [자료 4]

경제적 이동	개발도상국에서 임금 수준이 높고 고용 기회가 많은 선진국으로 이동 예 라틴 아메리카 출신 노동자들의 미국으로의 이동, 아프리카와 튀르키예 출신 노동자들의 유럽으로의 이동
정치적 이동	전쟁이나 분쟁으로 인한 이동 예 서남아시아와 아프리카의 내전으로 인한 난민의 이동 → 정치적 견해, 전쟁, 재난 등의 이유로 다른 국가로 이주한 사람
환경적 이동	기후변화에 따른 환경 재앙을 피해 이동 예 해수면 상승으로 인한 남태평양 섬 주민의 주변 국가로의 이동

(3) 인구 이동이 지역에 미치는 영향
→ 계속되는 가뭄으로 인한 사막화, 지구 온난화로 인한 해수면 상승 및 침수 피해 등이 해당함

인구 유입 지역	• 긍정적 영향: 노동력 확보로 인한 경제 활성화, 문화의 다양성 증대 등 • 부정적 영향: 원거주민과 이주민 간의 문화적 차이에 따른 갈등 발생 예 유럽의 원거주민과 유럽으로 유입된 이슬람 문화권의 서남아시아, 북아프리카 난민 간 갈등
인구 유출 지역	• 긍정적 영향: 해외 이주 노동자의 본국 송금으로 인한 외화 유입 및 자본 확보 등 • 부정적 영향: 청장년층 인구 중심의 유출로 인한 노동력 감소 등

개념 더하기

✕ 인구 분포에 영향을 미치는 요인
• 자연적 요인: 기후, 지형, 식생, 토양 등
• 사회적·경제적 요인: 산업, 교통, 문화, 교육 등

✕ 연령층별 인구 구분

유소년층	0~14세 인구
청장년층	15~64세 인구
노년층	65세 이상 인구

✕ 선진국과 개발도상국의 인구 구조

구분	선진국	개발도상국
출생률	낮다	높다
유소년층 비율	낮다	높다
노년층 비율	높다	낮다
기대 수명	길다	짧다
중위 연령	높다	낮다

✕ 중위 연령
전체 인구를 연령순으로 나열했을 때 중앙에 있는 사람의 연령으로 노년층 인구의 비율이 높은 지역에서는 중위 연령이 높게 나타난다.

✕ 지역(대륙)별 인구 순 이동 변화

인구 순 이동은 유입 인구에서 유출 인구를 뺀 값이며, 유럽, 앵글로아메리카, 오세아니아와 같이 경제 발달 수준이 높은 지역(대륙)은 유출 인구보다 유입 인구가 많아 인구 순 이동이 양(+)의 값으로 나타나는 반면 아프리카, 라틴 아메리카, 아시아와 같이 경제 발달 수준이 낮은 지역(대륙)은 유입 인구보다 유출 인구가 많아 인구 순 이동 값이 음(-)의 값으로 나타난다.

자료 ❶
세계 인구의 지역(대륙)별 변화

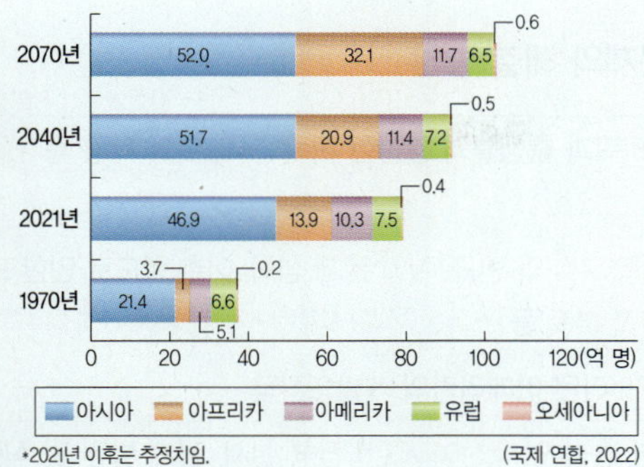

1970년에 비해 2021년 세계 인구는 두 배 이상 증가하였으며 이러한 세계 인구의 증가 추세는 2070년까지도 계속될 것으로 예상된다. 2021년 기준 세계에서 인구가 가장 많은 지역(대륙)은 인도와 중국이 속한 아시아이고, 인구가 가장 적은 지역(대륙)은 오세아니아이다.

1970~2021년 인구 증가율이 가장 높은 지역(대륙)은 출생률이 높아 인구가 빠르게 증가하고 있는 아프리카이다. 반면 선진국이 많은 유럽은 출생률이 낮아 인구 증가가 정체된 상황이며 이러한 경향은 앞으로도 지속되어 2021년에 비해 2070년 유럽의 인구는 오히려 감소할 것으로 예상되고 있다. 따라서 앞으로는 선진국보다 출생률이 높은 개발도상국이 세계 인구의 성장을 주도할 것으로 예상되고 있다.

자료 ❷
인구 밀집 지역과 인구 희박 지역의 분포

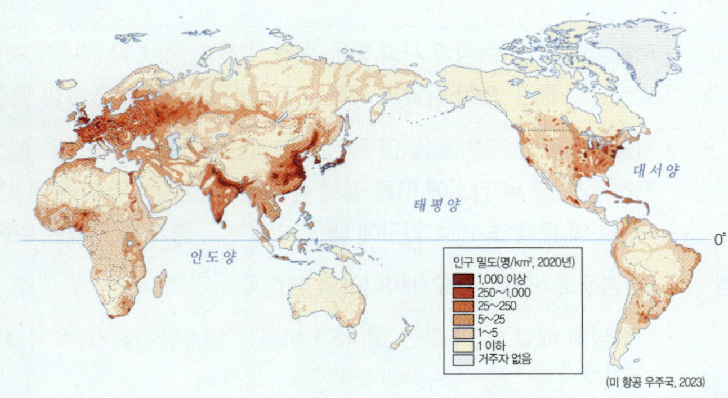

일찍부터 산업이 발달한 유럽 및 미국 북동부 지역, 벼농사가 활발한 아시아 계절풍 기후 지역은 기후가 온화하고 넓은 평야가 분포하여 도시 발달에 유리해 인구가 밀집해 있다. 반면, 북부 아프리카와 오스트레일리아 내륙 등의 사막 기후 지역, 북극해 일대와 그린란드 내륙 등의 한대 기후 지역, 아마존강 유역과 같은 열대 우림 기후 지역은 기후나 지형이 인간 거주에 적합하지 않으며, 경제 활동에 불리하고 교통이 불편하여 인구가 희박하다.

자료 ❸
선진국과 개발도상국의 인구 구조

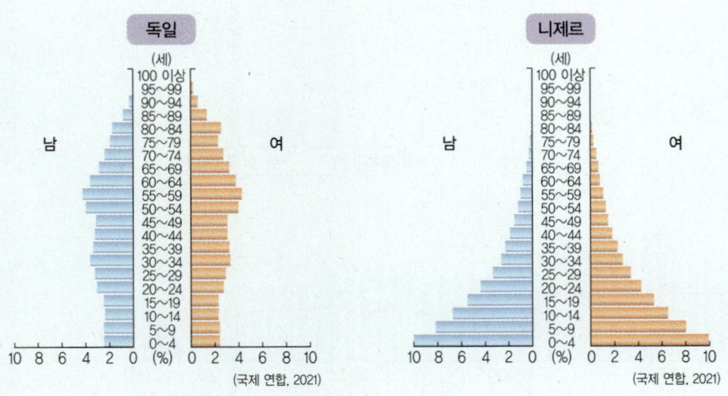

인구 구조란 한 지역의 인구를 성, 나이, 교육, 직업 등에 따라 분류한 결과이며 해당 지역의 인구 특성을 반영한다. 인구 구조를 나타내는 데 많이 이용되는 자료로는 인구 피라미드가 있다. 인구 피라미드는 어떤 지역의 연령별 인구를 세로축에, 성별 인구를 가로축에 나누어 나타낸 도표를 말한다.

그래프는 선진국인 독일과 개발도상국인 니제르의 인구 피라미드를 나타낸 것이다. 독일은 니제르보다 출생률이 낮아 0~14세의 유소년층 인구 비율이 낮은 반면, 기대 수명이 길어 65세 이상의 노년층 인구 비율이 높다. 이러한 인구 구조로 인해 독일은 니제르보다 중위 연령도 높게 나타난다.

자료 ❹
세계의 인구 이동

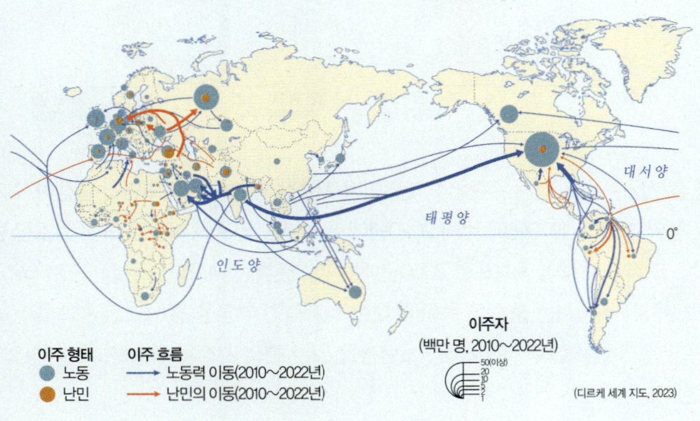

교통의 발달, 세계화의 진전 등으로 인해 과거에 비해 인구 이동 규모가 커지고 인구 이동의 범위가 크게 확대되었다. 오늘날 발생하는 인구 이동의 대부분은 개발도상국에서 임금 수준이 높고 일자리가 풍부한 선진국으로 이동하는 경제적 이동이다. 최근 정치적 탄압이나 전쟁, 종교 갈등 등으로 발생한 난민의 이동도 증가 추세에 있으며, 해수면 상승으로 인한 남태평양 섬 주민의 주변 국가로의 이동과 같이 기후변화로 인한 환경 재앙을 피해 이동하는 사례도 발생하고 있다.

◎ 개념 더하기

✕ 산아 제한 정책
출생률을 낮추기 위한 정책으로 출생률이 높은 개발도상국에서 주로 실시한다.

✕ 인구 부양력
한 지역에서 사용 가능한 자원으로 얼마만큼의 인구를 부양할 수 있는지를 나타낸 지표이다.

✕ 고령화
65세 이상의 노년층 인구 비율이 7~14%이면 고령화 사회, 14~20%이면 고령 사회, 20% 이상이면 초고령 사회로 구분한다.

1 인구 과잉에 따른 인구 문제와 해결 방안

→ 출산율에서 사망률을 뺀 값

원인	사망률의 빠른 하락과 출생률의 완만한 하락 → 인구의 자연 증가율이 높아 인구가 급격하게 증가함
문제	식량 및 자원 부족, 기아와 빈곤, 실업 문제 심화, 이촌 향도로 인한 도시 인구의 급격한 증가와 기반 시설 및 주택 부족 등 → 도시 주민의 생활이나 도시 기능 유지에 필요한 필수 시설
발생 지역	아시아, 아프리카, 라틴 아메리카의 개발도상국
해결 방안	가족계획을 통한 출산 억제(산아 제한) 정책 실시, 경제 발전 및 식량 생산 증대를 위한 인구 부양력 향상, 일자리 창출, 도시 기반 시설 확충 및 생활환경 개선, 중소 도시 육성을 통한 대도시 인구의 분산

2 저출생 · 고령화에 따른 인구 문제와 해결 방안 자료 **5**

물가를 자극하지 않으면서 생산 요소를 ← 최대한 활용하여 달성할 수 있는 최대 성장률로 인구가 감소하면 급격히 하락함

원인	• 저출생의 원인: 여성의 사회 활동 증가, 결혼과 출산 및 자녀에 대한 가치관 변화 등 • 고령화의 원인: 의학 발달과 생활 수준 향상에 따른 평균 수명 연장
문제	• 저출생의 문제: 경제활동 인구 감소로 인한 노동력 부족, 노동 생산성 저하로 인한 잠재 성장률 하락, 소비 감소에 따른 경제 성장 둔화, 장기적 경기 침체 발생 등 • 고령화의 문제: 노년층 인구에 대한 부양 부담 증가, 노년층을 위한 사회적 비용 증가 등
발생 지역	유럽, 앵글로아메리카, 오세아니아의 선진국 → 세대 갈등의 원인이 됨
해결 방안	• 저출생의 해결 방안: 출산 및 육아 비용 지원, 양육 및 보육 시설 확충, 유급 출산 휴가 기간 연장, 전통적인 가족관에 대한 인식 개선 등 • 고령화의 해결 방안: 노년층 인구에 대한 사회 보장 제도 실시, 정년 연장 및 노인 일자리 창출, 직업 훈련 지원, 노인 복지 시설 확충 등

자료 더하기 

자료 5
우리나라의 인구 문제와 해결 방안

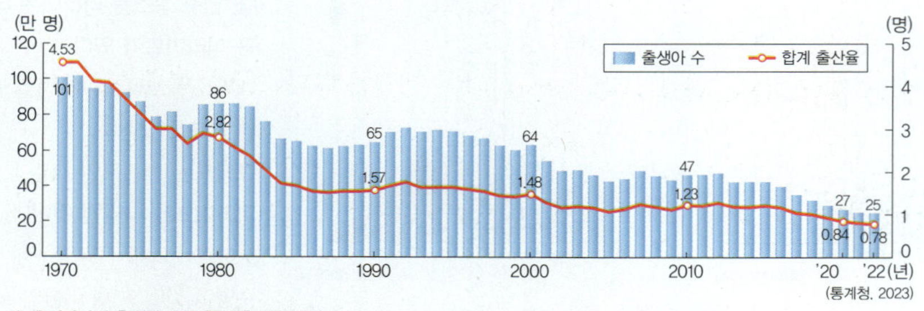

⌃ 우리나라의 출생아 수와 합계 출산율 변화

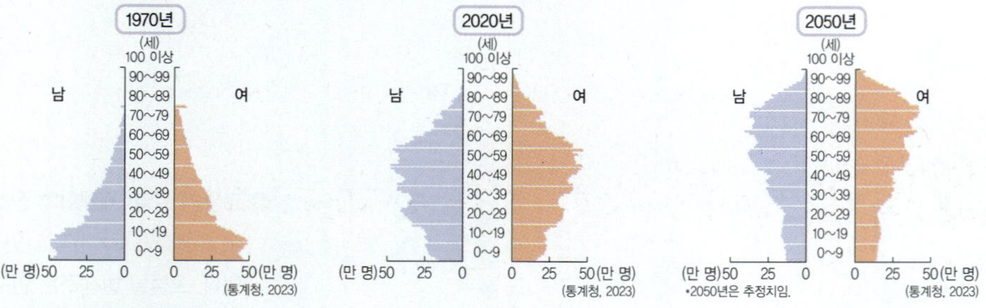

⌃ 우리나라의 인구 구조 변화

➡ 2022년 기준 우리나라의 합계 출산율은 세계 최저 수준인 0.78명이며 저출생 현상이 지속되면서 출생아 수가 급격히 감소하고 있으며 저출생·고령화 현상이 빠르게 진행되고 있다. 1970년에 비해 2020년에 유소년층 인구의 비율은 크게 감소한 반면 노년층 인구의 비율은 크게 증가하였으며 이러한 저출생·고령화 현상이 지속되면 2050년에는 유소년층 인구보다 노년층 인구가 오히려 더 많아질 것으로 예상된다. 저출생으로 인한 문제를 해결하기 위해서는 출산과 육아에 대한 경제적인 부담을 줄이고 결혼과 출산을 장려하는 문화가 확산될 수 있도록 해야 한다. 고령화로 인한 문제를 해결하기 위해서는 노년층을 위한 편의 시설을 확충하고 노년층의 취업 기회 확대 및 사회 참여 강화를 위한 정책을 마련해야 한다.

STEP 1 내신 다지기

주제 1 세계의 인구 현황

[01~02] 그래프는 지역(대륙)별 인구 변화를 나타낸 것이다. 이를 보고 물음에 답하시오.

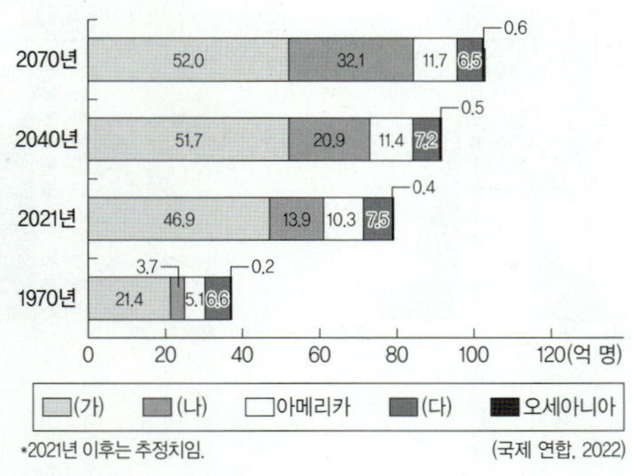

01 (가)~(다) 지역(대륙)으로 옳은 것은?

	(가)	(나)	(다)
①	아시아	아프리카	유럽
②	아시아	유럽	아프리카
③	아프리카	아시아	유럽
④	아프리카	유럽	아시아
⑤	유럽	아프리카	아시아

02 (가)~(다) 지역(대륙)에 대한 설명으로 옳은 것만을 〈보기〉에서 고른 것은?

보기

ㄱ. (가)에는 세계에서 인구가 가장 많은 국가가 속한다.
ㄴ. (나)는 2021년 유출 인구보다 유입 인구가 많다.
ㄷ. (나)는 (다)보다 1950~2021년 인구 증가율이 높다.
ㄹ. (다)는 (가)보다 지역(대륙) 내 3차 산업 종사자 수 비율이 낮다.

① ㄱ, ㄴ   ② ㄱ, ㄷ   ③ ㄴ, ㄷ
④ ㄴ, ㄹ   ⑤ ㄷ, ㄹ

03 세계의 인구 분포에 대한 설명으로 옳지 <u>않은</u> 것은?

① 북반구는 남반구보다 인구가 많다.
② 해안 지역은 내륙 지역보다 인구가 많다.
③ 유럽과 미국 북동부 지역은 인구 밀집 지역에 해당한다.
④ 온대 기후 지역은 한대 기후 지역보다 인구 밀도가 높다.
⑤ 열대 고산 기후 지역은 비슷한 위도의 저지대보다 인구 밀도가 낮다.

04 지도의 A~E 지역에 대한 설명으로 옳은 것은?

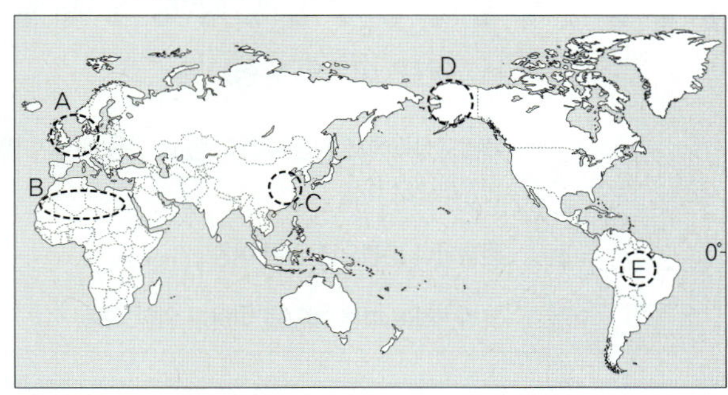

① A는 세계적인 쌀 생산지를 이루고 있어 인구 밀도가 높다.
② B는 사막이 넓게 형성되어 있어 인구 희박 지역에 해당한다.
③ C는 열대림이 울창하게 형성되어 있어 거주지 개발이 어렵다.
④ D는 기후가 온화하고 평야가 발달해 있어 농업이 발달해 있다.
⑤ E는 산업화가 가장 먼저 시작되어 인구가 조밀하다.

05 그래프는 두 국가의 인구 구조를 나타낸 것이다. (가), (나) 국가에 대한 설명으로 옳은 것은? (단, (가), (나)는 각각 니제르, 독일 중 하나임.)

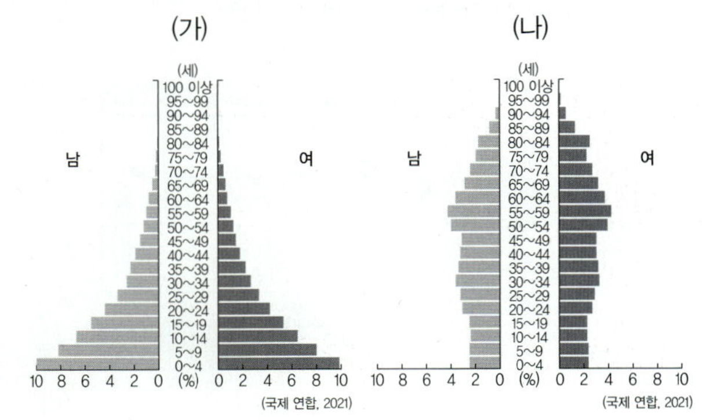

① (가)는 유소년층 인구보다 노년층 인구가 많다.
② (나)는 출산 억제 정책의 필요성이 크다.
③ (가)는 (나)보다 중위 연령이 높다.
④ (나)는 (가)보다 국가 내 1차 산업 종사자 수 비율이 낮다.
⑤ (가)는 유럽, (나)는 아프리카에 위치한다.

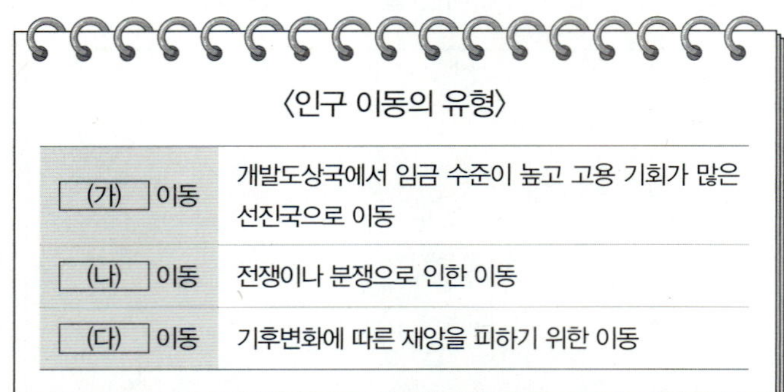

06 (가)~(다)에 들어갈 내용으로 옳은 것은?

	(가)	(나)	(다)
①	경제적	정치적	환경적
②	경제적	환경적	정치적
③	정치적	경제적	환경적
④	정치적	환경적	경제적
⑤	환경적	정치적	경제적

07 (가)~(다) 이동의 사례로 옳은 것만을 〈보기〉에서 고른 것은?

───── 보기 ─────
ㄱ. 라틴 아메리카 노동자들의 미국으로의 이동
ㄴ. 수단에서 발생한 내전으로 인한 난민의 이동
ㄷ. 해수면 상승으로 남태평양 섬 주민의 주변 국가로의 이동

	(가)	(나)	(다)		(가)	(나)	(다)
①	ㄱ	ㄴ	ㄷ	②	ㄱ	ㄷ	ㄴ
③	ㄴ	ㄱ	ㄷ	④	ㄴ	ㄷ	ㄱ
⑤	ㄷ	ㄴ	ㄱ				

08 그래프는 지역(대륙)별 인구 순 이동 변화를 나타낸 것이다.
(가)~(다) 지역(대륙)으로 옳은 것은?

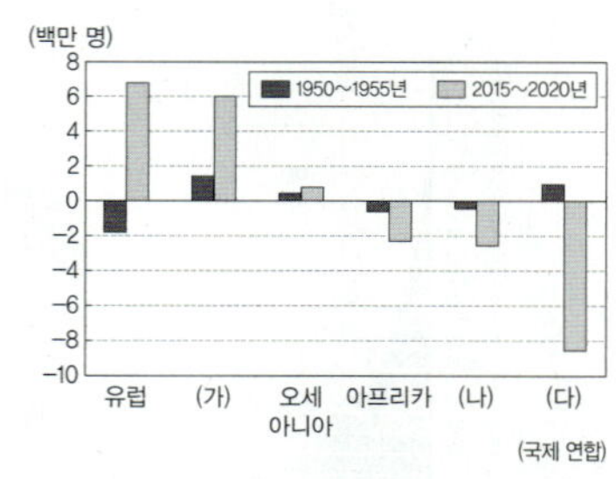

	(가)	(나)	(다)
①	라틴 아메리카	아시아	앵글로아메리카
②	라틴 아메리카	앵글로아메리카	아시아
③	아시아	라틴 아메리카	앵글로아메리카
④	앵글로아메리카	라틴 아메리카	아시아
⑤	앵글로아메리카	아시아	라틴 아메리카

09 그래프는 우리나라의 인구 구조 변화를 나타낸 것이다. 1970
년과 비교한 2020년의 상대적 특징을 그림의 A~E에서 고른
것은?

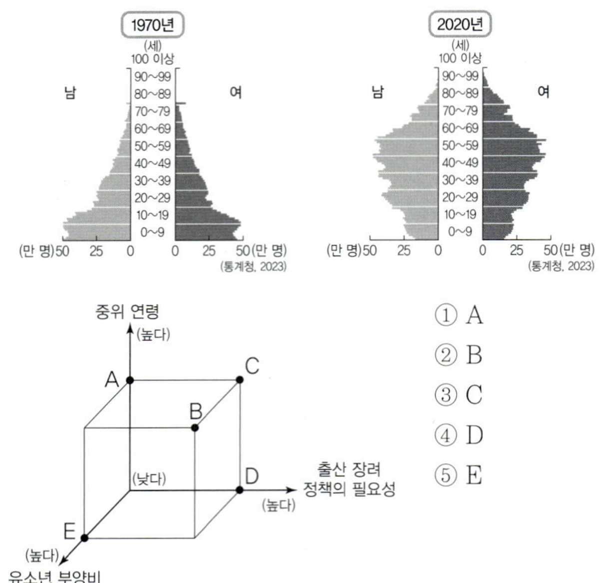

① A
② B
③ C
④ D
⑤ E

10 그래프는 지역(대륙)별 합계 출산율을 나타낸 것이다. (가)~(다)
지역(대륙)에 대한 설명으로 옳은 것만을 〈보기〉에서 고른
것은? (단, (가)~(다)는 각각 아프리카, 앵글로아메리카, 유럽
중 하나임.)

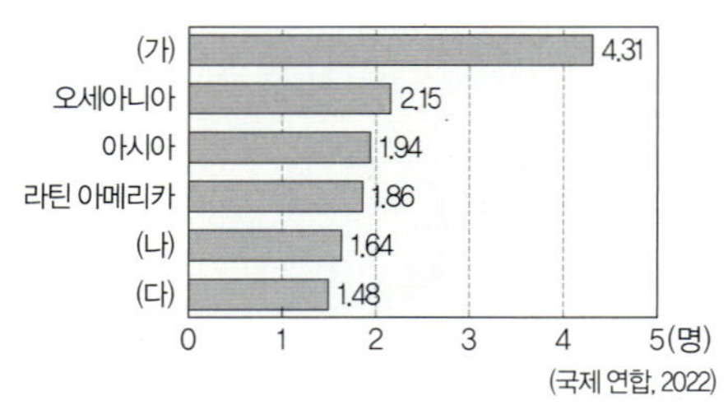

───── 보기 ─────
ㄱ. (가)는 출생자 수보다 사망자 수가 많다.
ㄴ. (나)는 강력한 산아 제한 정책의 시행이 필요하다.
ㄷ. (가)는 (다)보다 인구 과잉에 따른 문제가 심각하다.
ㄹ. 라틴 아메리카 출신의 이주민은 (다)보다 (나)에 많다.

① ㄱ, ㄴ   ② ㄱ, ㄷ   ③ ㄴ, ㄷ
④ ㄴ, ㄹ   ⑤ ㄷ, ㄹ

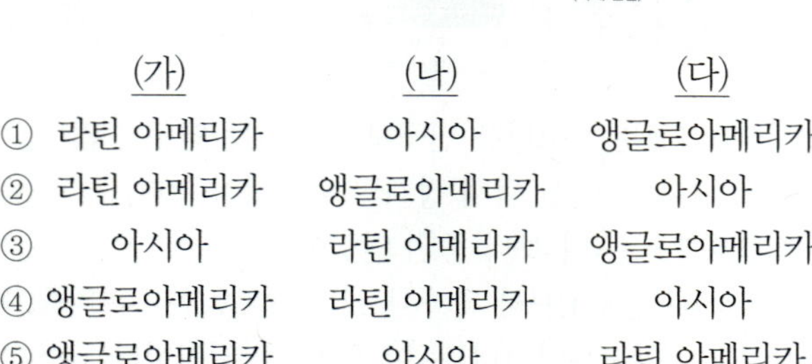

11

그래프는 주요 국가의 노년층 인구 비율 변화를 나타낸 것이다. 이에 대한 설명으로 옳은 것만을 〈보기〉에서 있는 대로 고른 것은? (단, (가), (나)는 각각 일본, 중국 중 하나임.)

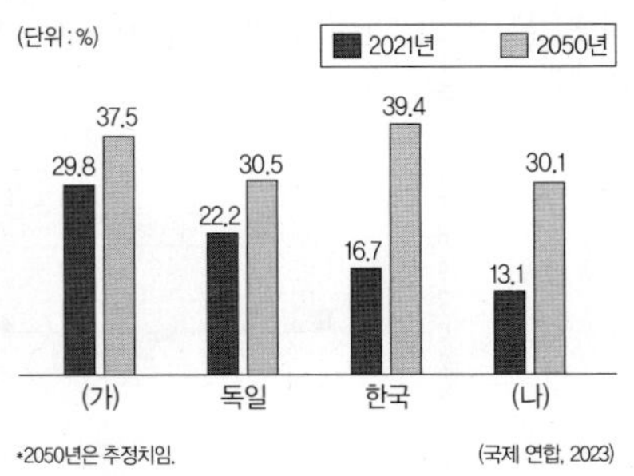

┌─── 보기 ───┐

ㄱ. (가)는 (나)보다 2021년 총인구가 적다.
ㄴ. (나)는 (가)보다 2021년 중위 연령이 높다.
ㄷ. 독일은 2021년 초고령 사회에 해당한다.
ㄹ. 한국은 일본보다 2021~2050년 노년층 인구 비율 증가 폭이 크다.

① ㄱ, ㄴ   ② ㄱ, ㄷ   ③ ㄴ, ㄹ
④ ㄱ, ㄷ, ㄹ   ⑤ ㄴ, ㄷ, ㄹ

12

다음 신문 기사에 제시된 인구 문제의 해결 방안으로 옳지 않은 것은?

○○○○년 ○○월 ○○일

○○신문

출생아는 줄고 사망자는 늘어나면서 우리나라는 3년 넘게 인구가 자연 감소하고 있다. 2022년 기준 우리나라의 합계 출산율은 0.78명으로 경제 개발 협력 기구(OECD) 회원국 중 최하위이다. 2025년에는 65세 이상 인구가 20%를 돌파하여 고령 사회로 접어든지 7년 만에 초고령 사회로 진입할 것으로 예상된다.

① 양육 및 보육 시설을 확충한다.
② 출산 및 육아 비용을 지원한다.
③ 노년층의 취업 기회를 확대한다.
④ 결혼과 출산을 장려하는 문화를 확산시킨다.
⑤ 정년을 단축하고 노년층 인구의 취업을 제한한다.

서술형 문제

13

그래프는 지역(대륙)별 유소년층 및 노년층 인구 비율을 나타낸 것이다. 이를 보고 물음에 답하시오.

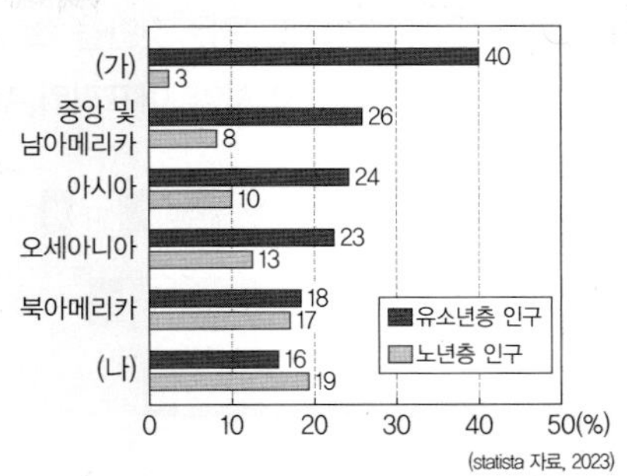

(1) (가), (나)는 각각 아프리카, 유럽 중 어디인지 쓰시오.

(2) (가)와 비교한 (나)의 상대적 인구 특징을 다음 단어를 이용하여 서술하시오.

┌──────────────────────────────┐
│ 인구의 자연 증가율, 중위 연령, 산업화 시작 시기 │
└──────────────────────────────┘

14

그래프는 우리나라의 출생아 수와 합계 출산율 변화를 나타낸 것이다. 이를 보고 물음에 답하시오.

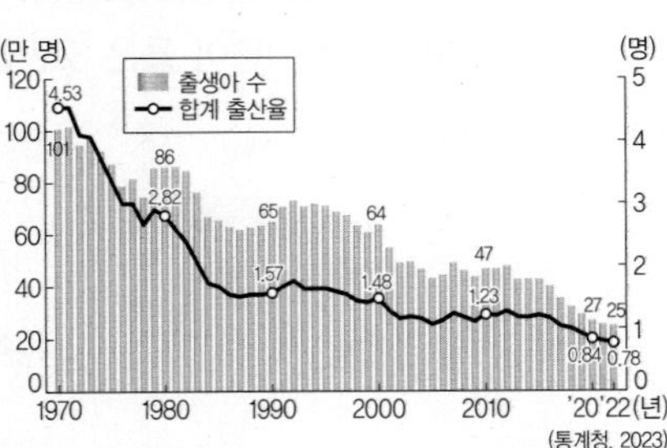

(1) 그래프를 통해 파악할 수 있는 2022년 기준 우리나라의 인구 문제를 쓰시오.

(2) (1)에서 답한 인구 문제의 해결 방안을 두 가지만 서술하시오.

01 그래프는 지역(대륙)별 인구 변화를 나타낸 것이다. (가)~(다) 지역(대륙)에 대한 설명으로 옳은 것만을 〈보기〉에서 고른 것은? (단, (가)~(다)는 각각 아시아, 아프리카, 유럽 중 하나임.)

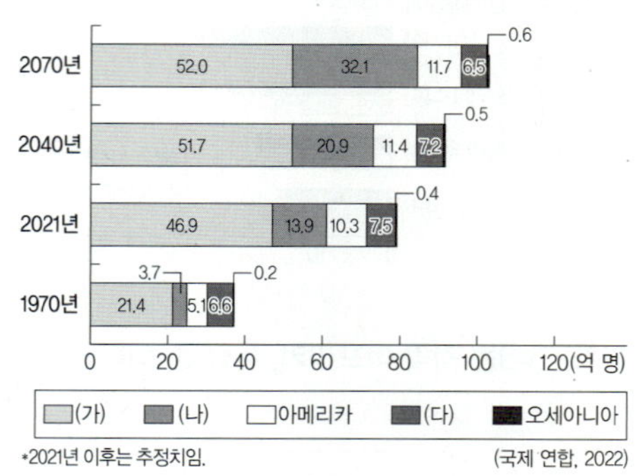

보기
ㄱ. (나)는 (다)보다 1970~2021년 인구 증가율이 높다.
ㄴ. (다)는 (가)보다 2021년 1인당 지역 내 총생산이 많다.
ㄷ. (가)는 아시아, (나)는 유럽이다.
ㄹ. (가)~(다) 중 2021년 중위 연령은 (나)가 가장 높다.

① ㄱ, ㄴ ② ㄱ, ㄷ ③ ㄴ, ㄷ
④ ㄴ, ㄹ ⑤ ㄷ, ㄹ

02 지도는 세계의 인구 분포를 나타낸 것이다. ㉠~㉣ 중 해당 지역의 인구 분포에 대한 설명이 옳은 것만을 있는 대로 고른 것은?

① ㉠, ㉡ ② ㉠, ㉢ ③ ㉡, ㉣
④ ㉠, ㉢, ㉣ ⑤ ㉡, ㉢, ㉣

03 그래프는 지역(대륙)별 인구 순 이동 변화를 나타낸 것이다. (가)~(라) 지역(대륙)에 대한 설명으로 옳은 것은? (단, (가)~(라)는 각각 라틴 아메리카, 아시아, 앵글로아메리카, 오세아니아 중 하나임.)

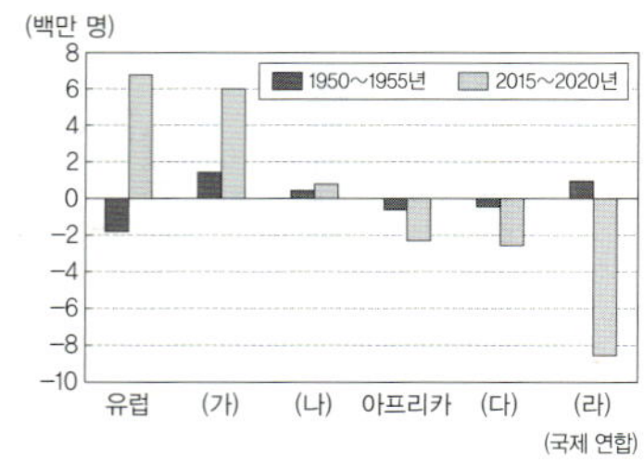

① (가)에는 세계에서 인구가 가장 많은 국가가 속한다.
② (나)는 2015~2020년 유입 인구보다 유출 인구가 많다.
③ (가)에는 (라) 출신의 이주민보다 (다) 출신의 이주민이 많다.
④ (라)는 (가)보다 인구 밀도가 낮다.
⑤ (가)~(라) 중 총인구는 (나)가 가장 많다.

04 지도는 세계의 인구 이동을 나타낸 것이다. (가), (나)의 이동에 대한 설명으로 옳은 것만을 〈보기〉에서 고른 것은? (단, (가), (나)는 각각 난민, 노동자 중 하나임.)

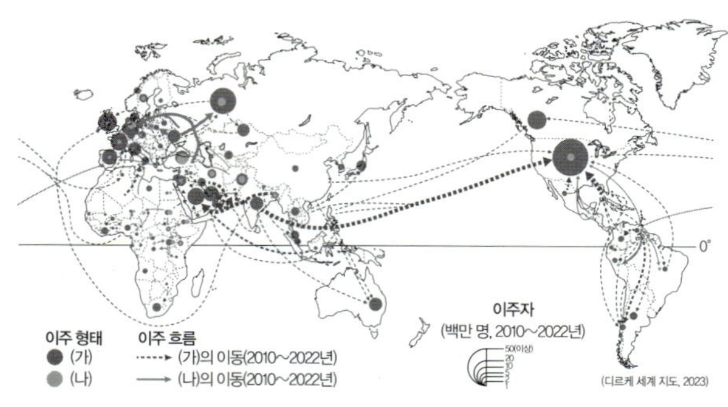

보기
ㄱ. (가)의 이동은 유입 지역의 노동력 부족 문제 해결에 도움이 된다.
ㄴ. (나)의 이동은 전쟁이나 분쟁으로 인한 정치적 이동에 해당한다.
ㄷ. (나)는 (가)보다 세계의 이동자 수가 많다.
ㄹ. (가)는 난민, (나)는 노동자이다.

① ㄱ, ㄴ ② ㄱ, ㄷ ③ ㄴ, ㄷ
④ ㄴ, ㄹ ⑤ ㄷ, ㄹ

05 그래프는 지역(대륙)별 합계 출산율 변화를 나타낸 것이다. (가)~(다) 지역(대륙)으로 옳은 것은?

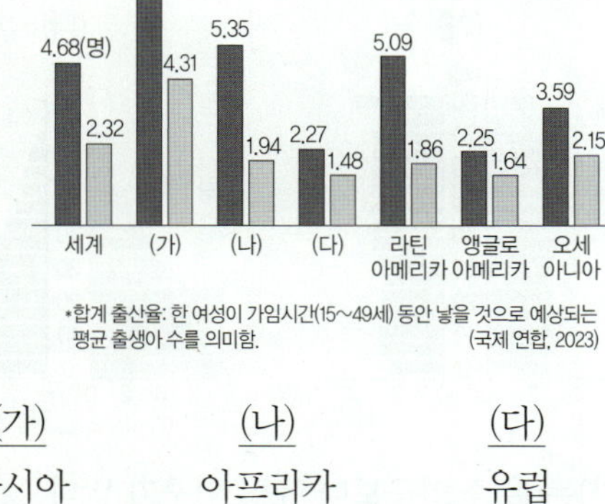

• 합계 출산율: 한 여성이 가임기간(15~49세) 동안 낳을 것으로 예상되는 평균 출생아 수를 의미함.
(국제 연합, 2023)

	(가)	(나)	(다)
①	아시아	아프리카	유럽
②	아시아	유럽	아프리카
③	아프리카	아시아	유럽
④	아프리카	유럽	아시아
⑤	유럽	아시아	아프리카

06 표는 두 시기 우리나라의 연령층별 인구를 나타낸 것이다. 1970년과 비교한 2020년의 상대적 특징을 그림의 A~E에서 고른 것은?

구분	1970년	구분	2020년
총인구	약 32,240,000명	총인구	약 51,780,000명
유소년층	13,709,000명	유소년층	6,297,000명
청장년층	17,540,000명	청장년층	37,358,000명
노년층	991,000명	노년층	8,125,000명

(통계청)

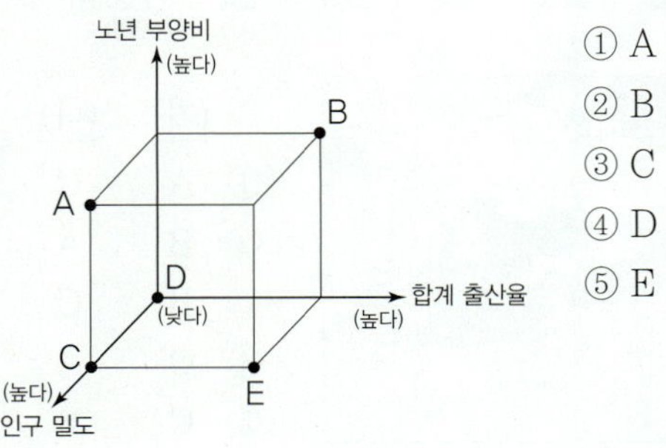

① A
② B
③ C
④ D
⑤ E

07 지도의 (가)에 들어갈 항목으로 옳은 것은?

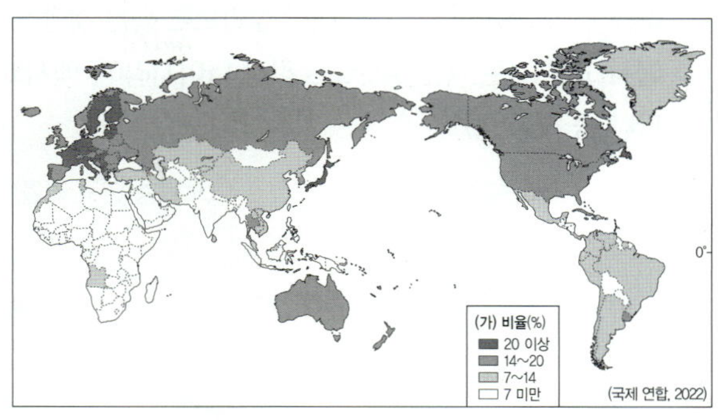

① 노년층 인구
② 유소년층 인구
③ 청장년층 인구
④ 인구의 자연 증가
⑤ 1차 산업 종사자 수

08 그래프는 (가), (나) 국가의 A, B와 총인구 변화를 나타낸 것이다. 이에 대한 설명으로 옳은 것은? (단, (가), (나)는 각각 니제르, 독일 중 하나이며, A, B는 각각 노년 부양비, 유소년 부양비 중 하나임.)

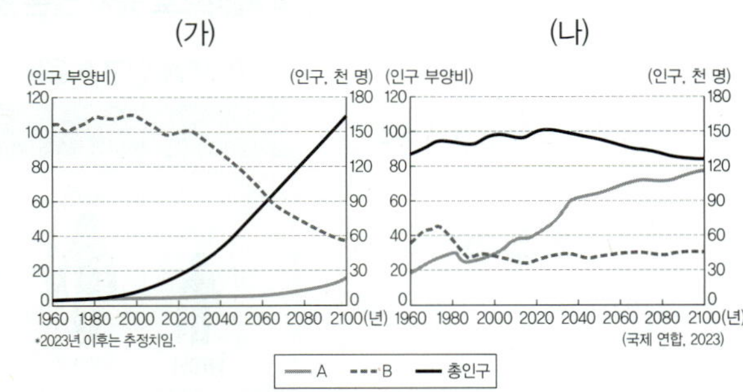

① (가)는 (나)보다 중위 연령이 높다.
② (가)는 (나)보다 산업화가 시작된 시기가 늦다.
③ (나)는 (가)보다 국가 내 1차 산업 종사자 수 비율이 높다.
④ (가)는 유럽, (나)는 아프리카에 위치한다.
⑤ A는 유소년 부양비, B는 노년 부양비이다.

09 그래프는 세 국가의 유소년층과 노년층 인구 비율 변화를 나타낸 것이다. A∼C 국가에 대한 설명으로 옳은 것만을 〈보기〉에서 고른 것은? (단, A∼C는 각각 나이지리아, 멕시코, 에스파냐 중 하나임.)

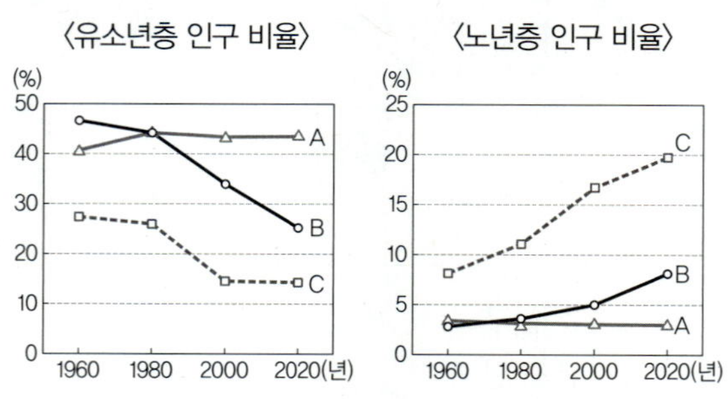

보기

ㄱ. A는 유럽에 위치한다.
ㄴ. 미국에는 B 출신의 이주민보다 C 출신의 이주민이 많다.
ㄷ. C는 A보다 중위 연령이 높다.
ㄹ. C는 B보다 1인당 국내 총생산이 많다.

① ㄱ, ㄴ   ② ㄱ, ㄷ   ③ ㄴ, ㄷ
④ ㄴ, ㄹ   ⑤ ㄷ, ㄹ

10 다음 자료는 우리나라의 인구 지표 변화를 나타낸 것이다. 1970년과 비교한 2022년의 상대적 특징으로 옳지 <u>않은</u> 것은?

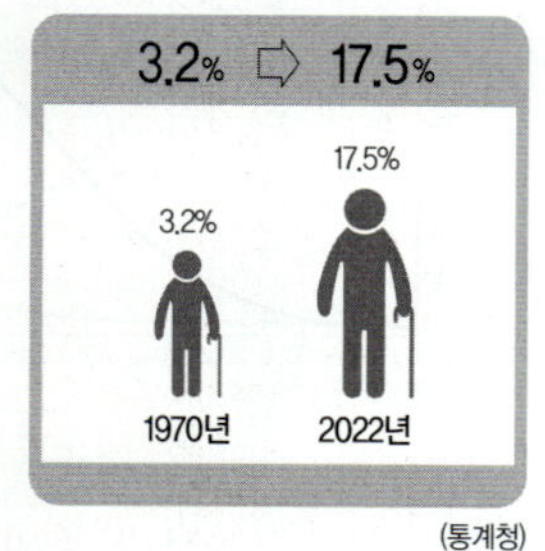

① 총인구가 적다.
② 중위 연령이 높다.
③ 유소년 부양비가 낮다.
④ 가구당 구성원 수가 적다.
⑤ 출산 장려 정책의 필요성이 높다.

11 그래프는 두 국가의 인구 구조를 나타낸 것이다. (가), (나) 국가에 대한 설명으로 옳은 것은? (단, (가), (나)는 각각 가나, 프랑스 중 하나임.)

① (가)는 유출 인구보다 유입 인구가 많다.
② (나)는 유소년 부양비보다 노년 부양비가 높다.
③ (가)는 (나)보다 인구의 자연 증가율이 높다.
④ (나)는 (가)보다 출산 장려 정책의 필요성이 높다.
⑤ (가)는 아프리카, (나)는 유럽에 위치한다.

12 그래프는 세 국가의 인구 자연 증가율 변화를 나타낸 것이다. (가)∼(다) 국가를 지도의 A∼C에서 고른 것은?

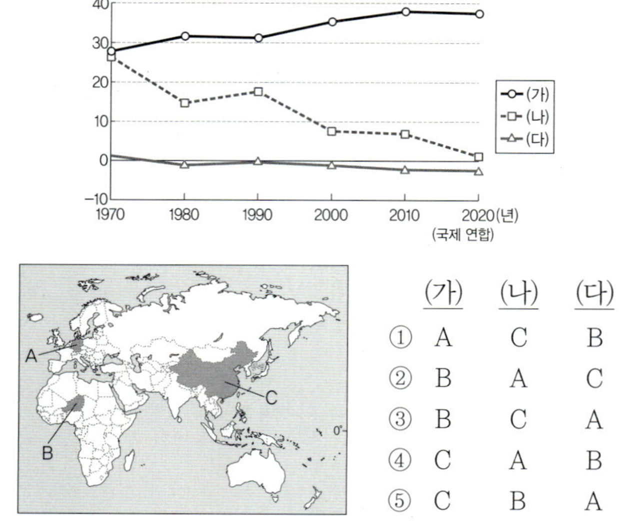

	(가)	(나)	(다)
①	A	C	B
②	B	A	C
③	B	C	A
④	C	A	B
⑤	C	B	A

13 다음은 통합사회 수업 장면이다. 교사의 질문에 대한 답변이 옳은 학생만을 고른 것은?

교사: 그래프에 제시된 변화 추세가 지속될 경우 앞으로 나타날 것으로 예상되는 인구 문제와 해결 방안에 대해 발표해 볼까요?

〈우리나라의 출생아 수와 합계 출산율 변화〉

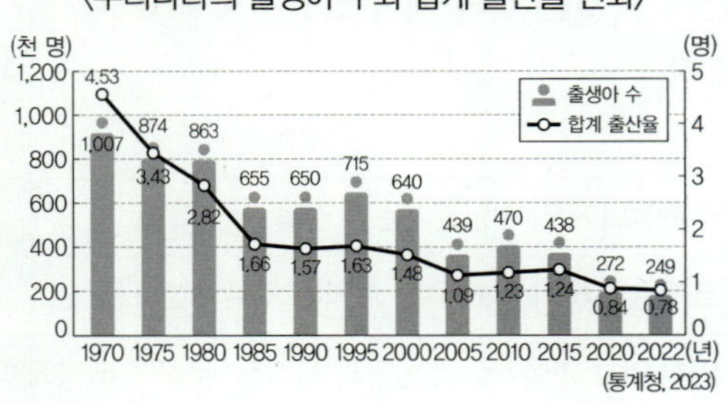

갑: 노동 생산성이 저하되어 잠재 성장률이 하락할 것입니다.

을: 인구 과잉으로 인한 일자리 부족 문제가 심각해질 것입니다.

병: 인구 문제의 해결을 위해 출산 및 육아 비용 지원 정책이 강화되어야 합니다.

정: 인구 문제의 해결을 위해 정년을 단축하고 노년층 대신 청장년층 인구의 고용을 늘려야 합니다.

① 갑, 을   ② 갑, 병   ③ 을, 병
④ 을, 정   ⑤ 병, 정

14 그래프는 유출 인구와 유입 인구가 많은 상위 4개국을 나타낸 것이다. (가) 국가군과 비교한 (나) 국가군의 상대적 특징을 그림의 A~E에서 고른 것은?

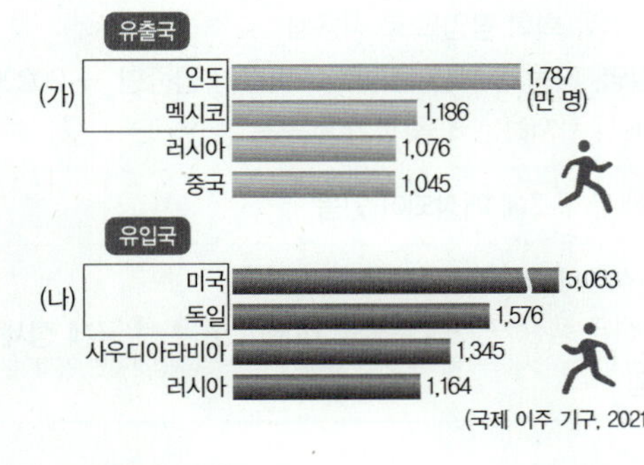

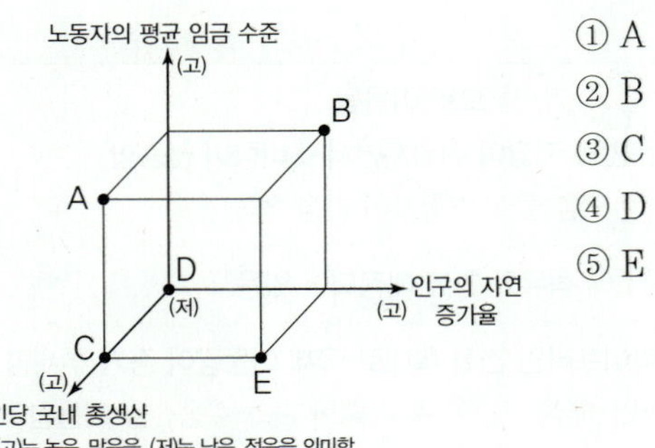

① A
② B
③ C
④ D
⑤ E

15 그래프는 세 지역(대륙)의 인구 자연 증가율과 순 이동률 변화를 나타낸 것이다. (가)~(다) 지역(대륙)으로 옳은 것은?

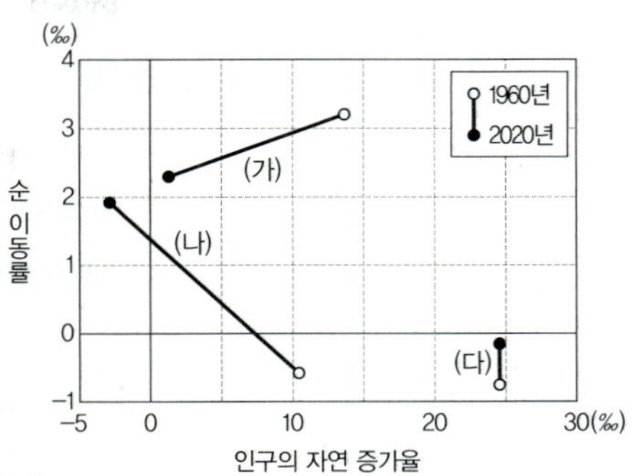

$$*순 이동률 = \frac{유입 인구 - 유출 인구}{전체 인구} \times 1,000$$

	(가)	(나)	(다)
①	아프리카	유럽	앵글로아메리카
②	앵글로아메리카	아프리카	유럽
③	앵글로아메리카	유럽	아프리카
④	유럽	아프리카	앵글로아메리카
⑤	유럽	앵글로아메리카	아프리카

16 다음은 통합사회 수업 중 학생이 작성한 노트이다. (가), (나)에 대한 설명으로 옳은 것만을 〈보기〉에서 있는 대로 고른 것은?

〈인구 이동의 요인〉

요인	의미
(가)	특정 지역의 인구를 다른 지역으로 밀어내 이동하게 만드는 요인
(나)	다른 지역으로부터 인구를 끌어들여 머무르게 하는 요인

보기

ㄱ. 전쟁이나 분쟁으로 인한 난민의 이동은 (가)가 작용하여 발생한 인구 이동에 해당한다.

ㄴ. (나)의 사례로는 빈곤, 낮은 임금 수준, 부족한 일자리 등이 있다.

ㄷ. 선진국은 (가), 개발도상국은 (나)가 강하게 작용한다.

① ㄱ   ② ㄴ   ③ ㄷ
④ ㄱ, ㄴ   ⑤ ㄴ, ㄷ

02~03 에너지 자원과 지속가능한 발전 ~ 미래 사회의 모습과 나의 삶

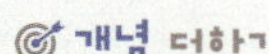

개념 더하기

✕ 자원의 가변성 사례
석유는 과거에 낙타의 발을 더럽히는 끈적이는 물에 불과했으나 내연 기관 발명 후 현재는 세계에서 소비량이 가장 많은 에너지로 자원의 가치가 크게 향상되었다.

1 자원의 의미와 특성

(1) **자원의 의미** : 자연으로부터 얻을 수 있는 것 중에서 인간에게 이용 가치가 있으면서 기술적, 경제적으로 이용 가능한 것

(2) **자원의 특성**

유한성	대부분의 자원은 매장량이 한정되어 있어 언젠가는 고갈됨 → 자원 민족주의가 심화되는 원인이 됨
편재성	일부 자원은 지구상에 고르게 분포하지 않고 특정 지역에 치우쳐 분포함
가변성	자원의 가치는 고정되어 있지 않고 과학기술의 발달과 사회적·문화적 배경에 따라 변화함

2 에너지 자원의 분포와 소비 실태

(1) **1차 에너지 소비 구조** : 석유 > 석탄 > 천연가스 순으로 소비량이 많음

(2) **주요 에너지 자원의 특징** 자료1 자료2

① 석탄 → 석탄, 석유, 천연가스 등과 같이 가공되지 않은 상태에서 공급되는 에너지

특징	• 주로 산업용(제철 공업, 발전용 등)으로 이용됨 • 산업 혁명기에 증기 기관의 연료로 이용됨 → 화석 에너지 중 상용화된 시기가 가장 이르고, 최근 선진국을 중심으로 소비량이 감소 추세에 있음 • 화석 에너지 중 연소 시 대기 오염 물질 배출량이 가장 많음
매장 및 분포	주로 고생대 지층에 매장되어 있음 → 고생대에 조산 운동을 받은 이후 오랜 침식을 받아 고도가 낮아지고 완만해진 산지 주변
국제 이동	• 석유, 천연가스에 비해 국제 이동량이 적은 편임 • 주요 수출국: 오스트레일리아, 인도네시아 등 → 제철 공업이 발달하여 석탄 소비량이 많은 중국, 우리나라, 일본 등의 동아시아 국가로 석탄을 많이 수출함

② 석유

특징	• 주로 수송용 및 산업용(석유 화학 공업)으로 이용됨 • 19세기 내연 기관의 발명, 자동차 보급 등으로 소비량이 급증함 → 2022년 기준 세계 1차 에너지 소비 구조에서 차지하는 비율이 가장 높음
매장 및 분포	주로 신생대 제3기층의 배사 구조에 매장되어 있음
국제 이동	• 자원의 편재성이 커서 석탄에 비해 국제 이동량이 많음 • 서남아시아에 위치한 석유 생산 국가의 수출량 비율이 높음 → 국제 정세 불안에 따른 가격 변동 폭이 큰 편임 → 서남아시아의 페르시아만 일대에 세계 매장량의 절반 가까이가 매장되어 있음

③ 천연가스 → 주로 도시가스의 형태로 가정에 공급됨

특징	• 주로 산업용(발전용 등), 수송용, 가정용으로 이용됨 • 냉동 액화 기술의 발달로 운반과 저장이 쉬워지면서 소비량이 급증함 • 화석 에너지 중 연소 시 대기 오염 물질 배출량이 가장 적음
매장 및 분포	주로 신생대 제3기층 배사 구조에 석유와 함께 매장되어 있음
국제 이동	• 냉동 액화 기술의 발달과 파이프라인 건설 확대로 국제 이동량이 증가 추세임 • 육상 구간은 주로 파이프라인, 해상 구간은 주로 액화 가스 수송선을 이용함

✕ 배사 구조
양방향에서 미는 힘을 받아 지층이 볼록하게 위로 솟은 습곡 지층의 구조를 말한다. 밀도의 차이로 인해 천연가스, 석유, 물의 순서로 층이 나뉘어 존재한다.

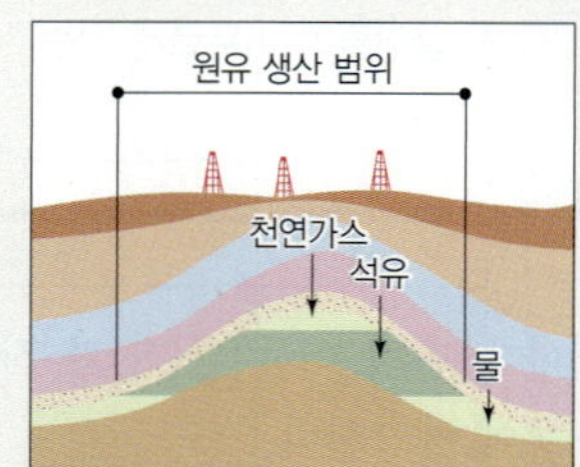

△ 유전의 단면도

✕ 냉동 액화 기술
기체 상태의 물질을 냉각하여 액체 상태로 변환하는 기술이다. 기체 상태의 천연가스를 약 −162℃로 냉각하여 액체로 응축하면 부피가 크게 줄어들어 운반과 사용이 편리해진다.

3 에너지 자원의 소비에 따른 문제점

(1) 자원 수급을 둘러싼 갈등

배경	자원의 편재성으로 인해 자원의 생산지와 소비지가 불일치하는 경우가 많음
양상	자원 민족주의 확산으로 자원 보유국과 자원 수입국 간의 분쟁 발생, 자원 개발권을 둘러싼 국가 간 갈등 발생

> 카스피해, 북극해 주변, 동중국해, 남중국해 등에서
> 자원을 둘러싸고 국가 간 갈등이 발생하고 있음

(2) 자원 고갈 문제: 인구 증가와 산업 발달로 자원 소비량이 급증하면서 자원의 고갈 가능성이 커짐(자원의 유한성)

(3) 환경 문제: 화석 에너지의 개발 및 소비 과정에서 이산화 탄소를 비롯한 각종 오염 물질이 배출됨 → 지구 온난화 심화, 대기 오염, 생물종 감소 등의 환경 문제 발생

(4) 자원 소비량의 지역 간 격차 문제: 선진국과 개발도상국 간의 경제 발달 수준 차이로 자원 소비량의 격차 발생 → 에너지 빈곤 지역 주민들의 건강 위협, 지역 간 불평등 심화 등의 문제 발생

> 현대적 에너지를 공급받지 못하여 전기 없이 생활하거나
> 땔감 등을 난방 및 조리의 연료로 사용하는 경우가 많음

자료 더하기

자료 ❶

석탄, 석유, 천연가스의 국가별 생산량과 수출량 비율

생산 174.56EJ
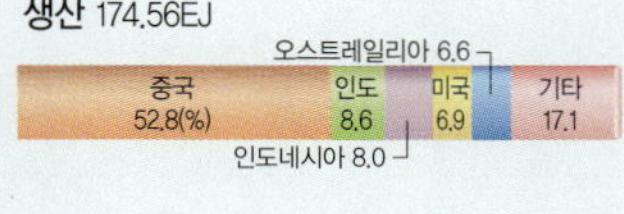

수출 32.5EJ
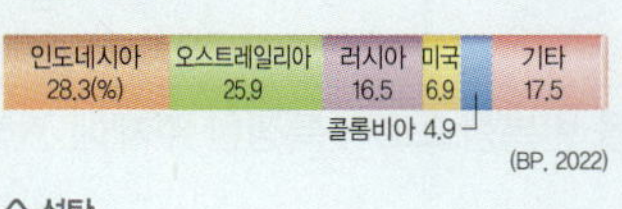
⌃ 석탄

생산 44.1억 톤
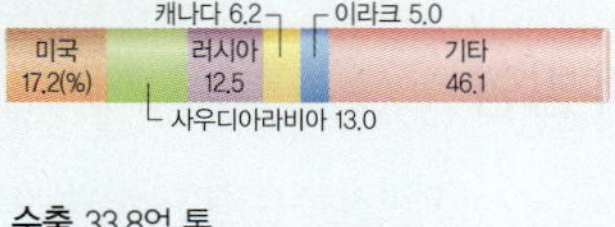

수출 33.8억 톤
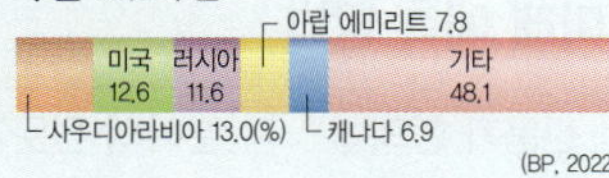
⌃ 석유

생산 4조 44억 m³
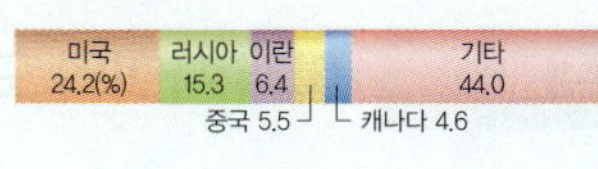

수출 1조 2,608억 m³
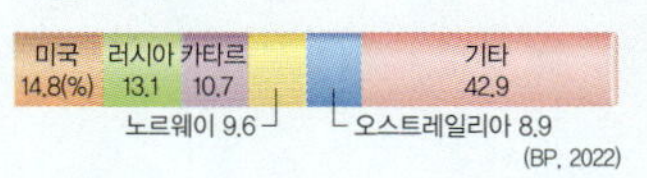
⌃ 천연가스

(BP, 2022)

> 석탄은 중국의 생산량이 세계 생산량의 절반 가까이를 차지할 정도로 중국의 생산량이 매우 많다. 그러나 중국은 석탄 생산량이 많음에도 자국 내 소비량도 매우 많기 때문에 석탄의 수출량은 많지 않다. 석탄의 수출량은 인도네시아, 오스트레일리아가 많다. 석유는 미국, 러시아 외에 페르시아만 연안에 위치한 사우디아라비아의 생산량이 많으며, 수출량은 사우디아라비아가 가장 많다. 미국과 러시아는 석유의 생산량도 많지만 석유와 함께 생산되는 천연가스도 많이 생산하고 있으며, 천연가스의 수출량도 많다. 특히, 러시아에서 생산된 천연가스는 지리적으로 인접한 유럽으로 많이 수출되었는데 2022년 러시아가 우크라이나를 침공하자 유럽 연합(EU)이 우크라이나를 침공한 러시아를 비판하며 러시아에 경제 제재를 가하면서 러시아산 천연가스의 유럽 수출이 크게 감소하였다.

자료 ❷

석탄과 석유의 분포와 국제 이동

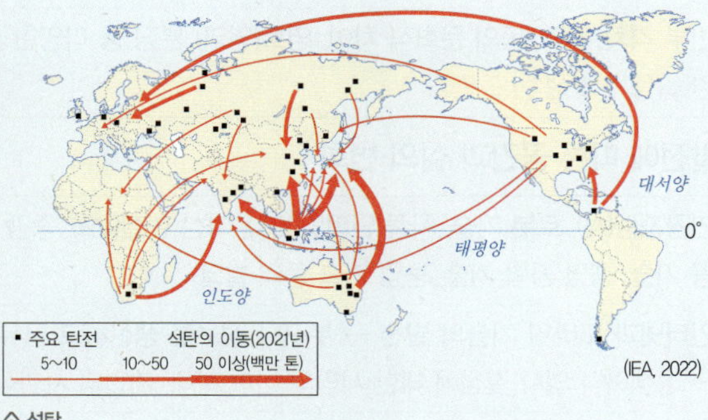

> 석탄은 여러 지역에 비교적 고르게 매장되어 있어 석유보다 국제 이동량이 적다. 석탄은 인도네시아, 오스트레일리아 등의 수출량이 많으며, 제철 공업이 발달하여 석탄 소비량이 많은 중국, 일본, 우리나라를 비롯하여 석탄을 많이 소비하는 인도에서 수입량이 많다. 석유는 석탄보다 자원의 편재성이 커서 국제 이동량이 많다. 특히 석유는 사우디아라비아, 이라크, 아랍 에미리트 등과 같은 서남아시아 국가들의 수출량이 많으며, 산업이 발달하여 석유 소비량이 많은 중국, 인도, 미국, 일본, 우리나라 등의 수입량이 많다.

1 지속가능한 발전의 의미와 필요성

의미	미래 세대가 사용할 경제·사회·환경 등의 자원을 낭비하거나 여건을 저해하지 않으면서 경제 성장, 환경 보호, 사회 안정 및 통합이 균형을 이루는 발전
필요성	• 과학 기술의 발달과 경제 발전으로 현세대의 삶이 풍요로워졌으나 자원 고갈, 환경오염, 생태계 파괴 등의 문제가 발생함 • 안정된 환경에서 살아갈 미래 세대의 권리 침해 문제 해결을 위해 지속가능한 발전 필요

2 지속가능한 발전을 위한 노력

(1) 국제적·국가적 차원의 노력 자료 **3**

경제적 측면	• 신·재생 에너지 보급 확대를 위한 제도 마련 • 개발도상국의 빈곤 문제 해결과 복지 향상을 위한 노력
환경적 측면	국제 환경 협약 체결, 온실가스 배출권 거래 제도 등과 같은 제도 마련
사회적 측면	사회 계층 간 통합을 위한 사회 취약 계층 지원 제도 마련

(2) 개인적 차원의 노력: 다른 사회 구성원과 환경을 고려하는 생활 방식 실천 ⓔ 윤리적 소비 실천(공정 무역 제품 소비), 로컬 푸드 구매, 빈곤국 주민 후원 및 봉사 활동 참여 등
→ 지역에서 생산된 농산물로 장거리 운송을 거치지 않았기 때문에 이동 과정에서 발생하는 온실가스의 양이 적음

→ 미래 사회의 복잡성과 불확실성이 증가하면서 발생 가능한 문제를 미리 파악하여 미래 사회에 유연적으로 대응할 필요성이 커짐

1 미래 예측 방법

전문가 합의법 (델파이 기법)	각 분야의 전문가에게 설문을 반복함으로써 특정한 주제에 관해 전문가 집단의 자연스러운 합의를 도출하는 방식
시나리오 기법	시나리오를 작성하여 미래에 대비하는 방법

2 미래 사회의 모습

(1) 정치적·경제적 문제에 따른 국가 간 협력과 갈등

협력	자유 무역의 확대, 국제기구의 활동 등으로 국가 간 상호 의존성 증대 ⓔ 금융 시장 통합과 무역 협정, 세계 평화와 환경 문제 해결 등
갈등	빈부 격차, 종교 등의 문화적 차이, 영토(영역) 분쟁 등 다양한 원인에 의한 국가 간, 지역 간 갈등의 발생 빈도 증가

(2) 과학기술의 발전에 따른 공간과 삶의 변화

4차 산업 혁명 시대	인공지능(AI), 로봇 기술, 사물 인터넷(IOT), 가상 현실(VR), 증강 현실(AR), 교통 및 우주 항공 기술, 생명 공학 기술, 농업 기술 등의 발달
정보화의 고도화	인터넷과 모바일 기술의 발전 → 누구나 정보를 생산하고 공유할 수 있는 환경이 조성됨 → 정책이나 의사 결정에 대한 시민의 참여 확대, 개인의 사회적 영향력 증대
새로운 문제의 발생	생명 공학 기술의 발달에 따른 생명 윤리 문제, 신종 바이러스의 등장, 특정 직업의 소멸로 인한 실업 문제, 개인 정보 유출, 사생활 노출 등

→ 유전자 조작, 인간 복제 등

(3) 생태환경의 변화: 에너지 고갈 문제, 지구 온난화로 인한 기후변화, 생물종 다양성 감소 문제 발생 → 기후변화에 대한 인식 강화, 자원의 지속가능한 활용 방안에 대한 고민이 필요함 자료 **4**

개념 더하기

✖ **지속가능한 발전을 위한 기업의 노력**
기업들은 지속가능한 발전을 달성하기 위해 ESG 경영, RE100 등을 경영의 중요한 전략으로 채택하고 있다. ESG 경영은 기업 경영에서 지속가능성을 달성하기 위한 3가지 핵심 요소로 기업의 친환경 경영, 사회적 책임, 투명한 지배 구조가 이에 해당한다. RE100은 재생 에너지 100%의 약자로 기업 활동에 필요한 전력의 100%를 재생 에너지를 통해 생산된 전력으로 사용하겠다는 기업들의 자발적인 캠페인이다.

✖ **윤리적 소비**
소비자가 윤리적 가치 판단에 따라 상품 및 서비스를 구매하는 행위이다.

✖ **새로운 교통 기술**
과학기술의 발전에 따라 자율 주행 자동차, 하이퍼 루프, 드론 등과 같은 새로운 교통 기술이 등장하고 있다. 자율 주행 자동차는 사람이 차량을 운전하지 않고 스스로 주행하는 자동차이고, 하이퍼 루프는 진공 상태의 튜브에서 시속 약 1,200km로 달릴 수 있는 초고속 자기 부상 열차이다. 드론은 무선 전파로 비행 및 조종이 가능한 무인 항공기이다.

3 미래 사회에서 필요한 세계시민의 모습

(1) **세계시민**의 **의미**: 지구촌에서 발생하는 다양한 문제에 대해 관심을 가지고 해결하기 위해 노력하는 사람

(2) 세계시민으로서 미래 삶의 방향 설정

적극적인 참여와 연대의 자세	인류 보편적 가치에 대한 이해를 바탕으로 지속가능한 발전을 이룰 수 있음 ↳ 인간의 존엄성, 자유, 평등 등
개방적 태도와 관용적인 자세	문화와 가치의 다양성을 존중하며 서로의 차이를 이해하고 갈등을 해결하는 자세를 갖춰야 함
올바른 인성과 가치관 정립	공동체 구성원 간의 소통과 협력을 이루고 과학기술이 긍정적 방향으로 나아갈 수 있게 됨

자료 더하기

자료 3
지속가능한 발전을 위한 노력

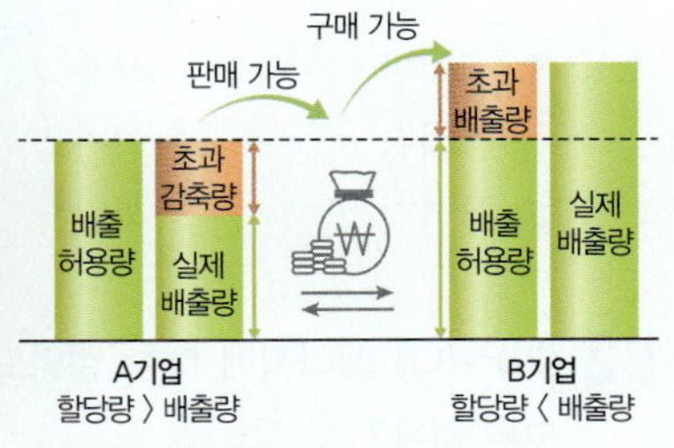

⌃ 신·재생 에너지를 이용한 전력 생산(풍력, 태양광, 지열 발전)

⌃ 온실가스 배출권 거래 제도

➡ 신·재생 에너지는 화석 에너지에 비해 에너지 효율이 낮아 경제성이 낮은 편이지만 화석 에너지를 대체할 수 있어 지속가능한 에너지로 분류된다. 그 중 태양 에너지를 이용하는 태양광은 일조량이 풍부한 지역에서, 바람의 힘을 이용하는 풍력은 일정 방향의 바람이 지속적으로 부는 산지 및 해안 지역에서, 지구 내부의 열 에너지를 이용하는 지열은 화산 활동이 활발한 판의 경계부에서 개발 잠재력이 높게 나타나 발전이 활발하다.

온실가스 배출권 거래 제도는 정부가 기업에게 배출 가능한 온실가스의 양을 정해 주고, 실제로 배출한 온실가스의 양을 측정하여 남거나 부족한 경우 기업 간 온실가스 배출권을 사고팔 수 있도록 한 제도이다. 기업들이 온실가스를 감축한 양만큼 경제적 이익을 얻을 수 있도록 한 온실가스 배출권 거래 제도를 통해 기업의 온실가스 배출량 감축을 유도할 수 있으며, 전체 온실가스 배출량에 대한 정확한 파악과 통제 및 감시도 강화할 수 있다.

자료 4
미래의 생태환경을 위해 주목해야 할 유망 기술

➡ 지속가능한 미래를 위해서는 탄소중립을 위한 이산화 탄소 포집 및 전환 기술, 스마트 농업 기술, 전기 자동차와 수소 자동차 등 친환경 농업 기술 등이 필요하다. 이러한 기술들을 통해 지구 온난화 문제 등과 같은 환경 문제를 해결하고 자원 고갈 문제에 적극적으로 대처할 수 있으며, 지속가능한 성장을 이룰 수 있게 된다. 따라서 최근에는 미래 사회의 중요한 가치로 평가받고 있는 환경 보호, 지속가능성 등을 실현하기 위해 다양한 연구·개발이 진행되고 있다.

★★★

| 주제 1 | 에너지 자원의 분포와 소비 |

[01~02] 그래프는 세계의 1차 에너지원별 소비량 변화를 나타낸 것이다. 이를 보고 물음에 답하시오.

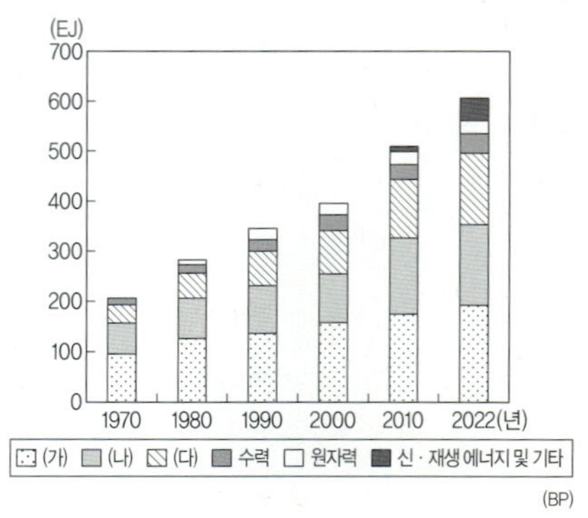

01 (가)~(다) 에너지로 옳은 것은?

	(가)	(나)	(다)
①	석유	석탄	천연가스
②	석유	천연가스	석탄
③	석탄	석유	천연가스
④	석탄	천연가스	석유
⑤	천연가스	석탄	석유

02 (가)~(다) 에너지에 대한 설명으로 옳은 것만을 〈보기〉에서 고른 것은?

┌─── 보기 ───┐
ㄱ. (가)는 (나)보다 국제 이동량이 많은 에너지 자원이다.
ㄴ. (나)는 (다)보다 연소 시 대기 오염 물질 배출량이 적다.
ㄷ. (다)는 (가)보다 상용화된 시기가 늦다.
ㄹ. (가)~(다) 중 수송용으로 이용되는 비율은 (나)가 가장 높다.
└────────────┘

① ㄱ, ㄴ   ② ㄱ, ㄷ   ③ ㄴ, ㄷ
④ ㄴ, ㄹ   ⑤ ㄷ, ㄹ

03 세계 에너지 소비에 대한 설명으로 옳지 <u>않은</u> 것은?

① 세계 1차 에너지 소비량은 증가 추세에 있다.
② 세계 화석 에너지 소비량은 신·재생 에너지 소비량보다 많다.
③ 세계 1차 에너지 소비량이 가장 많은 국가는 아프리카에 위치한다.
④ 에너지 자원의 편재성으로 인해 국가 간 에너지 자원의 이동이 나타난다.
⑤ 세계 1차 에너지 소비 구조에서 차지하는 비율이 가장 높은 에너지는 석유이다.

04 다음은 통합사회 수업 중 학생이 작성한 노트이다. (가)~(다)에 들어갈 내용을 〈보기〉에서 고른 것은?

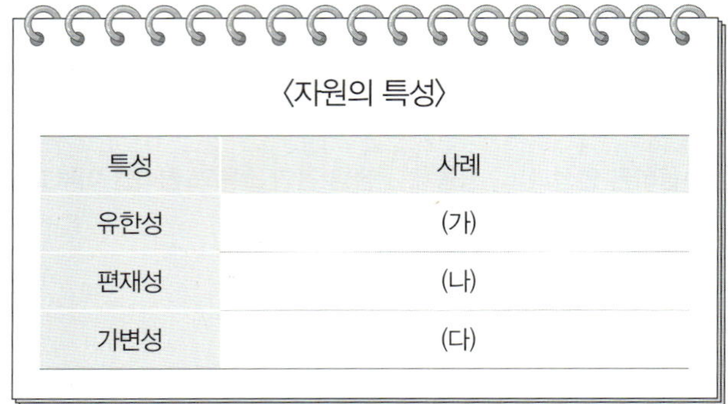

〈자원의 특성〉

특성	사례
유한성	(가)
편재성	(나)
가변성	(다)

┌─── 보기 ───┐
ㄱ. 화석 에너지는 매장량에 한계가 있어 고갈의 위험이 크다.
ㄴ. 석유는 페르시아만 일대의 매장량 비율이 매우 높아 국제 이동량이 많다.
ㄷ. 불태워 버리던 천연가스가 냉동 액화 기술의 발달 이후 소비량이 크게 증가하였다.
└────────────┘

	(가)	(나)	(다)
①	ㄱ	ㄴ	ㄷ
②	ㄱ	ㄷ	ㄴ
③	ㄴ	ㄱ	ㄷ
④	ㄴ	ㄷ	ㄱ
⑤	ㄷ	ㄴ	ㄱ

05 그래프는 세 화석 에너지의 국가별 생산량 비율을 나타낸 것이다. (가)~(다) 에너지에 대한 설명으로 옳은 것은? (단, (가)~(다)는 각각 석유, 석탄, 천연가스 중 하나임.)

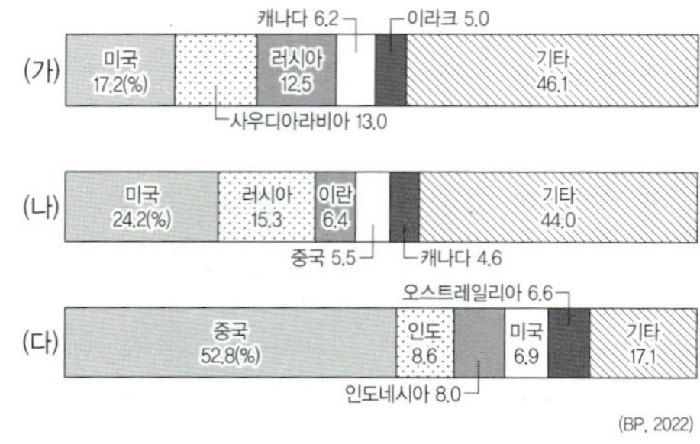

① (가)는 냉동 액화 기술의 발달로 소비량이 급증하였다.
② (나)는 산업 혁명기의 주요 에너지 자원이었다.
③ (다)는 육상 구간에서 주로 파이프라인을 통해 수송된다.
④ (가)는 (나)보다 세계 1차 에너지 소비 구조에서 차지하는 비율이 높다.
⑤ (나), (다)는 모두 신생대 제3기층의 배사 구조에 주로 매장되어 있다.

06 지도는 어느 화석 에너지의 분포와 국제 이동을 나타낸 것이다. 이 에너지에 대한 설명으로 옳은 것은?

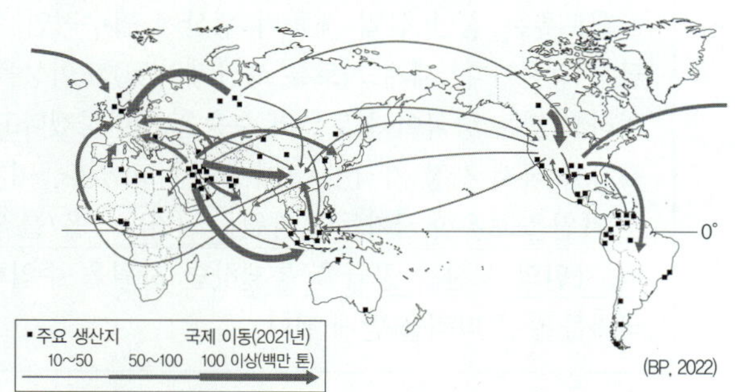

① 주로 고생대 지층에 매장되어 있다.
② 산업 혁명기의 주요 에너지 자원이었다.
③ 내연 기관의 발명과 자동차 보급으로 소비량이 급증하였다.
④ 화석 에너지 중 연소 시 대기 오염 물질 배출량이 가장 적다.
⑤ 해상 구간에서는 주로 액화 가스 수송선을 이용하여 수송된다.

07 다음 글의 (가)에 해당하는 에너지로 옳은 것은?

> 유럽 연합(EU)은 우크라이나를 침공한 러시아를 비판하며 제재를 가하면서 러시아산 [(가)]의 유럽 공급이 크게 감소하였다. 이에 유럽 국가들은 액화 수송선을 이용하여 미국으로부터 [(가)]을/를 공급받고 있다.

① 석유   ② 석탄   ③ 원자력
④ 태양광   ⑤ 천연가스

08 지도는 주요 국가의 1차 에너지 소비 구조를 나타낸 것이다. (가)~(다) 에너지로 옳은 것은?

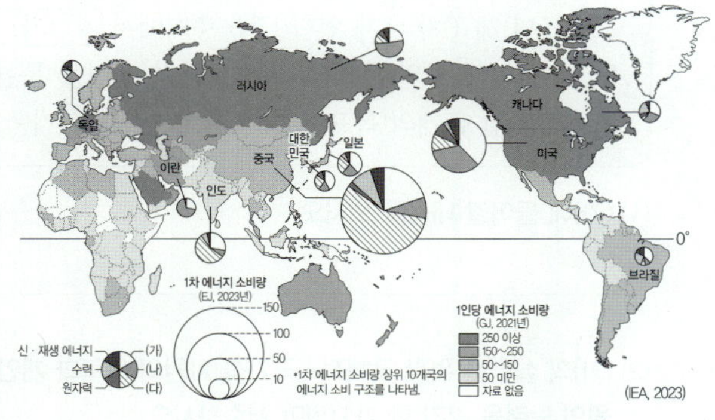

	(가)	(나)	(다)
①	석유	석탄	천연가스
②	석유	천연가스	석탄
③	석탄	석유	천연가스
④	석탄	천연가스	석유
⑤	천연가스	석탄	석유

09 다음 글의 (가)를 실현하기 위한 노력으로 옳지 <u>않은</u> 것은?

> [(가)]은/는 미래 세대의 필요를 충족시킬 수 있는 능력을 저해하지 않으면서 현세대의 필요를 충족하는 발전을 말한다.

① 온실가스 배출권 거래 제도를 도입한다.
② 개발도상국에 대한 공적 개발 원조를 늘린다.
③ 공정 무역 제품과 로컬 푸드의 소비를 늘린다.
④ 사회 취약 계층에 대한 지원 제도를 마련한다.
⑤ 화석 에너지 소비량이 많은 기업에 보조금을 지급한다.

10 다음 자료의 (가)에 들어갈 내용으로 옳은 것만을 〈보기〉에서 고른 것은?

> 사진은 다양한 에너지를 이용한 발전 시설을 나타낸 것이다. 이러한 발전 시설을 갖출 경우 [(가)] 지속가능한 발전이 가능해진다.

보기

ㄱ. 온실가스 배출량을 감축하여
ㄴ. 석유 분포의 편재성을 완화시켜
ㄷ. 화석 에너지에 대한 의존도를 낮춰
ㄹ. 에너지 이용에 있어 경제적 효율성을 극대화하여

① ㄱ, ㄴ   ② ㄱ, ㄷ   ③ ㄴ, ㄷ
④ ㄴ, ㄹ   ⑤ ㄷ, ㄹ

11 다음 글의 (가)에 들어갈 내용으로 옳은 것만을 〈보기〉에서 있는 대로 고른 것은?

> 우리는 4차 산업 혁명 시대를 맞아 빠르게 변화하는 사회 속에서 살아가고 있으며, 현대를 살아가는 사람들은 이러한 빠른 변화에 대해 불안감을 갖게 되면서 미래 사회의 예측에 대한 필요성도 커지고 있다. 세계적인 미래학자들은 미래 사회를 ____(가)____ 것이라고 예측하고 있다.

| 보기 |

> ㄱ. 유전 공학 기술을 이용하여 질병 치료율을 높일
> ㄴ. 많은 수의 직업이 로봇으로 대체되고 자동화될
> ㄷ. 소품종 대량 생산 방식이 보편화되고 공업화가 진행될
> ㄹ. 일상생활에서 인공지능, 빅 데이터 기술의 이용이 늘어날

① ㄱ, ㄴ ② ㄱ, ㄷ ③ ㄷ, ㄹ
④ ㄱ, ㄴ, ㄹ ⑤ ㄴ, ㄷ, ㄹ

12 다음 글의 (가)에 들어갈 내용으로 옳지 **않은** 것은?

> 지역, 국가, 지구촌 간의 상호 연결은 세계시민의 개념을 형성하는 데 중요한 역할을 하고 있다. 세계시민은 지구촌에서 발생하는 다양한 문제에 대해 관심을 갖고 유기적으로 연결하여 사고하고 실천하는 주체가 되어야 한다. 따라서 세계시민은 ____(가)____ 자세를 갖춰야 한다.

① 평화롭고 정의로운 세상을 위해 책임감 있게 행동하는
② 인류 공동체 일원으로서 소속감을 바탕으로 다름을 인정하는
③ 공감과 연대 의식을 바탕으로 다른 사람과 소통 및 교류하는
④ 자신의 적성보다 지속가능한 세계의 실현을 우선시하여 직업을 선택하는
⑤ 인류의 보편적 가치에 대한 지식과 깊은 이해를 바탕으로 사회 현상을 비판적으로 분석하는

서술형 문제

13 다음 글을 읽고 물음에 답하시오.

> 희토류는 첨단 산업 제품의 생산에 필수적인 희소 금속 광물이다. 세계 희토류 생산량의 70% 이상을 차지하고 있는 중국이 희토류의 수출을 제한하겠다고 발표하자 국제 시장 가격이 크게 요동치고 있다. 이처럼 ㉠ 자원을 보유한 국가들이 자원 ____(가)____ 을/를 앞세워 자원의 생산과 공급을 통제하면 자원을 수입하는 국가들은 큰 타격을 받게 된다.

(1) (가)에 들어갈 내용을 쓰시오.

____

(2) ㉠과 같은 움직임이 강화되는 상황에서 우리나라는 어떤 대책을 마련해야 하는지 두 가지만 서술하시오.

____

____

____

14 다음 자료를 보고 물음에 답하시오.

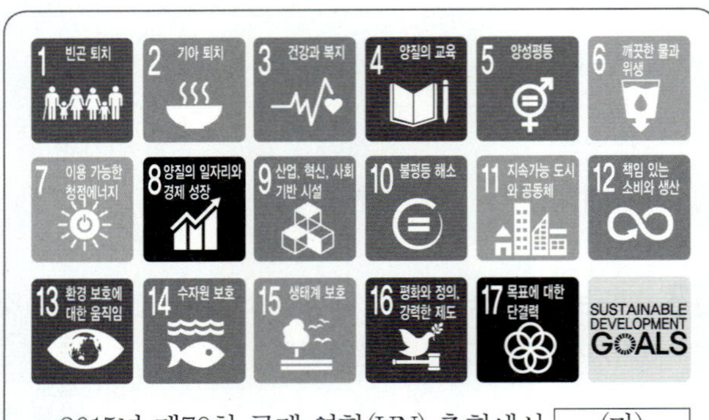

> 2015년 제70차 국제 연합(UN) 총회에서 ____(가)____ 을/를 실현하기 위해 경제, 사회, 환경 측면을 통합적으로 고려한 17개의 목표를 위와 같이 제시하였다.

(1) (가)에 들어갈 내용을 쓰시오.

____

(2) (가)의 실현을 위한 국제적 · 국가적 차원의 노력과 개인적 차원의 노력을 각각 한 가지씩만 서술하시오.

____

____

____

STEP 2 1등급 도전하기

01 그래프는 OECD 국가와 비OECD 국가의 화석 에너지별 소비량 변화를 나타낸 것이다. (가)~(다) 에너지로 옳은 것은?

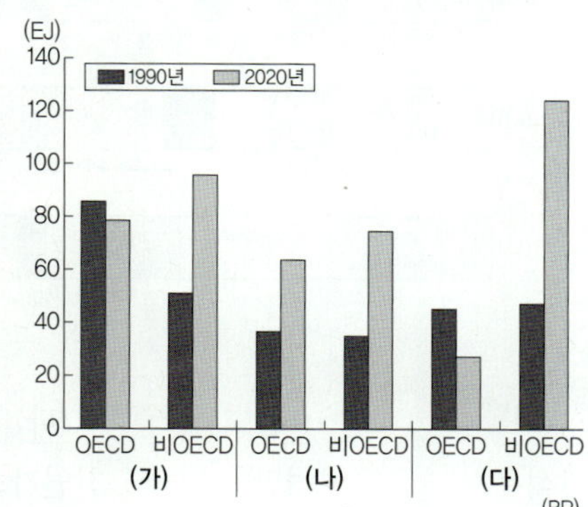

	(가)	(나)	(다)
①	석유	석탄	천연가스
②	석유	천연가스	석탄
③	석탄	석유	천연가스
④	석탄	천연가스	석유
⑤	천연가스	석탄	석유

02 그래프는 세 화석 에너지의 용도별 소비량 비율을 나타낸 것이다. (가)~(다) 에너지에 대한 설명으로 옳은 것은? (단, (가)~(다)는 각각 석유, 석탄, 천연가스 중 하나임.)

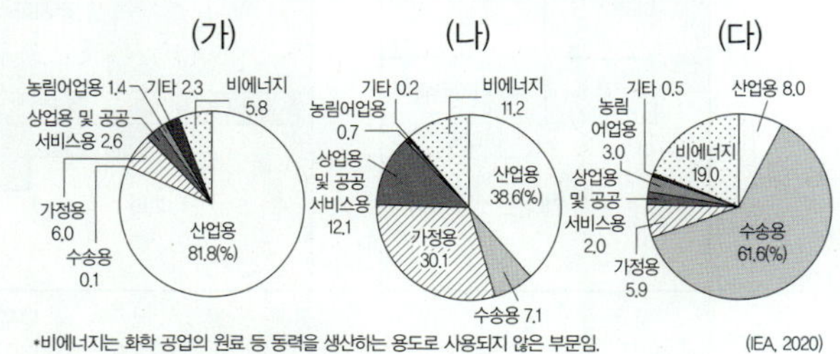

*비에너지는 화학 공업의 원료 등 동력을 생산하는 용도로 사용되지 않은 부문임.   (IEA, 2020)

① (가)는 주로 신생대 제3기층의 배사 구조에 매장되어 있다.
② (나)는 산업 혁명기의 주요 에너지 자원이었다.
③ (다)는 냉동 액화 기술의 발달로 소비량이 급증하였다.
④ (가)는 (나)보다 연소 시 대기 오염 물질 배출량이 많다.
⑤ (다)는 (가)보다 세계 1차 에너지 소비량에서 차지하는 비율이 낮다.

[03~04] 지도는 두 화석 에너지의 국제 이동을 나타낸 것이다. 이를 보고 물음에 답하시오.

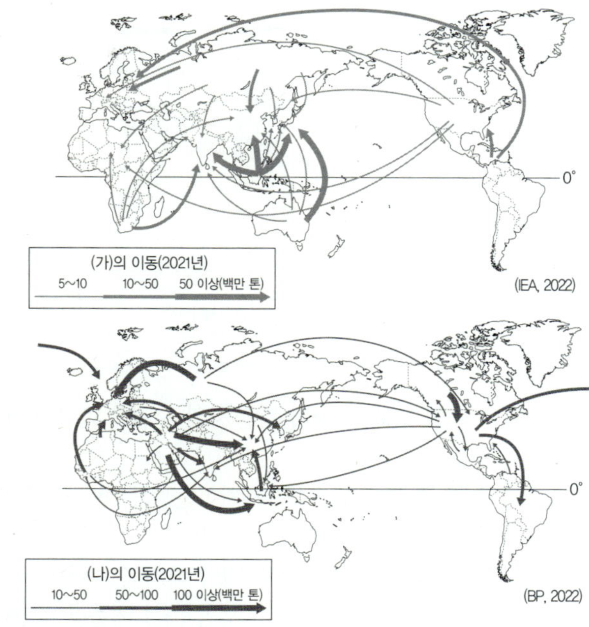

03 (가), (나) 에너지로 옳은 것은?

	(가)	(나)
①	석유	석탄
②	석유	천연가스
③	석탄	석유
④	석탄	천연가스
⑤	천연가스	석유

04 (가), (나) 에너지에 대한 설명으로 옳은 것만을 〈보기〉에서 고른 것은?

─ 보기 ─

ㄱ. (가)는 육상 구간에서 주로 파이프라인을 통해 수송된다.
ㄴ. (나)는 주로 고생대 지층에 매장되어 있다.
ㄷ. (가)는 (나)보다 국제 이동량이 적은 에너지 자원이다.
ㄹ. (나)는 (가)보다 상용화된 시기가 늦다.

① ㄱ, ㄴ   ② ㄱ, ㄷ   ③ ㄴ, ㄷ
④ ㄴ, ㄹ   ⑤ ㄷ, ㄹ

 그래프는 세 화석 에너지의 지역(대륙)별 소비량 비율을 나타낸 것이다. (가)~(다) 에너지에 대한 설명으로 옳은 것은? (단, (가)~(다)는 각각 석유, 석탄, 천연가스 중 하나임.)

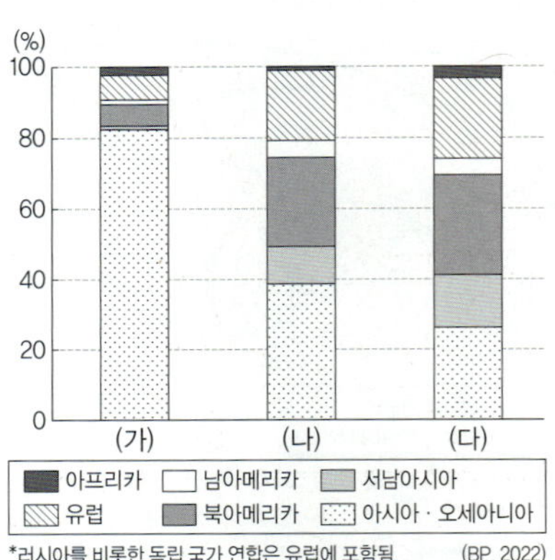

① (가)는 내연 기관 발명과 자동차의 보급으로 소비량이 급증하였다.
② (나)는 전 세계 발전량에서 차지하는 비율이 가장 높다.
③ (다)는 수송용으로 가장 많이 이용된다.
④ (가)는 (나)보다 세계 생산량 대비 세계 수출량이 적다.
⑤ (다)는 (가)보다 연소 시 대기 오염 물질 배출량이 많다.

06 그래프는 세 에너지의 국가별 소비량 비율을 나타낸 것이다. (가)~(다) 에너지에 대한 설명으로 옳은 것은? (단, (가)~(다)는 각각 석유, 석탄, 천연가스 중 하나임.)

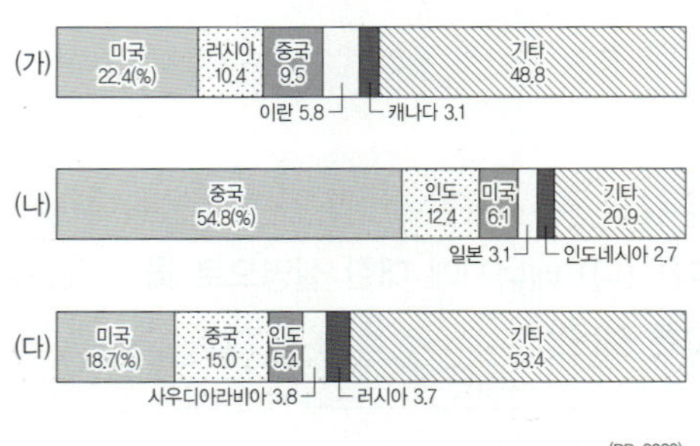

① (가)의 세계 최대 생산국은 서남아시아에 위치한다.
② (나)는 산업용보다 수송용으로 소비되는 비율이 높다.
③ (다)는 해상 구간에서 냉동 액화 수송선을 이용하여 수송된다.
④ (가)는 (나)보다 세계 1차 에너지 소비량에서 차지하는 비율이 높다.
⑤ (나)는 (다)보다 발전 및 제철용으로 이용되는 비율이 높다.

07 그래프는 세 화석 에너지의 국가별 수출량 비율을 나타낸 것이다. (가)~(다) 에너지로 옳은 것은?

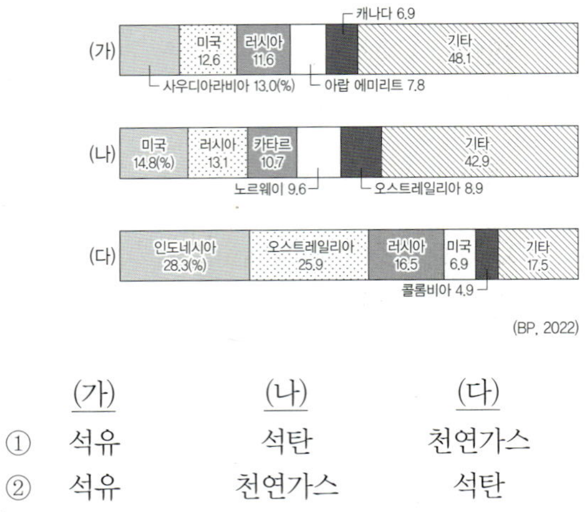

	(가)	(나)	(다)
①	석유	석탄	천연가스
②	석유	천연가스	석탄
③	석탄	천연가스	석유
④	천연가스	석유	석탄
⑤	천연가스	석탄	석유

08 그래프는 두 화석 에너지의 국가별 생산량 비율을 나타낸 것이다. (가) 에너지와 비교한 (나) 에너지의 상대적 특징을 그림의 A~E에서 고른 것은? (단, (가), (나)는 각각 석유, 석탄, 천연가스 중 하나임.)

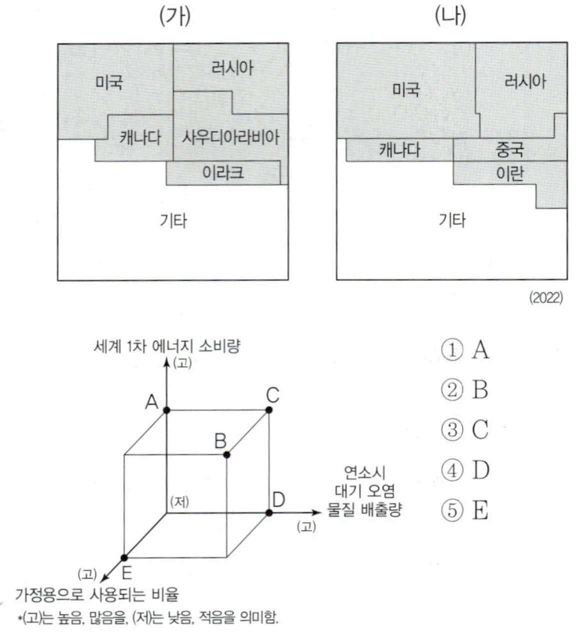

① A
② B
③ C
④ D
⑤ E

09 다음 글의 (가)에 들어갈 내용으로 옳은 것만을 〈보기〉에서 있는 대로 고른 것은?

> 그린 택소노미는 2020년 6월 유럽 연합(EU)에서 최초로 사용한 용어이다. 녹색 산업을 의미하는 그린(Green)과 분류학을 의미하는 택소노미(taxonomy)의 합성어로, 환경적으로 지속가능한 경제활동 분야를 정하는 분류 체계이다. 그린 택소노미는 ___(가)___ 등을 판단하는 기준이다. 그린 택소노미에 포함되지 않은 에너지원을 사용하여 생산한 제품을 유럽 연합(EU)에 수출할 때 수출국은 고율의 관세를 부과받거나 수입 금지 조치까지 받을 수 있다.

───── 보기 ─────

ㄱ. 특정 사업이 친환경 사업인지
ㄴ. 사용되는 에너지원이 친환경적인지
ㄷ. 생태계 복원 및 보호를 위해 노력하고 있는지
ㄹ. 화석 에너지 중심의 소비 구조를 갖추고 있는지

① ㄱ, ㄴ   ② ㄱ, ㄹ   ③ ㄷ, ㄹ
④ ㄱ, ㄴ, ㄷ   ⑤ ㄴ, ㄷ, ㄹ

10 다음 글의 밑줄 친 ㉠의 사례로 적절하지 않은 것은?

> 지속가능한 발전이란 미래 세대가 사용할 자원을 낭비하거나 그 여건을 저해하지 않는 범위 내에서 현세대의 필요를 충족하는 발전을 말한다. 국제 연합(UN)은 ㉠지속가능한 발전을 위해 정부, 기업, 시민사회 모두가 2030년까지 공동으로 추진해 나가야 할 17가지 목표를 제시하였다.

① 빈곤 종식
② 불평등 감소
③ 해양 생태계 보전
④ 책임감 있는 소비와 생산
⑤ 석탄 화력 발전을 통한 에너지 부족 해소

11 다음은 통합사회 수업 중 학생이 작성한 노트이다. ㉠~㉤에 대한 설명으로 옳지 않은 것은?

> 〈미래 사회의 모습〉
>
> 1. 정치적·경제적 문제에 따른 국가 간 협력과 갈등
>   (1) ㉠ 자유 무역의 확대, 국제기구의 활동 증가
>   (2) 빈부 격차, 문화적 차이, ㉡영역 분쟁 등의 지역 간 갈등 발생 빈도 증가
> 2. 과학기술의 발전에 따른 공간과 삶의 변화
>   (1) ㉢ 4차 산업 혁명 시대
>   (2) ㉣ 정보화의 고도화
>   (3) 새로운 문제의 발생 : 생명 윤리 문제, 신종 바이러스의 등장 등
> 3. 생태환경의 변화 : 에너지 고갈 문제, ___㉤___ (으)로 인한 기후변화, 생물종 다양성 감소 문제 발생

① ㉠으로 인해 국가 간 상호 의존도가 감소하였다.
② ㉡은 자원 확보를 둘러싼 분쟁과 함께 나타나는 경우가 많다.
③ ㉢에는 인공지능, 로봇 기술, 사물 인터넷 등의 기술이 발달한다.
④ ㉣의 등장 배경으로 인터넷과 모바일 기술의 발전을 들 수 있다.
⑤ ㉤에는 '지구 온난화'가 들어가야 한다.

12 다음 글의 밑줄 친 ㉠을 실현하기 위한 자세로 옳은 것만을 〈보기〉에서 있는 대로 고른 것은?

> 오늘날 많이 사용되고 있는 '지구촌'이라는 말은 전 세계가 하나의 공동체가 되어 간다는 의미를 갖고 있다. 이처럼 다른 국가에서 일어난 일이 우리의 삶에 영향을 미치기도 하고, 우리나라에서 일어난 일이 다른 국가에 영향을 미치기도 한다. 따라서 우리는 스스로를 국가 내로 한정짓지 말고 지구촌과 연결된 ㉠세계 시민으로 인식하여 이에 맞는 미래 삶의 방향을 설정해야 한다.

───── 보기 ─────

ㄱ. 개방적 태도와 관용적인 자세를 갖춰야 한다.
ㄴ. 공동체 구성원 간의 소통과 협력을 이루어야 한다.
ㄷ. 인류 보편적 가치보다 지역의 특수성을 우선적으로 고려해야 한다.

① ㄱ   ② ㄴ   ③ ㄷ
④ ㄱ, ㄴ   ⑤ ㄱ, ㄴ, ㄷ

인권의 의미는 무엇이며, 어떻게 확장되어 왔을까?

세계 인권 선언(1948)

제1조 모든 사람은 태어날 때부터 자유로우며, 누구에게나 동등한 존엄성과 권리가 있다. 인간은 타고난 이성과 양심을 지니며, 형제애의 정신에 입각해서 행동해야 한다.

제2조 모든 사람은 인종, 피부색, 성, 언어, 종교, 정치 또는 그 밖의 견해, 민족 또는 사회적 출신, 재산, 출생 또는 다른 지위 등과 같은 그 어떤 종류의 구별도 없이 이 선언에 제시된 모든 권리와 자유를 누릴 자격이 있다.

제3조 모든 사람은 자기 생명을 지킬 권리, 자유를 누릴 권리, 그리고 자기 자신의 안전을 지킬 권리가 있다.

제22조 모든 사람에게는 사회의 일원으로서 사회 보장을 요구할 권리가 있으며, …… 자신의 존엄성과 인격의 자유로운 발전을 위해서 반드시 필요한 경제적·사회적·문화적 권리를 실현할 수 있는 권리를 가진다.

시간적 관점

인권이 확대된 결정적인 역사적 사건은 무엇일까?

1948년 12월 10일 국제 연합(UN) 총회는 개인의 자유와 권리를 상세히 진술한 기록이자 인권과 자유가 모든 사람과 모든 장소에서 적용되어야 한다는 것을 인정한 선언인 세계 인권 선언을 채택하였다.

공간적 관점

세계는 어떤 인권 문제가 발생하고 있을까?

세계는 종교, 인종, 소수자 차별 등으로 인한 인권 문제가 발생하고 있으며, 전쟁과 민주화 운동, 종교 갈등 등으로 난민이 발생하면서 이에 따른 인권 문제가 등장하고 있다.

사회적 관점

현대 사회에서 새롭게 요구되는 인권은 무엇일까?

장애인, 이주 외국인, 성 소수자 등 차별의 대상이 된 사회적 소수자는 현대 사회의 중요한 인권 문제 중 하나이다. 이들은 차별에 의한 피해가 비교적 영구적으로 지속되거나, 특수성 등의 문제로 해결이 쉽지는 않다. 따라서 차별의 문제를 깊이 사유해야 하며 평등한 권리에 대한 인식의 제고가 요구된다.

윤리적 관점

시민불복종이 정당화되는 경우는 무엇일까?

시민불복종은 정의의 이념에 기초하여 법의 정신을 존중할 때 그 정당성을 확보할 수 있다. 첫째, 정의의 원리를 따른다는 신념, 둘째, 합법적 개혁의 방법이 효과가 없을 때, 셋째, 비폭력·평화적인 방법을 사용할 때, 넷째, 처벌을 감수함으로써 양심에 법의 부당함을 호소할 수 있을 때 정당화될 수 있다.

통합적 관점으로 정리하기

인권은 인류가 지켜야 할 가장 소중하고 근본적인 가치이다. 인류는 세계 인권 선언 등을 통해 신분, 이념, 종교, 경제, 문화 간 갈등으로부터 인류의 보편적 가치인 인권을 지키기 위한 노력을 지속해 왔다. 이제 인권은 개별 국가의 문제를 넘어 세계가 함께 해결해 나가야 할 문제가 되었다. 국가 차원에서 개선되지 않는 인권 문제는 국제 연합(UN) 총회 및 상설 기구로서의 인권 이사회를 두어 적극적 개입을 하고 있으며, 국제 사면 위원회, 국경 없는 의사회 등 수많은 비정부 기구(NGO) 단체들이 빈곤 아동 지원, 난민 구호, 분쟁 지역의 구조 활동 등 인권을 보호하기 위한 다양한 활동을 전개하고 있다.

탐구 주제 지구적 차원에서 지속가능한 발전을 위한 방법에는 무엇이 있으며, 세계시민으로서 우리는 무엇을 해야 할까?

▲ 난민의 이동

▲ 신·재생 에너지 발전

▲ 드론

시간적 관점

미래 지구촌의 모습은 어떠할까?

미래에는 국가 간 교류가 증가하고 상호 의존도가 높아져 정치적·경제적 협력이 강화될 것이다. 동시에 소수의 국가가 경제적 부를 독점하면서 빈부 격차와 종교 등의 문화적 차이, 영토 분쟁 등 다양한 원인에 의한 갈등의 발생 빈도 또한 증가할 것이다. 그리고 인공지능, 드론, 사물 인터넷 등과 같은 새로운 과학기술이 발달하여 인간의 활동 범위가 지금보다 크게 확대될 것으로 예상된다.

공간적 관점

세계의 인구는 왜 이동할까?

오늘날 교통·통신의 발달로 인구 이동의 규모와 범위가 확대되고 있다. 주로 경제적 요인에 의한 인구 이동이 많으며, 대체로 개발 도상국에서 경제 수준이 높고 일자리가 많은 선진국으로 이동한다. 그 밖에 최근 정치적 탄압이나 전쟁 등으로 난민 형태의 인구 이동이 증가하고 있다.

사회적 관점

저출생과 고령화 현상은 우리 삶에 어떤 영향을 줄까?

저출생·고령화 현상으로 인해 생산 가능 인구가 감소하여 노동 생산성이 낮아지면서 경제 성장이 둔화되고 장기적 경제 침체의 문제가 발생한다. 또한 노년층 인구에 대한 부양 부담과 사회적 비용이 증가한다.

윤리적 관점

미래 세대를 위해 현재 세대가 해야 할 일은 무엇일까?

현재 세대의 이익만을 위하여 환경을 파괴하거나 자원을 고갈시키면 미래 세대는 안정된 환경에서 살아갈 수 없게 된다. 따라서 우리는 신·재생 에너지를 개발하는 등의 지속가능한 발전을 추구함으로써 현재 세대의 필요를 충족할 때 미래 세대가 사용할 경제·사회·환경 등의 자원을 낭비하지 않도록 유념해야 한다.

통합적 관점으로 정리하기

과학기술의 발달과 경제 발전으로 인류의 삶은 더욱 풍요로워졌지만, 산업화에 따른 인구 증가로 자원 고갈, 환경 파괴 등의 문제가 발생하였다. 현재의 상태가 미래에도 지속된다면 아무리 과학기술이 발달한다고 하더라도 미래 세대는 안정된 환경에서 살아갈 수 없게 된다. 따라서 우리는 올바른 인성과 가치관을 정립하고, 세계시민으로서 공동체 의식을 함양하여 지구촌 구성원으로서의 삶을 살며 지속가능한 발전을 추구해야 한다.

MEMO

이투스북

본

本

개념이 근본이 되다
내신의 기본이 되다

통합사회2

시험 대비 워크북

이투스북

시험 대비 워크북

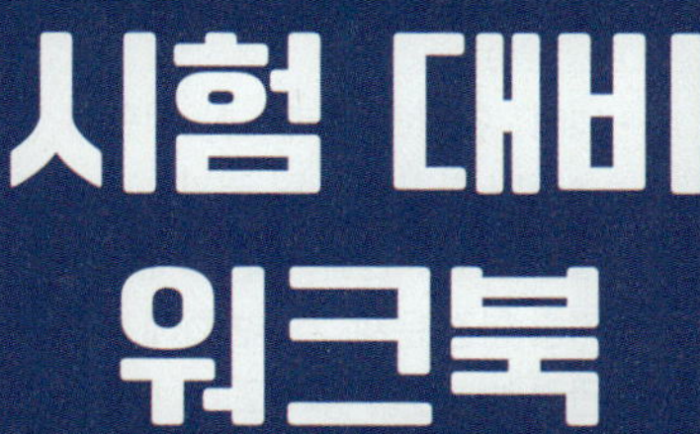

주제 1 인권의 의미와 확장 과정 ★★★

1 인권의 의미와 특징

의미	인간이라면 누구나 누려야 하는 기본적인 자유와 권리
특징	• 보편성: 인종·종교·성별·사회적 신분 등에 관계없이 누구나 보편적으로 가지는 권리 • [ ][1]: 누구나 태어나면서 가지는 당연한 권리 • 항구성: 일정 기간만 주어지는 것이 아니라 영구히 보장되는 권리 • [ ][2]: 남에게 양도할 수 없고, 누구도 침범할 수 없는 권리

2 인권의 확장 과정

(1) **시민 혁명 이전 사회**

① 정치 체제: 왕권신수설을 바탕으로 한 절대 왕정

② 신분제 사회: 왕, 귀족, 성직자 등 소수에게 권력이 집중되고 다수의 평민들은 차별을 받음

(2) **시민 혁명의 발생**

구분	원인	결과
영국의 명예혁명 (1688)	찰스 2세와 제임스 2세의 전제 정치	의회 중심의 [ ][3] 수립
미국의 독립 혁명 (1776)	영국 정부의 강압적인 식민지 정책	최초의 [ ][4] 수립(대통령제)
[ ][5] (1789)	구제도(앙시앙 레짐)의 모순	근대 시민 사회 성립(자유, 평등, 박애의 이념)

(3) **시민 혁명의 사상적 배경**: 천부 인권 사상, 사회 계약설, 계몽사상 등의 영향을 받음

(4) **시민 혁명의 한계**: 정치 참여의 자유는 부르주아 등 일부 계층에게만 국한되었고, 노동자, 여성, 농민은 국가의 의사 결정에서 배제되었음

(5) **그 외의 인권 확장 노력**: [   ][6](1832, 영국 노동자들의 보통 선거권 획득 요구), 여성 참정권 운동(1893, 뉴질랜드에서 최초로 여성에게 참정권을 부여), [   ][7](1919, 독일에서 최초로 사회권을 헌법에 명시), [   ][8](1948, 인권 보장의 국제적 기준 제시)

3 시민 혁명 이후 인권 확대 운동

(1) **자유권과 평등권의 등장**: 영국의 권리 장전(1689), 미국의 독립 선언(1776), 프랑스의 인권 선언(1789)을 배경으로 등장함

(2) **참정권 확대 운동**: 시민 혁명 이후 참정권이 없었던 노동자, 농민, 여성들이 참정권 확대 운동을 전개함

(3) [   ][9]: 국가에 인간다운 생활을 요구할 권리로 독일의 바이마르 헌법에 최초로 규정함

(4) **연대권**: 공동체, 국제적인 연대와 협력을 통해 인권 보장을 위해 노력해야 함

주제 2 현대 사회와 인권의 확장 ★★

1 인권의 확장

배경	인권 의식의 성장, 급격한 도시화로 인한 사회 문제 발생 등
종류	주거권, 안전권, 환경권, 문화권 등

2 인권의 종류

주거권	• 의미: 쾌적하고 안정적인 주거 환경에서 인간다운 주거 생활을 할 권리 • 등장 배경: 도시로의 인구 집중, 주택 부족, 주거비 증가 등으로 인한 주거 생활의 불안정 • 관련 법: 헌법 제35조 ③ 국가는 주택 개발 정책 등을 통하여 모든 국민이 쾌적한 주거 생활을 할 수 있도록 노력하여야 한다.
안전권	• 의미: 국민이 각종 위험으로부터 안전을 보호받을 권리 • 등장 배경: 자연재해뿐만 아니라 각종 안전사고, 감염병 대유행 등 인위적인 위험이 인간의 삶을 위협하고 있음 • 관련 법: 헌법 제34조 ⑥ 국가는 재해를 예방하고 그 위험으로부터 국민을 보호하기 위하여 노력하여야 한다.
[ ][10]	• 의미: 건강하고 쾌적한 생활에 필요한 모든 조건이 충족된 환경을 누릴 권리 • 등장 배경: 산업화와 도시화, 대기 및 수질 오염 등 각종 환경 문제, 기후변화에 따른 기상 이변 발생 • 관련 법: 헌법 제35조 ① 모든 국민은 건강하고 쾌적한 환경에서 생활할 권리를 가지며, 국가와 국민은 환경 보전을 위하여 노력하여야 한다.
[ ][11]	• 의미: 계층·민족·문화적 배경에 상관없이 누구나 문화생활에 참여하고 문화를 향유할 수 있는 권리 • 등장 배경: 생활 수준의 향상, 여가 증대, 문화 향유에 대한 요구, 이주민의 문화적 정체성 존중 요구 등 문화 활동에 참여하고 누릴 권리 인식 확산 • 관련 법: 헌법 제9조, 문화 기본법, 문화 예술 진흥법 등

📑 **자료로 살펴보기**

● **문화 기본법**

> 제1조 이 법은 문화에 관한 국민의 권리와 국가 및 지방 자치 단체의 책임을 정하고 문화 정책의 방향과 그 추진에 필요한 기본적인 사항을 규정함으로써 문화의 가치와 위상을 높여 문화가 삶의 질을 향상시키고 국가 사회의 발전에 중요한 역할을 할 수 있도록 하는 것을 목적으로 한다.

문화 기본법은 국민이 문화를 누릴 기본적 권리, 즉 문화권을 규정하고 이를 위한 국가와 지방 자치 단체의 책임을 규정하고 있다. 이를 통해 문화 소외 계층이 문화를 향유할 수 있도록 기회를 제공하는 등 다양한 문화 활동을 장려하고자 한다.

정답 1 천부성 2 불가침성 3 입헌 군주제 4 민주 공화국 5 프랑스 혁명 6 차티스트 운동 7 바이마르 헌법 8 세계 인권 선언 9 사회권 10 환경권 11 문화권

시험 대비하기

01 그림의 과제 수행 결과로 옳은 것은?

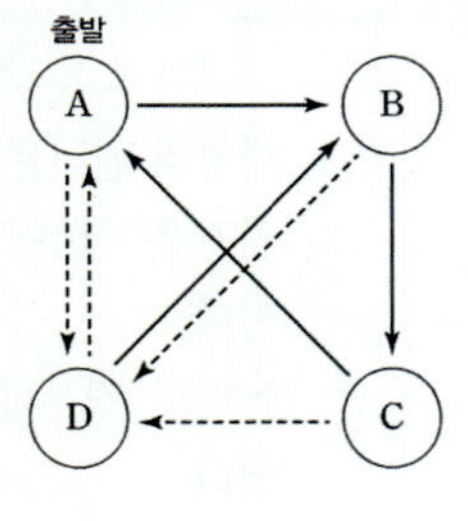

순서	내용
1	상황에 따라 타인에게 양도할 수 있다.
2	누구든지 태어나면서부터 가지게 된다.
3	인간이라면 누구나 누릴 수 있다.
4	일정 기간 한시적으로 보장된다.

① A – B – C – A – D
② A – B – C – D – A
③ A – B – D – B – C
④ A – D – B – C – A
⑤ A – D – B – C – D

02 밑줄 친 ㉠에 대한 옳은 설명만을 〈보기〉에서 고른 것은?

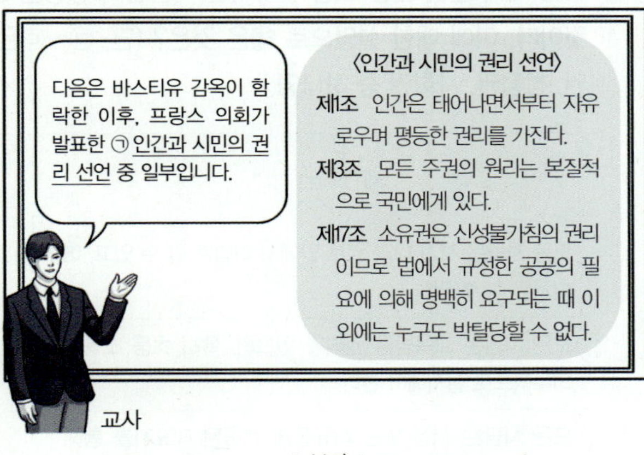

─ 보기 ─

ㄱ. 사유 재산 제도를 부정한다.
ㄴ. 자유와 평등의 이념을 강조한다.
ㄷ. 사회권을 자유권보다 우선하는 권리로 본다.
ㄹ. 천부 인권 사상과 국민 주권 사상을 반영하고 있다.

① ㄱ, ㄴ　　② ㄱ, ㄷ　　③ ㄴ, ㄷ
④ ㄴ, ㄹ　　⑤ ㄷ, ㄹ

03 (가), (나)는 인권의 역사적 발달 과정과 관련된 문서의 일부 조항이다. 이에 대한 질문에 모두 옳게 응답한 학생은?

(가) 프랑스 인권 선언	(나) 바이마르 헌법
제1조 인간은 태어나면서부터 자유로우며 평등한 권리를 가진다.	제163조 적절한 일자리를 얻지 못한 국민은 필요한 생계비를 지원받을 수 있다.

질문	갑	을	병	정	무
(가)는 사회권을 최초로 명시하였는가?	○	×	○	×	×
(가)는 자유와 평등의 이념을 강조하였는가?	○	○	×	○	○
(나)는 국가의 적극적 역할을 강조하였는가?	×	○	○	○	×
(나)는 차티스트 운동을 계기로 선포되었는가?	○	○	×	×	×

(○ : 예, × : 아니요)

① 갑　　② 을　　③ 병　　④ 정　　⑤ 무

04 (가)~(라)에 들어갈 옳은 내용만을 〈보기〉에서 있는 대로 고른 것은?

학습 주제 : 근대 시민 혁명과 인권 보장
1. 근대 시민 혁명의 결과
  • 영국 : 　(가)
  • 미국 : 　(나)
  • 프랑스 : 　(다)
2. 근대 시민 혁명의 한계와 한계 극복 노력
  • 한계 : 재산과 성별 등에 따른 참정권 제한이나 차등 부여
  • 한계 극복 노력 : 　(라)

─ 보기 ─

ㄱ. (가) – 최초로 사회권을 명시
ㄴ. (나) – 국제적인 연대권을 강조
ㄷ. (다) – 인권 선언 채택, 자유와 평등의 이념 확산
ㄹ. (라) – 노동자들을 중심으로 차티스트 운동 전개

① ㄱ, ㄴ　　② ㄱ, ㄷ　　③ ㄷ, ㄹ
④ ㄱ, ㄴ, ㄹ　　⑤ ㄴ, ㄷ, ㄹ

05 밑줄 친 '인민헌장'에 대한 설명으로 가장 적절한 것은?

① 명예혁명의 배경이 되었다.
② 참정권 확장의 계기가 되었다.
③ 미국 독립 선언의 기초가 되었다.
④ 인권 보장의 국제적 기준을 제시하였다.
⑤ 모든 사회적 차별 철폐를 주요 내용으로 한다.

06 다음 자료에 대한 옳은 설명만을 〈보기〉에서 고른 것은?

(가) 바이마르 헌법	(나) 인종 차별 철폐 협약
제109조 모든 국민은 법률 앞에 평등하다. 남녀는 원칙적으로 국민으로서의 동일한 권리를 가지며 의무를 진다.	제1조 1. ㉠ 인종 차별은 인종, 피부색 등에 근거를 둔 어떠한 구별, 배척, 제한 또는 우선권을 말하며, ……
제111조 모든 국민은 전 국가 내에서 이전의 자유를 가진다.	제2조 2. 협약 체결국은 …… 사회적·경제적·문화적 등에 있어서 특정 인종 집단 또는 개인의 적절한 발전과 보호를 보증하는 특수하고 구체적인 조치를 취하여 이들에게 완전하고 평등한 인권과 기본적 자유의 향유를 보장토록 한다.
제159조 노동 조건 및 거래 조건의 유지 및 개선을 위한 결사의 목적은 누구에게 대하여도 또한 어떠한 직업에 대하여도 보장한다.	

〈보기〉

ㄱ. ㉠은 후천적 차이에 의한 불평등이다.
ㄴ. (가)는 사회권이 문서에 명시된 최초의 헌법이다.
ㄷ. (가)와 달리 (나)에는 합리적인 이유 없이 차별받지 않을 권리가 반영되어 있다.
ㄹ. (가), (나) 모두 국가 권력의 간섭에서 벗어나 자유롭게 생활할 수 있는 권리가 반영되어 있다.

① ㄱ, ㄴ   ② ㄱ, ㄷ   ③ ㄴ, ㄷ
④ ㄴ, ㄹ   ⑤ ㄷ, ㄹ

07 다음은 어느 선언문의 일부이다. 이 조항들이 강조하는 내용만을 〈보기〉에서 고른 것은?

제1조	모든 인간은 태어날 때부터 자유로우며 똑같은 존엄과 권리를 가진다. 사람은 이성과 양심을 타고났으므로 서로를 형제애의 정신으로 대해야 한다.
제29조	모든 사람은 자신의 권리와 자유를 온전하게 행사할 수 있다. 그러나 이를 제한할 수 있는 예외적인 경우가 있다. 즉, 타인의 권리와 자유를 보장하기 위한 법률과 사회 질서와 사회 전체의 복리를 위한 법률에 의해서 권리와 자유를 제한할 수 있다.

〈보기〉

ㄱ. 개인의 권리뿐만 아니라 공동체의 이익도 중요하다.
ㄴ. 인간은 천부적으로 동등한 권리를 부여받은 존재이다.
ㄷ. 어떠한 경우에도 개인의 권리와 자유를 제한할 수 없다.
ㄹ. 누구에게나 적용되는 보편적인 가치는 존재하지 않는다.

① ㄱ, ㄴ   ② ㄱ, ㄷ   ③ ㄴ, ㄷ
④ ㄴ, ㄹ   ⑤ ㄷ, ㄹ

08 표는 세계 인권 선언 조항에 나타난 기본권의 유형을 정리한 것이다. 이에 대한 설명으로 옳은 것은? (단, ㉠~㉢은 자유권, 참정권, 사회권 중 하나임.)

세계 인권 선언	기본권의 유형
모든 사람은 자기 나라 영토 안에서 어디든 갈 수 있고, 어디서든 살 수 있다.	㉠
모든 사람은 교육받을 권리가 있으며, 특히 초등 교육은 의무적으로 실시해야 한다.	㉡
모든 사람은 직접 또는 자유롭게 선출된 대표자를 통해 자국의 정치에 참여할 권리가 있다.	㉢

① ㉠은 바이마르 헌법에 최초로 명시된 권리이다.
② ㉡은 차티스트 운동에서 강조된 권리이다.
③ ㉢은 국가에 정치 과정에 참여할 수 있는 권리이다.
④ ㉡과 달리 ㉠은 국가의 적극적 개입을 요구하는 권리이다.
⑤ ㉠, ㉡은 모두 프랑스 인권 선언에 명시된 권리이다.

09 다음 법률 조항이 보장하고자 하는 권리에 대한 옳은 설명만을 〈보기〉에서 고른 것은?

제1조 이 법은 …… 국민의 주거 안정과 주거 수준의 향상에 이바지하는 것을 목적으로 한다.
제2조 국민은 …… 물리적·사회적 위험으로부터 벗어나 쾌적하고 안정적인 주거 환경에서 인간다운 주거 생활을 할 권리를 갖는다.

┤ 보기 ├
ㄱ. 근대 시민 혁명을 계기로 확립된 권리이다.
ㄴ. 현대 사회에서 새롭게 강조되고 있는 권리이다.
ㄷ. 국가의 간섭에서 벗어나 자유로운 생활을 보장하기 위한 권리이다.
ㄹ. 주거 취약 계층의 안정적인 주거 환경을 보장하기 위한 권리이다.

① ㄱ, ㄴ   ② ㄱ, ㄷ   ③ ㄴ, ㄷ
④ ㄴ, ㄹ   ⑤ ㄷ, ㄹ

10 밑줄 친 ㉠에 대한 옳은 설명만을 〈보기〉에서 고른 것은?

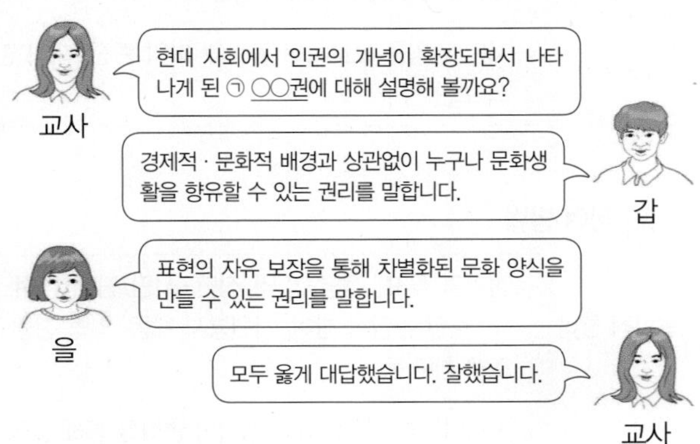

┤ 보기 ├
ㄱ. 사회의 다양성 확대에 기여하는 권리이다.
ㄴ. 문화적 정체성 확립에 도움을 주는 권리이다.
ㄷ. 쾌적한 주거 환경 조성을 강조하는 권리이다.
ㄹ. 전염병으로부터 자신의 안전을 보장해 주는 권리이다.

① ㄱ, ㄴ   ② ㄱ, ㄷ   ③ ㄴ, ㄷ
④ ㄴ, ㄹ   ⑤ ㄷ, ㄹ

11 밑줄 친 ㉠에 대한 설명으로 옳은 것은?

① 문화적 정체성 확립에 도움을 주는 권리이다.
② 쾌적한 주거 환경 조성을 강조하는 권리이다.
③ 각종 위험으로부터 안전을 보장받을 권리이다.
④ 인간다운 생활의 보장을 요구할 수 있는 권리이다.
⑤ 국가의 의사 결정 과정에 참여할 수 있는 권리이다.

12 다음은 교사가 학생에게 쓴 메일의 일부이다. 이에 대한 설명으로 옳은 것은?

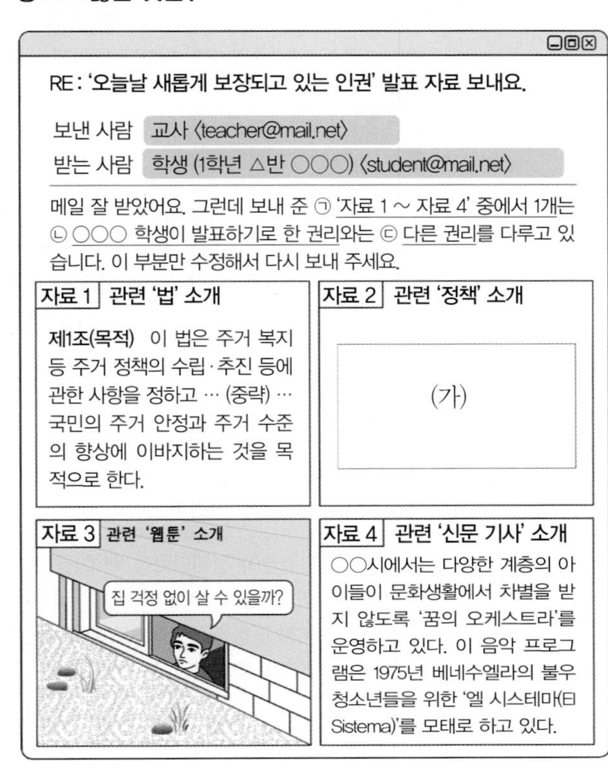

RE : '오늘날 새롭게 보장되고 있는 인권' 발표 자료 보내요.

보낸 사람 교사 〈teacher@mail.net〉
받는 사람 학생 (1학년 △반 ○○○) 〈student@mail.net〉

메일 잘 받았어요. 그런데 보내 준 ㉠ '자료 1 ~ 자료 4' 중에서 1개는 ㉡ ○○○ 학생이 발표하기로 한 권리와는 ㉢ 다른 권리를 다루고 있습니다. 이 부분만 수정해서 다시 보내 주세요.

자료 1 관련 '법' 소개	자료 2 관련 '정책' 소개
제1조(목적) 이 법은 주거 복지 등 주거 정책의 수립·추진 등에 관한 사항을 정하고 … (중략) … 국민의 주거 안정과 주거 수준의 향상에 이바지하는 것을 목적으로 한다.	(가)

자료 3 관련 '웹툰' 소개	자료 4 관련 '신문 기사' 소개
	○○시에서는 다양한 계층의 아이들이 문화생활에서 차별을 받지 않도록 '꿈의 오케스트라'를 운영하고 있다. 이 음악 프로그램은 1975년 베네수엘라의 불우 청소년들을 위한 '엘 시스테마(El Sistema)'를 모태로 하고 있다.

① ㉠에 해당하는 자료는 '자료 1'이다.
② ㉢은 각종 위험으로부터 안전을 보호받을 권리이다.
③ ㉡은 ㉢과 달리 인권의 범위가 넓어지면서 등장한 권리이다.
④ ㉢은 ㉡과 달리 대기의 질이 나빠지면서 등장한 권리이다.
⑤ (가)에는 취약 계층에게 임대 주택을 우선 공급하는 정책의 내용이 들어갈 수 있다.

02 인권 보장을 위한 헌법의 역할과 시민 참여

주제 1 인권 보장을 위한 헌법의 역할 ★★★

1 인권과 헌법

인권	인간이라는 이유만으로 수단이 아닌 목적으로 존중받아야 할 존엄성이 있으며, 인간의 존엄성을 실현하기 위해 반드시 제도적으로 보장되어야 함
헌법	국가 최고의 규범으로 국가의 통치 조직과 운영 원리 등을 규정 → 인권을 기본권으로 규정하고 있으며, 인권 보장을 위한 제도적 장치의 토대가 됨
[ ]1)	국민의 기본적 인권을 보장하기 위해 국가의 통치 작용 및 공동체 생활이 헌법에 따라 이루어져야 한다는 정치 원리

2 우리 헌법에서 보장하는 기본권

(1) **기본권의 종류**

[ ]2)	• 의미 : 국가 권력의 간섭을 받지 않고 자유롭게 생활할 수 있는 권리 • 헌법 조항 : 제12조(신체의 자유), 제14조·제15조(거주 이전의 자유), 제16조(주거의 자유), 제17조(사생활의 비밀을 침해받지 않을 권리) 등
평등권	• 의미 : 모든 국민이 성별·종교·사회적 신분 등 불합리한 기준에 의해 차별받지 않고 동등하게 대우받을 권리 • 헌법 조항 : 제11조(모든 국민은 법 앞에 평등, 사회적 특수 계급의 제도 불인정) 등
[ ]3)	• 국가의 의사 결정 과정에 참여할 수 있는 권리 • 헌법 조항 : 제24조(대표자를 뽑는 선거권), 제25조(공직을 맡는 공무 담임권), 제72조·제130조 등(국가의 중요 정책, 헌법 개정을 직접 결정하는 국민 투표권) 등
사회권	• 의미 : 국민이 국가에 인간다운 생활의 보장을 요구할 수 있는 권리 • 헌법 조항 : 제31조 – 교육을 받을 권리, 제32조 – 근로의 권리, 제34조 – 사회 보장을 받을 권리, 제35조 – 쾌적한 환경에서 살 권리 등
[ ]4)	• 의미 : 다른 기본권이 침해되었을 때 이를 구제하도록 요구할 수 있는 권리 • 헌법 조항 : 제26조(청원권), 제28조(형사 보상 청구권), 제29조(국가 배상 청구권) 등

(2) **그 밖의 인권** : 헌법 제37조 제1항에 의해 국민의 [   ]5)와 [   ]6)는 헌법에 열거되지 아니한 이유로 경시되지 아니하고, 헌법에 열거되지 않은 권리도 보장받을 수 있음

(3) **우리 헌법상의 기본권의 제한과 한계** : 헌법 제37조 제2항 국민의 모든 자유와 권리는 국가 안전 보장·[   ]7) 또는 [   ]8)를 위하여 필요한 경우에 한하여 법률로써 제한할 수 있으며, 제한하는 경우에도 자유와 권리의 본질적인 내용을 침해할 수 없음

주제 2 인권 보장을 위한 헌법상 제도적 장치 ★★★

1 인권 보장을 위한 헌법의 원리

(1) [   ]9) : 주권이 국민에게 있으므로 국민 투표를 통해 헌법 개정, 선거에 의해 대통령과 국회의원을 선출함

(2) **법치주의** : 국민의 대표로 구성된 국회가 법률을 제정하고 이에 근거하여 국가를 운영함

(3) **권력 분립 제도** : 국가 권력을 나누어 맡게 하여 상호 견제와 균형을 이루도록 함으로써 권력의 남용을 막고 국민의 기본권을 보장함

(4) [   ]10) : 여러 정당이 자유로이 활동함으로써 의견의 다양성, 정권의 평화적 교체 가능성 등이 보장됨

(5) **민주적 선거 제도** : 국민이 선거를 통해 국가를 운영할 국민의 대표자를 선출함으로써 국민의 의사와 이익을 정치에 반영함

2 기본권 구제 제도

(1) [   ]11) : 헌법 소원 심판, 위헌 법률 심판을 통해 법률이나 공권력이 개인의 기본권을 침해하였는지를 판단하여 구제함

(2) **국가 인권 기관** : 국가 인권 위원회, 국민 권익 위원회 등을 통해 인권 보호, 국민의 인권 의식 함양 등을 위해 노력

주제 3 시민의 권익 보호를 위한 시민 참여 ★★

1 시민 참여

의미	시민이 참여 의식을 가지고 정치 과정이나 공적 문제 해결에 적극적으로 참여하여 영향을 미치는 행위
필요성	시민이 정치에 무관심하면 정책 결정 과정이 불공정하게 이루어질 수 있으며, 시민의 권익 침해를 방지하고 시민의 권익을 보호하기 위함
기능	시민 권익을 보호하여 공동체 이익 증진, 대의 민주주의 보완 등

2 시민 참여 방법

합법적 참여	선거와 투표, 정당·이익 집단·시민 단체 참여, 공청회·주민 간담회 참여, 자원봉사 활동, 입법 청원·주민 조례 청구 등
[ ]12)	• 의미 : 부당한 법이나 정책의 변화를 통해 공익을 수호하려는 목적에서 양심적으로 행하는 비폭력 위법 행위 • 정당화 조건 : 목적의 정당성(개인의 이익이 아닌 정의를 위해), 최후의 수단성(합법적인 방법을 모두 사용한 후), 처벌의 감수(처벌을 받음으로써 기존 법체계 존중), 비폭력성(폭력적일 경우 시민들의 동의를 얻기 곤란함)

정답 **1** 입헌주의 **2** 자유권 **3** 참정권 **4** 청구권 **5** 자유 **6** 권리 **7** 질서 유지 **8** 공공복리 **9** 국민 주권의 원리 **10** 복수 정당제 **11** 헌법재판소 **12** 시민불복종

시험 대비하기

01 (가)에 들어갈 내용으로 옳지 <u>않은</u> 것은?

> 헌법에 의한 통치를 입헌주의라고 한다. 입헌주의가 근대에 등장하게 된 이유는 [(가)]의 필요성 때문이다.

① 민주주의의 실현
② 국가 권력의 제한
③ 절대 군주제의 강화
④ 국민의 기본권 보장 명시
⑤ 국가 통치 기관의 존립 근거 제시

02 다음 기본권 A와 관련 있는 사례로 가장 적절한 것은?

> 시민 혁명 과정에서 사람들의 관심사는 국가 권력으로부터의 자유와 권리 보장이었다. 하지만 자유와 권리를 행사하는 데 필요한 최소한의 삶의 조건이 충족되지 못해 사람들에게는 자유와 권리만으로 충분하지 못하였다. 국가가 소극적으로 개인의 자유와 권리를 간섭하고 침해하지 않는 것만으로 사람들은 더 이상 만족하지 못하게 된 것이다. 이에 모든 국민들의 인간다운 생활이 가능하도록 적극적으로 도와주어야 할 의무가 국가에 요청되기 시작하였고, 이 의무를 요구할 수 있는 기본권인 A가 등장하였다.

① 갑은 국회의원 선거에 출마하였다.
② 을은 회사에서 해고되어 실업 수당을 신청하였다.
③ 병은 노동법의 개정을 요구하는 집회에 참여하였다.
④ 정은 빌려준 돈을 받기 위해 민사 소송을 제기하였다.
⑤ 무는 쓰레기 처리장 반대를 위한 주민 투표에 참여하였다.

03 기본권 (가), (나)에 대한 옳은 설명만을 〈보기〉에서 고른 것은?

기본권	우리나라의 관련 헌법 조항
(가)	제24조 모든 국민은 법률이 정하는 바에 의하여 선거권을 가진다.
(나)	제26조 ① 모든 국민은 법률이 정하는 바에 의하여 국가 기관에 문서로 청원할 권리를 가진다.

> ─── 보기 ───
> ㄱ. (가)는 정치 과정에 참여할 수 있는 권리이다.
> ㄴ. (가)는 법률로도 제한할 수 없는 절대적 권리이다.
> ㄷ. (나)는 침해된 권리를 구제하기 위한 수단적 권리이다.
> ㄹ. (나)는 국가 권력의 간섭을 받지 않을 소극적 권리이다.

① ㄱ, ㄴ 　② ㄱ, ㄷ 　③ ㄴ, ㄷ
④ ㄴ, ㄹ 　⑤ ㄷ, ㄹ

04 다음 헌법 조문 (가)~(마)에서 규정하는 기본권에 대한 설명으로 옳은 것은?

> (가) 제11조 ① 모든 국민은 법 앞에 평등하다.
> (나) 제12조 ① 모든 국민은 신체의 자유를 가진다.
> (다) 제24조 모든 국민은 법률이 정하는 바에 의하여 선거권을 가진다.
> (라) 제27조 ① 모든 국민은 헌법과 법률이 …… 재판을 받을 권리를 가진다.
> (마) 제34조 ① 모든 국민은 인간다운 생활을 할 권리를 가진다.

① (가)는 (나)에 비해 현대 사회에 와서 강조되었다.
② (나)는 종교, 성별 또는 사회적 신분에 의한 차별을 금지한다.
③ (다)는 프랑스 혁명, 차티스트 운동 등에 의해 강조되었다.
④ (라)는 국가 권력의 간섭을 받지 않고 자유롭게 생활할 수 있는 권리이다.
⑤ (마)는 법률에 의해 보장받을 수 없는 기본권에 해당한다.

05 기본권 A~C에 대한 설명으로 옳지 <u>않은</u> 것은? (단, A~C는 각각 자유권, 사회권, 청구권 중 하나임.)

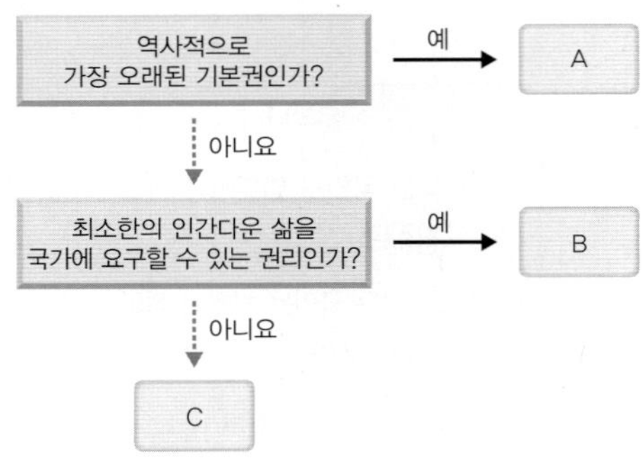

① 종교의 자유는 A에 해당한다.
② 노동 3권은 B에 해당한다.
③ 국가 배상 청구권은 C에 해당한다.
④ A와 달리 B는 현대 사회에 들어와서 등장하였다.
⑤ C와 달리 B는 다른 기본권을 보장하기 위한 권리이다.

《 교육청 기출 》

06 기본권 (가)~(다)에 대한 설명으로 옳은 것은?

기본권	관련 헌법 조항
(가)	• 모든 국민은 신체의 자유를 가진다. • 모든 국민은 학문과 예술의 자유를 가진다.
(나)	• 모든 국민은 근로의 권리를 가진다. • 모든 국민은 교육을 받을 권리를 가진다.
(다)	• 모든 국민은 청원권을 가진다. • 모든 국민은 재판을 청구할 권리를 가진다.

① (가)는 차티스트 운동에 의해 보장된 권리이다.
② (나)는 국가 권력의 간섭을 배제하는 권리이다.
③ (다)는 다른 기본권을 보장하기 위한 수단적 권리이다.
④ (나)는 (가)보다 역사적으로 앞서서 보장되었다.
⑤ (가)~(다)는 모두 바이마르 헌법에 최초로 명시되었다.

07 다음 헌법 조항에 대한 옳은 설명만을 〈보기〉에서 고른 것은?

> 제1조 ② 대한민국의 주권은 국민에게 있고, 모든 권력은 국민으로부터 나온다.

— 보기 —
ㄱ. 법치주의의 원리를 표방하고 있다.
ㄴ. 입헌주의를 통해 인권을 보장하고자 한다.
ㄷ. 국민 투표를 통해 헌법을 개정하는 것으로 실현된다.
ㄹ. 국민들의 선거에 의해 대통령과 국회의원이 선출되는 것으로 실현된다.

① ㄱ, ㄴ　　② ㄱ, ㄷ　　③ ㄴ, ㄷ
④ ㄴ, ㄹ　　⑤ ㄷ, ㄹ

08 다음과 같은 제도를 운영하는 이유로 옳지 <u>않은</u> 것은?

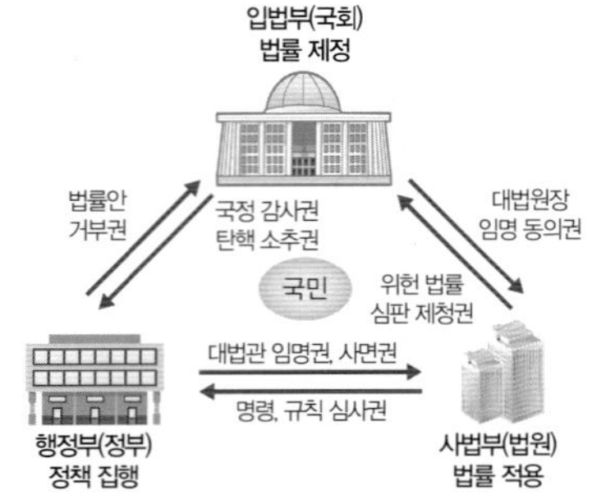

① 국민의 기본권을 보장하기 위해서
② 통치의 효율성을 제고하기 위해서
③ 국민의 자유와 권리를 보장하기 위해서
④ 국가 기관의 권력 남용을 억제하기 위해서
⑤ 권력 집중을 막아 독재 권력의 출현을 방지하기 위해서

09 다음 사례와 관련 있는 운동에 대한 설명으로 옳은 것은?

> • 1930년대 인도에서 간디를 중심으로 펼쳐진 소금법에 대한 저항 운동
> • 1950년대 미국에서 버스 내의 흑인과 백인 좌석을 구분한 법에 대한 거부의 의미로 시작된 버스 승차 거부 운동

① 어떠한 경우에도 법률을 준수한다.
② 정의를 실현할 목적으로 은밀히 행해진다.
③ 목적 실현을 위해 폭력적인 방법을 동원한다.
④ 개인의 이익이 아닌 사회 정의 실현을 목적으로 한다.
⑤ 불의한 법에 저항하기 위해 비공개적으로 이루어진다.

10 다음은 뉴스 보도의 일부이다. 밑줄 친 ㉠~㉤에 대한 설명으로 옳지 <u>않은</u> 것은?

① ㉠은 법률의 적용 및 해석을 통한 재판을 담당한다.
② ㉡은 국가 기관 간 견제를 통해 권력 남용을 방지하고자 한다.
③ ㉢은 국민의 기본권 침해를 막기 위해 헌법 소원 심판을 담당한다.
④ ㉣은 개인이 국가의 부당한 간섭을 받지 않을 권리이다.
⑤ ㉤은 인권 보장을 위한 국가의 최고법이다.

11 그림의 A에 대한 옳은 설명만을 〈보기〉에서 고른 것은?

(1) 의미 : 정의롭지 못한 법이나 정책을 변혁시켜 공공의 이익을 지키려는 목적에서 양심적으로 행하는 의도적인 위법 행위

(2) 사례
- 1930년대 인도에서 간디를 중심으로 펼쳐진 소금법에 대한 저항 운동
- 1950년대 미국에서 버스 내의 흑인과 백인 좌석을 구분한 법에 대한 거부의 의미로 시작된 버스 승차 거부 운동

┌ 보기 ┐
ㄱ. 현행법을 어긴 데 따른 처벌을 감수해야 한다.
ㄴ. 개인의 이익이 아닌 정의 실현을 목적으로 한다.
ㄷ. 목적 실현을 위해 폭력적인 방법을 동원해야 한다.
ㄹ. 불의한 법에 저항하기 위해 비공개적으로 이루어져야 한다.

① ㄱ, ㄴ   ② ㄱ, ㄷ   ③ ㄴ, ㄷ
④ ㄴ, ㄹ   ⑤ ㄷ, ㄹ

12 (가)에 들어갈 수 있는 옳은 내용만을 〈보기〉에서 고른 것은?

┌ 보기 ┐
ㄱ. 위법 행위는 어떠한 경우도 해서는 안 됩니다.
ㄴ. 비폭력이 원칙이지만 경우에 따라 폭력을 사용할 수 있어야 합니다.
ㄷ. 개인의 이익보다는 사회 정의 실현을 목표로 하는 행동이어야 합니다.
ㄹ. 모든 합법적인 수단을 통해서도 해결되지 않을 경우 최후의 수단으로 행해야 합니다.

① ㄱ, ㄴ   ② ㄱ, ㄷ   ③ ㄴ, ㄷ
④ ㄴ, ㄹ   ⑤ ㄷ, ㄹ

13 다음은 통합사회 형성평가 문항지이다. 학생이 받을 점수로 옳은 것은?

1학년 □반 이름: □□□

[문제] 시민불복종의 정당화 조건에 관한 설명이 맞으면 ○에, 틀리면 ×에 √ 표시하시오. (맞은 항목당 1점 부여)

시민불복종의 정당화 조건	○	×
위법 행위에 대한 처벌을 감수해야 한다.	√	
비폭력적인 방법을 통해서 이루어져야 한다.	√	
공익을 위하여 비공개적으로 이루어져야 한다.	√	
사회 정의 실현을 목표로 하는 행위이어야 한다.	√	
다른 방법으로는 해결할 수 없는 최후의 수단이어야 한다.		√

① 1점   ② 2점   ③ 3점   ④ 4점   ⑤ 5점

03 인권 문제의 양상과 해결 방안

주제 1 국내 인권 문제 ★★

1 사회적 소수자 차별 문제

(1) ____[1]의 의미 : 신체적 또는 문화적 특징으로 인해 사회의 다른 구성원으로부터 차별을 받으며, 스스로 차별받는 집단에 속해 있다는 의식을 가진 사람들의 집단 → 사회적 소수자는 단순히 구성원의 수가 적음을 의미하는 것이 아니라 사회적 약자를 의미함

(2) **차별의 원인** : 인종, 종교, ____[2], 장애, 국적 등

(3) **우리 사회의 사회적 소수자** : 이주 외국인(결혼 이민자, 외국인 노동자 등), 여성, 노인, 탈북 주민, 장애인, 비정규직 근로자 등

(4) **대표적인 문제점**

장애인	교육 및 취업 차별, 일상생활에서의 이동 불편 등
결혼 이민자	문화적 차이, 언어 소통에서의 불편이나 차별 등
____[3]	임금 체불이나 고용인으로부터의 폭력 등
여성	임금, 승진, 교육, 정치 참여에서의 차별 등

(5) **해결 방안**

개인적 차원	• 사회적 소수자에 대한 편견 극복(캠페인 활동 등) • 사회적 소수자의 문화에 대한 이해 및 존중 태도 확립
____[4]	• 사회적 소수자를 차별하는 정책이나 법률 정비 • 사회적 소수자의 인권 보호 교육과 의식 개선 활동 • 장애인 의무 고용 제도, 여성 고용 할당제, 농어촌 학생 특별 전형, 남녀 고용 평등과 일·가정 양립 지원에 관한 법률 등

2 청소년의 노동권 침해 문제

(1) **청소년 노동권 보호** : ____[5]을 기준으로 청소년의 정당한 권리 행사를 보장함

(2) **청소년 노동권 침해 문제의 해결 방법** : 고용주의 법규 준수와 청소년의 노동권에 대한 지식 습득 및 부당한 대우 시 적극적인 대처 자세

📑 자료로 살펴보기

● **청소년 아르바이트 십계명**

① 만 15세 이상이어야 근로할 수 있어요.
② 부모님 동의서와 나이를 알 수 있는 증명서가 필요해요.
③ 근로 계약서를 반드시 작성해야 해요.
④ 성인과 같은 최저 임금을 적용받아요.
⑤ 하루 7시간, 일주일에 40시간까지 일할 수 있어요.
⑥ 휴일에 일하거나 초과 근무를 했을 경우 50%의 가산 임금을 받을 수 있어요.
⑦ 일주일을 개근하고 15시간 이상 일을 하면 하루의 유급 휴일을 받을 수 있어요.
⑧ 청소년은 위험한 일이나 유해 업종의 일을 할 수 없어요.
⑨ 일하다 다치면 산재 보험으로 치료와 보상을 받을 수 있어요.
⑩ 청소년 신고 대표 전화 1644-3119

— 고용 노동부

근로 기준법에 청소년을 위한 특별한 규정을 두어 청소년 근로자 인권을 보호한다. 청소년 근로자도 근로 기준법을 이해하고 근로 계약서를 작성해야 한다.

주제 2 세계 인권 문제 ★★

1 세계 인권 문제의 양상

(1) ____[6] 문제 : 일부 국가에서는 식량 부족으로 굶주림과 영양실조로 최소한의 인간다운 생활을 보장받지 못함

(2) ____[7] 문제 : 전쟁과 잦은 내전으로 생명을 위협받거나 난민이 발생함

(3) **성차별 문제** : 임금, 고용 및 승진, 교육 수준, 정치 참여 기회 등에서 남녀 차별이 나타나는 나라가 많음

(4) **아동 인권 침해 문제** : 척박한 자연환경과 빈곤, 내전 등으로 아동이 생존을 위해 과중한 노동을 하고 학교 교육이나 적절한 보호를 받지 못하는 경우가 많음

(5) **기본권 침해 문제** : 일부 국가에서 국민의 기본권과 자유를 침해하고 언론을 통제하기도 함

2 ____[8]

(1) **의미** : 한 국가나 사회의 인권을 종합적으로 나타낸 지수

(2) 인권 문제를 객관적으로 파악할 수 있는 도구로 국가별 인권 보장 실태와 그 변동 상황의 비교를 위해 여러 국제기구들이 발표함

(3) 인권지수를 바탕으로 인권 문제 개선을 위한 계기를 마련할 수 있음

📑 자료로 살펴보기

● **세계 인권지수**

구분	내용
인간 개발 지수	국제 연합 개발 계획(UNDP)에서 세계 각국의 국민 소득이나 교육 수준, 평균 수명 등을 조사해 매년 발표
세계 노동 권리 지수	국제 노동조합 총연맹(ITUC)이 세계 각국의 노동권 현황을 조사하여 발표
세계 언론 자유 지수	국경 없는 기자회에서 매년 세계 각국의 언론의 자유 점수를 발표
성·제도· 개발 지수	경제 협력 개발 기구(OECD)에서 각국의 피임, 이혼, 외출의 자유 등의 항목을 통해 여성 평등 정도를 발표

세계 인권지수는 전 세계에서 발생하는 인권 문제를 객관적으로 파악할 수 있는 지표로서 다양한 분야에 걸쳐 사용되고 있다.

3 세계 인권 문제의 해결

배경	인권 문제는 개별 국가의 문제인 경우도 있지만 이의 해결을 위해 국제 사회가 관심을 갖고 노력함
해결 방안	• 사회적 차원 : 각국의 인권 상황 파악, 국제적인 연대를 통해 빈곤 국가에 대한 경제적 지원, ____[9]에 근거한 제재 등을 통해 관심을 기울임 • 국가적 차원 : 국제적 연대에 동참, 개별 국가 차원에서 어려운 나라 지원 등 • 개인적 차원 : ____[10]을 가지고 국제 사회의 인권 문제에 관심을 기울임

정답 1 사회적 소수자 2 성별 3 외국인 노동자 4 사회적 차원 5 근로 기준법 6 빈곤 7 난민 8 인권지수 9 국제법 10 세계시민 의식

시험 대비하기

01 사회적 소수자 A, B에 대한 설명으로 옳은 것은?

> • 갑국에 사는 이주민 A는 취업 시장에서 불이익을 받거나 식당 등 특정한 장소에서 입장에 제한을 받는 등 인종적·민족적 특성으로 인해 갑국에서 차별을 받았다.
> • 을국의 비정규직 노동자인 B는 정규직 노동자보다 일찍 출근해야 하고, 정규직 노동자에게 주는 각종 수당 등을 받지 못하는 등 을국에서 차별을 받았다.

① A는 B와 달리 사회의 주류 집단 구성원에게 차별을 받았다.
② A는 B와 달리 여러 사회적 소수자 집단에 중첩되어 속해 있다.
③ B는 A와 달리 권력의 열세로 인해 차별을 받았다.
④ B는 A와 달리 식별 가능성으로 인해 차별을 받았다.
⑤ A와 B는 모두 인간의 선천적 요인으로 인해 차별을 받았다.

02 A와 관련된 질문에 모두 옳게 응답한 학생은?

> A는 신체적·문화적 특성이 다르다는 이유로 주류 집단으로부터 불평등한 처우를 받으며, 자신이 차별받는 집단에 속해 있다는 의식을 지닌 사람들을 의미한다.

질문＼학생	갑	을	병	정	무
A는 수적으로 소수(少數)인 집단을 의미하는가?	○	×	○	×	×
A는 시대와 장소에 따라 상대적으로 규정되는가?	○	○	×	○	×
적극적 우대 조치는 A에 대한 역차별로 작용하는가?	○	×	○	×	○
A는 후천적 요소가 아닌 선천적 요소를 기준으로 규정되는가?	○	○	×	×	×

(○ : 예, × : 아니요)

① 갑　② 을　③ 병　④ 정　⑤ 무

03 (가), (나)에 대한 옳은 설명만을 〈보기〉에서 고른 것은?

> (가) 갑국의 식민 지배를 받았던 을국에서는 독립 이후에도 갑국 출신 사람들이 권력을 독점하며 을국 원주민을 착취하고 차별하였다. 그러나 민주주의가 도입되고 을국 원주민이 권력을 잡은 이후에는 갑국 출신 사람들이 차별을 당하고 있다.
> (나) 비정규직 노동자로 근무하는 병은 정규직 노동자에 비해 복지 및 급여에서 차별을 받는 현실에 분노하고 있다. 그러나 비정규직 노동자의 수가 월등히 많음에도 불구하고 소수의 정규직 노동자가 권력을 독점하고 있어 차별을 받아들일 수밖에 없는 상황이다.

| 보기 |

ㄱ. (가)는 사회적 소수자에 해당하는 집단이 시대에 따라 달라짐을 보여 준다.
ㄴ. (나)는 구성원의 수가 사회적 소수자를 규정하는 절대적 기준이 아님을 보여 준다.
ㄷ. (가)는 (나)와 달리 사회적 소수자가 선천적 요인에 의해 결정됨을 보여 준다.
ㄹ. (나)는 (가)와 달리 사회적 소수자가 역차별을 받는 집단임을 보여 준다.

① ㄱ, ㄴ　　② ㄱ, ㄷ　　③ ㄴ, ㄷ
④ ㄴ, ㄹ　　⑤ ㄷ, ㄹ

04 밑줄 친 ㉠, ㉡에 대한 설명으로 옳은 것은?

> 사회적 소수자에게도 인권은 있다. 따라서 이들에 대한 차별을 해결하기 위한 다양한 방법이 모색되어야 한다. 그 방안은 크게 ㉠ 개인적 차원과 ㉡ 사회적 차원으로 구분할 수 있다.

① ㉠ – 장애인 차별 금지법과 같은 법률을 마련한다.
② ㉠ – 사회적 소수자를 지원하기 위한 정책을 마련한다.
③ ㉡ – 지속적인 교육을 통해 의식 개선 활동을 진행한다.
④ ㉡ – 타인에 대한 배려와 공존의 자세를 지니도록 한다.
⑤ ㉡ – 인간은 누구나 존엄한 존재라는 인식을 갖도록 한다.

05 다음 사례에 대한 옳은 설명만을 〈보기〉에서 고른 것은?

> 중학교를 졸업한 A(16세)는 1개월 동안 ○○ 편의점에서 상품 판매를 업무로, 편의점 사장 B와 근로 계약을 체결하였다. A는 주 5일(월~금) 근무하기로 하였으며, 다음은 주요 계약 내용 중 일부이다.
>
> > 1. 임금 : 시간당 10,000원
> > 2. 근로 시간 : 9시 ~ 16시(휴게 시간 : 12시 ~ 13시)
> > *법정 최저 임금은 시간당 9,860원이다.

| 보기 |

ㄱ. A는 독자적으로 임금을 청구할 수 있다.
ㄴ. A의 연장 근로는 어떤 경우에도 허용되지 않는다.
ㄷ. A의 계약에는 친권자 또는 후견인의 동의가 필요하다.
ㄹ. A가 계약대로 근무할 경우 1일 임금은 70,000원이다.

① ㄱ, ㄴ   ② ㄱ, ㄷ   ③ ㄴ, ㄷ
④ ㄴ, ㄹ   ⑤ ㄷ, ㄹ

06 다음 자료는 근로 기준법을 준수한 근로 계약서를 나타낸 것이다. 이에 대한 설명으로 옳은 것은?

> **근로 계약서**
> 사용자 갑(37세)과 근로자 을(16세)은 다음과 같이 근로 계약을 체결한다.
> 1. 계약 기간 : 2024년 1월 1일 ~ 2024년 6월 30일
> 2. 근무 장소 : ○○ 닭갈비 (□□ 시청점)
> 3. 근무 내용 : 홀 청소 및 고객 주문 안내
> 4. 근로 시간 : [　　　(가)　　　] (매주 월~금)
> 5. 임금 : [　　　(나)　　　] (매달 25일)
> 6. 특약 사항 : [　　　(다)　　　]

① 을은 성인과 동일한 최저 임금을 적용받는다.
② 을은 15세 이상이므로 친권자 또는 후견인의 동의서 없이 근로 계약 체결이 가능하다.
③ (가)에는 '연장 근로를 제외한 1일 근로 시간을 8시간으로 한다.'가 들어갈 수 있다.
④ (나)에는 '을의 보호자의 계좌에 입금한다.'가 들어갈 수 있다.
⑤ (다)에는 '지각 1회마다 일정액의 급여를 차감한다.'가 들어갈 수 있다.

07 밑줄 친 ㉠~㉤에 대한 설명으로 옳은 것은?

> **근로 계약서**
> 사업자 갑(40세)과 근로자 을(17세)은 다음과 같이 근로 계약을 체결한다.
> 1. 계약 기간 : 2024. 7. 1. ~ 2024. 12. 31.
> 2. 근무 장소 : ㉠ A 제과점
> 3. 업무 내용 : 제품 진열 및 계산
> 4. 근무일 : ㉡ 목요일 ~ 일요일
> 5. 근로 시간 : ㉢ 오전 9시 ~ 오후 5시(휴게 시간 1시간 포함)
> 6. 임금 : 시간당 ㉣ 10,000원
> 7. 임금 지급일 : 매월 말일
> 8. 임금 지급 방법 : ㉤ 근로자 을에게 직접 지급
> *2024년 법정 최저 임금은 시간당 9,860원임.

① ㉠은 청소년 유해 업종에 해당한다.
② ㉡은 근로 기준법을 위반하였다.
③ ㉢은 법정 근로 시간을 준수한 것이다.
④ ㉣로 미루어 보아 법정 최저 임금 지급을 보장하지 않았다.
⑤ ㉤은 을이 동의하는 경우 '보호자에게 직접 지급'으로 수정할 수 있다.

08 갑, 을, 병에 대한 옳은 설명만을 〈보기〉에서 고른 것은?

* 2024년 법정 최저 임금은 시간당 9,860원임.

| 보기 |

ㄱ. 갑은 A에게 법정 최저 임금을 요구할 수 없다.
ㄴ. 을이 계약대로 근무할 경우 을의 1일 임금은 70,000원이다.
ㄷ. 병은 부모님의 동의 없이 B에게 단독으로 임금을 청구할 수 있다.
ㄹ. 갑, 을, 병은 모두 야간 근로가 원칙적으로 금지된다.

① ㄱ, ㄴ   ② ㄱ, ㄷ   ③ ㄴ, ㄷ
④ ㄴ, ㄹ   ⑤ ㄷ, ㄹ

09 다음 자료에 나타난 세계 인권 문제에 대한 해결 방안으로 옳은 것만을 〈보기〉에서 고른 것은?

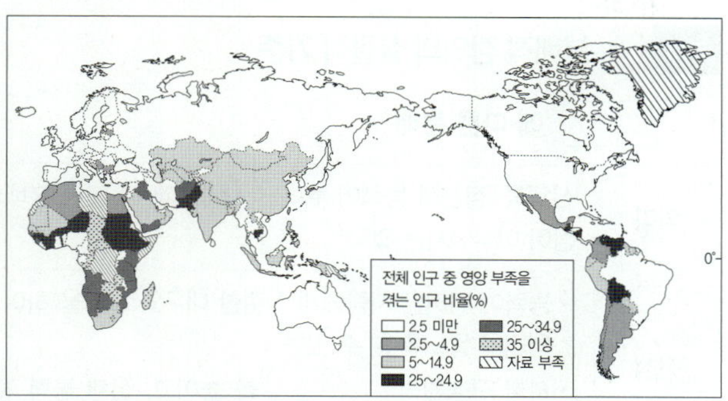

┌─ 보기 ─┐

ㄱ. 세계시민 의식과 공동체 의식을 함양한다.
ㄴ. 해당 국가의 주권에 해당하는 영역이므로 국제 사회
　는 관심을 자제해야 한다.
ㄷ. 국제 연합이나 국제 비정부 기구를 통해 영양 부족
　문제를 겪고 있는 국가에 경제적 지원을 한다.
ㄹ. 가난한 국가에 대한 원조의 의무를 이행하지 않을
　경우 국제 형사 재판소에 제소하여 처벌한다.

① ㄱ, ㄴ　　　② ㄱ, ㄷ　　　③ ㄴ, ㄷ
④ ㄴ, ㄹ　　　⑤ ㄷ, ㄹ

10 다음 자료에서 A에게 필요한 대안으로 옳은 것만을 〈보기〉에서 고른 것은?

　　홀어머니와 살고 있는 네팔 소년 A는 10살의 소년 가장이다. 어머니는 연세가 많으셔서 일을 할 수 있는 상황이 아니고 지병까지 있지만 병원비가 부족하여 치료를 받지 못하고 있다. A는 아침에 일어나면 1시간가량을 걸어서 벽돌 공장에 간다. 벽돌 공장에는 A 또래의 아이들이 많다. A를 비롯한 아이들은 밤까지 벽돌을 깨고 운반하는 일을 한다. 하루 종일 일하고 쉬는 시간은 고작 점심 식사 시간 30분뿐이다.

┌─ 보기 ─┐

ㄱ. 국가의 정치적 의사 결정에 참여할 권리가 보장되
　어야 한다.
ㄴ. 개인의 자유를 보호하기 위한 국가의 개입이 축소
　되어야 한다.
ㄷ. 사회 구성원을 보호하기 위한 사회 안전망이 구축
　되어야 한다.
ㄹ. 아동 인권에 대한 국제적인 관심을 토대로 국가 간
　의 공조나 연대가 이루어져야 한다.

① ㄱ, ㄴ　　　② ㄱ, ㄷ　　　③ ㄴ, ㄷ
④ ㄴ, ㄹ　　　⑤ ㄷ, ㄹ

11 다음 신문 칼럼의 입장으로 가장 적절한 것은?

┌─────────── ○○신문 ───────────┐

　　코로나-19가 확산되는 상황에서 외국의 한 신문사가 '황색 경보'라는 인종 차별적 제목과 함께 마스크를 쓴 특정 인종의 사진을 1면에 싣는 일이 발생하였다. 이후 사회 관계망 서비스(SNS)에서는 '#나는바이러스가아니다'라는 해시태그를 붙이며 인종 차별 행위에 반대하는 사회적 차원의 캠페인이 활발하게 전개되었고, 결국 해당 신문사는 사과하였다. 이처럼 인종 차별 행위를 해결하기 위해서는 개인적인 노력뿐만 아니라 시민들 간의 연대, 관련 제도 개선 등이 전개되어야 한다.

└──────────────────────────┘

① 인종 차별을 방지하기 위해 사회적 차원의 노력이 필요
　하다.
② 사회적 안정을 위해 허위 정보 유포를 일부 허용해야
　한다.
③ 인종 혐오 표현도 표현의 자유로서 폭넓게 보장되어
　야 한다.
④ 사회 관계망 서비스(SNS)에서의 인권 운동은 인권 문
　제 해결에 악영향을 미친다.
⑤ 특정 민족의 신체적 특성에 관한 언론 매체의 표현은
　인종 혐오로 볼 수 없다.

12 인권 문제와 관련하여 다음과 같은 국제기구가 필요한 이유로 옳은 것만을 〈보기〉에서 고른 것은?

(가) **국경 없는 기자회**: 표현의 자유와 언론의 자유를 증진하고 언론인들의 인권을 보호하기 위해 설립된 국제적인 비영리·비정부 기구이다.
(나) **국경 없는 의사회**: 세계 어느 지역이든 전쟁·기아·질병·자연재해 등이 발생하여 의사의 구조를 필요로 하는 상황이 발생하면 주민들의 구호에 임하기 위해 청년 의사와 언론인 등이 만든 단체이다.

┌─ 보기 ─┐

ㄱ. 개인적 차원에서 인권 문제를 해결하기 위해서
ㄴ. 세계시민 의식의 함양을 통해 해결하기 위해서
ㄷ. 인권 문제를 국제적 연대를 통해 해결하기 위해서
ㄹ. 인권 문제를 개별 국가 자체적으로 해결하기 위해서

① ㄱ, ㄴ　　　② ㄱ, ㄷ　　　③ ㄴ, ㄷ
④ ㄴ, ㄹ　　　⑤ ㄷ, ㄹ

| 주제 1 | 정의의 의미와 필요성 | ★★ |

1 ☐[1]의 의미

일반적 의미	• 인간이 지켜야 할 올바른 도리, 사회를 구성하고 유지하는 공정한 도리 • 개인과 사회가 함께 추구해야 할 중요한 덕목이자 기본적이고 핵심적인 가치
동양	대체로 '의로움', '☐[2]'을 의미함
서양	'각자에게 그의 몫을 주는 것'을 의미함

2 정의의 구분 및 필요성

분배적 정의	• 권력, 명예, 재화 등 다양한 사회적 가치를 각자의 가치에 따라 분배함으로써 각자가 자신의 정당한 몫을 누릴 수 있게 하는 것 • '같은 것은 ☐[3], 다른 것은 ☐[4], 각자에게 각자의 몫을 분배해야 함
☐[5] 정의	• 범죄 행위와 같이 누군가 잘못을 했을 때 그를 처벌함으로써 부정의한 상태를 정의로운 상태로 돌리는 것 • 다른 이에게 해를 끼치면 그만큼 보상하게 하고, 이익을 주었다면 그만큼 받게 하여 서로 간의 동등하지 않음을 바로잡아야 함
정의의 필요성	• 기본적 권리 보장과 인간다운 삶의 실현을 위해 필요함 → 자신이 받아야 할 정당한 대가를 받지 못하거나 잘못을 해도 처벌받지 않는다면 모든 구성원이 인간 존엄성을 누리며 자유롭고 평등한 삶을 살기 어려움 • ☐[6]을 위해 필요함 → 사회가 정의롭지 못하다면 사회 구성원들이 서로를 신뢰하지 못하고 자신의 이익만을 추구하면서 갈등과 분열이 생겨날 것임

자료로 살펴보기

● 정의에 대한 아리스토텔레스의 구분

구분	의미
일반적 정의	• 법을 준수하는 것을 의미함 • 법을 지키는 사람은 정의로운 사람이고, 법을 지키지 않는 사람은 부정의한 사람임
교정적 정의	다른 사람에게 해를 끼치면 그만큼 보상하게 하고, 다른 사람에게 이익을 주었으면 그만큼 받게 함으로써 서로 간의 동등하지 않음을 바로잡는 것
분배적 정의	권력, 명예, 재화를 사회 구성원 각자의 가치에 따라 분배함으로써 공정함을 실현하는 것

아리스토텔레스는 정의를 일반적 정의와 특수적 정의로 구분하고, 특수적 정의를 다시 교정적 정의와 분배적 정의 등으로 구분하였다.

| 주제 2 | 분배적 정의의 실질적 기준 | ★★★ |

1 ☐[7]에 따른 분배

의미	신체적·정신적 능력이 뛰어난 사람에게 더 많은 분배와 보상이 이루어지는 것
장점	• 능력이 뛰어난 사람에게 적절한 대우와 보상을 하여 높은 업적을 쌓도록 할 수 있음 • 사회 구성원의 ☐[8]를 높이고, 잠재 능력 계발의 동기를 자극하여 개인과 사회 발전에 기여할 수 있음
문제점	• 타고난 재능이나 환경과 같은 ☐[9]·선천적 요소들이 개입될 수 있음 • 각 개인이 지닌 능력을 정확히 측정하여 비교, 평가할 수 있는 객관적 기준을 마련하기 어려움 • 사회적·경제적 약자의 소외감과 상대적 박탈감을 유발하고 사회 불평등을 심화시킬 수 있음

2 ☐[10]에 따른 분배

의미	개인이 능력과 노력을 발휘하여 성취한 업적과 실적, 조직의 목표 달성에 이바지한 정도에 따라 분배하는 것
장점	• 각자가 달성한 업적을 ☐[11]할 수 있어서 객관적인 측정과 평가가 비교적 용이함 • 자신의 재능을 최대로 발휘하도록 성취 동기를 높여 개인과 사회 발전에 기여할 수 있음
문제점	• 업적 성취를 위한 경쟁이 과열되어 구성원 간 ☐[12]이 심화될 수 있음 • 절대적·상대적 능력이 부족한 사회적 약자에게 불리하여 사회적 양극화가 심화될 수 있음 • 예술, 스포츠, 학문 분야 등 서로 다른 종류의 업적을 비교하여 양과 질을 평가하기 어려움

3 ☐[13]에 따른 분배

의미	인간다운 삶의 보장을 위해 기본적인 욕구를 충족할 수 있도록 필요에 따라 분배가 이루어지는 것
장점	• 기본적 필요를 충족하기 힘든 ☐[14]를 보호하여 모든 사회 구성원들이 인간다운 삶을 영위할 수 있음 • 다양한 복지 제도와 사회 안전망 구축 등을 통해 사회 불평등 문제를 개선할 수 있음
문제점	• 인간의 욕구는 무한하지만 사회적 자원은 제한적이기 때문에 모든 사람의 필요와 욕구를 충족시킬 수 없음 • 업적과 무관한 분배로 열심히 일하고자 하는 개인의 ☐[15]를 약화시켜 경제적 효율성이 떨어질 수 있음

정답 1 정의 2 옳음 3 같게 4 다르게 5 교정적 6 사회 통합 7 능력 8 성취 동기 9 우연적 10 업적 11 수량화 12 갈등 13 필요 14 사회적 약자 15 성취 동기

시험 대비하기

01 ㉠에 들어갈 단어로 가장 적절한 것은?

> 고대 그리스의 철학자인 플라톤에 의하면 ⟨ ㉠ ⟩은/는 국가와 개인이 지녀야 할 가장 필수적인 덕목이다. 플라톤은 국가에 ⟨ ㉠ ⟩이/가 실현되기 위해서는 국가를 구성하는 통치자, 방위자, 생산자의 세 계층이 다른 계층의 일에 간섭하지 않고 자신의 역할에만 충실히 임하면서 전체적으로 조화를 이루어야 한다고 보았다.

① 사랑   ② 용기   ③ 절제
④ 정의   ⑤ 지혜

02 갑~정이 주장하고 있는 분배 기준에 대한 설명으로 적절하지 않은 것은?

> 선생님: 마을에서 공동으로 김장한 뒤에 김치를 어떤 기준으로 나누면 좋을까요?
> 갑: 담근 양만큼 받아야죠. 그래야 더 많은 몫을 받으려고 다들 성실히 일할 테니까요.
> 을: 음식을 만드는 데 탁월한 재능이 있다면 더 많이 받아야죠. 다른 사람보다 더 맛있게 김치를 담글 능력이 있을 테니까요.
> 병: 부양가족 수나 각자의 경제적 형편을 고려하여 분배해야 해요. 모두의 기본적인 욕구가 충족되는 사회가 좋은 사회거든요.
> 정: 모두 똑같이 나누어야 해요. 그러면 경제적 평등을 실현하여 차별 없는 세상을 만들 수 있거든요.

① 갑의 분배 기준은 경쟁을 과열시켜 사회적 갈등을 유발할 수 있다.
② 을의 분배 기준은 분배에 우연적 요인이 개입하는 것을 불가능하게 한다.
③ 병의 분배 기준은 개인의 열심히 일하려는 동기를 약화시킬 수 있다.
④ 정의 분배 기준은 공동체가 달성하고자 하는 목표에 못 미치는 결과를 초래할 수 있다.
⑤ 갑, 을의 분배 기준보다 병, 정의 분배 기준이 사회 불평등 문제 개선과 사회적 약자 보호에 유리하다.

03 ㉠에 들어갈 내용으로 가장 적절한 것은?

> 아리스토텔레스에 의하면 정의는 크게 일반적 정의와 특수적 정의로 구분할 수 있다. 일반적 정의는 준법과 공정함이다. ⟨ ㉠ ⟩은 특수적 정의에 속하는 것으로, 동등하지 않은 사람들이 동등한 몫을 분배받으면 싸움과 불평등이 생기므로 각 사람의 가치에 비례하는 몫의 분배를 추구하는 것이다.

① 교정적 정의   ② 교환적 정의
③ 분배적 정의   ④ 실질적 정의
⑤ 응보적 정의

04 갑, 을, 병의 입장에 대한 설명으로 적절한 것만을 〈보기〉에서 고른 것은?

> 갑: 장학금은 직전 시험에서 가장 우수한 성적을 성취한 학생에게 지급하는 것이 옳습니다. 그래야 학생들이 자신도 높은 성적을 거두어 장학금을 받을 수 있도록 더 열심히 공부를 하고자 할 것입니다.
> 을: 탁월한 실력을 갖추고 있는 학생이 시험 당일에 실수를 할 수도 있고, 반대로 별다른 실력도 갖추지 못한 학생이 시험 당일에 운이 좋아서 높은 성적을 거둘 수도 있습니다. 따라서 앞으로의 성장 가능성을 고려하여 실력과 재능 있는 학생에게 장학금을 지급하는 것이 좋을 것 같습니다.
> 병: 뛰어난 성적을 거두었거나 뛰어난 실력을 갖춘 학생일지라도 장학금을 크게 필요로 하지 않을 수 있습니다. 이런 학생들에게는 장학금 대신 상장 수여 등의 다른 방법으로 학습 의욕을 고취시키고, 장학금은 경제적 형편이 어려운 학생들에게 지급하는 것이 옳다고 생각합니다.

┌── 보기 ──┐

> ㄱ. 갑의 입장은 장학금 지급 대상에 대한 객관적인 비교 평가가 어렵다.
> ㄴ. 병의 입장은 사회적·경제적 약자를 보호하기 위한 제도 마련의 근거가 된다.
> ㄷ. 갑보다 을의 입장에서 개인이 지닌 잠재력을 실현할 기회를 제공해야 함을 강조한다.
> ㄹ. 갑, 을과 달리 병의 입장은 분배적 정의의 실질적 기준으로 적합하지 않다.

① ㄱ, ㄴ   ② ㄱ, ㄷ   ③ ㄴ, ㄷ
④ ㄴ, ㄹ   ⑤ ㄷ, ㄹ

05 다음을 주장한 사람의 입장으로 가장 적절한 것은?

① 능력이 뛰어난 사람에게 더 많이 분배해야 한다.
② 사람들의 필요에 따라 서로 다르게 분배해야 한다.
③ 결과에 대한 각자의 기여도에 따라 분배해야 한다.
④ 탁월한 업적을 달성한 사람에게 더 많이 분배해야 한다.
⑤ 모두의 기본적 삶의 조건을 보장할 수 있도록 분배해야 한다.

06 다음 글에서 강조하는 분배 기준의 특징으로 적절한 것만을 〈보기〉에서 고른 것은?

> 개인이 기여한 업무에 대한 성과를 평가하여 그에 따라 급여를 결정하는 성과 연봉제는 조직의 목표 달성에 기여한 업적이나 성과에 따라서 재화를 분배하므로 정의로운 방식이다.

┤ 보기 ├

ㄱ. 개인의 성취 동기를 높여 생산성 향상에 기여할 수 있다.
ㄴ. 개인 간 과열 경쟁으로 인해 사회 통합이 저해될 수 있다.
ㄷ. 개인이 성취한 실적을 객관적으로 비교하여 평가하기 어렵다.
ㄹ. 개인이 노력만 하면 성과가 없어도 충분한 보상을 받을 수 있다.

① ㄱ, ㄴ　　　② ㄱ, ㄷ　　　③ ㄴ, ㄷ
④ ㄴ, ㄹ　　　⑤ ㄷ, ㄹ

07 다음 글에서 강조하는 분배 기준의 사례로 적절한 것만을 〈보기〉에서 고른 것은?

> 사회 구성원 모두의 기본적 욕구가 충족될 수 있도록 분배가 이루어져야 한다. 따라서 분배가 정의로우려면 부양가족 수나 각자의 경제적 형편을 반드시 고려해야 한다.

┤ 보기 ├

ㄱ. 자격증을 갖춘 사람을 우선적으로 채용한다.
ㄴ. 시험 성적이 높은 학생에게 장학금을 지급한다.
ㄷ. 기초 생활 수급자에게 최저 생계비를 지급한다.
ㄹ. 저소득층을 대상으로 공공 임대 주택을 공급한다.

① ㄱ, ㄴ　　　② ㄱ, ㄷ　　　③ ㄴ, ㄷ
④ ㄴ, ㄹ　　　⑤ ㄷ, ㄹ

08 갑에게 을이 제기할 수 있는 비판으로 적절한 것만을 〈보기〉에서 있는 대로 고른 것은?

> 갑: 모든 인간은 평등한 존재입니다. 따라서 분배는 모두의 기본적인 욕구를 충족시킬 수 있도록 이루어져야 합니다.
> 을: 모든 인간이 평등한 존재임은 인정합니다. 그러나 설령 모든 인간이 동등한 능력을 갖추고 있다고 해도 각 개인이 얼마나 노력하느냐에 따라 개인이 이룬 업적에는 차이가 있을 수밖에 없습니다. 목표를 달성하기 위한 개인의 노력을 무의미한 것으로 만들지 않기 위해 분배는 개인의 필요가 아닌 개인의 업적을 기준으로 이루어져야 합니다.

┤ 보기 ├

ㄱ. 노력하지 않은 사람에게 재화가 분배될 수 있음을 간과한다.
ㄴ. 한정된 재화로 모든 사람의 필요를 충족시킬 수 없음을 간과한다.
ㄷ. 많은 성과를 낸 사람이 상대적으로 손해를 볼 수 있음을 간과한다.
ㄹ. 빈부 격차로 인한 사회적 갈등을 해소하는 것이 중요함을 간과한다.

① ㄱ, ㄴ　　　② ㄱ, ㄹ　　　③ ㄷ, ㄹ
④ ㄱ, ㄴ, ㄷ　　　⑤ ㄴ, ㄷ, ㄹ

09 다음을 주장한 고대 서양 사상가의 입장으로 적절하지 <u>않은</u> 것은?

> 정의로운 것은 법을 지키는 것이며 공정한 것이고, 부정의한 것은 법을 어기는 것이며 공정하지 않은 것이다. 정의로운 분배는 각자의 가치에 따라 이루어져야 한다. 이에 대해서는 모든 사람이 동의하지만, 모든 사람이 가치라고 말하는 것은 같은 것이 아니다. 그러므로 분배적으로 정의로운 것은 일종의 비례적인 것이다.

① 공익을 지향하는 법을 지키지 않는 것은 정의롭지 못하다.
② 각자의 가치에 따라 마땅한 몫을 분배하는 것이 정의롭다.
③ 가치가 동등함에도 동등하지 않은 몫을 받는 것은 옳지 않다.
④ 정의는 비례를 지키는 것이고 비례를 깨뜨리는 것은 부정의하다.
⑤ 모든 구성원이 추구하는 가치가 동일해야만 분배가 공정해진다.

10 갑, 을의 입장에 대한 설명으로 가장 적절한 것은?

> 갑 : 갈증을 느끼는 모든 사람들이 물을 필요로 하지만, 그늘에 누워서 가만히 있던 사람과 땡볕에서 힘들게 노력하여 마침내 지하수를 파내는 데 성공한 사람 중에 누가 물을 더 우선적으로 더 많이 가져가야 하는지에 대해서는 논쟁의 소지가 없다고 봅니다. 개인의 노력에 기반한 성과와 업적을 고려하여 분배가 이루어져야 합니다.
> 을 : 돈이 많다고 하루에 열 끼니를 먹어야만 생존할 수 있는 것도 아니고, 돈이 없다고 열흘에 한 끼니만 먹어도 생존할 수 있는 것도 아닙니다. 인간으로서의 삶을 누리는 데 필요한 기본적 욕구에는 큰 차이가 없으므로 각자의 필요를 충족시킬 수 있도록 분배가 이루어져야 합니다.

① 갑의 입장은 개인의 노력과 성취에 대한 보상 체계가 미흡하다.
② 갑의 입장은 사회적 약자 보호가 유일하게 정당한 분배 기준이라고 본다.
③ 을의 입장은 사회 발전에 대한 개인의 기여도를 중요하게 고려한다.
④ 을의 입장은 사치와 필요의 경계를 판단하기가 모호하다는 한계가 있다.
⑤ 갑과 을의 입장은 모두 균등한 분배로 인해 생산성이 저하될 수 있다.

11 밑줄 친 '이것'에 대한 교사의 질문에 적절하지 <u>않은</u> 답변을 한 사람은?

> 교사 : <u>이것</u>은 넓은 의미에서는 사회적으로 규정된 올바른 행위를 뜻하며, 좁은 의미에서는 사회적 대우나 보상, 처벌 등에 있어서 각자가 자신이 마땅히 받을 만한 몫을 공정하게 받는 것을 뜻합니다. 그렇다면 <u>이것</u>에 대해 설명해 볼까요?
> 갑 : 사회 구성원의 인간 존엄성을 실현합니다.
> 을 : 사회 구성원의 기본적 권리를 보장합니다.
> 병 : 사회 구성원 간의 이해관계를 조정합니다.
> 정 : 사회적 약자에 대한 차별을 정당화합니다.
> 무 : 사회 갈등과 대립의 해소를 위해 필요합니다.

① 갑　　② 을　　③ 병　　④ 정　　⑤ 무

12 (가)의 갑, 을, 병의 입장에서 서로에게 제기할 수 있는 비판을 (나) 그림으로 표현할 때, A~F에 해당하는 내용으로 가장 적절한 것은?

> (가)
> 갑 : 우리 동아리에서 천연 비누를 만들어 판매한 수익금은, 비누를 가장 많이 만든 사람에게 더 많이 주는 것이 정당하다고 봅니다.
> 을 : 아닙니다. 우리 동아리의 지속적인 발전을 위해서는 앞으로 더 많은 수익금을 창출할 능력을 지닌 사람에게 더 많이 주는 것이 바람직하다고 생각합니다.
> 병 : 아닙니다. 비록 비누를 만드는 데 많은 시간을 함께하지는 못했지만 그 시간에 가정 형편이 어려워 집안일을 도와야 했던 친구에게 더 많이 주는 것이 정의롭다고 봅니다.

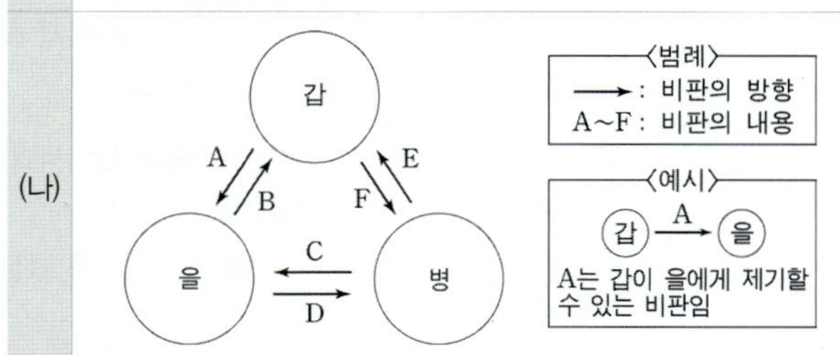

① A : 분배 기준은 기여도와 무관하게 선천적 요인에 따라야 함을 간과한다.
② B : 객관적인 기준으로 개인 간 성취를 비교해야 함을 간과한다.
③ C : 모두의 필요를 충족시키기에는 재화가 한정적임을 간과한다.
④ D와 F : 생산 의욕이 저하되고 책임 의식이 약화될 수 있음을 간과한다.
⑤ E : 과열 경쟁은 사회 발전과 사회 통합에 기여함을 간과한다.

02 다양한 정의관

주제 1 자유주의적 정의관 ★★★

1 자유주의

의미	• 개인의 [ ]1)와 권리를 다른 그 무엇보다 소중한 가치로 여기는 사상 • [ ]2)은 사회나 국가보다 우선하며, 개인선이 공동선보다 우선한다고 봄
특징	• 개인은 공동체의 전통이나 가치로부터 [ ]3)이고 자율적인 존재임 • 모든 인간은 천부 인권을 지닌 존엄한 존재이며 타인이나 사회의 간섭을 받지 않고 자신이 원하는 삶을 살 수 있음 • 사회나 국가는 개별적인 개인들의 합에 불과하며 개인의 자유와 권리를 보장하기 위한 [ ]4) 존재일 뿐임 • 국가는 개인에게 특정한 가치나 삶의 방식을 강제해서는 안 되며, 중립적 입장에서 개인의 자유로운 선택권과 자율성을 최대한 허용해야 함

2 자유주의적 정의관

(1) 특징

① **개인선 추구** : 개인의 자유와 권리를 최대한 보장하여 [   ]5)을 실현하는 것을 정의로운 것으로 봄

② 개인에게 선택의 자유와 공정한 기회를 보장해야 한다고 봄

③ 독립적 개인을 강조하므로 과거 세대의 잘못에 대해 현세대가 사과하거나 배상할 책임은 없다고 봄

(2) 대표 사상가

[ ]6)	• 평등주의적 자유주의 입장 : 자유와 평등의 조화를 통한 공정한 분배를 중시함 • 모든 구성원이 평등한 자유를 누릴 수 있도록 공정성을 실현하는 것이 정의임 • 국가는 사회적 약자를 포함한 모두의 이익을 위해 적극적 역할을 해야 함 • 국가의 재분배 정책 찬성 : 최소 수혜자에게 최대의 이익이 되도록 분배하는 것은 정의로움
노직	• 자유 지상주의 입장 : 개인의 자유는 최우선의 가치이므로 최대한으로 보장해야 함 • 개인의 정당한 [ ]7)를 배타적으로 보장하는 것이 정의임 • 개인의 소유 권리를 침해하지 않고 보호하는 역할만을 수행하는 [ ]8)가 바람직함 • 국가의 재분배 정책 반대 : 국가가 부자들에게 세금을 거둬 사회적 약자를 돕는 것은 개인의 소유 권리를 침해하는 것으로 부정의함

(3) **자유주의적 정의관만을 지나치게 강조할 경우**

① 사회에 대한 무관심이 나타날 수 있음

② 개인의 이익만을 추구하는 극단적인 [   ]9)로 변질될 수 있음

주제 2 공동체주의적 정의관 ★★★

1 공동체주의

의미	• 인간의 삶이 [ ]10)에 뿌리를 두고 있음을 강조하며 공동체가 가지는 의미를 중시하는 사상 • 공동체가 개인보다 우선하며, 공동선이 개인선보다 우선한다고 봄
특징	• 공동체의 문화와 역사, [ ]11)과 규범을 중시함 • 개인은 공동체의 영향을 받으며 소속감과 [ ]12)을 형성해 나가는 존재로, 공동체와 분리되어 독립적으로 존재할 수 없음 • 국가는 개인이 공동체의 가치와 목적을 내면화하고 자신에게 부여된 책임과 역할, 의무에 충실히 임하여 공동체의 발전에 기여할 수 있도록 바람직한 가치를 권장해야 함

2 공동체주의적 정의관

(1) 특징

① **공동선 추구** : 공동체의 구성원들이 유대감을 바탕으로 자신이 속한 공동체의 이익이나 [   ]13)을 추구하는 것을 정의로운 것으로 봄

② 개인은 공동체의 구성원으로서의 의무와 책임을 다해야 하며, 공동선이 실현될 때 개인의 행복한 삶도 가능하다고 봄

③ 사회적 존재인 인간은 공동체의 유산뿐만 아니라 빚이나 의무 역시 물려받으므로 과거 세대의 잘못에 대해서도 현세대는 책임을 지고 공동체의 의무를 다해야 한다고 봄

(2) 대표 사상가

[ ]14)	• 서사적 자아 : 인간은 공동체의 전통과 역사가 담긴 이야기를 통해 자신의 정체성을 형성함 • 개인은 공동체의 전통과 역사를 바탕으로 책임감 있는 시민으로 살아야 함
샌델	• 연고적 자아 : 인간은 공동선에 관한 숙고와 연대 의식을 바탕으로 하여 공동체 구성원으로서 정체성을 형성함 • 개인은 공동체가 공유하는 가치와 목적을 실현하기 위해 노력해야 함

(3) **공동체주의적 정의관만을 지나치게 강조할 경우**

① 개인의 권리와 자유를 억압하고 사회적 가치의 실현을 위해 개인의 희생을 정당화할 수 있음

② 공동체에 의한 가치의 통합 등을 강조함으로써 권위주의나 [   ]15)로 흐를 위험이 있음

(4) **개인선과 공동선의 조화**

개인	연대 의식, 책임 의식, 배려와 공감의 덕목을 갖추고 공동체에 대한 의무를 적극적으로 다해야 함
공동체	개인의 자유와 권리를 최대한 보장하면서 사회 정의를 실현할 수 있는 제도를 마련해야 함

시험 대비하기

01 (가)의 입장에 비해 (나)의 입장이 갖는 상대적 특징을 그림의 ㉠~㉤ 중에서 고른 것은?

> (가) 개인이 자신의 목적을 효과적으로 성취할 수 있도록 공동체가 구성되어야 한다. 공동체는 개인이 자신의 목적을 달성하기 위해 선택하는 수단이다.
> (나) 개인은 공동체의 가치와 전통을 내면화하여 자아를 실현해야 한다. 공동체는 개인이 자아 정체성을 구성하고 삶의 방향을 형성하는 데 중요한 기반이 된다.

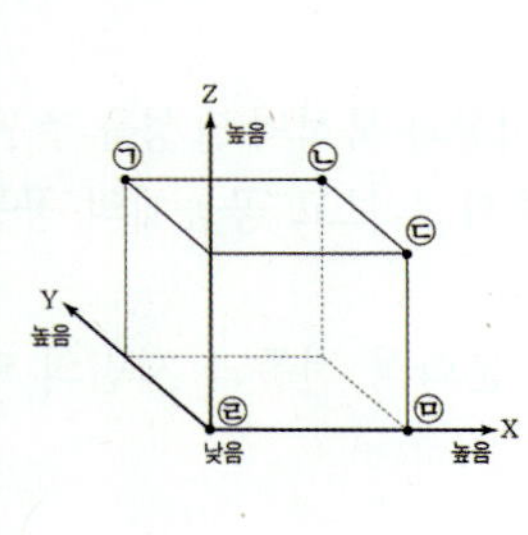

> • X : 개인은 공동체를 위한 책무에 충실해야 한다고 보는 정도
> • Y : 공동체의 전통과 역사는 개인의 정체성 형성과 무관하다고 보는 정도
> • Z : 개인과 공동체가 분리될 수 없는 유기적 관계라고 보는 정도

① ㉠　　② ㉡　　③ ㉢　　④ ㉣　　⑤ ㉤

02 갑, 을의 입장으로 적절하지 <u>않은</u> 것은?

① 갑 : 공동체는 개인의 자유를 보호하기 위해 존재한다.
② 갑 : 개인선의 실현이 공동체의 발전으로 이어질 수 있다.
③ 을 : 공동선을 추구할 때 구성원 각자의 개인선도 실현될 수 있다.
④ 을 : 공동체는 개인이 자아 정체성을 형성하는 데 중요한 기반이 된다.
⑤ 갑과 을 : 개인은 공동체 발전을 위한 하나의 수단으로 간주할 수 있다.

03 다음을 주장한 사상가의 입장에서 부정의 대답을 할 질문으로 가장 적절한 것은?

> 원초적 입장에서 무지의 베일을 쓴 합리적인 개인들은 다음과 같은 정의의 원칙에 합의한다. 그 중 제1원칙은 모든 사람이 개인의 기본적 자유에 있어 평등한 권리를 가져야 한다는 것이다. 제2원칙 중 첫 번째 원칙은 사회적, 경제적 불평등을 허용하되 최소 수혜자에게 이득을 가져오는 경우에만 정당하다는 것이며, 두 번째 원칙은 사회적 지위나 직책에 접근할 기회가 모두에게 공평하게 부여되어야 한다는 것이다.

① 양심과 언론의 자유는 최대한 보장되어야 하는가?
② 사회 구성원들은 사유 재산을 소유할 권리가 있는가?
③ 정의가 실현되어도 경제적 불평등이 존재할 수 있는가?
④ 지위나 직책에 오를 기회가 모두에게 공평하게 개방되어야 하는가?
⑤ 개인의 기본적 자유는 최소 수혜자의 이익을 위해 제한될 수 있는가?

04 갑이 을에게 제기할 수 있는 비판으로 가장 적절한 것은?

> 갑 : 사람들은 개성을 꽃피울 수 있어야 한다. 각자의 개성이 아니라 공동체의 전통이나 관습에 따라서만 행동한다면, 자신의 행복과 사회 발전의 중요한 요소 가운데 하나인 개별성을 잃게 될 것이다.
> 을 : 나는 내가 행한 것뿐만 아니라 나의 부모가 행한 것에 대해서도 책임감을 가져야 한다. 왜냐하면 나의 삶의 역사는 항상 나의 정체성에 큰 영향을 미치는 공동체의 역사에 포함되어 있기 때문이다.

① 자아는 독립적 존재가 아니라 연고적 존재임을 간과한다.
② 개인은 자율적 선택에 따라 삶의 목적을 설정함을 간과한다.
③ 개인은 사회적 직분을 통해서 자신의 정체성을 형성함을 간과한다.
④ 구성원들의 공동체적 유대가 개인의 행복의 바탕이 됨을 간과한다.
⑤ 사회 안정을 위해 자유로운 의사소통을 제한할 수 있음을 간과한다.

> 갑: 인간은 공동체 속에서 다른 사람들과 더불어 함께 살아갈 때에만 인간으로서의 삶을 영위할 수 있는 존재입니다. 따라서 국가 공동체가 없는 개인의 삶은 온전할 수 없습니다.
> 을: 인간은 개별적이고 자율적인 인격의 주체로서 누구나 고유한 권리를 지니고 있는 존재입니다. 개인의 권리와 존엄성은 타인이나 국가 공동체일지라도 함부로 침해할 수 없습니다. 제가 볼 때, 당신의 입장은 [㉠   ]는 문제점이 있습니다.

┌─── 보기 ───┐

ㄱ. 개인의 이익만을 강조하여 공동선을 훼손할 수 있다
ㄴ. 공동체의 발전을 위해 개인의 희생을 강요할 수 있다
ㄷ. 사회 질서 유지를 명분으로 개인의 권리를 침해할 수 있다
ㄹ. 사회적 이익을 소홀히 하여 공동체의 발전을 저해할 수 있다

① ㄱ, ㄴ　　② ㄱ, ㄷ　　③ ㄴ, ㄷ
④ ㄴ, ㄹ　　⑤ ㄷ, ㄹ

06 다음을 주장한 사상가의 입장으로 적절하지 않은 것은?

> 나는 누군가의 형제이고, 사촌이며, 손자이고, 이 가계와 저 마을 공동체 그리고 이 부족의 구성원이다. 이는 결코 우연히 인간에게 부여된 특성들이 아니며, 진정한 자아의 발견을 위해서 제거되어야 할 특성들도 아니다. 이것들은 나의 본질의 한 부분으로서 나의 책무와 의무를 정한다. 즉 개인들은 서로 결합되어 있는 일련의 사회적 관계 내에서 사회적 자아로서의 위치를 지니게 되는 것이다.

① 개인의 도덕적 행위는 공동체의 맥락을 반영한다.
② 진정한 자아는 공동체와 분리되어 형성되지 않는다.
③ 공동체가 개인의 삶 속에 도덕적 특수성을 부여한다.
④ 공동체로부터 획득된 덕의 실천이 선한 삶의 토대가 된다.
⑤ 공동체에서 독립된 개인 자격만으로도 덕을 실천할 수 있다.

07 갑, 을의 입장에 대한 설명으로 적절하지 않은 것은?

> 갑: 개인의 권리는 신성불가침한 것이기에 전체의 선을 위해 희생될 수 없다. 좋은 사회는 개별 시민들의 자유와 권리를 잘 보호해 주는 사회이다.
> 을: 개인의 삶은 공동체의 목적 달성을 위한 자신의 역할을 배제한 채 생각될 수 없다. 좋은 사회는 서로를 공동체의 구성원으로 인정하고 배려하는 사회이다.

① 갑은 개인이 선택한 가치와 목표의 성취를 추구한다.
② 갑은 개인을 '독립된 존재'로 보고 개인의 자율성을 강조한다.
③ 을은 공동체가 설정한 이상과 목적의 달성을 추구한다.
④ 을은 개인을 '소속된 존재'로 보고 공동체의 공동선을 강조한다.
⑤ 갑은 을보다 공동체의 문화적 전통과 시민의 연대성을 중시한다.

08 (가)의 갑, 을의 입장에서 서로에게 제기할 수 있는 비판을 (나) 그림으로 표현할 때, A, B에 해당하는 내용으로 가장 적절한 것은?

(가)	갑 : 개인은 공동체 속에서만 참된 존재의 의미를 지니며, 진정한 행복과 자아실현을 이룰 수 있다. 따라서 국가는 필요한 경우 구성원에게 희생과 헌신을 요구할 수 있다. 을 : 개인은 각기 개별적이고 독립적인 존재이며, 개인의 선택은 절대적 가치를 지닌다. 따라서 국가는 개인의 자유를 침해하려고 해서는 안 된다.
(나)	

① A : 권위주의나 전체주의로 흐를 수 있음을 간과한다.
② A : 공동체에 의해 자아가 억압되어서는 안 됨을 간과한다.
③ B : 자유의 방종으로 무질서가 초래될 수 있음을 간과한다.
④ B : 개인이 사회의 부속품처럼 취급될 수 있음을 간과한다.
⑤ B : 사회적 유대를 약화시켜 이기주의로 변질될 수 있음을 간과한다.

09 ㉠, ㉡에 대한 설명으로 적절하지 <u>않은</u> 것은?

> ┌─ ㉠ ─┐은 개인이 지향하는 가치나 목표 또는 개
> 인의 이익을 의미하며, ┌─ ㉡ ─┐은 사회가 지향하는
> 공동의 목표와 가치를 의미한다. ┌─ ㉠ ─┐과
> ┌─ ㉡ ─┐이 상호 보완하며 조화로운 관계를 이룰 때
> 개인과 사회가 함께 발전하며 행복과 정의가 실현될
> 수 있다.

① ㉠의 참된 실현은 국가 공동체가 소멸될 때 가능하다.
② ㉠만을 지나치게 강조하면 이기주의로 변질될 수 있다.
③ ㉡은 공동체의 가치와 전통에 따른 자아실현을 강조
한다.
④ ㉡만을 지나치게 강조하면 개인의 희생을 강요할 수
있다.
⑤ ㉠은 개인선, ㉡은 공동선이다.

10 다음 신문 칼럼을 통해 추론할 수 있는 내용으로 적절한 것
만을 〈보기〉에서 고른 것은?

> | ○○신문 | ○○○○년 ○○월 ○○일 |
> |---|---|
>
> **칼 럼**
>
> 　프로보노란 '공익을 위하여'라는 뜻의 라틴어 '프로
> 보노 퍼블리코(pro bono publico)'의 줄임말로, 변호사
> 와 같은 전문직이 전문 지식을 이용하여 사회적 약자
> 에게 자원 봉사하는 것을 의미한다. 미국변호사협회
> 소속 변호사들이 연간 무료 변론 등 사회 공헌 활동을
> 50시간 이상 하도록 규정한 데서 시작되었다. 미국변
> 호사협회가 해마다 발표하는 프로보노 활동 순위는 로
> 펌의 명성을 평가하는 중요한 요소가 되는데, 순위가
> 높은 로펌일수록 사회적 인식도 좋아져 더 많은 사건
> 을 수임하는 선순환이 이루어지고 있다.

─ 보기 ─

ㄱ. 공동선의 추구가 개인의 이익 증대로 이어질 수 있다.
ㄴ. 구성원으로서의 책무에 충실하면 개인의 자유는
　위축된다.
ㄷ. 개인의 자발적인 참여로 개인과 공동체의 발전을
　함께 이룰 수 있다.
ㄹ. 법과 제도를 통해서는 개인선과 공동선을 조화롭
　게 추구할 수 없다.

① ㄱ, ㄴ　　　② ㄱ, ㄷ　　　③ ㄴ, ㄷ
④ ㄴ, ㄹ　　　⑤ ㄷ, ㄹ

11 (가)의 갑, 을 사상가들의 입장을 (나) 그림으로 표현할 때,
A~C에 해당하는 적절한 진술만을 〈보기〉에서 있는 대로
고른 것은?

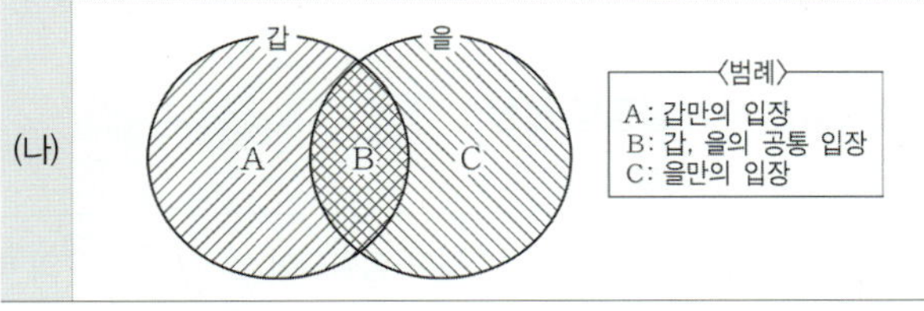

> | | |
> |---|---|
> | (가) | 갑: 공정한 분배가 이루어지려면 사회 제도는 원초적 입장에서 합의된 정의의 원칙들에 의해 규제되어야 한다.
을: 한 사람의 소유물은 취득, 이전, 교정 원리에 의해 권리를 부여받았으면 정당하다. 과거의 상황이나 행위는 사물에 대한 차별적 소유권을 낳는다. |

─ 보기 ─

ㄱ. A: 사회적 유용성이 분배 정의의 기준이 되어야
　한다.
ㄴ. B: 자연적 운에 따른 경제적 불평등은 허용될 수
　있다.
ㄷ. B: 정의로운 분배를 위한 국가의 개입은 정당화될
　수 있다.
ㄹ. C: 노동으로 취득한 소유권은 어떤 경우에도 제한
　될 수 없다.

① ㄱ, ㄴ　　　② ㄴ, ㄷ　　　③ ㄷ, ㄹ
④ ㄱ, ㄴ, ㄹ　　　⑤ ㄱ, ㄷ, ㄹ

12 갑은 부정, 을은 긍정의 대답을 할 질문으로 가장 적절한 것은?

> 갑: 개발 제한 구역이라는 이유로 사익을 침해하는 것
> 은 부당합니다. 그동안 많은 제약을 받아왔으니 사
> 유 재산권 보장을 위해 개발 제한 구역 규제를 완
> 화해야 합니다.
> 을: 개발 제한 구역을 개인의 이익 차원에서만 바라보아
> 서는 안 됩니다. 무분별한 개발을 막고 자연환경을
> 보호하기 위해 개발 제한 구역을 설정해 둔 것이므
> 로 규제 완화를 성급하게 결정해서는 안 됩니다.

① 개인선을 실현하면 저절로 공동선 또한 증대되는가?
② 사익의 보장을 공익의 추구보다 우선시 여겨야 하는가?
③ 개인의 이익과 권리는 공동체의 선을 위해 제한될 수
있는가?
④ 개인은 사회 구성원으로서만 행복을 실현할 수 있다
고 보는 것은 잘못인가?
⑤ 사회는 개인들의 집합체에 불과하며 개인 권리 보장
이 사회 질서의 목적인가?

03 사회 불평등 현상과 해결 방안

주제 1 사회 불평등 현상 ★★★

1 [______]¹⁾

의미	부, 권력, 명예 등 사회적 희소가치가 차등적으로 분배되어 개인이나 집단이 서열화되는 것
문제점	사회 불평등 정도가 심해지면 사회적 갈등이 일어나고 사회 통합이 저해되어 정의로운 사회의 실현을 방해함

2 대표적인 사회 불평등 현상

(1) 사회 계층의 양극화

의미	사회 구성원 간 불평등이 심화되어 [______]²⁾의 비중이 줄어들고, 상층과 [______]³⁾의 비중이 증가하는 현상
대표적 원인	재산과 [______]⁴⁾에 따른 경제적 격차 → 경제적 격차가 교육, 취업, 주거, 여가, 건강 등 사회의 다양한 측면에 영향을 미쳐 사회 전반에 걸쳐 양극화 현상이 나타나게 됨
문제점	• 계층 간 갈등과 대립으로 사회 통합이 저해될 수 있음 • 부모의 계층이 자녀에게 대물림되는 폐쇄적인 사회 구조가 형성될 수 있음

(2) [______]⁵⁾

의미	지역 간에 사회적·경제적·문화적으로 격차가 발생하는 현상 → 수도권과 비수도권의 격차, 도시와 촌락의 격차, 도시 지역 내 격차 등
대표적 원인	[______]⁶⁾ 정책 → 성장 가능성이 큰 수도권과 대도시를 중심으로 투자를 집중하여 수도권과 대도시는 인구가 늘고 경제가 성장하였으나, 그 외 지역은 인구가 유출되고 경제가 침체되는 등의 문제가 발생하였음
문제점	• 공간 불평등은 소득뿐만 아니라 교육, 의료, 문화 등 생활 전반의 불평등으로 이어짐 • 지역 격차 심화 및 지역 간 갈등으로 사회 통합을 저해함

(3) 사회적 약자에 대한 차별

의미	• [______]⁷⁾ : 경제 수준이나 사회적 지위 등이 열악한 위치에 있어 사회적으로 소외되어 인간다운 삶을 영위하는 데 어려움을 겪는 개인이나 집단을 의미함 • 사회적 약자에 대한 차별 : 우리 사회에서는 사회적 약자가 비합리적 이유로 인해 정치적, 경제적, 사회적으로 차별적인 대우를 받기도 함
대표적 원인	선입견과 [______]⁸⁾ 및 차별을 용인하는 사회적 환경 → 사회적 약자에 대한 차별은 그들의 능력이나 업적과 무관하게 사회 주류 집단과 다르다는 비합리적 이유로 발생함
문제점	사회적 약자들이 인간으로서 갖는 존엄성과 기본적인 권리를 침해할 수 있음

주제 2 정의로운 사회를 실현하기 위한 방안 ★★★

1 사회 복지 제도

(1) 사회 보험

의미	일정 수준의 소득이 있는 개인, 기업, 정부가 보험료를 분담하여 질병이나 실업, 사고 등의 사회적 위험에 대비하는 제도
특징	법률이 정한 기준에 해당하는 사람은 [______]⁹⁾을 원칙으로 함
종류	국민 건강 보험, 고용 보험, 국민연금, 산업 재해 보상 보험 등

(2) 공공 부조

의미	생활 유지 능력이 없거나 어려운 저소득층에 국가와 지방 자치 단체가 전액 지원하여 최소한의 생활을 보장하는 제도
특징	소득 재분배 효과가 가장 큼
종류	국민 [______]¹⁰⁾ 제도, 기초 연금, 의료 급여 등

(3) [______]¹¹⁾

의미	국가와 지방 자치 단체, 민간 부문의 도움이 필요한 모든 국민에게 상담, 재활, 돌봄 등의 서비스 혜택을 제공하는 제도
특징	비금전적 지원을 원칙으로 함
종류	노인 돌봄 서비스, 장애인 활동 지원, 가사·간병 서비스 등

2 지역 완화 정책

필요성	지역 개발에서 소외되었던 지방을 중심으로 균형 개발을 추진하여 공간 불평등을 해소하고 국토의 [______]¹²⁾을 이루어야 함
구체적 노력	• [______]¹³⁾ 지방 이전 : 수도권에 집중된 다양한 기능을 지방으로 분산하여 수도권 과밀화 해소 • 지방 자치 단체의 자체적 노력 : 지역의 역사적 또는 공간적 특성을 살린 특산품이나 관광 자원 개발, 지역 축제 개최 등으로 지역 경제 활성화 • 도시 내부의 불평등 개선 노력 : 도시 환경 정비 사업을 실시하여 쾌적한 주거 환경 및 생활환경을 누릴 수 있도록 함

3 [______]¹⁴⁾ 실현 조치

필요성	오랫동안 사회적으로 차별받아 온 사회적 약자에게 다양한 측면에서 직간접적 혜택을 제공하여 불평등을 바로잡기 위해 필요함
구체적 노력	• [______]¹⁵⁾ 제도 : 기업이나 관공서에서 일정 비율 이상의 장애인을 의무적으로 고용해야 함 • 여성 공천 할당제 : 정당에서 국회 의원 후보자 등을 공천할 때 일정 비율을 여성에게 배분해야 함

정답 1 사회 불평등 2 중간 계층(중층) 3 하층 4 소득 5 공간 불평등 6 성장 거점 개발 7 사회적 약자 8 편견 9 의무 가입 10 기초 생활 보장 11 사회 서비스
12 균형 발전 13 공공 기관 14 적극적 평등 15 장애인 의무 고용

시험 대비하기

01 ⊙의 대표적인 현상으로 적절한 것만을 〈보기〉에서 있는 대로 고른 것은?

> - ⊙ 은 부, 권력, 지위와 같은 사회적 희소가치가 불평등하게 분배되어 개인, 집단 및 지역이 서열화되어 있는 현상을 의미한다.
> - ⊙ 의 정도가 심해지면 사회적 갈등이 일어나고 사회 통합이 저해되어 정의로운 사회의 실현을 방해한다.

──── 보기 ────
ㄱ. 공간 불평등
ㄴ. 사회 계층의 양극화
ㄷ. 사회적 약자에 대한 차별
ㄹ. 사회적 재화의 공정한 분배

① ㄱ, ㄴ　　② ㄱ, ㄹ　　③ ㄷ, ㄹ
④ ㄱ, ㄴ, ㄷ　　⑤ ㄴ, ㄷ, ㄹ

03 밑줄 친 '이것'에 대한 설명으로 적절한 것만을 〈보기〉에서 고른 것은?

> 우리나라의 사회 복지 제도 중 이것에 해당하는 기초 연금 제도에 의해 65세 이상의 노인 중 소득 인정액이 선정 기준액 이하인 노인, 즉 소득이 적은 노인은 매달 일정액의 연금을 지급받는다. 이는 자신의 노후를 대비할 겨를이 없었던 노인들의 생활 안정에 도움을 주기 위해 마련된 것이다.

──── 보기 ────
ㄱ. 소득 재분배 효과가 발생하지 않는다.
ㄴ. 복지보다는 경제 성장의 추구를 목적으로 한다.
ㄷ. 현재 직면한 사회적 위험으로부터 구제하고자 한다.
ㄹ. 복지 비용을 부담하는 주체와 복지 혜택을 받는 대상이 일치하지 않는다.

① ㄱ, ㄴ　　② ㄱ, ㄷ　　③ ㄴ, ㄷ
④ ㄴ, ㄹ　　⑤ ㄷ, ㄹ

04 그림은 우리나라의 사회 복지 제도에 대한 수업 판서 내용이다. ⊙~ⓒ에 들어갈 내용이 모두 옳게 연결된 것은?

〈우리나라의 사회 복지 제도〉

구분	사회 보험	공공 부조	사회 서비스
의미	국민에게 발생할 수 있는 사회적 위험을 보험 방식으로 사전에 대처하여 국민의 건강과 생활 보전을 보장하는 제도	국가와 지방 자치 단체의 책임 하에 생활 유지 능력이 없거나 생활이 어려운 국민의 최저 생활 보장 및 자립을 지원하는 제도	도움이 필요한 국민에게 상담, 재활, 돌봄, 복지 시설 이용, 사회 참여 지원 등을 제공하는 제도
종류	⊙	ⓛ	ⓒ

	⊙	ⓛ	ⓒ
①	국민연금	국민 기초 생활 보장 제도	장애인 활동 지원
②	국민 건강 보험	국민연금	노인 돌봄 서비스
③	국민 건강 보험	노인 돌봄 서비스	국민 기초 생활 보장 제도
④	장애인 활동 지원	국민 기초 생활 보장 제도	국민 건강 보험
⑤	국민 기초 생활 보장 제도	국민연금	간병 서비스

02 다음과 같은 현상이 지속적으로 심화되어 나타날 경우 발생할 수 있는 문제점으로 적절하지 <u>않은</u> 것은?

〈상위 20% 가구와 하위 20% 가구의 자산 격차〉

구분	2020년	2021년	2022년
상위 20% 가구	13억 4,734만 원	15억 1,688만 원	16억 5,457만 원
하위 20% 가구	2,309만 원	2,597만 원	2,584만 원
자산 격차	약 58배	약 58배	약 64배

① 사회 계층 간에 갈등과 대립 및 위화감이 조성될 수 있다.
② 개인의 능력이나 업적에 따른 계층 이동이 활발하게 진행될 수 있다.
③ 상위층과 하위층의 자산 격차가 점점 커져 사회 통합이 저해될 수 있다.
④ 경제적 격차가 교육 기회의 격차와 같은 다양한 격차로 이어질 수 있다.
⑤ 부모의 계층이 자녀에게 대물림되는 폐쇄적인 사회 구조가 형성될 수 있다.

05 ㉠에 들어갈 정책으로 가장 적절한 것은?

> 우리 사회는 급속한 산업화와 도시화를 거치면서 수도권과 비수도권, 도시와 농촌, 신도심지와 구도심지 등 공간을 기준으로 불평등 현상이 나타나고 있다. 이러한 불평등의 가장 큰 원인은 과거 경제 발전 과정에서 추진된 [　　　㉠　　　]이다. 우리나라는 성장 가능성이 큰 수도권과 대도시 중심으로 투자를 집중하여 수도권과 대도시에서는 인구가 늘고 경제가 성장하였지만, 그 외 지역은 인구가 유출되고 경제가 침체되는 등의 문제가 나타났다.

① 성장 거점 개발 정책
② 여성 공천 할당 정책
③ 지역 균형 개발 정책
④ 지방 중소기업 육성 정책
⑤ 공공 기관 지방 이전 정책

06 다음은 어느 학생의 필기 노트이다. ㉠~㉤ 중 옳지 <u>않은</u> 것은?

> 1. 공간 불평등의 양상
> 1) 수도권과 비수도권 간 : 수도권의 면적은 전체 국토의 약 11% 수준인데, 전체 인구의 약 51%가 수도권에 밀집해 있어 다양한 문제가 발생하고 있음······················㉠
> 2) 도시와 농촌 간 : 도시 지역에서 농촌 지역으로 인구가 지속적으로 유출되어 지역 경제가 침체되고 있음······················㉡
> 3) 도시 지역 내 : 경제적 소득 수준에 따라 주거 환경에 차이가 있어 저소득층이 거주하는 지역은 기반 시설이 열악함······················㉢
> 2. 공간 불평등의 영향
> 1) 낙후된 지역 주민들의 경제적, 사회적, 문화적 생활수준이 하락함······················㉣
> 2) 상대적으로 발전된 지역과의 갈등 발생 소지가 있어 사회 통합을 어렵게 만드는 요인으로 작용함······················㉤

① ㉠　　② ㉡　　③ ㉢　　④ ㉣　　⑤ ㉤

07 ㉠에 들어갈 내용으로 적절하지 <u>않은</u> 것은?

> 정의로운 사회 실현을 위해서는 수도권과 비수도권, 도시와 농촌 간의 지역 격차 완화 정책을 통해 공간 불평등을 해소하여 국토의 균형 발전을 이루어야 한다. 지역 격차를 완화하려면 [　　　㉠　　　]

① 다양한 공공 기관을 수도권에서 지방으로 이전할 필요가 있다.
② 지역 브랜드 구축이나 지역 축제와 같은 장소 마케팅이 필요하다.
③ 지역의 경쟁력을 높이기 위해 자립형 지역 발전 기반을 구축해야 한다.
④ 지방에서 수도권으로 이전하는 기업에 세금 감면 혜택을 제공해야 한다.
⑤ 수도권에 집중된 기능을 지방으로 분산하여 수도권 과밀화를 해소해야 한다.

08 다음 신문 칼럼에서 강조하는 내용으로 가장 적절한 것은?

> ○○신문　　　　　　　　○○○○년 ○○월 ○○일
>
> **칼 럼**
>
> 충청남도는 2019년 기준 전국 석탄 화력 발전량의 약 50%를 차지하고 있다. 충청남도에서 생산되는 전기의 상당량은 수도권에서 사용되는데 석탄 화력 발전소에서 배출한 초미세 먼지 농도는 수도권이 충청남도보다 낮다. 이 문제는 여러 지방 자치 단체의 이해가 충돌하기 때문에 중앙 정부가 나서서 해결책을 마련할 필요가 있다.

① 사회 계층의 양극화 해소를 위해 힘써야 한다.
② 공간 불평등이 환경 불평등으로 이어지고 있다.
③ 비수도권 지역 간에도 문화 격차가 커지고 있다.
④ 기후변화를 초래하는 화석 연료 사용을 자제해야 한다.
⑤ 국토의 효율적 발전을 위해서는 특정 지역의 희생이 필요하다.

09 다음 글의 밑줄 친 ㉠에 대한 설명으로 적절한 것만을 〈보기〉에서 고른 것은?

> 의약품의 안전 정보에 대한 점자 설명서가 없으면 시각 장애인들이 생명의 위협을 받을 수 있다. 따라서 시각 장애인의 안전할 권리 보장을 위해 ㉠의약품의 안전 정보에 대한 점자 설명서 제공을 의무화하는 법률을 제정해야 한다.

―― 보기 ――

> ㄱ. ㉠은 역차별을 해결하여 사회 불평등을 완화하려는 노력이다.
> ㄴ. ㉠은 구성원의 의식 변화보다 제도의 개선을 요구하는 것이다.
> ㄷ. ㉠은 시각 장애인의 인권을 고려한 적극적 평등 실현 조치이다.
> ㄹ. ㉠은 부유층에 속하는 시각 장애인이 아닌 빈곤층에 속하는 시각 장애인만을 대상으로 한다.

① ㄱ, ㄴ ② ㄱ, ㄷ ③ ㄴ, ㄷ
④ ㄴ, ㄹ ⑤ ㄷ, ㄹ

10 그림의 강연자가 강조하는 내용으로 가장 적절한 것은?

① 과거의 차별에 대해 현재에서라도 보상을 하는 것이 정의에 부합한다.
② 차별 문제를 발생시킨 직접적 가해자에게 응보적 처벌을 가해야 한다.
③ 적극적 평등 실현 조치는 업적과 성취에 따른 분배 기준을 더욱 확고히 한다.
④ 차별을 해소하려는 적극적 평등 실현 조치가 오히려 역차별을 가져올 수 있다.
⑤ 다양한 개인들로 구성된 사회에서 발생하는 불평등은 있는 그대로 수용해야 한다.

11 갑, 을의 입장으로 적절하지 **않은** 것은?

> 갑: 적극적 평등 실현 조치는 차별받아 온 사회적 약자의 불리한 여건 개선에 기여한다. 업적만을 고려할 경우 부당한 차별이 없는 경쟁을 보장할 수 없으므로 적극적 평등 실현 조치가 필요하다.
> 을: 적극적 평등 실현 조치는 지금까지 차별받아 온 사회적 약자에게 특혜를 제공함으로써 개인의 능력이나 노력을 온전히 고려하지 못한다. 이는 또 다른 차별을 가져와 업적주의를 훼손할 수 있다.

① 갑 : 차별받아 온 약자를 위한 사회적 여건 개선이 필요하다.
② 갑 : 개인의 업적이 분배에 영향을 끼치지 못하게 해야 한다.
③ 을 : 특정 집단에 대한 우대는 개인의 성취를 폄하할 수 있다.
④ 을 : 적극적 평등 실현 조치의 시행은 역차별을 야기할 수 있다.
⑤ 갑과 을 : 누구나 부당한 차별 없이 경쟁에 참여할 수 있어야 한다.

12 (가)의 갑, 을의 입장에서 (나)의 밑줄 친 '학교 측'의 결정에 대해 내릴 수 있는 평가로 가장 적절한 것은?

(가)	갑 : 소수 집단에 대한 적극적 평등 실현 조치는 부당하다. 왜냐하면 소수 집단에게 직접적으로 차별을 행한 세대가 아니라 그에 대한 잘못이 없는 그들의 후손에게 보상의 책임을 지우는 것은 부당하기 때문이다. 을 : 소수 집단이 차별로 인해 피해 받는 것을 시정하기 위한 적극적 평등 실현 조치는 정당하다. 왜냐하면 불평등한 대우로 인해 조상들이 받았던 피해가 후손들에게도 지속적으로 영향을 미치기 때문이다.
(나)	A는 특별전형을 통해 자기보다 성적이 낮은 소수 인종 학생이 합격하고 자신은 불합격한 것이 부당하다고 학교에 항의했다. 이에 대해 학교 측은 지속적으로 차별을 받았던 소수 집단을 우대하기 위한 결정이라고 답변했다.

① 갑 : 소수 인종의 고통을 외면한 부정의한 판단이다.
② 갑 : 사회적 약자에게 기회를 제공한 정의로운 판단이다.
③ 을 : 개인의 성취와 업적만을 고려한 부정의한 판단이다.
④ 을 : 과거부터 받았던 고통에 대해 보상한 정의로운 판단이다.
⑤ 갑과 을 : 무고한 후손에게 책임을 부과한 부정의한 판단이다.

| 주제 1 | 자본주의의 특징과 역사적 전개 | ★★★ |

1 자본주의의 의미와 특징

의미	[____]1) 를 바탕으로 자유로운 경제활동을 보장하는 경제 원리
특징	• 사유 재산권의 법적 보장: 개인이나 기업이 자유롭게 재산을 획득 및 사용 가능 • 경제활동의 자유 보장: 시장에서의 경쟁을 통한 사적 이익의 추구 인정 • [____]2) 원리에 따른 경제 운영: 시장에서 결정된 가격에 따라 상품 거래

2 자본주의의 역사적 전개 과정

상업 자본주의 (16~18세기)	• 의미 : 상품의 유통 및 무역을 통해 이윤을 추구하는 자본주의 • 배경 : 신항로 및 식민지 개척, 교역의 확대 • 국가가 상공업 지원, 수출 장려 및 수입 억제 • 절대 왕정의 강력한 [____]3) 정책으로 상업과 무역 발달
산업 자본주의 (18~19세기)	• 의미 : 생산 과정에서 이윤을 추구하는 자본주의 • 배경 : 18세기 중반 영국에서 시작된 [____]4) • 개인의 자유로운 경제활동을 통해 사익을 추구하는 과정에서 사회 전체의 이익도 증진된다고 봄 • 국가의 시장 개입 최소화 • 애덤 스미스: '보이지 않는 손'에 의한 경제 문제의 해결 주장 → [____]5) 등장 • 자본주의 경제 체제 확립의 사상적 토대 마련
[____]6) (20세기)	• 의미 : 국가의 개입으로 시장 실패를 해결해야 한다는 자본주의 • 배경 : 시장 실패, 1929년 대공황 → 기업 도산, 대량 실업, 경기 침체 • 케인스 : 정부가 적극적으로 시장에 개입하여 경제 문제를 해결해야 한다고 주장 → 정부의 역할을 강조하는 [____]7) 지향 • 뉴딜 정책: 정부의 재정 지출 확대를 통해 대공황 극복 시도
[____]8) (20세기 후반)	• 의미 : 정부의 역할을 제한하고 시장의 자율성을 강조하는 자본주의 • 배경 : 1970년대 석유 파동, 스태그플레이션 발생 • 정부의 간섭과 규제를 줄이고 경제활동의 자유 확대 강조 • 1980년대 미국과 영국 등에서는 공기업의 민영화, 노동 시장의 유연화, 복지 축소 등 실시 • 하이에크 : 정부의 지나친 시장 개입을 비판하며 민간의 자유로운 경제활동 주장

자료로 살펴보기

● 애덤 스미스의 '보이지 않는 손'

> 우리가 저녁 식사를 기대할 수 있는 것은 정육점 주인, 양조장 주인, 빵집 주인의 자비심 덕분이 아니라 그들이 자기 이익을 챙기려는 생각 덕분이다.
> … (중략) … 각 개인은 '보이지 않는 손'에 이끌려 자기가 전혀 의도하지 않았던 목표를 달성할 수 있게 된다. … (중략) … 그는 자신의 이익을 추구함으로써 오히려 더 효율적으로 사회의 이익을 증진한다.
> – 애덤 스미스, 「국부론」

애덤 스미스는 『국부론』에서 시장의 작동 원리를 '보이지 않는 손'에 비유하면서, 개인이 사익을 추구하는 과정에서 누가 의도하지 않아도 효율적인 자원 배분이 이루어진다고 주장하였다. 이러한 애덤 스미스의 자유방임주의는 산업 자본주의의 이론적 기반이 되었다.

| 주제 2 | 시장과 정부의 관계와 경제 체제 | ★★ |

1 [____]9)

의미	시장 원리에 의해 경제 문제를 해결하는 경제 체제
시장과 정부의 관계	• 공급과 수요에 따라 시장 가격 결정 • 개별 경제 주체의 자유로운 선택과 경쟁에 의한 경제활동 → 자원의 효율적 배분 • 사유 재산권과 이윤 추구 활동의 보장 • 정부의 시장 개입 최소화
한계	빈부 격차 심화, 환경 오염, 급격한 경기 변동 발생 등

2 [____]10)

의미	정부의 계획과 명령에 의해 경제 문제를 해결하는 경제 체제
시장과 정부의 관계	• 정부의 의사 결정과 통제에 의한 자원 배분 • 정부가 생산 수단의 대부분 소유 • 개별 경제 주체의 경제활동의 자유 제한 • 시장의 기능과 역할 최소화
한계	• 개인의 자유로운 선택 제한 • 경제적 유인의 부족으로 경제 전체의 효율성 저하

3 혼합 경제 체제

의미	시장경제 체제와 계획경제 체제의 요소를 결합한 경제 체제 → 우리나라도 혼합 경제 체제로 운영
시장과 정부의 관계	• 시장과 정부의 상호 보완적 관계 형성 • 정부의 지나치 개입과 규제 자제 • 정부는 공정한 경쟁을 위한 규칙과 제도 마련, 공공재 생산, 소득 분배의 불균형 개선 등의 역할 수행

[정답] 1 사유 재산 제도 2 시장경제 3 중상주의 4 산업 혁명 5 자유방임주의 6 수정 자본주의 7 큰 정부 8 신자유주의 9 시장경제 체제 10 계획경제 체제

시험 대비하기

01 교사의 질문에 옳게 답한 학생만을 고른 것은?

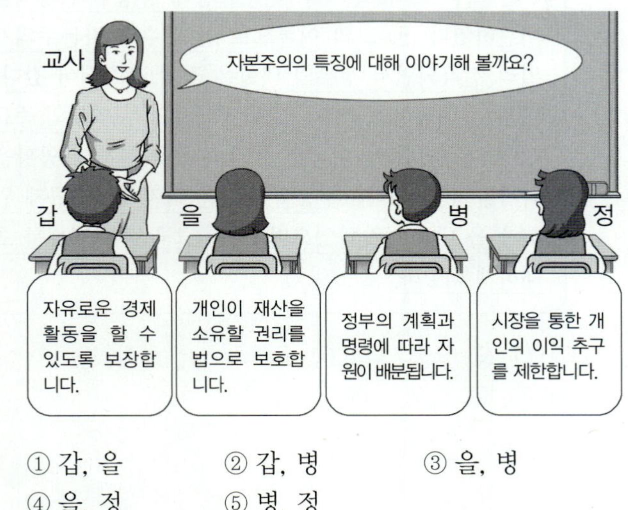

① 갑, 을 ② 갑, 병 ③ 을, 병
④ 을, 정 ⑤ 병, 정

02 그림은 자본주의의 전개 과정을 나타낸 것이다. 자본주의의 유형 (가), (나)에 대한 설명으로 옳은 것은?

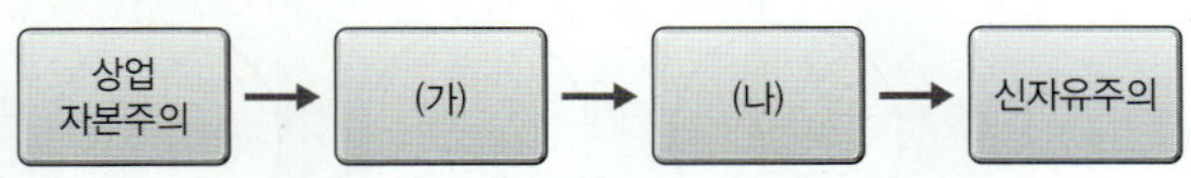

① (가) 시기에는 다양한 복지 정책이 시행되었다.
② 대공황은 (가)가 등장하게 된 배경으로 작용하였다.
③ 스태그플레이션이 발생하면서 (나)가 등장하였다.
④ (나) 시기에는 제한 없는 개인의 이익 추구 행위를 인정하였다.
⑤ (가) 시기보다 (나) 시기에 정부의 역할이 확대되었다.

03 자유방임주의를 설명한 다음 글의 빈칸 ㉠, ㉡에 들어갈 말을 옳게 연결한 것은?

> ㉠ 는 『국부론』에서 '우리가 저녁을 먹을 수 있는 것은 정육점 주인, 양조장 주인, 빵집 주인의 자비심 덕분이 아니라 그들이 자기 이익을 챙기려는 생각 덕분이다. 각 개인은 ㉡ 에 이끌려 자기가 전혀 의도하지 않았던 목표를 달성할 수 있게 된다.'라고 하였다. 이처럼 그는 개인이 사익을 추구하는 과정에서 누가 의도하지 않아도 효율적인 자원 배분이 이루어진다고 주장하였다.

	㉠	㉡
①	케인스	큰 정부
②	케인스	작은 정부
③	하이에크	보이지 않는 손
④	애덤 스미스	큰 정부
⑤	애덤 스미스	보이지 않는 손

04 표는 자본주의의 유형 (가)~(다)를 나타낸 것이다. 이에 대한 옳은 설명만을 〈보기〉에서 고른 것은?

구분	내용
(가)	과잉 생산과 소비 부족에 따른 경기 침체, 대량 실업 등의 문제 해결을 위한 정부의 역할을 강조한 자본주의
(나)	영국에서 일어난 산업 혁명으로 상품의 대량 생산 체제가 갖추어지면서 전개된 자본주의
(다)	신항로 개척, 교역의 확대 등을 배경으로 유럽에서 성장한 자본주의

> **보기**
> ㄱ. (가)는 시장 실패를 보완하기 위해 등장하였다.
> ㄴ. (다)는 절대 왕정의 중상주의 경제 정책을 통해 발전하였다.
> ㄷ. (가)는 작은 정부, (나)는 큰 정부를 추구하였다.
> ㄹ. 자본주의는 (다) → (가) → (나) 순으로 전개되었다.

① ㄱ, ㄴ ② ㄱ, ㄷ ③ ㄴ, ㄷ
④ ㄴ, ㄹ ⑤ ㄷ, ㄹ

05 다음 대화에 대한 설명으로 옳은 것은?

> 갑: 우리나라는 자본주의를 근간으로 합니다. 개별 경제 주체들이 자신의 이익을 추구하는 과정에서 '보이지 않는 손'에 따라 최선의 결과가 도출되고 있습니다. 따라서 정부는 시장이 작동하는 데 필요한 최소한의 기능만 수행하면 됩니다.
> 을: 국가가 국민 경제의 성장 및 안정과 적정한 소득의 분배를 유지하기 위해서는 경제에 관한 일정 수준의 규제와 조정이 필요합니다. 자본주의 체제의 한계를 극복하기 위해서라도 정부는 제 역할을 수행해야 합니다.

① 갑은 복지 확대 정책에 찬성할 것이다.
② 갑은 공기업의 민영화 정책에 반대할 것이다.
③ 을은 사유 재산 제도에 반대할 것이다.
④ 을의 주장은 신자유주의에 부합한다.
⑤ 갑은 을에 비해 시장 가격의 기능을 강조하고 있다.

06 다음 자료에 대한 옳은 설명 및 추론만을 〈보기〉에서 고른 것은?

보기
ㄱ. 갑은 정부의 적극적인 시장 개입을 찬성할 것이다.
ㄴ. 을의 주장은 케인스의 주장에 부합한다.
ㄷ. 을은 시장의 자동 조절 기능을 신뢰할 것이다.
ㄹ. 갑은 을보다 작은 정부를 선호할 것이다.

① ㄱ, ㄴ ② ㄱ, ㄷ ③ ㄴ, ㄷ
④ ㄴ, ㄹ ⑤ ㄷ, ㄹ

07 다음 글에 나타난 상황에 대한 옳은 설명만을 〈보기〉에서 고른 것은?

> 1929년 10월 24일. 불과 한 달 전 381.17로 최고치 신기록을 경신했던 뉴욕 다우존스 지수가 21% 급락하였다. 대공황의 서막인 '검은 목요일'이다. 10월 29일 '검은 화요일'에도 시가 총액이 추가로 23% 폭락하였다. 결국 1932년 7월 8일에 다우존스 지수는 최저치인 41.22까지 내려앉았다. 주가 폭락은 실물 부문으로 급속히 파급되어 재고가 쌓이고 물가가 폭락하였다. 거리에는 일자리를 찾지 못한 실업자가 넘쳐나, 1932년에는 그 수가 1천 300만 명에 달하였다. 국민 총생산은 1929년 수준의 56%로 떨어졌다.

보기
ㄱ. 정부의 시장 개입을 확대하는 계기가 되었다.
ㄴ. 기존의 작은 정부론에 대한 비판을 야기하였다.
ㄷ. 중상주의 경제 정책으로 인해 발생한 현상이다.
ㄹ. 경제 주체 간 무한 경쟁의 중요성을 강조하게 되었다.

① ㄱ, ㄴ ② ㄱ, ㄷ ③ ㄴ, ㄷ
④ ㄴ, ㄹ ⑤ ㄷ, ㄹ

08 밑줄 친 ㉠～㉣ 중 옳은 내용만을 고른 것은?

> ㉠ 애덤 스미스는 『국부론』을 통해 중상주의 정책을 비판하였다. ㉡ 그의 이론으로 인해 수정 자본주의가 널리 전파되면서 정부의 역할은 점점 축소되어 갔다. 이후 ㉢ 대공황을 극복하는 과정에서 정부 역할의 중요성이 대두되었고, 미국은 뉴딜 정책을 통해 대공황을 극복할 수 있었다. ㉣ 뉴딜 정책은 복지 축소, 규제 완화 등을 내용으로 하였으며, 이는 결국 정부 실패를 초래하게 되었다.

① ㉠, ㉡ ② ㉠, ㉢ ③ ㉡, ㉢
④ ㉡, ㉣ ⑤ ㉢, ㉣

09 그림은 자본주의의 전개 과정 중 일부를 나타낸 것이다. 이에 대한 설명으로 옳은 것은?

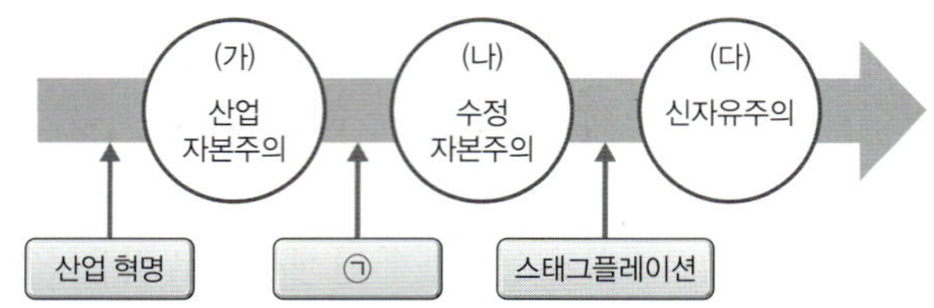

① ㉠에는 세계 대공황이 들어갈 수 있다.
② (가)는 국내 산업 보호를 위한 중상주의를 지향한다.
③ (가)에서 (나)로의 변화는 정부 실패로 인해 나타났다.
④ (가), (다)는 (나)와 달리 사유 재산 제도를 인정한다.
⑤ (나), (다)는 모두 공기업 민영화, 복지 예산 축소를 지향한다.

10 표에 대한 설명으로 옳은 것은? (단, A, B는 각각 수정 자본주의, 신자유주의 중 하나임.)

질문	A	B
대공황을 배경으로 등장하였나?	예	아니요
정부의 적극적 시장 개입을 옹호하는가?	예	㉠
(가)	아니요	예

① A는 작은 정부를 지향한다.
② B는 공기업의 민영화를 지지한다.
③ B는 자원 배분에 있어서 효율성보다 형평성을 추구한다.
④ ㉠에는 '예'가 적절하다.
⑤ (가)에는 '사유 재산 제도를 인정하는가?'가 적절하다.

11 다음은 우리나라 헌법 조항의 일부이다. 이에 대한 옳은 설명만을 〈보기〉에서 고른 것은?

> 헌법 제119조 ① 대한민국의 경제 질서는 개인과 기업의 경제상의 자유와 창의를 존중함을 기본으로 한다.
> ② 국가는 균형 있는 국민 경제의 성장 및 안정과 적정한 소득의 분배를 유지하고, 시장의 지배와 경제력의 남용을 방지하며, 경제 주체 간의 조화를 통한 경제의 민주화를 위하여 경제에 관한 규제와 조정을 할 수 있다.

┌─ 보기 ─┐

ㄱ. 시장의 자율성을 인정하지 않는다.
ㄴ. 계획경제 체제의 요소가 나타나 있다.
ㄷ. 개별 경제 주체의 자유로운 경제활동을 보장한다.
ㄹ. 모든 경제 문제를 정부의 계획과 명령에 따라 해결한다.

① ㄱ, ㄴ　　　② ㄱ, ㄷ　　　③ ㄴ, ㄷ
④ ㄴ, ㄹ　　　⑤ ㄷ, ㄹ

12 교사의 질문에 대한 학생의 답변으로 옳은 것은? (단, A, B는 각각 계획경제 체제, 시장경제 체제 중 하나임.)

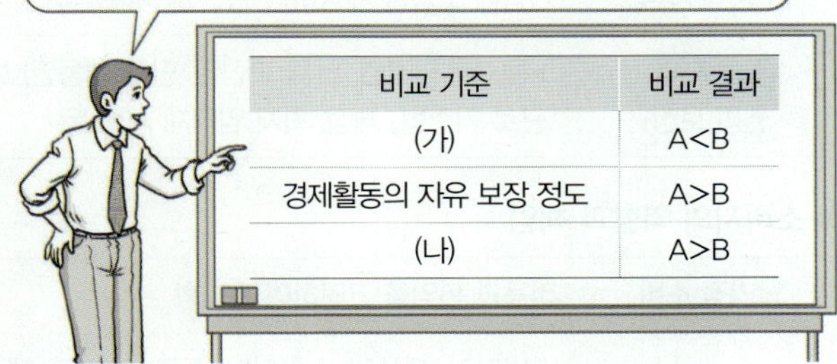

비교 기준	비교 결과
(가)	A<B
경제활동의 자유 보장 정도	A>B
(나)	A>B

① A는 원칙적으로 사유 재산권을 인정하지 않습니다.
② B는 생산 수단의 국유화를 부정적으로 인식합니다.
③ B는 A와 달리 작은 정부를 최선의 정부라고 봅니다.
④ (가)에는 '급격한 경기 변동 가능성'이 들어갈 수 있습니다.
⑤ (나)에는 '시장 가격에 대한 신뢰 정도'가 들어갈 수 있습니다.

13 그림은 경제 체제 A, B의 특징을 비교한 것이다. 이에 대한 설명으로 옳은 것은? (단, A, B는 각각 계획경제 체제, 시장경제 체제 중 하나임.)

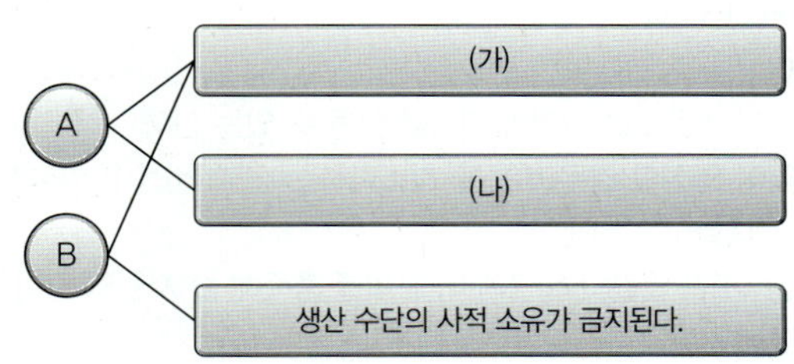

① A는 B에 비해 경제활동의 창의성과 활력이 낮다.
② B는 A에 비해 경제적 유인을 강조한다.
③ (가)에는 '기본적인 경제 문제가 나타난다.'가 들어갈 수 없다.
④ (가)에는 '분배 활동에서 형평성을 최우선으로 고려한다.'가 들어갈 수 있다.
⑤ (나)에는 '보이지 않는 손에 의한 경제 문제 해결을 강조한다.'가 들어갈 수 있다.

14 표는 경제 체제 A, B의 공통점과 차이점을 나타낸 것이다. 이에 대한 설명으로 옳은 것은? (단, A, B는 각각 계획경제 체제, 시장경제 체제 중 하나임.)

구분	A	B
공통점	(가)	
차이점	생산 수단의 사유화를 금지한다.	(나)

① A는 시장 가격에 의한 자원 배분을 추구한다.
② B는 작은 정부보다 큰 정부를 지향한다.
③ 경제적 유인이 경제활동의 동기에 미치는 영향은 B보다 A에서 크다.
④ (가)에는 '자원의 희소성으로 인한 경제 문제가 발생한다.'가 들어갈 수 있다.
⑤ (나)에는 '생산 활동에서 형평성을 추구한다.'가 들어갈 수 있다.

02 합리적 선택과 경제 주체의 역할

주제 1 합리적 선택과 시장 실패 ★★★

1 합리적 선택
(1) **의미**
① 최소의 비용으로 최대의 편익을 얻을 수 있는 선택
② 편익이 일정할 경우 비용을 최소화하는 선택, 비용이 일정할 경우 편익을 최대화하는 선택
(2) **발생 이유**: 인간의 욕구에 비해 이를 충족해 줄 자원의 양이 상대적으로 부족함 → [   ][1]
(3) **고려 요인**
① [   ][2] (=명시적 비용+암묵적 비용)

의미	어떤 선택을 함으로써 포기하게 되는 대안 중 가장 가치가 큰 것
구성	• [ ][3]: 어떤 대안을 선택함으로써 실제로 지출된 비용으로, 회계적 비용이라고도 함 • [ ][4]: 직접 지불한 비용은 아니지만 다른 대안을 선택함에 따라 얻을 수 있었던 경제적 이익

② [   ][5]: 이미 지출되어 회수가 불가능한 비용 → 어떤 선택을 하더라도 회수할 수 없으므로 합리적 선택을 위해서는 고려하면 안 됨

2 시장 실패

[ ][6]	• 독점: 시장에 상품을 공급하는 기업이 하나인 경우 • 과점: 시장에 상품을 공급하는 기업이 담합을 할 수 있을 정도로 소수인 경우 • 문제점: 공급자가 재화나 서비스의 가격과 생산량을 임의로 결정하므로 소비자는 비싼 가격으로 구매 → 자원의 비효율적 배분 발생
공공재 공급 부족	• [ ][7]: 국방, 치안 등 비경합성과 비배제성을 동시에 가지는 재화나 서비스 • 문제점: 비용을 지불하지 않아도 소비가 가능하므로 수익성이 낮아 시장에서 충분히 공급되지 못함
[ ][8] 발생	• 의미: 어떤 경제 주체의 경제활동이 다른 경제 주체에게 의도하지 않은 이익이나 피해를 주고도 아무런 경제적 대가를 받거나 치르지 않는 것 • 문제점: 자원의 비효율적 배분 발생

📖 **자료로 살펴보기**

● **공공재의 생산과 무임승차 문제**

> 일반적으로 사적 재화는 돈을 지불해야만 사용할 수 있다. 그에 비해 밤거리의 가로등은 비용 지불 여부와 관계없이 누구나 이용할 수 있다. 가로등을 설치하는 데 돈을 낸 사람만 이용하게 할 수도 없고, 이용하는 사람이 늘어난다고 해서 그 혜택이나 효용이 줄어들지 않는다.

사용한 만큼 비용을 부담하기 어렵고 사용을 제한하기도 어려운 재화나 서비스의 경우 사람들은 돈을 지불하지 않고 이용하려고 한다. 이를 무임승차라고 하며, 가로등과 같은 공공재는 무임승차 문제가 나타나므로 시장에서 충분히 공급되지 못한다.

주제 2 지속가능발전을 위한 경제 주체의 역할과 책임 ★★

1 정부의 역할과 책임

불공정한 거래 행위 규제	공정한 경쟁을 위한 법과 제도 마련, 독과점의 횡포와 불공정한 거래 규제 ⑩ 공정 거래 위원회, 한국 소비자원 등
외부 효과 개선	경제적 유인이나 규제를 통해 사회적 최적 수준의 생산과 소비 유도 ⑩ 세금 감면이나 보조금 지급, 과징금 및 세금 부과 등
공공재 생산	시장에서 사회적 최적 생산량만큼 생산되지 않으므로 정부가 직접 생산 및 공급 ⑩ 국방, 치안 등
소득 불균형 완화	소득 재분배 정책 시행, 누진세 등

2 기업의 역할과 책임

재화와 서비스 생산	소비자들의 수요 충족, 일자리 창출, 국민 소득 증대 등 경제 활성화에 기여함
[ ][9]	이윤 추구 과정에서 미래의 불확실성을 두려워하지 않고 새로운 도전을 추구하는 기업가의 의지
사회적 책임	기업 윤리 준수, 소비자와 노동자의 권리 존중, 환경 보호 등을 위해 노력함

📖 **자료로 살펴보기**

● **기업가 정신**

> 피터 드러커에 따르면 기업가는 '변화를 탐구하고 변화에 대응하며 변화를 기회로 이용하는 자'이며, 기업가 정신이란 일종의 과학도 기예도 아닌 오직 '실천'일 뿐이라고 강조한다. 기업가 정신을 바탕으로 끊임없는 혁신을 추구할 수 있을 때 비로소 한 사회가 다음 사회로 진보해 나갈 수 있다. — 피터 드러커, 『기업가 정신』

기업가는 끊임없이 혁신과 변화를 추구해야 개별 기업이 성장할 수 있으며, 이를 통해 시장경제가 역동적으로 움직이고, 전체 사회 구성원의 생활 수준도 향상될 수 있다.

3 노동자의 역할과 책임

노동력 제공	기업에 노동을 제공하여 생산 활동에 참여
노동자의 권리 보장	노동 3권(단결권, 단체 교섭권, 단체 행동권) 보장, 「근로 기준법」 제정, 최저 임금제 시행 등

4 소비자의 역할과 책임

합리적 소비	비용과 편익을 고려하여 소비함
소비자 주권	소비자가 제품의 수량이나 종류, 그리고 제품의 가격 등을 결정할 수 있는 최종적 권한을 가지고 있는 것
[ ][10]	친환경이나 공정 무역 등 더 나은 사회로의 변화를 추구하기 위해 윤리적 차원에서 접근한 소비

정답 1 자원의 희소성 2 기회비용 3 명시적 비용 4 암묵적 비용 5 매몰 비용 6 독과점 7 공공재 8 외부 효과 9 기업가 정신 10 윤리적 소비

시험 대비하기

01 밑줄 친 '합리적 선택'을 위한 방안으로 옳은 내용만을 〈보기〉에서 고른 것은?

> 사람의 욕구는 무한한데 이를 충족해 줄 자원은 상대적으로 부족하다. 특히, 시장경제에서는 경제 주체들의 선택에 따라 한정된 자원을 어디에 어떻게 활용할지가 결정되므로 합리적 선택이 매우 중요하다.

ㅡ 보기 ㅡ
ㄱ. 편익이 일정하다면 비용을 최소화할 수 있는 것을 선택한다.
ㄴ. 비용이 일정하다면 편익을 최대로 얻을 수 있는 것을 선택한다.
ㄷ. 선택에 따른 만족이 포기한 것의 가치보다 작은 것을 선택한다.
ㄹ. 어떤 선택으로 인해 포기하는 것의 가치를 고려해서는 안 된다.

① ㄱ, ㄴ　　　② ㄱ, ㄷ　　　③ ㄴ, ㄷ
④ ㄴ, ㄹ　　　⑤ ㄷ, ㄹ

ㅣ 교육청 기출 ㅣ

02 다음 자료에 대한 옳은 분석만을 〈보기〉에서 고른 것은? (단, 제시된 내용 외에 다른 요인은 고려하지 않음.)

> 갑은 환경을 보호하기 위한 실천 방법으로 전기 자전거를 구매하여 이동 수단으로 사용하고자 한다. 갑은 전기 자전거 A~C 중 하나를 선택하여 구매하려고 하며, 표는 화폐 단위로 표시한 A~C 각각의 편익과 가격을 나타낸다.

(단위: 만 원)

구분	A	B	C
편익	80	100	120
가격	60	70	110

ㅡ 보기 ㅡ
ㄱ. B를 선택하는 것이 합리적이다.
ㄴ. B를 선택할 경우의 명시적 비용은 100만 원이다.
ㄷ. C를 선택할 경우의 암묵적 비용은 30만 원이다.
ㄹ. A를 선택할 경우의 기회비용은 C를 선택할 경우보다 크다.

① ㄱ, ㄴ　　　② ㄱ, ㄷ　　　③ ㄴ, ㄷ
④ ㄴ, ㄹ　　　⑤ ㄷ, ㄹ

03 갑의 영화 관람 선택에 대한 옳은 분석만을 〈보기〉에서 고른 것은?

> 갑은 오랜만에 친구와 영화를 관람하였다. 이를 위해 티켓 구입비 13,000원과 왕복 교통비 3,000원을 지불하였다. 갑은 영화를 보기 위해 시간당 11,000원을 벌 수 있는 3시간짜리 아르바이트를 포기하였다. 그러나 영화를 본 후 갑은 아르바이트를 포기하고 영화를 본 자신의 선택에 대해 만족하였다.

ㅡ 보기 ㅡ
ㄱ. 합리적 선택이다.
ㄴ. 기회비용은 49,000원이다.
ㄷ. 편익은 최대 33,000원이다.
ㄹ. 명시적 비용이 편익보다 크다.

① ㄱ, ㄴ　　　② ㄱ, ㄷ　　　③ ㄴ, ㄷ
④ ㄴ, ㄹ　　　⑤ ㄷ, ㄹ

04 갑의 상황에 대한 옳은 분석만을 〈보기〉에서 고른 것은?

> 갑은 대기업에 근무하고 있으며, 현재 연봉 9,000만 원을 받고 있다. 그런데 최근 직장을 그만두고 자신의 특기를 살려 프리랜서로 번역을 시작할지 고민하고 있다. 갑이 직장을 그만두고 프리랜서로 번역을 시작하게 되면 매월 900만 원의 수입이 예상되는 한편, 매월 50만 원의 자료 구입비가 발생한다.

ㅡ 보기 ㅡ
ㄱ. 갑은 직장을 계속 다니는 것이 합리적이다.
ㄴ. 갑이 현재 받고 있는 연봉 9,000만 원은 매몰 비용에 해당한다.
ㄷ. 갑이 직장을 그만두고 번역을 하게 될 경우 암묵적 비용은 연 9,000만 원이다.
ㄹ. 갑이 직장을 그만두고 번역을 하게 될 경우 명시적 비용은 연 600만 원이다.

① ㄱ, ㄴ　　　② ㄱ, ㄷ　　　③ ㄴ, ㄷ
④ ㄴ, ㄹ　　　⑤ ㄷ, ㄹ

05 다음 자료에 대한 옳은 설명만을 〈보기〉에서 고른 것은?

> • X재를 공급하는 기업은 하나이며, X재는 사적 재화이다.
> • Y재는 국가가 공급하고 있는 재화로, 대표적인 예로 국방 및 치안 등이 있다.

┤ 보기 ├

> ㄱ. X재는 배제성과 비경합성을 동시에 가진다.
> ㄴ. Y재의 사례로 유료 기상 정보 서비스를 들 수 있다.
> ㄷ. Y재는 X재와 달리 무임승차 문제가 발생할 수 있다.
> ㄹ. X재와 Y재는 모두 자원의 비효율적 배분을 초래할 수 있다.

① ㄱ, ㄴ ② ㄱ, ㄷ ③ ㄴ, ㄷ
④ ㄴ, ㄹ ⑤ ㄷ, ㄹ

06 (가), (나)에 대한 옳은 설명만을 〈보기〉에서 고른 것은?

> (가) ○○ 지역에서는 유명 드라마가 촬영되면서 관광객들이 몰려들어 지역 경제가 활력을 찾고 있다.
> (나) □□ 순환 도로를 고속으로 달리는 자동차로 인해 도로 주변에 거주하는 주민들이 소음 공해에 시달리고 있다.

┤ 보기 ├

> ㄱ. (나)에서 이루어지는 경제활동은 사회적 최적 수준보다 더 많이 생산된다.
> ㄴ. (가)에서는 긍정적 외부 효과, (나)에서는 부정적 외부 효과가 나타난다.
> ㄷ. (가)에서는 (나)와 달리 시장 자율에 맡겨야 효율적 자원 배분이 이루어진다.
> ㄹ. (나)에서는 (가)와 달리 다른 사람에게 의도하지 않은 이익이나 피해가 발생한다.

① ㄱ, ㄴ ② ㄱ, ㄷ ③ ㄴ, ㄷ
④ ㄴ, ㄹ ⑤ ㄷ, ㄹ

07 (가)~(다)에 나타난 외부 효과에 대한 옳은 설명만을 〈보기〉에서 고른 것은?

> (가) ○○시 주택가 인근에 위치한 공장에서 제품 생산에 따른 오염 물질이 배출되어 해당 지역 주민들에게 피해를 주고 있다.
> (나) □□ 지역의 한 아파트에서는 일부 주민들의 실내 흡연으로 인해 발생한 담배 연기가 환풍구를 타고 퍼져 다른 주민들에게 피해를 주고 있다.
> (다) △△시 주민들은 독감 예방을 위해 자발적으로 비용을 들여 백신 접종을 받았고, 이로 인해 △△시의 독감 발병률은 역대 최저를 기록하였다.

┤ 보기 ├

> ㄱ. (가)는 부정적 외부 효과에 해당한다.
> ㄴ. (나)에서 시장 거래량은 사회적 최적 거래량보다 많다.
> ㄷ. (가), (나)는 (다)와 달리 자원의 비효율적 배분을 초래한다.
> ㄹ. (가), (다)는 (나)와 달리 경제적 유인의 제공을 통해 외부 효과를 개선할 수 있다.

① ㄱ, ㄴ ② ㄱ, ㄷ ③ ㄴ, ㄷ
④ ㄴ, ㄹ ⑤ ㄷ, ㄹ

08 밑줄 친 ㉠에 나타난 현상에 대한 설명으로 옳은 것은?

> 외진 지역에 위치한 ○○ 마을 주민들은 밤이면 어두운 골목길로 인해 불편함을 겪고 있다. 가로등을 설치하면 골목길이 환해져 안전하게 밤길을 다닐 수 있지만, 자신의 돈을 들여 가로등을 설치하려는 주민은 아무도 없다. 가로등이 설치되면 대가를 지불하지 않은 주민도 혜택을 얻을 수 있기 때문이다. 그래서 마을 주민들은 ㉠ 불편함을 겪으면서도 누군가가 먼저 가로등을 설치하기만을 기다리고 있다.

① 부정적 외부 효과의 사례에 해당한다.
② 독과점으로 인해 경쟁이 제한되고 있다.
③ 시장을 통해 자원이 효율적으로 배분되고 있다.
④ 정부의 시장 개입 필요성을 주장하는 근거가 된다.
⑤ 재화가 사회적 최적 수준보다 많이 생산되고 있다.

09 A, B에 해당하는 경제 개념에 대한 설명으로 옳은 것은?

> • ⬚ A ⬚ 의 대표적인 사례로는 국방 및 치안 서비스가 있다. 이것은 대가를 지불하지 않아도 누구든지 사용할 수 있으며, 한 사람이 사용하여도 다른 사람이 얼마든지 사용할 수 있다.
> • 어떤 경제 주체들의 경제활동이 다른 경제 주체에게 의도하지 않은 이익이나 피해를 주는데도 이에 대해 아무런 경제적 대가를 받거나 치르지 않는 경우를 ⬚ B ⬚ (이)라고 한다.

① A는 무임승차자 문제가 발생하지 않는다.
② A는 시장에만 맡길 경우 일반적으로 과잉 생산된다.
③ B는 보조금 지급이나 조세 제도로 해결될 수 있다.
④ B는 시장에서 자원이 효율적으로 배분됨을 보여 준다.
⑤ B는 정부 개입을 축소해야 한다는 주장의 근거가 된다.

10 다음 자료에 대한 설명으로 옳은 것은? (단, A~C는 각각 기업, 소비자, 정부 중 하나임.)

① A는 가계 소득의 원천을 제공한다.
② B는 효용의 극대화를 추구한다.
③ C는 공공재를 생산한다.
④ B의 행동은 A 자원 배분을 결정하는 데 영향을 준다.
⑤ C는 B와 달리 재화와 서비스의 공급자이다.

11 경제 주체 A~C에 대한 옳은 설명만을 〈보기〉에서 고른 것은? (단, A~C는 각각 가계, 기업, 정부 중 하나임.)

> A는 생산 요소 시장에서 자본, 노동, 토지와 같은 생산 요소를 구입한 후 이를 활용하여 재화와 서비스를 생산하는 주체이다. A는 이를 생산물 시장을 통해 B에 판매한 후 그 대가를 받으며, 이를 통해 이윤을 추구한다. A와 B는 모두 C에 세금을 납부한다는 점에서 공통점을 가지며, C는 징수한 세금을 활용하여 A와 B가 안정적으로 경제활동을 할 수 있는 여건을 마련한다.

── 보기 ──

> ㄱ. A는 불공정 거래 행위를 규제하는 주체이다.
> ㄴ. B는 소비 과정에서 생산물의 종류와 수량을 결정하는 권한을 행사한다.
> ㄷ. C는 이윤 추구 과정에서 사회적 책임을 고려해야 한다.
> ㄹ. C는 A와 달리 공공재를 생산하여 공급하는 역할을 한다.

① ㄱ, ㄴ ② ㄱ, ㄷ ③ ㄴ, ㄷ
④ ㄴ, ㄹ ⑤ ㄷ, ㄹ

12 밑줄 친 ㉠에 대해 옳게 이해한 학생만을 〈보기〉에서 있는 대로 고른 것은?

> A국의 어느 농촌 지역에서는 ㉠ 이색적인 방법으로 쌀농사를 짓는 농부가 있어 화제이다. 그는 논에 농약을 치는 방법으로 드론을 이용하고 있다. 드론에 농약통을 달고 이를 하늘로 날려서 농약을 뿌리는 것인데, 기존 방식과는 다르게 전체 논에 농약을 골고루 뿌릴 수 있고 비용도 기존 방식과 비교하여 획기적으로 절감시킬 수 있다. 이러한 농사 기법은 지금껏 찾아볼 수 없었던 방식으로 다른 농가에도 영향을 줄 것으로 보인다.

── 보기 ──

> 갑: 혁신에 해당한다.
> 을: 기업의 사회적 책임과 관련 있다.
> 병: 새로운 시장을 개척하는 것과 유사하다.
> 정: 모험심과 창의적인 정신을 바탕으로 한다.

① 갑, 을 ② 갑, 정 ③ 을, 병
④ 갑, 병, 정 ⑤ 을, 병, 정

03 자산 관리와 금융 생활

주제 1 자산 관리와 금융 생활 설계 ★★★

1 자산 관리

(1) **의미**: 저축이나 투자 등을 통하여 자산을 취득, 보유, 처분하는 과정
(2) **기본 원칙**

[1]	보유한 금융 자산의 가격 상승이나 이자 수익을 기대할 수 있는 정도 → 수익성이 높을수록 안전성이 낮음
[2]	보유하고 있는 자산을 현금으로 쉽게 전환할 수 있는 정도 → 유동성이 낮으면 현금으로의 전환이 어려움
안전성	투자한 금융 자산의 가치가 보호될 수 있는 정도 → 안전성이 높을수록 수익성이 낮음

2 금융 자산

(1) **의미**: 실물 자산과 대비되는 현금이나 예금, 채권, 주식 등
(2) **종류**

예금	• 금융 기관에 돈을 맡기고 약속된 이자를 받는 금융 상품 • 안전성은 높으나 수익성이 낮음 • 요구불 예금, 저축성 예금(정기 예금, 정기 적금)
[3]	• 정부, 공공 기관, 기업 등이 돈을 빌리면서 발행하는 증서 • 정해진 기간 후 이자와 원금을 돌려받을 수 있음 • 채권 매매에 따른 시세 차익 및 이자 수익 기대 가능 • 예금보다 수익성은 높지만 안전성이 낮고, 주식보다 안전성이 높음
[4]	• 주식회사가 경영 자금을 마련하기 위해 투자자로부터 돈을 받고 발행하는 증서 • 주식 매매에 따른 시세 차익 및 배당 수익 기대 가능 • 수익성은 높으나 안전성이 낮음

📖 자료로 살펴보기

● **수익성과 안전성의 상충 관계**

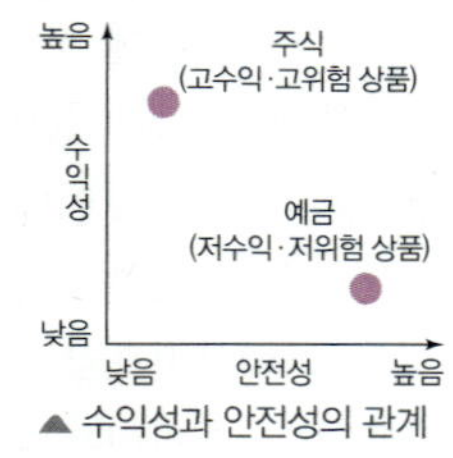

일반적으로 수익성과 안전성은 상충 관계이다. 주식과 같이 수익성이 높은 상품은 안전성이 낮고, 예금과 같이 안전성이 높은 상품은 수익성이 낮다.

3 금융 생활 설계

(1) **생애 주기별 수입과 지출의 변화**

청년기	사회생활을 시작함에 따라 수입이 점차 증가하는 시기
[5]	수입이 많아지는 시기로, 저축이 가능함
노년기	수입보다 지출이 큰 시기로, 노년기 이전에 대비가 필요함

(2) [6]

① **의미**: 생애 주기의 각 시기에 수행할 과업을 토대로 재무 목표를 세우고, 목표를 달성하기 위해 수입과 지출을 고려하여 구체적인 자금 준비 계획을 수립한 뒤 실천하는 것
② **필요성**: 현재와 미래의 수입과 지출의 변화를 고려하여 불확실한 미래에 대비
③ **과정**

1단계	2단계	3단계	4단계	5단계
재무 목표 설정	→ 재무 상태 파악	→ 목표 달성을 위한 계획 수립	→ 계획 실행	→ 실행 결과 평가

주제 2 거시 환경의 변화와 금융 의사 결정 ★★

1 경제적 환경의 변화와 금융 의사 결정

금리	• 금리 상승 시: 이자 상환 부담 [7] → 소비와 대출 감소, 예금이나 채권 등 안전 자산 선호 • 금리 하락 시: 이자 소득 감소 → 예금 감소, 주식 등 수익성 높은 자산에 투자, 대출을 받아 다른 금융 자산에 투자하는 경우도 증가
물가	• 물가 상승 시: 화폐 가치 [8] → 실물 자산에 대한 투자 증가 • 물가 하락 시: 화폐 가치 [9] → 현금 보유 비중 증가, 예금 등 유동성이 높은 자산 선호
환율	• 환율 상승 시: 외국 주식에 투자하거나 외국 화폐를 보유한 사람의 원화 환산 수익 증가, 내국인의 해외여행 감소, 수입품 구매 감소 • 환율 하락 시: 외국 주식에 투자하거나 외국 화폐를 보유한 사람의 원화 환산 수익 감소, 내국인의 해외여행 증가, 수입품 구매 증가

2 정치적·사회적 환경의 변화와 금융 의사 결정

정부 정책	정치적 판단에 따라 특정 산업 육성 → 관련 기업의 주가 상승
세계 금융 위기	은행과 기업 파산, 금융 자산의 가격 하락 → 소비와 투자 [10]
전쟁	국제 원자재 가격이나 국제 유가 급등 → 물가 상승 → 소비와 저축에 영향, 실물 자산 선호

📖 자료로 살펴보기

● **환율 상승의 영향**

> 원/달러 환율이 장중 1,400원을 돌파하면서 우리 경제에 상당한 파장이 예상된다. 중동발 위기감이 고조되고, 미국의 견고한 경제 상황으로 금리 인하 시점이 늦어지면서 안전 자산인 달러 수요가 강해지고 있는 것이다.

환율이 상승하면 원화로 환전할 수 있는 외국 화폐 금액이 줄어든다. 이에 따라 우리나라 사람들은 해외여행을 자제하고, 수입품에 대한 수요가 감소하며, 외국에서 유학 중인 우리나라 학생의 경제적 부담이 증가한다.

정답 1 수익성 2 유동성 3 채권 4 주식 5 중·장년기 6 재무 설계 7 증가 8 하락 9 상승 10 감소

시험 대비하기

01 표는 자산 관리의 기본 원칙 A~C를 나타낸 것이다. 이에 대한 옳은 설명만을 〈보기〉에서 고른 것은?

구분	내용
A	금융 상품의 가격 상승이나 이자 수익을 기대할 수 있는 정도
B	금융 상품의 원금과 이자가 보전될 수 있는 정도
C	보유하고 있는 금융 상품을 필요할 때 쉽게 현금화할 수 있는 정도

| 보기 |

ㄱ. 채권은 주식과 달리 A를 기대할 수 없다.
ㄴ. 예금 규모에 따라 B의 정도는 다를 수 있다.
ㄷ. 정기 예금은 요구불 예금에 비해 C가 높은 편이다.
ㄹ. 일반적으로 A가 높을 경우 B가 낮게 나타난다.

① ㄱ, ㄴ　　② ㄱ, ㄷ　　③ ㄴ, ㄷ
④ ㄴ, ㄹ　　⑤ ㄷ, ㄹ

02 그림은 금융 상품 A, B의 특징을 나타낸 것이다. 이에 대한 옳은 설명만을 〈보기〉에서 고른 것은? (단, A, B는 각각 주식, 예금 중 하나임.)

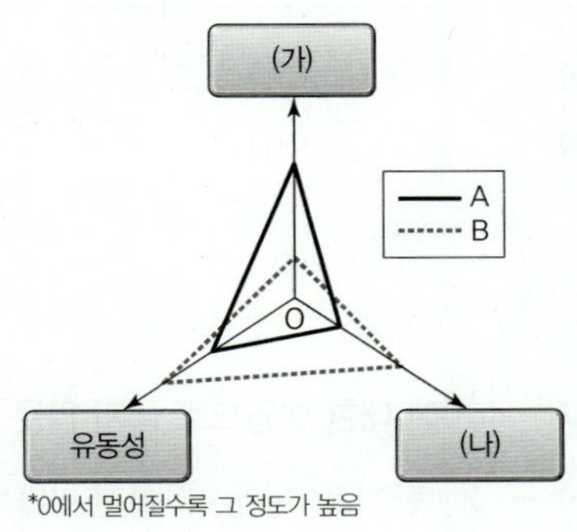

| 보기 |

ㄱ. (가)에는 '수익성', (나)에는 '안전성'이 들어갈 수 있다.
ㄴ. A는 채권과 마찬가지로 만기가 존재한다.
ㄷ. B는 채권과 마찬가지로 이자 수익이 발생한다.
ㄹ. B는 A와 달리 배당 수익을 기대할 수 있다.

① ㄱ, ㄴ　　② ㄱ, ㄷ　　③ ㄴ, ㄷ
④ ㄴ, ㄹ　　⑤ ㄷ, ㄹ

03 다음 대화에 대한 옳은 설명만을 〈보기〉에서 고른 것은?

> 갑: A 은행에서 연 3.5% ㉠ 정기 예금 상품을 출시하였어.
> 을: 나는 적어도 10%의 수익은 올리고 싶어. 최근 호황인 반도체 관련 ㉡ 주식을 매입해야겠어.

| 보기 |

ㄱ. ㉠은 수시로 입출금이 가능한 금융 상품이다.
ㄴ. ㉡은 관련 시장이 침체될 경우 손실을 볼 수 있다.
ㄷ. ㉠은 ㉡과 달리 시세 차익을 기대할 수 있다.
ㄹ. ㉡은 ㉠에 비해 높은 수익을 기대할 수 있다.

① ㄱ, ㄴ　　② ㄱ, ㄷ　　③ ㄴ, ㄷ
④ ㄴ, ㄹ　　⑤ ㄷ, ㄹ

04 표는 주식과 채권의 공통점과 차이점을 나타낸 것이다. (가)~(다)에 들어갈 내용으로 옳은 것은?

구분	주식	채권
공통점	(가)	
차이점	(나)	(다)

① (가) – 배당 수익을 기대할 수 있음
② (가) – 시세 차익에 따른 수익을 기대할 수 있음
③ (나) – 원금 손실이 발생할 수 있음
④ (나) – 은행 예금에 비해 안전성이 낮음
⑤ (다) – 수익성이 가장 높음

05 표는 금융 상품 A~C의 일반적인 특징을 비교한 것이다. 이에 대한 옳은 설명만을 〈보기〉에서 고른 것은? (단, A~C는 각각 정기 예금, 주식, 채권 중 하나임.)

구분	비교 결과
안전성	A > C, A > B
수익성	C > A, C > B

| 보기 |

ㄱ. A는 B와 달리 만기가 존재한다.
ㄴ. A는 C와 달리 예금자 보호 제도의 적용을 받는다.
ㄷ. B는 A와 달리 이자 수익을 기대할 수 있다.
ㄹ. B와 C는 모두 시세 차익 형태의 수익을 기대할 수 있다.

① ㄱ, ㄴ　　② ㄱ, ㄷ　　③ ㄴ, ㄷ
④ ㄴ, ㄹ　　⑤ ㄷ, ㄹ

 그림은 질문을 통해 금융 자산의 유형을 구분한 것이다. 이에 대한 옳은 설명만을 〈보기〉에서 고른 것은?

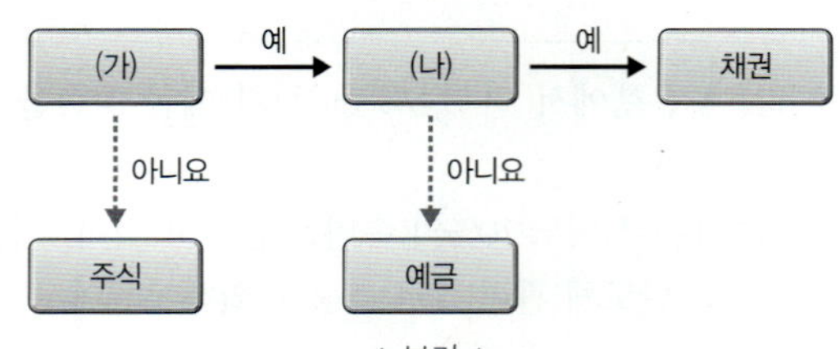

보기

ㄱ. (가)에는 '증권 상품에 해당하는가?'가 들어갈 수 있다.
ㄴ. (가)에는 '이자 수익을 기대할 수 있는가?'가 들어갈 수 있다.
ㄷ. (나)에는 '시세 차익을 기대할 수 있는가?'가 들어갈 수 있다.
ㄹ. (나)에는 '배당 수익을 기대할 수 있는가?'가 들어갈 수 있다.

① ㄱ, ㄴ   ② ㄱ, ㄷ   ③ ㄴ, ㄷ
④ ㄴ, ㄹ   ⑤ ㄷ, ㄹ

07 그림은 A 회사의 주식 가격 추이를 나타낸 것이다. 이를 통해 파악할 수 있는 주식의 특징으로 가장 적절한 것은?

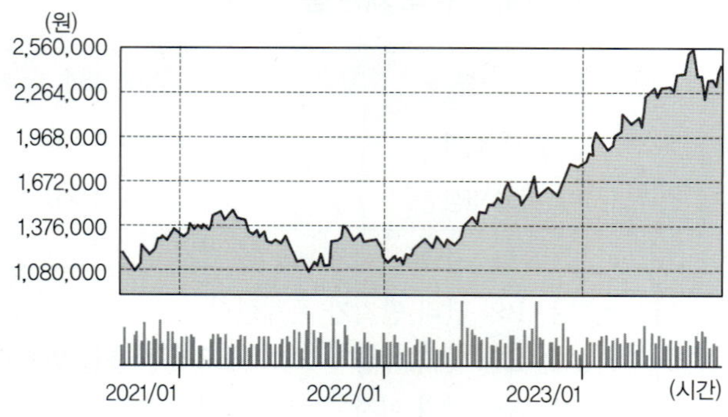

① 안전성은 높으나 수익성이 낮다.
② 다른 금융 자산에 비해 유동성이 높다.
③ 정해진 기간 이후 일정 수준의 이자가 보장된다.
④ 주식 가격에 따라 높은 수익성을 기대할 수 있다.
⑤ 어떠한 경우에도 원금의 손실이 발생하지 않는다.

08 그림은 생애 주기에 따른 소득과 지출을 나타낸 것이다. 이에 대한 설명으로 옳은 것은?

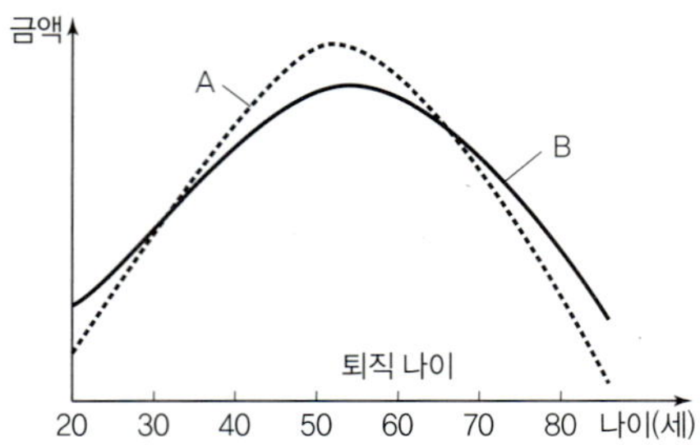

① A는 지출 곡선, B는 소득 곡선을 나타낸다.
② 퇴직 이후에는 소득보다 소비가 더 크게 나타난다.
③ 개인은 생산 활동을 통해 평생에 걸쳐 소득을 얻는다.
④ 개인이 취업 후 퇴직하기 전까지 얻는 소득은 일정하다.
⑤ 개인의 소비 생활은 일정 시기에 한정적으로 이루어진다.

[09~10] 다음은 재무 설계의 단계를 나타낸 것이다. 이를 보고 물음에 답하시오.

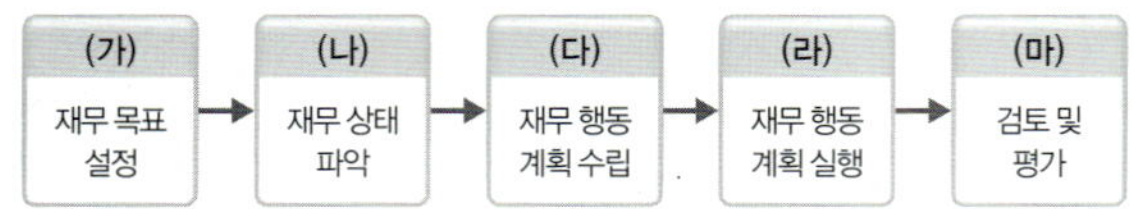

09 위의 (가)~(마) 중 다음과 같은 활동이 이루어지는 단계로 옳은 것은?

• 자신의 현재 소득과 지출 규모를 분석한다.
• 저축 및 대출 금액 등을 파악하여 이용 가능한 자산을 확인한다.

① (가)   ② (나)   ③ (다)
④ (라)   ⑤ (마)

10 위의 (가)~(마)에 대한 설명으로 옳지 <u>않은</u> 것은?

① (가) - 장·단기로 나누어 실현 가능한 목표를 설정한다.
② (나) - 정기적인 소득만 파악하며, 일시적인 소득은 고려하지 않는다.
③ (다) - 목표 달성을 위해 필요한 자금 마련에 관한 구체적인 계획을 수립한다.
④ (라) - 실행 과정에서 설정한 목표에 따라 효과적으로 진행되는지 점검한다.
⑤ (마) - 변화가 필요할 경우 재무 목표나 행동 계획을 재설정하여 다시 실행한다.

11 (가), (나)에 들어갈 내용으로 옳은 것은?

- 미국인 투자자 갑은 원/달러 환율이 계속 (가) 할 것으로 예상하여 그동안 보유한 원화 예금을 해지하고 달러화로 환전하였다.
- 미국 유학을 준비 중인 한국 학생 을은 원/달러 환율이 계속 (나) 할 것으로 예상하여 미국에서 사용할 달러화를 미리 환전하였다.

	(가)	(나)
①	불변	상승
②	상승	상승
③	상승	하락
④	하락	불변
⑤	하락	상승

12 다음의 상황에 대해 옳게 설명한 학생만을 〈보기〉에서 고른 것은?

┌─ 보기 ─┐

갑: 은행 예·적금 가입자가 급증하겠군요.
을: 통화량이 증가하여 화폐 가치가 하락하겠군요.
병: 시중 은행은 예금 금리에 비해 대출 금리를 더 많이 인하하려 하겠군요.
정: 고정 금리가 적용되는 채권의 거래 가격을 상승시키는 요인이 나타나 있군요.

① 갑, 을   ② 갑, 병   ③ 을, 병
④ 을, 정   ⑤ 병, 정

13 교사의 질문에 대해 옳게 답한 학생만을 〈보기〉에서 고른 것은?

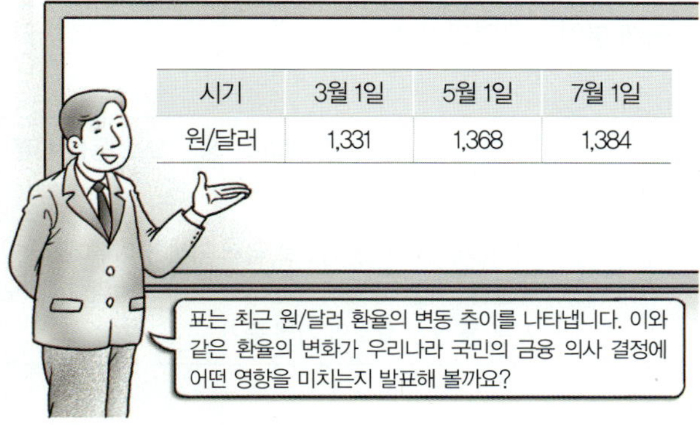

┌─ 보기 ─┐

갑: 미국 여행을 가려는 사람이 증가할 것입니다.
을: 미국산 수입품을 구매하려는 사람이 감소할 것입니다.
병: 미국 유학 중인 자녀를 둔 부모는 경제적 부담이 증가할 것입니다.
정: 미국 주식에 투자한 사람은 하루라도 빨리 주식을 팔려고 할 것입니다.

① 갑, 을   ② 갑, 병   ③ 을, 병
④ 을, 정   ⑤ 병, 정

14 밑줄 친 '두 학생'으로 옳은 것은?

① 갑, 을   ② 갑, 병   ③ 을, 병
④ 을, 정   ⑤ 병, 정

04 국제 분업과 무역

주제 1 국제 분업과 무역의 필요성 ★★★

1 국제 분업과 무역의 의미

(1) [　　　][1]

의미	각 나라가 생산한 상품, 서비스, 생산 요소 등을 다른 나라와 거래하는 것
특징	• 과거: 재화와 자원 위주로 국제 거래가 이루어짐 • 오늘날: 기술 및 서비스 분야로 거래의 범위 확대, 노동과 자본 등 생산 요소의 거래 증가

(2) [　　　][2]

의미	각 나라가 무역에 유리한 것을 [　　　][3]하여 생산하는 것
특징	무역이 확대되면서 국제 분업이 발달하고, 이는 다시 무역의 활성화를 가져옴

2 국제 분업과 무역이 필요한 이유

(1) **생산 요소의 지역별 분포 차이**: 나라마다 보유한 생산 요소의 종류와 양이 다름
(2) **나라별 생산비의 차이**
① 보유한 생산 요소의 차이로 같은 종류의 상품을 생산하더라도 나라마다 [　　　][4]의 차이 발생
② 국내에서 생산 가능한 상품이라도 외국에서 더 저렴하게 생산 가능한 경우가 있음
(3) **절대 우위와 비교 우위**
① [　　　][5]

의미	한 나라가 다른 나라보다 절대적으로 적은 비용을 들여 특정 상품을 생산할 수 있는 능력
무역의 발생	다른 나라보다 절대 우위에 있는 상품을 생산하여 수출하고, 절대 우위가 없는 상품을 수입함

② [　　　][6]

의미	한 나라가 다른 나라보다 상대적으로 더 적은 [　　　][7]으로 특정 상품을 생산할 수 있는 능력
무역의 발생	다른 나라보다 상대적으로 기회비용이 적은 상품을 특화 생산하여 수출하고, 기회비용이 큰 상품을 수입함
의의	한 나라가 모든 상품의 생산에서 절대 우위가 있을 때에도 무역이 필요하다는 것을 잘 설명할 수 있음

3 국제 분업과 무역의 의의

(1) **풍요로운 경제생활**: 자국에서 얻기 힘든 상품을 다른 나라로부터 수입
→ 무역 당사국 모두 풍요로운 경제생활을 할 수 있음
(2) **무역 당사국 모두 이익**: 다른 나라에 비해 생산에 유리한 재화와 서비스를 특화 생산하여 무역 → 무역 당사국 모두 더 많은 이익을 얻고, 자원을 효율적으로 사용할 수 있음

📋 **자료로 살펴보기**

● **절대 우위와 비교 우위**

(단위: 명)

구분	재화 1단위 생산에 따른 노동 투입량	
	텔레비전	노트북
갑국	120	120
을국	100	50

* 갑국과 을국은 노동만을 생산 요소로 사용하여 텔레비전과 노트북만을 생산함.

을국은 텔레비전과 노트북 생산에 모두 절대 우위를 가진다. 갑국은 텔레비전 1단위(노트북 1단위) 생산을 위해 노트북 1단위(텔레비전 1단위)를 포기해야 하고, 을국은 텔레비전 1단위(노트북 1단위) 생산을 위해 노트북 2단위(텔레비전 1/2단위)를 포기해야 한다. 따라서 갑국은 텔레비전 생산에, 을국은 노트북 생산에 비교 우위를 가진다.

주제 2 지속가능발전과 국제무역 ★★

1 국제 분업과 무역의 영향

긍정적 영향	• 소비자의 상품 선택의 폭 확대 • 규모의 경제 실현 ➡ 경제 전체의 효율성 증대, 국가 및 세계 경제의 성장 계기 마련
부정적 영향	• 선진국과 개발 도상국 간 경제적 불평등 심화 • 아동 노동, 강제 노동 등 인권 침해 발생 • 생태계 파괴, 온실가스로 인한 기후변화 등 ➡ [　　　][8] 저해

2 지속가능발전을 위한 국제무역의 방안

(1) [　　　][9]의 활성화
① 무역의 이익을 생산자와 노동자에게도 분배
② 공정한 가격 책정, 생산자에게 공정한 가격 지불
(2) [　　　][10] 보호
① 아동 노동, 강제 노동으로 상품을 생산하지는 않는지 감시
② 생산 과정에 참여하는 노동자의 권리 보호
(3) **환경 보전**
① 대체 에너지의 사용 증대, 이산화 탄소의 배출 감소를 위해 노력
② 자원 재활용, 책임 광물 사용, 기후 협약 준수 등
(4) **각 경제 주체별 노력**

정부	환경 보호를 위한 규제 강화, 친환경 기술 개발 지원, 노동 조건 개선을 위한 법과 제도 마련 등
기업	환경 오염을 줄이는 생산 방법 개발, 사회적 책임을 고려하여 부당 거래나 인권 침해 지양 등
개인	공정 무역을 통해 거래된 상품 소비 등

정답 **1** 무역 **2** 국제 분업 **3** 특화 **4** 생산비 **5** 절대 우위 **6** 비교 우위 **7** 기회비용 **8** 지속가능발전 **9** 공정 무역 **10** 노동 인권

시험 대비하기

01 국제 분업과 무역에 대한 옳은 설명만을 〈보기〉에서 있는 대로 고른 것은?

┌─── 보기 ───┐

ㄱ. 과거에는 원자재나 천연자원 위주로 무역이 이루어졌다.
ㄴ. 오늘날 무역이 확대되면서 국제 분업이 점차 쇠퇴하고 있다.
ㄷ. 국가 간에 국경을 넘어 상품, 서비스, 생산 요소 등을 거래하는 것을 무역이라고 한다.
ㄹ. 국제 분업은 다른 나라보다 상대적으로 잘 만들 수 있는 것을 집중 생산함으로써 발달하였다.

① ㄱ, ㄴ　　② ㄴ, ㄹ　　③ ㄷ, ㄹ
④ ㄱ, ㄴ, ㄷ　　⑤ ㄱ, ㄷ, ㄹ

02 국제 무역과 관련하여 다음 대화에 대한 분석 및 추론으로 옳은 것은? (단, 갑과 을은 각각 절대 우위론자 또는 비교 우위론자 중 하나임.)

① 갑의 입장에 따르면 무역은 언제나 가능하다.
② 을의 입장에 따라 무역을 할 경우 당사국 모두 더 많은 재화를 소비할 수 있다.
③ 을의 입장에 따르면 상대국에 비해 기회비용이 작은 재화를 수입하는 것이 유리하다.
④ 갑은 을과 달리 자유 무역이 당사국 모두에 이익이 된다고 본다.
⑤ 갑은 비교 우위론, 을은 절대 우위론에 기초하고 있다.

03 다음 자료에 대한 옳은 분석만을 〈보기〉에서 고른 것은?

표는 갑국과 을국의 X재와 Y재 1개 생산에 필요한 비용을 나타낸다. 교역은 갑국과 을국 사이에서만 이루어지며, 양국은 비교 우위 재화에 특화하여 교역한다.

(단위: 달러)

구분	X재	Y재
갑국	2	2
을국	3	1

┌─── 보기 ───┐

ㄱ. 갑국은 X재 생산에 비교 우위가 있다.
ㄴ. 을국에서 Y재 1개 생산의 기회비용은 X재 1/3개이다.
ㄷ. 교역을 할 경우 갑국은 Y재, 을국은 X재를 수출하게 된다.
ㄹ. X재와 Y재의 교환 비율이 1 : 4라면, 갑국과 을국은 모두 이익을 얻을 수 있다.

① ㄱ, ㄴ　　② ㄱ, ㄷ　　③ ㄴ, ㄷ
④ ㄴ, ㄹ　　⑤ ㄷ, ㄹ

교육청 기출

04 다음 자료에 대한 옳은 분석만을 〈보기〉에서 고른 것은?

쌀과 옷만을 생산하는 갑국과 을국은 비교 우위를 가지는 재화만을 특화하여 두 국가끼리만 교역하고자 한다. 표는 쌀 1단위 또는 옷 1단위를 생산하는 데 필요한 노동 시간을 나타낸 것이다. 단, 양국은 모두 노동만을 생산 요소로 사용한다.

구분	갑국	을국
쌀	1시간	2시간
옷	2시간	6시간

┌─── 보기 ───┐

ㄱ. 갑국에서 쌀 1단위 생산에 대한 기회비용은 옷 2단위이다.
ㄴ. 을국의 노동 시간이 10시간일 경우 쌀 2단위와 옷 2단위를 동시에 생산할 수 있다.
ㄷ. 갑국은 쌀과 옷 생산에 대해 모두 절대 우위를 가진다.
ㄹ. 을국은 쌀 생산에 대해 비교 우위를 가진다.

① ㄱ, ㄴ　　② ㄱ, ㄷ　　③ ㄴ, ㄷ
④ ㄴ, ㄹ　　⑤ ㄷ, ㄹ

05 다음 글을 통해 추론한 내용으로 가장 적절한 것은?

> 갑국은 휴대 전화와 반도체를 생산할 때 다른 나라보다 낮은 생산비로 생산할 수 있고, 을국은 커피와 바나나를 생산할 때 다른 나라보다 낮은 생산비로 생산할 수 있다. 이에 따라 갑국은 을국에 반도체를 수출하고, 을국은 갑국에 바나나를 수출한다.

① 갑국은 노동 집약적 생산 방식을 취하고 있다.
② 절대 우위에 따르면 갑국은 휴대 전화와 바나나 생산에 특화한다.
③ 갑국은 을국보다 인구가 많을 것이다.
④ 갑국보다 을국의 노동 생산성이 더 높을 것이다.
⑤ 반도체 생산의 기회비용은 갑국보다 을국이 클 것이다.

06 다음 자료에 대한 옳은 분석만을 〈보기〉에서 고른 것은?

> 갑국과 을국은 노동만을 이용하여 X재와 Y재만을 생산하고, 교역은 거래 비용 없이 양국 간에만 이루어진다. 표는 갑국과 을국이 X재와 Y재 1개를 생산하는 데 필요한 노동자 수를 나타낸다.

구분	갑국	을국
X재	10명	4명
Y재	5명	8명

―― 보기 ――

ㄱ. 갑국의 Y재 1개 생산의 기회비용은 X재 2개이다.
ㄴ. X재 1개 생산의 기회비용은 갑국이 을국보다 크다.
ㄷ. 을국은 Y재 생산에 절대 우위와 비교 우위 모두를 가진다.
ㄹ. 양국이 교역할 경우 갑국은 Y재를, 을국은 X재를 수출한다.

① ㄱ, ㄴ 　 ② ㄱ, ㄷ 　 ③ ㄴ, ㄷ
④ ㄴ, ㄹ 　 ⑤ ㄷ, ㄹ

07 다음 자료에 대한 옳은 분석만을 〈보기〉에서 고른 것은?

> 표는 갑국과 을국이 X재와 Y재 각각 1단위를 생산하는 데 필요한 노동자 수를 나타낸다. 단, 갑국과 을국은 X재와 Y재만을 생산하고, 노동만을 생산 요소로 사용한다.

구분	갑국	을국
X재	2명	4명
Y재	3명	3명

―― 보기 ――

ㄱ. 갑국은 X재 생산에 절대 우위를 가진다.
ㄴ. 을국은 Y재 생산에 비교 우위를 가진다.
ㄷ. 갑국의 X재 1단위 생산의 기회비용은 Y재 3/2단위이다.
ㄹ. 을국의 Y재 1단위 생산의 기회비용은 X재 4/3단위이다.

① ㄱ, ㄴ 　 ② ㄱ, ㄷ 　 ③ ㄴ, ㄷ
④ ㄴ, ㄹ 　 ⑤ ㄷ, ㄹ

08 다음 필자의 주장에 부합하는 무역 확대의 영향만을 〈보기〉에서 있는 대로 고른 것은?

> 국가 간 무역을 통해 선진국에서 개발 도상국으로 새로운 기술이 이전되고 있다. 개발 도상국은 선진국의 첨단 기술을 받아들임으로써 경제적으로 발전할 기회가 되고 있다. 이처럼 무역의 확대는 새로운 기술을 전파하여 세계 경제에 도움을 준다.

―― 보기 ――

ㄱ. 국제 협력의 기회가 증가한다.
ㄴ. 국가 간 빈부 격차가 완화한다.
ㄷ. 소비자의 선택의 폭이 확대된다.
ㄹ. 경쟁력이 취약한 산업이 쇠퇴한다.

① ㄱ, ㄷ 　 ② ㄱ, ㄹ 　 ③ ㄴ, ㄹ
④ ㄱ, ㄴ, ㄷ 　 ⑤ ㄴ, ㄷ, ㄹ

09 다음은 학생이 작성한 형성 평가지이다. ㉠~㉢ 중 옳게 표시한 답만을 고른 것은?

〈형성 평가〉

1학년 ○반 이름: ○○○

▮ 국제 분업과 무역의 확대로 나타난 긍정적 영향과 부정적 영향을 각각 두 가지씩 서술하시오.

• 긍정적 영향
 – 온실가스의 배출로 기후변화가 나타난다. ·········· ㉠
 – 소비자의 상품 선택의 폭이 확대된다. ·············· ㉡

• 부정적 영향
 – 규모의 경제를 실현한다. ························· ㉢
 – 아동 노동이나 저임금 노동으로 물건을 생산한다. ··· ㉣

① ㉠, ㉡   ② ㉠, ㉢   ③ ㉡, ㉢
④ ㉡, ㉣   ⑤ ㉢, ㉣

10 다음 글에서 부각된 무역 확대의 부정적 영향으로 가장 적절한 것은?

경제학자 A는 완전한 자본 시장의 자유화가 모든 국가에 항상 바람직한 것은 아니라고 주장하며, 적절한 금융 구제와 감독이 수반되지 않을 경우 자본 시장의 자유화는 특정 국가의 위기를 다른 나라로 확산시키는 기폭제가 될 수 있다고 강조하였다. A에 따르면, 국제 금융 시장에서 차익을 목적으로 움직이는 단기 자금으로 인해 외환 보유고가 작은 국가의 경우 통화 및 거시 경제 정책이 흔들릴 수도 있다고 설명하였다.

① 경쟁력이 약한 산업에서 실업이 증가한다.
② 한 국가의 경제 위기가 다른 나라로 확대된다.
③ 산업에 따라 종사자 간 빈부 격차가 확대된다.
④ 선진국과 개발 도상국 간의 빈부 격차가 확대된다.
⑤ 특정 산업의 위축으로 인해 사회적 불안정이 심화된다.

11 지속가능한 국제무역을 위한 정부의 노력에 대해 옳은 의견을 제시한 학생만을 있는 대로 고른 것은?

① 갑, 을   ② 갑, 정   ③ 병, 정
④ 갑, 을, 병   ⑤ 을, 병, 정

12 교사의 질문에 대해 옳게 답한 학생만을 고른 것은?

① 갑, 을   ② 갑, 병   ③ 을, 병
④ 을, 정   ⑤ 병, 정

주제 1 세계화의 다양한 양상 ★★

1 세계화와 지역화

[1)]	• 국가의 경계를 넘어 세계가 하나로 통합되는 현상 • 교통·통신의 발달로 국가 간 교류 확대 • 초국적 문화 형성, 세계도시 및 다국적 기업 성장
지역화	• 지역의 고유한 특성이 세계적 가치를 지니게 되는 현상 • [2)] : 상품의 품질이 생산 지역의 지리적 특성에 기반하였음을 증명하는 제도 • [3)] : 지역 특성을 반영한 이미지를 제작하여 지역을 홍보하는 활동 • [4)] : 지역의 자산을 홍보하여 장소의 경제적 가치를 높이는 활동

> **자료로 살펴보기**
>
> ● **지리적 표시제**
>
> 지리적 표시제는 상품의 품질, 명성, 특성 등이 근본적으로 해당 지역에서 비롯되는 경우 지역의 생산품임을 증명하고 표시하는 제도이다. 우리나라에서는 2002년 [5)] 가 최초로 지리적 표시제에 등록되었으며, 이후 순창 고추장, 횡성 한우, 이천 쌀, 의성 마늘 등 100여 개의 품목이 등록되었다. 지리적 표시제를 활용하면 제품에 대한 정확한 정보를 소비자에게 제공하고, 유사품의 유통을 단속하여 제품의 품질에 대한 신뢰도를 높인다. 또한 지역 상품에 대한 홍보 효과가 커 지역 경제 활성화에 도움이 된다.
>
> 
>

2 세계도시

의미	정치, 경제, 문화 등 다양한 측면에서 세계의 중심지 역할을 하는 대도시
기능	다국적 기업 본사 및 국제기구 입지, 생산자 서비스업 발달

> **자료로 살펴보기**
>
> ● **주요 세계도시의 랜드마크**
>
> | | |
> |---|---|
> | [6)] | 자유의 여신상 |
> | [7)] | 빅 벤, 타워 브리지 |
> | [8)] | 에펠탑, 개선문 |
> | 시드니 | 오페라 하우스 |
> | 리우데자네이루 | 거대 예수상 |
> | 베이징 | 자금성, 천안문 |

3 다국적 기업

(1) [ ][9)] : 기업의 규모가 커지면서 본사, 연구소, 생산 공장 등의 기능이 공간적으로 분리되는 현상

구분	기능	입지	목적
본사	경영 기획 및 관리	본국의 대도시	정보 수집, 자본과 전문 인력 확보
연구소	연구 및 개발	선진국	전문 인력 확보
생산 공장	상품 생산	개발도상국	생산비 절감
		선진국	무역 장벽 극복, 시장 확대

(2) 다국적 기업이 지역에 미치는 영향

구분	긍정적 영향	부정적 영향
본국	생산비 절감, 수익 창출	산업 공동화, 자본 유출
진출 국가	일자리 창출, 기술 이전	환경오염, 자국 기업 도태

> **자료로 살펴보기**
>
> ● **다국적 기업의 성장과 세계도시**
>
> 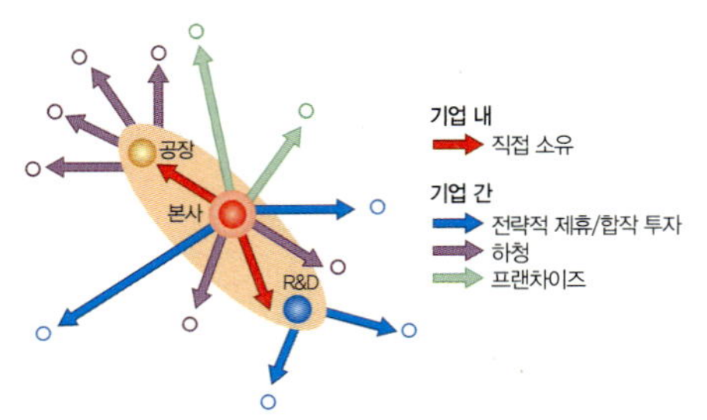
>
>
> 다국적 기업은 [10)] 을 세계화하면 세계 시장을 대상으로 표준화된 상품을 만드는 규모의 경제 효과를 누릴 수 있고, 인건비가 저렴한 지역에 입지하여 생산비를 절감할 수 있다. 또한 [11)] 을 극복하여 판매 시장을 확대할 수 있다. 핵심 기능인 [12)] 는 양질의 사업 서비스 확보 및 정보 수집에 유리하고 고급 인력으로의 접근성이 좋은 뉴욕, 런던 등 대도시에 입지하여 전 세계에 분산된 생산 기능을 통제하고 있다. 이런 과정에서 다국적 기업의 본사가 집중된 도시는 세계도시로 부상하여 범세계적인 의사 결정 기능을 수행하게 된다.

주제 2 세계화에 따른 문제점과 해결 방안 ★

문제점	• 자유 무역 확대로 인한 국가 간 빈부 격차 심화 • 선진국 문화의 확산으로 인한 문화의 다양성 훼손 • 보편 윤리와 특수 윤리 간 갈등
해결 방안	• 국제기구를 통한 개발도상국 지원 • 자국문화의 정체성을 유지하기 위한 노력 • 세계시민으로서의 자질 함양

정답 1 세계화 2 지리적 표시제 3 지역 브랜드 4 장소 마케팅 5 보성 녹차 6 뉴욕 7 런던 8 파리 9 공간적 분업 10 생산 공장 11 무역 장벽 12 본사

시험 대비하기

01 다음 글의 (가), (나)에 들어갈 용어에 대한 설명으로 옳은 것은?

> (가) 은/는 국제 사회의 상호 의존성 증가로 민족 및 국가의 경계가 약화되면서 세계가 하나로 통합되는 현상이다. (가) 와/과 동시에 일어나는 (나) 는 지역의 생활양식이나 사회, 문화, 경제활동 등이 세계적 차원에서 가치를 지니게 되는 현상을 말한다.

① (가)는 교통·통신이 발달하면서 쇠퇴하는 경향을 보인다.
② (나)로 인해 문화의 다양성이 훼손되었다.
③ (가)는 (나)보다 지역 간 차별화를 강조한다.
④ (나)는 (가)보다 표준화된 상품의 대량 생산을 설명하기에 적합한 현상이다.
⑤ (가)의 사례로 다국적 기업의 등장, (나)의 사례로 지역 축제를 들 수 있다.

| 교육청 기출 |

02 다음 자료의 (가)에 들어갈 내용으로 가장 적절한 것은?

> 주제 : (가) 의 사례
>
> • 파마산 치즈는 이탈리아 파르마 지역의 특산품으로 원유부터 치즈 생산에 이르는 모든 공정이 엄격히 관리된다. 천혜의 자연환경과 지역 주민의 노력으로 만들어진 치즈는 그 가치를 인정받아 지리적 표시제에 등록되었다.
> • 산티아고 순례길은 이베리아반도 각지에서부터 에스파냐의 산티아고 대성당으로 이어지는 길이다. 종교 및 역사적 가치를 인정받아 유네스코 세계 문화유산에 등재되어 소규모 도시와 마을이 관광 산업으로 활기를 띠게 되었다.

① 문화적 획일화의 가속화 현상
② 지역 경쟁력 강화를 위한 지역화 전략
③ 생산성을 추구하는 다국적 기업의 활동
④ 국제 분업에 따른 국가 간 빈부 격차 확대
⑤ 공정 무역 확대에 따른 생산지의 경제 변화

03 (가)에 들어갈 국제기구에 대한 설명으로 옳은 것만을 〈보기〉에서 고른 것은?

> (가) 은/는 1986년에 시작된 우루과이 라운드 협상을 통해 GATT 체제를 다자간 무역 기구로 발전시켜 1995년 공식 출범하였다. 국가 간 무역 분쟁을 조정하고 서비스, 지적 재산권 등 새로운 교역 과제를 포괄하고 있다. 또한 회원국의 무역 관련법과 제도 등을 정비하여 세계 교역을 증진하는 데 역점을 둔다.

| 보기 |

ㄱ. 자유 무역을 지향하고 있다.
ㄴ. 무역 분쟁에 대한 강제 집행 권한이 있다.
ㄷ. 자국 산업 보호를 위한 관세 부과를 강조한다.
ㄹ. 석유 자원의 생산량과 가격 조절을 통해 국제 사회에서 목소리를 높이고 있다.

① ㄱ, ㄴ   ② ㄱ, ㄷ   ③ ㄴ, ㄷ
④ ㄴ, ㄹ   ⑤ ㄷ, ㄹ

| 교육청 기출 |

04 다음 자료의 (가)에 들어갈 내용으로 가장 적절한 것은?

> 세계적으로 유명한 커피 생산국 중 하나인 콜롬비아는 자국 커피의 국제 경쟁력을 높이기 위한 (가) 의 일환으로 '콜롬비아 커피(Café de Colombia)'를 지리적 표시제에 등록하였다. 또한 안데스 산지를 배경으로 커피 농장의 농부와 당나귀의 모습을 담은 마크를 만들었다. 이 마크는 콜롬비아에서 생산된 원두를 100% 사용한 제품에만 표시할 수 있게 함으로써 콜롬비아 커피의 품질에 대한 신뢰도를 높였다.

① 적정 기술   ② 환경 규제   ③ 공간적 분업
④ 지역화 전략   ⑤ 공적 개발 원조

05 (가), (나)에 들어갈 내용으로 가장 적절한 것은?

> • 뉴욕의 월가는 세계적인 금융 기관과 증권 거래소 등이 있어 세계 경제에 큰 영향을 미친다. 또한 뉴욕에는 국제 연합(UN)의 본부가 있어 주요 국제회의가 개최되며, 세계 공연 예술의 중심지인 브로드웨이가 있다. 이처럼 뉴욕은 세계적으로 중심지 역할을 수행하는 ___(가)___ 이다.
> • 뉴욕은 1970년대 경제 불황으로 생긴 부정적인 이미지를 탈피하고자 'I♥NY'이라는 도시 브랜드를 만들었다. 뉴욕은 이를 활용해 다양한 문화 상품을 개발하고 관광 수익을 올리고 있다. 이처럼 뉴욕은 지역 브랜드화를 통한 ___(나)___ 전략으로 지역 경제를 활성화하고, 긍정적인 이미지를 만들 수 있었다.

	(가)	(나)
①	세계도시	지역화
②	세계도시	문화의 획일화
③	세계도시	다국적 기업의 현지화
④	생태 도시	지역화
⑤	생태 도시	다국적 기업의 현지화

06 자료는 ○○ 기업의 성장 과정을 나타낸 것이다. (가)~(다)에 대한 옳은 설명만을 〈보기〉에서 있는 대로 고른 것은?

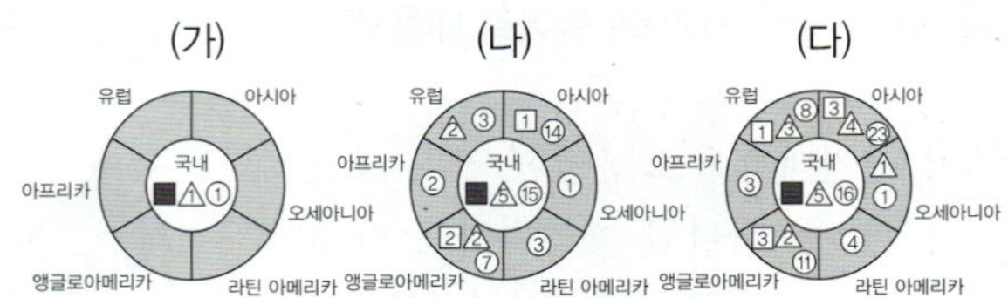

> **보기**
> ㄱ. (가)에서 다국적 기업의 형태를 갖추게 된다.
> ㄴ. (나)는 (가)보다 판매 조직의 인력 규모가 커진다.
> ㄷ. (다)는 (나)보다 본사의 관리 대상 지역이 확대된다.
> ㄹ. (가)에서 (다)로 갈수록 기업의 국제적 생산 네트워크 체계가 강화된다.

① ㄱ, ㄴ　② ㄴ, ㄹ　③ ㄱ, ㄴ, ㄷ
④ ㄱ, ㄷ, ㄹ　⑤ ㄴ, ㄷ, ㄹ

07 다음 자료의 (가) 도시에 대한 설명으로 옳은 것은?

> 
> ▲ 2016년 ___(가)___ 올림픽 폐회식
>
> ___(가)___ 이/가 2009년 10월 열린 국제올림픽위원회(IOC) 총회에서 에스파냐의 마드리드, 일본의 도쿄, 미국의 시카고 등을 제치고 제31회 하계올림픽 개최지로 결정되었다. 이에 따라 ___(가)___ 은/는 국제올림픽위원회(IOC) 출범 122년 만에 처음으로 남아메리카 대륙에서 올림픽을 개최하는 도시가 되었다. ___(가)___ 은/는 올림픽 폐회식에서 전통 춤인 삼바를 선보였다.

① 해당 국가의 수도이다.
② 태평양 연안에 위치한다.
③ 가톨릭교 신자의 비율이 높다.
④ 주민들은 주로 에스파냐어를 사용한다.
⑤ 자유의 여신상이 대표적인 랜드마크이다.

08 다음은 지리적 표시제에 등록된 우리나라의 대표적인 상품이다. (가)~(다)에 해당하는 지역을 바르게 연결한 것은?

> • 지리적 표시제 제1호로 등록된 ___(가)___ 녹차는 온화한 기후, 바다 등 자연환경이 잘 어우러져 전국 최대이자 최고급 차(茶) 산지이다.
> • 지리적 표시제 제81호로 등록된 ___(나)___ 배는 호남 내륙권에 있어 기온의 일교차가 크고 강수량이 많아 배 생산에 유리하다.
> • 지리적 표시제 제100호로 등록된 ___(다)___ 한라봉은 한라산의 봉우리 모양과 비슷해 한라봉이라 이름 붙였다고 전해진다.

	(가)	(나)	(다)
①	나주	보성	제주
②	나주	제주	보성
③	보성	나주	제주
④	보성	제주	나주
⑤	제주	나주	보성

09 그래프는 세계도시의 경쟁력 순위를 나타낸 것이다. (나) 도시 군에 비해 (가) 도시군에서 상대적으로 수치가 높은 지표만을 〈보기〉에서 있는 대로 고른 것은?

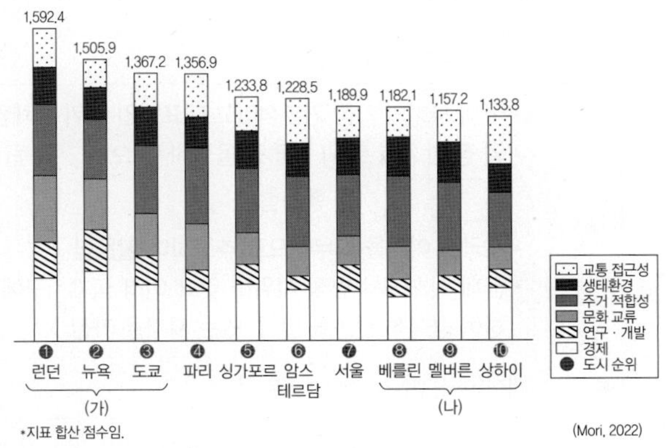

┌ 보기 ┐

ㄱ. 도시의 면적

ㄴ. 국제기구 본부의 수

ㄷ. 생산자 서비스업 종사자 수

ㄹ. 도시 간 국제 항공편 운항 횟수

① ㄱ, ㄴ   ② ㄱ, ㄷ   ③ ㄷ, ㄹ

④ ㄱ, ㄷ, ㄹ   ⑤ ㄴ, ㄷ, ㄹ

10 그림은 세계도시 간 네트워크를 나타낸 것이다. A~D에 대한 설명으로 옳은 것만을 〈보기〉에서 고른 것은?

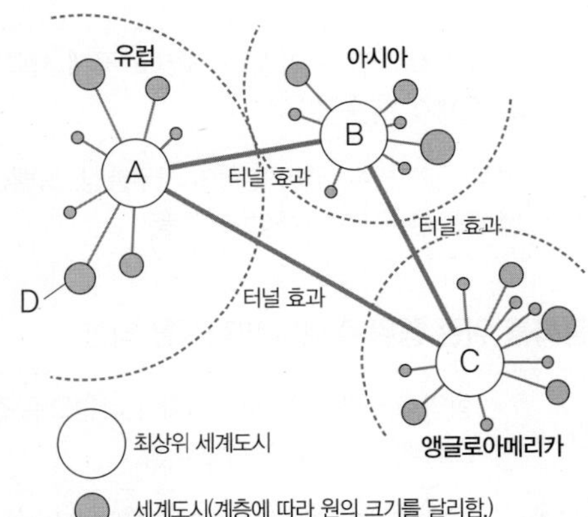

┌ 보기 ┐

ㄱ. A에는 유럽 연합(EU) 본부가 있다.

ㄴ. C의 중심가에는 월 스트리트가 있다.

ㄷ. A는 C보다 도시 발달의 역사가 길다.

ㄹ. B와의 항공 운항 편수는 D가 A보다 많다.

① ㄱ, ㄴ   ② ㄱ, ㄷ   ③ ㄴ, ㄷ

④ ㄴ, ㄹ   ⑤ ㄷ, ㄹ

11 지도는 우리나라 H 기업의 해외 진출 현황을 나타낸 것이다. H 기업에 대한 설명으로 옳지 <u>않은</u> 것은?

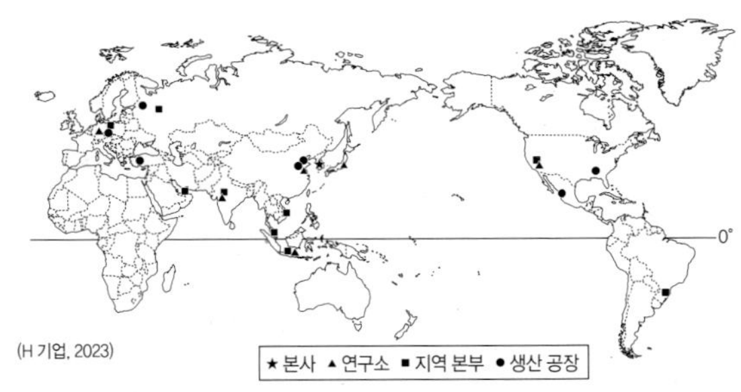

① 다국적 기업이다.

② 공간적 분업이 이루어졌다.

③ 본사는 우리나라의 서울에 있다.

④ 연구소는 생산 공장보다 선진국 중심으로 입지하였다.

⑤ 중국에 입지한 생산 공장은 미국에 입지한 생산 공장 보다 시장 확보의 목적이 강하다.

12 다음은 신문 기사의 일부이다. ㉠, ㉡의 견해에 대한 추론으 로 옳은 것만을 〈보기〉에서 고른 것은?

○○○○년 ○○월 ○○일

△△신문

COVID-19 이후 개최되지 못했던 국제 행사가 동시에 열린다. 선진 7개국으로 이루어진 G7을 비롯한 세계적 대기업 CEO가 참석하는 ㉠ 세계 경제 포럼에서 세계 경제 발전 방안 등이 논의될 전망이다. 이와 반대로 비정부 기구(NGO)와 환경 단체, 진보 정당 관계자 등이 참석할 예정인 ㉡ 세계 사회 포럼에서는 환경 보호와 기후변화에 대한 대응, 노동자와 원주민의 권익 향상 방안 등이 논의될 예정이다.

┌ 보기 ┐

ㄱ. ㉠은 선진국 중심의 세계화를 반대할 것이다.

ㄴ. ㉡은 지역 간 격차를 심화시킨 세계화를 비판할 것이다.

ㄷ. ㉠은 ㉡보다 다국적 기업이 경제에 미친 부정적 영향을 강조할 것이다.

ㄹ. ㉡은 ㉠보다 개발도상국에 대한 경제적 지원을 확대해야 한다고 주장할 것이다.

① ㄱ, ㄴ   ② ㄱ, ㄷ   ③ ㄴ, ㄷ

④ ㄴ, ㄹ   ⑤ ㄷ, ㄹ

02 평화의 중요성과 국제 사회의 행위 주체

주제 1 평화의 의미와 중요성 ★★★

1 평화의 의미

(1) 폭력의 구분

[　][1)] 폭력	범죄, 테러, [　][2)] 등과 같이 직접적으로 물리적 폭력을 가하는 것
구조적 폭력	빈곤, 정치적 [　][3)], 경제적 착취 등 부정의한 사회 구조나 제도로 인하여 이루어지는 폭력
문화적 폭력	종교, 사상, 언어, 예술, 과학, 대중 매체, 교육 등의 내부에 존재하는 폭력으로, 문화적 폭력은 직접적 폭력과 구조적 폭력을 [　][4)]하는 기능을 함

(2) 평화의 구분

① [　][5)] 평화

의미	직접적·물리적 폭력이 없는 상태를 의미함
의의	소극적 평화의 실현은 인류가 생존 위협에서 벗어나 안전하게 살아갈 수 있는 환경을 조성해 줌
한계	빈곤, 차별 등으로 고통을 겪을 수 있으므로 소극적 평화만으로는 진정한 평화가 실현되었다고 볼 수 없음

② [　][6)] 평화

의미	직접적 폭력뿐만 아니라 구조적 폭력과 [　][7)] 폭력까지 모두 제거된 상태를 의미함
의의	• 국내외적으로 전쟁이 없을 뿐만 아니라 빈곤, 기아, 정치적 억압, 경제적 착취, 각종 차별 및 불평등이 모두 사라져서 인류가 인간답게 살아갈 수 있게 해 줌 • 소극적 평화를 넘어 적극적 평화를 추구해야만 진정한 평화가 실현될 수 있음

2 국제 사회의 갈등과 협력

국제 사회 갈등의 원인	오늘날 국제 사회에서는 자원, 영토, 민족, 인종, 종교, 언어 등 다양한 원인이 복잡하게 얽혀 갈등과 분쟁이 일어나고 있음
국제 사회 갈등의 특징	• 지구촌 곳곳에서 발생하는 갈등과 분쟁은 차별과 불평등을 유발하여 인류의 안전과 [　][8)]을 위협함 • 상호 의존성 심화로 국제 갈등은 전 세계에 영향을 미치며, 어느 한 국가의 노력만으로는 해결하기 어려움
국제 사회의 협력	• 갈등 당사국 간 대화와 양보, 타협을 통해 갈등을 [　][9)]으로 해결하려고 노력해야 함 • 다양한 국제 사회의 행위 주체들이 지구 공동체 의식에 기반하여 공동의 노력을 기울여야 함

주제 2 국제 사회 행위 주체의 역할 ★★★

1 국제 사회의 행위 주체

(1) [　][10)]

특징	• 국제 사회의 가장 기본적이고 대표적인 행위 주체임 • 일정한 영토와 국민을 바탕으로 독립적인 [　][11)]을 행사함 • 자국의 이익을 최우선으로 추구하며 활동함 • 국제 사회에서 법적 지위를 갖고 여러 국제기구에 참여하여 공식적 활동을 할 수 있는 자격을 가짐
종류	대한민국, 미국, 중국, 일본 등

(2) [　][12)]

특징	• 각국의 정부를 회원으로 하는 국제 사회의 행위 주체임 • 국가들 사이의 이해관계를 조정하고 국가 간의 분쟁을 중재하는 역할을 함 • 국가의 행위를 규율하는 [　][13)]을 정립함으로써 국제 관계에 영향을 미침
종류	[　][14)], 세계 보건 기구(WHO), 국제 통화 기금(IMF) 등

(3) [　][15)]

특징	• 개인이나 민간단체의 주도로 만들어진 행위 주체임 • 특정 개인이나 기업, 국가의 이익이 아닌 인권 보장, 환경 보호 등의 인류의 보편적 가치를 위해 활동함 • 오늘날 시민사회의 영향력이 강화되면서 비정부 기구의 역할이 [　][16)]되고 있음
종류	국경 없는 의사회, 그린피스, 국제 사면 위원회 등

(4) 영향력 있는 개인

특징	국제적으로 영향력이 있는 개인도 국제 사회의 중요한 행위 주체가 될 수 있음
종류	전직 국가 원수, 국제 연합의 사무총장, 노벨상 수상자, 유명 운동선수나 가수, 영화배우 등

2 세계 평화를 위한 행위 주체의 바람직한 역할

국가	힘의 논리에서 벗어나 대화와 타협으로 갈등을 평화적으로 해결하려고 노력해야 함
국제기구와 비정부 기구	갈등 중재자 역할과 함께 인도주의적 구호 활동에 힘써야 함
개인	한 국가의 구성원인 동시에 지구 공동체의 일원이라는 세계시민으로서의 책임감을 느끼고, 지구촌 갈등 문제에 관심을 가지며 기부나 봉사활동에 참여해야 함

정답 1 직접적 2 전쟁 3 억압 4 정당화 5 소극적 6 적극적 7 문화적 8 생존 9 평화적 10 국가 11 주권 12 국제기구 13 국제 규범 14 국제 연합(UN)
15 비정부 기구 16 확대

시험 대비하기

01 밑줄 친 이것에 해당하는 것은?

> 평화에는 여러 가지 상태를 나타내는 의미가 있는데, 이것은 국내외적으로 범죄, 폭행, 테러, 전쟁 등의 물리적 폭력이 제거되어 사라진 상태를 의미한다.

① 간접적 평화
② 문화적 평화
③ 소극적 평화
④ 적극적 평화
⑤ 직접적 평화

02 (가)~(다)에 대한 설명으로 적절하지 <u>않은</u> 것은?

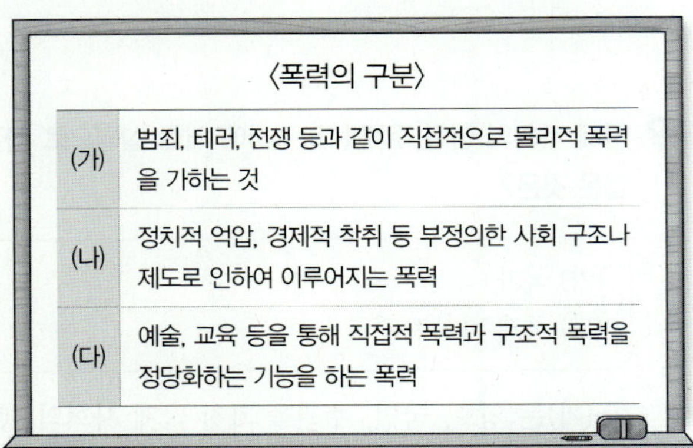

① (가)는 직접적 폭력이다.
② (나)는 구조적 폭력이다.
③ (다)는 문화적 폭력이다.
④ (나)와 (다)는 간접적 폭력에 해당한다.
⑤ (가), (나), (다)가 모두 사라져야만 적극적 평화가 실현되는 것은 아니다.

03 다음 글에서 강조하고 있는 밑줄 친 '평화'에 대한 설명으로 적절한 것만을 〈보기〉에서 고른 것은?

> 평화란 단지 전쟁이 없는 상태가 아니라 진보와 정의이며, 모든 사람이 자신의 위치를 찾을 수 있고, 자기 몫의 정신적·물질적 자원들을 누릴 수 있는 국제 사회의 건설을 목표로, 모든 민족이 서로를 존중하는 상태를 의미한다. 각종 차별과 불평등이 모두 사라져서 온 인류가 인간답게 살아갈 수 있을 때만이 진정으로 평화가 실현되었다고 할 수 있다.

┤ 보기 ├
ㄱ. 물리적이고 직접적인 폭력이 사라진 상태만을 궁극적으로 추구한다.
ㄴ. 전쟁 방지와 자국의 이익을 위한 국가 안보 차원에서 평화를 추구한다.
ㄷ. 평화의 의미를 인간의 존엄성과 정의, 삶의 질 등과 관련하여 폭넓게 규정한다.
ㄹ. 직접적 폭력은 물론 문화적 폭력과 구조적 폭력까지 모두 사라진 상태를 평화로 간주한다.

① ㄱ, ㄴ　　② ㄱ, ㄷ　　③ ㄴ, ㄷ
④ ㄴ, ㄹ　　⑤ ㄷ, ㄹ

│교육청 기출│

04 다음을 주장한 사상가의 입장만을 〈보기〉에서 고른 것은?

> • 모든 폭력의 이면에는 문화적 폭력이 존재한다. 폭력은 주로 문화적 폭력으로부터 구조적 폭력을 경유하여 직접적 폭력으로 번진다.
> • 직접적 폭력이 없는 소극적 평화뿐만 아니라, 간접적 폭력까지 사라진 적극적 평화 상태를 추구해야 한다. 그리고 평화는 어떤 경우에도 평화적 수단으로 성취해야 한다.

┤ 보기 ├
ㄱ. 직접적 폭력이 존재해도 적극적 평화는 실현된다.
ㄴ. 진정한 평화는 평화적 방법을 통해서 달성해야 한다.
ㄷ. 간접적으로 행해진 억압과 착취는 폭력으로 볼 수 없다.
ㄹ. 문화적 폭력은 직접적 폭력을 용인하고 정당화할 수 있다.

① ㄱ, ㄴ　　② ㄱ, ㄷ　　③ ㄴ, ㄷ
④ ㄴ, ㄹ　　⑤ ㄷ, ㄹ

05 다음을 주장한 사상가가 긍정의 대답을 할 질문만을 〈보기〉에서 있는 대로 고른 것은?

> 폭력은 직접적–구조적–문화적 폭력의 삼각형에 있어 어떤 꼭지점에서도 시작될 수 있으며, 다른 꼭지점으로도 쉽사리 전달된다. 직접적 폭력, 제도화된 폭력적 구조, 내면화된 폭력적 문화는 장기간에 걸쳐 제도화되고, 반복되고, 의식화되려는 경향이 강하다. 이 중에서 문화적 폭력은 언어, 예술, 종교 등 인간 존재의 상징적 차원에서 작동하여 직접적·구조적 폭력에 정당성과 합법성을 부여한다.

┌─ 보기 ─┐

ㄱ. 인간다운 삶의 조건을 위협하는 문화는 폭력인가?
ㄴ. 사회 구조 개선은 적극적 평화 실현을 위해 필요한가?
ㄷ. 폭력은 항상 문화적 폭력과 구조적 폭력으로부터 시작되는가?
ㄹ. 언어에 담긴 상징적 차원의 폭력은 직접적 폭력으로 이어질 수 있는가?

① ㄱ, ㄴ   ② ㄱ, ㄷ   ③ ㄷ, ㄹ
④ ㄱ, ㄴ, ㄹ   ⑤ ㄴ, ㄷ, ㄹ

06 다음은 어느 학생이 정리한 노트 필기의 일부이다. ㉠에 들어갈 내용으로 적절한 것만을 〈보기〉에서 있는 대로 고른 것은?

〈평화의 의미와 필요성〉

1. 평화의 의미

소극적 평화	전쟁이나 테러 등 직접적 폭력이 없는 상태
적극적 평화	직접적 폭력과 구조적 폭력, 문화적 폭력이 모두 제거된 상태

2. 평화 실현의 필요성

㉠

┌─ 보기 ─┐

ㄱ. 인류를 전쟁의 위협으로부터 벗어나게 해 준다.
ㄴ. 인류를 각종 차별과 불평등으로부터 벗어나게 해 준다.
ㄷ. 인류의 존속이 아닌 현재 세대의 번영만을 가능하게 해 준다.
ㄹ. 인류가 인간답게 살 권리를 보장받고 삶의 질을 높일 수 있도록 해 준다.

① ㄱ, ㄴ   ② ㄴ, ㄷ   ③ ㄷ, ㄹ
④ ㄱ, ㄴ, ㄹ   ⑤ ㄱ, ㄷ, ㄹ

07 ㉠에 해당하는 내용으로 가장 적절한 것은?

> ┌─ ㉠ ─┐ 은/는 일정한 영토와 국민을 바탕으로 독립적인 주권을 행사하며, 국제 사회에서 법적 지위를 갖고 공식적 활동을 할 수 있는 자격을 가진 국제 사회의 가장 기본적이고 대표적인 행위 주체이다.

① 개인   ② 국가
③ 국제 연합   ④ 국제 비정부 기구
⑤ 정부 간 국제기구

08 (가), (나)에 해당하는 국제 사회의 행위 주체를 옳게 연결한 것은?

> (가) 국제 사회의 보편적 가치인 환경 보호, 인권 보장 등을 위해 노력하며, 개인이나 민간단체를 회원으로 하는 국제 사회의 행위 주체이다.
>
> (나) 국가들 사이의 이해관계를 조정하거나 국가 간의 분쟁을 중재하는 역할을 수행하며, 각국의 정부를 회원으로 하는 국제 사회의 행위 주체이다.

	(가)	(나)
①	영향력 있는 개인	개별 주권 국가
②	국제 비정부 기구	영향력 있는 개인
③	국제 비정부 기구	정부 간 국제기구
④	정부 간 국제기구	개별 주권 국가
⑤	정부 간 국제기구	국제 비정부 기구

09 국제 사회의 행위 주체 (가), (나)에 대한 설명으로 적절하지 <u>않은</u> 것은?

> (가) 국가
> (나) 국제 비정부 기구

① (가)는 영토, 국민, 주권을 가진 국제 사회의 행위 주체이다.
② (가)는 국제 사회에서 자국의 이익과 자국민 보호를 우선으로 추구한다.
③ (나)는 개인과 민간단체가 회원으로 가입할 수 있다.
④ (나)에는 그린피스, 국경 없는 의사회 등이 포함된다.
⑤ (가)를 회원으로 하는 (나)의 대표적 사례로 국제 연합을 들 수 있다.

10 표는 국제 사회의 행위 주체를 구분한 것이다. ㉠~㉣에 대한 설명으로 적절하지 <u>않은</u> 것은?

행위 주체	유형
㉠	대한민국, 미국, 프랑스 등
정부 간 국제기구	㉣
㉡	국경 없는 의사회, 그린피스 등
㉢	노벨상 수상자, 국제 연합 사무총장 등

① ㉠은 국제 사회의 가장 대표적인 행위 주체이다.
② ㉡은 국제 비정부 기구이다.
③ ㉡에는 개인이나 민간단체가 회원으로 가입할 수 있다.
④ ㉢은 국제적으로 영향력 있는 개인이다.
⑤ ㉣에는 국제 연합, 국제 사면 위원회 등이 들어갈 수 있다.

11 다음 사례들을 통해 알 수 있는 내용으로 가장 적절한 것은?

> • 미국의 대통령을 지낸 갑은 퇴임 후 더욱 활발하게 활동하고 있다. 그는 재단을 설립해 집이 없는 사람들에게 무료로 집을 지어 주는 운동을 전 세계에 펼쳤고, 대북 특사를 자청해 한반도의 전쟁 위기를 막아 내는 등 국제 분쟁 해결과 인권 신장을 위해 갑은 노력을 아끼지 않았다.
> • 헐리우드의 유명 영화배우인 을은 배우로서의 삶에 만족하지 않고 인권 운동가로 활발하게 활동하고 있다. 현재까지 유니세프에 개인이 낸 가장 큰 금액을 기부했으며, 전 세계 난민 지원 활동과 함께 국제 난민을 위한 법을 제정하려는 운동을 벌였다. 저개발 국가에 15개 이상의 어린이 학교를 세웠으며, 어린이 병원을 건립하여 병에 걸린 어린이를 치료하도록 돕고 있다. 이러한 국제적 공로를 인정받아 국제 연합 국제 시민상의 최초 수상자가 되었다.

① 개인도 국제 사회의 행위 주체가 될 수 있다.
② 개인의 봉사활동은 자국 내로 제한되어야 한다.
③ 개인은 정부 간 국제기구에 가입하여 활동해야 한다.
④ 개인의 노력만으로 국제 사회의 문제를 해결해야 한다.
⑤ 타인을 위한 삶은 자신에게도 경제적으로 이익이 된다.

12 밑줄 친 ㉠~㉢에 대한 옳은 설명만을 〈보기〉에서 고른 것은?

> ㉠ 국제 연합의 산하 기관인 유엔 난민 기구는 "망명 신청자 이송에 관해 갑국과 을국이 체결한 협정은 1951년 국제 사회가 채택한 '난민 지위에 관한 협약'과 양립할 수 없다."라고 밝혔다. 난민 지위에 관한 협약은 난민의 생명이나 자유에 심각한 위협이 될 만한 ㉡ 국가로 난민을 강제 송환해서는 안 된다는 내용을 핵심으로 한다. 그런데 갑국과 을국이 체결한 협정은 갑국이 자국으로 망명 신청한 여러 나라의 난민들을 을국으로 보내고, 그 대가로 일정한 금액을 을국에 지불하는 것을 주요 내용으로 한다. 난민의 인권 보호를 위해 국제 사회에서 활동하고 있는 ㉢ ○○ 난민 구호 단체는 인권 상황이 매우 열악한 을국으로 난민들을 보낸다는 협정은 비인간적이며 사실상 강제 송환에 해당한다고 비판한다.

| 보기 |

ㄱ. ㉠은 정부 간 국제기구이다.
ㄴ. ㉡은 국제 사회의 기본적 행위 주체이다.
ㄷ. ㉢과 달리 ㉠은 국제 사회의 행위 주체이다.
ㄹ. ㉡과 달리 ㉢은 ㉠의 회원이 될 수 있다.

① ㄱ, ㄴ　　② ㄱ, ㄷ　　③ ㄴ, ㄷ
④ ㄴ, ㄹ　　⑤ ㄷ, ㄹ

13 그림의 강연자가 지지할 입장으로 옳은 것만을 〈보기〉에서 고른 것은?

| 보기 |

ㄱ. 국제기구는 국가 간의 분쟁을 중재하는 역할에 힘써야 한다.
ㄴ. 국가는 힘의 논리에 근거하여 자국의 이익만을 추구해야 한다.
ㄷ. 비정부 기구는 이윤 창출 활동과 함께 인도주의적 구호 활동을 병행해야 한다.
ㄹ. 개인은 지구 공동체 일원으로서 책임감을 가지고 기부 등에 적극 참여해야 한다.

① ㄱ, ㄴ　　② ㄱ, ㄹ　　③ ㄴ, ㄷ
④ ㄴ, ㄹ　　⑤ ㄷ, ㄹ

03 남북 분단과 동아시아의 역사 갈등 해결

주제 1 남북 분단과 평화통일 ★★★

1 남북 분단의 배경

(1) 국제적 배경

[ ]1) 대결의 심화	제2차 세계 대전 후 세계는 [ ]2)을 중심으로 한 자유주의 진영과 구소련을 중심으로 한 공산주의 진영의 이념적 대결 구도가 심화되었음
한반도의 지정학적 위치	유라시아 대륙과 태평양을 연결하는 지정학적 요충지인 우리나라는 광복과 동시에 북위 [ ]3)을 기준으로 남쪽은 미국, 북쪽은 구소련의 영향력 아래 들어가게 되었음

(2) 국내적 배경

민족 내부의 응집력 부족	광복 후 [ ]4)에 대한 찬반 논쟁과 민족 내부의 이념적 갈등은 외세에 의한 분단을 효과적으로 막아 내지 못하는 원인이 되었음
[ ]5) 의 발발	북한의 남침으로 같은 민족끼리 전쟁을 치르게 되면서 남북 분단을 고착화시키는 결과를 가져왔음

2 [ ]6)의 필요성

개인 및 민족적 측면	• 남북은 같은 문화와 전통을 유지해 왔으나 분단 이후 다른 체제 속에서 살아오면서 이질화가 심화되었음 • 통일은 이산가족의 아픔을 해소하고, 북한 주민의 삶을 개선하며 민족의 [ ]7) 회복을 위해 필요함
사회 및 문화적 측면	우리 민족의 유구한 역사와 전통을 발전시킬 수 있어서 우리의 [ ]8)을 더욱 풍요롭게 만들 것임
정치적 측면	한반도뿐만 아니라 주변 세계가 전쟁의 위협에서 벗어나 안정과 평화를 얻을 수 있고, 구성원 모두가 자유와 인권을 보장받고 평화를 누리며 살아갈 수 있음
경제적 측면	• 남한의 [ ]9)과 기술이 북한의 자원 및 [ ]10)과 결합하여 경제가 성장함 • 분단 비용을 삶의 질을 향상하는 데 사용할 수 있음

3 분단 비용과 통일 비용

[ ]11) 비용	• 분단으로 인한 대립과 갈등으로 소모되는 비용 • 군사비, 안보비 등의 유형적 비용+이산가족의 고통, 국민 불안 등의 무형적 비용
통일 비용	• 정치와 경제 제도 통합 비용, 등 통일 이후 남북한 체제의 통합을 위해 소요되는 비용 • 통일에 따른 편익을 증진시키는 투자적 성격의 비용

주제 2 동아시아의 역사 갈등과 세계 평화를 위한 노력 ★★

1 동아시아의 역사 갈등

(1) 중국의 동북공정

역사 왜곡	중국은 [ ]12)을 통해 고조선, 부여, [ ]13), 발해의 우리 역사를 중국의 지방사(史)라고 주장하면서 역사를 왜곡하였음
역사 왜곡의 이유	중국이 고구려와 발해를 중국 소수 민족의 지방 정권으로 왜곡하는 이유는 현재의 중국 영토 내에 있는 소수 민족을 통합하여 이들의 [ ]14)을 막고 국경 지역을 안정화하기 위해서임
문화 원조 논란	최근 중국은 자신들의 문화의 우수성을 강조하는 과정에서 우리나라를 포함한 인근 국가들과 문화 원조 논란이 벌어지기도 하였음

(2) 일본의 역사 교과서 왜곡

역사 왜곡	• 일본은 [ ]15)를 왜곡하여 자신들의 침략 전쟁과 식민 지배를 정당화하거나 미화하고, 전쟁 범죄를 은폐함으로써 주변국들과 갈등을 빚고 있음 • 우리나라 침략을 '진출'로, 출병을 '파견'으로 미화하여 왜곡하였음 • 자신의 의지로 참여한 경우도 있기 때문에 '종군 위안부'나 '강제 연행'이라는 표현이 부적절하다고 주장하며 교과서에서 삭제하였음
우리나라와 역사 갈등	• 최근에는 우리 고유의 영토인 [ ]16)를 일본 영토라고 왜곡한 내용을 교과서에 포함하였음 • 일본군 위안부 문제, 야스쿠니 신사 참배 문제 등으로 우리나라와 지속적인 역사 갈등을 겪고 있음

(3) 동아시아 역사 갈등 해결을 위한 노력

공동 역사 연구 진행	역사 인식 차이를 극복하고 평화로운 동아시아사의 미래를 지향하기 위해 공동 역사 연구의 진행과 이를 통한 공동 역사 교재 개발 사례가 있음
국제 연대와 인적 교류의 활성화	한·중·일 3국의 학술 문화 교류와 협력 강화, 동아시아 청소년 역사 체험 캠프 개최 등을 통해 서로의 역사를 배우고 이해하며 평화로운 공존을 도모해야 함

2 세계 평화를 위한 우리나라의 노력

국가적 차원	• 우리나라의 경험과 기술을 필요로 하는 개발도상국을 지원하고 있음 • 다양한 국제기구에 주도적으로 참여하여 세계 인권과 민주주의 증진에 이바지하고 있음
개인과 민간단체 차원	다양한 국제 비정부 기구에 참여하여 반전, 평화, 환경, 빈곤 등 세계적인 문제 해결에 함께 노력하고 있음

정답 1 냉전 2 미국 3 38도선 4 신탁 통치 5 6·25 전쟁 6 통일 7 동질성 8 문화유산 9 자본 10 노동력 11 분단 12 동북공정 13 고구려 14 분리 독립 15 역사 교과서 16 독도

시험 대비하기

01 ㉠에 들어갈 내용으로 적절하지 <u>않은</u> 것은?

> 남북이 분단되고 분단이 고착화된 배경으로는 [㉠]을/를 들 수 있다.

① 민족 내부의 응집력 부족
② 남북 정상이 만난 6 · 15 공동 선언
③ 불법 남침에 의한 6 · 25 전쟁의 발발
④ 광복 직후 신탁 통치에 대한 찬반 논쟁
⑤ 미국과 구소련을 중심으로 한 대결 구도

02 밑줄 친 ㉠, ㉡에 해당하는 내용으로 적절하지 <u>않은</u> 것은?

> 남북한의 분단 상황은 국가 발전 및 세계 평화를 저해한다. 통일의 필요성은 ㉠ 정치적 측면과 ㉡ 경제적 측면에서 살펴볼 수 있다.

① ㉠ : 우리나라의 구성원 모두가 자유와 인권을 보장받으며 살아갈 수 있다.
② ㉠ : 한반도와 주변 지역이 전쟁의 위협에서 벗어나 안정과 평화를 누릴 수 있다.
③ ㉡ : 태평양과 유라시아 대륙을 연결하는 물류의 중심지로 성장할 수 있다.
④ ㉡ : 주민들의 삶의 질 향상을 위해 사용해야 할 비용을 군비 경쟁에 투입할 수 있다.
⑤ ㉡ : 남한의 자본과 기술이 북한의 자원 및 노동력과 결합하여 경제 성장을 이룰 수 있다.

03 밑줄 친 '역할'에 해당하는 내용으로 적절하지 <u>않은</u> 것은?

> 우리나라는 식민 통치와 국토 분단 등의 어려움 속에서도 짧은 기간에 산업화와 민주화를 동시에 달성한 국가로 인정받으며 국제적 위상이 높아졌다. 우리나라는 높아진 국제적 위상에 걸맞게 <u>세계 평화 실현을 위해 다양한 역할</u>을 해야 한다.

① 빈곤, 재난 등으로 고통을 겪고 있는 국가를 원조한다.
② 국제 사회의 일원으로서 분쟁 지역의 평화 유지를 위해 힘쓴다.
③ 우리나라의 개발 경험과 기술이 필요한 개발도상국을 지원한다.
④ 대량 살상 무기와 테러 확산 방지를 위해 다른 나라와 협력한다.
⑤ 동아시아 지역의 평화를 위해 중국, 일본 등의 역사 왜곡은 덮어둔다.

04 밑줄 친 ㉠, ㉡에 대한 설명으로 가장 적절한 것은?

> 분단이 지속되는 한 ㉠ 분단 비용은 계속 발생하지만, ㉡ 통일 비용은 통일 전후 한시적으로만 발생한다. 장기적으로 볼 때 통일 편익이 통일 비용보다 더 크다.

① ㉠은 통일 이후에도 지속적으로 발생한다.
② ㉡은 통일 이전에만 한시적으로 발생한다.
③ ㉡은 분단 때문에 치러야 하는 소모적 비용이다.
④ ㉡보다 통일로 얻게 되는 장기적 이익이 더 크다.
⑤ ㉠과 ㉡은 모두 서로 다른 체제를 통합하는 데 드는 비용이다.

05 다음은 중국의 역사 왜곡을 정리한 것이다. 밑줄 친 ㉠～㉤ 중 옳지 <u>않은</u> 것은?

> 〈동북공정을 통한 중국의 주장〉
> • 고조선사는 ㉠ 기자 조선 – 위만 조선 – 한사군으로 이어지는 중국사이다.
> • 광개토 대왕과 장수왕이 활약한 ㉡ 고구려는 중국 중앙 정부와 관련 없는 독립 정권이며, ㉢ 고구려와 수 · 당 간의 전쟁은 중국 내부의 통일 전쟁이자 지방 정권의 반란을 진압한 사건이다.
> • 발해의 국호는 말갈국이었고, 말갈족 출신인 대조영이 세운 국가이므로 발해는 ㉣ 고구려와 무관하며, ㉤ 당에 예속된 지방 정부이다.

① ㉠ ② ㉡ ③ ㉢
④ ㉣ ⑤ ㉤

06 밑줄 친 부분에 해당하는 사례에 대한 설명으로 가장 적절한 것은?

> 최근 자국의 실리를 추구하는 민족주의가 강화되면서 한국, 중국, 일본 동아시아 3국 간에 <u>역사 인식을 둘러싼 갈등</u>이 발생하고 있다.

① 중국은 동북공정을 통해 고구려는 중국과 무관하다고 주장하고 있다.
② 중국은 자국 내 소수 민족을 분리 독립시키려는 의도로 동북공정을 추진한다.
③ 일본은 역사 교과서에서 제2차 세계 대전의 침략성과 강제성을 강조하였다.
④ 일본의 야스쿠니 신사 참배는 식민 지배와 침략 전쟁을 미화하고 정당화하는 것이다.
⑤ 중국과 일본은 서로 독도를 자국의 영토라고 주장하면서 영토 분쟁을 벌이고 있다.

주제 1 세계의 인구 현황 ★★★

1 세계의 인구 성장: [____][1] 이후 생활 수준의 향상, 의학 기술의 발달, 위생 시설의 개선, 식량 생산량 증가 등으로 인해 세계 인구가 급격히 증가함

2 세계의 인구 분포

인구 [____][2] 지역	인구 [____][3] 지역
• 동부 아시아, 남부 아시아, 동남 아시아: 계절풍 기후 지역으로 인구 부양력이 높은 작물인 [____][4]을 재배하여 인구 밀도가 높음 • 유럽, 미국 북동부: 일찍부터 산업화가 시작되어 산업이 발달함	• 사막, 극지방: 사막은 건조하고, 극지방은 매우 추워서 곡물 재배 및 인간 거주에 불리함 • 열대 우림 지역: 열대 우림이 울창하게 형성되어 있어 인간 거주에 불리함

📋 자료로 살펴보기

● 세계의 인구 분포

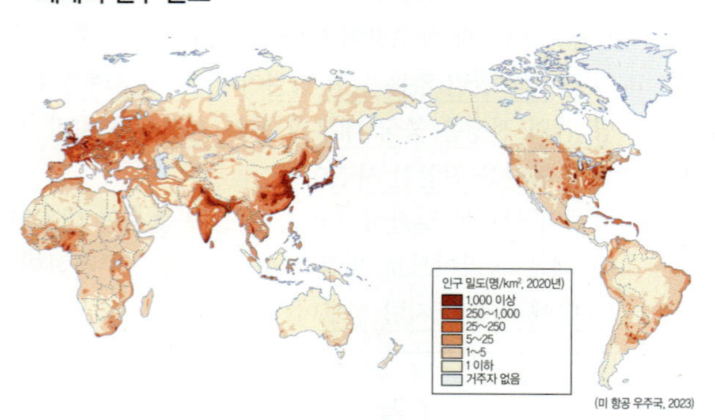

인구 밀도를 나타낸 지도를 보면 일찍부터 산업이 발달한 [____][5] 및 미국 북동부 지역, 벼농사가 활발한 아시아 계절풍 기후 지역은 기후가 온화하고 넓은 평야가 분포하여 도시 발달에 유리해 인구가 밀집해 있다. 반면 북부 아프리카와 오스트레일리아 내륙 등의 사막 기후 지역, 북극해 일대와 그린란드 내륙 등의 한대 기후 지역, 아마존강 유역과 같은 열대 우림 기후 지역은 기후나 지형이 인간 거주에 적합하지 않으며, 경제활동에 불리하고 교통이 불편하여 인구가 희박하다.

3 선진국과 개발도상국의 인구 구조

구분	선진국	개발도상국
출생률	낮음	높음
중위 연령	[____][6]	[____][7]
기대 수명	긺	짧음
유소년층 인구 비율	[____][8]	[____][9]
노년층 인구 비율	높음	낮음

4 세계의 인구 이동

(1) 인구 이동 요인

인구 [____][10] 요인	특정 지역의 인구를 다른 지역으로 밀어내 이동하게 만드는 요인 ⓔ 낮은 임금 수준, 부족한 일자리 등
인구 [____][11] 요인	다른 지역으로부터 인구를 끌어들여 머무르게 하는 요인 ⓔ 높은 소득 수준, 풍부한 일자리 등

(2) 인구 이동의 유형

[____][12] 이동	높은 임금과 풍부한 일자리를 찾아 이동 ⓔ 라틴 아메리카 출신 노동자들의 임금 수준이 높고 일자리가 풍부한 미국으로의 이동
[____][13] 이동	전쟁이나 분쟁을 피하기 위한 이동 ⓔ 서남아시아와 아프리카의 내전으로 인한 난민의 이동
환경적 이동	기후변화에 따른 환경 재앙을 피해 이동 ⓔ 해수면 상승으로 인한 남태평양 섬 주민의 주변 국가로의 이동

주제 2 인구 문제와 해결 방안 ★★

1 인구 과잉에 따른 인구 문제: 주로 개발도상국에서 발생

인구 과잉	대도시 인구 과밀
• 원인: 사망률은 빠르게 감소한 반면 출생률은 완만한 감소 • 영향: 인구 부양력의 한계를 넘어선 인구 과잉으로 식량 및 자원의 부족, 기아와 빈곤, 실업 등의 문제 발생 • 대책: [____][14] 정책 실시, 경제 발전 및 식량 증산 정책 실시 등	• 원인: 급속한 산업화에 따른 [____][15], 대도시 인구의 높은 자연 증가율 • 영향: 일자리 부족, 주택·상하수도 시설 등의 도시 기반 시설 부족 문제 • 대책: 도시 기반 시설 확충 및 생활환경 개선, 중소 도시 육성 정책 실시 등

2 저출생·고령화에 따른 인구 문제: 주로 선진국에서 발생

저출생	고령화
• 원인: 여성의 사회 활동 증가, 결혼 및 출산에 대한 가치관 변화 • 영향: 경제활동 인구의 감소에 따른 [____][16] 부족 및 잠재 성장률 하락 등 • 대책: 출산 및 육아 비용 지원, 양육 및 보육 시설 확충, 유급 출산 휴가 기간 연장 등	• 원인: 의학 발달과 생활 수준 향상에 따른 평균 수명 연장 • 영향: [____][17] 부양비 증가, 노년층을 위한 사회적 비용 증가 → 세대 간 갈등 문제 발생 • 대책: 노년층 인구에 대한 사회 보장 제도 강화, 일자리 확대와 정년 연장, 노인 복지 시설 확충 등

정답 1 산업화 2 밀집 3 희박 4 쌀 5 유럽 6 높음 7 낮음 8 낮음 9 높음 10 배출 11 흡인 12 경제적 13 정치적 14 출산 억제 15 이촌향도 16 노동력 17 노년

시험 대비하기

01 그래프는 지도에 표시된 두 국가의 연령층별 인구 비율과 총 인구를 나타낸 것이다. (가), (나) 국가에 대한 설명으로 옳은 것은?

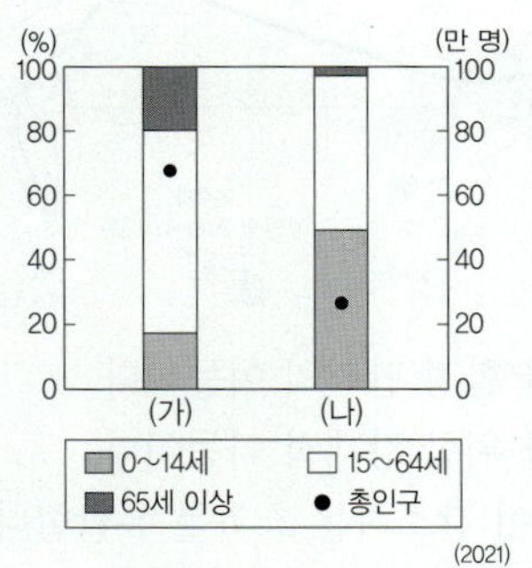

① (가)는 (나)보다 중위 연령이 낮다.
② (가)는 (나)보다 경제 발전 수준이 높다.
③ (나)는 (가)보다 인구 밀도가 높다.
④ (나)는 (가)보다 출산 장려 정책의 필요성이 크다.
⑤ (가)는 아프리카, (나)는 유럽에 위치한다.

03 (가), (나)에 해당하는 인구 이주 유형으로 가장 적절한 것만을 〈보기〉에서 고른 것은?

> (가) 카타르 국제 축구 대회 경기장을 건설하기 위해 인도, 파키스탄, 케냐 등에서 200만 명 이상의 노동자들이 카타르로 이주하였다.
> (나) 탈레반과의 오랜 내전 끝에 수도 카불이 정복되자 많은 아프가니스탄인이 국경을 넘어 파키스탄의 난민촌으로 이주하였다.

┤ 보기 ├

ㄱ. 경제적 요인에 의한 자발적 인구 이주
ㄴ. 경제적 요인에 의한 강제적 인구 이주
ㄷ. 정치적 요인에 의한 강제적 인구 이주
ㄹ. 환경적 요인에 의한 자발적 인구 이주

	(가)	(나)		(가)	(나)
①	ㄱ	ㄷ	②	ㄱ	ㄹ
③	ㄴ	ㄹ	④	ㄷ	ㄴ
⑤	ㄷ	ㄹ			

02 그래프는 두 국가의 연령층별 인구 비율을 나타낸 것이다. (가), (나) 국가의 상대적 특징을 그림과 같이 나타낼 때 A, B에 들어갈 항목으로 옳은 것은?

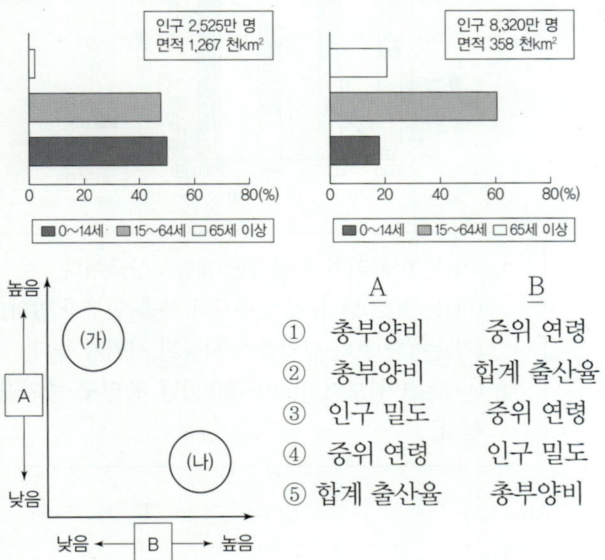

	A	B
①	총부양비	중위 연령
②	총부양비	합계 출산율
③	인구 밀도	중위 연령
④	중위 연령	인구 밀도
⑤	합계 출산율	총부양비

04 지도에 표현된 두 국가의 인구 이동에 대한 공통된 설명으로 가장 적절한 것은?

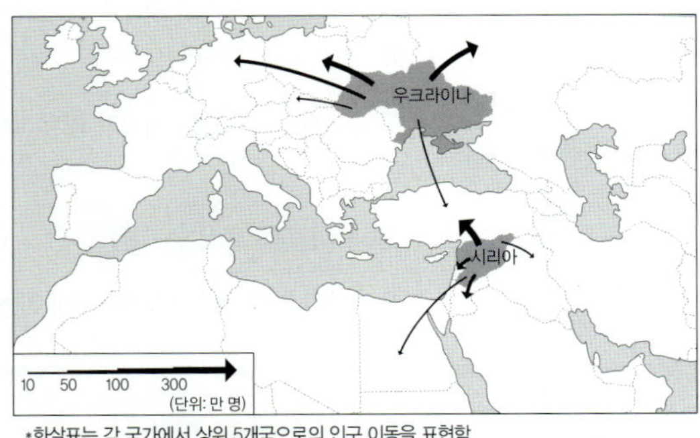

• 화살표는 각 국가에서 상위 5개국으로의 인구 이동을 표현함.
•• 우크라이나는 2022년 2월부터 6월까지, 시리아는 2013년부터 2021년까지의 이동임.

① 학업을 위한 자발적 이동이다.
② 고급 전문 기술 인력의 이동이다.
③ 휴가를 위한 관광지로의 이동이다.
④ 분쟁 발생에 따른 난민의 이동이다.
⑤ 종교의 성지를 방문하기 위한 일시적 이동이다.

05 다음은 학습 주제에 대한 학생의 토론 장면이다. 토론 내용이 옳은 학생만을 고른 것은?

① 갑, 을   ② 갑, 병   ③ 을, 병
④ 을, 정   ⑤ 병, 정

06 다음은 통합사회 수업 중 학생이 작성한 노트이다. ㉠~㉤에 대한 설명으로 옳은 것은?

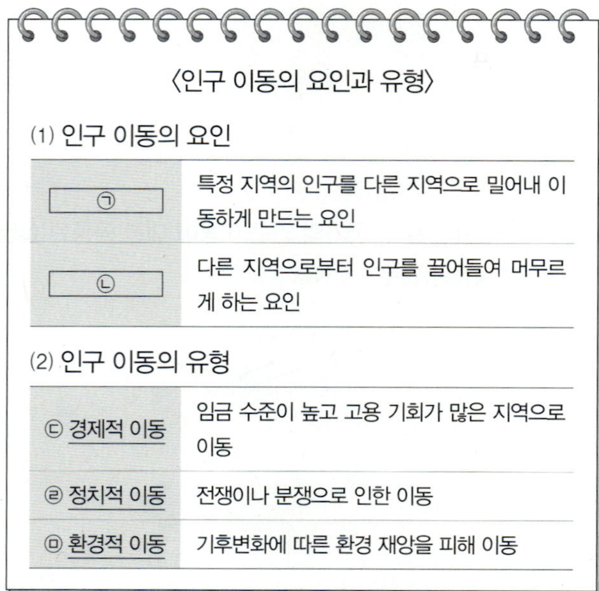

〈인구 이동의 요인과 유형〉

(1) 인구 이동의 요인

㉠	특정 지역의 인구를 다른 지역으로 밀어내 이동하게 만드는 요인
㉡	다른 지역으로부터 인구를 끌어들여 머무르게 하는 요인

(2) 인구 이동의 유형

㉢ 경제적 이동	임금 수준이 높고 고용 기회가 많은 지역으로 이동
㉣ 정치적 이동	전쟁이나 분쟁으로 인한 이동
㉤ 환경적 이동	기후변화에 따른 환경 재앙을 피해 이동

① ㉠에는 '흡인 요인'이 들어가야 한다.
② ㉡의 사례에는 빈곤, 낮은 임금 수준, 부족한 일자리 등이 있다.
③ ㉢은 유입 지역의 노동력 부족 문제 해결에 도움을 준다.
④ 해수면 상승으로 인해 남태평양 섬 주민이 주변 국가로 이동한 사례는 ㉣에 해당한다.
⑤ ㉤은 자발적이고 일시적인 이동에 해당한다.

07 지도에 제시된 인구 이동의 특징에 대한 설명으로 옳은 것은?

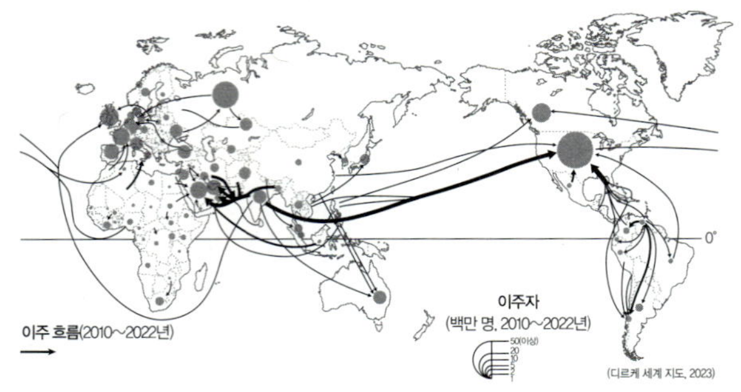

① 지구 온난화로 인한 환경 난민의 이동이다.
② 노예 노동력 확보를 위한 강제적 이동이다.
③ 본국으로의 송금액이 감소하는 효과를 유발한다.
④ 내전, 정치적 탄압을 피하기 위한 난민의 이동이다.
⑤ 유입 지역은 유출 지역보다 평균 임금 수준이 높다.

08 그래프는 두 국가의 연령층별 인구 비율과 총인구 변화를 나타낸 것이다. (가), (나) 국가에 대한 설명으로 옳은 것만을 〈보기〉에서 고른 것은? (단, (가), (나)는 각각 니제르, 독일 중 하나임.)

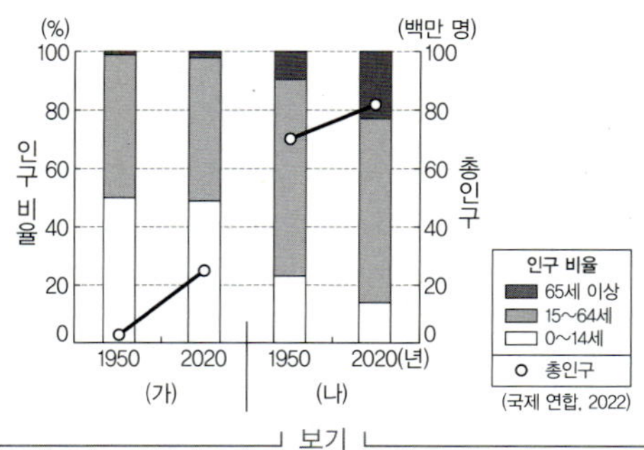

보기
ㄱ. (가)는 아프리카에 위치한 개발도상국이다.
ㄴ. (나)는 2020년 유입 인구보다 유출 인구가 많다.
ㄷ. (가)는 (나)보다 산업화가 시작된 시기가 늦다.
ㄹ. (나)는 (가)보다 1950~2020년 총인구 증가율이 높다.

① ㄱ, ㄴ   ② ㄱ, ㄷ   ③ ㄴ, ㄷ
④ ㄴ, ㄹ   ⑤ ㄷ, ㄹ

09 지도의 (가) 국가군과 비교한 (나) 국가군의 상대적 특징을 그림의 A~E에서 고른 것은?

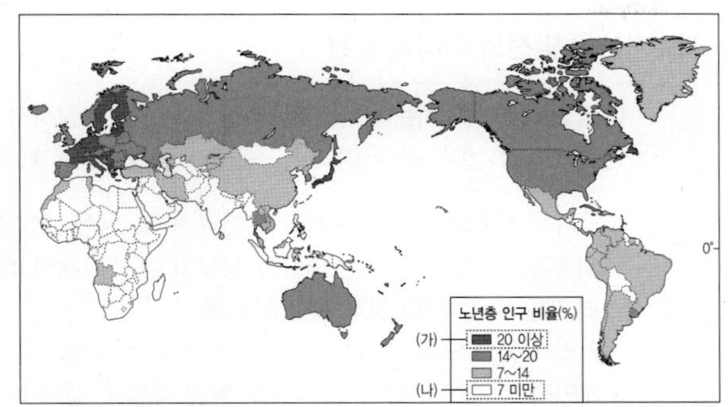

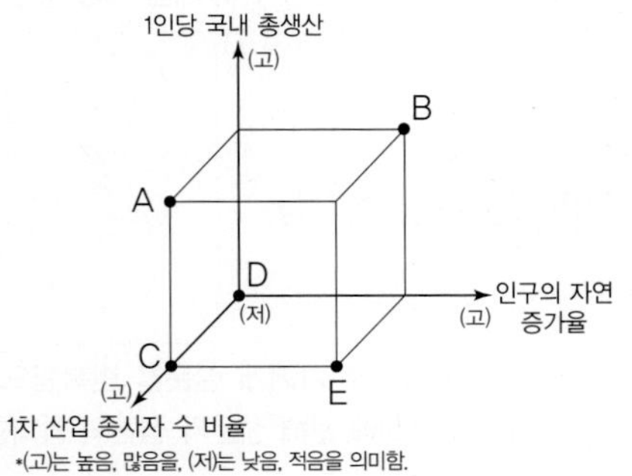

*(고)는 높음, 많음을, (저)는 낮음, 적음을 의미함.

① A
② B
③ C
④ D
⑤ E

10 그래프는 어느 국가의 인구 구조 변화를 나타낸 것이다. 이 국가에 대해 추론한 내용으로 가장 적절한 것은?

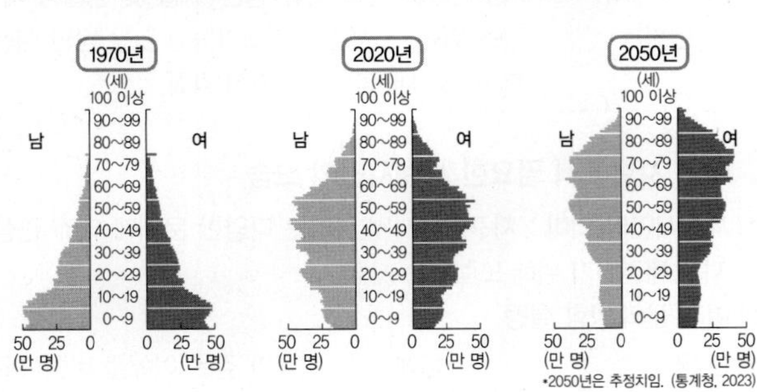

① 아프리카의 개발도상국일 것이다.
② 1970년 출생자 수보다 사망자 수가 많았을 것이다.
③ 2020년 산아 제한 정책이 시행되었을 것이다.
④ 2050년 유소년층 인구보다 노년층 인구가 많을 것이다.
⑤ 1970년보다 2020년 중위 연령이 낮았을 것이다.

11 그래프는 두 국가의 인구 구조를 나타낸 것이다. (가), (나) 국가에서 시행이 필요한 인구 정책을 〈보기〉에서 고른 것은?

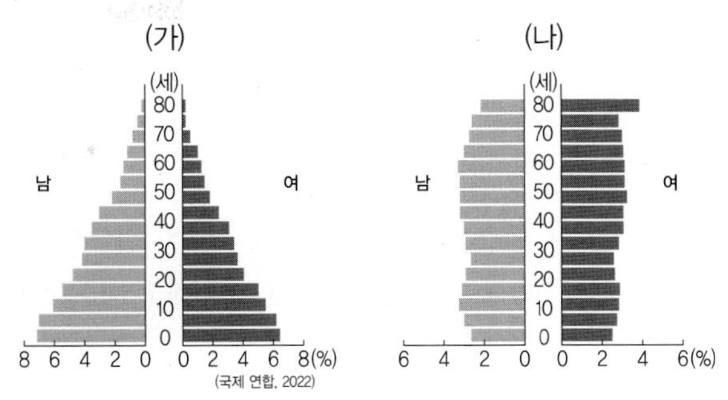

┌ 보기 ┐
ㄱ. 출산 및 육아 비용을 지원한다.
ㄴ. 정년 연장 및 노인 일자리를 창출한다.
ㄷ. 가족계획을 통한 출산 억제 정책을 실시한다.
ㄹ. 식량 생산 증대를 통해 인구 부양력을 높인다.

	(가)	(나)		(가)	(나)
①	ㄱ, ㄴ	ㄷ, ㄹ	②	ㄱ, ㄷ	ㄴ, ㄹ
③	ㄴ, ㄷ	ㄱ, ㄹ	④	ㄴ, ㄹ	ㄱ, ㄷ
⑤	ㄷ, ㄹ	ㄱ, ㄴ			

12 그래프는 지역(대륙)별 출생률과 사망률을 나타낸 것이다. (가)~(다) 지역(대륙)에 대한 설명으로 옳은 것만을 〈보기〉에서 고른 것은? (단, (가)~(다)는 각각 아프리카, 앵글로아메리카, 유럽 중 하나임.)

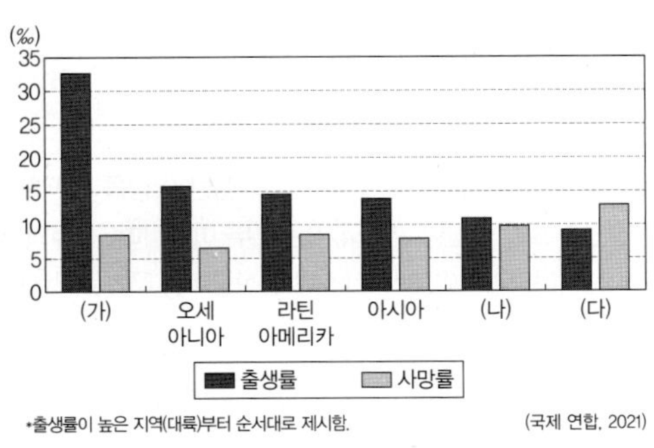

┌ 보기 ┐
ㄱ. (가)는 (나)보다 3차 산업 종사자 수 비율이 높다.
ㄴ. (나)는 (다)보다 산업화가 시작된 시기가 이르다.
ㄷ. (다)는 (가)보다 도시화율이 높다.
ㄹ. 2021년 인구의 자연 증가율은 (가)>(나)>(다) 순으로 높다.

① ㄱ, ㄴ
② ㄱ, ㄷ
③ ㄴ, ㄷ
④ ㄴ, ㄹ
⑤ ㄷ, ㄹ

02~03 에너지 자원과 지속가능한 발전 ~ 미래 사회의 모습과 나의 삶

주제 1 에너지 자원의 분포와 소비 ★★★

1 자원의 특징

유한성	대부분의 자원은 매장량이 한정되어 있으므로 계속 사용하다보면 언젠가는 고갈됨
[ ] [1]	일부 자원은 특정 지역에 편중되어 분포함
[ ] [2]	기술·경제·문화적 조건 등에 따라 자원의 의미와 가치가 달라짐

2 세계 1차 에너지 소비 구조 : 석유＞석탄＞천연가스 순으로 세계 소비량이 많음

3 주요 에너지 자원

석탄	• 주로 [ ] [3] 으로 이용 • 연소 시 대기 오염 물질 배출량이 가장 많음 • 주로 고생대 지층에 매장 • [ ] [4] 의 주요 에너지원
석유	• 서남아시아에 집중적으로 매장 • [ ] [5], 산업용으로 이용 • 주로 신생대 제3기층의 배사 구조에 매장 • [ ] [6] 발명, 자동차 보급 등으로 수요 급증
천연가스	• [ ] [7], 상업용, 산업용으로 이용 • 연소 시 대기 오염 물질 배출량이 가장 적음 • 주로 신생대 제3기층의 배사 구조에 매장 • [ ] [8] 기술의 발달로 수요 급증

> 📋 **자료로 살펴보기**
>
> ● 주요 화석 에너지의 국가별 생산량 비율

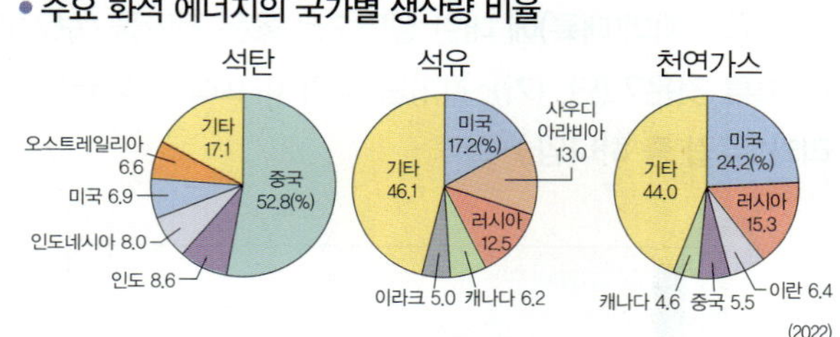

> 석탄은 중국의 생산량이 세계 생산량의 절반 이상을 차지하고 있다. 석유와 천연가스의 생산량 1위 국가는 모두 미국이며, 석유의 생산량 2위 국가는 사우디아라비아, 천연가스의 생산량 2위 국가는 러시아이다.

4 자원의 분포와 소비에 따른 문제

(1) **자원 수급을 둘러싼 갈등** : 자원 [   ] [9] 의 심화로 자원 보유국과 자원 수입국 간의 분쟁 발생

(2) **자원 고갈** : 현재와 같은 자원 소비가 지속된다면 자원 부족 문제에 직면하게 됨

(3) **환경 문제** : 화석 연료 사용량 증가로 인한 이산화 탄소 배출량 증가는 [   ] [10] 를 심화시키고 기후변화를 초래함

(4) **자원 소비량의 지역 간 격차 문제** : 선진국과 개발도상국 간의 생활 수준 및 경제 발달 수준 차이로 인해 1인당 자원 소비량의 격차가 발생함

주제 2 지속가능한 발전을 위한 노력 ★★

1 지속가능한 발전의 의미와 노력

의미	미래 세대가 살아가는 데 필요한 자원과 환경을 손상하지 않으면서 현재를 살아가는 우리의 욕구를 동시에 충족하는 발전
노력	• 국가적 차원의 노력 : 국제 환경 협약 체결, 공적 개발 원조, 지속가능한 발전을 위한 법률과 정책 마련, 신·재생 에너지의 개발 확대, 사회 취약 계층 지원 등 • 기업 차원의 노력 : ESG 경영, RE100 전략 채택 등 • 개인적 차원의 노력 : 자원 절약, 물건 재활용, 윤리적 소비 실천, 건강한 시민 의식 함양, 공정 무역 제품 이용 등

주제 3 미래 사회의 모습과 삶의 방향 ★★

1 미래 예측 방법

전문가 합의법 ([ ] [11] 기법)	각 분야의 전문가에게 설문을 반복함으로써 특정한 주제에 관해 전문가 집단의 합의를 도출하는 방법
시나리오 기법	시나리오를 작성하여 미래에 대비하는 방법

2 미래 사회의 변화 양상

정치적·경제적 문제에 따른 국가 간 협력과 갈등	• 정치적 문제 : 영토나 종교 분쟁으로 발생하는 난민, 기아, 빈곤 문제 • 경제적 문제 : 세계 경제를 독점하는 일부 국가에 의한 경제 [ ] [12] 문제
과학기술의 발전에 따른 공간과 삶의 변화	• [ ] [13] 과 모바일 기술의 발전 : 누구나 정보를 생산하고 공유할 수 있는 환경 조성 • 가상 현실(VR)과 증강 현실(AR)의 등장 : 새로운 상호 작용에 대한 경험 • 교통과 통신의 발달로 생활 공간이 넓어지고 인간의 삶이 밀접하게 연결됨 → 개인 정보 유출, 사생활 노출, 유전자 조작·복제 및 인공지능(AI)과 관련된 윤리적 문제 발생
생태환경의 변화	• 에너지, 물, 식량 부족 및 고갈 문제 발생 • 기후변화로 인한 인류 생존 위협 및 생물종 다양성 감소 위험 → 자원의 지속가능한 활용 방안 실천, 기후변화와 대응에 대한 인식 강화

3 미래 사회에서 필요한 세계시민의 모습

(1) **세계시민의 의미** : 지구촌에서 발생하는 다양한 문제에 대해 관심을 가지고 해결하기 위해 노력하는 사람

(2) **미래 삶의 방향 설정**

① 인류의 [   ] [14] 가치에 대한 지식과 깊은 이해를 바탕으로 사회 현상을 비판적으로 분석하는 자세가 필요

② 인류 공동체 일원으로서 소속감을 바탕으로 다름을 인정하고, 다양성을 존중해야 함

③ 지역적, 국가적, 세계적 차원에서 소통하고 책임감 있게 행동해야 함

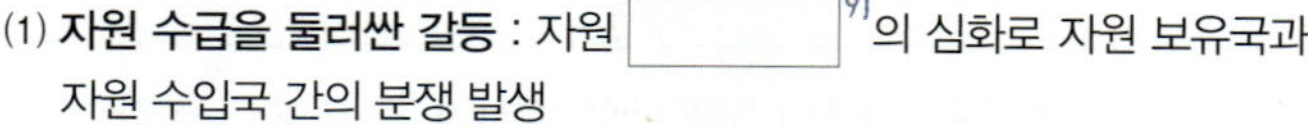

정답 1 편재성 2 가변성 3 산업용 4 산업 혁명기 5 수송용 6 내연 기관 7 가정용 8 냉동 액화 9 민족주의 10 지구 온난화 11 델파이 12 불균형 13 인터넷 14 보편적

시험 대비하기

01 그래프는 화석 에너지 자원의 국가별 생산량과 소비량을 나타낸 것이다. (가), (나) 자원에 대한 설명으로 옳은 것은? (단, (가), (나)는 각각 석유, 석탄, 천연가스 중 하나임.)

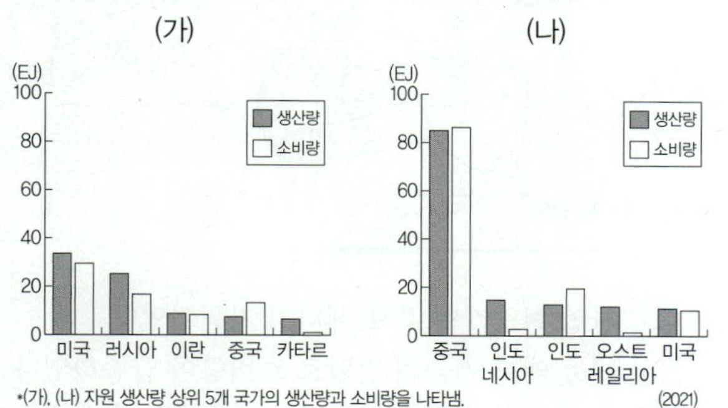

① (가)는 냉동 액화 기술의 발달로 사용량이 급증하였다.
② (나)는 산업용보다 수송용으로 많이 이용된다.
③ (가)는 (나)보다 상용화된 시기가 이르다.
④ (가)는 (나)보다 대기 오염 물질 배출량이 많다.
⑤ (가)는 (나)보다 세계 1차 에너지 소비량에서 차지하는 비율이 높다.

02 그래프는 주요 화석 에너지의 지역(대륙)별 생산 비율을 나타낸 것이다. (가)~(다) 자원에 대한 설명으로 옳은 것은? (단, (가)~(다)는 각각 석유, 석탄, 천연가스 중 하나임.)

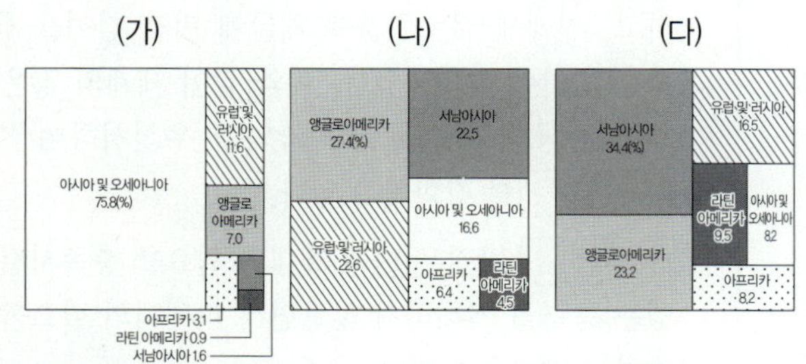

① (가)는 냉동 액화 기술의 발달로 소비량이 급증하였다.
② (나)는 주로 고생대 지층에 매장되어 있다.
③ (다)는 산업 혁명기의 주요 에너지 자원이었다.
④ (나)는 (가)보다 연소 시 대기 오염 물질의 배출량이 많다.
⑤ (다)는 (나)보다 본격적으로 상용화된 시기가 이르다.

03 다음 자료의 (가) 에너지에 대한 설명으로 옳은 것은?

> ___(가)___ 은/는 19세기 내연 기관의 발명과 자동차 보급의 확산으로 소비량이 급증하였다. 수송용으로 이용되는 비율이 높고, 플라스틱, 합성 섬유, 화장품, 의약품 등을 만드는 주요 원료이다. 또한 서남아시아의 수출량 비율이 높아 서남아시아의 정세 불안정에 따른 국제 가격 변동 폭이 큰 편이다.

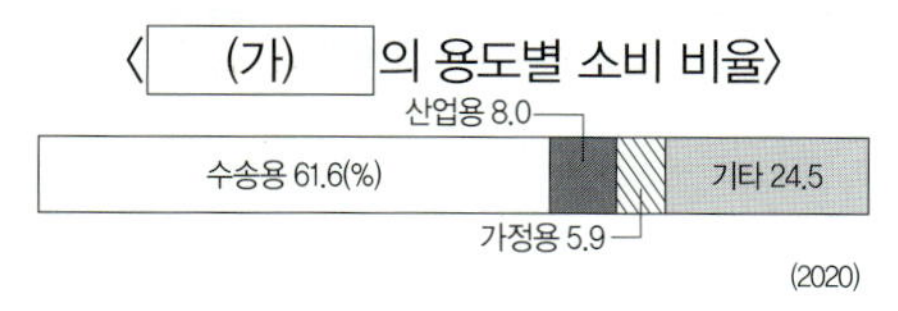

① 고생대 지층에 주로 매장되어 있다.
② 재생이 가능하여 고갈 가능성이 낮다.
③ 세계에서 중국의 생산량과 소비량이 가장 많다.
④ 화석 에너지 중 연소 시 대기 오염 물질 배출량이 가장 적다.
⑤ 세계 1차 에너지 소비량에서 차지하는 비율이 가장 높다.

04 그래프는 세 국가의 1차 에너지 소비 구조를 나타낸 것이다. A~C에 대한 설명으로 옳은 것은? (단, A~C는 각각 석유, 석탄, 천연가스 중 하나임.)

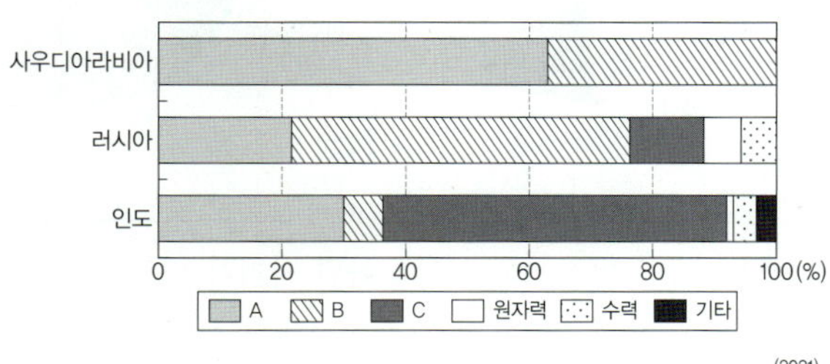

① A는 주로 고기 조산대 주변에 매장되어 있다.
② B는 냉동 액화 기술의 발달로 소비량이 급증하였다.
③ B는 C보다 연소 시 대기 오염 물질의 배출량이 많다.
④ C는 A보다 수송용으로 이용되는 비율이 높다.
⑤ 세계 1차 에너지 소비 구조에서 차지하는 비율은 A>B>C 순으로 높다.

05 그래프는 세 국가의 석유, 석탄 소비량 비율과 화석 에너지 총소비량을 나타낸 것이다. (가)~(다) 국가로 옳은 것은?

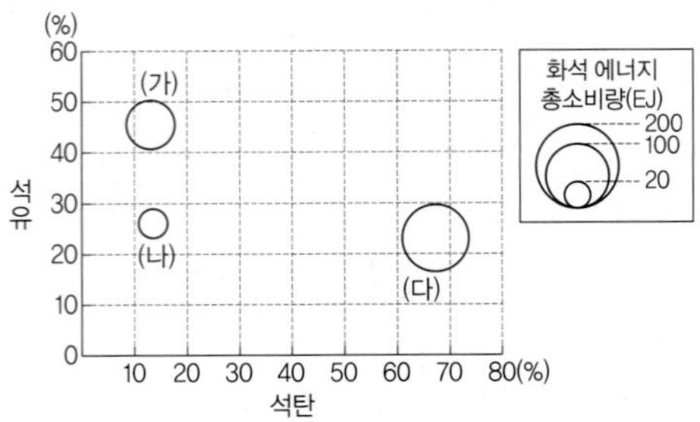

• 국가별 석유, 석탄, 천연가스 소비량 비율의 합을 100%로 함.
•• 소비량 비율은 원의 가운데 값임.　　(2020)

	(가)	(나)	(다)
①	러시아	미국	중국
②	러시아	중국	미국
③	미국	러시아	중국
④	미국	중국	러시아
⑤	중국	러시아	미국

06 그래프는 (가), (나) 에너지의 국가별 생산량 비율을 나타낸 것이다. 이에 대한 설명으로 옳은 것만을 〈보기〉에서 고른 것은? (단, (가), (나)는 각각 석유, 석탄, 천연가스 중 하나임.)

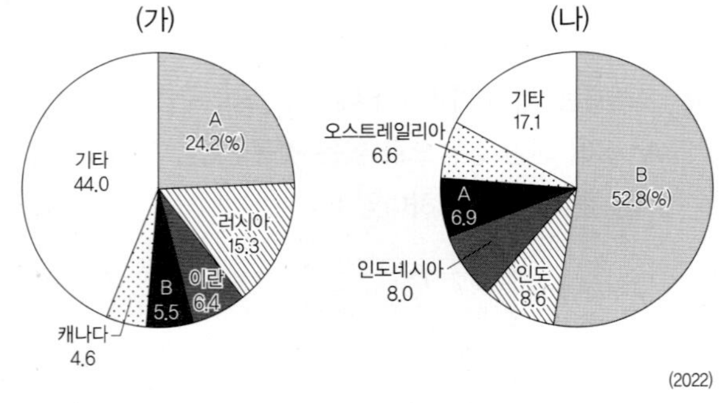

┌─ 보기 ─┐

ㄱ. (가)는 (나)보다 상용화된 시기가 이르다.
ㄴ. (나)는 (가)보다 연소 시 대기 오염 물질 배출량이 많다.
ㄷ. A는 B보다 1차 에너지 소비 구조에서 석탄이 차지하는 비율이 낮다.
ㄹ. B는 A보다 1인당 1차 에너지 소비량이 많다.

① ㄱ, ㄴ　　② ㄱ, ㄷ　　③ ㄴ, ㄷ
④ ㄴ, ㄹ　　⑤ ㄷ, ㄹ

07 지도는 어느 화석 에너지의 분포와 이동을 나타낸 것이다. 이 에너지에 대한 설명으로 옳은 것은?

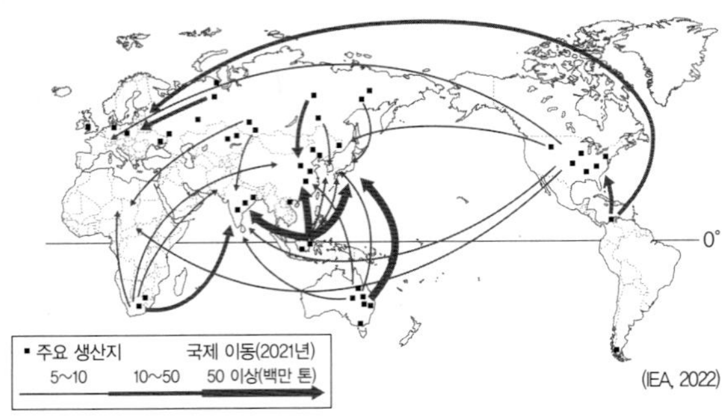

① 산업 혁명기의 주요 에너지 자원이었다.
② 냉동 액화 기술의 발달로 소비량이 급증하였다.
③ 육상 구간에서는 주로 파이프라인을 통해 운송된다.
④ 주로 신생대 제3기층의 배사 구조에 매장되어 있다.
⑤ 화석 에너지 중 연소 시 대기 오염 물질 배출량이 가장 적다.

08 다음 글의 (가), (나)에 들어갈 내용으로 옳은 것은?

• 중국은 3차 산업에 필요한 희소 금속의 수출을 제한하고, 칠레에서는 원자재 채굴에 민간 참여를 금지하는 법안이 발의되었다. 이와 같이 세계의 많은 자원 보유국들은 수출보다 국익을 우선시하며 자원 ☐(가)☐ 를 강화하고 있다.

• ☐(나)☐ 발전은 미래 세대의 필요를 충족시킬 수 있는 능력을 저해하지 않으면서 현세대의 필요를 충족하는 발전을 말한다.

	(가)	(나)
①	공유주의	성장 중심
②	공유주의	지속가능한
③	민족주의	성장 중심
④	민족주의	지속가능한
⑤	보편주의	지속가능한

09 다음 자료의 (가)를 시행하여 얻을 수 있는 효과로 옳은 것은?

> ⌈(가)⌉은/는 정부가 온실가스를 배출하는 사업장을 대상으로 연 단위로 배출권을 할당하고, 실질적 온실가스 배출량을 평가하여 여분 또는 부족분의 배출권에 대해서는 사고파는 것을 허용하는 제도를 말한다.

① 온실가스의 배출량을 감축할 수 있다.
② 화석 에너지의 매장량을 증가시킬 수 있다.
③ 신·재생 에너지의 소비량 비율을 낮출 수 있다.
④ ESG 경영을 도입하는 기업의 수를 줄일 수 있다.
⑤ 인공지능과 관련된 윤리적인 문제를 해결할 수 있다.

10 다음은 학습 주제에 대한 학생의 토론 장면이다. 토론 내용이 옳은 학생만을 고른 것은?

학습 주제 : 미래 사회의 모습 예측

① 갑, 을   ② 갑, 병   ③ 을, 병
④ 을, 정   ⑤ 병, 정

11 다음은 통합사회 수업 장면이다. 교사의 질문에 대한 답변이 옳은 학생만을 있는 대로 고른 것은?

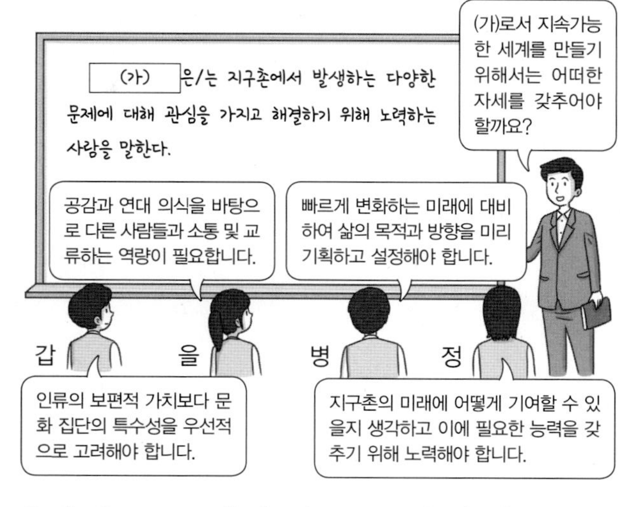

① 갑, 을   ② 갑, 병   ③ 병, 정
④ 갑, 을, 정   ⑤ 을, 병, 정

12 다음 글의 밑줄 친 ㉠~㉤ 중에서 내용이 옳지 <u>않은</u> 것은?

> 과학기술의 발달은 우리의 미래를 급격히 변화시킬 것이다. 교통과 정보 통신 기술의 발달로 ㉠ 삶의 공간 개념이 가상 현실로 확대되고 있으며 ㉡ 국경이 갖는 의미는 더욱 강화되고 있다. ㉢ 생명 공학은 난치병 치료와 회생 불가능한 환자의 생명을 연장하는 데 이바지할 것으로 예상되나, 생명 공학의 발달로 인간의 정체성과 도덕적 가치의 혼란이 발생할 수 있다. 또한 ㉣ 딥 러닝 기술을 갖춘 인공지능은 인간의 역할을 대신하여 생활을 편리하게 만들어 줄 것으로 예상되나 ㉤ 개인 정보 유출, 사생활 노출, 유전자 조작·복제 및 인공지능(AI)과 관련된 윤리적 문제가 발생할 우려가 커지고 있다.

① ㉠   ② ㉡   ③ ㉢
④ ㉣   ⑤ ㉤

MEMO

이투스북

본
本

통합사회2

정답 및 해설

이투스북

본

本

개념이 근본이 된다
내신의 기본이 된다

정답 및 해설

Ⅰ 인권 보장과 헌법

01 인권의 의미 변화와 확장

STEP 1 내신 다지기

본문 ○ 010~013쪽

01 ①	02 ⑤	03 ③	04 ②	05 ②	06 ②
07 ⑤	08 ②	09 ③	10 ⑤	11 ②	12 ③
13 ⑤	14 ①	15 ⑤	16 ④	17~18 해설 참조	

01 인권의 의미와 특징   정답 ①

① 인권은 인간이라면 누구나 누려야 하는 기본적인 권리로, 국가가 법으로 보장하기 전에 자연적으로 주어진 권리이다.

오답 피하기

② 주권은 국가의 의사를 최종적으로 결정하는 권력으로, 모든 권력의 근원이 되었다. ③ 재산권은 경제적 가치가 있는 것을 소유, 처분할 수 있는 권리이다. ④ 참정권은 정치에 참여할 권리로 정치인이 될 권리, 투표에 참여할 권리 등이다. ⑤ 환경권은 인간이 건강하고 쾌적한 환경에서 살 권리이다.

02 인권의 특징   정답 ⑤

인권의 특징에는 보편성, 천부성, 불가침성, 항구성 등이 있다. ⑤ 제시된 그림에서 갑의 답변에는 인권은 누구도 침해할 수 없다는 불가침성이 나타나 있고, 을의 답변에는 인권은 일정 기간이 아닌 영구히 보장되는 권리라는 항구성이 나타나 있다.

오답 피하기

인권의 보편성은 인종이나 성별, 종교, 사회적 신분 등에 관계없이 인간이라면 누구나 가지는 권리라는 의미이다. 또한 인권의 천부성은 누구나 태어나면서부터 하늘로부터 부여받은 당연한 권리라는 의미이다.

03 인권의 특징   정답 ③

③ 독재자는 흔히 사회의 발전과 안녕이라는 이유로 개인의 인권을 제한하였다. 그러나 인권은 남에게 양도할 수 없고, 누구도 침범할 수 없는 권리로, 이를 불가침성이라고 한다.

오답 피하기

① 인권이 지니는 항구성을 의미한다. ② 인권이 지니는 천부성을 의미한다. ④ 인권은 인간을 목적으로 대우해야 함을 의미한다. ⑤ 인권이 지니는 보편성을 의미한다.

04 인권의 의미와 인권 보장   정답 ②

② 자유권과 평등권, 참정권은 모두 인간이 누려야 할 기본적인 권리로 무엇이 우선한다고 단정할 수 없다.

오답 피하기

① 사회 계약설, 계몽사상은 시민 혁명의 사상적 배경이 되었다. ③ 시민 혁명 이후 참정권을 보장받지 못한 노동자와 여성들을 중심으로 참정권 확대 운동이 전개되었다. ④ 명예혁명을 통해 권리 장전이 승인되면서 시민의 자유와 권리가 확산되었다. ⑤ 부유한 시민 등 소수에게 집중되었던 참정권이 노동자, 여성 등 모든 사람들에게 보편적인 권리로 확대되어 나갔다.

05 인권 보장의 역사적 전개 과정   정답 ②

② 차티스트 운동은 19세기 영국의 노동자들이 보통 선거권을 획득하기 위해 전개한 운동이다.

오답 피하기

① 명예혁명에 의한 권리 장전은 의회의 승인 없는 왕의 권한 행사를 제한한 것이다. ③ 독일의 바이마르 헌법은 최초로 사회권을 포함한 헌법으로, 이후 여러 나라 헌법의 토대가 되었다. ④ 영국의 과세 부과에 대한 저항으로 미국에서 독립 전쟁이 일어났고 그 과정에서 천부 인권, 저항권 등을 포함한 미국의 독립 선언이 채택되었다. ⑤ 프랑스 혁명을 통해 평등권, 재산권 등이 명시된 인권 선언이 채택되었다.

06 인권과 기본권   정답 ②

ㄱ. 인권은 태어나면서부터 하늘로부터 부여받았다는 의미로 천부 인권이라고 한다. ㄷ. 제시된 자료의 (가)는 인권, (나)는 기본권에 해당한다.

오답 피하기

ㄴ, ㄹ. 인권은 기본권을 통해 실정법으로 보호되므로 상호 대립하지 않으며, 모두 법률에 의해 보장된다.

07 프랑스 혁명과 인권   정답 ⑤

프랑스에서 삼부회 소집으로 인해 일어난 (가)는 프랑스 혁명이며, 이 혁명의 주체인 (나)는 시민이다. 이때 시민은 재산이 있는 성인 남성을 의미하며, ㄷ. 이들에게만 참정권을 부여하였다는 한계를 지니고 있다. ㄹ. 이로 인해 이후 영국에서는 노동자들의 참정권 부여를 요구하는 차티스트 운동, 여러 나라에서 여성 참정권 운동이 일어나게 되었다.

오답 피하기

ㄱ. 프랑스 혁명의 결과 인권 선언(인간과 시민의 권리 선언)이 발표되었다. 권리 장전은 영국의 명예혁명과 관련이 있다. ㄴ. 재산이 있는 성인 남성으로 제한되었다. 여성에게는 참정권이 부여되지 않았다.

08 바이마르 헌법   정답 ②

② 바이마르 헌법은 사회권 중심의 인권을 강조하여 최초로 사회권적 기본권을 규정하였고, 이후 여러 복지 국가의 헌법 제정에도 영향을 끼쳤다.

오답 피하기

① 국제 인권법은 최근의 일로 대표적인 것은 1948년 국제 연합(UN)에서 제정된 세계 인권 선언이다. ③ 여성에게 최초로 참정권을 부여한 것은 뉴질랜드(1893)이다. ④ 참정권은 일반적으로 일정 연령 이상에게 부여하며, 모든 사람들에게 부여하고 있지는 않다. ⑤ 소유권에 대한 불가침성은 미국의 독립 선언문이 발표되기 전에 제시된 버지니아 권리 장전, 프랑스 혁명 과정에서 발표된 인권 선언(인간과 시민의 권리 선언)에도 명시되어 있다.

09 바이마르 헌법   정답 ③

제시된 자료는 독일의 바이마르 헌법의 일부 내용이다. 바이마르 헌법(1919)은 세계 최초로 사회권을 헌법에 명시하였다. ㄴ. 제시문의 내용에 노동 조건을 보호하고 개선하기 위한 것이 나와 있다. 따라서 노동권의 보장을 언급하고 있다. ㄹ. 최소한의 인간다운 삶을 기본권으로 보장받는 것은 사회권과 관련이 있다.

오답 피하기

ㄱ. 제시문은 연대권이 아니라 사회권을 언급하고 있다. ㄷ. 국가의 정책에 참여할 권리는 참정권에 해당한다.

10 사회권   정답 ⑤

(가)에 해당하는 기본권은 사회권이다. ⑤ 사회권은 독일의 바이마르 헌법에 처음으로 명시되었다.

! 오답 피하기

① 차티스트 운동에서 강조된 권리는 참정권이다. ② 프랑스 인권 선언에 명시된 권리는 자유권과 평등권이다. ③ 시민 혁명을 계기로 대두된 권리는 자유권과 평등권이다. ④ 사회권은 국가에 일정한 행위를 요구할 수 있는 권리이다. 국가로부터의 자유를 중시하는 권리는 자유권이다.

11 인권의 발전 과정   정답 ②

제시문의 프랑스 혁명과 바이마르 헌법, 차티스트 운동 등은 역사적으로 인권과 관련된 사건들이다. ㄴ. 바이마르 헌법은 세계 최초로 사회권을 헌법에 명시하였다. ㄹ. 역사적으로는 프랑스 혁명 → 영국의 차티스트 운동 → 독일의 바이마르 헌법 순으로 전개되었다.

! 오답 피하기

ㄱ. 프랑스 혁명은 절대 왕정을 무너뜨리고 시민들이 자유권을 획득하는 것은 성공적이었지만, 일정한 재산을 가진 성인 남성만 참정권을 획득하였으며 여성이나 노동자에게는 참정권이 주어지지 않았다. ㄷ. 차티스트 운동은 영국에서 노동자들이 보통 선거권을 획득하기 위해 전개한 사회 운동이었다.

12 초등학교 취학률과 인권   정답 ③

③ 갑국은 60여 년 동안 취학률의 큰 차이가 없는 반면, 을국은 7배가량 늘었다. 이를 통해 을국이 갑국보다 아동의 교육에 대한 권리 보장에 힘쓰고 있음을 알 수 있다.

! 오답 피하기

① 취학률을 통해 학교 수의 많고 적음을 단정할 수 없다. ② 갑국과 을국의 취학 적령 인구를 알 수 없으므로 학생 수를 비교할 수 없다. ④ 학생 수가 아닌 취학률이 4배 이상 많으며, 제시된 자료를 통해 학생 수를 비교할 수 없다. ⑤ 을국은 학생 수가 아닌 취학률이 7배 정도 증가하였다.

13 현대 사회의 인권   정답 ⑤

제시된 그림에서 여학생은 현대 사회에 들어와서 등장한 권리에 대해 질문하고 있다. ⑤ 특정인이나 특정 기관으로부터 신체의 자유를 부당하게 구속당하지 않을 권리는 자유권에 해당한다. 자유권은 근대 시민 혁명 당시부터 강조되었다.

! 오답 피하기

① 환경 오염을 피해 건강하고 쾌적한 환경에서 살 권리는 환경권으로 현대 사회에 들어와서 등장한 권리에 해당한다. ② 재난이나 사고의 위험으로부터 안전할 권리는 안전권으로 현대 사회에 들어와서 등장한 권리에 해당한다. ③ 안정적이고 쾌적한 주거 환경을 누릴 수 있는 권리는 주거권으로 현대 사회에 들어와서 등장한 권리에 해당한다. ④ 누구나 문화생활에 참여하고, 자신의 문화적 정체성을 유지 및 표현할 권리는 문화권으로 현대 사회에 들어와서 등장한 권리에 해당한다.

14 주거권   정답 ①

① (가)는 물리적·사회적인 위험으로부터 벗어나 쾌적하고 안정적인 주거 환경에서 주거 생활을 할 권리인 주거권에 해당한다.

! 오답 피하기

② 연대권, ③ 재산권, ④ 문화권, ⑤ 환경권에 해당한다.

15 인권의 특징   정답 ⑤

(가)는 참정권, (나)는 안전권, (다)는 주거권, (라)는 자유권이다. ⑤ 자유권, 참정권은 근대 시민 혁명 당시부터 강조된 인권인 데 비해 안전권, 주거권은 산업화 및 도시화, 정보화 등의 사회 변화에 따른 사회 문제 해결의 필요성이 증가하면서 비교적 최근에 등장하게 된 인권이다.

! 오답 피하기

① 바이마르 헌법에 최초로 규정된 것은 사회권이다. ② 안전권은 현대적 권리로서 시민 혁명 직후부터 인정된 권리에 해당하지 않는다. ③ 자유권은 인간의 가장 기본적인 권리로서 근대 사회에서도 중시되었다. ④ 복지 국가에서는 환경권, 주거권, 안전권과 같은 인권이 강조된다. 그러나 이는 기본권에 해당하는 자유권, 참정권에 더해 추가적으로 안전권, 주거권과 같은 권리 또한 중시한다는 의미이지, 참정권, 자유권보다 안전권, 주거권의 보장을 더 중시한다고는 볼 수 없다.

16 유네스코(UNESCO)의 문화 다양성 협약   정답 ④

제시된 자료는 유네스코(UNESCO)의 문화 다양성 협약 중 일부이다. ㄱ. 문화 다양성을 위해 국제적인 협약을 체결하였다는 점에서 연대권에 해당한다. ㄴ. 자국 영토 내에서 자국의 문화적 표현의 다양성을 보호하고 증진하기 위한 정책과 조치를 취할 주권적 권리가 있음을 말하므로 약소국의 문화 정체성 유지 권리를 강조한다. ㄹ. 문화권은 현대 사회에서 노동 시간의 감소, 여가 증대 등에 따른 문화 활동에 대한 권리 인식의 확산과 관련이 있다.

! 오답 피하기

ㄷ. 사회권은 사회적 약자도 인간다운 생활을 요구할 권리가 있다는 측면에서 근로의 권리, 교육을 받을 권리 등을 강조한 것이다. 제시문의 내용과 관련이 없다.

17 사회 계약설과 인권

(1) 사회 계약설
(2) **모범 답안** 미국의 독립 전쟁은 미국인들이 천부적으로 지닌 인권을 영국(정부)이 침해하였기 때문에 미국인들이 새로운 정부를 통해 자신들의 권리를 확보하고자 일으킨 것이므로 정당하다.

채점 기준	구분
미국의 독립 전쟁에 대한 정당성 여부를 사회 계약설의 입장에서 인권과 관련지어 서술한 경우	상
미국의 독립 전쟁에 대한 정당성 여부를 인권과 관련지어 서술한 경우	중
미국의 독립 전쟁에 대한 정당성 여부를 인권과 관련지어 서술하지 못한 경우	하

18 문화권

(1) 문화권
(2) **모범 답안** 세계화가 진행되면서 문화 간에 교류가 활발해지게 되었다. 이러한 상황에서 약소국, 약소민족의 문화가 강대국의 문화에 의해 소멸될 가능성이 높다. 따라서 자신들의 문화 정체성을 지키고자 하는 이들의 권리를 보장하고 지켜 주어야 할 필요가 있다.

채점 기준	구분
문화권의 명칭과 문화권의 대두 배경을 세계화 측면에서 서술한 경우	상
위 두 가지 평가 기준 중 한 가지만 충족하여 서술한 경우	중
위 두 가지 평가 기준에 따라 서술하지 못한 경우	하

01 ④	02 ②	03 ⑤	04 ①	05 ④	06 ④
07 ②	08 ⑤	09 ④	10 ④	11 ④	12 ④
13 ⑤	14 ④	15 ②	16 ③		

01 인권의 특징　　　　정답 ④

제시문에 부각된 인권의 특징으로는 모든 인간이 가진 권리라는 점에서 보편성, 태어날 때부터 또는 원래부터 가진 권리라는 점에서 천부성 등이 있다. ㄴ. 인권은 원래부터, 즉 태어나면서부터 갖게 되는 당연한 권리라는 점에서 천부성을 가진다. ㄹ. 인권은 사회적 신분 등에 관계없이 인류 구성원 모두가 가지는 권리라는 점에서 보편성을 가진다.

오답 피하기

ㄱ. 인권은 남에게 양도할 수 없는 권리라는 점에서 불가침성을 가진다. ㄷ. 인권은 일정 기간에만 한정되는 것이 아니라 영구히 보장된다는 점에서 항구성을 가진다.

02 세계 인권 선언과 인권의 특징　　　　정답 ②

제시문은 1948년에 발표된 국제 연합(UN)의 세계 인권 선언 전문 중 일부이다. ㄱ. ⊙은 인권이 모든 인류 구성원이 가지는 권리라는 의미에서 보편성, ⓒ은 인권이 천부, 즉 태어나면서부터 갖게 된다는 천부성, ㄷ. ⓒ은 다른 사람에게 양도할 수 없다는 측면에서 불가침성을 가진다는 것을 알 수 있다.

오답 피하기

ㄴ. ⓒ 인권이 역사적으로 인류의 투쟁에 의해서 얻어지기는 하였지만, 제시된 선언문은 천부성을 말하고 있다. ㄹ. 인권은 영구히 보장되는 항구성을 지닌다. 제시된 내용은 인권이 특정한 시기에만 누릴 수 있는 권리임을 말하고 있지 않다.

03 세계 인권 선언과 사회권　　　　정답 ⑤

제시문은 세계 인권 선언 제22조이다. ⑤ 세계 인권 선언 제22조는 모든 사람에게 사회권이 있음을 강조하고 있다. 이는 귀족을 중심으로 한 특권 계층에게만 권리가 있다는 것과 거리가 멀다.

오답 피하기

① 인권이 모든 사람이 누려야 할 보편적인 권리임을 말하고 있다. ②, ③ 인권의 영역이 기존의 자연권에서 사회권으로 확대되고 있음을 알 수 있다. ④ 사회 보장 요구권의 보장은 현대 사회가 복지 국가의 이념을 강조하는 것과 관련이 있다.

04 프랑스 인권 선언　　　　정답 ①

프랑스 인권 선언은 평민이 왕족 및 귀족의 횡포에 저항하여 일으킨 시민 혁명 과정에서 인권 보장을 천명한 선언이다. ㄱ. 제1조에 인간은 태어나면서부터 자유권과 평등권을 가진다는 내용은 자유권과 평등권의 천부 인권성을 강조한 것이다. ㄴ. 근대 시민 혁명은 천부 인권 사상, 계몽사상, 사회 계약설에 큰 영향을 받았다.

오답 피하기

ㄷ. 근대 시민 혁명 직후에는 여성에게 참정권이 인정되지 않았다. 현대 사회에 들어서야 성별이나 신분, 재산 등에 따라 차별하지 않고 일정 연령에 도달한 모든 사람들에게 선거권을 부여하는 보통 선거가 실시되었다. ㄹ. 인간다운 생활을 국가에 요구할 수 있는 권리는 적극적 자유에 속하는 사회권으로, 현대 사회에서 강조되기 시작하였다. 근대 시민 혁명 당시에는 국가로부터 개인의 자유를 함부로 침해당하지 않을 권리로 소극적 자유에 속하는 자유권을 강조하였다.

05 차티스트 운동과 참정권　　　　정답 ④

제시된 자료는 차티스트 운동으로 ㄱ. 노동 운동을 통해 노동자들에게 부여되지 않았던 권리를 보장받고자 한 것이며, ㄴ. 노동자들이 의회에 진출 혹은 영향력을 행사하기 위하여 자신들의 의사를 정치에 반영하기 위해 참정권을 얻고자 하였음을 알 수 있다. ㄹ. 노동자들이 보통 선거권을 요구하였다는 것은 당시 참정권이 특정 계층에게만 주어진 것이었음을 의미한다.

오답 피하기

ㄷ. 참정권 획득 운동은 자유권을 얻는 과정에서 일어난 일이다. 사회권은 최근에 강조된 인권 영역이다.

06 인권 확장의 역사적 전개 과정　　　　정답 ④

(가)는 명예혁명, (나)는 프랑스 혁명 과정에서 발표된 문서의 일부이다. ㄴ. (나)의 제1조를 통해 천부 인권 사상을 파악할 수 있고, 제3조를 통해 국민 주권의 원리를 찾아볼 수 있다. ㄹ. (가)와 (나)는 모두 계몽사상의 영향을 받았다.

오답 피하기

ㄱ. 사회권이 명시된 최초의 문서는 바이마르 헌법이다. ㄷ. (가)와 (나)는 모두 사회 계약설의 영향을 받았다. 사회 계약설은 사회나 국가가 자유롭고 평등한 개인들의 합의나 계약으로 발생하였다는 학설이다.

07 인권 관련 선언문　　　　정답 ②

② 제시된 자료의 (가)는 프랑스 혁명 시기의 인권 선언(1789년)이며, (나)는 세계 인권 선언(1948년)이다. 두 선언 모두 인간이 태어나면서부터 자유롭고 동등한 권리를 지니고 있음, 즉 인권을 강조한 것이다.

오답 피하기

① 제시문은 폭력을 통해 민주주의를 실현해야 함을 주장하고 있지 않다. ③ 공공 이익을 위해 인권이 제한될 수 있음을 언급한 것은 (가)만이다. ④ 피지배자에 의한 혁명은 저항권인데, 제시문의 내용은 저항권과 직접적 관련이 없다. ⑤ 인권은 누구에 의해 주어지는 권리가 아닌, 태어나면서부터 가지는 권리임을 말하고 있다.

08 시민 혁명의 과정　　　　정답 ⑤

제시된 자료의 (가)는 영국의 명예혁명을, (나)는 미국의 독립 혁명을, (다)는 프랑스 혁명을 나타낸 것이다. ㄷ. 프랑스 혁명은 상업을 통해 부를 축적한 상인을 중심의 부르주아가 주도하여 이루어졌다. ㄹ. 역사적으로는 영국의 명예혁명 → 미국의 독립 혁명 → 프랑스 혁명의 순으로 전개되었다.

오답 피하기

ㄱ. 영국의 명예혁명 이후 의회의 기능이 강화되었으며 입헌 군주제가 성립되었다. ㄴ. 미국의 독립 혁명에서 행복 추구권을 최초로 규정하지 않았다. 행복 추구권은 버지니아 권리 장전에서 최초로 규정되었다.

개념노트 | 근대 시민 혁명의 원인과 결과

구분	원인 및 배경	결과
영국의 명예혁명 (1688)	찰스 2세와 제임스 2세의 전제 정치	의회 중심의 입헌 군주제 수립
미국의 독립 혁명 (1776)	영국의 간섭과 강압적인 식민지 정책	최초의 민주 공화국 수립(대통령제)
프랑스 혁명 (1789)	구제도(앙시앵 레짐)의 모순	근대 시민 사회 성립 (자유, 평등, 박애의 이념)

④ 프랑스 인권 선언, 미국 독립 선언, 영국 권리 장전 모두 사회 계약설과 계몽사상의 영향을 받았다.

❗ 오답 피하기

① 차티스트 운동은 성인 남성에 대한 보통 선거권 보장을 주장하였는데, 여성의 참정권이 배제되어 있다는 점에서 한계를 가진다. ② 프랑스 인권 선언은 제1조에 '인간은 자유롭게, 그리고 평등한 권리를 가지고 태어난다.'고 천명함으로써 천부 인권에 대해 언급하였다. 차티스트 운동은 '노동자들의 참정권 운동'에 해당하는 것으로, 사회권 보장이 아니라 참정권 확대와 관련 있다. ③ 영국의 권리 장전, 미국의 독립 선언, 프랑스 인권 선언은 모두 각각의 시민 혁명의 과정에서 나온 결과물로서 자유권과 평등권을 천명한 역사적 문서이다. ⑤ 시기 순으로 나열하면 영국 권리 장전(1689년) → 미국 독립 선언(1776년) → 프랑스 인권 선언(1789년) → 차티스트 운동(1838년)이다.

10 인권의 발전 과정　　　　　　　　　정답 ④

ㄴ. 인간이 자유롭고 평등한 권리를 지니고 태어났다는 내용을 통해 인권이 천부적인 권리임을 알 수 있다. ㄹ. 바이마르 헌법에서 최초로 인정한 기본권은 사회권이다. 사회권은 자본주의의 문제점을 해결하는 과정에서 등장한 권리이다.

❗ 오답 피하기

ㄱ. 제시된 자료는 시간에 따라 인권의 대상과 내용이 확대되었음을 보여 준다. 이를 통해 제시된 자료의 주제로 '인권 성장의 역사'가 적절하다. 따라서 해당 내용은 ㉠에 들어갈 수 있다. ㄷ. 선거권은 참정권에 해당한다. 침해된 기본권을 구제하기 위한 권리는 청구권이다.

11 인권의 의미와 발전 과정　　　　　　정답 ④

ㄱ. 유엔 아동 권리 협약은 아동이 인권의 주체임을 전제하고 있다. ㄷ. 국민 주권의 원리는 국가의 주인은 국민이므로 최종 결정권이 국민에 있음을 의미한다. 따라서 ㉠ '정부의 정당한 권력은 시민의 동의로부터 유래'해야 한다는 것은 국민 주권의 원리와 일맥상통한다. ㄹ. ㉡ '국제 협력을 증진하고 장려'해야 한다는 것을 통해 아동 권리 보장을 위해 국제적 연대가 필요함을 알 수 있다.

❗ 오답 피하기

ㄴ. 미국 독립 선언문의 '모든 사람은 평등하게 태어났고, 조물주는 몇 개의 양도할 수 없는 권리를 부여했으며'라는 부분을 통해 천부 인권 사상을 제시하고 있음을 알 수 있다.

12 현대 사회의 인권　　　　　　　　　정답 ④

현대 사회의 다양하고 복잡한 변화로 인하여 사회권의 영역이 확장되면서 주거권, 문화권, 안전권, 환경권 등의 보장에 대한 요구가 많아지고 있다. ㄱ. 시민 혁명 이후 자유권과 평등권 등의 인권이 강조되었다. ㄴ. 층간 소음 피해 구제 방안은 주거권의 보장과 관련이 있다. ㄹ. 인도주의적 구제를 받을 권리는 연대권에 해당한다.

❗ 오답 피하기

ㄷ. 안전권에 대한 설명이다. 문화권은 계층, 민족, 문화적 배경에 상관없이 누구나 문화생활에 참여하고, 자신의 문화적 정체성을 유지할 권리이다.

13 안전하고 쾌적한 환경에서 살아갈 시민의 권리　정답 ⑤

⑤ 제시된 자료는 자연재해인 폭염과 지진에 대한 정부의 대응 정책에 관한 내용이다. 이는 국가가 안전하고 쾌적한 환경에서 살아갈 시민의 권리를 보장하기 위한 것이다.

14 현대 사회의 인권　　　　　　　　　정답 ④

(가)는 주거권, (나)는 환경권이다. ㄴ. (나)의 사례를 통해 환경권의 중요성이 강조될 것임을 예상할 수 있다. ㄹ. 주거권은 쾌적하고 안정적인 주거 환경에서 인간다운 주거 생활을 할 권리이다. 환경권은 건강하고 쾌적한 생활에 필요한 모든 조건이 충족된 환경을 누릴 수 있는 권리이다. 두 인권은 모두 현대 사회에서 확장된 인권이다.

❗ 오답 피하기

ㄱ. (가)의 사례를 통해 쾌적한 주거 환경 보장이 어려움을 파악할 수 있다. ㄷ. 천부 인권적 성격이 강하게 나타나는 인권은 자유권과 평등권이다.

15 현대 사회의 인권　　　　　　　　　정답 ②

(가)는 안전권이다. ② 안전권은 생명과 안녕을 위협하는 위험으로부터 보호받을 권리를 의미한다.

❗ 오답 피하기

① 사회권, ③ 학습권, ④ 문화권, ⑤ 주거권에 대한 설명이다.

16 안전권, 환경권, 문화권　　　　　　정답 ③

제시된 조건에서 A~C는 각각 안전권, 환경권, 문화권 중 하나이다. 이를 토대로 제시된 질문을 살펴보면 쾌적하고 깨끗한 환경에 관한 권리는 환경권에 해당하므로 A는 환경권이다. 위험으로부터 안전을 보호받을 권리는 안전권이므로 B는 안전권, C는 문화권이다. ㄴ. 재난 및 안전 관리 기본법은 국민의 안전권을 보장하기 위한 국가의 노력으로 볼 수 있다. ㄷ. 문화적 차별 방지와 문화적 접근 보장은 문화권에 해당한다.

❗ 오답 피하기

ㄱ. 사회적 취약 계층에게 임대 주택을 우선 제공하는 것은 주거권을 보장하기 위한 것이다. 따라서 A~C 어느 것에도 해당되지 않는다. ㄹ. A는 환경권, B는 안전권, C는 문화권이다.

02　　인권 보장을 위한 헌법의 역할과 시민 참여

STEP 1　내신 다지기　　　　　　본문 ○ 020~023쪽

01 ③	02 ②	03 ④	04 ②	05 ④	06 ①
07 ②	08 ④	09 ④	10 ⑤	11 ③	12 ④
13 ④	14 ⑤	15 ④	16 ⑤	17 ①	18 ⑤

19~20 해설 참조

01 헌법의 의미　　　　　　　　　　정답 ③

③ (가)에 공통적으로 들어갈 용어는 헌법이다. 헌법은 국가의 최고법으로 국가의 권력 구조와 운영 원리를 규정하고 있다.

❗ 오답 피하기

① 민법은 개인과 개인 간의 법률관계에서 발생하는 권리와 의무 등을 다루는 법률로 재산 관계와 가족 관계 등을 규율한다. ② 상법은 기업의 경영과 상거래에 대한 법률이다. ④ 형법은 국가 질서 유지, 공공의 안녕을 위해 특정한 행위를 금지하고 이를 어긴 경우 처벌하는 법률이다. ⑤ 형사 소송법은 형법을 어긴 자에 대해 법을 적용하는 과정, 절차를 다루는 법률이다.

02 사회권   정답 ②

② 갑이 침해당하였다고 주장하는 기본권은 환경권으로, 이는 사회권에 해당한다. 사회권은 현대 사회에서 부각되고 있는 기본권이다.

❗ **오답 피하기**

① 기본권 중 가장 역사가 오래된 기본권은 자유권이다. ③ 절대 군주로부터의 자유를 주장하는 기본권은 자유권이다. ④ 사회권은 국가에 기본권을 요구하는 적극적인 권리이다. ⑤ 근대 사회의 천부 인권 사상과 부합하는 기본권은 자유권이다.

03 청구권   정답 ④

수단적 권리는 다른 기본권이 침해되었을 경우 이를 구제하도록 요구할 수 있는 권리이다. ㄴ. 청원권은 국민이 국가 기관에 문서로 요구할 수 있는 권리이다. ㄹ. 국가 배상 청구권은 공무원이 직무상 불법 행위로 손해를 입었을 경우 국가나 공공 기관에 정당한 배상을 청구할 수 있는 권리이다.

❗ **오답 피하기**

ㄱ. 투표권은 참정권에 해당한다. ㄷ. 양심의 자유는 자유권에 해당한다.

04 사회권   정답 ②

갑은 우리나라에서 시행하고 있는 사회 보장 제도 중 고용 보험을 말하고 있는데, 이는 사회 보장을 받을 권리와 관련이 있고, 을은 교육을 받을 권리에 대해 말하고 있다. 이는 모두 국가에 인간다운 생활을 요구할 수 있는 권리인 사회권에 해당한다. ㄱ, ㄷ. 사회권은 독일의 바이마르 헌법에서 처음 규정되었으며, 근로의 권리가 대표적이다. 이외에도 환경권, 보건권 등이 있다.

❗ **오답 피하기**

ㄴ. 국가 권력으로부터의 간섭 배제는 자유권을 의미한다. 사회권은 국가의 적극적 개입을 강조한다. ㄹ. 천부 인권을 의미한다. 이에 비해 사회권은 국가에 기본권을 적극적으로 요구할 수 있는 권리이다.

05 기본권의 유형   정답 ④

④ (가) 자유권과 (나) 사회권 두 기본권을 누리는 주체가 서로 간에 자신의 기본권을 우선 보호해 주기를 원할 경우 충돌할 수 있다.

❗ **오답 피하기**

① (가)는 자유권에 해당한다. ② (가)의 실현을 위해 권력 분립 제도를 두고 있다. ③ (가) 자유권과 (나) 사회권 모두 헌법에 따른 법률을 통해 구체적으로 실현되고 있다. ⑤ (가)는 자유권, (나)는 사회권으로, (가)는 근대 이후, (나)는 현대에 강조되었다. 근대 시민 혁명에서는 자유권이 강조되었다.

06 기본권의 제한   정답 ①

제시된 그림의 (가)에는 우리나라에서 헌법상 규정된 기본권 제한의 목적은 무엇인지에 대한 답변이 들어가야 한다. ㄱ, ㄴ. 우리나라 헌법에는 국가의 안전 보장이나 공공복리를 위해서 필요한 경우 국민의 기본권을 제한할 수도 있다고 규정하고 있다. 그러나 국민의 기본권을 제한할 경우에도 그 본질적인 내용을 침해할 수 없다는 점도 함께 명시되어 있다.

❗ **오답 피하기**

ㄷ. 국가 기관의 행정 효율성 향상은 국민의 기본권 제한 사유가 될 수 없다. ㄹ. 국가 기관 간의 힘의 균형을 추구하는 것은 국민의 기본권 제한 사유가 될 수 없다.

07 기본권의 제한   정답 ②

ㄱ. (가) 기본권이 제한되는 경우는 국가 안전 보장, 질서 유지, 공공복리를 위해서이며, 이 경우에도 (나) 법률로써 제한할 수 있다. ㄹ. 헌법 제37조 제2항은 기본권 제한이 불가피한 경우라고 하더라도 그 한계를 명시함으로써 인권 침해를 방지하고자 함에 있다.

❗ **오답 피하기**

ㄴ. 법률로써 기본권을 제한할 수 있다. ㄷ. 제시된 자료는 기본권이 제한되는 경우를 밝히고 있다.

08 삼권 분립   정답 ④

제시된 자료의 헌법 조항은 ㄱ. 우리나라 헌법이 삼권 분립을 추구하고 있음을 보여 준다. ㄴ, ㄷ. 이는 국가 권력 기관 간의 견제와 균형을 통해 권력의 집중화를 막아 인권이 침해되는 것을 방지하고자 하는 것이다.

❗ **오답 피하기**

ㄹ. 공공의 이익을 위해 기본권을 제한할 수 있으나 제시된 헌법 조항과는 관련이 없다.

09 정당 제도의 유형   정답 ④

갑국은 일당제, 을국은 복수 정당제를 채택하고 있다. ㄱ. 일당제일 경우 독재의 가능성이 높다. ㄴ, ㄷ. 복수 정당제가 일당제에 비해 다양한 정치적 의견 표출이 가능하여 인권 보장 측면에서 유리하다.

❗ **오답 피하기**

ㄹ. 민주적 정권 교체 가능성이 높은 정당 제도는 복수 정당제이다. 정치적 의견이 다양하게 보장되는 복수 정당제에서 정당 간 경쟁에 의한 선거 결과로 민주적 정권 교체가 이루어질 수 있다.

10 정당 제도   정답 ⑤

⑤ 공무 담임권으로, 헌법 제8조 정당의 설립과 직접적인 관련이 없다.

❗ **오답 피하기**

헌법 제8조는 정당 설립의 자유와 복수 정당제 보장을 통해 국민의 다양한 의사, 사회적 가치를 정치에 반영할 수 있도록 하고 있다. 또한 다양한 사회적 가치가 존중됨을 의미하며, 정당을 통해 정치적 의사가 반영됨으로써 민주적 질서, 정권의 평화적 교체 등을 가능하게 하여 궁극적으로 국민의 기본권을 실현할 수 있도록 한다.

11 인권 보장의 제도적 장치   정답 ③

③ 대통령 연임 제도는 현재 우리나라에서 시행하고 있지 않다. 이는 대통령이 연임함으로써 권력이 집중되는 것을 방지하기 위함이다.

❗ **오답 피하기**

①, ②, ④, ⑤ 모두 우리나라 헌법에서 인권을 실질적으로 보장하기 위해 마련한 제도적 장치에 해당한다.

12 인권 보장의 제도적 장치   정답 ④

제시된 자료 (가)와 (나)는 인권 보장의 제도적 장치를 나타낸 것이다. (가)는 권력 분립 제도로, 이는 행정부와 입법부 그리고 사법부 간 분리를 통해 상호 견제하도록 하는 제도로서 한쪽 기관에만 권력이 집중되어 인권이 침해되는 것을 방지하기 위한 제도이다. (나) 국가 인권 위원회는 인권 침해와 관련된 사안들을 조사하여 인권이 침해되는 것을 예방하거나 해결하기 위한 국가 기관이다.

⚠ 오답 피하기

①, ②, ③, ⑤ 인권의 개념 및 특성 그리고 새로운 인권의 등장, 인권의 역사적 변천 과정과 (가), (나)는 직접적인 관련이 없으므로 교사의 수업 주제로 보기 어렵다.

13 헌법재판소의 역할　　정답 ④

(가)는 헌법재판소이다. 헌법재판소는 최고의 헌법 보장 기관으로 기본권을 보장하는 기관이다. ④ 입법부가 사법부를 견제하는 수단으로는 대법원장의 임명 시 국회의 동의가 필요한 것 등을 들 수 있다.

14 헌법재판소의 역할　　정답 ⑤

⑤ 국민이 헌법재판소에 헌법 위반 여부를 묻는 것을 헌법 소원 심판이라고 한다. 이는 국민이 기본권을 침해받았을 경우 헌법재판소에 그 구제를 직접 제기할 수 있는 제도이다.

⚠ 오답 피하기

① 심급 제도는 법관의 잘못된 판결을 최소화하고 국민의 기본권을 보장하기 위해 법원에서 여러 번 재판을 받을 수 있도록 하는 제도이다. ② 권력 분립 제도는 국가 권력을 나누어 서로 견제하게 함으로써 국민의 인권을 보장하고자 하는 제도이다. ③ 복수 정당 제도는 여러 정당이 자유롭게 활동함으로써 의견의 다양성, 정권의 평화적 교체 가능성을 보장하고자 하는 제도이다. ④ 위헌 법률 심판은 법률이 헌법에 위배되는가를 법원의 제청으로 헌법재판소가 심판하는 제도이다.

15 시민 참여 방법　　정답 ④

④ 제시된 자료의 선거, 이익 집단 활동, 시민 단체 활동, 국가 기관의 홈페이지에 민원 제기 등은 시민 참여의 방법에 해당한다. 따라서 (가)에는 시민 참여의 방법이 들어가야 한다.

⚠ 오답 피하기

① 법을 지키고자 하는 시민들의 자세가 준법 의식의 의미에 해당한다. ② 개인의 권리나 자유를 보호하고 사회 질서 유지 그리고 국가 공동체 유지 등이 준법 의식의 기능에 해당한다. ③ 정부의 정책 결정에 시민들이 직접 참여하여 영향을 미치는 행위가 시민 참여의 의미에 해당한다. ⑤ 국가의 정당하지 못한 법이나 정책을 바꾸려는 목적으로 이루어지는 것이 시민불복종 운동의 내용에 해당한다.

16 시민 참여 방법과 시민불복종 운동　　정답 ⑤

⑤ 현행법을 일부 어길 수도 있지만 사회 정의를 위한 일임을 이해해야 한다는 측면에서 합법적인 활동만을 강조한다고 볼 수 없다.

⚠ 오답 피하기

시민 단체를 통한 시민 참여는 ④ 대의 민주주의를 보완하기 위한 시민의 정치 참여 방법 중 하나로, ② 국가 권력의 남용과 부패 발생 견제, ③ 사회 문제에 대한 비판과 해결책 제시 등을 통해 ① 인권을 보장받고자 하는 시민들의 직접적 노력에 해당한다.

17 시민 참여 방법　　정답 ①

(가)는 1인 시위, (나)는 시민불복종 운동이다. ① 1인 시위는 시민불복종 운동에 비해 합법적이지만 정당성이 더 높다고 단정할 수 없다. 시민 참여는 모두 정당성을 중시한다.

⚠ 오답 피하기

② 시민 참여는 모두 시민 의식 수준이 높을 때 나타나므로 그 차이를 구분할 수 없다. ③ 시민 참여가 남용될 경우 가치관의 갈등, 불법 행위의 확산 등으로 인해 사회 혼란이 가중될 우려가 있다. ④ 1인 시위는 합법적

인 반면, 시민불복종 운동은 비합법적인 성격을 지닌다. ⑤ 시민 참여는 시민이 모두 공동체의 문제에 관심을 가질 때 나타나게 된다.

18 시민불복종 운동　　정답 ⑤

⑤ 시민불복종 운동은 최후의 수단으로 활용되어야 한다. 헌법 소원, 민원 제기 등 다양한 합법적 수단을 통해서 해결이 불가능하다고 판단될 경우에 선택할 수 있다.

⚠ 오답 피하기

시민불복종 운동은 ③ 사회 정의 실현과 같은 ① 정당한 목적을 달성하기 위해 ② 비폭력적인 방법을 통해 이루어져야 하며, ④ 법을 어기는 것이므로 처벌받는 것을 감수해야 한다.

19 주거권과 청구권

(1) 주거권
(2) [모범 답안] 청구권, 다른 기본권이 침해되었을 때 이를 구제해 줄 것을 요구하기 위해서 필요하다.

채점 기준	구분
기본권의 명칭과 그 필요성을 모두 서술한 경우	상
위 두 가지 평가 기준 중 한 가지만 서술한 경우	중
위 두 가지 평가 기준을 서술하지 못한 경우	하

20 시민불복종 운동

(1) 시민불복종
(2) [모범 답안] 지도부는 비폭력적이어야 하며, 체포를 감수할 수 있어야 함을 강조하였을 것이다. 시민불복종 운동은 준법 의식이 결여되어 법을 위반하는 것이 아니라 정의를 위해 법을 의도적으로 위반하는 것임을 잊지 말라고 당부하였을 것이다.

채점 기준	구분
시민들에게 당부하였을 내용을 준법 의식 측면에서 세 가지 서술한 경우	상
시민들에게 당부하였을 내용을 준법 의식 측면에서 두 가지 서술한 경우	중
시민들에게 당부하였을 내용을 준법 의식 측면에서 한 가지만 서술한 경우	하

STEP 2 1등급 도전하기　　본문 ○ 024 ~ 027쪽

01 ④	02 ⑤	03 ④	04 ⑤	05 ②	06 ②
07 ④	08 ②	09 ②	10 ③	11 ③	12 ①
13 ①	14 ①	15 ⑤	16 ⑤		

01 사회권　　정답 ④

제시된 자료의 (가)에 들어갈 기본권은 사회권이다. ㄱ. 사회권은 현대에 들어서면서 부각된 기본권으로, 1919년 독일의 바이마르 헌법에서 최초로 규정되었다. ㄴ, ㄷ. 사회권은 가난한 이들과 사회적 약자들의 권리를 강조하므로 모든 인간을 대상으로 하며, 국가에 필요한 조건을 요구한다는 측면에서 적극적 권리이다.

⚠ 오답 피하기

ㄹ. 절대 군주의 억압에서 벗어나기 위해 필요하였던 것은 자유권으로 소극적 권리에 해당한다.

02 청구권　　　　　　　　　　　　　　　　　정답 ⑤

제시된 자료는 청구권에 대한 내용이다. ㄷ. 청구권은 기본권 중 하나로 자유권, 평등권과 같은 다른 기본권이 침해되었을 경우 구제하도록 요구하는 권리이다. ㄹ. 청구권의 대표적인 예로 국가 배상 청구권, 형사 보상 청구권, 재판 청구권 등이 있다.

❗ 오답 피하기

ㄱ. 교육을 받을 권리, 근로의 권리는 사회권에 해당하는 권리이다. ㄴ. 헌법재판소는 헌법과 관련된 분쟁을 심판하는 기관으로 청구권의 실현과 직접적 관련이 없다. 청구권의 실현은 일반 법원 혹은 입법·행정 기관 등을 통해서 가능하다.

03 기본권의 유형　　　　　　　　　　　　　　정답 ④

ㄱ, ㄴ, ㄹ. 장애인의 이동권을 보장받음으로써 교육을 받을 권리를 행사함에 있어 차별을 받지 아니하고자 할 목적이므로 이는 평등권을 보장받기 위함이며, 소송을 제기한 것은 청구권 중 재판 청구권을 행사한 것이다. 이는 모두 기본권에 해당하므로 인권 보장과 관련 있다.

❗ 오답 피하기

ㄷ. 재산권 행사와 제시문의 내용은 관련이 없다.

04 자유권과 사회권　　　　　　　　　　　　　정답 ⑤

자유권은 근대 시민 혁명을 거치면서 시민들이 얻은 권리이다. 이후 참정권과 사회권 그리고 연대권 등 순차적으로 인권이 확대되었다. ㄷ. 자유권과 사회권 중 역사적으로 오래된 기본권은 자유권이다. ㄹ. 사회권은 최소한의 인간다운 삶을 국가에 요구할 수 있는 권리로 복지에 대한 내용을 기본권으로 인정한 것이다. 현대 복지 국가에서는 복지와 관련된 내용을 기본권으로 규정하고 있다.

❗ 오답 피하기

ㄱ. 사회권은 최소한의 인간다운 삶을 국가에 요구할 수 있는 권리이므로 적극적인 성격을 가졌다고 볼 수 있다. ㄴ. 기본권 보장을 위한 기본권은 청구권에 해당한다.

05 자유권과 사회권　　　　　　　　　　　　　정답 ②

(가)는 자유권, (나)는 사회권이다. ㄱ. 자유권에는 신체의 자유, 종교의 자유, 양심의 자유, 주거의 자유 등이 포함된다. ㄹ. 자유권이 국가 권력으로부터의 자유를 중시하는 기본권인 반면, 사회권은 국가에 대해 인간다운 생활의 보장을 요구할 수 있는 권리이다.

❗ 오답 피하기

ㄴ. 국가의 정치 과정에 참여할 수 있는 권리는 참정권이다. ㄷ. 사회권은 현대 복지 국가에서 중시되는 권리이다.

06 기본권의 유형　　　　　　　　　　　　　　정답 ②

자유권, 평등권, 참정권 중 국가의 존재를 전제로 보장되는 권리는 참정권이고, 다른 기본권 보장의 전제 조건이 되는 기본권은 평등권이다. 따라서 A는 자유권, B는 참정권, C는 평등권이다. ② 참정권은 국가의 정치 과정에 참여할 수 있는 권리이다.

❗ 오답 피하기

①, ③ 사회권에 대한 설명이다. ④ 자유권은 소극적 성격의 권리이다. ⑤ 다른 기본권 구제를 위한 수단적 성격의 권리는 청구권이다.

07 정치권력의 분립　　　　　　　　　　　　　정답 ④

제시문은 몽테스키외의 『법의 정신』 중 일부이다. ㄱ, ㄴ, ㄷ. 같은 사람 또는 같은 관리 집단에 입법권과 행정권을 줄 경우 자유가 없을 것이라는 점, 사법권이 입법권과 행정권으로부터 분리되어야 한다는 점 등을 통해 정치권력의 분립과 상호 독립을 강조하고 있다. 이는 결국 독재를 예방하여 인권을 보장하기 위한 것이다.

❗ 오답 피하기

ㄹ. 정치권력의 상호 독립과 견제는 권력이 집중되어 일어날 수 있는 독재를 막기 위함이다.

08 인권 보장을 위한 헌법상 제도적 장치　　　정답 ②

② (나)는 민주적 선거 제도로, 이를 통해 국민의 의사와 이익을 정치에 반영할 수 있다. 공무 담임권은 국민이 국가의 공적인 업무(공무)를 맡아 처리하는 공무원이 될 수 있는 권리를 말한다.

❗ 오답 피하기

① (가)는 복수 정당제로, 2개 이상의 정당이 자유롭게 경쟁할 때 정권의 평화적 교체가 이루어질 수 있다. ③ (다)는 법치주의로, 이는 법에 따라 통치가 이루어져야 함을 의미한다. ④ (라)는 권력 분립제로, 이를 통해 국가 권력이 남용되는 것을 막을 수 있다. ⑤ 복수 정당제, 선거 제도, 법치주의, 권력 분립제 모두 인권을 보장하기 위한 헌법상의 제도적 장치이다.

09 인권 보장을 위한 헌법상 제도적 장치　　　정답 ②

제시문의 ㉠~㉢은 모두 인권 보장을 위한 제도적인 것을 나타내고 있다. ㄱ. 국가의 공권력 행사는 반드시 법률에 근거한 것만 허용한다는 것은 법치주의를 나타내므로 국가의 행정도 당연히 법에 근거하여 이루어져야 한다. ㄹ. 헌법재판소는 헌법 해석과 관련된 분쟁을 사법적 절차를 통해 해결하는 기관이다. 따라서 국가 권력의 행사 등에 대한 위헌 여부도 결정한다.

❗ 오답 피하기

ㄴ. 국가 기관을 입법부와 행정부 그리고 사법부로 분리하여 상호 견제하도록 하는 것은 권력 분립 제도에 해당한다. ㄷ. ㉡, ㉢ 모두 헌법과 법률에 근거한다.

10 헌법재판소의 기능　　　　　　　　　　　　정답 ③

ㄴ. ㉠ 제시된 자료는 헌법재판소가 법령이 헌법에서 규정한 기본권을 침해하였음을 결정한 것으로, 이는 법률의 헌법 위반 여부를 심판함으로써 헌법을 수호하고자 하는 것이다. ㄷ. ㉡ 공무원 개인의 질병명이 공개되는 것은 국가에 의해 자유권(사생활의 자유, 신체의 자유 등)이 침해됨과 관련이 있다. 자유권은 소극적 권리에 해당한다.

❗ 오답 피하기

ㄱ. 법률을 제정하는 것은 국회의 권한이다. ㄹ. ㉡은 자유권에 해당한다.

11 시민 참여 방법　　　　　　　　　　　　　　정답 ③

첫 번째 행위는 집회, 두 번째 행위는 서명 운동, 세 번째 행위는 민원 제기로, 이는 모두 시민 참여 방법에 해당한다. ③ 시민들의 적극적인 참여로 인해 국가 정책에 시민들의 의사가 반영될 가능성이 높아진다.

❗ 오답 피하기

① 시민 참여는 참여 주체의 정치적 효능감을 향상시킨다. ② 시민 참여는 선거 외에도 집회, 시위 등의 직접적인 참여를 보장함으로써 대의 민주주의의 문제점을 보완할 수 있다. ④ 시민 참여는 사회의 공공 문제에 대한 시민들의 관심을 높이는 데 기여한다. ⑤ 시민 참여는 국민 주권주의를 실현하는 행위이므로 스스로 인권을 수호하는 기능이 있어 정의로운 사회를 실현하는 데 기여한다.

12 시민 참여 방법　정답 ①

(가)는 서명 운동, (나)는 집회, (다)는 민원 제기로, 모두 대표적인 시민 참여의 방법이다. ㄱ. 시민 참여는 간접적으로 주권이 행사되는 대의 민주주의의 한계를 보완하는 데 기여한다. ㄴ. 시민들이 다양한 방법으로 법률의 제·개정이나 정책 결정을 위한 과정에 적극적으로 참여하면 국가 정책에 시민들의 의사가 반영될 가능성은 높아진다.

! 오답 피하기

ㄷ. 시민 참여는 사회의 공공 문제에 대한 시민들의 관심을 높이는 데 기여한다. ㄹ. 현실의 문제점을 지적하고 이를 해결하기 위한 시민 참여는 사회 구성원들의 인권이 보장되는 정의로운 사회의 실현에 기여한다.

13 시민 참여의 방법과 의의　정답 ①

교사의 질문에 따라 학생들은 다양한 시민 참여 방법을 제시하고 있다. ㄱ, ㄴ. 다양한 방법의 시민 참여는 정치 참여 주체의 정치적 효능감을 향상시키며, 정치권력에 대한 국민의 감시 기능을 강화시킨다.

! 오답 피하기

ㄷ. ㉠은 ㉡과 달리 대의 민주주의의 한계를 보완할 수 있다. ㄹ. ㉡은 개인적 정치 참여 방법이다.

14 시민불복종　정답 ①

제시문의 인도 간디의 행진과 미국 마틴 루서 킹이 주도한 평화 대행진은 모두 시민불복종 운동의 대표적인 사례에 해당한다. ㄱ, ㄴ. 두 사례 모두 비폭력적인 방법을 사용하고 있으며, 국가 권력이나 법이 정당하지 않은 것에 대한 대응으로 볼 수 있다.

! 오답 피하기

ㄷ, ㄹ. ㉠, ㉡ 모두 정의롭지 못한 법을 변혁시키려는 운동에 해당한다. 또한 두 사례와 같은 시민불복종 운동은 법을 존중하는 태도가 해당 운동의 정당화 조건에 해당하기 때문에 중요하다.

15 시민불복종의 정당화 조건　정답 ⑤

제시문은 시민불복종에 대한 롤스의 입장이다. ⑤ 롤스에 의하면 시민불복종은 궁극적으로 사회 정의 실현을 목적으로 하는 공공적 행위이므로 은밀히 혹은 비밀리에 행해져서는 안 되며, 공개적으로 공정한 주목을 받는 가운데 참여하는 것이어야 한다.

! 오답 피하기

① 롤스에 의하면 시민불복종은 비폭력적으로 행해져야만 정당화될 수 있다. ② 시민불복종은 개인이나 특정 집단의 이익을 위해서가 아니라 부정의를 개선하여 사회 정의를 실현하는 것을 목적으로 삼아야 한다. ③ 시민불복종은 양심적 행위이지만 법에 위배되는 행위이므로 행위 결과에 대한 처벌을 감수해야 한다. ④ 시민불복종은 합법적인 절차와 수단을 통해 부정의를 개선하고자 하였으나 효과가 없을 경우에 최후의 수단으로 시도되어야 한다.

16 시민불복종의 정당화 조건　정답 ⑤

시민불복종이란 정의롭지 못한 법이나 정책을 변혁시켜 공공의 이익을 지키려는 목적에서 양심적으로 행하는 비폭력적 위법 행위를 가리킨다. 시민불복종이 정당화되기 위해서는 첫째, 행위의 목적이 정당해야 한다. 둘째, 합법적인 수단으로 해결되지 않을 때 사용하는 최후의 수단이어야 한다. 셋째, 공개적이며 비폭력적이어야 한다. 넷째, 처벌을 감수해야 한다.

03　인권 문제의 양상과 해결 방안

STEP 1 내신 다지기　본문 ○ 030 ~ 033쪽

01 ④	02 ⑤	03 ②	04 ③	05 ④	06 ③
07 ③	08 ②	09 ④	10 ④	11 ③	12 ②
13 ③	14 ⑤	15 ①	16 ②	17 ②	

18~19 해설 참조

01 사회적 소수자의 기준　정답 ④

④ 제시된 자료에서 A 종교를 믿는 갑은 자신의 나라에서는 사회적 소수자가 아니었지만, B 종교를 국교로 믿는 나라에서는 A 종교를 믿는다는 이유만으로 사회적 차별을 받았다. 이는 사회적 소수자 여부는 보편적이지 않고 상대적임을 의미한다.

! 오답 피하기

① 일반적으로 어느 나라에나 사회적 소수자가 있지만, 갑의 나라에 사회적 소수자가 있는지 여부를 제시문을 통해 파악할 수 없다. ②, ③ 제시문을 통해 파악할 수 없다. ⑤ 사회적 소수자 여부는 구성원의 규모와는 관련이 없다.

02 사회적 소수자 차별 문제　정답 ⑤

⑤ 사회적 소수자에 대한 차별 문제를 개선하고자 할 때 그 방안은 크게 개인적 측면과 사회적 측면으로 구분할 수 있다. 두 측면 모두 사회적 소수자의 차별 문제를 인권 문제로 인식하여 이를 개선하고자 한다.

! 오답 피하기

사회적으로 불공정한 기준에 의해 사회적 차별을 받는 이들을 ① (가) 사회적 소수자라고 하며, ② 집단의 규모와는 관련이 없다. 집단의 규모가 어느 정도 영향을 끼칠 수도 있으나 집단의 규모와 밀접하게 일치하지는 않는다. 이들에 대한 차별 시정을 위해 ④ ㉠ 개인적 차원에서는 다양성과 관용 또는 공존의 정신을 함양하는 것이며, ③ ㉡ 사회적 차원에서 법과 제도의 정비 등을 들 수 있는데, 이들에 대한 지원 정책의 경우 다른 사람들에게는 기회를 배제하는 등 또 다른 차별 논란을 일으켜 역차별 문제가 발생할 수 있다.

03 사회적 소수자 차별 문제　정답 ②

② 갑국에서 흑인과 아시아인의 비율이 점점 증가하고 있다. 그러나 앞으로도 사회적 차별은 시정되지 않을 것이라고 본다. 이는 집단의 규모가 증가하고 있지만 차별이 시정되지 않았고 앞으로도 그럴 것이라고 예상한다는 점에서 집단의 규모와 사회적 소수자인지는 관련이 없음을 알 수 있다.

! 오답 피하기

①, ③, ④, ⑤ 모두 사회적 소수자와 관련된 내용이지만, 제시문의 내용과는 관련이 없다.

04 사회적 소수자 지원과 역차별　정답 ③

③ 갑은 A국 이민자 지원 정책을 기대하여 A국으로의 이민을 고려하고 있다.

! 오답 피하기

① 갑은 이민을 가려고 하지만 B국에서 차별을 받는 문제가 원인인지는 제시문을 통해 알 수 없다. ② 을은 이민가려는 갑을 걱정하며 A국 내에서의 역차별 논란을 이야기하고 있다. ④ 갑과 을이 사회적 소수자에 대한 지원 정책을 지지하고 있는지는 제시문을 통해 알 수 없다. ⑤ A국에

서 역차별 논란으로 사회적 갈등이 발생하였다고 볼 수 있으나 그 원인이 B국에서의 사회적 차별 때문인지는 알 수 없다.

05 사회적 소수자의 인권 보장 　　　　　정답 ④

④ 제시된 법은 「장애인 차별 금지 및 권리 구제 등에 관한 법률」로 장애인에 대해 차별을 금지하는 것이 목적이다. 이는 사회적 소수자인 장애인의 인권을 보장하기 위한 것이다.

❗ 오답 피하기

① 인종 차별, ② 성 불평등, ③ 빈곤 문제는 모두 인권 문제에 해당하지만, 제시된 장애인 관련 법과는 관계가 없다. ⑤ 종교, 의복과 생활 방식 등의 차이에 의해 발생하는 차별을 문화적 차이에 의한 차별이라고 한다.

06 사회적 소수자 　　　　　정답 ③

③ 어둠 속에서 비장애인 8명은 시각 장애인 1명의 안내를 받아야 하는데, 이때 8명의 비장애인은 1명의 시각 장애인 앞에서는 사회적 소수자이다. 어둠 속이 아닌 곳에서는 장애인이 사회적 소수자이지만, 어둠 속에서는 비장애인이 안내자인 장애인의 지시에 따라야 살아갈 수 있으므로 사회적 소수자이다. 즉, 사회적 소수자는 절대적인 개념이 아니라 상황에 따라 사회적으로 규정되는 상대적인 개념임을 알 수 있다.

07 사회적 차별 해소와 역차별 　　　　　정답 ③

ㄴ, ㄷ. 갑은 사회적 차별을 해소하기 위한 제도를 시행해야 한다고 보고 있고, 을은 그러한 제도가 역차별을 낳기 때문에 시행해서는 안 된다고 보고 있다.

❗ 오답 피하기

ㄱ. 갑은 차별 해소 정책에 대해 긍정적이지만 역차별 문제에 대해서는 말하고 있지 않다. ㄹ. 갑은 차별받는 이들에 대해 지원 정책이 필요하다고 본다. 이를 통해 갑이 사회적 소수자에 대한 지원 정책을 통해 인권 문제를 해결하고자 함을 파악할 수 있다.

08 사회적 소수자 차별 문제의 해결 방안 　　　　　정답 ②

② 제시문에서는 우리나라의 장애인 의무 고용 제도에 대해 설명하고 있고, 장애인과 같은 사회적 소수자가 겪는 차별을 개선하기 위해서는 법과 제도의 도입이 필요하다는 점을 강조하고 있다.

09 사회적 소수자 보호 제도의 부작용과 준법 의식 　　　　　정답 ④

제시문의 첫 번째 사례는 탈북자 지원금을 갑이 불법적으로 유용한 사례를 나타내고 있으며, 두 번째 사례는 장애인 의무 고용 제도가 제대로 지켜지는 기관이나 기업이 많지 않다는 것을 나타내고 있다. 즉, 사회적 소수자를 보호하기 위한 내용이 법이나 제도적으로 뒷받침이 된다고 해도 개인이나 기관의 의식 전환이 병행되지 않는다면 부작용만 발생할 수 있음을 보여 준다.

❗ 오답 피하기

①, ②, ③, ⑤ 제시문의 내용으로 판단할 수 없다.

10 청소년 노동권 침해 문제의 해결 방안 　　　　　정답 ④

④ 노동권을 침해받았을 경우 청소년 스스로 이를 시정하기 위해 적극적으로 대처하는 자세를 기르는 것은 개인적 측면에서의 대응 방안이다.

❗ 오답 피하기

①, ②, ③, ⑤ 모두 청소년 노동권 침해 문제에 대한 사회적 측면에서의 해결 방안이다.

11 청소년 노동권 보호와 사회적 해결 방안 　　　　　정답 ③

청소년 노동권을 보호하기 위해서는 고용주와 청소년이 당사자로서 노력하는 것과 더불어 사회적 차원의 해결 방안을 마련해야 한다. ③ 청소년 노동 관련 문제를 청소년에게 스스로 해결하라고 하는 것은 적절하지 않다. 청소년은 인격적으로 바르게 성장하고 몸과 마음이 건강하도록 특별하게 보호해야 할 필요가 있다. 따라서 노동권과 관련하여 청소년들에 대한 인권 침해가 일어나지 않도록 제도적으로 보호할 필요가 있다.

❗ 오답 피하기

①은 고용주가 해야 할 일, ⑤는 청소년 스스로 해야 할 일, ②와 ④는 사회적 차원에서 이루어지는 관련 법률 정비와 관련 프로그램 운영 등의 노력에 해당한다.

12 근로 기준법과 미성년자의 근로 계약 　　　　　정답 ②

② 제시된 자료의 근로 기준법은 근로자의 근로 조건을 정함으로써 근로자의 권리를 보장하기 위한 것으로, 특히 미성년자에 대한 규정을 둔 것은 미성년자를 사회적 약자로 인식하여 특별히 보호하기 위해서이다.

❗ 오답 피하기

① 근로 기준법은 미성년자의 문자 해독력과 관련이 없다. ③ 미성년자는 노동권 보호 대상이다. ④ 미성년자도 법률 행위를 할 수 있다. ⑤ 미성년자도 독립적인 경제활동이 허용된다.

13 인권지수의 의미 　　　　　정답 ③

③ 제시된 자료의 (가)에 들어갈 용어는 인권지수이다. 인권지수를 통해 국제 사회의 인권 문제를 객관적으로 파악하여 개별 국가와 국제 사회가 인권 문제에 관심을 갖고 대응할 수 있다.

❗ 오답 피하기

①, ②, ④, ⑤ 제시문의 내용과 관련이 없다.

14 인권지수의 유형 　　　　　정답 ⑤

제시된 칠판에는 인간 개발 지수, 세계 자유 지수, 세계 노동 권리 지수, 세계 언론 자유 지수 등 인권지수를 나열하였다. 인권지수는 국제 사회에서 발생하는 인권 침해와 관련된 문제를 객관적으로 파악할 수 있는 도구이다.

❗ 오답 피하기

①, ②, ③, ④ 모두 제시된 인권지수를 공통적으로 특징지을 수 있는 내용이 아니다.

15 빈곤 문제의 해결 방안 　　　　　정답 ①

제시된 자료에서 A는 빈곤층을 돕는 것이 인간의 의무임을 강조하고 있다. 빈곤 문제의 해결 방안은 개인적 측면과 사회적 측면에서 찾을 수 있다. ① 개인의 기부 행위를 물질적인 것만으로 이해하지 않고 인간의 의무, 정의의 관점에서 이해해야 함을 말하고 있다. 이는 지구상의 인류가 모두 하나라는 공동체 의식을 지닐 때 기부가 자연스럽고 적극적이 될 수 있음을 말한다.

❗ 오답 피하기

②, ③, ④, ⑤ 제시문을 통해 파악할 수 없다.

16 빈곤 문제 　　　　　정답 ②

제시문은 국가별 영양 결핍 인구 비율이 높은 나라와 국가별 성인 비만 인구 비율이 높은 나라가 서로 다른 특징을 나타냄을 보여 준다. ② 빈곤 문제의 원인이 개인의 능력이 아닌 해당 국가의 경제 발전 정도에 비례함을 알 수 있다. 이는 빈곤이 개인의 문제가 아닌 사회적으로 해결해야 할 문제임을 나타낸다.

⚠ 오답 피하기

① 국가별 성인 비만 인구를 경제적 약자로 단정할 수 없다. ③ 영양 결핍 인구가 사회적 소수자임을 알 수 없다. ④ 경제 발전 정도가 높은 나라가 관련 재정 지출을 많이 하므로 국민들의 건강 관리에 적극적일 것이다. ⑤ 제시문을 통해 국제적 연대가 필요함을 알 수 없다.

17 난민 문제   정답 ②

제시된 자료는 난민 문제를 해결하기 위해 유엔 난민 기구(UNHCR)가 나서고 있음을 나타내고 있다. 이는 난민 문제를 개인적 차원의 문제가 아닌 전 지구적인 문제로 인식하기 때문이다. ② 난민 문제는 과거부터 이어져 온 인권 문제 중 하나이다.

⚠ 오답 피하기

① 유엔 난민 기구와 같은 국제기구가 문제 해결에 나섰다는 것은 인권 문제를 연대권으로 인식하기 때문이며, ③ 국제 사회가 나섬으로써 사회적 차원의 노력이다. ④, ⑤ 이러한 난민 문제의 경우 나와 관련이 없는 문제라는 인식, 일시적인 도움보다는 국제 인권 문제에 꾸준히 관심을 갖는 것이 필요하다. 또한 우리 모두의 일이라는 관점에서 책임 의식과 세계 시민 의식을 가지고 적극적으로 행동할 때 근본적 해결이 가능하다.

18 사회적 소수자 지원과 역차별

(1) 사회적 소수자
(2) **모범 답안** 사회적 약자에 대해 지원을 해 주는 것은 그 외의 사람들에게는 역차별이 될 수 있다.

채점 기준	구분
사회적 약자에 대한 지원을 반대하는 이유를 역차별을 포함한 내용으로 서술한 경우	상
사회적 약자에 대한 지원을 반대하는 이유 중 역차별을 서술하지 못한 경우	중
사회적 약자에 대한 지원을 반대하는 이유를 서술하지 못한 경우	하

19 근로 계약의 필요성

모범 답안 근로 조건을 명확히 하여 근로 조건과 다를 경우 사용자를 대상으로 이를 시정하거나 손해 배상을 청구하여 노동권을 보호받기 위해 필요하다.

채점 기준	구분
근로 계약서 체결의 필요성을 두 가지 이상 서술한 경우	상
근로 계약서 체결의 필요성을 한 가지만 서술한 경우	중
근로 계약서 체결의 필요성을 서술하지 못한 경우	하

STEP 2 1등급 도전하기   본문 ○ 034~037쪽

01 ⑤	02 ③	03 ①	04 ②	05 ②	06 ⑤
07 ④	08 ②	09 ①	10 ②	11 ④	12 ⑤
13 ⑤	14 ⑤	15 ⑤	16 ②		

01 사회적 소수자의 특성   정답 ⑤

제시문의 (가)는 사회적 소수자이다. ㄱ. 사회적 소수자에 대한 규정은 시대나 사회마다 다르게 나타날 수 있다. ㄷ. 사회적 소수자에 대한 지속적

인 차별은 사회적 소수자 스스로 차별받는 집단에 속해 있다는 의식을 확대시키므로 사회 통합을 저해할 수 있다. ㄹ. 사회적 소수자는 장애인, 이주 외국인, 노인, 여성 등 인종·종교·성별·장애 등의 이유로 차별받는 사람들을 의미한다.

⚠ 오답 피하기

ㄴ. 사회적 소수자는 사회적 약자를 의미하는 것으로 단순히 수적인 열세를 의미하는 것은 아니다.

02 사회적 소수자   정답 ③

③ 제시문에서 필자는 주류 집단이 사회적 소수자를 사회 질서를 위협하는 존재로 여겨 배척하고 차별하고 있음을 강조하고 있다. 즉, 주류 집단이 사회적 소수자를 문제 집단으로 규정하는 태도를 차별의 발생 원인으로 보고 있다.

03 사회적 소수자의 특성   정답 ①

(가)는 사회적 소수자이다. ㄱ. 사회적 소수자는 상대적 개념으로 상황에 따라 그 여부가 달라질 수 있다. ㄴ. 사회적 소수자에 대해 지원을 할 경우 지원을 받지 못하는 사람들로부터 이들에게만 지원을 한다는 역차별 논란이 벌어질 우려가 있다.

⚠ 오답 피하기

ㄷ. 전체 구성원 중 인적 구성 비율은 사회적 소수자 여부 기준에 해당하지 않는다. ㄹ. 사회적 소수자는 인종, 성과 같은 생물학적 특성과 함께 종교, 가치관과 같은 문화적 특성에 따라 결정되기도 한다.

04 사회적 소수자   정답 ②

ㄱ. 갑은 사회적 소수자를 배려하는 정책의 확대를 바람직하다고 보고 있으므로 적극적 우대 조치의 확대를 강조하고 있다. ㄹ. 을은 사회적 소수자가 아닌 집단 구성원의 권리 침해를 염려하고 있으므로 사회적 소수자 우대에 따른 역차별을 우려하고 있다.

⚠ 오답 피하기

ㄴ. 을이 사회적 소수자 문제 해결을 위한 의식의 개선을 강조한다고 보기 어렵다. ㄷ. 갑은 사회적 소수자를 배려하는 정책의 확대를 바람직하다고 보고 있으므로 사회적 소수자에 대한 차별을 불가피한 것으로 본다고 보기 어렵다.

05 여성의 인권   정답 ②

제시된 자료의 갑은 여성 고용 할당제를 통해 ○○ 회사에 입사하였다. ㄱ. 여성 고용 할당제는 사회적 약자인 여성에게 양성평등의 측면에서 고용의 기회를 보장하는 제도이다. ㄹ. 그러나 남성의 고용 기회를 감소시키기 때문에 역차별 논란이 있을 수 있다.

⚠ 오답 피하기

ㄴ. 혼인을 이유로 여성에게만 퇴사를 종용하는 것은 합리적인 차별로 볼 수 없다. ㄷ. 준법 의식의 결여는 ⓒ의 요인 중 하나이다.

06 사회적 소수자 차별 문제   정답 ⑤

사회적 소수자에 대한 차별 문제는 인종, 성별, 장애, 종교 등을 이유로 다양한 측면에서 나타난다. ⑤ (가), (나)를 통해 사회적 소수자에 대한 차별을 해결하기 위해서는 의식적 측면과 제도적 측면의 노력이 병행되어야 함을 알 수 있다.

⚠ 오답 피하기

① 성별에 따른 차별과 장애에 따른 차별의 정도를 서로 비교할 수 없다.

② 사회적 소수자로 규정하느냐 여부는 시대나 장소에 따라 상대적이다.
③ 사회적 소수자에 대한 차별은 개인적 능력 차이에서 기인하지 않는다.

07 사회적 소수자　　　　　　　정답 ④

ㄴ. ⓒ은 적극적 우대 조치를 의미한다. 적극적 우대 조치는 실질적 평등의 실현을 위해 도입된 제도적 장치이다. ㄹ. 갑은 의식적 측면, 을은 제도적 측면에서의 해결 방안을 제시하고 있다.

！ 오답 피하기

ㄱ. 사회적 소수자는 권력의 열세에 놓인 집단으로, 반드시 수적 열세에 있는 집단인 것은 아니다. ㄷ. 갑은 사회 구성원들의 의식 개선을 강조하고 있다.

08 청소년의 노동권 보장　　　　　정답 ②

갑, 병. 연소 근로자는 성인과 동일하게 최저 임금을 적용받으며, 보건상 유해하거나 위험한 업종에 근로할 수 없다.

！ 오답 피하기

을, 정. 연소 근로자도 단독으로 임금을 청구할 수 있고, 성인과 동일하게 노동 3권을 보장받는다.

09 청소년의 노동 인권 문제　　　　정답 ①

A는 16세이므로 미성년자이다. ㄱ, ㄴ. 청소년도 성일과 동일한 최저 임금을 적용받으며, 자신의 임금을 독자적으로 청구할 수 있다.

！ 오답 피하기

ㄷ. 보호자는 미성년자의 근로 계약을 대리하여 체결할 수 없다. ㄹ. 근로자는 근로 시간이 4시간인 경우에는 30분 이상, 8시간인 경우에는 1시간 이상의 휴게 시간을 근무 시간 도중에 요구할 수 있다.

10 청소년의 근로 보호　　　　　　정답 ②

② 연소 근로자는 하루 7시간 근로할 수 있으며, 휴게 시간은 4시간에 30분 이상, 8시간에 1시간 이상이어야 한다. 따라서 오전 9시부터 오후 5시까지(휴게 시간 2시간 포함)의 내용은 근로 기준법 위반이 아니다.

！ 오답 피하기

① 연소 근로자는 단독으로 근로 계약을 체결할 수 있으나 친권자인 부모의 동의를 얻어야 한다. ③ 연소 근로자는 1주 35시간 이내에서 근로할 수 있다. 1일 7시간 주 6일 근무이면 42시간이 되므로 근로 기준법 위반이다. ④ 연소 근로자의 근로에 대한 임금은 연소 근로자 본인에게 직접 지급해야 한다. 부모 통장으로 입금하는 것은 근로 기준법 위반이므로 무효가 된다. ⑤ 연소 근로자라도 법정 최저 임금의 적용을 받는다. 따라서 갑과 을이 합의를 해도 법정 최저 임금에 미달한 근로 계약 내용은 무효이다.

11 청소년의 근로 보호　　　　　　정답 ④

④ 연소 근로자도 성인과 마찬가지로 최저 임금제의 적용을 받으며, 최저 임금보다 낮은 임금을 지급하는 것은 법 위반이다. 따라서 9,500원으로 임금을 합의하였어도 최저 임금인 9,860원을 요구할 수 있다.

！ 오답 피하기

① 연소 근로자는 친권자인 부모의 동의를 얻어 연소 근로자가 직접 근로 계약을 체결해야 한다. ② 연소 근로자도 성인 근로자와 마찬가지로 유급 휴일을 보장받을 수 있다. ③ 휴게 시간은 근로 시간 4시간에 30분 이상, 8시간에 1시간 이상이다. 연소 근로자는 원칙적으로 1일 7시간, 1주 35시간 이내에서 근로할 수 있다. 따라서 1일 8시간 근로하도록 되어 있는 근로 계약서는 근로 기준법 위반이다. ⑤ 원칙적으로 15세 미만은 근로할 수 없다.

12 청소년의 근로 보호　　　　　　정답 ⑤

ㄷ. 연소 근로자가 1일 9시간 근무하는 것은 근로 기준법 위반이다. ㄹ. 부당한 근로 계약에 대해서는 고용 노동부에 신고하여 구제받을 수 있다.

！ 오답 피하기

ㄱ. 갑은 을에게 근로 기준법에 따라 휴게 시간을 요구할 수 있다. ㄴ. 당사자 간 합의하에 이루어진 계약이라고 하더라도 근로 기준법 위반이므로 을은 추가 임금을 지불해야 한다.

13 다문화 가정과 인권 문제　　　　정답 ⑤

제시문의 A 씨는 필리핀 여성인데 한국인과 결혼을 하여 한국으로 온 결혼 이민자이다. ⑤ 소수 문화가 다수 문화에 동화되는 것이 자연스러운 것이라고 교육을 하면 타문화에 대한 이해 부족과 자기 문화에 대한 우월감으로 인해 타인이나 타문화에 대한 편견을 가질 수 있으므로 바람직한 해결 방안으로 볼 수 없다.

！ 오답 피하기

①, ②, ③, ④ 다문화 가정을 이해하고 차별을 없애는 것에 기여할 수 있는 해결 방안이다.

14 난민 문제　　　　　　　　　　정답 ⑤

제시문에 나타난 난민 문제의 해결 방안은 인간 안보이다. ⑤ 인간 안보는 소극적 평화를 넘어 적극적 평화를 강조한다. 적극적 평화는 물리적 폭력뿐 아니라 문화적 폭력 및 구조적 폭력이 제거된 상태이다.

15 여성 인권 문제　　　　　　　　정답 ⑤

제시된 자료의 (가)는 여성 차별 문제를 해결하기 위한 국제 사회의 노력, (나)는 개별 국가의 노력, (다)는 여성 차별이 종교적 문제와 결부되어 있음을 나타낸다. ㄴ. (나) 우리나라에서 남녀 차별이 존재하는 것은 생물학적인 차이를 차별로 만들어 버려 남성 우월주의적 가치관을 형성하였기 때문이다. 이를 시정하기 위해 「남녀 고용 평등과 일·가정 양립 지원에 관한 법률」을 제정한 것이다. ㄷ. 남성과 여성의 차이만으로 여성 차별이 이루어지는 것이 아니라 종교에 의해 사회적으로 차별이 발생함을 알 수 있다. ㄹ. 제시된 사례를 통해 성차별 문제가 지역을 넘어 국제 사회의 문제임을 알 수 있다.

！ 오답 피하기

ㄱ. 인종 차별은 사람들을 피부색, 모발의 형태 등으로 구분하여 여러 인종으로 나누고, 특정 인종에 대해 불이익을 주는 것으로 성별 차이로부터 발생한 성차별과 다르다.

16 아동 인권 문제　　　　　　　　정답 ②

ㄱ, ㄹ. 갑과 을은 모두 아동 노동 착취가 전 세계적으로 일어나고 있다는 점에 주목하고 있다. 이를 통해 갑과 을은 모두 아동 인권 문제를 세계 인권 문제로 생각하고 있으며, 갑은 인권 문제를 세계 인권 문제와 연계시켜 해결 방안을 모색하고자 한다.

！ 오답 피하기

ㄴ. 제시문에서는 갑과 을 모두 아동이 성인에 비해 차별받는 것이 맞으나 아동에게 집단 동질성, 식별 가능성 등을 파악할 수 없다. ㄷ. 갑은 국제 사회가 아동 노동 문제에 대해 관심을 가져야 한다고 보므로 사회적 차원에서 접근해야 함을 강조하고 있다. 을 역시 사회적 차원에서의 노력을 중시하고 있다. 그러나 보다 중요한 것이 아동 노동에 대한 적극적인 참여 의식과 같은 인식 개선이라고 보고 있다. 갑과 을이 다른 시각인지는 제시된 내용만으로 알 수 없다.

01 정의의 의미와 실질적 기준

STEP 1 내신 다지기 본문 ○ 042~045쪽

01 ⑤	02 ⑤	03 ⑤	04 ⑤	05 ②	06 ②
07 ④	08 ②	09 ④	10 ⑤	11 ③	12 ④
13 ③	14 ①	15~16 해설 참조			

01 정의의 의미   정답 ⑤

㉠에 들어갈 말은 '정의'이다. 정의를 동양에서는 대체로 옳음이나 의로움으로, 서양에서는 고전적으로 각자에게 정당한 자신의 몫을 주는 것 또는 공정성으로 보았다.

02 정의의 여신상의 의미   정답 ⑤

정의의 여신상은 두 눈을 가리고 있고 한 손에는 저울, 다른 손에는 칼을 들고 있다. ㄱ. 두 눈을 가린 것은 사사로움에 눈을 감는 공평무사함을 상징적으로 나타낸 것이다. ㄴ. 저울은 어느 한쪽에 치우침이 없는 공정한 정의의 기준을 의미한다. ㄷ. 칼은 정의롭지 못한 것들을 단호히 응징하여 정의를 실현하겠다는 힘을 상징적으로 나타낸 것이다.

03 정의의 의미와 구분   정답 ⑤

밑줄 친 '이것'은 정의이다. ⑤ 정의는 개인의 이익만을 최우선적으로 추구하는 것이 아니라, 개인선과 공동선의 실현을 함께 가능하도록 한다.

❗ 오답 피하기

①, ② 정의는 개인과 사회가 함께 추구해야 할 덕목이자 기본적이고 핵심적인 가치로, 올바른 도리나 공정성을 의미한다. ③ 정의는 무엇이 옳은가에 대한 사회 규범의 기준을 제시한다. ④ 정의는 구성원이 법을 준수하고 국가가 법을 공평하게 집행함으로써 실현할 수 있다.

04 교정적 정의와 분배적 정의   정답 ⑤

아리스토텔레스는 정의를 크게 일반적 정의와 특수적 정의로 구분하였고, 특수적 정의는 다시 교정적 정의, 분배적 정의, 교환적 정의로 구분하였다. ⑤ 교정적 정의는 다른 이에게 해를 끼치면 그만큼 보상하고, 이익을 주었다면 그만큼 받게 하여 서로 간의 동등하지 않음을 바로잡는 것이다. 분배적 정의는 권력, 명예, 재화 등의 다양한 사회적 가치를 각자에게 각자의 정당한 몫으로 분배하는 것이다.

❗ 오답 피하기

① 절차적 정의는 과정과 절차가 공정하면 그에 따른 결과도 공정한 것으로 간주할 수 있다는 것이다. 결과적 정의는 1인 1표의 선거권과 같이 분배 결과가 모두에게 동일한 것을 의미한다. ②, ③ 실질적 정의는 분배가 모두에게 실질적으로 공정하도록 하는 것으로, 사회적 약자를 우대하는 상대적 평등과 관련 있다. 형식적 정의는 분배가 누구에게나 차별 없이 일관되게 적용되도록 하는 것으로, 결과의 평등과 관련 있다.

05 정의에 대한 이해   정답 ②

② 정의는 모든 구성원이 함께 추구해야 할 보편적인 가치이지만 정의의 구체적인 내용은 시대나 사회에 따라 달라질 수 있다.

06 정의의 필요성   정답 ②

ㄱ. 정의는 개인과 집단 간의 갈등을 공정하게 처리하고 구성원들이 협력하여 공동선을 추구할 수 있도록 하기 위해 필요하다. ㄷ. 모든 구성원이 기본적 권리를 누리며 인간답게 살아가기 위해 정의가 실현되어야 한다.

❗ 오답 피하기

ㄴ. 정의는 정당하지 못한 방법으로 사회적 지위나 부를 획득하지 못하도록 하기 위해 필요한 것이다. ㄹ. 피해자가 있는 범죄를 저지른 사람들이 모두 무죄 판결을 받거나 축구 경기에서 모든 팀이 승리자가 되는 것이 정의로운 결과라고 할 수 없듯이, 모든 사람이 결과적으로 평등한 것이 정의의 실현이라고 볼 수 없다.

07 분배적 정의의 실질적 기준   정답 ④

ㄱ, ㄴ, ㄷ. 능력, 업적, 필요는 분배적 정의를 실현하는 데 사용하는 대표적인 실질적 기준이다.

❗ 오답 피하기

ㄹ. 행운과 같은 우연적 요인은 분배를 공정하게 하는 기준으로 적합하지 않다.

08 분배적 정의의 기준   정답 ②

② 더 뛰어난 재능과 능력을 지닌 사람에게 우선적으로 분배가 이루어져야 한다는 갑의 입장은 능력에 따른 분배이다. 인간다운 삶을 유지하기 위한 기본적 필요에 따라 분배가 이루어져야 한다는 을의 입장은 필요에 따른 분배이다. 더 많은 업적과 성과를 낸 사람에게 더 많은 분배가 이루어져야 한다는 병의 입장은 업적에 따른 분배이다.

09 능력에 따른 분배   정답 ④

제시문을 주장한 사람은 개인이 지니고 있는 능력에 따라 분배가 이루어져야 함을 강조하고 있다. ④ 능력에 따른 분배는 능력이 뛰어난 사람에게 우선적으로 더 많이 분배하는 것이다.

❗ 오답 피하기

① 필요에 따른 분배, ② 업적에 따른 분배에 해당한다. ③, ⑤ 기회와 혜택이 모두에게 동일해야 한다거나, 개인이 노력한 시간에 따라 분배해야 한다는 것은 능력에 따른 분배와는 거리가 멀다.

10 업적에 따른 분배   정답 ⑤

제시문은 업적에 따른 분배가 정의롭다는 입장이다. ⑤ 업적에 따른 분배는 개인이 달성한 업적에 따라 사회적 재화를 차등적으로 분배하는 것이다.

❗ 오답 피하기

① 업적에 따른 분배는 사회적 약자의 이익이 최대가 되도록 분배가 이루어져야 한다고 보지 않는다. ② 업적에 따른 분배는 사회적 재화를 분배할 때 업무 성과를 고려해야 한다고 본다. ③ 능력에 따른 분배, ④ 결과의 평등을 강조하는 분배에 해당한다.

11 필요에 따른 분배   정답 ③

제시문은 능력이나 업적이 아닌 필요에 따른 분배가 이루어져야 한다는 입장이다. ㄴ, ㄷ. 개인의 노력이나 능력, 성과와는 무관하게, 가령 열심히 일한 사람에게나 그렇지 않은 사람에게나 각자가 필요로 하는 만큼 분배하게 되면 개인의 성취 동기가 약화되어 사회 전체의 경제적 생산성이 저하될 수 있다.

❗ 오답 피하기

ㄱ, ㄹ. 필요에 따른 분배는 사회적 약자에 대한 배려를 중시하여 빈부 격차의 해소에 기여할 수 있다는 장점이 있다.

12 능력에 따른 분배와 업적에 따른 분배 정답 ④

갑은 능력에 따른 분배, 을은 업적에 따른 분배가 바람직하다는 입장이다. ④ 능력에 따른 분배와 업적에 따른 분배 모두 개인의 성취 동기를 높여주어 사회 발전에 기여할 수 있다는 장점을 지닌다.

❗ 오답 피하기
①, ③ 능력에 따른 분배와 업적에 따른 분배는 각각 능력과 업적에 따라 재화를 차등 분배함으로써 생산성을 향상시키는 데 기여한다. ②, ⑤ 능력이나 업적에 따른 분배의 특징에 해당하지 않는다.

13 분배 정의 기준의 사례 정답 ③

ㄱ. 다양한 분야에서 특출한 능력을 지닌 영재를 선발하여 특성화 교육을 실시하는 것은 능력에 따른 분배의 사례로 적절하다. ㄷ. 저소득층 가정이 기본적인 욕구를 충족하여 인간다운 삶을 보장받을 수 있도록 최저 생계비를 지급하는 것은 필요에 따른 분배의 사례로 적절하다.

❗ 오답 피하기
ㄴ. 거동이 불편한 장애인들에게 필요한 교통수단을 지원하는 것은 업적에 따른 분배가 아니라 필요에 따른 분배의 사례에 해당한다.

14 분배 정의의 실질적 기준 정답 ①

㉠은 업적에 따른 분배, ㉡은 능력에 따른 분배, ㉢은 필요에 따른 분배에 해당한다. ㄱ. 업적에 따른 분배는 업적 성취를 위한 구성원 간 경쟁이 과열되어 사회적 갈등이 심화될 수 있다. ㄴ. 능력에 따른 분배는 개인이 지닌 육체적, 정신적 능력에 따라 분배하는 것이다.

❗ 오답 피하기
ㄷ. 필요에 따른 분배는 근로 의욕을 저하시킬 수 있다. ㄹ. 필요에 따른 분배보다 업적에 따른 분배가 생산성 향상을 통한 사회 발전에 유리하다.

15 정의의 의미와 필요성

(1) 정의
(2) [모범 답안] 기본적 권리 보장과 인간다운 삶의 실현을 위해 필요하다, 사회 통합을 위해 필요하다 등

채점 기준	구분
정의를 정확히 쓰고, 정의의 필요성에 대해 적절하게 서술한 경우	상
정의를 정확히 썼으나, 정의의 필요성에 대해 다소 미흡하게 서술한 경우	중
단순히 '정의'라고만 쓴 경우	하

16 분배적 정의의 실질적 기준

(1) 갑 : 능력에 따른 분배, 을: 필요에 따른 분배
(2) [모범 답안] 우연적인 선천적 요소들이 분배에 개입될 수 있다, 사회적 불평등을 심화시킬 수 있다, 사회적 약자에 대한 배려를 소홀히 할 수 있다 등

채점 기준	구분
갑, 을이 강조하는 분배의 실질적 기준을 모두 정확히 쓰고, 능력에 따른 분배의 문제점을 옳게 서술한 경우	상
갑, 을이 강조하는 분배의 실질적 기준 중 어느 하나만을 정확히 쓰고, 능력에 따른 분배의 문제점을 옳게 서술한 경우	중
갑, 을이 강조하는 분배의 실질적 기준만을 쓴 경우	하

01 ③	02 ③	03 ④	04 ②	05 ④	06 ②
07 ④	08 ④	09 ③	10 ②	11 ③	12 ②
13 ⑤	14 ②	15 ②	16 ①		

01 정의의 기능 정답 ③

밑줄 친 '이것'은 정의이다. ③ 정의는 사적 이익 추구의 극대화를 정당화하는 근거가 아니라, 오히려 무분별하게 사적인 이익만을 추구하는 것을 규제하는 근거가 된다.

❗ 오답 피하기
①, ②, ④, ⑤는 모두 정의의 기능으로 적절하다. 정의는 옳고 그름이나 권리와 의무, 행위의 기준 및 공정한 분배의 기준이 되는 것으로, 공정한 사회의 실현을 목적으로 한다.

02 정의에 대한 아리스토텔레스의 입장 정답 ③

그림의 강연자는 아리스토텔레스이다. ㄴ. 아리스토텔레스는 법을 지키는 것은 일반적 정의에 해당한다고 보았다. ㄷ. 아리스토텔레스는 특수적 정의 중에서 교정적 정의는 이익과 손해의 동등함을 회복하는 것이라고 보았다.

❗ 오답 피하기
ㄱ. 아리스토텔레스는 필요에 따른 분배가 정의로운 분배라고 주장하지 않았다. ㄹ. 아리스토텔레스는 분배적 정의란 각 사람이 가진 가치에 비례하여 '같은 것은 같게, 다른 것은 다르게' 차등적으로 분배하는 것이라고 보았다.

03 아리스토텔레스의 정의론 정답 ④

제시문을 주장한 사람은 아리스토텔레스이다. ㄱ, ㄴ. 아리스토텔레스는 분배는 각자의 가치에 따라 이루어져야 하므로 분배적 정의는 비례적인 것이라고 보았으며, 공공의 재화를 기여도에 비례하여 분배하는 것은 정의롭다고 보았다. ㄹ. 아리스토텔레스의 입장에서 한 사람이 타인보다 기여한 정도가 탁월하게 높은 경우, 그가 더 많이 분배받는 것은 정의롭다.

❗ 오답 피하기
ㄷ. 아리스토텔레스는 동등한 가치를 지닌 사람들은 동등한 몫을 분배받는 것이 정의롭다고 보았다.

04 정의로운 사회의 조건 정답 ②

제시문은 롤스의 주장이다. ㄱ. 롤스는 사회적·경제적 불평등은 사회적 약자의 최대 이익을 보장하는 경우에만 허용된다고 보았다. 따라서 사회적 약자를 배려하고 그들의 이익을 증진하는 제도는 정의롭다고 할 수 있다. ㄷ. 롤스는 정의로운 사회에서는 모든 사람이 표현의 자유, 신체의 자유 등 기본적 자유를 누릴 수 있는 평등한 권리를 가져야 한다고 보았다.

❗ 오답 피하기
ㄴ. 롤스는 모든 사람이 사회적 지위나 직책을 얻을 수 있는 기회를 공정하게 보장받아야 한다고 보았다. ㄹ. 롤스는 공정한 기회균등의 원칙을 주장하였으며, 그에 따른 사회적·경제적 불평등의 허용을 인정하였다. 따라서 모든 사회적 재화를 모두에게 균등하게 분배해야 한다고 주장하지 않았다.

제시문을 주장한 사람은 롤스이다. ④ 롤스는 모든 사람이 지니고 있는 기본적 자유와 권리를 함부로 침해하지 않고 최대한 누릴 수 있도록 보장해야 한다고 보았다.

! 오답 피하기

①, ② 롤스는 법이나 제도가 아무리 효율적일지라도 그것이 정당하지 못하면 개선되거나 폐기되어야 한다고 주장하고 있다. ③ 롤스는 전체 사회의 복지를 위한다는 이유로도 결코 침해될 수 없는 기본적 권리를 모든 사람이 가지고 있다고 주장하고 있다. ⑤ 롤스는 정의에 의해 보장된 권리들은 어떠한 정치적 거래나 사회적 이득의 계산에도 좌우되지 않는 것이라고 주장하고 있다.

06 분배적 정의의 실질적 기준 　　　　　　　정답 ②

ㄱ. 제시문은 차등 분배가 개인의 성취 동기를 자극한다고 본다. ㄷ. 제시문은 능력이나 업적에 따라 분배가 이루어져야 한다고 보는 입장이다.

! 오답 피하기

ㄴ. 제시문은 모든 사람들이 동일한 보수를 받는다면 사회 전체의 효율성이 떨어질 것이므로 소득 격차가 당연한 결과라고 본다. ㄹ. 제시문은 개인의 능력이나 성과를 상대적으로 평가하여 분배해야 정의롭다고 본다.

07 필요에 따른 분배의 문제점 　　　　　　　정답 ④

분배적 정의 실현을 위한 실질적 기준으로 '나'는 업적에 따른 분배를, '어떤 사람'은 필요에 따른 분배를 주장하고 있다. ④ 필요에 따른 분배는 열심히 일하려는 사람의 노동 의욕을 저하시킬 수 있다는 비판을 받는다.

! 오답 피하기

① 능력에 따른 분배의 문제점, ②, ⑤ 능력에 따른 분배와 업적에 따른 분배의 문제점, ③ 업적에 따른 분배의 문제점에 해당한다.

08 분배 정의에 대한 입장 　　　　　　　　　정답 ④

갑은 수해 복구비용을 피해 주민들 모두에게 똑같이 지원해야 한다는 입장이고, 을은 피해 주민들 각자의 상황을 고려하여 다르게 지원해야 한다는 입장이다. ㄴ. 갑은 평등의 가치를 강조하면서 균등한 분배가 필요하다고 본다. ㄹ. 을은 개인의 서로 다른 상황을 고려해 차등적 분배가 필요하다고 본다.

! 오답 피하기

ㄱ. 을이 갑에게 제기할 수 있는 비판으로 적절하다. ㄷ. 갑이 을에게 제기할 수 있는 비판으로 적절하다.

09 분배적 정의의 다양한 기준 　　　　　　　정답 ③

갑은 결과적으로 평등한 분배를 주장하며, 을은 업적에 따른 분배, 병은 필요에 따른 분배를 주장하고 있다. ③ 필요에 따른 분배를 주장하는 병은 업적에 따른 분배를 주장하는 을에게, 상대적 박탈감을 야기하고 과열 경쟁을 초래하여 갈등이 발생하게 된다고 비판할 수 있다.

! 오답 피하기

① 업적에 따른 분배는 책임 의식의 강화와 함께 성취 의욕을 고취시킬 수 있으므로 을에 대한 비판으로 적절하지 않다. ② 을이 제기할 수 있는 비판이 아니라, 을에게 제기할 수 있는 비판으로 적절하다. ④ 필요에 따른 분배는 한정된 재화로 모두의 필요를 충족시키기 어렵다는 문제점을 지닌다. 따라서 을이 제기할 비판으로 적절하지 않다. ⑤ 갑은 모두에게 획일적으로 분배하고자 하므로 분배에 우연적이고 선천적인 요인이 영향을 미치지 않는다. 따라서 갑에게 제기할 수 있는 비판으로 적절하지 않다.

10 능력과 업적에 따른 분배 비판 　　　　　　정답 ②

제시문의 '나'는 사회적 약자에 대한 우대 정책의 필요성을 강조하고 있으며, '어떤 사람들'은 우대 정책이 능력과 업적에 따라 분배가 이루어져야 한다는 업적주의 원칙에 위배된다고 보아 반대하는 입장이다. ② '나'의 입장에서는 '어떤 사람들'에 대해 개인의 능력과 업적만을 분배의 기준으로 삼아야 한다는 점을 지나치게 강조하고 있다고 비판할 수 있다.

! 오답 피하기

①, ③, ④, ⑤ 업적주의 원칙에 따른 분배를 주장하는 입장에서 강조하는 내용에 해당하지 않는다.

11 분배 정의에 대한 다양한 입장 　　　　　　정답 ③

갑은 개인의 소유 권리를 강조하면서 국가에 의한 재분배 정책을 부정하다고 보고 있다. 을은 사적 소유제와 국가가 해체된 상태에서 이상적인 노동과 분배가 실현될 수 있다고 보고 있다. 참고로 갑은 노직이며, 을은 마르크스의 입장이다. ③ 을은 능력에 따른 노동과 필요에 따른 분배가 이상적이라고 주장하고 있다.

! 오답 피하기

①, ② 갑은 재화의 분배는 전적으로 개인의 자유에 맡겨야 한다는 입장이다. ④ 을은 사적 소유제의 전면적인 폐지를 주장하고 있다. ⑤ 갑은 올바른 재화의 분배는 개인의 자유에 전적으로 맡겨야 한다고 보고 있고, 을은 국가가 존재하지 않는 상태에서 필요에 따른 분배가 이루어질 수 있다고 보고 있다.

12 업적에 따른 분배의 특징 　　　　　　　　정답 ②

공정한 분배의 기준으로 갑은 필요, 을은 업적을 제시하고 있다. ② 업적에 따른 분배는 성취 동기를 고취시켜 개인과 사회의 발전에 기여한다.

! 오답 피하기

①, ③ 필요에 따른 분배의 특징에 해당한다. ④, ⑤ 업적에 따른 분배는 분배에 후천적인 노력이 영향을 미치도록 하며, 과열 경쟁을 유발하여 사회적 갈등을 초래할 수 있다.

13 분배적 정의의 기준 　　　　　　　　　　정답 ⑤

능력에 따른 분배는 능력이 뛰어난 사람에게 더 많이 분배하는 것이고, 업적에 따른 분배는 업적이나 성과에 기여한 사람에게 더 많은 보상을 주는 것이며, 필요에 따른 분배는 사람들의 필요에 따라 다르게 분배하는 것이다. ⑤ 업적에 따른 분배의 문제점이다. 필요에 따른 분배는 재화가 한정되어 있는 상황에서 모든 사람의 필요를 충족시킬 수 없으며, 경제적 효율성을 높이기 어렵다는 단점을 지닌다.

14 분배적 정의의 실질적 기준 　　　　　　　정답 ②

ㄱ. 능력에 따른 분배는 개인이 지닌 탁월한 재능과 능력을 분배 기준으로 삼는다. 이에 비해 업적에 따른 분배는 개인이 지니고 있는 잠재적 재능이 아니라 개인이 성취하거나 달성한 업적을 분배 기준으로 삼으며, 필요에 따른 분배는 개인이 성취한 업무 성과가 아니라 개인의 필요에 따라 분배가 이루어져야 한다는 입장이다. ㄷ. 업적에 따른 분배는 개인이 성취한 업무 성과의 차이에 따라 분배가 차등적으로 이루어져야 정의롭다고 본다.

! 오답 피하기

ㄴ. 능력, 업적, 필요는 모두 인간이 살아가는 데 필요한 사회적 가치를 공정하게 분배하여 각자에게 그의 몫이 돌아가도록 하기 위한 대표적인 분배 기준에 해당한다. ㄹ. 필요에 따른 분배는 사회적 약자의 기본적 욕구를 충족시키기 위한 분배가 정의롭다고 본다.

갑은 모든 사람들이 균등하게 복지 혜택을 누릴 수 있어야 한다는 '보편적 복지'의 입장이다. 을은 복지 혜택이 필요한 사람을 우선적으로 배려해야 한다는 '선택적 복지'의 입장이다. ㄱ, ㄹ. 선택적 복지는 최소 수혜자를 우선적으로 고려해야 하며, 복지 정책이 소득 재분배 효과를 지녀야 함을 강조한다.

! 오답 피하기

ㄴ, ㄷ. 갑에게 을이 아니라, 을에게 갑이 제시할 수 있는 비판으로 적절하다.

16 분배적 정의의 실질적 기준　　　　　정답 ①

갑은 필요에 따른 분배, 을은 업적에 따른 분배, 병은 능력에 따른 분배를 강조하고 있다. ① 필요에 따른 분배는 사회적 약자나 소외된 사람들에게 우선 분배하므로 약자를 보호해야 한다는 도덕의식에 부합한다. 이에 비해 업적에 따른 분배는 업적이나 기여를 이룬 사람에게 더 많이 분배하기 때문에 사회적 약자를 배려하기 어렵다.

! 오답 피하기

② 업적에 따른 분배, ③ 능력에 따른 분배, ④, ⑤ 필요에 따른 분배에 대해 제기할 수 있는 비판 내용에 해당한다.

02　다양한 정의관

STEP 1　내신 다지기　　　　본문 ○ 052 ~ 055쪽

01 ③	02 ②	03 ①	04 ④	05 ④	06 ②
07 ⑤	08 ④	09 ④	10 ⑤	11 ③	12 ②
13 ③	14 ⑤	15~16 해설 참조			

01 자유주의　　　　　정답 ③

㉠은 자유주의이다. 자유주의는 개인의 자유와 권리 보호를 무엇보다 중시하며, 개인을 공동체보다 우선하는 존재로 파악한다.

02 자유주의의 입장　　　　　정답 ②

제시문은 자유주의의 입장이다. ㄱ, ㄷ. 자유주의에서는 개인을 독립적이고 자율적인 주체로 보며, 공동체는 개인의 자유와 권리를 보장하기 위한 수단적 존재라고 본다.

! 오답 피하기

ㄴ. 자유주의는 공동체의 이익보다 개인의 자유와 권리를 중시한다. ㄹ. 공동체주의의 입장이다.

03 자유주의적 정의관　　　　　정답 ①

제시문에는 자유주의적 정의관이 나타나 있다. ① 자유주의적 정의관은 개인의 자유와 권리를 최대한 보장하여 개인선을 실현하는 것을 정의로운 것으로 본다.

! 오답 피하기

②, ③, ④, ⑤ 공동체주의적 정의관에 대한 설명이다.

04 자유주의적 정의관　　　　　정답 ④

제시문에는 자유주의 입장이 나타나 있다. ④ 자유주의에서는 개인의 자유와 권리 보장을 최고의 가치로 여기며, 사회나 국가는 이를 위한 수단적 존재에 불과하다고 본다.

! 오답 피하기

①, ②, ③, ⑤ 자유주의 입장에서 부정의 대답을 할 질문들이다.

05 롤스의 입장　　　　　정답 ④

그림의 강연자는 롤스이다. 롤스는 정의의 원칙으로 평등한 자유의 원칙, 차등의 원칙, 공정한 기회균등의 원칙을 제시하였다. ㄴ. 롤스는 사회적 약자를 포함한 모두의 이익을 위해 국가가 적극적인 역할을 해야 한다고 보았다. ㄹ. 롤스는 평등주의적 자유주의 입장에서 모든 구성원이 평등한 자유를 누릴 수 있도록 공정성을 실현하는 것이 정의라고 보았다.

! 오답 피하기

ㄱ. 롤스는 시민의 기본적 자유는 다른 원칙보다 우선하므로 최소 수혜자의 이익을 위한다는 명분으로도 기본적 자유를 제한하는 것은 허용될 수 없다고 보았다. ㄷ. 롤스는 정의의 원칙이 준수된다면 정의로운 사회에서도 사회적·경제적 불평등은 정당화될 수 있다고 보았다.

06 노직의 입장　　　　　정답 ②

제시문을 주장한 사상가는 노직이다. ㄱ. 노직은 자유 지상주의 입장에서 개인의 소유 권리를 배타적으로 보장하는 것이 정의라고 보았다. ㄷ. 노직은 개인의 자유와 권리를 침해하지 않고 보호하기 위한 제한적 역할만을 수행하는 최소 국가가 바람직하다고 보았다.

! 오답 피하기

ㄴ. 노직은 가난한 사람들을 위한다는 명분으로 부자들에게 세금을 거두어 시행되는 국가에 의한 재분배 정책은 필연적으로 다른 사람들의 권리를 침해하므로 정의롭지 않다고 보았다. ㄹ. 노직은 경제적 평등이 정의로운 사회의 조건이라고 보지 않았다. 노직에 의하면 정의로운 사회는 개인의 정당한 소유 권리를 침해하지 않고 보장하는 사회이다.

07 롤스와 노직의 입장　　　　　정답 ⑤

갑은 롤스, 을은 노직이다. ⑤ 롤스와 노직은 모두 정의의 원칙에 따라 분배의 절차가 공정하면 그 결과도 내용과 무관하게 공정하다고 보았으므로 분배적 정의의 목표로 결과의 평등을 추구하지 않았다.

! 오답 피하기

① 롤스가 제시한 차등의 원칙의 내용이다. ② 롤스는 자연적·사회적 우연성을 배제하고 만인에게 공정한 분배 원칙을 도출하기 위해 '무지의 베일을 쓴 원초적 입장'이라는 가상의 상황을 설정하였다. ③ 노직은 개인이 정당하게 획득한 소유물을 어떻게 사용할 것인가는 전적으로 그 개인의 자유라고 보았다. ④ 노직은 정의의 원칙은 절대적이고 배타적인 개인의 소유 권리를 보장하기 위해 필요한 것으로 보았다.

08 롤스와 노직의 입장　　　　　정답 ④

갑은 롤스, 을은 노직이다. ㄴ. 롤스와 달리 노직은 사회 복지 증진을 위한 재분배 정책은 바람직하지 않다고 보았다. ㄹ. 롤스와 노직은 공통적으로 분배 정의를 실현하기 위해 국가의 역할이 필요하다고 보았다.

! 오답 피하기

ㄱ. 롤스는 사유 재산을 가질 권리는 모두에게 평등하게 보장되는 기본적 자유라고 보았다. ㄷ. 노직은 정당하게 선물이나 양도받은 재화에 대해서도 정당한 소유 권리를 지닌다고 보았으며, 노력에 따라 분배가 이루어져야 한다고 주장하지 않았다.

09 공동체주의 입장　　　정답 ④

제시된 글은 공동체주의 입장이다. ④ 공동체주의에서는 개인을 연고적 자아로 본다. 연고적 자아란 공동체에 소속되어 공동체로부터 역할과 책임을 부여받으며, 공동체의 전통과 규범을 따라야 하는 개인을 의미한다.

오답 피하기

①, ③ 자유주의 입장에서 바라보는 개인의 모습에 해당한다. ②, ⑤ 자유주의 입장에서 강조하는 개인에 대해 공동체주의 입장에서 비판하는 내용에 해당한다.

10 공동체주의 입장　　　정답 ⑤

제시문은 공동체주의의 입장이다. ⑤ 자유주의 입장에 해당한다. 공동체주의는 개인보다 사회가 우선한다고 보며, 개인과 사회는 분리될 수 없는 유기적 관계임을 강조한다.

11 매킨타이어의 입장　　　정답 ③

제시문은 공동체주의적 정의관의 대표적인 사상가인 매킨타이어의 주장이다. ③ 매킨타이어는 서사적 자아를 강조하면서 개인은 공동체의 전통과 역사를 바탕으로 책임감 있는 시민으로 살아야 한다고 보았다.

오답 피하기

① 매킨타이어는 개인은 공동체 속에서 정체성을 형성해 나가는 존재라고 보았다. ④, ⑤ 매킨타이어는 개인선의 실현은 공동체 속에서만 가능하다고 보았다.

12 공동체주의적 정의관의 한계　　　정답 ②

갑은 자유주의적 정의관, 을은 공동체주의적 정의관을 지니고 있다. ㄱ, ㄷ. 개인의 자유와 권리 보호를 최우선의 가치로 여기는 자유주의 입장에서는 공동체가 우선한다고 보는 공동체주의 입장에 대해, 공동체에 의해 개인의 자아가 억압될 수 있으며 공동체주의가 개인의 희생을 당연시하고 정당화하는 권위주의나 전체주의로 변질될 수 있다고 비판할 수 있다.

오답 피하기

ㄴ, ㄹ. 공동체주의 입장에서 자유주의 입장에 대해 제기할 수 있는 적절한 비판에 해당한다.

13 개인선과 공동선의 조화　　　정답 ③

제시문은 하딘이 제시한 '공유지의 비극'이다. ㄴ, ㄷ. '공유지의 비극' 이야기를 통해 개인선만을 지나치게 우선시하다보면 공동체 전체의 이익을 해치게 되어 결국 개인선도 피해를 입게 되기 때문에 개인선에 대한 적절한 조절이 필요함을 추론할 수 있다.

오답 피하기

ㄱ. 사적 이익은 공적 이익과 조화롭게 추구되어야 한다. ㄹ. '공유지의 비극'은 개인선과 공동선 모두의 실현을 위해 개인의 경제적 자유와 사적 이익의 추구에 절제와 적절한 제한이 필요함을 시사한다.

14 자유주의적 정의관과 공동체주의적 정의관　　　정답 ⑤

(가)는 자유주의적 정의관, (나)는 공동체주의적 정의관의 입장에 해당한다. ⑤ 자유주의적 정의관은 개인이 개별적이고 자율적인 존재임을 강조하며, 공동체주의적 정의관은 개인은 공동체에 소속된 존재라고 보아, 구성원들 간의 연대성과 소속감을 중시한다.

오답 피하기

①, ② 공동체주의적 정의관에 해당하는 내용이다. ③ 자유주의적 정의관에 해당하는 내용이다. ④ 공동체주의보다 자유주의에서 개인이 선택한 가치의 다원성을 중시한다.

15 다양한 정의관

(1) 갑 : 자유주의적 정의관, 을: 공동체주의적 정의관

(2) **모범 답안** 자유의 방종으로 무질서를 가져올 수 있다. 이기주의로 변질되어 사회적 유대를 약화시킬 수 있다 등

채점 기준	구분
갑, 을이 지닌 정의관을 모두 정확히 쓰고, 공동체주의적 정의관의 입장에서 자유주의적 정의관에 대해 비판할 내용을 적절하게 서술한 경우	상
갑, 을이 지닌 정의관을 모두 정확히 썼으나, 자유주의적 정의관에 대한 비판 내용을 다소 미흡하게 서술한 경우	중
갑, 을이 지닌 정의관만을 정확히 쓴 경우	하

16 롤스와 노직의 정의관

(1) 갑 : 롤스, 을 : 노직

(2) **모범 답안** 갑 : 사회적 약자의 이익 보장에 기여하므로 정당하다, 을: 개인의 소유 권리를 침해하므로 부당하다

채점 기준	구분
갑, 을의 이름을 모두 정확히 쓰고, 국가에 의한 재분배 정책에 대한 롤스와 노직의 입장을 정확히 서술한 경우	상
갑, 을의 이름을 모두 정확히 썼으나, 국가에 의한 재분배 정책에 대한 롤스와 노직의 입장을 다소 미흡하게 서술한 경우	중
갑, 을의 이름만을 모두 정확히 쓴 경우	하

STEP 2　1등급 도전하기　　　본문 ○ 056~059쪽

01 ④	02 ②	03 ④	04 ①	05 ②	06 ②
07 ⑤	08 ⑤	09 ④	10 ②	11 ③	12 ②
13 ④	14 ③	15 ②	16 ⑤		

01 자유주의적 정의관과 공동체주의적 정의관　　　정답 ④

제시문의 '나'는 자유주의적 정의관, '어떤 사람'은 공동체주의적 정의관을 지니고 있다. 따라서 ㉠에는 자유주의적 정의관의 입장에서 공동체주의적 정의관에 대해 제기할 수 있는 비판 내용이 들어가야 한다. ㄴ, ㄹ. 자유주의적 정의관에서는 사회는 개인선의 실현을 위한 수단에 불과하므로 중립적 입장에서 개인에게 함부로 간섭하거나 개입해서는 안 된다고 본다.

오답 피하기

ㄱ, ㄷ. 공동체주의적 정의관의 입장에서 자유주의적 정의관에 대해 제기할 수 있는 비판 내용으로 적절하다.

02 공동체주의와 자유주의 입장　　　정답 ②

(가)는 공동체주의, (나)는 자유주의 입장이다. 공동체주의 입장에 비해 자유주의 입장이 갖는 상대적 특징을 비교해 보면, 'X : 공동선보다 개인의 권리가 우선한다고 보는 정도'는 자유주의가 높고(ㄴ, ㄹ, ㅁ), 'Y : 공동체는 개인의 권리 보장을 위한 수단이라고 보는 정도'는 자유주의가 높으며(㉠, ㉡, ㉢, ㉣), 'Z : 개인은 공동체와 무관하게 스스로의 정체성을 형성할 수 있다고 보는 정도'는 자유주의가 높다(㉠, ㉡). 따라서 이를 모두 종합하면 공통적인 것은 ㉡이다.

03 롤스의 정의관　　　　정답 ④

강연자는 롤스이다. ④ 롤스는 정의의 원칙은 공정성을 확보하기 위해 천부적 재능과 같은 우연적 요인들을 배제해야 한다고 보았으며, 모두에게 공정한 기회를 보장해야 한다는 공정한 기회균등의 원칙을 제시하였다.

❗ 오답 피하기

① 롤스는 정의의 원칙에 따른 결과는 그 결과가 불평등할지라도 정의로운 것으로 간주할 수 있다고 보았다. ② 롤스가 정의의 제1원칙으로 제시한 평등한 자유의 원칙의 내용이다. ③ 롤스가 제시한 차등의 원칙의 내용이다. ⑤ 롤스는 만인에게 공정한 정의의 원칙을 도출하기 위해 무지의 베일을 쓴 원초적 입장이라는 가상 상황을 설정하였다.

04 재분배 정책에 대한 노직의 입장　　　　정답 ①

제시문의 갑 사상가는 노직이다. ① 노직은 개인의 정당한 노동을 통한 근로 소득에 대해 국가가 사회적 약자를 위한다는 복지 제도 확대를 명분으로 세금을 부과하는 것은 그 개인에게 강제노동을 시키는 것과 마찬가지로 개인의 소유 권리를 침해하는 것이라고 비판하였다.

❗ 오답 피하기

② 노직은 재화의 균등한 분배를 주장하지 않았다. ③ 복지 제도가 확대되면 계층 간 빈부 격차는 완화될 수 있다. ④, ⑤ 노직은 사회적 약자의 우선적 배려나, 모든 구성원의 복지를 보장할 것을 주장하지 않았다.

05 노직과 롤스의 입장　　　　정답 ②

갑은 노직, 을은 롤스이다. ㄱ. 노직은 개인의 자유와 권리를 침해하지 않고 존중하며 보호하는 것이 곧 정의라고 보았다. ㄷ. 롤스는 사회적·경제적 불평등은 최소 수혜자를 포함하여 사회의 모든 구성원에게 이익이 될 경우에만 허용될 수 있다고 보았다.

❗ 오답 피하기

ㄴ. 롤스는 절차가 공정하다면 그에 따른 결과가 불평등할지라도 공정한 것으로 간주할 수 있다고 보았다. ㄹ. 노직의 입장에만 해당한다. 노직은 사회적 약자를 위한다는 명분의 국가에 의한 재분배 정책은 개인의 소유 권리를 침해할 수밖에 없으므로 정의롭지 못하다고 비판하였다.

06 공동체주의 입장　　　　정답 ②

제시문은 공동체주의 사상가인 매킨타이어의 주장이다. ㄱ, ㄷ. 공동체주의에서는 공동체를 시민적 정체성의 토대라고 보고, 시민들이 연대 의식을 가지고 공동체의 활동에 참여할 것을 강조한다.

❗ 오답 피하기

ㄴ. 공동체주의가 아니라 자유주의 입장에 해당한다. ㄹ. 매킨타이어는 개인은 공동체로부터 다양한 빚과 유산, 정당한 기대와 책무를 모두 물려받는다고 보았다.

07 자유주의 입장에서 공동체주의 비판　　　　정답 ⑤

갑은 자유주의 사상가인 노직, 을은 공동체주의 사상가인 매킨타이어이다. ⑤ 개인의 자유에 최고의 가치를 부여하는 자유주의의 입장에서는 개인보다 공동체가 우선한다고 보는 공동체주의 입장에 대해, 사회나 국가 공동체의 역할은 개인들의 권리와 재산을 보호하는 일종의 경찰 역할에만 제한되어야 한다고 반론을 제기할 수 있다.

❗ 오답 피하기

① 노직은 부자들에게 세금을 거두어 가난한 사람들에게 혜택을 주는 복지 정책이 부자들에게 강제 노동을 시키는 것과 같다고 비판하였다. ② 자유주의에서도 타인의 자유를 침해하는 행위에 대해서는 사회적 제재가 필요함을 인정한다. ③, ④ 공동체주의 입장에서 자유주의에 대해 제기할 수 있는 내용이다.

08 자유주의와 공동체주의적 정의관　　　　정답 ⑤

갑은 자유주의적 정의관, 을은 공동체주의적 정의관의 입장을 지니고 있다. ⑤ 공동체주의적 정의관의 입장에만 해당한다. 자유주의적 정의관의 입장에서 개인의 좋은 삶의 모습은 개인의 선택에 의해 결정된다고 본다.

❗ 오답 피하기

① 갑은 개인이 자유롭게 자신의 이익을 추구할 때 공동체의 이익 또한 증가할 수 있다고 본다. ② 자유주의적 정의관에서는 개인의 자율성을 중시한다. ③, ④ 공동체주의적 정의관에서는 공동체의 문화와 역사, 전통 등을 중시하며, 공동체에 속한 개인들의 연대 의식을 강조한다.

09 자유주의와 공동체주의 입장　　　　정답 ④

갑은 자유주의 사상가인 벌린, 을은 공동체주의 사상가인 매킨타이어이다. ④ 매킨타이어는 공동체주의적 관점에서 현대 사회의 분열은 인간을 자유롭고 독립적인 존재로만 보는 자유주의적 인간관에서 비롯한다고 비판하였으며, 공동체와 분리되어 독립적으로 존재하는 개인은 있을 수 없다고 보았다.

❗ 오답 피하기

⑤ 자유주의와 공동체주의 모두 공동체의 규범이 개인의 삶에 영향을 줄 수 있다고 본다. 다만 자유주의에서는 공동체의 규범이 개인의 자유와 권리를 억압하거나 침해해서는 안 됨을 강조한다.

10 자유주의적 정의관과 공동체주의적 정의관　　　　정답 ②

갑은 자유주의 사상가인 밀, 을은 공동체주의 사상가인 샌델이다. ② 자유주의에서는 공동체의 관습이나 규범보다 개인의 정당한 자유와 권리를 최대한 보장해야 한다고 본다.

❗ 오답 피하기

① 밀은 타인에게 해악을 주는 경우에는 개인의 자유를 제한할 수 있다고 보았다. ③ 공동체주의에서는 개인의 정체성이 공동체의 역사와 전통을 바탕으로 형성된다고 본다. ④ 샌델에 따르면 시민은 공동체가 요구하는 공적인 의무를 수용해야 한다. ⑤ 자유주의에서는 공동체를 개인의 이익을 위한 수단으로 보는 데 반해, 공동체주의에서는 개인이 공동체 속에서만 행복을 누리며 자아실현을 할 수 있음을 강조한다.

11 공동체주의적 정의관　　　　정답 ③

(가)는 공동체주의 사상가인 매킨타이어의 주장이다. ③ 매킨타이어는 과거로부터의 유산과 문화적 전통을 중시하는 공동체주의 입장에서 개인의 정체성은 공동체의 역사 속에서 형성되며, 개인은 공동체의 부채까지도 물려받으므로 개인은 공동체의 과거 잘못에 대해서도 자유로울 수 없다고 볼 것이다.

12 공동체주의와 자유주의　　　　정답 ②

갑은 공동체주의적 정의관, 을은 자유주의적 정의관을 지니고 있다. ㄱ. 공동체주의에서는 공동체의 발전을 위해 개인은 자신이 부여받은 책무를 성실히 수행해야 한다고 본다. ㄷ. 자유주의에서는 개인의 자유와 권리 보장을 다른 그 무엇보다 우선하는 가치로 여기고 중시한다.

❗ 오답 피하기

ㄴ. 자유주의에서는 공동체가 아니라 개인이 스스로의 삶의 방식을 결정하는 개별적이고 독립적인 주체라고 본다. ㄹ. 공동체주의는 공동체의 이익이 실현될 때 개인의 이익도 실현될 수 있다고 보고, 자유주의는 개인의 이익이 실현될수록 공동체의 이익도 증가한다고 본다. 따라서 공동체주의와 자유주의 모두 개인의 이익과 공동체의 이익이 항상 배타적이라고 보는 것은 아니다.

13 자유주의와 공동체주의적 정의관   정답 ④

갑은 자유주의적 정의관, 을은 공동체주의적 정의관의 입장을 지니고 있다. ④ 자유주의에서는 개인은 자율적 선택을 통해 자신의 자아 정체성을 형성한다고 보는 데 비해, 공동체주의에서는 공동체의 역사와 전통 등의 영향을 받아 개인이 정체성을 형성해 간다고 본다. 따라서 을은 갑에게 공동체는 개인의 정체성 형성의 중요한 토대가 됨을 간과하고 있다는 비판을 제기할 수 있다.

⚠ 오답 피하기

①, ② 자유주의 입장에서 제기할 비판에 해당하지 않는다. 자유주의에서도 개인의 자유가 타인의 자유를 침해하는 경우에는 제한될 수 있다고 본다. ③ 공동체주의에 대해 제기할 수 있는 비판으로 적절하지 않다. ⑤ 자유주의 입장에서 공동체주의 입장에 대해 제기할 수 있는 비판으로 적절하다.

14 개인선과 공동선의 관계   정답 ③

갑은 자유주의 입장에서 개인의 소비 행위에 국가가 세금을 부과하는 것은 부당하다고 보는 데 비해, 을은 공동체주의 입장에서 공동선을 위해 개인의 협력이 필요하다고 보고 있다. ③ 공동체주의에 따르면 개인은 국가 공동체의 유지와 발전을 위해 자신에게 주어진 역할과 의무를 충실히 수행하고 협력해야 한다.

⚠ 오답 피하기

①, ② 자유주의 입장에서는 개인의 정당한 권리 행사에 국가가 개입하는 것은 잘못이라고 본다. ④ 을은 개인의 재산권 행사도 공공복리를 위해 제한될 수 있다고 본다. ⑤ 을은 개인의 권리와 시민으로서의 의무가 서로 조화를 이루며 양립할 수 있다고 본다.

15 공동체주의 입장에서 자유주의 비판   정답 ②

갑은 자유주의적 정의관, 을은 공동체주의적 정의관을 지니고 있다. ② 공동체주의적 관점에서는, 개인의 독립성과 자유에 최고의 가치를 부여하는 자유주의적 관점이 다른 사람을 고려하지 않는 자유의 배타적 성격을 지나치게 강조하여 사회적 유대와 공동체 정신을 약화시키는 이기주의로 변질될 수 있다고 비판할 수 있다.

⚠ 오답 피하기

①, ③, ④, ⑤는 모두 자유주의적 정의관에서 공동체주의적 정의관에 대해 제기할 수 있는 비판 내용에 해당한다. 공동체주의에서는 개인보다 공동체가 우선한다고 보아 독립성보다 연대성의 가치를 중시하지만, 자칫 지나칠 경우 공동체를 위해 개인의 희생을 강요하는 전체주의로 변질될 수도 있다.

16 개인선과 공동선의 조화   정답 ⑤

(가)는 개인과 공동체가 불가분의 유기적 관계에 있음을 강조하는 입장이다. (나)는 지나친 개인의 이기심 추구가 결과적으로 공동선의 붕괴와 함께 개인에게도 손해를 초래하게 된다는 '공유지의 비극'에 대한 내용이다. ⑤ 공동체와 개인 간의 조화를 강조하는 관점에서 '공유지의 비극' 상황을 방지하기 위해서는 무분별하게 개인선만을 추구하는 것은 바람직하지 않음을 분명히 알고, 개인선과 함께 공동선도 동시에 고려하고 추구해야 함을 강조할 것이다.

⚠ 오답 피하기

①, ② 공동선만을 중시하며 개인선의 희생을 당연시하는 입장, ③, ④ 공동선보다 개인선을 우선시하는 입장에 해당한다. (가)는 개인선과 공동선의 조화를 강조하고 있다.

---

03   사회 불평등 현상과 해결 방안

STEP 1 내신 다지기   본문 ○ 062~065쪽

01 ②	02 ②	03 ②	04 ②	05 ③	06 ③
07 ①	08 ⑤	09 ③	10 ②	11 ①	12 ④
13 ⑤	14 ②	15~16 해설 참조			

01 사회 불평등   정답 ②

제시문의 밑줄 친 '이것'은 사회 불평등이다. 사회 불평등 정도가 심해지면 사회적 갈등이 일어나고 사회 통합이 저해된다.

⚠ 오답 피하기

① 지역 간에 다양한 측면에서 격차가 발생하는 현상을 의미한다. ③ 사회 계층의 양극화는 중산층이 상층과 하층으로 흡수되어 중층의 비중은 줄고 상층과 하층의 비중은 늘어나는 현상을 의미한다. ④ 사회적 약자에 대한 차별은 사회의 주류 집단과 다르다는 비합리적인 이유로 사회적 약자를 불평등하게 대하는 것을 의미한다. ⑤ 사회적 약자에게 직간접적 혜택을 주어 불평등을 바로잡으려는 적극적 평등 실현 조치에 반대하는 입장에서는, 적극적 평등 실현 조치가 그 대상자가 아닌 타인의 기회를 박탈하여 또 다른 차별로 이어질 수 있다는 역차별 논거를 제시한다.

02 사회 계층의 양극화 현상   정답 ②

제시된 신문 기사는 사회 계층의 양극화가 심화되고 있다는 내용이다. 사회 계층의 양극화는 사회 구성원 간 불평등이 심화되어 중간 계층의 비중이 줄어들고 상층과 하층의 비중이 늘어나는 현상을 의미한다.

⚠ 오답 피하기

① 사회 계층의 양극화는 사회 불평등 현상이 심화될 때 나타난다. ③, ④ 중산층의 붕괴는 사회 구조가 안정적이지 않음을 의미하며, 사회 계층의 양극화는 사회 통합을 어렵게 한다. ⑤ 제시된 신문 기사에는 경제 불황이 나타나 있다.

03 공간 불평등   정답 ②

제시문의 밑줄 친 '이러한 현상'은 수도권 집중으로 인한 수도권과 비수도권 지역 간의 격차에 따른 공간 불평등 현상이다. 공간 불평등 현상은 특정 지역에 집중된 다양한 기능을 분산, 낙후 지역의 경제 활성화 및 생활 환경 개선을 통해 완화될 수 있다.

04 사회적 약자에 대한 차별   정답 ②

㉠은 '사회적 약자에 대한 차별'이다. ㄱ은 성별, ㄷ은 인종이나 출신 국가를 이유로 부당하게 차별하는 사례에 해당한다. 우리 사회에서는 장애인, 여성, 이주 노동자, 북한 이탈 주민 등의 사회적 약자가 정치, 경제, 사회적으로 차별적인 대우를 받기도 한다.

⚠ 오답 피하기

ㄴ은 장애인 의무 고용제, ㄹ은 여성 공천 할당제와 관련한 내용으로 모두 차별을 해소하기 위한 적극적 평등 실현 조치에 해당한다.

05 우리나라의 사회 복지 제도   정답 ③

(가)는 사회 보험, (나)는 공공 부조, (다)는 사회 서비스이다. 공공 부조는 사회 보험이나 사회 서비스에 비해 소득 재분배 효과가 크고, 사회 서비스는 사회 보험이나 공공 부조와 달리 비금전적 지원을 원칙으로 한다.

06 사회 복지 제도 정답 ③

(가)는 공공 부조, (나)는 사회 보험이다. ③ 사회적 약자에 대한 사후 처방적 성격이 강한 복지 제도는 공공 부조이다. 이에 비해 사회 보험은 사전 예방적 성격이 강한 복지 제도이다.

오답 피하기
④ 공공 부조에는 의료 급여, 기초 연금, 국민 기초 생활 보장 제도가 있다. ⑤ 사회 보험에는 노인 장기 요양 보험, 국민연금, 국민 건강 보험, 고용 보험, 산업 재해 보상 보험이 있다.

07 사회 보험의 종류 정답 ①

제시문의 밑줄 친 '이것'은 사회 보험이다. ㄱ. 국민연금은 국민 개개인이 소득 활동을 할 때 납부한 보험료를 기반으로 하여 나이가 들거나, 갑작스런 사고나 질병으로 사망 또는 장애를 입어 소득 활동이 중단된 경우 본인이나 유족에게 연금을 지급함으로써 기본 생활을 유지할 수 있도록 하는 복지 제도로, 사회 보험에 해당한다. ㄴ. 고용 보험은 근로자가 재직 시에 납부한 보험료를 기반으로 하여 실직한 경우에 생활 안정을 위하여 일정 기간 동안 급여를 지급하는 복지 제도로, 사회 보험 중 하나이다.

오답 피하기
ㄷ. 기초 연금은 노후 보장과 복지 향상을 위해 65세 이상의 소득 인정액 기준 하위 70% 어르신에게 일정 금액을 지급하는 제도로, 공공 부조에 해당한다. ㄹ. 여성 할당제는 여성의 사회·공직 진출을 위해 여성에게 일정 비율 이상의 자리를 할당하는 제도로, 적극적 평등 실현 조치에 해당한다.

08 사회 보험과 공공 부조 정답 ⑤

(가)는 사회 보험, (나)는 공공 부조이다. 국민 건강 보험, 국민연금 등은 사회 보험에 해당하며, 국민 기초 생활 보장 제도, 기초 연금 등은 공공 부조에 해당한다. ⑤ 사회 보험과 공공 부조는 모두 금전적 지원을 원칙으로 한다.

오답 피하기
① 저소득층을 대상으로 하는 공공 부조는 (나)이다. ② 사회 서비스에 대한 설명이다. 사회 서비스는 서비스 혜택 제공 등의 비금전적 지원을 원칙으로 한다. ③ 사회 보험은 사회 구성원이 질병이나 실업, 사고 등의 위험에 직면하기 전에 이에 대비하고자 마련된 것이므로 사전 예방적 성격이 강하다. ④ 사회 보험은 일정 수준의 소득이 있는 개인과 국가, 기업이 비용을 분담하는 데 비해, 공공 부조는 복지에 필요한 비용을 국가가 전액 부담한다.

09 지역 격차 완화 정책 정답 ③

지역 격차와 공간 불평등을 완화하려면 수도권에 집중된 다양한 기능을 지방으로 분산하여 수도권의 과밀화를 해소할 필요가 있다. 이를 위해 정부는 공공 기관을 수도권에서 지방으로 이전하고, 수도권에서 지방으로 이전하는 기업에 세금 감면 및 규제 완화 등의 혜택을 제공해야 한다. 그리고 낙후된 지역의 발전을 위해서는 자립형 지역 발전 기반을 구축하여 지역의 특색을 살리는 브랜드 구축, 장소 마케팅 등을 추진해야 한다. ③ 수도권에 집중되어 있는 공공 기관을 비수도권 지역의 혁신 도시로 이전시켜야 한다.

10 공간 불평등 해소를 위한 혁신 도시 건설 정답 ②

혁신 도시의 건설은 지역 경제를 활성화하고 소외된 지역의 생활환경을 개선하여 지역 격차 완화 및 공간 불평등을 해소함으로써, 모두가 공정하게 대우받는 정의로운 사회의 실현을 목적으로 한다.

오답 피하기
① 기존의 남성 중심적 사회 구조에서 불이익을 받았던 여성에게 채용이나 승진 및 공직 진출의 혜택을 제공하여 양성평등을 구현하고자 하는 것은 여성 할당제로, 적극적 평등 실현 조치에 해당한다. ③ 일정 수준의 소득이 있는 개인과 정부, 기업이 보험료를 분담하여 구성원의 사회적 위험에 대비하는 것은 사회 보험으로, 사회 복지 제도이다. ④ 혁신 도시 건설은 성장 거점 개발 방식이 아니라, 지역 균형 발전 방식에 해당한다. ⑤ 사회 계층의 양극화는 중층의 비중은 줄고 상층과 하층의 비중은 증가하는 것으로, 사회 계층의 양극화 해소는 혁신 도시의 건설과 직접적인 거리가 멀다.

11 우리나라의 공간 불평등 정답 ①

① 성장 거점 개발은 성장 잠재력이 큰 지역을 선정하여 집중적으로 육성하는 개발 방식으로, 지역 간 형평성보다 투자의 효율성을 강조한다.

오답 피하기
② 수도권으로 인구와 자본이 유입되면서 수도권의 인구 과밀화 등 수도권 집중 현상이 심화되었다. ③ 수도권 지역은 급속도로 성장하는 데 비해, 비수도권 지역은 상대적으로 낙후되면서 지역 간 격차와 공간 불평등이 심화되었다. ④ 수도권과 비수도권 간의 격차가 심화되면 사회 통합을 저해하여 정의로운 국가의 실현을 어렵게 할 수 있다. ⑤ 수도권에 위치한 공공 기관 및 공기업을 비수도권으로 이전하는 것은 수도권 집중 현상과 지역 격차를 완화하는 대표적인 정책에 해당한다.

12 적극적 평등 실현 조치에 대한 찬성 입장 정답 ④

제시문을 주장한 사람은 적극적 평등 실현 조치가 사회적 약자의 처지를 개선하여 실질적 평등 실현에 기여한다고 보아, 적극적 평등 실현 조치에 찬성하는 입장이다.

오답 피하기
①, ②, ③, ⑤는 모두 적극적 평등 실현 조치가 역차별을 초래할 수 있다는 등의 이유로 적극적 평등 실현 조치에 반대하는 입장에서 지지할 주장에 해당한다.

13 적극적 평등 실현 조치의 필요성 정답 ⑤

갑은 다른 집단에 대한 또 다른 차별로 이어질 수 있다는 이유를 들어 적극적 평등 실현 조치에 반대하고 있다. 을은 차별로 인한 불평등을 해소하여 사회정의를 실현할 수 있다는 이유를 들어 적극적 평등 실현 조치에 찬성하고 있다. ⑤ 적극적 평등 실현 조치가 필요하다고 보는 입장에서는 개인의 성취를 업적주의 원칙으로 평가해야만 정당하다고 보지 않는다.

오답 피하기
①, ②, ③, ④는 모두 적극적 평등 실현 조치가 필요한 이유에 해당하므로 ㉠에 들어갈 진술로 적절하다.

14 정의로운 사회 실현을 위한 개인적 노력 정답 ②

ㄱ, ㄷ. 사회적 약자에 대한 선입견이나 편견에서 벗어나서 모든 사람을 존중하는 태도를 지니고, 사회적 약자의 고통에 공감하며 배려할 수 있는 자세를 함양하는 것은 정의로운 사회의 실현을 위한 시민으로서의 실천 방안으로 적절하다.

오답 피하기
ㄴ. 지역 격차 완화 정책, ㄹ. 적극적 평등 실현 조치는 모두 정의로운 사회 실현을 위한 사회 제도적 방안에 해당한다.

15 우리나라의 사회 복지 제도

(1) ㉠ 사회 복지 제도, ㉡ 공공 부조
(2) 모범 답안 국가가 복지 비용을 전액 부담한다. 소득 재분배 효과가 가장 크다 등

채점 기준	구분
㉠, ㉡을 모두 정확히 쓰고, 공공 부조의 특징을 적절하게 서술한 경우	상
㉠, ㉡을 모두 정확히 썼으나, 공공 부조의 특징에 대해 다소 미흡하게 서술한 경우	중
㉠, ㉡만을 정확히 쓴 경우	하

16 적극적 평등 실현 조치

(1) 장애인 의무 고용 제도
(2) 모범 답안 적극적 평등 실현 조치를 통해 사회적 약자의 처지를 개선하기 위해서이다 등

채점 기준	구분
'장애인 의무 고용 제도'를 정확히 쓰고, 적극적 평등 실현 조치를 시행하는 이유를 적절하게 서술한 경우	상
'장애인 의무 고용 제도'를 정확히 썼으나, 적극적 평등 실현 조치를 시행하는 이유를 다소 미흡하게 서술한 경우	중
'장애인 의무 고용 제도'만을 정확히 쓴 경우	하

STEP 2 1등급 도전하기

본문 ○ 066~069쪽

01 ③	02 ⑤	03 ⑤	04 ④	05 ④	06 ③
07 ③	08 ③	09 ②	10 ①	11 ④	12 ②
13 ③	14 ②	15 ③	16 ⑤		

01 사회 불평등 현상   정답 ③

㉠은 사회 불평등 현상이다. ㄴ, ㄷ. 사회 불평등 현상은 인간의 욕망은 무한한데 비해 사회적 자원은 희소하기 때문에 모두가 가지고 싶어 하는 사회적 자원을 모두에게 고르게 분배할 수 없으므로 개인의 능력이나 업적에 따라 차등적으로 분배가 이루어지면서 발생한다.

❗ 오답 피하기

ㄱ. 사회 불평등 현상은 사회 구성원 간 갈등을 유발하여 사회 통합을 저해할 수 있다. ㄹ. 사회 불평등 현상을 극복하기 위해서는 개인적 차원의 노력과 함께 사회 제도적 차원의 노력도 필요하다.

02 사회 계층의 양극화   정답 ⑤

제시된 자료에는 소득에 따른 사회 계층의 양극화 현상이 나타나 있다. ⑤ 사회 계층의 양극화는 분배가 불평등하게 차등적으로 이루어지기 때문에 심화되는 것이다.

❗ 오답 피하기

①, ③ 사회 계층의 양극화가 지속적으로 심화되면 사회 계층 간에 위화감이 조성되어 사회 통합을 해치므로 사회 발전의 동력이 줄어들 수 있다. ②, ④ 사회 계층의 양극화가 심화되면 부모 세대의 계층이 자녀 세대에게 대물림되고 개인의 능력이나 업적에 따른 계층 이동을 막아 폐쇄적인 사회 구조가 형성될 수 있다.

03 공간 불평등 발생 원인   정답 ⑤

ㄷ, ㄹ. 지역 간 형평성보다는 효율적인 성장을 우선적으로 추구하여 정부 주도하에 성장 거점이 되는 특정 지역에 집중적으로 투자하는 성장 거점 개발 정책은 공간 불평등을 초래한 원인에 해당한다.

❗ 오답 피하기

ㄱ, ㄴ. 균형 개발 정책에 해당하는 내용으로, 공간 불평등 현상의 발생 원인이 아니라 공간 불평등을 해결할 수 있는 방안에 해당한다.

04 사회적 약자에 대한 차별   정답 ④

제시문에서는 사회적 약자에 대한 차별을 해소하고 그들의 실질적인 기회의 평등을 보장하기 위해 개인적 차원에서의 노력뿐만 아니라 사회적 차원의 노력도 필요함을 강조하고 있다.

❗ 오답 피하기

①, ② 제시문은 능력과 업적에 따른 분배를 강조하는 것이 아니라, 사회적 약자의 실질적 기회를 보장하는 제도 마련이 필요함을 강조하고 있다. ③ 제시문은 사회적 약자를 배려하는 태도나 정책이 그 사회의 건전성을 판단하는 기준이 된다고 주장하고 있다. ⑤ 제시문은 개인적 차원의 노력뿐만 아니라 정책이나 제도의 개선 등과 같은 사회적 차원의 노력이 병행되어야 사회적 약자에 대한 차별 문제가 해결될 수 있다는 입장이다.

05 사회 복지 제도의 특징   정답 ④

④ 법률이 정한 기준에 따라 일정 수준의 소득이 있는 국민은 누구나 반드시 가입해야만 하는 의무 가입을 원칙으로 하는 복지 제도는 공공 부조가 아니라, 건강 보험, 국민 연금 등의 사회 보험이다.

06 공공 부조   정답 ③

제시문의 밑줄 친 '이 제도'는 국민 기초 생활 보장 제도이다. ㄴ, ㄷ. 국민 기초 생활 보장 제도는 공공 부조에 해당한다. 공공 부조는 국가가 전액 지원하여 저소득 계층이 최소한의 삶을 꾸릴 수 있도록 돕는 제도로, 소득 재분배 효과가 크기 때문에 빈부 격차를 줄이는 데 기여한다.

❗ 오답 피하기

ㄱ, ㄹ. 사회 보험에 대한 설명이다. 공공 부조는 금전적 지원을 원칙으로 하지만, 의무 가입을 원칙으로 하지는 않는다.

07 다양한 사회 복지 제도   정답 ③

③ 공공 부조는 국가가 전액 지원하여 저소득 계층이 최소한의 삶을 꾸릴 수 있도록 돕는 제도로, 사회 보험이나 사회 서비스보다 소득 재분배 효과가 크다.

08 다양한 사회 복지 제도   정답 ③

'노령, 장애, 사망 시 본인 및 가족에게 연금 급여를 실시하는 제도'는 국민 연금 제도이며, 사회 보험에 해당한다. 따라서 A와 C 중에 하나가 사회 보험임을 알 수 있다. 사회 보험과 공공 부조는 금전적 지원을 원칙으로 하며, 사회 서비스는 비금전적 지원을 원칙으로 한다. 따라서 '금전적 지원을 원칙으로 하는가?'라는 질문으로 구분할 수 없는 B와 C는 사회 보험과 공공 부조이다. 이를 종합하면 A는 사회 서비스, B는 공공 부조, C는 사회 보험임을 추론할 수 있다. ③ 원칙적으로 모든 국민을 대상으로 하는 사회 보장 제도는 사회 보험이다. 공공 부조와 사회 서비스는 지원을 필요로 하는 사회적 약자나 일부 국민을 대상으로 한다.

! **오답 피하기**

① 국민 건강 보험 제도는 사회 서비스가 아니라 사회 보험에 해당한다.
② 상호 부조의 원리를 기반으로 하는 제도는 사회 보험이다. ④ 공공 부
조는 사후 처방적 성격이, 사회 보험은 사전 예방적 성격이 강하다. ⑤ 강
제 가입을 원칙으로 하는 것은 사회 서비스나 공공 부조가 아니라, 사회
보험이다.

09 지역 격차 완화 정책　　　　　　　　　정답 ②

제시된 공공 기관 이전 계획은 정부가 우리나라의 수도권과 비수도권 간
의 지역 격차 완화를 위해 추진하고 있는 대표적인 정책에 해당한다.

! **오답 피하기**

③ 공간 불평등 현상을 심화시키기 위한 것이 아니라 해소하기 위한 것이
다. ④ 기존의 성장만을 최우선시하였던 데에서 탈피하여 지역 간 균형을
이루기 위한 방안이다.

10 공간 불평등과 건강 불평등　　　　　　　정답 ①

제시문은 건강 불평등이 사회 계층 및 공간에 따라 나타날 수 있음을 보
여준다. ㄱ. 일반적인 경우 경제적으로 여유로운 부유층보다는 빈곤층에
서 건강 불평등 문제가 더 심하게 나타난다. ㄴ. 선진국에 비해 하수 처리
시설이 미흡한 지역, 방역 시스템이 제대로 작동하지 않는 저소득 국가에
서 질병이 더 쉽게 확산되고 치료하기는 더 어렵다.

! **오답 피하기**

ㄷ. 선진국이라 하더라도 계층에 따라 혹은 지역에 따라 건강 불평등이
나타날 수 있다. ㄹ. 건강 불평등은 사회 보장 제도 등과 같은 사회 제도
의 개선을 통해 완화될 수 있다.

11 우리나라의 공간 불평등　　　　　　　　정답 ④

제시문은 수도권 집중 현상을 사례로 공간 불평등에 대해 언급하고 있다.
ㄱ. 공간 불평등은 지역 간 경제적·사회적·문화적 수준 차이 등을 포함
한다. ㄷ. 수도권 집중 현상이 심화됨에 따라 비수도권에서는 수도권으로
의 지역 인재 유출 현상이 나타난다. ㄹ. 지역의 특성을 살린 지역 브랜드
의 개발로 지역 경쟁력을 갖추게 되면 공간 불평등과 지역 격차를 해소하
는 데 기여할 수 있다.

! **오답 피하기**

ㄴ. 성장 중심 개발은 성장 가능성이 큰 지역에 우선적으로 집중 투자하
여 개발하는 방식으로, 국토 개발의 효율성을 추구한다.

12 공간 불평등에 대한 자료 분석　　　　　　정답 ②

② 제시된 '도시와 촌락의 소득 변화' 자료를 보면, 1975년부터 1995년 기
간에는 도시 가구 소득과 촌락 가구 소득에 큰 차이가 없으나, 1995년 이
후부터 도시 가구 소득이 촌락 가구 소득보다 급격하게 증가하면서 소득
격차가 점차 커지고 있음이 나타나 있다.

! **오답 피하기**

① 수도권은 면적이 약 10%의 비중을 차지하는 데 비해, 금융 기관과 사
업체 수가 차지하는 비중은 40% 이상으로 더 높다. ③ 4년제 대학교와
상급 종합 병원이 수도권에 집중되어 있으므로 교육과 의료 분야에서 수
도권과 비수도권 간 불평등한 지역 격차가 있음을 추론할 수 있다. ④ 도
시의 가구 소득뿐만 아니라 촌락 가구 소득 또한 1975년 이후 지속적으로
증가하고 있다. ⑤ 비수도권에 비해 수도권은 국내 총생산에서 차지하는
비중은 크지만, 면적은 작다.

13 장애인 의무 고용 제도　　　　　　　　　정답 ③

제시된 신문 칼럼은 우리나라의 장애인 의무 고용 제도에 대해 설명하면
서, 장애인과 같은 사회적 약자가 겪는 차별을 개선하기 위해서는 법과
제도의 개선이 필요하다는 점을 강조하고 있다.

! **오답 피하기**

① 신문 칼럼은 능력과 업적에 따라 분배가 이루어져야 한다고 주장하고
있지 않다. ② 신문 칼럼은 적극적 평등 실현 조치가 역차별 문제를 야기
한다고 주장하고 있지 않다. ④ 신문 칼럼은 사회적 약자에 대한 불평등을
바로잡기 위해 장애인 의무 고용제와 같은 적극적 평등 실현 조치가 필요
하다고 본다. ⑤ 신문 칼럼은 개인적 차원이 아니라 사회적 차원에서 사회
적 약자에 대한 차별을 해소하기 위한 노력이 필요함을 강조하고 있다.

14 적극적 평등 실현 조치에 대한 찬성 입장　　정답 ②

그림의 강연자는 사회적 약자를 위한 적극적 평등 실현 조치가 필요하다
는 입장이다. ㄱ. 강연자는 과거의 차별 때문에 받아온 부당한 고통에 대
해 보상하는 적극적 평등 실현 조치가 필요하다는 입장이다. ㄷ. 강연자
는 적극적 평등 실현 조치를 통해 사회적 긴장과 갈등을 완화하고 사회
전체의 행복을 증진할 수 있다는 입장이다.

! **오답 피하기**

ㄴ, ㄹ. 적극적 평등 실현 조치가 다른 사람의 기회를 박탈하는 등의 또
다른 차별로 이어질 수 있다는 역차별의 논리, 보상 책임의 부당성 논리
는 모두 적극적 평등 실현 조치에 반대하는 입장에서 지지할 주장에 해당
한다.

15 적극적 평등 실현 조치에 대한 입장　　　　정답 ③

갑은 사회적 약자나 소외 계층을 우선적으로 배려하는 적극적 평등 실현
조치가 필요하다는 입장이고, 을은 적극적 평등 실현 조치가 또 다른 차
별을 가져올 수 있으므로 이에 대해 신중하게 접근해야 한다는 입장이다.
③ 을은 적극적 평등 실현 조치가 정당성을 얻기 위해서는 구성원들의 의
견 수렴, 즉 사회 구성원들의 합의가 필요함을 강조하고 있다.

! **오답 피하기**

① 소외 계층에 대한 배려 정책이 필요하다고 강조하는 갑은 사회적 약자
의 권리를 존중하는 입장이다. ② 갑은 적극적 평등 실현 조치를 지지하
고 있다. ④ 을은 장애인 의무 고용제의 확대가 아니라, 적극적 평등 실현
조치를 시행하기 전에 구성원들의 충분한 의견 수렴이 필요하다는 입장이
다. ⑤ 소외 계층을 우선적으로 배려해야 한다는 갑과, 그것이 또 다른
차별로 이어질 수 있으므로 신중하게 접근해야 한다는 을이 사회적 약자
의 기본적 권리를 무시하거나 외면하고 있다고 보기 어렵다.

16 적극적 평등 실현 조치　　　　　　　　　정답 ⑤

적극적 평등 실현 조치란 오랜 기간 차별받아 온 사회적 약자에 대하여
다양한 측면에서 직간접적인 혜택을 주어 불평등을 해소하기 위한 정책
을 의미한다. 따라서 갑국의 소수 민족 학생에 대한 고등 교육 기회 확대
정책과, 을국의 장애인에 대한 취업 기회 확대 정책은 모두 적극적 평등
실현 조치에 해당한다.

! **오답 피하기**

①, ② 보조금 지원 제도, 과태료 부과 제도의 시행은 모두 사회 불평등을
완화하기 위한 사회적 관점에서의 노력에 해당한다. ③ 갑국은 보상, 을
국은 제재를 통해 제도의 목적을 달성하고자 한다. ④ 갑국과 을국 모두
에서 역차별 문제의 발생 소지가 있다.

III 시장경제와 지속가능발전

01 자본주의의 발달과 경제 체제

STEP 1 내신 다지기

본문 ○ 074 ~ 077쪽

01 ④	02 ⑤	03 ①	04 ⑤	05 ⑤	06 ②
07 ①	08 ④	09 ⑤	10 ④	11 ②	12 ②
13 ④	14 ①	15 ④	16 ⑤	17~20 해설 참조	

01 자본주의의 특징   정답 ④

ㄱ, ㄷ, ㄹ. 자본주의는 사유 재산권의 보장, 사적 이익의 추구, 경제활동의 자유 보장, 시장경제의 원리에 따른 경제 운영 등을 특징으로 한다.

오답 피하기
ㄴ. 자본주의는 개인이 생산 수단을 소유할 수 있는 권리를 법으로 보장한다.

02 상업 자본주의   정답 ⑤

신항로 개척, 교역의 확대 등을 배경으로 성장한 자본주의는 상업 자본주의이다. 신항로 개척 이후 유럽의 절대 왕정 국가들이 중상주의 정책을 추진하면서 상업 자본주의가 발전하였다.

오답 피하기
① 수정 자본주의에 대한 설명이다. ②, ③ 신자유주의에 대한 설명이다. ④ 산업 자본주의에 대한 설명이다.

03 자본주의의 역사적 전개 과정   정답 ①

① 산업 자본주의는 1929년 대공황이 발생하면서 자유방임주의의 모순이 구체화되기 시작하였는데, 이에 대한 대책으로 수정 자본주의가 등장하였다. 수정 자본주의는 1970년대 두 번에 걸친 석유 파동 이후 신자유주의의 흐름으로 변화하게 되었다.

오답 피하기
② 18세기 중반 영국에서 시작된 산업 혁명으로 산업 자본주의가 발달하였다. ⑤ 16세기 유럽에서는 신항로가 개척되면서 상업 자본주의가 나타나기 시작하였다.

04 수정 자본주의   정답 ⑤

대공황으로 인해 자유방임주의에 대한 회의론이 확산하면서 수정 자본주의로의 변화가 나타나게 되었다. 수정 자본주의는 경제적 자유는 보장하되 정부가 시장에 개입하여 시장 실패를 해결해야 한다고 주장하였다. ⑤ 수정 자본주의는 정부가 시장에 적극적으로 개입하는 큰 정부를 추구하였다. 이에 따라 정부가 지출을 확대함으로써 각 경제 주체의 경제활동을 촉진하고 고용을 창출하여 유효 수요를 증대시켜야 한다고 보았다.

오답 피하기
① 정부가 상업을 보호했던 산업 자본주의 이전 중상주의 시대의 정책에 해당한다. ② 각종 경제 관련 규제를 철폐하는 것은 시장에서 정부의 역할이 축소되는 것이다. ③ 수정 자본주의는 정부의 시장 개입을 허용하므로 정부의 역할이 확대된다. ④ 민간의 자유로운 경제활동 보장은 자유방임주의에 해당한다.

05 자유방임주의   정답 ⑤

밑줄 친 '이것'은 자유방임주의이다. ㄷ, ㄹ. 자유방임주의는 경제 주체 간의 자유로운 경쟁을 강조하고, 경제 주체의 사적 이익 추구를 허용할 것을 주장하였다.

오답 피하기
ㄱ, ㄴ. 자유방임주의는 정부의 시장 개입이 오히려 국부 달성을 방해한다고 보았다.

06 자본주의의 역사적 전개 과정   정답 ②

자본주의는 상업 자본주의, 산업 자본주의, 수정 자본주의, 신자유주의 순으로 전개되었다. 따라서 (가)는 수정 자본주의, (나)는 신자유주의이다. 수정 자본주의는 대공황을 계기로 등장하였고, 신자유주의는 석유 파동을 계기로 등장하였다. 신자유주의는 수정 자본주의와 달리 국가의 시장 개입 최소화를 추구하였다. ② 애덤 스미스의 자유방임주의는 산업 자본주의의 이론적 기반을 마련하였다.

07 자유방임주의   정답 ①

제시문은 애덤 스미스의 주장이다. 애덤 스미스는 시장의 작동 원리를 '보이지 않는 손'에 비유하면서, 개인이 사익을 추구하는 과정에서 효율적인 자원 배분이 이루어진다고 주장하며 국가의 시장 개입을 최소화해야 한다고 보았다. ① 정부의 시장 개입을 최소화하여 시장에서의 자유로운 경제활동을 보장해야 함을 의미한다.

오답 피하기
②, ③, ④, ⑤ 국가가 적극적으로 시장에 개입해야 한다는 주장에 부합하는 내용이다.

08 수정 자본주의   정답 ④

경제학자 갑은 케인스이다. ④ 케인스는 경기 조절 정책이나 복지 정책 등을 통해 정부가 시장에 일정 부분 개입하여 시장 실패를 해결해야 한다고 주장하였다.

오답 피하기
①, ③, ⑤ 애덤 스미스에 대한 설명이다. ② 케인스는 수정 자본주의의 이론적 기반을 마련하였다.

09 신자유주의   정답 ⑤

제시된 경제 상황은 석유 파동으로 스태그플레이션이 초래된 상황을 나타낸다. ⑤ 국제 석유 가격의 상승으로 스태그플레이션이 초래되었으며, 그 결과 정부의 지나친 시장 개입을 비판하고 민간의 자유로운 경제활동을 옹호하는 신자유주의가 등장하게 되었다.

오답 피하기
① 뉴딜 정책은 대공황에 대한 대응 방안이다. ② 제시된 상황은 석유 파동으로 인해 발생한 스태그플레이션이다. ③ 신자유주의는 작은 정부를 강조하였다. ④ 신자유주의는 정부의 시장 개입 최소화를 주장하였다.

10 수정 자본주의와 신자유주의   정답 ④

(가)는 시장 실패 상황이고, (나)는 정부 실패 상황이다. ㄴ, ㄹ. 복지의 확대에 따른 근로 의욕 저하와 경제 성장 둔화는 정부의 개입이 비효율성을 초래한 정부 실패로, 이는 신자유주의의 등장 배경이 되었다.

오답 피하기
ㄱ. 시장 실패는 수정 자본주의의 등장 배경이 되었다. ㄷ. (가)는 독점 등으로 인해 시장이 자원의 비효율적 배분을 초래하는 등 정상적인 기능을 수행하지 못하는 상황이다.

11 자본주의와 정부의 역할 　　　　　　　　정답 ②

갑은 시장에 대한 정부의 적극적인 개입을 주장하고 있으므로 케인스 및 수정 자본주의에 부합한다. 을은 정부의 시장 개입 최소화를 주장하고 있으므로 애덤 스미스 및 신자유주의에 부합한다. ② 을은 정부의 시장 개입 최소화를 주장하고 있으므로 신자유주의의 입장에 부합한다.

❗ 오답 피하기

① 갑은 시장에 대한 정부의 적극적인 개입을 주장하고 있다. ③ 갑의 주장은 케인스의 입장에 부합하고, 을의 주장은 애덤 스미스의 입장에 부합한다. ④ 을은 정부의 시장 개입 최소화를 주장하고 있으므로 '보이지 않는 손'의 기능을 중시할 것이다. ⑤ 갑은 시장 실패를, 을은 정부 실패를 우려하고 있다.

12 시장경제 체제 　　　　　　　　정답 ②

재산권 보장, 개인과 기업의 자유와 창의 존중 등의 내용을 통해 갑국 경제 체제는 시장경제 체제임을 알 수 있다. ㄱ, ㄷ. 시장경제 체제에서는 개인의 이익 추구를 보장하고, 시장 가격에 의해 자원이 배분되는 것을 중시한다.

❗ 오답 피하기

ㄴ, ㄹ. 계획경제 체제의 특징에 해당한다.

13 시장경제 체제와 계획경제 체제 　　　　　　　　정답 ④

갑국은 계획경제 체제이고, 을국은 시장경제 체제이다. ④ 시장경제 체제에서는 '보이지 않는 손', 즉 시장 가격이 경제 주체의 의사 결정과 경제활동을 조정한다. 반면, 계획경제 체제에서는 중앙 정부가 경제활동을 통제하고 경제 문제에 대한 의사 결정을 직접 내린다.

❗ 오답 피하기

① 민간 기업의 자유로운 경쟁을 강조하는 경제 체제는 시장경제 체제이다. ② 경제활동에 대한 정부의 역할은 계획경제 체제에서 크게 나타난다. ③ 시장경제 체제와 계획경제 체제 모두에서 자원의 희소성이 나타난다. ⑤ 원칙적으로 생산 수단의 사적 소유가 인정되지 않는 경제 체제는 계획경제 체제이다.

14 시장경제 체제와 계획경제 체제 　　　　　　　　정답 ①

(가)는 계획경제 체제, (나)는 시장경제 체제이다. ① 계획경제 체제에서 시장경제 체제로 변화할 경우, 정부의 시장 개입이 최소화되고 경제 주체가 자유롭게 경제 활동에 참여할 수 있게 되어 자원이 효율적으로 배분될 것이다.

❗ 오답 피하기

②, ③, ④, ⑤ 계획경제 체제의 특징이다.

15 시장경제 체제 　　　　　　　　정답 ④

시장 원리에 의해 경제를 운영하는 경제 체제는 시장경제 체제이다. 따라서 A는 시장경제 체제이다. 갑, 병, 정. 시장경제 체제는 사적 이익의 추구를 인정하고, 경제 주체 간의 자유로운 경제활동을 보장하며, 개인이 재산을 소유할 권리인 사유 재산권을 법으로 보장한다.

❗ 오답 피하기

을. 계획경제 체제의 특징에 해당한다.

16 경제 체제 　　　　　　　　정답 ⑤

ㄷ. 병국의 경제 체제는 시장경제 체제로, 시장경제 체제에서는 시장 가격의 기능을 강조한다. ㄹ. 기본적인 경제 문제는 모든 경제 체제에서 발생한다. 따라서 갑국~병국에서는 모두 기본적인 경제 문제가 발생한다.

❗ 오답 피하기

ㄱ. 생산 수단의 사적 소유를 인정하는 경제 체제는 시장경제 체제이다. ㄴ. 정부의 명령에 의한 자원 배분을 중시하는 경제 체제는 계획경제 체제이다.

17 자본주의와 정부의 역할

(1) 갑은 케인스, 을은 애덤 스미스이다.
(2) **모범 답안** 케인스는 시장의 한계를 극복하기 위해 정부의 적극적인 시장 개입이 필요하다고 주장하는 반면, 애덤 스미스는 정부 역할의 최소화를 강조하는 작은 정부를 주장한다.

채점 기준	구분
정부의 시장 개입에 대한 케인스와 애덤 스미스의 주장을 정확하게 비교하여 서술한 경우	상
정부의 시장 개입에 대한 케인스와 애덤 스미스의 주장 중 어느 하나만을 정확하게 서술한 경우	중
정부의 시장 개입에 대한 케인스와 애덤 스미스의 주장 중 어느 하나만을 대략적으로 서술한 경우	하

18 수정 자본주의

(1) 대공황
(2) **모범 답안** 대규모 공공사업이나 복지 정책 등을 통해 정부가 적극적으로 시장에 개입하여 경제 문제를 해결하는 큰 정부를 추구하였다.

채점 기준	구분
구체적 사례를 들어 수정 자본주의의 특징을 정확하게 서술한 경우	상
정부 개입, 큰 정부 등의 용어만 언급하며 대략적으로 서술한 경우	하

19 경제 체제

(1) A는 계획경제 체제, B는 시장경제 체제이다.
(2) **모범 답안** 계획경제 체제와 시장경제 체제에서는 모두 자원의 희소성에 의한 경제 문제가 발생한다. 그러나 계획경제 체제에서는 정부의 계획과 명령에 의해 자원이 배분되고, 시장경제 체제는 '보이지 않는 손'인 시장 가격에 의한 자원 배분을 중시한다.

채점 기준	구분
계획경제 체제와 시장경제 체제의 공통점과 차이점을 모두 정확하게 서술한 경우	상
계획경제 체제와 시장경제 체제의 공통점과 차이점 중 어느 한 가지만 정확하게 서술한 경우	중
계획경제 체제와 시장경제 체제의 공통점과 차이점 중 어느 하나만 대략적으로 서술한 경우	하

20 혼합 경제 체제

(1) 시장경제 체제에 해당하는 조항은 제119조 제1항이고, 계획경제 체제에 해당하는 조항은 제119조 제2항이다.
(2) **모범 답안** 우리나라는 시장경제 체제를 바탕으로 계획경제 체제의 요소를 일부 받아들인 혼합 경제 체제를 운용하고 있다.

채점 기준	구분
'시장경제 체제', '계획경제 체제', '혼합 경제 체제'의 용어를 모두 사용하여 그 의미를 정확하게 서술한 경우	상
'혼합 경제 체제' 용어만을 사용하여 그 의미를 정확하게 서술한 경우	중
'혼합 경제 체제' 용어는 사용하지 않았으나, 관련 의미를 대략적으로 서술한 경우	하

01 ③	02 ④	03 ②	04 ①	05 ①	06 ①
07 ①	08 ③	09 ④	10 ③	11 ③	12 ②
13 ⑤	14 ②	15 ③	16 ①		

01 정부의 역할　　　　정답 ③

갑은 시장의 가격이 모든 문제를 해결할 수 있다고 보고 있고, 을은 정부의 적극적인 개입을 강조하고 있다. ㄴ. 공기업의 민영화는 시장의 역할을 강조한 것이다. 따라서 갑은 을과 달리 공기업의 민영화에 찬성할 것이다. ㄷ. 갑은 시장의 가격이 모든 문제를 해결할 수 있다고 보는 반면, 을은 정부의 적극적인 개입을 강조하고 있다. 따라서 을은 갑에 비해 정부의 역할을 강조할 것이다.

❗ 오답 피하기

ㄱ. 수정 자본주의는 정부의 적극적인 역할을 강조한다. 따라서 을의 입장이 수정 자본주의에 부합한다. ㄹ. 대공황은 자유방임주의에 따른 폐해로 나타났다. 따라서 대공황은 갑과 달리 을의 주장이 설득력을 갖게 되는 계기가 되었다.

02 자본주의의 역사적 전개 과정　　　　정답 ④

자본주의는 영국의 산업 혁명 이래로 '산업 자본주의 – (대공황) – 수정 자본주의 – (석유 파동) – 신자유주의' 순으로 전개되었다. 따라서 (가)는 신자유주의, (나)는 수정 자본주의, (다)는 산업 자본주의이다. ㄴ. 대공황은 산업 사회에서의 경제 불평등이나 경기 불황 등을 개인의 노력만으로는 해결하기 곤란하다는 것을 일깨웠으며, 정부의 역할 확대의 중요한 계기로 작용하였다. ㄹ. 역사적으로 산업 자본주의 – 수정 자본주의 – 신자유주의 순으로 등장하였다.

❗ 오답 피하기

ㄱ. 정부 실패를 유발한 것은 큰 정부를 강조하였던 수정 자본주의이다. ㄷ. 국가의 중상주의 정책에 기반을 두고 있었던 것은 상업 자본주의이다.

03 자본주의의 역사적 전개 과정　　　　정답 ②

ㄱ. 산업 자본주의에서 수정 자본주의로 변화하면서 정부의 역할과 규모는 확대되었으나 신자유주의로 변화하면서 정부의 역할과 규모는 축소되었다. 따라서 해당 내용은 (가)에 들어갈 수 있다. ㄷ. 신자유주의로의 변화 계기는 석유 파동과 스태그플레이션이다.

❗ 오답 피하기

ㄴ. 복지 축소, 공기업의 민영화, 규제 완화는 신자유주의 정책에 해당한다. ㄹ. 수정 자본주의로의 변화는 시장 기능의 한계, 즉 시장 실패에 대한 대응의 결과이다. 따라서 시장 기능에 대한 의존도가 꾸준히 증가한 것은 아니다.

04 수정 자본주의와 신자유주의　　　　정답 ①

케인스는 대공황의 원인을 유효 수요의 부족으로 보고 정부의 적극적인 시장 개입을 통해 유효 수요를 창출해야 한다고 주장하였다. ① 대공황은 독점 등으로 시장이 정상적인 기능을 하지 못하여 발생한 시장 실패의 결과이다.

❗ 오답 피하기

② 정부가 시장에 개입하여 시장 실패를 해결하고 효율적인 자원 배분을 가능하게 하였다. ③ 물가 상승과 경기 침체가 동시에 나타나는 현상은 스태그플레이션이다. 뉴딜 정책은 대공황을 해결하기 위한 정책이다. ④ 20세기 후반에 들어서면서 정부의 적극적인 시장 개입이 오히려 비효율

을 초래하는 정부 실패가 나타나자, 정부의 지나친 시장 개입을 비판하는 등 정부의 개입 축소를 주장하는 신자유주의가 지지를 받기 시작하였다. ⑤ ㉤은 신자유주의로, 이는 시장 기능을 중시한다.

> **개념노트 | 큰 정부론의 위기**
>
> 경제학자 케인스는 1930년대 대공황의 원인을 유효 수요의 부족으로 보고 정부가 적극적으로 시장에 개입하여 유효 수요를 창출해야 한다고 주장하였다. 실제로 미국의 뉴딜 정책은 이에 영향을 받았다고 볼 수 있다. 하지만 1970년대 발생한 석유 파동은 국제 원유 가격을 상승시켰으며, 이는 국내 생산의 감소로 이어져 총공급의 감소를 발생시켰다. 이로 인해 경기 침체 속에 물가 상승이 동시에 발생하는 이른바 스태그플레이션(Stagflation)이 나타났다. 당시 케인스의 처방은 스태그플레이션을 해결하지 못했다. 이로 인해 정부의 정책이 무용지물이 되는 정부 실패가 발생하면서 시장에서 정부의 지나친 시장 개입을 비판하는 신자유주의가 등장하였다.

05 산업 자본주의와 수정 자본주의　　　　정답 ①

(가)에는 산업 자본주의에만 해당하는 질문이, (나)에는 산업 자본주의와 수정 자본주의 모두에 해당하는 질문이, (다)에는 수정 자본주의에만 해당하는 질문이 들어가야 한다. ㄱ. 산업 자본주의는 자유방임주의를 근거로 정부의 시장 개입을 최소화하는 작은 정부를 추구한다. 따라서 해당 질문은 (가)에 들어갈 수 있다. ㄴ. 산업 자본주의와 수정 자본주의는 모두 '보이지 않는 손'의 역할을 인정한다. 따라서 해당 질문은 (나)에 들어갈 수 있다.

❗ 오답 피하기

ㄷ. 산업 자본주의와 수정 자본주의는 모두 생산 수단의 국·공유화를 강조하지 않는다. 따라서 해당 질문은 (다)에 들어갈 수 없다. ㄹ. 수정 자본주의는 국가에 의한 사회 보장 제도의 시행을 강조한다. 따라서 해당 질문은 (다)에 들어갈 수 있다.

06 수정 자본주의와 신자유주의　　　　정답 ①

수정 자본주의는 신자유주의와 달리 정부가 적극적으로 시장에 개입해야 한다고 본다. 따라서 A는 수정 자본주의, B는 신자유주의이다. ① 수정 자본주의는 대공황으로 인해 시장 실패가 나타나자, 이에 대응하는 과정에서 등장하였다.

❗ 오답 피하기

② 수정 자본주의는 작은 정부보다 큰 정부를 지향할 것을 주장한다. ③ 신자유주의는 '보이지 않는 손'의 역할을 인정한다. ④ 신자유주의는 자원 배분에 있어 형평성보다 효율성을 추구한다. ⑤ 신자유주의는 수정 자본주의와 달리 복지 정책을 축소해야 한다고 본다. 따라서 해당 질문은 (가)에 들어갈 수 없다.

07 수정 자본주의와 신자유주의　　　　정답 ①

(가)는 석유 파동에 따른 스태그플레이션으로, 이는 신자유주의가 등장하는 배경이 되었다. (나)는 대공황으로, 이는 수정 자본주의가 등장하는 배경이 되었다. ㄱ, ㄴ. 복지 과잉에 따른 비효율성은 수정 자본주의의 한계로, 이로 인해 신자유주의는 정부의 시장 개입 최소화와 시장 가격의 기능을 중시하였다.

❗ 오답 피하기

ㄷ. 대공황으로 인해 수정 자본주의가 등장하였다. ㄹ. 대공황으로 인해 등장한 수정 자본주의는 정부의 적극적인 시장 개입을 강조하였다.

08 자본주의의 역사적 전개 과정　　　　정답 ③

대공황 이후 수정 자본주의가 등장하였고, 석유 파동 이후 신자유주의가 등장하였다. 따라서 (가)는 수정 자본주의, (나)는 신자유주의이다. ③ 신

자유주의는 정부의 역할 축소와 시장 기능의 확대를 주장하므로 공기업의 민영화에 적극적이다.

> ❗ **오답 피하기**
> ① 산업 혁명은 산업 자본주의의 등장 배경으로 작용하였다. ② 산업 자본주의는 자유방임주의를 바탕으로 '보이지 않는 손'의 역할을 중시하였다. ④ 신자유주의는 정부의 시장 개입 축소를 주장하였다. ⑤ 수정 자본주의는 정부의 시장 개입 확대를 주장하면서 복지 예산의 확대를 추구하였다.

09 수정 자본주의와 신자유주의　　　　정답 ④

석유 파동을 계기로 수정 자본주의는 신자유주의로 변화한다. 따라서 (가)는 수정 자본주의, (나)는 신자유주의이다. ㄴ. 신자유주의는 석유 파동에 따른 스태그플레이션에 대한 대응 과정에서 등장하였다. ㄹ. 수정 자본주의는 대공황이라는 시장 실패에 대한 대응을 강조하였고, 신자유주의는 정부 실패에 대한 대응을 강조하였다.

> ❗ **오답 피하기**
> ㄱ. 신자유주의는 공기업의 민영화, 복지 축소를 추진하였다. ㄷ. 수정 자본주의는 신자유주의에 비해 정부의 적극적인 역할을 강조하였다.

10 수정 자본주의와 신자유주의　　　　정답 ③

갑은 정부의 적극적인 시장 개입을 찬성하고 있으므로 수정 자본주의를 주장하고 있다. 을은 정부의 시장 개입을 반대하고 있으므로 신자유주의를 주장하고 있다. ③ 갑은 큰 정부를, 을은 작은 정부를 주장한다.

> ❗ **오답 피하기**
> ① 을이 공기업 민영화와 복지 정책의 축소를 주장한다. ② 갑이 자유 시장경제를 부정하는 것은 아니다. ④ 을은 사유 재산권의 인정을 강조한다. ⑤ 갑과 을은 모두 '보이지 않는 손'의 원리, 즉 시장 가격의 원리를 인정한다.

11 시장경제 체제　　　　정답 ③

갑국은 계획경제 체제를 채택하고 있다가 생산의 효율성을 위해 시장경제 체제의 요소를 도입하였다. ③ '보이지 않는 손'은 시장 원리에 의한 경제 문제의 해결을 의미하므로 시장경제 체제 요소를 도입한 후 갑국 경제에 나타날 변화에 해당한다.

> ❗ **오답 피하기**
> ① 기업 간 경쟁이 확대될 것이다. ② 개인의 경제적 자율성이 확대될 것이다. ④ 자원의 희소성으로 인한 경제 문제는 경제 체제와 관계없이 어느 사회에서나 나타나는 현상이다. ⑤ 민간 경제 주체의 사익 추구가 확대될 것이다.

12 우리나라의 경제 체제　　　　정답 ②

(가)와 (나)를 통해 우리나라는 시장경제 체제와 계획경제 체제가 혼합된 혼합 경제 체제를 채택하고 있음을 알 수 있다. ㄱ, ㄷ. (가)를 통해 우리나라가 시장경제 체제를 채택하고 있으며, (나)를 통해 필요에 따라 국가가 시장경제에 개입하고 있음을 알 수 있다.

> ❗ **오답 피하기**
> ㄴ. (나)를 통해 계획경제 체제의 요소가 있음을 알 수 있다. ㄹ. 우리나라의 경제 체제는 시장경제 체제를 기본으로 하고 있으므로 경제활동의 목표는 생산의 효율성을 극대화하는 것이다.

13 혼합 경제 체제　　　　정답 ⑤

오늘날에는 순수한 형태의 시장경제 체제나 계획경제 체제인 국가는 존재하지 않으며, 대부분 두 경제 체제의 요소를 결합한 혼합 경제 체제를 택하고 있다. ⑤ (가)에서 미국은 시장경제 체제를 기반으로 하여 계획경제 체제의 요소를 도입하였고, (나)에서 중국은 계획경제 체제를 기반으로 하여 시장경제 체제의 요소를 도입하였다.

14 경제 체제　　　　정답 ②

자원 배분이 가격 기구에 의해 결정되는 정도가 가장 큰 것은 시장경제 체제이고, 그 정도가 가장 낮은 것은 계획경제 체제이다. 따라서 A는 계획경제 체제, B는 시장경제 체제, C는 혼합 경제 체제이다. ② 시장경제 체제에서는 사유 재산권과 개인의 이기심에 따른 사적 이익 추구가 보장된다.

> ❗ **오답 피하기**
> ① 생산 수단의 사적 소유를 기반으로 하는 특징은 시장경제 체제에 가깝다. ③ 분배 과정에서 형평성을 중시하는 특징은 계획경제 체제에 가깝다. ④ 급격한 경기 변동은 시장경제 체제에서 나타날 가능성이 더 크다. ⑤ 시장 실패가 나타날 가능성은 시장경제 체제가 가장 크고, 계획경제 체제가 가장 작다. 따라서 해당 내용은 (가)에 들어갈 수 없다.

15 시장경제 체제와 계획경제 체제　　　　정답 ③

생산 수단의 국유화 정도는 시장경제 체제가 계획경제 체제보다 약하다. 따라서 A는 시장경제 체제, B는 계획경제 체제이다. ③ 급격한 경기 변동 가능성은 시장경제 체제가 계획경제 체제보다 높다. 따라서 해당 내용은 (가)에 들어갈 수 있다.

> ❗ **오답 피하기**
> ① 시장경제 체제와 계획경제 체제 모두 기본적인 경제 문제에 직면한다. ② 시장경제 체제는 계획경제 체제와 달리 자유 경쟁의 원리를 강조한다. ④ 시장경제 체제는 계획경제 체제보다 자원 배분의 효율성이 높다. 따라서 해당 내용은 (나)에 들어갈 수 없다. ⑤ 계획경제 체제는 시장경제 체제보다 경제활동의 자유 제한 정도가 높다. 따라서 해당 내용은 (다)에 들어갈 수 없다.

16 시장경제 체제와 계획경제 체제　　　　정답 ①

옳은 진술을 한 사람이 갑이라면, A는 계획경제 체제, B는 시장경제 체제이다. 이 경우 을, 병 모두 옳게 진술한 것이 되므로 조건에 부합하지 않는다. 옳은 진술을 한 사람이 을이라면, 갑, 병 모두 옳게 진술한 것이 되므로 조건에 부합하지 않는다. 옳은 진술을 한 사람이 병이라면, 갑, 을 모두 옳게 진술한 것이 되므로 조건에 부합하지 않는다. 즉, 옳게 진술한 사람은 정이다. 따라서 A는 시장경제 체제, B는 계획경제 체제이다. ㄱ. 옳게 진술한 사람은 정이다. ㄴ. 시장경제 체제는 작은 정부를 최선의 정부라고 본다. 따라서 해당 내용은 (가)에 들어갈 수 있다.

> ❗ **오답 피하기**
> ㄷ. 시장 가격에 의한 자원 배분 기능을 신뢰하는 경제 체제는 시장경제 체제이다. ㄹ. 시장경제 체제와 계획경제 체제 모두에서 기본적인 경제 문제가 나타난다.

STEP 1 내신 다지기 본문 ○ 084~087쪽

01 ④	02 ⑤	03 ⑤	04 ④	05 ②	06 ②
07 ⑤	08 ⑤	09 ②	10 ④	11 ⑤	12 ④
13 ③	14 ④	15 ②	16 ③	17~18 해설 참조	

01 자원의 희소성 정답 ④

④ 정부, 기업, 가계는 모두 사용할 수 있는 자원의 양이 하고자 하는 일에 비해 상대적으로 부족하기 때문에 선택의 고민을 하고 있다. 자원의 희소성으로 인해 선택의 문제가 발생한다.

! 오답 피하기

① 인간의 욕망은 무한하기 때문에 선택의 문제가 발생한다. ② 자원의 희소성으로 인해 선택의 기회가 제한된다. ③ 기업과 관련 있는 설명이다. ⑤ 정부와 관련 있는 설명이다.

02 합리적 선택 정답 ⑤

ㄷ, ㄹ. 합리적 선택은 최소의 비용으로 최대의 편익을 얻을 수 있도록 선택하는 것이다. 편익은 경제적 선택을 함으로써 얻게 되는 효용이나 만족감을 말하고, 비용은 선택을 함으로써 치르게 되는 대가를 말한다. 기회비용은 명시적 비용과 암묵적 비용을 합친 것으로, 합리적 선택을 위해서는 기회비용을 최소화하거나 편익을 최대화하는 선택을 해야 한다.

! 오답 피하기

ㄱ. 합리적 선택을 할 때에는 매몰 비용을 고려해서는 안 된다. ㄴ. 편익이 기회비용보다 큰 선택을 하는 것이 합리적 선택이다.

03 비용과 편익 정답 ⑤

⑤ 축구 경기 관람의 명시적 비용은 13,000원이고, 암묵적 비용은 2시간의 아르바이트로 벌 수 있는 임금인 30,000원이다. 따라서 축구 경기를 보기 위해서는 기회비용인 43,000원보다 편익이 더 커야 한다.

04 비용과 편익 정답 ④

ㄴ. 을은 우유를 1,000원에 구입하였으므로 을에게 우유의 편익은 1,000원을 초과한다. ㄹ. 병은 빵을 2,000원에 구입하였으므로 병에게 빵의 편익은 2,000원보다 크다.

! 오답 피하기

ㄱ. 갑은 빵을 2,000원에 구입하였으므로 갑에게 빵의 편익은 2,000원을 초과한다. ㄷ. 을은 빵을 구입하지 않았으므로 을에게 빵의 편익은 2,000원보다 작다. 그러나 을에게 빵의 편익이 1,000원보다 큰지는 알 수 없다.

05 합리적 선택과 매몰 비용 정답 ②

A 기업이 드론 비행 관련 기술에 대해 지출한 개발 비용 20억 원은 회수가 불가능하므로 이는 매몰 비용에 해당한다. 합리적 선택을 위해서는 매몰 비용을 고려하지 않아야 하므로 A 기업은 현 시점에서 드론 비행 관련 기술이 상품화되기까지 추가로 들어갈 비용인 13억 원과 상품화되었을 경우의 예상 수입인 22억 원을 고려하여 선택하는 것이 합리적이다.

06 합리적 선택과 기회비용 정답 ②

ㄱ, ㄹ. A 대학교 진학을 선택할 경우 명시적 비용은 대학 학비인 월 100만 원이고, 암묵적 비용은 A 대학교 진학으로 인해 포기해야 하는 소득인 월 200만 원이다. 따라서 A 대학교 진학을 선택할 경우 기회비용은 월 300만 원이며, A 대학교 진학이 합리적 선택이 되기 위해서는 A 대학교 진학에 따른 편익이 기회비용인 월 300만 원보다 커야 한다.

! 오답 피하기

ㄴ. A 대학교 진학을 선택할 경우 암묵적 비용은 월 200만 원이다. ㄷ. A 대학교 진학을 선택할 경우 명시적 비용은 월 100만 원이다.

07 시장 실패 정답 ⑤

시장 실패란 시장에서의 자원 배분이 효율적이지 못한 상태를 말한다. 시장 실패의 유형에는 공공재의 공급 부족, 외부 효과의 발생, 독과점 문제 등이 있다. ⑤ 공기업의 방만한 경영은 정부 실패에 해당한다.

08 공공재 정답 ⑤

(가)에 들어갈 개념은 공공재이다. ⑤ 공공재는 비배제성을 특징으로 한다.

! 오답 피하기

① 공공재는 구성원 모두가 소비 혜택을 누릴 수 있다. ② 공공재는 사회에서 요구되는 양만큼 충분히 공급되지 않는다. ③ 공공재는 무임승차 문제 때문에 이윤을 얻기 어려워 기업이 생산을 꺼린다. ④ 공공재는 비경합성을 특징으로 한다.

09 독점 정답 ②

제시문에 나타난 기업은 독점 기업이다. 갑, 병. 독점 기업은 이윤 극대화를 위해 가격을 높은 수준으로 설정하므로 비싼 가격 때문에 재화를 사용하지 못하는 소비자가 나타날 수 있으며, 구매를 하더라도 높은 가격에 구매하여 소비자의 이익이 감소하므로 자원이 비효율적으로 배분된다. 따라서 독점 시장의 발생은 시장 실패에 해당한다.

! 오답 피하기

을. 독점으로 인해 자원이 비효율적으로 배분되고 있다. 정. 소비자는 재화나 서비스를 구매하기 위해 더 많은 비용을 내야 하므로 소비자의 이익은 감소한다.

10 외부 효과 정답 ④

(가)는 부정적 외부 효과에 해당하는 사례이고, (나)는 긍정적 외부 효과에 해당하는 사례이다. ㄴ. 부정적 외부 효과는 사회적 최적 수준에 비해 과다 생산되고, 긍정적 외부 효과는 사회적 최적 수준에 비해 과소 생산된다. ㄹ. 부정적 외부 효과와 긍정적 외부 효과는 모두 자원이 비효율적으로 배분되는 경우이므로 시장 실패에 해당한다.

! 오답 피하기

ㄱ. (가)는 부정적 외부 효과, (나)는 긍정적 외부 효과에 해당한다. ㄷ. 외부 효과가 발생하면 자원이 비효율적으로 배분된다.

11 정부의 역할 정답 ⑤

정부는 시장경제의 원활한 작동과 발전을 위해 필요 시 시장에 대한 규제를 하고 있다. 이를 위해 「독점 규제 및 공정 거래에 관한 법률」 및 경제 관련 법률을 통해 불공정한 거래 행위를 규제하고 공정한 경쟁을 유도하며, 한국 소비자원, 공정 거래 위원회 등을 설립하여 운영하고 있다.

12 정부의 역할　　　　　　　　　　　　　정답 ④

정부는 시장의 기능이 원활하게 작동하도록 제도적 기반을 확립하고, 가계나 기업이 수행하기 어려운 일을 도와주는 역할을 하면서 사회 전체의 이익을 도모하고 지속가능발전을 추구한다. ㄴ. 사회적으로 필요한 양보다 적게 생산되는 긍정적 외부 효과의 경우에는 정부가 보조금 지급, 세금 감면 등의 혜택을 주어 사회적 최적 수준의 생산을 유도한다. ㄹ. 시장에서의 자유로운 경쟁으로 경제적 불평등이 심해지는 것을 막기 위해 정부는 사회 보장 제도나 누진세와 같은 소득 재분배 정책 등을 통해 소득 불균형을 완화하고자 한다.

오답 피하기

ㄱ. 공공재는 무임승차의 문제 때문에 이윤을 얻기 어려워 사회적으로 필요한 만큼 충분히 공급되지 못한다. 이에 따라 정부는 직접 공공재를 생산하여 공급한다. ㄷ. 정부는 공정하고 자유로운 경제활동을 촉진하기 위해서 시장에 직접 개입하기도 한다.

13 소비자의 역할　　　　　　　　　　　　정답 ③

소비자는 한정된 자원 내에서 최대의 만족을 얻고자 하므로 비용과 편익을 고려하여 합리적으로 소비해야 하며, 소득 수준에 맞지 않는 무분별한 소비는 지양해야 한다. 또한 자신의 소비가 사회에 미치는 영향을 고려하여 윤리적 소비를 실천해야 한다. ③ 가격과 품질 등 상품에 대한 정보를 바탕으로 비용보다 편익이 큰 합리적 소비를 해야 한다.

14 사회적 책임　　　　　　　　　　　　　정답 ④

④ 시장경제에서 기업은 이윤 추구를 궁극적 목적으로 경제활동을 하지만, 이와 더불어 환경에 대해 책임감을 가지고 지속가능발전에 기여해야 한다. 이러한 기업의 노력을 기업의 사회적 책임이라고 한다.

오답 피하기

① 사회적 기업은 사익과 공익을 모두 추구하지만, 공익 추구에만 집중해야 하는 것은 아니다. ② 기업이 효율성 증대를 위해 노력해야 하는 것은 맞지만, 제시된 사례와는 관련이 없다. ③, ⑤ 바람직한 기업의 역할로 적절하지 않다.

15 소비자 주권과 윤리적 소비　　　　　　정답 ②

ㄱ, ㄷ. 제시된 사례는 아동 노동을 이용하여 재화를 생산한 비윤리적인 기업에 대해 소비자가 불매 운동을 하였고, 그 결과 A사가 재화 생산 방식을 변경하였음을 보여 준다. 이를 통해 윤리적 소비에 대한 소비자들의 관심이 증가하고 있으며, 올바른 소비자 주권을 행사하는 것이 필요함을 알 수 있다.

오답 피하기

ㄹ. A사는 정당한 대가를 지불하였으나, 아동 노동을 이용하였다는 비윤리적인 행위에 대해 비판을 받고 있다.

16 노동 3권　　　　　　　　　　　　　　정답 ③

③ 단결권, 단체 교섭권, 단체 행동권은 노동 3권으로, 우리 헌법은 노동자의 권익을 법적으로 보장하기 위해 노동 3권을 헌법에 규정하여 보장하고 있다.

17 합리적 선택

(1) 명시적 비용은 3,000만 원이고, 암묵적 비용은 5,000만 원이다.
(2) **모범 답안** 음식점 운영을 선택할 때의 편익은 9,000만 원이고, 기회비용은 8,000만 원이므로 편익이 기회비용보다 크다. 따라서 음식점을 운영하는 것이 합리적이다.

채점 기준	구분
편익과 비용을 구체적으로 비교하여 갑의 합리적 선택의 대안을 정확하게 서술한 경우	상
편익과 비용의 크기만을 대략적으로 비교하여 갑의 합리적 선택의 대안을 서술한 경우	중
갑의 합리적 선택의 대안만을 서술한 경우	하

18 정부의 역할

(1) 부정적 외부 효과(외부 불경제)
(2) **모범 답안** 담배 소비에 부과하는 세금을 인상한다. 아파트 내 흡연에 대해 과태료를 부과한다. 등

채점 기준	구분
제시된 사례에 해당하는 부정적 외부 효과를 해결하기 위한 정부의 바람직한 역할을 두 가지 이상 정확하게 서술한 경우	상
제시된 사례에 해당하는 부정적 외부 효과를 해결하기 위한 정부의 바람직한 역할을 한 가지만 정확하게 서술한 경우	중
제시된 사례와 관련 없이 부정적 외부 효과를 해결하기 위한 정부의 역할을 막연하게 서술한 경우	하

STEP 2 1등급 도전하기　　　　　　본문 ○ 088~091쪽

01 ④	02 ③	03 ⑤	04 ⑤	05 ②	06 ③
07 ④	08 ④	09 ⑤	10 ④	11 ⑤	12 ④
13 ⑤	14 ⑤	15 ⑤	16 ⑤		

01 합리적 선택　　　　　　　　　　　　정답 ④

A를 선택할 경우 편익은 9,000원, 명시적 비용은 8,000원, 암묵적 비용은 2,000원이다. B를 선택할 경우 편익은 10,000원, 명시적 비용은 8,000원, 암묵적 비용은 1,000원이다. ㄴ. A 선택에 따른 기회비용은 명시적 비용인 8,000원과 암묵적 비용인 2,000원을 합친 10,000원이다. ㄹ. A와 B 선택에 따른 명시적 비용은 각각 8,000원으로 같다.

오답 피하기

ㄱ. A 선택에 따른 '편익－기회비용'은 음(－)의 값이고, B 선택에 따른 '편익－기회비용'은 양(+)의 값이다. 따라서 갑은 B를 선택하는 것이 합리적이다. ㄷ. A 선택에 따른 암묵적 비용은 2,000원이고, B 선택에 따른 편익은 10,000원이다. 따라서 A 선택에 따른 암묵적 비용은 B 선택에 따른 편익보다 작다.

02 합리적 선택　　　　　　　　　　　　정답 ③

③ 커피 전문점 운영에 따른 기회비용은 명시적 비용인 월 700만 원과 암묵적 비용인 월 400만 원을 합친 1,100만 원이다.

오답 피하기

① 커피 전문점 운영에 따른 편익은 월 1,000만 원이다. ② 커피 전문점 운영에 따른 '편익－기회비용'은 음(－)의 값이므로 갑의 합리적 선택은 현재 직장을 계속 다니는 것이다. ④ 커피 전문점 운영에 따른 명시적 비용은 월 700만 원이다. ⑤ 커피 전문점 운영에 따른 암묵적 비용은 월 400만 원이다.

03 편익과 비용   정답 ⑤

ㄷ. 갑은 10만 원을 지불하여 뮤지컬을 관람하였고, 을은 7만 원을 지불하여 뮤지컬을 관람하였다. 따라서 뮤지컬 관람에 따른 명시적 비용은 갑이 10만 원, 을이 7만 원이므로 갑이 을보다 크다. ㄹ. 뮤지컬 관람에 따른 편익은 갑의 경우 10만 원보다 크고, 을의 경우 7만 원보다 크다. 따라서 뮤지컬 관람에 따른 편익의 최솟값은 갑이 을보다 크다.

> **⚠ 오답 피하기**
>
> ㄱ. 갑과 을은 모두 편익과 비용을 비교하여 선택한 것이므로 갑의 선택과 을의 선택은 모두 합리적이다. ㄴ. 뮤지컬 관람에 따른 을의 편익은 7만 원보다 크고 10만 원보다 작다.

04 합리적 선택   정답 ⑤

X재와 Y재의 가격이 동일하므로 X재와 Y재 구매에 따른 명시적 비용은 같고, X재와 Y재 구매에 따른 기회비용은 각각 Y재와 X재 구매에 따른 편익이다. ⑤ 갑의 경우 X재 구매에 따른 '편익 − 기회비용'은 1,000원이고, Y재 구매에 따른 '편익 − 기회비용'은 −1,000원이므로, X재를 구매하는 것이 합리적이다. 을의 경우 X재 구매에 따른 '편익 − 기회비용'은 −500원이고, Y재 구매에 따른 '편익 − 기회비용'은 500원이므로 Y재를 구매하는 것이 합리적이다.

> **⚠ 오답 피하기**
>
> ① X재를 구매할 경우 기회비용은 갑이 4,000원이고, 을이 5,500원이다. 따라서 X재를 구매할 경우 기회비용은 갑이 을보다 작다. ② X재의 가격이 동일하므로 X재를 구매할 경우 명시적 비용은 갑과 을이 같다. ③ Y재를 구매할 경우 편익은 갑이 4,000원이고, 을이 5,500원이다. 따라서 Y재를 구매할 경우 편익은 을이 갑보다 크다. ④ Y재를 구매할 경우 암묵적 비용은 갑이 '5,000원 − X재 가격'이고, 을이 '5,000원 − X재 가격'이다. 따라서 Y재를 구매할 경우 암묵적 비용은 갑과 을이 같다.

05 편익과 기회비용   정답 ②

ㄱ. '아이돌 포토 카드'가 기존 가격보다 5배 이상 비싼 가격에 판매된 것은 '아이돌 포토 카드'가 희소성이 있기 때문이다. ㄷ. 갑은 3만 원을 주고 '아이돌 포토 카드'를 구매하였으므로 '아이돌 포토 카드'의 명시적 비용은 3만 원이다.

> **⚠ 오답 피하기**
>
> ㄴ. 요가 수업 수강료인 월 20만 원은 환불되지 않으므로 매몰 비용에 해당한다. 따라서 요가 수업 수강료인 월 20만 원은 '아이돌 포토 카드' 선택의 기회비용에 포함되지 않는다. ㄹ. 갑의 합리적 선택은 '아이돌 포토 카드'를 구매하는 것이다. 따라서 갑은 '아이돌 포토 카드'의 편익이 기회비용보다 크다고 판단하였다.

06 시장 실패의 유형   정답 ③

(가)는 독과점 문제, (나)는 공공재의 공급 부족과 관련 있는 시장 실패의 사례이다. ㄴ. (가)는 시장 실패에 해당하므로 정부의 시장 개입으로 개선할 수 있다. ㄷ. 공공재의 비배제성과 비경합성으로 인해 시장에 맡길 경우 공급 부족 문제가 발생한다.

> **⚠ 오답 피하기**
>
> ㄱ. 독과점과 같은 불완전 경쟁하에서는 재화나 서비스가 사회적 최적 수준에 비해 과소 생산된다. ㄹ. (가)와 (나)는 모두 외부 효과와 관련이 없다.

07 외부 효과   정답 ④

(가), (나) 모두 부정적 외부 효과가 발생하고 있는 사례이다. 부정적 외부 효과가 발생하면 재화나 서비스가 사회적으로 적정한 수준보다 과다 공급되어 자원이 비효율적으로 배분된다. 따라서 정부가 세금이나 별도의 부담금 등을 부과함으로써 사회적으로 적정한 수준으로 생산될 수 있도록 조절한다. ㄴ. (나)는 부정적 외부 효과, 즉 외부 불경제 사례에 해당한다. ㄹ. 외부 효과는 시장에 대한 정부 개입의 근거가 된다.

> **⚠ 오답 피하기**
>
> ㄱ. (가)는 부정적 외부 효과의 사례에 해당한다. ㄷ. (가)와 (나)는 모두 사회적으로 필요한 양보다 많이 생산된다.

> **개념노트 | 외부 효과**
>
> 외부 효과는 긍정적인 외부 효과(외부 경제)와 부정적인 외부 효과(외부 불경제)로 나누어 볼 수 있다. 긍정적인 외부 효과(외부 경제)는 경제 주체가 경제활동을 하는 가운데 다른 경제 주체들에게 이익을 주고도 대가를 받지 못하는 경우이다. 대표적인 사례가 양봉업자와 사과 과수원 주인의 경우이다. 부정적인 외부 효과(외부 불경제)는 경제 주체가 경제활동을 하는 가운데 다른 경제 주체들에게 피해를 주고도 대가를 지불하지 않는 경우이다. 대표적인 사례가 아파트 층간 소음이나 간접 흡연으로 주변 사람의 건강에 해를 끼치는 경우이다.

08 외부 효과   정답 ④

갑은 다른 사람으로부터 의도하지 않은 피해를 받고 있으므로 부정적 외부 효과를 경험하였고, 을은 다른 사람으로부터 대가 없이 이익을 받고 있으므로 긍정적 외부 효과를 경험하였다. 따라서 A는 외부 불경제, B는 외부 경제이다. ④ 외부 경제 상황에서는 과소 소비가 일어나 시장 거래량이 사회적 최적 수준보다 적다.

> **⚠ 오답 피하기**
>
> ① A는 외부 불경제의 사례이다. ② 독감 예방 접종은 다른 사람에게 의도하지 않은 이익을 주므로 시장에 맡겨 두면 사회적 최적 수준보다 작게 소비되어 외부 경제를 초래한다. ③, ⑤ 외부 효과가 발생하면 자원의 효율적 배분을 가로막는다. 따라서 A와 B 모두에서 자원이 비효율적으로 배분되므로 시장 기능이 원활하게 작동하지 못한다.

09 정부의 역할   정답 ⑤

⑤ 공정 거래 위원회는 시장의 독점을 방지하여 자유롭게 경쟁하며 경제 활동을 할 수 있도록 환경을 조성하고자 한다.

> **⚠ 오답 피하기**
>
> ①, ②, ③, ④ 정부의 역할에 해당하지만, 제시문과 관련이 없는 내용이다.

10 시장 실패   정답 ④

(가)에는 독과점 시장에서의 불공정 거래가 나타나 있고, (나)에는 부정적 외부 효과가 나타나 있다. ㄴ. 부정적 외부 효과는 시장 실패의 사례로, 정부의 시장 개입에 대한 근거가 될 수 있다. ㄹ. 시장 실패는 시장에서 자원의 효율적 배분이 저해되어 나타난다.

> **⚠ 오답 피하기**
>
> ㄱ. (가)에서는 공급자 간 불공정한 경쟁이 이루어지고 있다. ㄷ. (나)는 부정적 외부 효과가 발생한 사례이다.

11 노동자의 권리   정답 ⑤

(가)와 (나)는 헌법 조항으로, 노동자의 권리를 명시하고 있다. ⑤ 노동자의 권리는 사회권에 해당하며 바이마르 헌법 이후 확립되기 시작하였다. 산업 혁명 초기에는 노동자의 권리가 보장되지 않아 극심한 빈부 격차, 노동 착취 등이 문제가 되었다.

> **⚠ 오답 피하기**
>
> ① 적정 임금의 지급을 통해 생활 안정을 추구하고 있다. ② 헌법에 최저임금제 시행이 명시되어 있기 때문에 최저 임금 실시는 국가의 의무이다. ③ 노동 3권의 보장을 통해 노동자는 단체 설립이 가능해지며, 이는

사용자와의 동등한 협상을 용이하게 한다. ④ 단결권은 노동조합을 결성할 권리이다. 즉, 노동조합의 결성은 노동자의 정당한 권리이다.

12 정부의 역할　　　　　　　정답 ④

정부는 경제적 불평등을 완화하기 위해 다양한 방식으로 소득을 재분배하고, 효율적인 자원 배분을 위해 시장 실패를 개선한다. ㄴ. 소득 격차의 심화를 해결하기 위해서는 소득에 대한 누진세율을 강화해야 한다. ㄹ. 정부는 가격 담합에 대한 과징금 부과 등을 통해 불공정 거래 행위를 규제한다.

⚠ 오답 피하기

ㄱ. 사회 간접 자본 확충은 경기 침체 시 실시할 수 있는 정책이다. ㄷ. 부가 가치 세율 인상은 가격 담합에 대한 대책으로 적절하지 않다.

13 기업의 사회적 책임　　　　　정답 ⑤

갑은 이윤 극대화와 일자리 제공을 기업의 사회적 책임으로 보고 있고, 을은 윤리적 경영과 사회 복지 증진을 기업의 사회적 책임으로 보고 있다. ㄷ. 갑은 을보다 기업의 사회적 책임의 범위를 좁게 보고 있다. ㄹ. 을은 기업 이윤의 사회 환원을 강조할 것이다.

⚠ 오답 피하기

ㄱ. 기업의 취약 계층에 대한 일자리나 사회 서비스 제공을 강조하는 견해는 기업의 사회 복지 증진과 관련이 있으므로 이에 대해 을은 동의할 것이다. ㄴ. 기업의 이윤 증대가 곧 사회적 부의 증대라고 보는 견해는 기업의 이윤 극대화를 강조하는 것이므로 이에 대해 갑은 동의할 것이다.

14 기업과 소비자의 역할　　　　정답 ⑤

첫 번째 사례는 윤리적 소비와 관련 있고, 두 번째 사례는 기업의 사회적 책임과 관련 있다. ⑤ 제시된 두 사례는 모두 경제 주체의 이익뿐만 아니라 공공의 이익을 고려하고 있으므로 이를 통해 윤리적 의식을 파악할 수 있다.

15 혁신　　　　　　　　　　　정답 ⑤

(가)에 들어갈 개념은 혁신이다. 새로운 경영 전략, 새로운 시장 개척, 새로운 생산 요소의 결합, 새로운 상품 기술 개발 등이 혁신에 해당한다. ㄷ. 이전에는 찾아볼 수 없었던 드론을 이용한 택배 서비스는 새로운 생산 요소 결합 방식 개발이나 새로운 시장 개척 등과 관련 있다. ㄹ. 새롭게 출시되는 신차의 본체를 강철 대신 고강도 신소재를 사용하여 제품 단가를 낮춘 것은 새로운 상품 기술 개발과 관련 있다.

⚠ 오답 피하기

ㄱ, ㄴ. 혁신의 사례로 적절하지 않다.

16 기업의 사회적 책임　　　　　정답 ⑤

(가)에서 A 기업은 온실가스 감축 목표를 달성하기 위해 노력하고 있으며, (나)에서 B 기업은 해양 폐기물을 재활용하고 신제품에 재활용 소재 적용, 플라스틱 소재 제거, 매립 폐기물 제로화 등을 실천하고 있다. ⑤ (가)의 A 기업과 (나)의 B 기업의 사례를 통해 기업이 친환경적인 생산을 통해 환경 보호에 노력하고 있음을 알 수 있다. 이처럼 기업은 이윤을 추구하면서도 환경에 대한 책임감을 가지고 지속가능발전을 위한 기업의 사회적 책임을 다해야 한다.

STEP 1 내신 다지기　　　　　본문 ∘ 094~097쪽

01 ①	02 ①	03 ③	04 ①	05 ③	06 ②
07 ①	08 ③	09 ①	10 ④	11 ④	12 ④
13 ④	14 ⑤	15 ④	16~19 해설 참조		

01 자산 관리의 기본 원칙　　　　정답 ①

자산 관리를 할 때에는 안전성, 수익성, 유동성의 기본 원칙을 고려해야 한다. (가) 보유하고 있는 자산을 현금으로 쉽게 바꿀 수 있는 정도는 유동성이다. (나) 투자한 자산의 가치 상승이나 이자 수익 등을 기대할 수 있는 정도는 수익성이다. (다) 투자한 자산의 가치가 보전될 수 있는 정도는 안전성이다.

02 자산 관리의 기본 원칙　　　　정답 ①

(가) 현금＞보통 예금＞주식＞아파트의 순으로 나타낼 수 있는 자산 관리의 기본 원칙은 유동성이다. 유동성은 현금이 가장 높고, 필요할 때 현금으로 전환하기가 쉽지 않은 아파트와 같은 부동산이 낮다. (나) 은행 예·적금＞회사채＞주식의 순으로 나타낼 수 있는 자산 관리의 기본 원칙은 안전성이다. 예금은 원금 및 이자 손실의 위험이 적어 안전성이 높다. 반면에 주식은 채권에 비해서도 안전성이 낮은 편이다.

⚠ 오답 피하기

ㄷ. 수익성은 금융 자산의 가격 상승이나 이자 수익을 기대할 수 있는 정도를 말한다. (가)에서 아파트, 주식 등의 수익성 비교는 사회적 상황에 따라 달라질 수 있으며, (나)에서 일반적으로 주식은 은행 예·적금에 비해 수익성이 높게 나타나므로 수익성은 (가)와 (나) 모두에 적절하지 않다.

03 주식　　　　　　　　　　　정답 ③

갑은 증권 회사를 통해 ○○ 회사의 주식을 매입하였다. 주식은 주식 시장의 상황에 따라 주식 가격이 시시각각으로 변하므로 자산 가치의 변동성이 매우 심하다. 따라서 높은 수익성을 기대할 수도 있지만, 원금의 손실이 발생할 수도 있다. 또한 시장 거래를 통해 시세 차익을 얻을 수도 있다. ③ 주식은 원금이나 이자가 보장되지 않는 금융 자산이다.

04 금융 자산의 유형　　　　　　정답 ①

ㄱ. 예금은 원금 손실 없이 안정적인 수익을 얻을 수 있다. ㄴ. 주식을 통해 투자자는 배당금을 받을 수 있다.

⚠ 오답 피하기

ㄷ. 예금과 채권은 모두 만기가 정해져 있다. ㄹ. 안전성은 예금＞채권＞주식 순이다.

05 금융 자산의 유형　　　　　　정답 ③

보험, 예금, 주식 중 수익성이 가장 높은 금융 자산은 주식이고, 이자 수익을 목적으로 하는 금융 자산은 예금이다. 따라서 A는 주식, B는 예금, C는 보험이다. ③ 예금은 예금자 보호법에 따라 원금이 보장된다.

⚠ 오답 피하기

① A는 주식, B는 예금이다. ② 고수익, 고위험을 선호한다면 안전성은 낮지만 수익성이 높은 주식을 선택할 것이다. ④ 예상하지 못한 위험에

대비하기 위한 금융 자산은 보험이다. ⑤ 주식은 매매에 따른 시세 차익을 기대할 수 있다.

06 자산 관리와 금융 자산 정답 ②

ㄱ, ㄷ. A는 수익성은 높지만, 안전성이 낮다. B는 수익성은 낮지만, 안전성이 높다.

❗ 오답 피하기
ㄴ. 주식은 A에 해당한다. ㄹ. 정기 예금은 B에 해당한다.

07 재무 설계 정답 ①

ㄱ, ㄴ. 밑줄 친 '이것'은 재무 설계이다. 재무 설계는 현실적인 자신의 소득으로 안정적인 미래 설계를 하는 것이 바람직하다.

❗ 오답 피하기
ㄷ. 재무 설계의 최종 단계는 실행 결과에 대한 규칙적인 검토와 평가를 하는 단계이다. ㄹ. 일반적으로 재무 설계에서는 재무 목표를 최우선으로 설정해야 한다.

08 재무 설계 정답 ③

③ 은퇴 이후 예상 소득은 1억 원이고, 예상 소비는 3억 원이다. 따라서 은퇴 이후 소비를 충당하기 위해서는 추가적으로 2억 원이 더 필요하다.

❗ 오답 피하기
① 은퇴 이후에는 소득보다 소비가 많으므로 저축 규모가 감소하게 된다. ②, ④ 생애 전체에 걸친 소득과 소비 규모가 같으므로 지금의 소비 수준을 유지해도 노후 대비가 가능하다. ⑤ 은퇴 이후 소득이 없을 경우 생애 전체적으로 소비가 많아지므로 안정적인 노후 생활이 어려워진다.

09 분산 투자 정답 ①

① '달걀을 한 바구니에 담지 마라.'라는 말은 한 가지 자산에 투자하는 것보다 여러 유형의 자산에 분산 투자하여 위험을 줄이라는 의미이다.

10 재무 설계의 과정 정답 ④

제시문은 재무 설계의 과정에서 재무 상태 분석 단계이다. 따라서 그다음에는 재무 목표를 달성하기 위해 저축, 투자 등의 계획을 설정하는 재무 설계안 작성이 필요하다.

11 금융 의사 결정 시 고려 요인 정답 ④

금융 의사 결정을 할 때에는 자신의 소득 수준이나 자산과 같은 개인적인 요소뿐만 아니라 정치적·경제적·사회적 변화와 같은 거시 환경의 변화가 자신에게 어떤 영향을 미치는지도 고려해야 한다. ㄱ, ㄴ, ㄷ. 금리, 물가, 환율, 국내외 정치 상황, 정부 정책 등은 개인의 금융 의사 결정에 큰 영향을 미치는 거시 환경의 변화 요인이다.

❗ 오답 피하기
ㄹ. 개인의 소득 수준, 자산, 재무 목표 등은 개인적 요인이다.

12 금리 변화와 금융 의사 결정 정답 ④

금리가 상승하면 이자 부담이 커져 사람들은 투자금을 회수하여 빚을 갚는다. 또한 예금이나 채권과 같은 안전 자산에 대한 선호가 증가하며, 금리가 계속 상승할 것으로 생각한 사람들이 만기가 짧은 예·적금 상품을 선호하게 된다. ④ 금리가 하락하면 대출 이자 부담이 작아지므로 낮은 금리로 대출을 받아 다른 금융 자산에 투자하기도 한다.

13 거시 환경의 변화와 금융 의사 결정 정답 ④

ㄴ. 물가가 상승하면 실물 자산에 대한 투자가 증가한다. ㄹ. 국가 간 전쟁이 일어나면 국제 원자재 가격이나 국제 유가가 급등할 수 있다. 이에 따라 물가가 상승하여 실물 자산을 선호하게 된다.

❗ 오답 피하기
ㄱ. 금리가 상승하면 예금을 늘린다. ㄷ. 화폐 가치가 상승하면 현금 보유 비중을 늘리고, 유동성이 높은 자산을 선호한다.

14 환율 변동과 금융 의사 결정 정답 ⑤

원/달러 환율이 상승하면 달러화 대비 우리나라 화폐의 가치가 떨어지게 된다. ㄷ. 무역업자들은 환율이 지속해서 상승할 것으로 판단하여 달러화의 원화 환전을 미룰 것이다. ㄹ. 원/달러 환율이 상승하면 미국에서 유학 중인 자녀를 둔 부모들은 환율이 더 오르기 전에 하루라도 빨리 학비를 송금하려고 할 것이다.

❗ 오답 피하기
ㄱ. 원/달러 환율이 상승하면 내국인의 미국 여행은 감소할 것이다. ㄴ. 원/달러 환율이 상승하면 미국산 수입품의 구매가 감소할 것이다.

15 거시 환경의 변화와 금융 의사 결정 정답 ④

④ (가) 전쟁의 장기화로 국제 원자재 가격이 급등하면 물가가 상승하므로 이에 대처하기 위해 실물 자산을 선호하게 된다. (다) 세계 금융 위기와 같은 경제 위기가 발생하면 금융 자산의 가격이 하락하여 실물 자산을 선호하게 된다.

❗ 오답 피하기
① 물가 상승에 대비하여 소비와 투자를 줄인다. ② □□ 나라 관련 기업의 주가가 하락할 수 있으므로 해당 기업에 대한 투자가 감소한다. ③, ⑤ (다)의 경우 금융 자산에 대한 선호가 감소한다.

16 금융 자산의 유형

⑴ (가) 주식, (나) 채권, (다) 예금
⑵ **모범 답안** 주식과 채권은 시장에서 거래가 가능하며, 이를 통해 시세 차익 또는 손실을 볼 수 있다는 공통점이 있다. 채권과 예금은 정해진 이자를 받을 수 있다는 공통점이 있다.

채점 기준	구분
(가)와 (나), (나)와 (다)의 공통점을 각각 정확하게 서술한 경우	상
(가)와 (나), (나)와 (다) 중 어느 한 가지의 공통점만 정확하게 서술한 경우	중
각각의 공통점을 서술하였으나 내용이 미흡한 경우	하

17 투자 전략

⑴ **모범 답안** 갑은 을보다 안전성을 중시하여 투자하고 있고, 을은 갑보다 수익성을 중시하여 투자하고 있다.
⑵ **모범 답안** 병은 갑과 을에 비해 여러 유형의 자산에 분산 투자함으로써 투자에서의 위험을 줄이고 수익을 높일 수 있다.

채점 기준	구분
갑과 을의 투자 전략의 차이점과 병의 투자 전략이 갖는 장점을 모두 옳게 서술한 경우	상
갑과 을의 투자 전략의 차이점과 병의 투자 전략이 갖는 장점 중 어느 한 가지만 옳게 서술한 경우	중
갑과 을의 투자 전략의 차이점과 병의 투자 전략이 갖는 장점을 서술하였으나 내용이 미흡한 경우	하

18 금융 생활 설계

모범 답안 청년기부터 수입이 증가하여 중·장년기에는 활발한 경제활동으로 수입이 많아지며, 노년기에는 수입이 지출보다 줄어든다. 따라서 수입이 지출을 초과하는 노년기 이전에 저축 등을 통해 은퇴 이후의 삶에 대비함으로써 안정적인 노년의 삶을 살 수 있도록 한다.

채점 기준	구분
생애 주기별 수입과 지출의 특징을 바탕으로 은퇴 이후의 금융 생활 설계에 대해 서술한 경우	상
생애 주기에 대한 설명 없이 은퇴 이후의 금융 생활 설계에 대해 서술한 경우	하

19 거시 환경의 변화와 금융 의사 결정

(1) 국가 간 전쟁으로 인한 물가 상승
(2) **모범 답안** 실물 자산을 선호하게 된다. 물가 상승으로 소비가 감소하게 된다. 원자재 가격의 상승으로 원자재 관련 상품 투자가 증가한다. 등

채점 기준	구분
개인의 금융 의사 결정에 미치는 영향을 세 가지 모두 정확하게 서술한 경우	상
개인의 금융 의사 결정에 미치는 영향을 두 가지만 서술한 경우	중
개인의 금융 의사 결정에 미치는 영향을 한 가지만 서술한 경우	하

STEP 2 1등급 도전하기

본문 ○ 098 ~ 101쪽

01 ③	02 ⑤	03 ①	04 ②	05 ④	06 ②
07 ④	08 ⑤	09 ②	10 ④	11 ①	12 ③
13 ④	14 ⑤	15 ③	16 ③		

01 예금과 주식   정답 ③

ㄴ. 국가나 공공기관이 발행하는 것은 채권이다. 따라서 해당 질문은 (가)에 들어갈 수 없다. ㄷ. 주식은 예금과 달리 시세 차익을 기대할 수 있다. 따라서 해당 질문은 (나)에 들어갈 수 있다.

❗ 오답 피하기

ㄱ. 예금은 안전성이 높고 수익성이 낮다. 따라서 해당 질문은 (가)에 들어갈 수 없다. ㄹ. 예금자 보호 제도의 적용을 받는 것은 예금이다. 따라서 해당 질문은 (나)에 들어갈 수 없다.

02 자산 관리의 기본 원칙   정답 ⑤

원금이 보전될 수 있는 정도는 안전성, 현금화할 수 있는 정도는 유동성, 수익을 기대할 수 있는 정도는 수익성을 말한다. 따라서 A는 안전성, B는

유동성, C는 수익성이다. ㄷ. 예금은 채권에 비해 유동성이 높다. ㄹ. 주식은 예금에 비해 안전성과 유동성이 낮은 반면, 수익성이 높다.

❗ 오답 피하기

ㄱ. 유동성은 B, 안전성은 A, 수익성은 C이다. ㄴ. 일반적으로 안전성이 높은 금융 자산은 수익성이 낮다.

03 자산 관리의 원칙과 금융 자산의 유형   정답 ①

ㄱ. 갑은 을보다 주식의 보유 비중이 높다. 주식은 수익성이 높으므로 갑은 을보다 수익성을 중시한다. ㄴ. 을은 갑보다 예금의 보유 비중이 높다. 예금은 안전성이 높으므로 을은 갑보다 안전성을 중시한다.

❗ 오답 피하기

ㄷ. 시세 차익을 기대할 수 있는 금융 자산은 주식과 채권이다. 갑은 주식과 채권을 보유하고 있고, 을은 주식을 보유하고 있다. 따라서 갑과 을은 모두 시세 차익을 기대할 수 있는 금융 자산을 보유하고 있다. ㄹ. 입출금이 자유로운 예금은 요구불 예금이다. 갑은 요구불 예금을 보유하고 있지 않다.

04 자산 관리의 원칙과 금융 자산의 유형   정답 ②

ㄱ. 저축성 예금은 안전성이 높고 수익성이 낮으므로 A에 해당한다. ㄹ. 높은 수익률을 기대하는 투자자일수록 수익성이 높은 금융 자산을 선호하므로 A보다 D를 선호하고, 원금 손실을 기피하는 투자자일수록 D보다 A를 선호한다.

❗ 오답 피하기

ㄴ. B는 안전성과 수익성이 모두 높은 금융 자산에 해당한다. 따라서 채권은 B에 해당한다고 보기 어렵다. ㄷ. 주식은 수익성이 높은 금융 자산이다. 따라서 주식은 C에 해당하지 않는다.

05 금융 자산의 유형   정답 ④

④ 정기 예금은 이자 수익을 기대할 수 있고, 채권은 이자 수익과 시세 차익을 기대할 수 있으며, 주식은 배당 수익과 시세 차익을 기대할 수 있다.

❗ 오답 피하기

① 배당 수익을 기대할 수 있는 것은 주식이다. 정기 예금은 이자 수익을 기대할 수 있다. ② 정기 예금은 채권, 주식과 달리 예금자 보호 제도의 적용 대상이다. ③ 주식은 정기 예금보다 안전성이 낮다. ⑤ 채권과 주식은 모두 시세 차익을 기대할 수 있다.

06 자산 관리의 원칙과 금융 자산의 유형   정답 ②

갑은 요구불 예금, 을은 주식, 병은 채권, 정은 정기 예금을 선택하였다. ㄱ. 갑은 언제든 바로 찾아서 쓸 수 있는 유동성을 중시하고 있고, 정은 안전성을 중시하고 있다. ㄷ. 을은 주식, 병은 채권을 선택하였으므로 병이 선택한 금융 상품은 을이 선택한 금융 상품보다 수익성이 낮다.

❗ 오답 피하기

ㄴ. 병이 선택한 채권은 갑이 선택한 요구불 예금보다 수익성이 높은 편이다. ㄹ. 정은 정기 예금을 선택하였으므로 을과 병이 선택한 상품보다 위험성과 수익성이 낮다.

07 금융 자산의 유형   정답 ④

④ 이자 수익을 기대할 수 있는 금융 자산은 예금과 채권이다. 2019년에 예금과 채권의 비중은 68.5%이다.

❗ 오답 피하기

① 예금은 주식에 비해 일반적으로 안전성이 높다. ② 채권은 만기가 있으나, 주식은 만기가 없다. ③ 배당 수익을 기대할 수 있는 금융 자산은

주식이다. ⑤ 시세 차익을 기대할 수 있는 금융 자산은 주식과 채권이다. 주식과 채권의 비중은 2019년의 경우 59.5%, 2020년의 경우 70.5%이다. 따라서 2020년에 주식과 채권의 비중은 2019년보다 증가하였다.

08 금융 자산의 유형 　　　　　　　　정답 ⑤

배당금을 받을 수 있는 금융 자산은 주식이고, 일반적으로 이자 수익이 발생하는 금융 자산은 예금과 채권이다. 따라서 갑이 처음에 배부받은 카드의 점수는 총 3점이다. 주식, 채권, 예금은 모두 금융 자산이고, 시세 차익을 기대할 수 있는 금융 자산은 주식과 채권이다. 따라서 을이 처음에 배부받은 카드의 점수는 총 5점이다. ⑤ ㉠이 행해졌을 때 갑과 을의 점수 차이는 2점(=5점−3점)이고, ㉡이 행해졌을 때 갑과 을의 점수 차이도 2점(=5점−3점)으로 같다.

❗ 오답 피하기

① ㉠이 행해졌을 때 갑의 점수는 3점, 을의 점수는 5점이다. 따라서 갑의 점수가 을의 점수보다 낮았다. ② ㉠이 행해졌을 때 갑은 채권에 해당하는 내용이 적힌 카드를 갖게 되었다. ③ ㉡이 행해졌을 때 갑은 을로부터 '금융 자산이다.'가 적힌 카드를, 을은 갑으로부터 '배당금을 받을 수 있다.'가 적힌 카드를 가져가야 갑이 을보다 높은 점수를 얻을 수 있다. 이 경우 갑이 얻은 점수는 5점이다. ④ ㉡이 행해졌을 때 을은 '배당금을 받을 수 있다.'가 적힌 카드와 '시세 차익을 기대할 수 있다.'가 적힌 카드를 가지게 된다. 따라서 을은 예금에 해당하는 내용이 적힌 카드를 가질 수 없다.

09 자산 관리의 기본 원칙 　　　　　　정답 ②

갑이 위험이 큰 주식 보유 비중을 낮추고 정기 예금 비중을 늘린 것은 상대적으로 안전성이 높은 자산을 선택하고자 한 것이다. 을은 높은 시세 차익을 기대하고 주식의 비중을 높였는데, 이는 수익성을 고려한 것이다. 병은 현금화하기 쉬운 금융 자산의 비중을 늘렸는데, 이는 유동성을 고려한 것이다. ㄱ. 갑은 수익성보다 안전성을 고려하여 투자하였다. ㄷ. 병은 수익성보다 유동성을 고려하여 투자하였다.

❗ 오답 피하기

ㄴ. 자산을 쉽게 현금화할 수 있는 것은 유동성으로, 유동성을 고려한 투자는 을보다 병과 관련 있다. ㄹ. 투자한 원금을 안전하게 유지하는 것은 안전성으로, 안전성을 고려한 투자는 을보다 갑과 관련 있다.

10 자산 관리의 원칙과 금융 자산의 유형 　정답 ④

④ 예금은 주식에 비해 안전성이 높은 편이나, 수익성은 낮은 편이다.

❗ 오답 피하기

① 배당금을 기대할 수 있는 것은 주식이다. ② 이자 수익을 기대할 수 있는 것은 예금과 채권이다. ③ 예금자 보호 제도의 대상인 것은 예금이다. ⑤ 채권은 주식과 달리 만기가 있다.

11 재무 설계 　　　　　　　　　　　정답 ①

갑은 현재부터 은퇴 이전에 소득 12억 원으로 소비 8억 원을 충당하고 남은 4억 원을 저축하며, 4억 원의 저축과 은퇴 이후의 소득 4억 원을 합쳐 은퇴 이후의 소비 8억 원을 충당할 것이다. ㄱ. 은퇴 이후에는 총소득이 총소비보다 4억 원 적다. 따라서 소득만으로 소비를 충당할 수 없다. ㄴ. 현재부터 은퇴 이후를 포함한 소득 총액(16억 원=12억 원+4억 원)과 소비 총액(16억 원=8억 원+8억 원)은 16억 원으로 같다.

❗ 오답 피하기

ㄷ. 현재부터 은퇴까지의 소득인 12억 원만으로는 현재부터 은퇴까지의 소비 8억 원과 은퇴 이후의 안정적인 노후 생활을 위한 소비 8억 원을 충

당할 수 없다. ㄹ. 은퇴 이전에는 예상 소득이 예상 소비보다 많기 때문에 순자산이 증가할 것으로 예상되고, 은퇴 이후에는 예상 소득이 예상 소비보다 적기 때문에 순자산이 감소할 것으로 예상된다.

12 생애 주기별 소득과 소비의 변화 　　정답 ③

금액 0을 기준으로 위쪽은 저축액이 0보다 큰 양(+)의 저축으로 소득이 소비보다 많은 시기이며, 아래쪽은 저축액이 0보다 작은 음(−)의 저축으로 소득이 소비보다 적은 시기이다. ㄴ. 소득이 소비보다 많았던 기간은 양(+)의 저축이 존재하는 기간을 의미한다. 해당 기간은 을이 대략 20세~60세로 갑의 30세~60세보다 길다. ㄷ. 누적 저축액이 최대가 되는 연령은 갑과 을 모두 60세이다.

❗ 오답 피하기

ㄱ. 30세일 때 을이 갑보다 저축이 더 많지만, 구체적인 소비 규모는 알 수 없다. 따라서 소득의 크기는 비교할 수 없다. ㄹ. 갑은 처음에는 소득의 증가폭이 크지만, 나중에는 소비의 증가폭이 커져 60세에는 결국 소득과 소비가 일치하게 된다. 매년 소득의 증가폭이 소비의 증가폭보다 크기 위해서는 30세부터 60세까지 저축액이 계속 증가하는 형태가 나타나야 한다.

13 생애 주기별 소득과 소비의 변화 　　정답 ④

(가)는 소득, (나)는 소비이다. 소비보다 소득이 많은 시기에 발생하는 ㉠은 저축이며, ㉡보다 ㉠이 클 경우 안정적 노후 생활이 가능하다. ④ 평균 수명이 길어질 경우 ㉡의 넓이가 확대되며, 이로 인하여 노후 대비의 중요성이 더욱 커진다.

❗ 오답 피하기

⑤ A는 누적 저축 규모가 가장 많은 시점이다.

14 금융 생활 설계 　　　　　　　　　정답 ⑤

제시된 표를 보면 기대 수명이 길어지고 있다. 이는 우리 사회에서 고령화가 가속화되고 있음을 알 수 있다. ⑤ 기대 수명이 길어짐에 따라 노후 대비를 위해 경제적 정년 시점의 연장에 대한 논의가 제기될 수 있다.

❗ 오답 피하기

① 노후 대비의 중요성이 강조될 것이다. ② 장년기 저축의 필요성이 강조될 것이다. ③ 노후에 필요한 자산의 규모가 증가할 것이다. ④ 노인을 대상으로 한 복지의 필요성이 증가할 것이다.

15 환율 변화와 금융 의사 결정 　　　정답 ③

원/달러 환율이 상승하면 달러화 대비 원화의 가치는 하락한다. ③ 원/달러 환율이 상승하면 한국에서 유학 중인 미국인 유학생 부모님의 부담은 감소한다.

❗ 오답 피하기

① 원/달러 환율이 상승하면 같은 금액의 달러화를 환전하기 위해 더 많은 원화가 필요하게 되므로 미국 여행을 가려는 사람의 여행 경비 부담이 증가한다. ② 원/달러 환율이 상승하면 달러화 대비 원화의 가치가 하락하므로 미국 시장으로 수출한 한국 제품의 가격 경쟁력은 높아진다. ④ 원/달러 환율이 상승하면 원화 표시 금융 상품에 투자한 사람의 달러화로 환산한 수익은 감소한다. ⑤ 원/달러 환율이 상승하면 100달러로 환전하기 위해 필요한 원화 금액이 증가한다.

16 물가 변동과 금융 의사 결정 　　　정답 ③

소비자 물가 지수가 가파르게 상승하는 것을 통해 물가가 크게 상승할 것임을 알 수 있다. 물가가 상승하면 화폐 가치가 하락하므로 같은 금액으

로 살 수 있는 재화나 서비스의 양이 감소하여 실물 자산에 대한 수요가 증가할 것이다. ③ 물가가 상승하면 금융 상품에 투자해서 얻을 수 있는 미래 수익이 감소하므로 예금에 대한 선호가 낮아질 것이다.

04   국제 분업과 무역

STEP 1 내신 다지기   본문 ◦ 104 ~ 107쪽

01 ①	02 ⑤	03 ②	04 ④	05 ①	06 ③
07 ②	08 ②	09 ③	10 ④	11 ④	12 ④
13 ②	14 ②	15~18 해설 참조			

01 무역의 의미와 특징   정답 ①

(가)에 들어갈 경제 개념은 무역이다. 무역은 과거에는 재화와 자원 중심으로 이루어졌다. 그러나 오늘날에는 서비스와 기술 분야에서도 거래가 이루어지고 있으며, 노동력과 자본 등 생산 요소의 거래도 증가하고 있다.

02 국제 분업과 무역의 기능   정답 ⑤

ㄷ, ㄹ. 우리나라는 바나나를 필리핀에서 수입해 오면 낮은 비용으로 바나나를 소비할 수 있고, 필리핀도 바나나를 수출하여 경제적 이득을 얻을 수 있다. 즉, 국제 분업과 무역을 통해 교역 참여국 모두 한정된 자원을 효율적으로 이용할 수 있으며, 더 많은 이익을 얻을 수 있다.

✔ **오답 피하기**

ㄱ. 국제 분업이 발달하면 무역은 더욱 활발해진다. ㄴ. 제시문을 통해 추론할 수 있는 내용이 아니며, 국제 분업과 무역이 발달하면 선진국과 개발 도상국 간의 빈부 격차가 커지기도 한다.

03 무역의 특징   정답 ②

② 냉장 기술 및 운송 기술의 발달로 오늘날에는 공산품뿐만 아니라 농수산물을 비롯한 거의 모든 재화가 교역되고 있다. 또한 인터넷의 등장으로 오늘날에는 문화 상품도 활발하게 거래되고 있다. 이를 통해 과거에 비해 오늘날 무역의 대상과 범위가 확대되고 있음을 추론할 수 있다.

04 국제 분업과 무역의 필요성   정답 ④

갑, 을, 병. 국가마다 보유한 생산 요소의 양과 질이 다르고, 기술 수준이나 지식 수준 등에 차이가 있기 때문에 같은 종류의 상품을 만들더라도 생산비가 다르다. 따라서 각국은 생산 조건에 따라 다른 나라보다 더 잘 만들 수 있는 재화와 서비스에 특화 생산하여 교환하는 것이 모두에게 이익이 되기 때문에 국제 분업과 무역이 필요한 것이다.

✔ **오답 피하기**

정. 생산 비용이 적게 드는 상품을 특화하는 것이 유리하다.

05 국제 분업의 발생 이유   정답 ①

제시된 자료를 보면 세계 여러 나라의 1위 수출 상품이 각각 다르다. 이러

한 현상이 나타나는 이유는 나라별로 자원, 노동, 자본 등의 생산 요소가 서로 다르게 분포하여 나라마다 생산하기에 적합한 상품이 다르기 때문이다. 따라서 각국은 다른 나라와 비교하여 상대적으로 더 적은 생산 비용으로 더 잘 만들 수 있는 재화와 서비스에 특화하게 된다. ① 나라마다 화폐 단위가 다른 것은 무역을 할 때 고려해야 할 사항이다.

06 비교 우위   정답 ③

비교 우위란 상대국보다 적은 기회비용으로 재화를 생산할 수 있는 능력을 말한다. 제시문에서 갑이 을보다 공격수와 수비수 역할을 모두 잘하지만 공격수 역할을 상대적으로 더 잘하는 갑이 공격수, 을이 수비수 역할을 맡는 것은 비교 우위로 설명할 수 있다.

07 절대 우위와 비교 우위   정답 ②

ㄱ. 휴대 전화는 갑국이 을국보다 저렴하게 생산할 수 있고, 옷은 을국이 갑국보다 저렴하게 생산할 수 있다. 따라서 갑국은 휴대 전화 생산에, 을국은 옷 생산에 절대 우위가 있다. ㄷ. 휴대 전화 1단위 생산의 기회비용은 갑국이 옷 10/12단위, 을국이 옷 15/8단위이고, 옷 1단위 생산의 기회비용은 갑국이 휴대 전화 12/10단위, 을국이 휴대 전화 8/15단위이다. 따라서 갑국은 휴대 전화 생산에, 을국은 옷 생산에 비교 우위가 있다.

✔ **오답 피하기**

ㄴ. 을국은 옷 생산에 절대 우위가 있다. ㄹ. 갑국과 을국이 비교 우위에 있는 상품을 특화하여 1 : 1로 교환하면, 갑국은 20달러, 을국은 16달러로 각각 휴대 전화 1단위와 옷 1단위를 얻을 수 있다. 따라서 갑국은 교역 전에 비해 2달러의 교역 이익을 얻을 수 있다.

08 절대 우위   정답 ②

ㄱ, ㄷ. 텔레비전 1단위 생산에 있어 갑국은 50달러가 필요한 반면, 을국은 300달러가 필요하다. 즉, 갑국은 을국보다 낮은 가격에 텔레비전을 생산할 수 있으며, 이는 절대 우위가 있음을 의미한다. 갑국은 노트북 1단위 생산에서도 을국보다 낮은 가격에 생산이 가능하므로 절대 우위를 가지고 있다.

09 비교 우위   정답 ③

제시된 자료를 바탕으로 각 재화 1단위 생산의 기회비용을 나타내면 다음과 같다.

구분	텔레비전 1단위 생산의 기회비용	노트북 1단위 생산의 기회비용
갑국	노트북 1/2단위	텔레비전 2단위
을국	노트북 3/2단위	텔레비전 2/3단위

이에 따라 갑국은 텔레비전 생산에, 을국은 노트북 생산에 비교 우위가 있다. ③ (다)에는 '텔레비전 2/3 단위'가 적절하다.

> **개념노트 | 기회비용**
>
> 생산의 기회비용은 특정 재화 1단위 생산을 위해 포기해야 하는 재화의 생산량을 의미한다. 갑국에게 텔레비전 1단위 생산에 필요한 비용은 50달러, 노트북 1단위 생산에 필요한 비용은 100달러이다. 따라서 노트북 1단위를 생산하지 않으면 100달러를 활용하여 텔레비전을 2단위 생산할 수 있다. 반면 텔레비전 1단위를 생산하지 않으면 노트북 1/2단위를 생산할 수 있는 것이다.

10 절대 우위와 비교 우위   정답 ④

제시된 자료를 바탕으로 갑국과 을국의 X재와 Y재 1개 생산의 기회비용을 나타내면 다음과 같다.

구분	갑국	을국
X재 1개 생산의 기회비용	Y재 2/5개	Y재 1/3개
Y재 1개 생산의 기회비용	X재 5/2개	X재 3개

④ X재 1개 생산의 기회비용은 갑국이 Y재 2/5개, 을국이 Y재 1/3개로, 갑국이 을국보다 크다.

! **오답 피하기**

① X재와 Y재를 생산하는 데 필요한 노동자 수는 갑국이 을국보다 많으므로 갑국은 X재와 Y재 생산 모두에 절대 열위에 있다. ②, ③ Y재 1개 생산의 기회비용은 갑국이 X재 5/2개이고, 을국이 X재 3개로, 갑국이 을국보다 작다. 따라서 갑국은 Y재 생산에 비교 우위가 있다. ⑤ X재 생산에 비교 우위가 있는 을국은 X재 1개당 Y재 1/3개보다 더 많이 받아야 이익이 발생하고, Y재 생산에 비교 우위가 있는 갑국은 Y재 1개당 X재 5/2개보다 더 많이 받아야 이익이 발생한다. 따라서 X재 1개당 Y재 1개를 교환하면, 을국은 이익을 얻을 수 있지만, 갑국은 이익을 얻을 수 없다.

11 국제무역 확대의 영향   정답 ④

④ 기업은 세계 시장을 상대로 대량 생산을 하게 됨으로써 생산량이 늘어날수록 제품 단위당 생산 비용이 감소하는 규모의 경제를 실현할 수 있다.

! **오답 피하기**

① 국제무역의 이익이 선진국의 소수 기업에만 돌아가고, 개발 도상국의 노동자는 열악한 근로 조건에서 낮은 임금을 받음으로써 국가 간 불평등이 심화할 수 있다. ② 소비자의 상품 선택의 폭이 확대되면서 소비자들의 다양한 기호를 충족시킬 수 있다. ③ 경제 성장에 따른 생태계 파괴 등으로 환경 오염이 발생할 수 있다. ⑤ 갑과 병은 국제무역 확대의 부정적인 측면을, 을과 정은 긍정적인 측면을 말하고 있다.

12 무역 확대의 영향   정답 ④

④ 오늘날에는 국제무역이 활발하게 이루어지면서 우리나라에서 생산되지 않는 상품들을 저렴한 가격에 소비할 수 있게 되었다.

13 지속가능발전을 위한 국제무역의 방안   정답 ②

제시된 내용은 국제무역의 이익이 생산자와 노동자에게 돌아갈 수 있게 하기 위한 방안이다. ② 국제무역이 지속가능발전에 이바지하기 위해서는 공정 무역을 활성화하여 무역의 이익이 생산자와 노동자에게 돌아가도록 해야 한다.

! **오답 피하기**

① 지속가능발전을 위해 노동 인권을 보호하는 방안이다. ③, ④ 지속가능발전을 위해 환경을 보호하는 방안이다. ⑤ 지속가능발전을 위해서는 무역의 이익이 선진국의 소수 기업이 아닌, 생산자와 노동자에게 돌아갈 수 있게 해야 한다.

14 지속가능발전을 위한 경제 주체의 노력   정답 ②

ㄱ. 지속가능발전을 위해 정부는 환경 보호를 위한 규제를 강화하고, 친환경 기술 개발을 지원하는 노력이 필요하다. ㄷ. 소비자는 공정 무역을 통해 거래된 상품을 소비함으로써 자신이 소비하는 상품을 통해 생산자와 노동자에게 정당한 대가가 지불될 수 있게 한다.

! **오답 피하기**

ㄴ. 기업은 생산 과정에서 화석 연료 대신 대체 에너지를 사용하는 등 환경 오염을 줄이는 생산 방법을 개발해야 한다. ㄹ. 노동 조건의 개선을 위한 법과 제도를 마련하는 것은 지속가능발전을 위한 정부의 노력이다.

15 국제 분업과 무역의 발생 및 의의

(1) 모범 답안 나라마다 자원, 노동, 자본 등 생산 요소가 다르게 분포하기 때문이다.

(2) 모범 답안 무역 당사국 모두 풍요로운 경제생활을 할 수 있고, 각 나라에서 모든 물건을 생산하는 것보다 이익이 된다.

채점 기준	구분
국제 분업과 무역의 의의를 두 가지 이상 구체적으로 서술한 경우	상
국제 분업과 무역의 의의를 대략적으로 서술한 경우	하

16 절대 우위와 비교 우위

(1) X재: 을국, Y재: 을국

(2) 모범 답안 X재 1단위 생산을 위해 갑국은 Y재 1/2단위를 포기해야 하고, 을국은 Y재 1/3단위를 포기해야 한다. 따라서 X재 1단위 생산의 기회비용은 을국이 갑국보다 작으므로 을국은 X재 생산에 비교 우위를 가진다.

채점 기준	구분
갑국과 을국의 X재 생산의 기회비용을 모두 구체적으로 제시하고, 이를 활용하여 X재 생산에 비교 우위가 있는 나라와 그 이유를 정확하게 서술한 경우	상
기회비용에 대한 설명 없이 X재 생산에 비교 우위가 있는 나라와 그 이유를 대략적으로 서술한 경우	중
X재 생산에 비교 우위가 있는 나라만 제시한 경우	하

17 국제무역 확대의 영향

모범 답안 (가)에는 소비자의 선택의 폭 확대, 기업 간 경쟁 촉진으로 생산성 향상, 규모의 경제 실현, 고용 창출, 기술 전파 등이 들어갈 수 있다. (나)에는 비합리적인 소비 문화 조장, 국가 간 빈부 격차의 확대, 인권 침해, 환경 오염 등이 들어갈 수 있다.

채점 기준	구분
(가), (나)에 들어갈 내용을 각각 한 가지씩 정확하게 서술한 경우	상
(가), (나)에 들어갈 내용 중 어느 하나만 서술한 경우	하

18 국제무역 확대의 영향과 지속가능발전을 위한 방안

(1) 모범 답안 무역의 이익이 불평등하게 분배됨으로써 생산자나 노동자는 빈곤에 시달린다. 개발 도상국의 노동자는 열악한 근로 조건에서 낮은 임금을 받으며 일하고 있다. 등

채점 기준	구분
생산자와 노동자의 빈곤 심화, 열악한 근로 조건, 노동자의 저임금 등에 대한 내용을 구체적으로 서술한 경우	상
생산자와 노동자의 빈곤 심화, 열악한 근로 조건, 노동자의 저임금 등에 대하여 서술하였으나 내용이 미흡한 경우	하

(2) 모범 답안 공정 무역을 활성화하여 무역의 이익이 생산자와 노동자에게 돌아가도록 한다. 법과 제도의 마련을 통해 노동자의 인권을 보호하고, 안전하게 일할 수 있도록 근로 여건을 개선한다. 등

채점 기준	구분
지속가능발전을 위한 국제무역의 방안을 두 가지 이상 구체적으로 서술한 경우	상
지속가능발전을 위한 국제무역의 방안을 한 가지만 정확하게 서술한 경우	중
지속가능발전을 위한 국제무역의 방안을 서술하였으나 내용이 미흡한 경우	하

01 ③	02 ⑤	03 ③	04 ③	05 ④	06 ①
07 ④	08 ⑤	09 ①	10 ⑤	11 ⑤	12 ④
13 ⑤	14 ⑤	15 ①	16 ⑤		

01 국제 분업과 무역의 발생　　　　정답 ③

ㄴ. 동남아시아 지역의 임금이 저렴하다는 내용을 통해 나라마다 보유한 생산 요소의 양과 질이 다를 수 있음을 파악할 수 있다. ㄷ. 과거 우리나라에서 단순 노동력을 사용하였던 섬유 제품 공장들이 동남아시아 지역으로 이전하였다는 내용을 통해 오늘날 우리나라 근로자들의 임금 수준이 높아졌음을 알 수 있다.

! 오답 피하기

ㄱ. 생산 요소가 나라별로 고르게 분포하지 않아 같은 제품을 생산하더라도 생산비의 차이가 발생한다. 따라서 생산비를 줄일 수 있는 지역으로 생산 공장이 이전하게 되는 것이다. ㄹ. 노동 집약적 상품은 임금이 낮은 국가에서 생산하는 것이 유리하다.

02 절대 우위와 비교 우위　　　　정답 ⑤

절대 우위론은 생산비가 절대적으로 적게 드는 재화의 생산에 특화하여 교환한다는 무역 이론이고, 비교 우위론은 더 작은 기회비용으로 생산할 수 있는 재화의 생산에 특화하여 교환한다는 무역 이론이다. 병. 비교 우위론에 따르면, 어느 한 나라가 다른 나라에 비해 모든 재화의 생산에 절대 우위가 있을 때에도 무역의 이익이 발생할 수 있으며, 국가 간 교역이 가능하다. 정. 비교 우위론에 따르면, 양국 모두 무역에 따른 이익이 발생하며, 국가 간 자유 무역은 모든 국가에 유리하다.

! 오답 피하기

갑. 절대 우위는 동일한 자원을 이용하여 다른 생산자보다 더 많은 양의 재화를 생산하거나, 동일한 양의 재화를 생산하면서 더 적은 자원을 사용하는 능력을 의미한다. 을. 절대 우위론에 따르면, 생산의 기회비용이 아니라 생산비가 적은 재화의 생산에 특화하여 교환할 경우 무역의 이익이 발생한다.

03 비교 우위　　　　정답 ③

제시문은 청년과 노인이 상대적으로 우위에 있는 부분에 특화하여 서로 교환하면 생존에 유리할 수 있다고 보는 비교 우위론을 보여 준다. 비교 우위론에 따르면, 어느 국가가 다른 특정 국가에 대해 모든 품목에서 절대 우위나 절대 열위에 있어도 재화를 생산하는 데 있어 상대국보다 기회비용이 작은 재화에 특화하여 교역을 하면 양국 모두 이익을 얻을 수 있다고 본다. ③ 비교 우위에 따른 교역을 할 경우 무역의 이득은 교역 조건에 따라 달라진다.

04 절대 우위　　　　정답 ③

제시문은 절대 우위론에 따른 무역의 이익을 강조한 애덤 스미스의 주장이다. ㄴ. 애덤 스미스의 주장은 상대국보다 싸게 생산할 수 있는 것에 특화하여 무역을 하면 당사국 모두가 유리해진다는 것이다. ㄷ. 무역의 이익이란 상대국보다 싸게 생산할 수 있는 재화에 특화하여 무역을 하면 자국이 최대로 생산할 수 있는 범위를 초과하여 소비할 수 있다는 것이다.

! 오답 피하기

ㄱ. 애덤 스미스는 상대국보다 싸게 생산할 수 있는 제품을 만들어 무역을 하는 것이 좋다고 주장하고 있다. 따라서 비교 우위론이 아닌 절대 우위론에 따른 국제 무역을 주장하고 있다. ㄹ. 상대국보다 싸게 생산할 수

있는 제품을 만들어 교역을 하는 것이 좋다는 의미는 상대국보다 생산비가 더 많이 드는 제품의 생산은 포기하는 것이 좋다는 것을 의미한다.

05 비교 우위　　　　정답 ④

제시된 자료를 바탕으로 갑과 을이 각각 김밥 1줄과 라면 1그릇을 만드는 데 따른 기회비용을 나타내면 다음과 같다.

구분	갑	을
김밥 1줄을 만드는 데 따른 기회비용	라면 10/6그릇	라면 1그릇
라면 1그릇을 만드는 데 따른 기회비용	김밥 6/10줄	김밥 1줄

ㄴ. 라면 1그릇을 만드는 데 갑은 6분이 걸리고, 을은 5분이 걸린다. 따라서 라면을 만드는 데 을의 노동 생산성은 갑보다 높다. ㄹ. 갑은 라면을 만드는 데 비교 우위에 있고, 을은 김밥을 만드는 데 비교 우위에 있다. 따라서 갑과 을이 비교 우위에 따라 각각 1시간씩 일할 경우 김밥 12줄과 라면 10그릇을 만들 수 있다.

! 오답 피하기

ㄱ. 김밥 1줄을 만드는 데 갑이 을보다 더 오래 걸리므로, 갑이 김밥을 만드는 데 절대 우위를 가진다고 볼 수 없다. ㄷ. 김밥 1줄을 만드는 데 따른 기회비용은 갑이 라면 10/6그릇이고, 을이 라면 1그릇이다. 따라서 김밥 1줄을 만드는 데 따른 기회비용은 을이 갑보다 작다.

06 비교 우위와 기회비용　　　　정답 ①

제시된 자료를 바탕으로 갑과 을의 마카롱과 샌드위치 1개 생산의 기회비용을 나타내면 다음과 같다.

구분	갑	을
마카롱 1개 생산의 기회비용	샌드위치 4/5개	샌드위치 1개
샌드위치 1개 생산의 기회비용	마카롱 5/4개	마카롱 1개

ㄱ. 갑은 1시간 동안 마카롱을 최대 5개 생산할 수 있고, 을은 1시간 동안 마카롱을 최대 3개 생산할 수 있다. 따라서 갑은 마카롱 생산에 절대 우위를 가진다. ㄴ. 샌드위치 1개 생산의 기회비용은 갑의 경우 마카롱 5/4개이고, 을의 경우 마카롱 1개이다. 따라서 을은 샌드위치 생산에 비교 우위를 가진다.

! 오답 피하기

ㄷ. 갑의 샌드위치 1개 생산의 기회비용은 마카롱 5/4개이다. ㄹ. 을은 1시간 동안 마카롱 3개를 생산하거나 샌드위치 3개를 생산할 수 있다. 따라서 을은 1시간 동안 마카롱 3개와 샌드위치 3개를 동시에 생산할 수 없다.

07 비교 우위와 기회비용　　　　정답 ④

제시된 자료를 바탕으로 갑국과 을국의 쌀과 물고기 1단위 생산의 기회비용을 나타내면 다음과 같다.

구분	갑국	을국
쌀 1단위 생산의 기회비용	물고기 1/2단위	물고기 1단위
물고기 1단위 생산의 기회비용	쌀 2단위	쌀 1단위

ㄴ. 갑국의 경우 물고기 1단위 생산의 기회비용은 쌀 2단위이다. ㄹ. 갑국은 을국에 비해 쌀 1단위 생산의 기회비용이 작다. 따라서 갑국은 쌀 생산에 비교 우위가 있다.

! 오답 피하기

ㄱ. 을국은 갑국에 비해 쌀 1단위를 생산하는 데 필요한 노동자 수와 물고기 1단위를 생산하는 데 필요한 노동자 수가 모두 많다. 따라서 을국은 쌀과 물고기 생산에 모두 절대 열위를 가진다. ㄷ. 물고기 1단위 생산의 기회비용은 갑국이 쌀 2단위, 을국이 쌀 1단위로, 을국이 갑국보다 작다.

⑤ 을국의 경우 X재 1단위의 기회비용이 Y재 1/4단위이므로 X재 1단위를 주면 Y재를 1/4단위보다 많이 받아야 한다. 갑국의 경우 X재 1단위의 기회비용이 Y재 1/2단위이므로 X재 1단위를 받기 위해 Y재를 1/2단위보다 적게 주려고 한다. 따라서 X재 1단위와 Y재 1/3단위를 교환하면, 양국은 모두 이익을 얻을 수 있다.

❗ 오답 피하기

① 을국은 갑국보다 X재와 Y재 모두를 더 적은 노동 시간으로 생산할 수 있다. 따라서 을국은 X재와 Y재의 생산 모두에 절대 우위가 있다. ② 을국의 X재 1단위 생산의 기회비용은 Y재 1/4단위이다. ③ Y재 1단위 생산의 기회비용은 갑국이 X재 2단위, 을국이 X재 4단위이다. 따라서 Y재 1단위 생산의 기회비용은 갑국이 을국보다 작다. ④ X재 1단위 생산의 기회비용은 갑국이 Y재 1/2단위이고, 을국이 Y재 1/4단위이다. Y재 1단위 생산의 기회비용은 갑국이 X재 2단위이고, 을국이 X재 4단위이다. 비교 우위는 더 작은 기회비용으로 재화를 생산하는 국가에 있으므로 갑국은 Y재 생산에, 을국은 X재 생산에 비교 우위가 있다.

09 비교 우위와 교역 조건   정답 ①

제시된 자료를 바탕으로 갑국과 을국의 X재와 Y재 1개 생산의 기회비용을 나타내면 다음과 같다.

구분	갑국	을국
X재 1개 생산의 기회비용	Y재 2/3개	Y재 1/2개
Y재 1개 생산의 기회비용	X재 3/2개	X재 2개

ㄱ. 동일한 생산 요소 투입 시 X재를 더 많이 생산할 수 있는 국가는 갑국이다. 따라서 X재 생산에 절대 우위가 있는 국가는 갑국이다. ㄴ. X재 1개 생산의 기회비용은 갑국이 Y재 2/3개이고, 을국이 Y재 1/2개이다. 따라서 X재 1개 생산의 기회비용은 갑국이 을국보다 크다.

❗ 오답 피하기

ㄷ. 을국은 X재 30개를 생산할 때 Y재를 생산할 수 없고, Y재 15개를 생산할 때 X재를 생산할 수 없다. ㄹ. 을국은 X재 생산에 비교 우위가 있고, 자국 내에서 X재 1개를 포기하면 Y재 1/2개를 얻을 수 있으므로 교역 이후 이익이 발생하기 위해서는 X재 1개와 교환하는 Y재가 1/2개보다 많아야 한다. 따라서 교역 조건이 X재 3개당 Y재 1개라면, 을국은 무역에 응하지 않을 것이다.

10 비교 우위와 절대 우위   정답 ⑤

제시된 자료를 바탕으로 갑국과 을국의 옥수수 1kg과 고구마 1kg 생산의 기회비용을 나타내면 다음과 같다.

구분	(가)		(나)	
	갑국	을국	갑국	을국
옥수수 1kg 생산의 기회비용	고구마 1kg	고구마 3kg	고구마 2kg	고구마 3/2kg
고구마 1kg 생산의 기회비용	옥수수 1kg	옥수수 1/3kg	옥수수 1/2kg	옥수수 2/3kg

⑤ 갑국은 (가)의 경우 옥수수 생산에 비교 우위가 있으므로 옥수수 생산에 특화하고, (나)의 경우 고구마 생산에 비교 우위가 있으므로 고구마 생산에 특화한다.

❗ 오답 피하기

① (가)의 경우 갑국에서 옥수수 1kg 생산의 기회비용은 고구마 1kg이다. ② (나)의 경우 을국에서 고구마 1kg 생산의 기회비용은 옥수수 2/3kg이다. ③ (가)의 경우 갑국은 옥수수 생산에 절대 우위와 비교 우위가 있다. ④ (나)의 경우 옥수수 생산에서 갑국은 절대 우위가 있고, 을국은 비교 우위가 있다.

11 무역의 이익   정답 ⑤

⑤ 유럽인 대부분이 채식과 짠 맛 위주의 식사를 할 수밖에 없는 상황에서 육류를 저장하고 조리하는 데 필요한 향신료의 수입을 통해 육류의 공급 체계가 이전보다 원활해졌다. 이로써 유럽의 소비자들에게 육류의 희소성이 감소하게 되어 보다 많은 유럽인들이 육류를 소비하게 되었다.

12 공정 무역   정답 ④

제시문은 개발 도상국 생산자들이 노동에 대한 정당한 대가를 받지 못하는 상황을 지적하고 있다. ④ 국제무역이 활발하게 이루어지면서 선진국의 거대 기업들은 이윤을 독차지하는 반면, 개발 도상국 노동자들은 낮은 임금을 받으며 열악한 노동 환경에서 일하고 있다. 따라서 ㉠에는 개발 도상국 생산자들의 정당한 소득과 인권의 보장을 주장하는 내용이 들어가야 한다.

13 공정 무역 원칙   정답 ⑤

기존의 국제 분업과 무역은 주로 경제적 효율성의 증대를 추구함에 따라 많은 국가가 국제무역을 통해 경제 성장을 이루었다. 그러나 이러한 과정에서 빈곤, 불평등, 환경 파괴 등의 문제가 나타나면서 오늘날에는 세계 무역 시장의 공정하지 못한 관행을 개선하고 지속가능한 국제무역을 추구하기 위해 다양한 노력을 하고 있다. 제시된 공정 무역 원칙도 이러한 노력으로 확립되었다. ⑤ 경제적 효율성의 증대를 추구함에 따라 나타난 문제들을 해결하기 위한 노력으로 공정 무역 원칙이 확립되었다.

14 무역의 영향   정답 ⑤

ㄴ. 국제무역이 확대되면 재화와 서비스의 거래량이 증가할 뿐만 아니라 새로운 아이디어나 기술이 전파되기도 한다. ㄷ. 국제무역으로 기업은 전 세계를 상대로 대량 생산할 수 있으므로 규모의 경제를 실현하여 생산비를 낮출 수 있다. ㄹ. 국제무역이 확대되면 외국 기업과 경쟁하기 위해 국내 기업들은 기술 개발과 품질 관리에 노력하게 되므로 국내 기업과 산업의 효율성과 생산성이 향상될 수 있다.

❗ 오답 피하기

ㄱ. 국제무역이 확대되면 무역 전에 비해 더 많은 재화를 소비할 수 있게 되어 각국이 소비할 수 있는 영역이 확대된다.

15 지속가능한 국제무역을 위한 기업의 노력   정답 ①

제시문은 폐자원을 재사용하여 제품을 생산한 기업의 사례이다. ㄱ. 순환 경제는 한정된 자원을 최대한 재활용하려는 경제 체제로, ○○ 기업은 버려진 즉석밥 용기를 제품 생산에 재사용함으로써 순환 경제를 추구하고 있다. ㄴ. ○○ 기업이 생산한 응원봉 손잡이는 폐자원을 재사용하였으며, 분리배출도 가능한 환경 친화적 제품이다.

❗ 오답 피하기

ㄷ. 한정된 자원을 재생하고 재사용해야 한다. ㄹ. 정부의 노력이다.

16 공정 무역 원칙   정답 ⑤

ㄷ, ㄹ. 공정 무역은 개발 도상국의 농민과 노동자들이 생산한 제품에 대해 정당한 가격을 지불하고 구입하려는 소비자 운동으로, 친환경적이고 책임 있는 제품 생산 및 소비를 추구한다.

❗ 오답 피하기

ㄱ. 공정 무역은 세계 경제의 불평등을 완화하는 데 기여한다. ㄴ. 공정 무역이 활성화되면 소비자와의 직거래가 늘어나 유통 단계가 줄어들 것이다.

Ⅳ 세계화와 평화

01 세계화의 양상과 문제 해결 방안

STEP 1 내신 다지기

본문 ○ 117~119쪽

01 ③	02 ④	03 ①	04 ①	05 ②	06 ③
07 ④	08 ④	09 ⑤	10 ③	11~12 해설 참조	

01 세계화의 영향 정답 ③

③ 교통·통신의 발달로 지구가 하나의 마을처럼 가까워지는 세계화가 진행되면서 국가 간 교류가 활발해지고, 전 세계를 대상으로 생산, 판매 활동을 하는 다국적 기업의 활동은 왕성해진다.

오답 피하기

① 국가 간 교역량은 증가한다. ② 국경의 의미가 약화된다. ④ 국가 간 정보 교류가 활발해진다. ⑤ 한류 문화가 전 세계로 전파되고, 초국적 문화가 형성된다.

02 다양한 지역화 전략 정답 ④

④ 지역이 가진 특징을 이미지화하여 지역을 홍보하는 (가)는 지역 브랜드, 해당 지역에서 생산된 상품임을 증명해 주는 (나)는 지리적 표시제이다.

오답 피하기

①, ②, ③ 장소 마케팅은 지역이 가진 자산을 매력적으로 보이게 하여 지역의 경제적 가치를 높이는 활동이다. 지역 축제, 랜드마크 등을 활용하여 지역을 홍보하는 것이 대표적인 장소 마케팅이다.

개념노트 | 지역화 전략

지리적 표시제	품질이 우수한 상품이 생산 지역의 기후, 지형 등 지리적 특성에 기반한 경우, 해당 지역의 명칭을 상품에 표시할 수 있도록 허용하는 제도
장소 마케팅	장소를 하나의 매력적인 상품으로 인식시키기 위해 지역의 유·무형의 자산을 홍보하여 장소의 경제적 가치를 높이는 활동
지역 브랜드	지역 특성을 반영한 로고나 슬로건 등을 창작하여 하나의 특별한 브랜드처럼 활용해 지역을 홍보하는 활동

03 지역 특성을 활용한 지역 축제 정답 ①

머드 축제가 개최되는 지역은 보령이다. ① 서해안에 위치한 보령은 넓은 갯벌을 활용한 머드 축제를 개최한다. 지역 축제는 지역이 가진 특성을 활용하는 경우가 많다.

오답 피하기

② 자동차 공업이 발달한 대표적인 도시는 울산이다. ③ 우리나라 최대 항구 도시는 부산이다. ④ 대규모 쇼핑몰이 밀집한 대표적인 도시는 서울이다. ⑤ 해발 고도가 높은 고원이 펼쳐져 있는 대표적인 지역은 평창, 무주 등이다.

04 다국적 기업의 공간적 분업 사례 정답 ①

다국적 기업의 본사는 본국의 대도시에, 연구소는 우수한 고급 인력 확보가 용이한 선진국에, 생산 공장은 생산비 절감을 위해 저렴한 노동력이 풍부한 개발도상국에 주로 입지한다. 생산 공장은 시장 확대를 위해 선진

국에 입지하기도 한다. 따라서 (가)는 본사, (나)는 연구소, (다)는 생산 공장이다. ① 우리나라의 서울에 있는 A는 본사, 미국과 유럽에 분포하는 B는 연구소이다. 선진국인 미국과 유럽에도 일부 있지만 주로 개발도상국을 중심으로 입지한 C는 생산 공장이다.

05 세계도시 체계 정답 ②

세계도시의 계층은 세계에 미치는 영향력을 기준으로 분류한다. ② 세계에 미치는 영향력은 국제기구 본부의 수, 다국적 기업 본사의 수, 금융 기관을 비롯한 생산자 서비스업 종사자 수, 국제 항공편 운항 횟수 등으로 판단할 수 있다.

오답 피하기

④ 세계도시에서는 경제적 양극화 현상이 나타나지만, 세계도시의 계층을 구분하는 기준으로 보기 어렵다.

06 세계도시 정답 ③

최상위 세계도시에는 뉴욕, 런던, 도쿄가 있다. 최상위 세계도시는 하위 세계도시보다 다양한 기능을 보유하고, 세계에 미치는 영향력이 크다. ③ 상위 계층의 도시일수록 대체로 도시의 수가 적다. 최상위 세계도시로 분류되는 도시는 뉴욕, 런던, 도쿄이다.

오답 피하기

① 런던, 뉴욕, 도쿄 등 최상위 세계도시는 모두 북반구에 위치한다. ② 국제 연합(UN) 본부는 최상위 세계도시인 뉴욕에 있다. ④ 상위 계층의 도시일수록 도시의 수가 적으므로 동일 계층의 도시 간 평균 거리는 멀어진다. ⑤ 최상위 세계도시인 뉴욕, 하위 세계도시인 시드니, 홍콩, 리우데자네이루 등은 해당 국가의 수도가 아니다.

07 세계화의 영향과 문제점 정답 ④

그림을 통해 교통·통신의 발달로 인해 과거에 비해 세계의 시간 거리가 단축되고 있음을 알 수 있다. ㄴ. 시간 거리 단축으로 국가 간 교류가 활발해지므로 국경을 초월한 초국적 문화를 즐길 수 있다. ㄹ. 활발한 교류로 국제 사회의 상호 의존성은 높아졌다.

오답 피하기

ㄱ. 세계화의 진전으로 국경의 의미가 약화되면서 세계가 하나로 통합되고 있다. ㄷ. 유리한 무역 구조를 가진 선진국과 개발도상국 간의 무역으로 인해 선진국과 개발도상국 간 경제적 격차는 커진다.

08 보편 윤리와 특수 윤리 간 갈등 정답 ④

④ 보편 윤리 입장에서 난민 수용에 찬성하는 견해와 우리나라의 경제적 부담을 염려하는 특수 윤리 입장에서 난민 수용을 반대하는 견해 간 합의점을 찾고자 하는 정책 입안을 모색하고 있으므로 보편 윤리와 특수 윤리 간 조화의 사례를 주제로 한 보고서이다.

09 세계화의 문제점 정답 ⑤

교통과 통신의 발달로 세계가 하나로 통합되는 세계화가 진행되고 있다. ⑤ 세계화로 국가 간 교역량이 증가하면서 선진국과 개발도상국 간 무역량도 증대되고 있다. 유리한 무역 구조를 가진 선진국은 교역을 통해 부(富)를 축적할 수 있지만, 개발도상국은 선진국에 비해 상대적으로 불리한 구조를 가지고 있다. 따라서 무역이 지속되면 선진국과 개발도상국 간 경제적 격차는 심화된다.

오답 피하기

① 국가 간 교류 증대로 국제결혼의 기회는 확대된다. ② 국제 교류가 활

발해지면서 국경을 초월한 초국적 문화가 형성될 수 있다. ③ 국제 교류가 활발해지면 해외 정보 획득이 용이해진다. ④ 국가 간 교류가 활발해지므로 국가 간 문화 교류도 증대된다.

10 보편 윤리와 특수 윤리 간 갈등 　　정답 ③

③ ㉢은 이슬람교 사회에서 허용되지 않는 성평등을 주장하다 살해되었으므로 피살 원인은 이슬람 사회에서만 인정되는 특수 윤리를 위배했기 때문으로 볼 수 있다.

❗ 오답 피하기

① 카스트 제도를 바탕으로 성립한 종교는 힌두교이다. ② 라틴 아메리카 국가는 대부분 크리스트교 신자 비율이 높다. ④ ㉣이 비난받는 이유는 이슬람 사회에서만 인정되는 특수 윤리를 옹호했기 때문이다. ㉣은 남녀평등, 인간 존중이라는 보편 윤리에 어긋난 행동을 했다. ⑤ 피해자 가족의 입장을 우선시하는 것은 이슬람 사회에서만 인정되는 특수 윤리이다.

11 다국적 기업의 공간적 분업

(1) 모범 답안 ㉡은 우리나라보다 상대적으로 노동비가 저렴하므로 제품 생산비를 절감할 수 있어 가격 경쟁력이 높아진다. 또한 ㉡을 비롯한 동남아시아 지역의 시장 진출에서 우리나라에서 생산할 때보다 제품 운송비를 절감할 수 있다. 그리고 ㉠ 상품이 ㉡에서의 노출 빈도가 높아지므로 홍보 효과를 거둘 수 있다.

채점 기준	구분
노동비 절감, 시장 확보, 홍보 효과 중 두 가지 이상을 배경 설명과 함께 기술한 경우	상
노동비 절감, 시장 확보, 홍보 효과 중 두 가지 이상을 기술하였으나 배경 설명이 생략된 경우	중
노동비 절감, 시장 확보, 홍보 효과 중 한 가지만 기술한 경우	하

(2) 모범 답안 긍정적 효과 : ㉠의 우수한 기술과 풍부한 자본이 ㉡으로 이전될 수 있고, 생산 공장 건설로 ㉡은 취업 기회가 확대된다.
부정적 효과 : ㉠의 생산 공장 건설로 인해 ㉡은 각종 환경 피해에 대한 부담을 져야 하고, ㉠에 대한 의존도가 높아지면서 ㉡의 국가 경제가 종속될 가능성도 있다. 또한 ㉠으로 인해 ㉡의 국내 기업 중 경쟁력이 약한 기업은 도태될 수 있다.

채점 기준	구분
긍정적 효과와 부정적 효과를 모두 각각 두 가지 이상 서술한 경우	상
긍정적 효과와 부정적 효과를 모두 기술하였으나 각각 두 가지 이상을 서술하지 못한 경우	중
긍정적 효과와 부정적 효과 중 한 가지만 기술한 경우	하

12 세계화에 따른 문제점과 해결 방안

(1) 모범 답안 교통과 통신의 발달로 인한 세계화는 경제의 세계화에도 영향을 주면서 국가 간 교역량이 증가한다. 이로 인해 상대적으로 유리한 무역 구조를 가진 (가) 국가군과 불리한 무역 구조를 가진 (나) 국가군의 교역이 지속되면서 (가) 국가군으로 부(富)가 집중되면서 (나) 국가군과의 경제적 격차가 심화된다.

채점 기준	구분
세계화의 배경, 교역 증가, 무역 구조의 차이 등을 모두 기술한 경우	상
세계화의 배경, 교역 증가, 무역 구조의 차이 중 두 가지만 기술한 경우	중
세계화의 배경, 교역 증가, 무역 구조의 차이 중 한 가지만 기술한 경우	하

(2) 모범 답안 개발도상국에 대한 경제적 지원, 선진국의 기술 이전, 공정 무역 실천, 공정 여행 실천 등

채점 기준	구분
개발도상국에 대한 경제적 지원, 선진국의 기술 이전, 공정 무역 및 공정 여행 실천 중 세 가지를 기술한 경우	상
개발도상국에 대한 경제적 지원, 선진국의 기술 이전, 공정 무역 및 공정 여행 실천 중 두 가지를 기술한 경우	중
개발도상국에 대한 경제적 지원, 선진국의 기술 이전, 공정 무역 및 공정 여행 실천 중 한 가지를 기술한 경우	하

STEP 2 1등급 도전하기 　　본문 ◦ 120 ~ 123쪽

01 ③	02 ③	03 ⑤	04 ③	05 ③	06 ②
07 ④	08 ⑤	09 ①	10 ⑤	11 ③	12 ①
13 ③	14 ③	15 ③	16 ②		

01 다국적 기업의 판매 전략 　　정답 ③

스웨덴의 가구업체인 I사는 큰 가구를 선호하는 미국 소비자들을 위해 미국 매장에서는 대형 가구를 전시하고, 붉은색을 선호하는 중국 소비자들을 위해 중국 매장에서는 붉은색 가구를 전시한다. 미국의 햄버거 프랜차이즈 M사는 인도에서는 힌두교 신자를 위해 소고기를 사용하지 않는 햄버거를 판매하고, 쌀을 주식으로 하고 해산물을 선호하는 일본에서는 라이스버거와 새우버거를 판매한다. 한국의 전자기업 S사는 소득 수준이 낮은 인도 소비자들을 위해 저가형 핸드폰을 판매하고, 이슬람 신자들을 위해 중동에서는 메카가 표시된 핸드폰을 판매한다. ③ 진출 지역의 환경을 고려한 상품을 개발, 판매하는 활동을 현지화 전략이라고 한다.

02 지역화 전략의 사례 　　정답 ③

일조량이 풍부해 과실 재배에 유리한 에스파냐의 부뇰에서는 특산품인 토마토를 활용한 지역 축제를 개최한다. 프랑스의 카망베르는 지역 특산품인 치즈를 지리적 표시제로 등록하였다. ③ 지역 축제, 지리적 표시제 등은 지역의 가치를 높여 지역 경제를 활성화하는 대표적인 지역화 전략이다.

❗ 오답 피하기

① 다국적 기업의 공간적 분업은 본사, 연구소, 생산 공장 등이 최적지를 찾아 지역별로 분화하여 입지하는 현상이다. ② 문화 획일화는 동일한 문화가 전 세계로 확산되면서 세계의 문화가 비슷해지는 현상으로 문화의 다양성을 훼손하는 세계화의 문제점 중 하나이다. ④ 세계도시는 세계적으로 영향력을 미치는 대규모 도시를 의미한다. ⑤ 자유 무역 협정은 회원국 간 무역 제한 조치를 제거하여 자유로운 무역 활동을 보장하는 협약이다. 세계 무역 기구는 자유 무역을 지향하는 국제기구이다.

03 세계화와 지역화 　　정답 ⑤

⑤ 미국에 본사를 둔 커피 전문점이 우리나라 환경을 고려해 전통차를 판매하는 것은 현지화 전략의 사례로 볼 수 있다. 표준화된 커피를 전 세계를 대상으로 판매하는 활동을 세계화의 사례로 볼 수 있다.

❗ 오답 피하기

① 햄버거는 세계화, 불고기는 지역화에 해당한다. 따라서 불고기와 햄버거를 혼합한 불고기 버거는 Glocalization의 사례로 볼 수 있다. ② 지역 브랜드, 지리적 표시제, 지역 축제, 장소 마케팅 등은 대표적인 지역화 전략이다. ③ 미국에 위치한 최상위 세계도시는 뉴욕이다. ④ 미국에 본사를 둔 커피 전문점이 우리나라로 진출하였으므로 S 커피는 다국적 기업이다.

04 지역화 전략의 사례　　　　정답 ③

③ '암스테르담'이란 단어와 관련된 용어를 개발하고 각종 상품에 부착한 것은 지역 브랜드화에 해당한다. 뮌헨에서 제조된 맥주가 해당 지역에서 생산되었음을 증명하는 마크를 사용하는 것은 지리적 표시제에 해당한다.

❗오답 피하기

①, ② 공정 무역은 개발도상국의 생산자에게 상품 판매 이윤을 보장하는 윤리적 소비에 해당한다. ④, ⑤ 생산 공정의 표준화는 대량 생산에 유리하도록 각 생산 과정을 통일하는 것을 의미한다.

05 지역 특성을 활용한 지역 축제　　　　정답 ③

지도의 A는 영국, B는 독일, C는 에스파냐, D는 이탈리아이다. ③ 맥주 축제인 ㉠은 맥주가 특산품인 독일의 뮌헨에서 매년 10월 전후에 개최하는 축제이다. ㉡은 제2차 세계 대전 이후 황폐해진 시민들을 위로하기 위해 영국 에든버러에서 개최하는 예술제이다.

06 공간적 분업　　　　정답 ②

② 각각의 부품 생산을 특화된 여러 지역에 입지시킨 것은 공간적 분업의 사례이다.

❗오답 피하기

① 플랜테이션은 선진국의 기술과 자본, 현지의 유리한 기후와 저렴한 노동력이 결합된 상업적 농업이다. ③ 산업 공동화는 산업 시설이 다른 지역으로 이전하면서 원 지역의 산업이 쇠퇴하는 현상이다. ④ 지역 브랜드는 지역의 특성을 로고나 슬로건으로 표현하여 지역을 하나의 상표처럼 활용하는 활동이다. ⑤ 탄소 발자국은 상품을 생산하고 소비하는 전체 과정에서 발생하는 이산화 탄소의 총량을 의미한다.

07 다국적 기업의 성장 과정　　　　정답 ④

④ 미국의 국내 기업이 다국적 기업으로 성장하면서 여러 기능이 세계 각 지역에 분산되어 입지하게 된다. 이로 인해 전체 근로자 중 자국 근로자가 차지하는 비율은 낮아진다.

❗오답 피하기

① 기업이 성장하고 있으므로 매출액 규모는 커진다. ② 다국적 기업으로 성장하면서 국제 분업이 뚜렷해진다. ③ 다국적 기업으로 성장하였으므로 상품을 판매하는 국가도 증가한다. ⑤ 다국적 기업은 전 세계를 대상으로 판매 활동을 하므로 총매출액 중 자국 외 매출액이 차지하는 비율은 높아진다.

08 공간적 분업이 나타나는 다국적 기업의 사례　　　　정답 ⑤

(가)는 상품을 기획하므로 본사, (나)는 목화를 공급하므로 원료 공급지, (다)는 상품을 생산하므로 생산 공장이다. 영국에 위치한 최상위 세계도시인 ㉠은 런던이다. ㄷ. 기업의 의사결정은 주로 본사에서 이루어진다. ㄹ. 우수한 고급 인력이 주로 근무하는 본사는 단순 노동력을 활용하는 생산 공장보다 평균 임금이 높다.

❗오답 피하기

ㄱ. 자유의 여신상은 미국 뉴욕에서 볼 수 있다. 런던의 대표적인 랜드마크에는 빅 벤, 타워 브리지 등이 있다. ㄴ. 생산 공장은 생산비 절감을 위해 인건비가 저렴한 개발도상국에 주로 입지한다. 생산 공장이 선진국에 입지하는 경우는 시장 개척이 목적인 경우가 많다.

09 지역 축제를 활용한 지역화 전략의 사례　　　　정답 ①

세계의 다양한 커피가 우리나라에 수입되는 현상은 세계화의 사례이다. 우리 전통 녹차를 홍보하는 것은 지역화의 사례이다. ① 세계화 속에서 커피와 경쟁할 수 있는 녹차를 홍보하여 지역 경제의 활력을 도모하므로 세계화 시대의 지역화 전략이 주제로 적절하다.

10 세계화와 지역화의 영향 및 문제점과 해결 방안　　　　정답 ⑤

⑤ 지역 고유의 전통문화 정체성 강화는 문화의 다양성과 관련된 내용이다. 문화의 획일화는 각 지역의 전통문화 소멸로 문화적 특성이 다른 지역에서도 유사하게 나타나면서 세계 문화가 비슷해지는 현상이다.

❗오답 피하기

① 교통과 정보 통신기술이 발달하면서 국가 간 교역이 증대되었다. ② 다국적 기업은 본사, 연구소, 생산 공장을 각각 최적 지점을 찾아 다르게 입지시키는 공간적 분업을 실현하여 경영 효율화와 이윤 창출을 도모하고 있다. ③ 지역 축제는 지역 경제를 활성화하는 대표적인 지역화 전략이다. ④ 공정 무역은 선진국과 개발도상국의 빈부 격차를 완화하는 대표적인 방안이다.

11 세계도시와 다국적 기업의 현지화 전략　　　　정답 ③

ㄱ. 미국에는 최상위 세계도시인 뉴욕이 위치하고 있다. ㄷ. 해당 지역에서 판매되는 특산물의 판로가 확보되어 경제 활성화에 기여할 수 있다.

❗오답 피하기

ㄴ. 각 지역의 특성에 맞는 메뉴를 개발하여 지역 특화 상품을 판매하는 것은 지리적 특성을 고려한 다국적 기업의 현지화 전략이다. 현지화 전략은 세계 시장을 대상으로 한 전략에 해당하지 않는다.

12 다국적 기업의 현지화 전략　　　　정답 ①

ㄱ. ㉠은 전 세계를 대상으로 상품을 판매하므로 다국적 기업에 해당한다. ㄴ. 러시아와 브라질 등 진출 국가의 지리적 특성을 고려한 자동차를 생산, 판매하므로 다국적 기업인 ○○ 자동차의 현지화 전략에 해당한다.

❗오답 피하기

ㄷ. 바이오 에너지를 원료로 이용하는 자동차는 브라질에서 판매된다. 따라서 바이오 에너지 생산량이 많은 국가는 브라질이다. ㄹ. 혹한의 환경을 고려한 자동차는 러시아에서 판매되므로 러시아는 한랭한 고위도에 위치한 국가이다. 브라질은 바이오 에너지 생산량이 많으므로 무더운 저위도에 위치한 국가이다. 저위도에서 고위도로 갈수록 대체로 기온의 연교차는 커진다.

13 윤리적 소비의 사례　　　　정답 ③

제품 생산에 기여한 저개발국 생산자에게 적절한 이윤을 보장해주는 (가)에는 공정 무역이 들어간다. 여행지 주민들에게 도움을 주는 (나)에는 공정 여행이 들어간다. ㄴ. 환경친화적이고 지역 주민의 소득에 도움을 주는 공정 여행은 지속가능성이 높은 여행이다. ㄷ. 공정 무역과 공정 여행은 개발도상국의 경제적 이윤을 보장해 주는 윤리적 소비이다.

❗오답 피하기

ㄱ. 공정 무역은 개발도상국의 생산자에게 이윤을 제공해 주므로 선진국과 개발도상국의 경제적 격차를 완화해 준다. ㄹ. (가)에는 공정 무역, (나)에는 공정 여행이 들어간다.

14 세계화의 영향 정답 ③

ㄴ. 세계 무역 기구(WTO)는 우루과이 라운드 협상의 이행을 감시하는 국제기구로, 자유 무역을 통해 전 세계적인 경제 발전을 목적으로 한다. ㄷ. 전 세계를 대상으로 상품을 생산, 판매하는 다국적 기업은 본사, 연구소, 생산 공장 등을 최적 지점에 입지시키는 공간적 분업을 통해 경영의 효율화를 도모한다.

❗ 오답 피하기

ㄱ. 세계화의 진행으로 국가 간 교류가 활발해지면서 국경의 의미는 약화되었다. ㄹ. 다국적 기업의 생산 공장이 진출한 지역은 환경오염의 피해를 겪게 된다.

15 세계도시 정답 ③

미국에 위치한 ㉠은 뉴욕, 영국에 위치한 ㉡은 런던, 프랑스에 위치한 ㉢은 파리, 일본에 위치한 ㉣은 도쿄이다. ③ 파리의 대표적인 랜드마크로는 에펠탑, 개선문 등이 있다.

❗ 오답 피하기

① 미국의 수도는 워싱턴 D.C.이다. ② 유럽 연합(EU) 본부는 벨기에의 수도 브뤼셀에 있다. ④ 프랑스의 파리는 미국의 뉴욕보다 도시 형성 시기가 이르다. 유럽의 도시는 오랜 역사를 지녔지만, 건국 역사가 짧은 미국의 도시는 역사가 짧다. ⑤ 런던은 해안과 접하지 않는다. 도쿄는 태평양과 접해 있다. 대서양과 접한 도시는 뉴욕이다.

16 문화의 획일화 사례 정답 ②

제시문은 소수민족이 사용하는 언어가 소멸되는 현황을 나타내고 있다. ㄱ. 언어도 문화에 해당한다. 다양한 언어가 사라지고 있으므로 문화의 다양성이 훼손되고 문화의 획일화가 진행되는 사례에 해당한다. ㄷ. 문화의 다양성이 훼손되는 것은 세계화가 가져온 문제점 중 하나이다.

02 평화의 중요성과 국제 사회의 행위 주체

STEP 1 내신 다지기 본문 ○ 126 ~ 129쪽

01 ②	02 ②	03 ③	04 ②	05 ④	06 ②
07 ①	08 ③	09 ③	10 ②	11 ③	12 ④
13 ④	14 ②	15 ④	16 ①	17~18 해설 참조	

01 폭력의 구분 정답 ②

㉠에 들어갈 내용은 '직접적 폭력'이다. ② 직접적 폭력은 폭행, 범죄, 테러, 전쟁 등과 같이 직접적이고 물리적인 폭력을 의미한다.

❗ 오답 피하기

① 간접적 폭력은 구조적 폭력과 문화적 폭력을 의미한다. ③ 소극적 평화는 직접적 폭력이 사라진 상태를 의미한다. ④ 적극적 평화는 직접적 폭력뿐만 아니라 구조적 폭력과 문화적 폭력까지 모두 사라진 상태를 의미한다. ⑤ 소극적 자유는 외부로부터 부당한 간섭을 받지 않을 자유를 의미한다.

02 구조적 폭력 정답 ②

ㄱ, ㄷ. 빈곤과 차별, 정치적 억압이나 경제적 착취 등은 모두 부정의한 사회 구조나 제도로 인한 구조적 폭력에 해당한다.

❗ 오답 피하기

ㄴ, ㄹ. 전쟁이나 테러 등은 직접적 폭력에 해당한다.

03 소극적 평화의 의미 정답 ③

소극적 평화란 직접적이고 물리적인 폭력이 제거되어 사라진 상태를 의미한다.

❗ 오답 피하기

①, ②, ④, ⑤ 억압과 차별, 빈곤 등은 모두 구조적 폭력에 해당하며, 구조적 폭력과 문화적 폭력까지 모두 사라진 상태는 적극적 평화 상태이다.

04 평화의 구분 정답 ②

소극적 평화는 테러, 전쟁 등의 직접적·물리적 폭력이 없는 상태를 의미한다. 따라서 현재 진행 중인 전쟁이 멈추지 않고 계속되고 있는 지역에서는 소극적 평화가 실현될 수 없다.

❗ 오답 피하기

③, ④ 경제적 착취와 빈곤 등의 구조적 폭력을 제거하고 적극적 평화를 실현하려면 부정의한 사회 구조와 제도를 개선하려는 노력이 필요하다. ⑤ 소극적 평화와 적극적 평화 모두 직접적 폭력이 사라진 상태를 포함한다. 다만 적극적 평화가 실현되려면 직접적 폭력뿐만 아니라 구조적 폭력과 문화적 폭력까지 모두 제거해야 한다.

05 진정한 평화의 실현 정답 ④

그림의 강연자는 갈퉁이다. ④ 갈퉁은 적극적 평화의 중요성을 강조하면서, 인간 존엄성은 소극적 평화만으로는 실현이 어려우며 적극적 평화를 통해 실현될 수 있다고 보았다.

❗ 오답 피하기

①, ②, ③ 물리적 폭력의 제거만으로 실현 가능한 소극적 평화와 달리, 적극적 평화는 구조적 폭력과 문화적 폭력까지 모두 제거해야만 달성된다. ⑤ 갈퉁은 평화는 오직 평화적 수단을 통해서만 이루어져야 한다고 주장하였다.

06 평화의 의미 정답 ②

제시문을 주장한 사람은 갈퉁이다. ㄱ, ㄹ. 제시문에서는 직접적 폭력만이 사라진 소극적 평화의 달성은 진정한 평화라고 할 수 없으며, 진정한 평화를 실현하려면 직접적 폭력뿐만 아니라 구조적 폭력 및 문화적 폭력까지 모두 제거된 적극적 평화를 달성해야 한다고 주장하고 있다.

❗ 오답 피하기

ㄴ. 직접적 폭력만이 제거된 상태는 소극적 평화 상태이다. ㄷ. 직접적 폭력과 구조적 폭력, 문화적 폭력 중 어떠한 폭력이라도 남아있다면 진정한 평화 상태라고 할 수 없다.

07 국제 연합의 평화 유지 활동 정답 ①

ㄱ, ㄴ. 국제 연합의 평화 유지 활동은 단순히 전쟁이나 테러, 범죄 등의 물리적 폭력만을 제거하는 것이 아니라, 민주적 정부 수립을 위한 선거 지원, 의료 및 복지 지원까지 담당하고 있다. 이는 직접적 폭력에 더해 구조적 폭력까지 제거하여 인간다운 삶을 살 수 있도록 지원하는 것이며, 소극적 평화뿐만 아니라 적극적 평화 실현을 추구하는 것이라 할 수 있다.

ㄷ. 소극적 평화만을 추구하는 것이 아니라 빈곤, 의료, 복지 등 적극적 평화를 실현하고자 노력하고 있다. ㄹ. 국제 연합의 평화 유지 활동은 평화 유지군을 통해 불가피할 경우 무력을 사용하기도 한다.

08 국제 사회의 갈등과 해결 방안　　정답 ③

③ 국제 사회의 갈등은 어느 한 국가의 노력만으로는 해결하기 어렵기 때문에 갈등 당사국 간의 대화와 양보를 통해 평화적으로 해결하려는 노력이 요구된다.

❗ 오답 피하기

① 오늘날 국제 사회에서는 자원, 영토, 민족, 인종, 종교, 언어 등 다양한 원인이 복잡하게 얽혀 갈등과 분쟁이 일어나고 있다. ④, ⑤ 세계화 등에 따른 국가 간 상호 의존성의 심화로 어느 한 부분에서의 국제 갈등은 전 세계에 영향을 미칠 수 있다.

09 국제 갈등의 평화적 해결　　정답 ③

③ 신문 칼럼에서는 국제 갈등과 관련하여 폭력적인 방법을 통해 해결하려고 하거나 갈등을 외면해서는 안 되며, 상대방을 존중하면서 의사소통을 통해 갈등을 평화롭게 해결해야 근본적인 갈등 해결이 가능하다는 점을 강조하고 있다.

❗ 오답 피하기

① 신문 칼럼은 견해가 다르더라도 의사소통을 이어나가려는 노력이 필요하다고 주장하고 있다. ② 신문 칼럼은 물리적 폭력을 사용해서 갈등을 해결하려고 해서는 안 된다고 주장하고 있다. ④ 신문 칼럼은 평화적 과정을 통해 갈등을 근본적으로 해결할 수 있다고 보고 있다. ⑤ 신문 칼럼은 자국에 이익이 되지 않는다고 갈등을 외면해서는 안 된다고 주장하고 있다.

10 국제 사회의 행위 주체　　정답 ②

국제 사회의 행위 주체로는 영향력 있는 개인, 국가, 정부 간 국제기구, 국제 비정부 기구 등이 있는데, 밑줄 친 '이것'은 국가이다. ② 국가는 국제 사회의 가장 기본적이고 대표적인 행위 주체이다.

11 정부 간 국제기구의 종류　　정답 ③

각국의 정부를 회원으로 하는 국제 사회의 행위 주체인 ㉠은 정부 간 국제기구이다. ㄴ, ㄷ. 국제 연합과 세계 보건 기구는 각국의 정부를 회원으로 하는 정부 간 국제기구에 해당한다.

❗ 오답 피하기

ㄱ. 그린피스는 국제 환경 단체, ㄹ. 국경 없는 의사회는 국제 인도주의 의료 구호 단체로, 모두 국제 비정부 기구에 해당한다.

12 국제 사면 위원회　　정답 ④

국제적으로 인권을 보호하는 활동을 하는 '국제 사면 위원회'는 대표적인 국제 비정부 기구에 해당한다.

❗ 오답 피하기

⑤ 국제 사면 위원회는 변호사 개인이 설립하여 세계적으로 성장한 단체로서, 정부 간 국제기구가 아니다.

13 정부 간 국제기구와 국제 비정부 기구　　정답 ④

(가)는 정부 간 국제기구, (나)는 국제 비정부 기구이다. ④ 오늘날에는 시민 사회의 영향력이 전반적으로 강화되면서 국제 비정부 기구의 역할 또한 확대되고 있다.

❗ 오답 피하기

①, ③ 정부 간 국제기구는 (가), 국제 비정부 기구는 (나)이다. ② 국제 사면 위원회는 국제 비정부 기구, 국제 통화 기금은 정부 간 국제기구에 해당한다. ⑤ 자국의 이익을 최우선으로 추구하는 국제 사회의 행위 주체는 국가이다. 이에 비해 정부 간 국제기구와 국제 비정부 기구는 모두 인류의 공동선을 추구하고자 한다.

14 국제 사회의 행위 주체와 국제 문제 해결　　정답 ②

② 정부 간 국제기구는 각국의 정부를 회원으로 구성되는데 비해, 그린피스는 환경 문제 해결을 위해 다양한 개인들과 민간단체의 자발적 참여로 조직 및 운영되는 국제 비정부 기구이다.

❗ 오답 피하기

③ 국제 사회의 가장 기본적이고 대표적인 행위 주체는 국가이다. ⑤ 국제 연합은 각국 정부를 회원으로 하여 회원국들의 회비 납부를 통해 운영되는 정부 간 국제기구이다.

15 지구촌 문제의 해결　　정답 ④

제시문에는 유럽 일부 국가로 난민의 유입이 집중되어 발생하는 문제를 유럽 연합 회원국들이 난민을 고루 나누어 수용하는 난민 쿼터제(할당제)를 마련하여 해결하고 있는 사례가 나타나 있다. ④ 제시된 사례를 통해 지구촌 문제 해결을 위해서는 국가 간 상호 협력이 필요하다는 시사점을 얻을 수 있다.

❗ 오답 피하기

①, ② 국제 비정부 기구나 개인이 아닌 국가들의 협력을 강조하고 있다. ③, ⑤ 물리적 강제력을 동원하거나 이해 당사국을 배제한 해결과는 거리가 멀다.

16 지구촌 문제 해결을 위한 행위 주체의 역할　　정답 ①

갑. 지구촌 문제를 해결하고 세계 평화를 실현하기 위해 개인은 지구촌 갈등 문제에 관심을 갖고 기부나 봉사 활동에 적극 참여해야 한다. 을. 인류가 인간답게 살 권리를 보장하고 안전하게 살아갈 수 있는 환경을 조성하기 위해 국제 사회의 여러 행위 주체들이 공동으로 노력해야 한다.

❗ 오답 피하기

병. 기아 문제는 해당 국가가 단독으로 해결하는 것이 아니라 전 인류가 협력하여 인도주의적 의무를 다해야 해결할 수 있다. 정. 국제 비정부 기구뿐만 아니라 정부 간 국제기구도 인도주의적 구호 활동에 최선을 다해야 한다.

17 평화의 의미와 중요성

(1) **모범 답안** 직접적 폭력과 구조적 폭력, 문화적 폭력까지 모두 제거된 상태
(2) **모범 답안** 인류를 전쟁의 위협에서 벗어나게 해 준다, 인류가 각종 차별과 불평등에서 벗어나 인간다운 삶을 살아갈 수 있게 해 준다 등

채점 기준	구분
㉠과 ㉡에 대해 모두 적절하게 서술한 경우	상
㉠과 ㉡ 중 하나는 적절하게 서술했으나, 다른 하나를 다소 미흡하게 서술한 경우	중
㉠과 ㉡ 중 어느 하나에 대해서만 적절하게 서술한 경우	하

⑴ (가) 정부 간 국제기구, (나) 국제 비정부 기구
⑵ 모범 답안 국제 사회의 가장 기본적이고 대표적인 행위 주체이다, 자국의 이익을 최우선으로 추구하며 활동한다 등

채점 기준	구분
(가)와 (나)를 모두 정확하게 쓰고, 국제 사회의 행위 주체로서 국가의 특징을 옳게 서술한 경우	상
(가)와 (나)를 모두 정확하게 썼으나, 국제 사회의 행위 주체로서 국가의 특징을 다소 미흡하게 서술한 경우	중
단순히 (가)와 (나)만을 정확하게 쓴 경우	하

STEP 2 1등급 도전하기

본문 ○ 130 ~ 133쪽

01 ①	02 ③	03 ⑤	04 ④	05 ③	06 ①
07 ⑤	08 ⑤	09 ②	10 ③	11 ①	12 ②
13 ⑤	14 ④	15 ⑤	16 ②		

01 적극적 평화의 실현   정답 ①

제시문을 주장한 사상가는 갈퉁이다. ㄱ, ㄴ. 갈퉁은 단순히 물리적 폭력이 제거된 상태를 진정한 평화 상태라고 보지 않았으며, 불평등한 제도를 개선하여 구조적 폭력을 제거하고, 문화적 폭력까지 모두 제거되어 어떠한 종류의 폭력도 없는 적극적 평화를 실현할 것을 강조하였다.

오답 피하기

ㄷ. 갈퉁은 구조적 폭력이나 문화적 폭력 등 간접적 폭력은 의도하지 않아도 발생한다고 보았다. ㄹ. 갈퉁은 평화는 오직 평화적 수단을 통해서만 실현될 수 있다고 보았다.

02 소극적 평화와 적극적 평화   정답 ③

㉠은 소극적 평화, ㉡은 적극적 평화이다. ㄴ, ㄷ. 적극적 평화는 경제적 착취와 빈곤, 정치적 억압과 차별 등의 구조적 폭력이 제거된 상태를 포함하며, 물리적 폭력뿐만 아니라 구조적 폭력과 문화적 폭력까지 사라진 진정한 평화 상태를 의미한다.

오답 피하기

ㄱ. 구조적 폭력의 해소를 보장하는 것은 소극적 평화가 아니라 적극적 평화이다. ㄹ. 소극적 평화는 신체적 폭력, 전쟁, 테러 등의 직접적 폭력이 제거된 상태이며, 적극적 평화는 이에 더해 구조적 폭력과 문화적 폭력까지 제거된 상태를 의미한다. 따라서 적극적 평화는 소극적 평화의 달성 없이는 실현될 수 없다.

03 평화에 대한 갈퉁의 입장   정답 ⑤

제시문은 갈퉁의 주장이다. ㄴ. 갈퉁은 직접적 폭력이 없는 소극적 평화 상태에서도 구조적 폭력과 문화적 폭력은 남아 있을 수 있다고 보았다. ㄷ. 갈퉁은 정의롭지 못한 사회 제도는 구조적 폭력의 원인이 되어 적극적 평화 실현에 위협이 된다고 보았다. ㄹ. 갈퉁은 불평등을 정당화하는 사상과 이념은 문화적 폭력으로 규정할 수 있다고 보았다.

오답 피하기

ㄱ. 갈퉁은 적극적 평화란 직접적 폭력과 구조적 폭력, 문화적 폭력이 모두 제거되어 사라진 상태라고 보았다.

04 평화에 대한 갈퉁의 입장   정답 ④

그림의 강연자는 갈퉁이다. ④ 갈퉁은 문화적 폭력이 직접적 폭력과 구조적 폭력을 정당화할 수 있다고 주장하였다.

오답 피하기

①, ⑤ 갈퉁에 의하면 폭력은 직접적, 구조적, 문화적 폭력 어디에서도 시작될 수 있고 쉽게 전달된다. ② 사회 구조는 구조적 폭력의 주체일 수 있다. ③ 갈퉁은 진정한 평화는 소극적 평화가 아니라 간접적 폭력까지 모두 제거된 적극적 평화라고 보았다.

05 국제 사회의 특징   정답 ③

③ A국, B국은 모두 자국의 이익에 따라 국제 협력을 추구하거나 무시하고 있다. 이를 통해 국제 사회에서 개별 국가들은 모두 자국의 이익을 최우선적으로 고려하여 행위함을 알 수 있다.

오답 피하기

① 도덕규범보다 이익에 따라 외교 정책을 수립하고 있다. ② 국내의 이익을 국제 협력보다 우선적으로 고려하고 있다. ④ A국은 자국의 안보 보장을 위해 국제 협력에 참가하는 결정을 하였다. ⑤ 제시된 사례들에 국제 비정부 기구는 나타나 있지 않다.

06 기후변화 문제 해결 방안   정답 ①

ㄱ, ㄴ. 온실가스 배출로 인한 기후변화는 전 지구적 차원의 문제이므로 이를 해결하기 위해서는 국제적 협력이 필요하다.

오답 피하기

ㄷ. 신문 칼럼에 의하면 기후변화에 따른 자연재해가 대부분 개발도상국에서 발생하고 있다. ㄹ. 신문 칼럼은 기후 정의의 실현을 위해서는 기후변화에 많은 책임이 있는 선진국들이 기후변화로 인해 고통받는 국가를 지원해야 한다고 본다.

07 난민 문제의 해결 방안   정답 ⑤

제시문에 나타난 난민 문제의 해결 방안은 인간 안보이다. ⑤ 인간 안보는 인간에게 위협이 되는 모든 문제로부터 인간의 존엄과 가치를 지키는 확장된 인권 개념으로, 소극적 평화를 넘어 물리적 폭력뿐 아니라 문화적 폭력 및 구조적 폭력이 제거된 적극적 평화를 강조한다.

오답 피하기

① 난민은 전쟁, 내전, 종교, 인종, 정치·경제적 이유 등으로 인한 심각한 박해를 피해 자국에 머물지 못하고 국외로 떠도는 사람들을 의미하므로, 이동권 보장은 난민 문제의 근본적 해결과 무관하다. ② 제시문은 자유주의적 정의관을 통해서가 아니라 인간 안보의 개념을 통해 난민 문제를 해결해야 한다고 본다. ③ 국제기구가 개별 국가의 주권을 침해하는 것은 바람직하지 않다. ④ 난민 문제가 난민과 난민 수용국만의 대화를 통해 완전히 해결되기는 어렵다.

08 국제 사회의 행위 주체   정답 ⑤

㉠은 국가, ㉡은 정부 간 국제기구, ㉢은 국제 비정부 기구이다. ㄷ. 국가는 정부 간 국제기구에 가입하여 회원으로 활동하기도 한다. ㄹ. 각국의 정부를 회원으로 하는 정부 간 국제기구와 달리, 국제 비정부 기구는 개인과 민간단체가 중심이 되어 이루어진다.

오답 피하기

ㄱ. 국제 사회에서 가장 기본이 되는 행위 주체는 정부 간 국제기구가 아니라 국가이다. ㄴ. 오늘날 사회가 다원화되면서 국제 사회에서 국제 비정부 기구의 역할과 영향력 또한 확대되고 있다.

09 다양한 국제 사회의 행위 주체 정답 ②

ㄱ. WTO 협정은 수입 금지 조치를 둘러싼 갈등을 해결하기 위한 국제 규범으로 작용하고 있다. ㄷ. 개별 국가와 국제 비정부 기구는 모두 국제 문제 해결의 주체가 될 수 있다.

오답 피하기

ㄴ. 세계 무역 기구(WTO)는 정부 간 국제기구에 해당하지만, 그린피스는 국제 비정부 기구에 해당한다. ㄹ. 국제 비정부 기구뿐만 아니라 정부 간 국제기구의 활동 또한 특정 국가의 이익이 아닌 인류의 보편적 이익 실현에 기여할 수 있다.

10 국제 사회의 행위 주체와 평화 정답 ③

(가)는 국가는 국제 사회에서 유일한 행위 주체라고 보는 입장인 반면, (나)는 국가뿐만 아니라 국제기구도 국제 사회의 행위 주체로 인정하는 입장이다. ③ (가)의 입장에 비해 (나)의 입장이 갖는 상대적 특징을 살펴보면, 'X : 국제기구가 국제 분쟁 해결에 기여한다고 보는 정도'(나)가 더 높고(ㄴ, ㄷ, ㅁ), 'Y : 국가 간 힘의 균형을 평화 실현의 주된 방법으로 보는 정도'는 (나)가 더 낮으며(ㄷ, ㅁ), 'Z : 국제 사회에서 활동하는 행위 주체가 다양하다고 보는 정도'는 (나)가 더 높다(ㄱ, ㄴ, ㄷ). 따라서 이를 모두 종합하면 공통적인 것은 ㄷ이 된다.

11 국제 사회의 다양한 행위 주체 정답 ①

ㄱ. 국가는 국제 사회의 가장 기본적이고 대표적인 행위 주체이다. ㄴ. 국제 연합은 국가들을 회원으로 하는 가장 대표적인 정부 간 국제기구이다.

오답 피하기

ㄷ. 국제 사회에서 영향력 있는 개인도 국제 사회의 행위 주체가 될 수 있다. ㄹ. 정부 간 국제기구는 개인이 아니라 각국의 정부를 회원으로 한다.

12 국제 사회의 행위 주체 정답 ②

ㄱ. 국가는 국제 사회의 가장 기본적인 행위 주체이며, 일정한 영토와 국민을 바탕으로 독립적인 주권을 행사한다. ㄷ. ⓒ은 '국제 비정부 기구'로 그린피스, 국경 없는 의사회, 국제 사면 위원회 등이 해당된다.

오답 피하기

ㄴ. 개인과 민간단체가 회원으로 가입하여 활동하는 것은 국제 비정부 기구이다. 국제 연합 등의 정부 간 국제기구는 각국의 정부가 회원으로 가입할 수 있다. ㄹ. 다국적 기업에 대한 설명이다. 국제 비정부 기구는 이윤 추구를 목적으로 하는 기업이 아니다.

13 다양한 국제 사회의 행위 주체 정답 ⑤

⑤ 다국적 기업은 공익보다 사익을 추구한다. 반면 세계 보건 기구는 보건과 위생 분야의 국제적인 협력을 위해 설립된 정부 간 국제기구로, 질병 퇴치, 보건 부문의 원조 제공 등 공익을 위한 활동을 위주로 한다.

오답 피하기

①, ④ 세계 보건 기구와 국제 연합은 각국의 정부를 회원으로 하는 정부 간 국제기구이다. ② 오늘날 세계화의 영향으로 다국적 기업의 영향력 또한 증대되고 있다. ③ 국제 사회의 가장 기본적인 행위 주체는 국가이다.

14 국제 사회의 행위 주체에 대한 토론 쟁점 파악 정답 ④

갑은 국제 비정부 기구를 통해 국제 문제를 해결해야 한다는 입장이다. 을은 국가를 회원으로 하는 정부 간 국제기구를 통해 국제 문제를 해결해야 한다는 입장이다. ④ 갑은 부정, 을은 긍정의 대답을 할 질문이므로 토론의 핵심 쟁점으로 적절하다.

오답 피하기

① 갑, 을이 모두 부정의 대답을 할 질문이다. ② 갑, 을이 모두 긍정의 대답을 할 질문이다. 갑은 국제 사회에서 국제 비정부 기구의 영향력이 증대되고 있다고 주장하며, 을도 이에 동의하고 있다. ③ 갑, 을이 모두 부정의 대답을 할 질문이다. 갑은 국제 비정부 기구의 영향력을 강조하고 있으며, 을은 국가를 국제 사회의 가장 주도적인 행위 주체로 보고 있다. ⑤ 갑, 을이 모두 긍정의 대답을 할 질문이다. 갑은 국제 비정부 기구, 을은 정부 간 국제기구를 통해 국제 문제를 해결해야 한다고 보고 있다.

15 국제 사회의 행위 주체 구분 정답 ⑤

국제 사회의 행위 주체인 국가, 국제 비정부 기구, 정부 간 국제기구 중에서 '각국의 정부를 회원으로 하는가?'에 예라고 답한 (다)는 정부 간 국제기구이므로 (가)와 (나)는 국가와 국제 비정부 기구 중 하나이다. '자국의 이익을 최우선으로 추구하며 활동하는가?' 예라고 답한 (가)는 국가이므로 (가)는 국가, (나)는 국제 비정부 기구, (다)는 정부 간 국제기구이다.

오답 피하기

① 국제 사면 위원회, 그린피스, 국경 없는 의사회 등은 대표적인 국제 비정부 기구이다. ② 국가는 가장 기본적인 국제 사회의 행위 주체이다. ③ 국제 비정부 기구는 인권 보장, 환경 보호 등 인류의 보편적 가치를 위해 활동한다. ④ 정부 간 국제기구는 국가의 행위를 규율하는 국제 규범을 정립함으로써 국제 관계에 영향을 미친다.

16 세계 평화를 위한 행위 주체의 역할 정답 ②

제시문은 세계 평화를 위한 다양한 행위 주체들의 바람직한 역할에 대한 내용이다. ② 제시문은 개개인이 타민족에 대한 편견과 차별에서 벗어나 지구 공동체 문제에 관심을 가지고 함께 해결하기 위해 노력해야 한다고 주장하고 있다.

오답 피하기

① 개별 국가들은 지구 공동체 문제를 자국의 문제로 인식하고 이를 해결하기 위해 관심을 갖고 노력해야 한다. ③ 제시문과 관련 없는 내용이다. ④ 제시문은 국제 문제와 국가 간 갈등을 평화로운 방법으로 해결할 것을 강조하고 있다. ⑤ 국제 비정부 기구는 인권을 보호하는 역할을 수행하며, 제시문은 세계 평화를 위해 국제 사회의 다양한 행위 주체들이 노력할 것을 강조하고 있다.

---

03 남북 분단과 동아시아의 역사 갈등 해결

STEP 1 내신 다지기 본문 ◦ 136 ~ 137쪽

01 ⑤	02 ②	03 ④	04 ②	05 ③	06 ①
07 ⑤	08 ④	09~10 해설 참조			

01 남북 분단의 배경 정답 ⑤

1945년 광복 이후 한반도의 북위 38도선을 기준으로 남쪽에는 미군이, 북쪽에는 구소련군이 분할 점령하였다. 그 뒤 1948년에 남한과 북한에 각각 단독 정부가 수립되었고, 1950년에 북한의 남침에 의한 6·25 전쟁이 발발하면서 남북 분단이 고착화되었다. ⑤ ⓪에는 '통일'이 아니라 '분단'이 들어가야 한다.

02 남북 분단의 배경　　　　　　　　　정답 ②

ㄱ은 남북 분단의 국내적 배경, ㄷ은 남북 분단의 국제적 배경에 해당한다.

! 오답 피하기

ㄴ. 6·25 전쟁은 북한의 불법 남침으로 인해 일어난 것이다. ㄹ. 한반도의 해방과 광복의 배경이 되는 사실로, 남북 분단과는 무관하다.

03 통일의 필요성　　　　　　　　　　정답 ④

통일에 반대하는 갑과 달리 을은 통일에 찬성하고 있으므로 ㉠에는 통일 편익에 해당하는 내용이 들어가야 한다. ④ 통일이 되면 남한의 자본과 기술이 북한의 자원 및 노동력과 결합하여 경제 성장을 가져올 수 있다.

! 오답 피하기

① 소극적 평화란 테러, 전쟁과 같이 직접적이고 물리적인 폭력이 사라진 상태를 의미한다. 통일이 되면 전쟁 가능성이 낮아지므로 소극적 평화의 실현 가능성은 높아진다. ②, ③ 오랜 기간 이어져 온 분단의 폐해에 해당하는 내용이다. ⑤ 통일이 되면 전쟁의 위협이 사라져서 정치적 안정과 평화를 이루게 될 것이다.

04 분단 비용과 통일 비용　　　　　　　정답 ②

분단 비용은 분단으로 인한 대립과 갈등으로 발생하는 소모적 비용으로 군사비, 안보비 등과 같은 유형적 비용뿐만 아니라 이산가족의 고통, 외국인의 투자 감소 등과 같은 무형적 비용도 분단 비용에 포함된다. 통일 비용은 남북한 체제가 통합되는 데 소요되는 투자적 성격의 비용이다. ② 분단 비용은 통일 이전까지 분단을 유지하는 데 소모되는 비용이다.

05 통일을 위한 노력　　　　　　　　　정답 ③

제시문에는 1990년 공산주의 동독이 자본주의 서독에 흡수 통일된 이후 동서독 주민들의 사고방식과 정서의 차이로 인한 갈등과 분열 사례가 나타나 있다. ③ 독일 통일 사례를 통해 외적인 정치적·군사적·체제적 통일보다 사회적·문화적인 내적 통합이 중요함을 알 수 있다.

! 오답 피하기

①, ②, ⑤ 독일 통일 사례는 정치적·군사적 방식을 통해 급속도로 이루어지는 외형적인 통일보다는 사회적·문화적인 교류를 지속적으로 확대하여 이질성을 극복하고 내적 통합을 이루는 것이 중요함을 시사한다. ④ 민족 내부의 이질성을 극복하고 동질성을 회복하려면 주변국에 의지하기보다는 민족 내부의 결속력이 요구된다.

06 중국의 역사 왜곡　　　　　　　　　정답 ①

중국은 동북공정을 통해 역사적 자료를 일방적으로 해석하면서 고구려와 발해를 중국의 지방 정권이라고 주장하는 역사적 왜곡을 자행하였다.

! 오답 피하기

② 중국이 아닌 일본과 관련 있다. 일본은 야스쿠니 신사 참배를 통해 침략 전쟁을 일으킨 전범들을 신격화하고 숭배하면서 주변국들과 갈등을 빚고 있다. ③, ⑤ ㉠에 들어갈 내용으로 적절하지 않다. ④ 중국의 동북공정이나 일본의 역사 교과서 왜곡 등과 같은 동아시아 역사 갈등을 평화적으로 해결하기 위한 방안에 해당한다.

07 일본의 역사 왜곡　　　　　　　　　정답 ⑤

일본의 역사 왜곡에 해당하는 사례를 파악할 수 있어야 한다. ⑤ 일본은 총리 등 고위 정치인들이 제2차 세계 대전의 A급 전쟁 범죄자들을 안치한 야스쿠니 신사를 참배하여 주변 나라들과 갈등을 빚고 있으며, 일본 내 시민들도 이를 부적절하다고 비판하고 있다.

! 오답 피하기

① 1993년 당시 관방장관이 일본군 위안부에 대한 일본의 강제성을 인정한 고노 담화와 관련 있다. ② 일본의 전후 50주년 종전 기념일인 1995년 8월 15일에 당시 무라야마 일본 총리가 발표했던 무라야마 담화와 관련 있다. ③, ④ 침략 전쟁의 역사를 미화하고 찬양하는 행위와는 관련이 없다.

08 동아시아의 역사 갈등 해결 방안　　　정답 ④

㉠에는 동아시아의 역사 갈등을 해결하기 위해 필요한 내용이 들어가야 한다. ㄱ. 동아시아 역사 화해와 기초를 세우기 위해서는 중국과 일본의 패권적이고 배타적인 자국 중심주의적 역사관을 경계하고, 그 위험성에 관한 공감대를 국제 사회에 형성해야 한다. ㄴ. 한국, 중국, 일본 3국의 공동 역사 연구를 통한 공동 역사 교재 개발 등의 노력은 각국의 역사 인식 차이를 극복하는 데 기여할 수 있다. ㄷ. 국제 연대와 인적 교류의 확대 및 활성화는 각국에 관한 혐오 정서나 역사 인식의 차이를 줄이는 데 기여할 수 있다.

! 오답 피하기

ㄹ. 한국, 중국, 일본 3국은 잘못된 역사를 바로잡고 동아시아의 역사 갈등 문제를 해결하기 위해 역사, 문화, 예술 차원 등 다양한 분야에서 민간 단체들을 포함한 폭넓은 교류를 통해 상호 이해를 증진해야 한다.

09 남북 분단의 배경과 통일의 필요성

(1) **모범 답안** 미국과 구소련을 중심으로 한 냉전 체제 확산, 모스크바 3국 외상 회의에서 한반도에 대한 신탁 통치 결정 등

(2) **모범 답안** 남한의 자본과 기술이 북한의 자원 및 노동력과 결합하여 경제 성장을 이룰 수 있다, 분단이 빚어낸 이념과 지역 간의 갈등을 해소할 수 있다 등

채점 기준	구분
㉠ 남북 분단의 국제적 배경과 ㉡ 통일의 필요성에 대해 모두 적절하게 서술한 경우	상
㉠과 ㉡ 중 하나는 적절하게 서술했으나, 다른 하나를 다소 미흡하게 서술한 경우	중
㉠과 ㉡ 중 어느 하나에 대해서만 적절하게 서술한 경우	하

10 동아시아의 역사 갈등

(1) **모범 답안** 식민 지배와 일본군 위안부 등에 대한 강제성을 인정하지 않고 있다, 야스쿠니 신사 참배 등으로 침략 전쟁을 미화하고 있다 등

(2) **모범 답안** 현재 중국에 있는 소수 민족의 분리 독립을 막기 위해서이다 등

채점 기준	구분
㉠ 일본이 우리나라와 갈등을 빚고 있는 역사 왜곡 사례와 ㉡ 중국이 동북공정을 추진한 까닭을 모두 적절하게 서술한 경우	상
㉠과 ㉡ 중에서 어느 하나를 적절하게 서술하였으나, 다른 하나는 다소 미흡하게 서술한 경우	중
㉠과 ㉡ 중 어느 하나만을 적절하게 서술한 경우	하

01 ①	02 ①	03 ③	04 ⑤	05 ⑤	06 ④
07 ②	08 ④				

01 통일에 대한 입장　　　　　정답 ①

ㄱ, ㄴ. 갑은 남북통일을 위해 사회·문화적 통합이 선행되어야 한다고 보는 입장으로, 남북한이 비정치적 영역에서부터 점진적으로 교류와 협력을 확대하여 단계적으로 통일을 이루어 나가야 한다고 본다.

! 오답 피하기

ㄷ. 을이 아니라 갑의 입장에 해당한다. 을은 남북한이 정치적 영역에서의 일괄 타결을 통해 통일을 빠르게 이루어야 한다는 입장이다. ㄹ. 갑과 을은 남북한이 분단을 유지하는 것보다 분단을 극복하고 통일을 이루는 것이 더 유리하다고 보아, 통일을 실현할 수 있는 방안을 제시하고 있다. 다만 통일에 이르는 방법론에 차이가 있는 것이다.

02 통일을 위한 노력　　　　　정답 ①

(가)는 힘의 논리에 기반한 현실주의 관점에서 통일에 접근해야 한다는 입장이다. (나)는 북한을 협력의 대상으로 보고 통일을 통해 적극적 평화를 실현해야 한다는 입장이다. ① (가)의 입장에 비해 (나)의 입장이 갖는 상대적 특징을 살펴보면, 'X : 남북한 관계에서 군사적 힘의 논리를 강조하는 정도'는 (가)에 비해 (나)가 낮다(㉠, ㉢, ㉣). 'Y : 통일을 통한 적극적 평화의 실현을 강조하는 정도'는 (가)에 비해 (나)가 높다(㉠, ㉡, ㉣, ㉤). 'Z : 남북한 간 신뢰 형성의 중요성을 강조하는 정도'는 (가)에 비해 (나)가 높다(㉠, ㉡, ㉢). 따라서 이를 모두 종합하면 공통적인 것은 ㉠이 된다.

03 분단 비용과 통일 비용　　　　　정답 ③

갑은 통일이 된다면 국방비가 늘어나게 되며 이에 따라 통일 비용의 부담도 커질 것이라고 보는 입장이다. 반면 을은 통일이 된다면 국방비를 줄일 수 있으므로 통일 편익은 증대될 것이라고 보는 입장이다. ③ 통일 편익이란 통일로 얻게 되는 경제적·비경제적 보상과 혜택을 의미하며, 통일 이후 지속적으로 발생하게 된다. 을은 분단 체제를 유지하느라 과도한 국방비를 지출하고 있는데, 통일이 되면 이를 줄일 수 있으므로 통일 편익이 증대될 것이라는 입장이다.

! 오답 피하기

① 갑은 통일 이전과 달리 통일 이후에 국방비가 늘어나게 될 것이라고 보고 있다. ② 분단 비용은 분단을 유지하기 위해 소모되는 비용으로 통일 이후에는 발생하지 않는다. ④ 을은 통일 이후 국방비와 통일 비용에 대한 부담 모두 줄어들 것이라고 보고 있다. ⑤ 갑의 입장에만 해당한다. 을은 통일 이전 남과 북이 적대적으로 대치하고 있을 때보다 통일 이후에는 국방비를 줄일 수 있을 것이라고 전망하고 있다.

04 통일의 필요성에 대한 토론 쟁점 파악　　　　　정답 ⑤

갑은 통일의 필요성을 경제적 가치에서 찾아서는 안 된다고 보고, 을은 통일이 민족의 경제적 이익 증대를 위해 추진되어야 한다고 본다. ⑤ 갑은 부정, 을은 긍정의 대답을 할 질문이므로 토론의 핵심 쟁점으로 적절하다.

! 오답 피하기

①, ③, ④ 갑, 을이 모두 긍정의 대답을 할 질문이므로 토론의 쟁점이 될 수 없다. 갑은 통일이 민족의 정체성 확립을 위해 반드시 이루어 내야 할 과제이며, 평화로운 민족 공동체 건설을 위해 실현되어야 한다고 주장하고 있으며, 을도 이에 대해 동의하고 있다. ② 갑, 을이 모두 부정의 대답을 할 질문이므로 토론의 쟁점이 될 수 없다.

05 동아시아의 역사 갈등　　　　　정답 ⑤

⑤ 중국과 일본은 모두 객관적인 역사적 사실을 외면한 채 자국의 이익에만 몰두하여 역사 왜곡을 자행하고 있다.

! 오답 피하기

①, ② 중국은 동북공정을 추진하면서 고구려사가 자신의 지방사라고 주장하고 있는데, 중국이 이처럼 고대사를 왜곡하는 동북공정을 추진하는 이유는 현재의 중국 영토 내에 있는 소수 민족의 분리 독립을 막고 국경 지역을 안정시키기 위한 것이다. ③, ④ 일본은 역사 교과서를 왜곡하여 식민 지배와 일본군 위안부에 대한 강제성을 인정하지 않고 있으며, 독도가 일본의 영토라는 거짓된 주장과 침략 전쟁을 일으킨 전범들을 미화하고 숭배하는 야스쿠니 신사 참배 등으로 우리나라와 지속적인 역사 갈등을 겪고 있다.

06 중국의 역사 왜곡　　　　　정답 ④

제시된 자료에는 동북공정을 통한 중국의 역사 왜곡이 나타나 있다. 중국은 중국 동북부 지역의 동북 3성에 관한 역사, 지리, 민족 문제를 다루는 국가적 연구 사업인 '동북공정'을 통해 우리 고대사를 왜곡하였다. ㄴ. 중국은 동북공정을 통해 현재의 중국 영토 내에 있는 소수 민족의 분리 독립을 막고 이들을 통합하여 국경 지역을 안정시키고자 한다. ㄹ. 제시된 자료에는 중국의 역사 왜곡으로 늘어가는 만리장성이 나타나 있다.

! 오답 피하기

ㄱ. 독도에 대한 영유권을 주장하는 국가는 중국이 아니라 일본이다. ㄷ. 중국은 백제나 신라가 아닌 고조선, 부여, 고구려, 발해의 역사가 중국의 지방사라는 왜곡된 주장을 하고 있다.

07 일본의 역사 교과서 왜곡　　　　　정답 ②

ㄱ, ㄷ. 일본은 역사 교과서 왜곡을 통해 독도가 자국의 영토인데, 현재 한국이 불법적으로 점유하고 있다고 거짓된 주장을 하고 있다.

! 오답 피하기

ㄴ. 일본은 국제 사회에 독도를 영유권 분쟁 지역으로 만들려는 속셈을 가지고 있다. ㄹ. 일본이 국제 사법 재판소에 독도 관련 사항을 공동 제소할 것을 제안하였지만, 우리나라는 이에 응하지 않았다. 국제 사법 재판소는 원칙적으로 분쟁 당사국들이 합의하여 분쟁 해결을 요청한 사건에 대해서만 관할권을 가지므로 독도에 대한 국제 사법 재판소의 판단은 이루어지지 않았다.

08 동아시아의 역사 갈등　　　　　정답 ④

ㄱ. 중국의 동북공정은 현재의 중국 영토 내에 있는 소수 민족의 분리 독립을 막고 국경 지역을 안정시키기 위한 목적과 한반도의 통일 이후 발생할 수 있는 영토 분쟁을 방지하기 위한 의도가 숨어 있다. ㄴ. 일본의 왜곡된 역사 교과서는 일제 강점기 징용·징병의 강제성을 감추고, 일본군 '위안부' 기술을 축소·은폐하였으며, 대한민국이 일방적으로 독도를 자국의 영토라고 주장하며 불법으로 점거하고 있다고 서술하고 있다. ㄷ. 우리나라와 중국, 일본 등이 겪고 있는 역사 갈등은 동아시아 지역의 긴장을 고조시키고 세계 평화를 위협하는 요인이 될 수 있다.

! 오답 피하기

ㄹ. 일본의 주요 정치인들이 침략 전쟁을 일으킨 A급 전범들의 위패가 있는 야스쿠니 신사에 참배하는 행위는 과거의 식민 지배와 침략 전쟁을 미화하고 정당화하는 것으로, 주변국들의 우려를 낳고 있다.

01 세계의 인구 문제와 해결 방안

STEP 1 내신 다지기 본문 ○ 145~147쪽

01 ①	02 ②	03 ⑤	04 ②	05 ④	06 ①
07 ①	08 ④	09 ③	10 ⑤	11 ④	12 ⑤
13~14 해설 참조					

01 지역(대륙)별 인구 변화 정답 ①

① 2021년 기준 인구가 가장 많은 지역(대륙)인 (가)는 아시아이고, 2021~2070년 인구 증가율이 가장 높을 것으로 예상되는 (나)는 아프리카이다. 2021~2070년 인구 증가가 정체될 것으로 예상되는 (다)는 유럽이다.

02 지역(대륙)별 인구 정답 ②

(가)는 아시아, (나)는 아프리카, (다)는 유럽이다. ㄱ. 아시아에는 세계에서 인구가 가장 많은 국가인 인도가 속해 있다. ㄷ. 출생률이 높은 아프리카는 유럽보다 1950~2021년 인구 증가율이 높다.

❗ 오답 피하기

ㄴ. 아프리카는 인구 순 유출이 발생하고 있으므로 2021년 유출 인구보다 유입 인구가 적다. ㄹ. 유럽은 아시아보다 경제 발달 수준이 높으므로 지역(대륙) 내 3차 산업 종사자 수 비율이 높다.

03 세계의 인구 분포 정답 ⑤

⑤ 열대 고산 기후 지역은 비슷한 위도의 저지대보다 기후가 온화하여 인구가 밀집해 있다. 인구가 밀집한 열대 고산 기후 지역의 사례로 에콰도르의 키토, 볼리비아의 라파스 등과 같은 안데스산맥의 고산 도시를 들 수 있다.

개념노트	인구 밀집 지역과 인구 희박 지역
인구 밀집 지역	• 기후가 온화하고 넓은 평야가 분포한 지역 : 농업에 유리하여 식량이 풍부함 • 산업과 도시가 발달한 지역 : 일자리가 풍부하고 임금 수준이 높으며, 각종 편의 시설들이 갖춰져 있음
인구 희박 지역	• 사막 기후 지역 : 물을 구하기 어려워 곡물 재배가 어렵고 인간 거주에 불리함 • 열대 우림 지역 : 열대림이 울창하게 형성되어 있어 거주지 개발이 어려움 • 한대 기후 지역 : 기후가 한랭하여 곡물 재배가 어렵고 인간 거주에 불리함 • 험준한 산지 : 평지가 적고 기온이 낮아 인간 거주에 불리함

04 세계의 인구 분포 정답 ②

지도의 A는 유럽 일대, B는 사하라 사막 일대, C는 중국 동부의 평야 일대, D는 알래스카 일대, E는 아마존강 유역의 열대 우림 일대이다. ② 사하라 사막 일대인 B는 사막이 넓게 형성되어 있어 물을 구하기 힘들고 농업 발달이 어려우므로 인구 희박 지역에 해당한다.

❗ 오답 피하기

① 유럽은 일찍부터 산업이 발달하여 인구 밀도가 높다. 세계적인 쌀 생산지는 아시아의 계절풍 기후 지역이다. ③ 중국 동부의 평야 일대는 온대 기후 지역이고 인구 밀집 지역에 해당한다. ④ 알래스카 일대는 한대 기후가 나타나 겨울이 매우 길고 추워 인간 거주에 불리하다. ⑤ 아마존강 유역의 열대 우림 일대는 열대림이 울창하게 형성되어 있어 거주지 개발이 어렵다.

05 선진국과 개발도상국의 인구 구조 정답 ④

(가)는 (나)보다 유소년층 인구 비율이 높은 반면 노년층 인구 비율이 낮으므로 아프리카의 개발도상국인 니제르이고, (나)는 유럽의 선진국인 독일이다. ④ 선진국인 독일은 개발도상국인 니제르보다 국가 내 1차 산업 종사자 수 비율이 낮다.

❗ 오답 피하기

① 출생률이 높은 니제르는 유소년층 인구보다 노년층 인구가 적다. ② 출생률이 낮은 독일은 출산 억제 정책보다 출산 장려 정책의 필요성이 크다. ③ 니제르는 독일보다 유소년층 인구 비율이 높고 노년층 인구 비율이 낮으므로 중위 연령이 낮다. ⑤ 니제르는 아프리카, 독일은 유럽에 위치한다.

06 인구 이동의 유형 정답 ①

① (가) 이동은 개발도상국에서 임금 수준이 높고 고용 기회가 많은 선진국으로의 이동이므로 (가)에는 경제적이 들어가야 한다. (나) 이동은 전쟁이나 분쟁으로 인한 이동이므로 (나)에는 정치적이 들어가야 한다. (다) 이동은 기후변화에 따른 재앙을 피하기 위한 이동이므로 (다)에는 환경적이 들어가야 한다.

07 인구 이동의 유형별 사례 정답 ①

(가) 이동은 경제적 이동, (나) 이동은 정치적 이동, (다) 이동은 환경적 이동이다. ① 라틴 아메리카 노동자들의 미국으로의 이동은 경제적 이동에 해당하고, 수단에서 발생한 내전으로 인한 난민의 이동은 정치적 이동에 해당하며, 해수면 상승으로 남태평양 섬 주민의 주변 국가로의 이동은 환경적 이동에 해당한다. 따라서 (가) 이동의 사례는 ㄱ, (나) 이동의 사례는 ㄴ, (다) 이동의 사례는 ㄷ이다.

08 지역(대륙)별 인구 순 이동 정답 ④

인구 순 이동은 유입 인구에서 유출 인구를 뺀 값이다. 따라서 인구 순 이동이 양(+)의 값을 기록하면 인구의 순 유입이 발생했다는 것을 의미하고, 인구 순 이동이 음(−)의 값을 기록하면 인구의 순 유출이 발생했다는 것을 의미한다. ④ 모든 시기에 인구의 순 유입이 발생한 (가)는 앵글로아메리카이고, 가장 최근인 2015~2020년 인구의 순 유출 규모가 가장 큰 (다)는 인구 규모가 큰 아시아이다. 아시아와 같이 인구 순 유출이 발생하고 있는 (나)는 라틴 아메리카이다.

09 우리나라의 인구 문제 정답 ③

1970년에 비해 2020년은 유소년층 인구 비율이 낮고 노년층 인구 비율이 높은 것으로 보아 저출생·고령화 문제가 심각해졌음을 알 수 있다. 따라서 2020년은 1970년보다 중위 연령이 높고 유소년 부양비가 낮으며 출산 장려 정책의 필요성이 높다.

10 지역(대륙)별 인구 문제 정답 ⑤

합계 출산율이 가장 높은 (가)는 아프리카이고, 합계 출산율이 가장 낮은

(다)는 유럽이며, 나머지 (나)는 앵글로아메리카이다. ㄷ. 합계 출산율이 높은 아프리카는 합계 출산율이 낮은 유럽보다 인구 과잉에 따른 문제가 심각하다. ㄹ. 앵글로아메리카에는 지리적으로 인접한 라틴 아메리카 출신의 이주민이 많다.

ㄱ. 합계 출산율이 가장 높은 지역(대륙)인 아프리카는 출생자 수보다 사망자 수가 적으며, 인구의 자연 증가율도 가장 높다. ㄴ. 앵글로아메리카는 합계 출산율이 낮은 편이므로 강력한 산아 제한 정책의 시행이 필요하지 않고 오히려 출산 장려 정책의 시행이 필요한 상황이다.

11 주요 국가의 고령화 문제   정답 ④

(가)는 (나)보다 모든 시기에 노년층 인구 비율이 높으므로 고령화 문제가 심각한 일본이고, 나머지 (나)는 중국이다. ㄱ. 일본은 중국보다 2021년 총인구가 적다. ㄷ. 그래프를 보면 독일은 2021년 노년층 인구 비율이 22.2%로 20%를 넘으므로 초고령 사회에 해당한다는 것을 알 수 있다. ㄹ. 그래프를 보면 한국의 노년층 인구 비율은 2021년 16.7%, 2050년 39.4%이므로 2021~2050년 노년층 인구 비율 증가 폭은 22.7%p이다. 일본의 노년층 인구 비율은 2021년 29.8%, 2050년 37.5%이므로 2021~2050년 노년층 인구 비율 증가 폭은 7.7%p이다. 따라서 한국은 일본보다 2021~2050년 노년층 인구 비율 증가 폭이 크다.

ㄴ. 중국은 일본보다 2021년 노년층 인구 비율이 낮은 것으로 보아 중위 연령이 낮다는 것을 알 수 있다.

12 저출생·고령화 문제의 해결 방안   정답 ⑤

출생아는 줄고 사망자는 늘면서 인구가 자연 감소하고 있으며 2025년에는 65세 이상 인구가 20%를 돌파하여 초고령 사회에 진입할 것으로 예상된다. 따라서 신문 기사에 제시된 인구 문제는 저출생·고령화 문제이다. ⑤ 저출생·고령화로 인한 노동력 부족 문제를 해결하기 위해서는 정년을 늘리고 노년층 인구의 취업 기회를 확대해야 한다.

13 지역(대륙)별 인구 구조

(1) (가)는 아프리카, (나)는 유럽이다.
(2) **모범 답안** (나)의 유럽은 (가)의 아프리카보다 인구의 자연 증가율이 낮고 중위 연령이 높으며 산업화 시작 시기가 이르다.

채점 기준	구분
제시된 단어 세 가지를 모두 이용하여 정확하게 서술한 경우	상
제시된 단어 중 두 가지만을 이용하여 정확하게 서술한 경우	중
제시된 단어 중 한 가지만을 이용하여 정확하게 서술한 경우	하

14 우리나라의 인구 문제와 해결 방안

(1) 저출생
(2) **모범 답안** 출산 및 육아 비용 지원, 양육 및 보육 시설 확충, 유급 출산 휴가 기간 연장, 결혼과 출산을 장려하는 문화 확산 등

채점 기준	구분
저출생 문제의 해결 방안 두 가지를 모두 정확하게 서술한 경우	상
저출생 문제의 해결 방안 두 가지를 모두 서술하였으나 일부 틀린 서술이 포함된 경우	중
저출생 문제의 해결 방안 중 한 가지만 정확하게 서술한 경우	하

---

01 ①	02 ④	03 ③	04 ①	05 ③	06 ①
07 ①	08 ②	09 ⑤	10 ①	11 ①	12 ③
13 ②	14 ①	15 ③	16 ①		

01 지역(대륙)별 인구 변화   정답 ①

모든 시기에 인구가 가장 많은 (가)는 아시아이고, 1970~2021년 인구 증가율이 가장 높은 (나)는 출생률이 높은 아프리카이다. 1970~2021년 인구 증가율이 낮고 이후에도 인구 증가가 정체될 것으로 예상되는 (다)는 저출생 문제가 심각한 유럽이다. ㄱ. 그래프를 보면 아프리카는 유럽보다 1970~2021년 인구 증가율이 높다. ㄴ. 유럽은 아시아보다 2021년 경제 발달 수준이 높으므로 1인당 지역 내 총생산이 많다.

ㄷ. (가)는 아시아이고, (나)는 아프리카이다. ㄹ. 세 지역(대륙) 중 2021년 중위 연령은 유럽이 가장 높다.

02 세계의 인구 분포   정답 ④

④ 서부 유럽 지역은 일찍부터 산업이 발달하여 인구가 밀집해 있는 지역이다.

세계적인 쌀 생산지를 이루고 있으며 인구가 밀집한 지역의 사례로는 남부 아시아와 동남아시아의 계절풍 기후 지역을 들 수 있다.

03 지역(대륙)별 인구 순 이동   정답 ③

2015~2020년 인구 순 이동이 양(+)의 값을 기록하여 인구 순 유입이 나타나는 (가), (나)는 앵글로아메리카, 오세아니아 중 하나인데 (가)는 (나)보다 인구 순 유입이 많으므로 앵글로아메리카이고, (나)는 상대적으로 인구 규모가 작은 오세아니아이다. 2015~2020년 인구 순 이동이 음(-)의 값을 기록하여 인구 순 유출이 나타나는 (다), (라)는 라틴 아메리카, 아시아 중 하나인데 (라)는 (다)보다 인구 순 유출이 많으므로 아시아이고, (다)는 상대적으로 인구 규모가 작은 라틴 아메리카이다. ③ 앵글로아메리카에는 지리적으로 인접한 라틴 아메리카 출신의 이주민이 많다. 따라서 앵글로아메리카에는 아시아보다 라틴 아메리카 출신의 이주민이 많다.

① 세계에서 인구가 가장 많은 국가인 인도는 아시아에 속한다. ② 그래프를 보면 오세아니아는 2015~2020년 인구 순 이동이 양(+)의 값을 기록했으므로 유입 인구보다 유출 인구가 적다. ④ 아시아는 세계에서 인구가 가장 많은 지역(대륙)이고 인구 밀도도 가장 높다. 따라서 아시아는 앵글로아메리카보다 인구 밀도가 높다. ⑤ 네 지역(대륙) 중 총인구는 아시아가 가장 많다.

04 세계의 인구 이동   정답 ①

주로 개발도상국에서 선진국으로 이동이 발생하고 있으며 (나)보다 세계의 이동자 수가 많은 (가)의 이동은 노동자의 이동에 해당한다. 전쟁 및 분쟁 발생 지역에서 주변 국가로 이동이 발생하고 있는 (나)의 이동은 난민의 이동에 해당한다. ㄱ. 노동자의 이동은 유입 지역의 노동력 부족 문제 해결에 도움이 된다. ㄴ. 난민의 이동은 전쟁이나 분쟁으로 인한 정치적 이동에 해당한다.

ㄷ. 난민의 이동은 노동자의 이동보다 세계의 이동자 수가 적다. ㄹ. (가)는 노동자, (나)는 난민이다.

05 지역(대륙)별 합계 출산율   정답 ③

③ 세 지역(대륙) 중 모든 시기에 합계 출산율이 가장 높은 (가)는 출생률이 높은 아프리카이고, 모든 시기에 합계 출산율이 가장 낮은 (다)는 저출생 문제가 심각한 유럽이다. 나머지 (나)는 아시아이다.

06 우리나라의 인구 구조 변화   정답 ①

1970년에 비해 2020년 노년층 인구의 비율이 높으므로 노년 부양비가 높고, 면적에 큰 변화가 없지만 총인구는 1.5배 이상 증가하였으므로 인구 밀도가 높다. 또한 1970년에 비해 2020년 유소년층 인구 비율이 낮으므로 합계 출산율이 낮다는 것을 알 수 있다.

07 노년층 인구 비율의 분포   정답 ①

① (가)는 유럽에서 수치가 높게 나타나는 반면 아프리카, 남부 아시아, 라틴 아메리카에서는 수치가 낮게 나타난다. 따라서 (가)는 노년층 인구 비율이다.

! 오답 피하기

②, ④, ⑤ 유소년층 인구 비율과 인구의 자연 증가율, 1차 산업 종사자 비율은 아프리카, 라틴 아메리카 국가들에서 높게 나타난다.

08 선진국과 개발도상국의 인구 구조   정답 ②

(가)는 (나)보다 총인구 증가율이 높으므로 출생률이 높아 인구가 빠르게 증가하고 있는 아프리카의 개발도상국 니제르이고, (나)는 유럽의 선진국인 독일이다. A는 니제르보다 독일에서 높게 나타나므로 노년 부양비이고, B는 독일보다 니제르에서 높게 나타나므로 유소년 부양비이다. ② 개발도상국인 니제르는 선진국인 독일보다 산업화가 시작된 시기가 늦다.

! 오답 피하기

① 니제르는 독일보다 유소년층 인구 비율이 높은 반면 노년층 인구 비율이 낮으므로 중위 연령이 낮다. ③ 선진국인 독일은 개발도상국인 니제르보다 국가 내 1차 산업 종사자 수 비율이 낮다. ④ 니제르는 아프리카, 독일은 유럽에 위치한다. ⑤ A는 노년 부양비, B는 유소년 부양비이다.

09 선진국과 개발도상국의 인구 구조   정답 ⑤

세 국가 중 모든 시기에 유소년층 인구 비율이 가장 높은 A는 아프리카의 개발도상국인 나이지리아이다. 세 국가 중 모든 시기에 유소년층 인구 비율이 가장 낮고 노년층 인구 비율이 가장 높은 C는 유럽의 선진국인 에스파냐이다. 나머지 B는 라틴 아메리카의 멕시코이다. ㄷ. 에스파냐는 나이지리아보다 유소년층 인구 비율이 낮고 노년층 인구 비율이 높으므로 중위 연령이 높다. ㄹ. 에스파냐는 멕시코보다 경제 발달 수준이 높으므로 1인당 국내 총생산이 많다.

! 오답 피하기

ㄱ. 나이지리아는 아프리카에 위치한다. ㄴ. 미국에는 국경을 접하고 있는

멕시코 출신의 이주민이 많이 거주한다. 따라서 미국에는 멕시코 출신의 이주민보다 에스파냐 출신의 이주민이 적다.

10 우리나라의 인구 구조 변화   정답 ①

1970년에 비해 2022년 합계 출산율이 낮고 노년층 인구 비율이 증가하였다. 따라서 1970년에 비해 2022년 중위 연령이 높고 유소년 부양비가 낮으며, 1인 가구의 증가로 가구당 구성원 수가 적다. 또한 1970년에 비해 2022년 저출생·고령화 현상이 심각하므로 출산 장려 정책의 필요성이 높다. ① 과거에는 합계 출산율이 높았고 기대 수명이 증가하여 사망률이 감소하고 노년층 인구 비율이 증가하면서 총인구는 1970년에 비해 2022년에 많아졌다.

11 선진국과 개발도상국의 인구 구조   정답 ①

(가)는 (나)보다 유소년층 인구 비율이 낮은 반면 노년층 인구 비율이 높다. 따라서 (가)는 유럽의 선진국인 프랑스이고, (나)는 아프리카의 개발도상국인 가나이다. ① 선진국인 프랑스는 인구 순 유입 국가이므로 유출 인구보다 유입 인구가 많다.

! 오답 피하기

② 가나는 유소년층 인구 비율보다 노년층 인구 비율이 낮으므로 유소년 부양비보다 노년 부양비가 낮다. ③ 프랑스는 가나보다 출생률이 낮으므로 인구의 자연 증가율도 낮다. ④ 출생률이 높은 가나는 출생률이 낮은 프랑스보다 출산 장려 정책의 필요성이 낮다. ⑤ 프랑스는 유럽, 가나는 아프리카에 위치한다.

12 선진국과 개발도상국의 인구 자연 증가율 변화   정답 ③

③ 모든 시기에 인구의 자연 증가율이 가장 높은 (가)는 아프리카의 개발도상국인 니제르(B)이고, 인구의 자연 증가율이 크게 낮아진 (나)는 강력한 산아 제한 정책을 실시한 중국(C)이다. 과거와 현재 모두 인구의 자연 증가율이 낮은 수준에 머물러 있고 2020년 인구의 자연 감소가 나타나고 있는 (다)는 유럽의 선진국인 독일(A)이다.

13 우리나라의 인구 문제와 해결 방안   정답 ②

우리나라의 출생아 수와 합계 출산율 변화를 나타낸 그래프를 보면 1970~2022년 출생아 수가 크게 감소하고 합계 출산율이 크게 낮아져 저출생 문제가 심각한 것을 알 수 있다. 갑. 저출생으로 생산 가능 인구가 감소하고 노년층 인구의 비율이 높아지면 노동 생산성이 저하되어 잠재 성장률이 하락할 것이다. 병. 저출생으로 인한 인구 문제를 해결하기 위해 출산 및 육아 비용 지원 정책이 강화되어야 한다.

! 오답 피하기

을. 저출생이 인구 과잉을 유발한다고 볼 수 없다. 정. 저출생이 지속되면 노년층 인구의 비율이 높아져 고령화도 심각해진다. 노년층 인구의 비율이 높아지는 상황에서는 정년을 연장하고 노년층의 일자리를 마련하는 정책이 시행되어야 한다.

14 국가 간 인구 이동   정답 ①

(가) 국가군은 유출 인구가 많은 상위 2개국이 인도와 멕시코로 개발도상국에 해당하고, (나) 국가군은 유입 인구가 많은 상위 2개국이 미국과 독일로 선진국에 해당한다. 선진국인 미국과 독일이 속한 (나) 국가군은 개발도상국인 인도와 멕시코가 속한 (가) 국가군보다 노동자의 평균 임금 수준이 높고 1인당 국내 총생산이 많으며, 인구의 자연 증가율이 낮다.

15 지역(대륙)별 인구 자연 증가율과 인구 순 이동률 정답 ③

2020년 인구 순 이동률이 양(+)의 값을 기록하여 인구 순 유입이 발생한 (가), (나)는 유럽, 앵글로아메리카 중 하나인데 (나)는 2020년 인구의 자연 증가율이 음(−)의 값을 기록하여 인구의 자연 감소가 나타났으므로 저출생 문제가 심각한 유럽이고, 나머지 (가)는 앵글로아메리카이다. 모든 시기에 인구의 순 유출이 발생하였고, 인구의 자연 증가율이 가장 높은 (다)는 출생률이 높은 아프리카이다.

16 인구 배출 요인과 흡인 요인 정답 ①

특정 지역의 인구를 다른 지역으로 밀어내 이동하게 만드는 요인인 (가)는 배출 요인이고, 다른 지역으로부터 인구를 끌어들여 머무르게 하는 요인인 (나)는 흡인 요인이다. ㄱ. 전쟁이나 분쟁으로 인한 난민의 이동은 배출 요인이 작용하여 발생한 인구 이동에 해당한다.

❗ 오답 피하기

ㄴ. 빈곤, 낮은 임금 수준, 부족한 일자리는 배출 요인의 사례에 해당한다. ㄷ. 선진국은 흡인 요인이 강하게 작용하여 인구 순 유입이 발생하고 있으며, 개발도상국은 배출 요인이 강하게 작용하여 인구 순 유출이 발생하고 있다.

02~03 에너지 자원과 지속가능한 발전 ~ 미래 사회의 모습과 나의 삶

STEP 1 내신 다지기 본문 ○ 156 ~ 158쪽

01 ①	02 ②	03 ③	04 ①	05 ④	06 ③
07 ⑤	08 ②	09 ⑤	10 ②	11 ④	12 ④

13~14 해설 참조

01 세계 1차 에너지원별 소비량 변화 정답 ①

① 2022년 소비량이 가장 많은 (가)는 석유이고, 2022년 석유 다음으로 소비량이 많은 (나)는 석탄이다. 2022년 세 화석 에너지 중에서 소비량이 가장 적고 1970~2022년 소비량 증가율이 가장 큰 (다)는 천연가스이다.

02 화석 에너지 정답 ②

(가)는 석유, (나)는 석탄, (다)는 천연가스이다. ㄱ. 석유는 석탄보다 국제 이동량이 많은 에너지 자원이다. ㄷ. 천연가스는 석유보다 상용화된 시기가 늦다.

❗ 오답 피하기

ㄴ. 석탄은 화석 에너지 중에서 연소 시 대기 오염 물질 배출량이 가장 많다. 따라서 석탄은 천연가스보다 연소 시 대기 오염 물질 배출량이 많다. ㄹ. 세 에너지 중 수송용으로 이용되는 비율은 석유가 가장 높다.

03 세계 에너지 소비 정답 ③

③ 세계에서 1차 에너지 소비량이 가장 많은 국가는 인구가 많고 공업화로 에너지 소비가 빠르게 증가하고 있는 중국이다. 중국은 아시아에 위치한다.

04 자원의 특성 정답 ①

① 화석 에너지는 매장량에 한계가 있어 고갈의 위험이 크다는 내용의 ㄱ은 자원의 유한성 사례에 해당한다. 석유는 페르시아만 일대의 매장량 비율이 매우 높아 국제 이동량이 많다는 내용의 ㄴ은 자원의 편재성 사례에 해당한다. 불태워 버리던 천연가스가 냉동 액화 기술의 발달 이후 소비량이 크게 증가했다는 내용의 ㄷ은 자원의 가변성 사례에 해당한다. 따라서 (가)에는 ㄱ, (나)에는 ㄴ, (다)에는 ㄷ이 들어가야 한다.

05 국가별 화석 에너지 생산량 정답 ④

미국, 사우디아라비아, 러시아의 생산량 비율이 높은 (가)는 석유이다. 미국, 러시아, 이란의 생산량 비율이 높은 (나)는 천연가스이다. 중국의 생산량이 세계 생산량의 절반 가까이를 차지하고 있는 (다)는 석탄이다. ④ 석유는 세계 1차 에너지 소비 구조에서 가장 높은 비율을 차지하는 에너지이다. 따라서 석유는 천연가스보다 세계 1차 에너지 소비 구조에서 차지하는 비율이 높다.

❗ 오답 피하기

① 천연가스에 대한 설명이다. ② 석탄에 대한 설명이다. ③ 석유와 천연가스에 대한 설명이다. ⑤ 석유와 천연가스는 신생대 제3기층의 배사 구조에 주로 매장되어 있고, 석탄은 고생대 지층에 주로 매장되어 있다.

06 석유의 분포와 국제 이동 정답 ③

사우디아라비아를 비롯한 서남아시아의 페르시아만 일대에서 동아시아로, 러시아에서 유럽으로 많이 수송되고 있는 화석 에너지는 석유이다. ③ 석유는 내연 기관의 발명과 자동차 보급으로 소비량이 급증하였다.

❗ 오답 피하기

① 석유는 주로 신생대 제3기층의 배사 구조에 매장되어 있다. ② 석탄에 대한 설명이다. ④, ⑤ 천연가스에 대한 설명이다.

07 천연가스 정답 ⑤

⑤ (가)는 러시아가 우크라이나를 침공하기 전까지 유럽으로 많이 수출했던 에너지이다. 러시아산 (가)의 수입이 중단되면서 유럽 국가들은 액화 수송선을 이용하여 미국으로부터 (가)를 수입하고 있다. 따라서 (가)는 천연가스이다.

08 주요 국가의 1차 에너지 소비 구조 정답 ②

② 미국, 일본, 대한민국에서 소비량 비율이 높게 나타나는 (가)는 석유이다. 천연가스의 생산량이 많은 러시아와 이란에서 소비량 비율이 높게 나타나는 (나)는 천연가스이다. 석탄의 생산량이 많은 중국과 인도에서 소비량 비율이 가장 높게 나타나는 (다)는 석탄이다.

09 지속가능한 발전을 위한 노력 정답 ⑤

미래 세대의 필요를 충족시킬 수 있는 능력을 저해하지 않으면서 현세대의 필요를 충족하는 발전인 (가)는 지속가능한 발전이다. ⑤ 화석 에너지 소비량이 많은 기업에 보조금을 지급하면 화석 에너지 소비량이 오히려 증가하여 지구 온난화와 같은 환경 문제가 심화된다. 이는 지속가능한 발전을 위한 노력이라고 볼 수 없다.

ㄱ, ㄷ. 풍력, 태양광, 지열과 같은 신·재생 에너지를 이용한 발전 시설을 갖추게 되면 온실가스 배출량을 감축하고 화석 에너지에 대한 의존도를 낮춰 지속가능한 발전이 가능해진다.

오답 피하기

ㄴ. 신·재생 에너지를 이용한 발전 시설을 갖춘다고 해서 석유의 특성 중 하나인 편재성이 달라지지는 않는다. ㄹ. 신·재생 에너지는 화석 에너지에 비해 경제적 효율성이 낮은 편이므로 신·재생 에너지를 이용한 발전 시설을 갖춘다고 해서 에너지 이용의 경제적 효율성이 극대화되지는 않는다.

11 미래 사회의 모습 예측　정답 ④

(가)에는 미래 사회의 모습을 예측한 내용이 들어가야 한다. ㄷ. 소품종 대량 생산 방식의 보편화와 공업화는 산업화 시대에 이미 나타난 현상에 해당한다.

12 세계시민으로서의 자세　정답 ④

(가)에는 세계시민으로서 갖추어야 할 자세에 대한 내용이 들어가야 한다. ④ 세계시민은 빠르게 변화하는 미래에 대비하여 삶의 목적과 방향을 미리 기획하고 설정해야 하므로 자신의 적성을 고려한 직업을 선택하는 것이 매우 중요한다.

13 자원 민족주의

(1) 민족주의

(2) **모범 답안** 자원 민족주의가 강화되는 상황에 대처하기 위해 우리나라는 자원의 수입선을 다변화하여 안정적인 자원 공급이 가능하도록 조치하고, 해외 자원 개발에 적극 동참하여 자원 확보량을 늘려야 한다.

채점 기준	구분
우리나라가 마련해야 하는 대책 두 가지를 모두 정확하게 서술한 경우	상
우리나라가 마련해야 하는 대책 두 가지를 모두 서술하였으나 일부 틀린 내용이 포함된 경우	중
우리나라가 마련해야 하는 대책 중 한 가지만을 정확하게 서술한 경우	하

14 지속가능한 발전

(1) 지속가능한 발전

(2) **모범 답안** 지속가능한 발전을 위한 국제적·국가적 차원의 노력으로는 신·재생 에너지 보급 확대, 개발도상국에 대한 공적 개발 원조 확대, 국제 환경 협약의 체결 및 실천, 온실가스 감축 제도 마련, 사회 취약 계층 지원 제도 마련 등이 있다. 개인적 차원의 노력으로는 친환경적인 생활 실천, 윤리적 소비의 실천, 빈곤국 주민 후원 등이 있다.

채점 기준	구분
국제적·국가적 차원의 노력과 개인적 차원의 노력을 각각 한 가지씩 정확하게 서술한 경우	상
국제적·국가적 차원의 노력과 개인적 차원의 노력을 각각 한 가지씩 서술하였으나 일부 틀린 내용이 포함된 경우	중
국제적·국가적 차원의 노력과 개인적 차원의 노력 중 한 가지만 정확하게 서술한 경우	하

| 01 ② | 02 ④ | 03 ③ | 04 ⑤ | 05 ④ | 06 ⑤ |
| 07 ② | 08 ⑤ | 09 ④ | 10 ⑤ | 11 ① | 12 ④ |

01 화석 에너지 소비량 변화　정답 ②

② OECD 국가와 비OECD 국가의 2020년 소비량을 합한 값이 가장 큰 (가)는 세계 소비량이 가장 많은 석유이다. 1990년에 비해 2020년 OECD와 비OECD 국가 모두 소비량이 크게 증가한 (나)는 천연가스이다. 1990년에 비해 2020년 OECD 국가의 소비량은 감소한 반면 비OECD 국가의 소비량은 크게 증가한 (다)는 석탄이다.

02 화석 에너지의 용도별 소비량　정답 ④

주로 산업용으로 소비되는 (가)는 석탄이다. 산업용 외에 가정용으로도 많이 소비되는 (나)는 천연가스이다. 주로 수송용으로 소비되는 (다)는 석유이다. ④ 석탄은 화석 에너지 중 연소 시 대기 오염 물질 배출량이 가장 많다. 따라서 석탄은 천연가스보다 연소 시 대기 오염 물질 배출량이 많다.

오답 피하기

① 석유와 천연가스에 대한 설명이다. ② 석탄에 대한 설명이다. ③ 천연가스에 대한 설명이다. ⑤ 석유는 석탄보다 세계 1차 에너지 소비량에서 차지하는 비율이 높다.

03 주요 화석 에너지의 국제 이동　정답 ③

③ 오스트레일리아와 인도네시아에서 동아시아 국가들로 많은 수출이 이루어지고 있는 (가)는 석탄이고, 사우디아라비아를 비롯한 서남아시아의 페르시아만 일대에서 동아시아로, 러시아에서 유럽으로 많은 수출이 이루어지고 있는 (나)는 석유이다.

04 석탄과 석유　정답 ⑤

(가)는 석탄, (나)는 석유이다. ㄷ. 석탄은 생산지에서 많이 소비되는 반면 석유는 생산지와 소비지가 다른 경우가 많다. 따라서 석탄은 석유보다 국제 이동량이 적은 에너지 자원이다. ㄹ. 석탄은 산업 혁명기의 주요 에너지 자원이었다. 따라서 석유는 석탄보다 상용화된 시기가 늦다.

오답 피하기

ㄱ. 천연가스에 대한 설명이다. 고체 상태의 에너지인 석탄을 육상 구간에서 파이프라인을 통해 수송하기는 어렵다. ㄴ. 석탄에 대한 설명이다. 석유는 주로 신생대 제3기층의 배사 구조에 매장되어 있다.

05 주요 화석 에너지의 지역(대륙)별 소비량　정답 ④

중국, 인도가 속한 아시아·오세아니아에서 소비량 비율이 가장 높은 (가)는 석탄이다. (나), (다)는 석유, 천연가스 중 하나인데 (다)는 (나)보다 러시아가 속한 유럽의 소비량 비율이 높다. 따라서 (나)는 석유이고, (다)는 천연가스이다. ④ 석탄은 석유보다 세계 생산량 대비 세계 수출량이 적어 국제 이동량이 적다.

오답 피하기

①, ③ 석유에 대한 설명이다. ② 석탄에 대한 설명이다. ⑤ 천연가스는 석탄보다 연소 시 대기 오염 물질 배출량이 적다.

06 화석 에너지의 국가별 소비량　정답 ⑤

미국과 러시아의 소비량 비율이 높은 (가)는 천연가스이고, 중국의 소비량 비율이 매우 높게 나타나는 (나)는 석탄이며, 미국, 중국, 인도의 소비량 비율이 높은 (다)는 석유이다. ⑤ 석탄은 석유보다 발전 및 제철용으로 이용되는 비율이 높아 산업용으로 이용되는 비율이 높다.

❗ 오답 피하기

① 천연가스의 세계 최대 생산국은 앵글로아메리카에 위치한 미국이다. ② 석탄은 수송용보다 산업용으로 소비되는 비율이 높다. ③ 천연가스에 대한 설명이다. ④ 천연가스는 석탄보다 세계 1차 에너지 소비량에서 차지하는 비율이 낮다.

07 주요 화석 에너지의 국가별 수출량   정답 ②

② 사우디아라비아, 미국, 러시아의 수출량 비율이 높은 (가)는 석유이고, 미국과 러시아에 이어 카타르, 오스트레일리아의 수출량 비율이 높은 (나)는 천연가스이며, 인도네시아와 오스트레일리아의 수출량 비율이 높은 (다)는 석탄이다.

08 석유와 천연가스의 국가별 생산량   정답 ⑤

주요 생산국에 사우디아라비아와 이라크가 속해 있는 (가)는 석유이고, 주요 생산국에 이란이 속해 있는 (나)는 천연가스이다. 천연가스는 석유보다 세계 1차 에너지 소비량이 적고, 가정용으로 사용되는 비율이 높으며, 연소 시 대기 오염 물질 배출량이 적다.

09 지속가능한 발전을 위한 노력   정답 ④

ㄱ, ㄴ, ㄷ. 그린 택소노미는 특정 사업이 친환경 사업인지, 사용되는 에너지원이 친환경적인지, 생태계 복원 및 보호를 위해 노력하고 있는지 등을 판단하는 기준이다.

❗ 오답 피하기

ㄹ. 화석 에너지 중심의 소비 구조를 갖추면 온실가스 배출량이 증가하여 지구 온난화와 같은 환경 문제를 심화시키게 된다.

10 지속가능한 발전의 목표   정답 ⑤

⑤ 지속가능한 발전을 위해 정부, 기업, 시민사회 모두가 2030년까지 공동으로 추진해 나가야 할 17가지 목표의 사례로 '석탄 화력 발전을 통한 에너지 부족 해소'는 적절하지 않다. 석탄 화력 발전은 발전 과정에서 다량의 온실가스를 배출하여 지구 온난화를 심화시키게 된다.

11 미래 사회의 모습   정답 ①

① 자유 무역이 확대되고 국제기구의 활동이 증가하면서 국가 간 상호 의존도가 증가하였다.

❗ 오답 피하기

② 국가 간 영역 분쟁은 석유, 천연가스 등과 같은 자원 확보를 둘러싼 분쟁과 함께 나타나는 경우가 많다. ③ 4차 산업 혁명 시대에는 인공지능, 로봇 기술, 사물 인터넷 등의 기술이 발달한다. ④ 정보화의 고도화는 인터넷과 모바일 기술의 발전을 배경으로 등장하였다. ⑤ 기후변화는 지구 온난화 등으로 인해 발생한다.

12 세계시민으로서 미래 삶의 방향   정답 ④

ㄱ, ㄴ. 세계시민으로 인식하여 이에 맞는 미래 삶의 방향을 설정하기 위해서는 개방적 태도와 관용적인 자세를 갖춰야 하고 공동체 구성원 간의 소통과 협력을 이루어야 한다.

❗ 오답 피하기

ㄷ. 세계시민으로서 인류 보편적 가치에 대한 이해를 바탕으로 지속가능

한 발전을 이룰 수 있다.

개념노트	세계시민으로서 미래 삶의 방향 설정
적극적인 참여와 연대의 자세	인류 보편적 가치에 대한 이해를 바탕으로 지속가능한 발전을 이룰 수 있음
개방적 태도와 관용적인 자세	문화와 가치의 다양성을 존중하며 서로의 차이를 이해하고 갈등을 해결하는 자세를 갖춰야 함
올바른 인성과 가치관 정립	공동체 구성원 간의 소통과 협력을 이루고 과학기술이 긍정적 방향으로 나아갈 수 있게 됨

I 인권 보장과 헌법

01 인권의 의미 변화와 확장

시험 대비하기
본문 ○ 167~169쪽

| 01 ⑤ | 02 ④ | 03 ④ | 04 ③ | 05 ② | 06 ④ |
| 07 ① | 08 ③ | 09 ④ | 10 ① | 11 ③ | 12 ⑤ |

01 인권의 특징
정답 ⑤

⑤ 인권은 어떠한 경우에도 타인에게 양도할 수 없으며, 누구든지 태어나면서부터 가진다. 또한 인권은 인간이라면 누구나 누릴 수 있으며, 한시적으로 보장되는 것이 아니라 영구히 보장된다. 따라서 순서 2와 순서 3의 내용은 옳으며, 순서 1과 순서 4의 내용은 옳지 않다.

02 프랑스 인권 선언
정답 ④

ㄴ, ㄹ. 프랑스 혁명은 사회 계약설, 계몽사상 등을 배경으로 18세기 후반에 일어났다. 이에 따라 모든 인간이 태어날 때부터 자유롭고 평등하다는 내용이 프랑스 인권 선언에 명시되었다.

> ! **오답 피하기**

ㄱ. 원칙적으로 사유 재산 제도를 인정한다. ㄷ. 프랑스 인권 선언은 자유권 중심의 인권을 강조하고 있다.

03 인권 신장의 역사적 문서
정답 ④

④ 시민 혁명을 계기로 선포된 프랑스 인권 선언은 자유와 평등의 이념을 강조하고 있다. 바이마르 헌법은 사회권을 최초로 명시하였으며, 인간다운 생활 보장을 위한 국가의 적극적 역할을 강조하고 있다. 차티스트 운동은 영국의 노동자들이 선거권의 확대를 요구하는 인민헌장을 선포하면서 전개되었다.

04 근대 시민 혁명과 인권의 확립 과정
정답 ③

ㄷ. (다) 프랑스 혁명에 의한 인권 선언은 자유권과 평등권을 강조하여 주변의 절대 군주 국가들에 영향을 주었다. ㄹ. (라) 근대 시민 혁명은 절대 군주의 권한을 제한하고 의회 정치를 구현하는 등 여러 측면에서 인권의 발달을 가져왔지만, 정치 참여의 자유가 제한되어 이후 노동자, 여성들의 참정권 획득 운동이 일어났다.

> ! **오답 피하기**

ㄱ. 사회권을 최초로 명시한 것은 독일의 바이마르 헌법(1919년)이다. ㄴ. 국제적인 연대권을 강조한 것은 국제 연합(UN)의 세계 인권 선언(1948년)으로 현대 사회의 인권 보장과 관련 있다.

05 인권 확장의 전개 과정
정답 ②

제시된 자료는 영국의 차티스트 운동에서 주장한 '인민헌장(1838년)'에 대한 내용이다. ② 차티스트 운동은 기존에 부르주아에게만 주어졌던 참정권이 확장되는 계기를 마련하였다는 점에서 의의가 있다.

> ! **오답 피하기**

① 명예혁명은 1688년, ③ 미국 독립 선언은 1776년에 일어났다. ④ 인권 보장의 국제적 기준인 세계 인권 선언은 1948년 UN 총회에서 채택되었다. ⑤ 인민헌장에는 여성, 유색 인종 등의 권리 보장에 대한 내용이 포함되어 있지 않다.

06 인권 확장의 역사적 전개 과정
정답 ④

ㄴ. (가)의 바이마르 헌법은 사회권이 명시된 최초의 헌법이다. ㄹ. (가), (나) 모두 국가 권력의 간섭에서 벗어나 자유롭게 생활할 수 있는 자유권이 반영되어 있다.

> ! **오답 피하기**

ㄱ. ㉠은 선천적 차이에 의한 차별에 해당한다.

07 인권의 의의
정답 ①

제시문은 세계 인권 선언문으로, 인권의 의미와 중요성을 강조하고 있다. ㄱ, ㄴ. 선언문에 따르면 인권은 누구에게나 동등하게 주어져 있고, 개인의 권리와 자유는 예외적으로 타인의 권리와 자유를 보장하기 위한 법률과 사회 전체의 복리를 위한 법률 등에 의해서 제한될 수 있다.

> ! **오답 피하기**

ㄷ. 선언문에 따르면 사회 질서와 사회 전체의 복리를 위해 제정된 법률에 의해서 개인의 권리와 자유를 제한할 수 있다. ㄹ. 선언문에 따르면 인권은 누구에게나 적용되는 보편적인 가치이다.

08 기본권의 유형
정답 ③

㉠은 자유권, ㉡은 사회권, ㉢은 참정권에 해당한다. ③ 참정권은 국가의 정치 과정에 참여할 수 있는 권리이다.

> ! **오답 피하기**

① 바이마르 헌법에 최초로 명시된 권리는 사회권이다. ② 차티스트 운동에서 강조된 권리는 참정권이다. ④ 사회권은 국민의 인간다운 생활 보장을 위해 국가의 적극적 개입을 요구하는 권리이다. ⑤ ㉠~㉢ 중 프랑스 인권 선언에 명시된 권리는 자유권이다.

09 현대 사회의 인권
정답 ④

ㄴ, ㄹ. 주거권은 현대 사회에서 새롭게 등장한 권리로서 주거 취약 계층의 안정적인 주거 환경을 보장하기 위한 권리이다.

> ! **오답 피하기**

ㄱ. 근대 시민 혁명을 계기로 확립된 인권은 자유권과 평등권이다. ㄷ. 국가의 간섭에서 벗어나 자유롭게 생활하기 위한 권리는 자유권이다.

10 현대 사회의 인권
정답 ①

㉠은 문화권이다. ㄱ, ㄴ. 문화권은 사회의 다양성 확대에 기여하며, 각 사회 구성원들의 문화적 정체성 확립에 도움을 준다.

> ! **오답 피하기**

ㄷ. 쾌적한 주거 환경 조성을 강조하는 권리는 주거권이다. ㄹ. 전염병으로부터 자신의 안전을 보장해 주는 권리는 안전권이다.

11 현대 사회의 인권   정답 ③

③ 지진 대피 훈련을 실시하는 것은 각종 위험으로부터 안전을 보장하기 위한 것이다. 따라서 ㉠은 안전권이다.

❗ 오답 피하기
① 문화권에 대한 설명이다. ② 주거권에 대한 설명이다. ④ 사회권에 대한 설명이다. ⑤ 참정권에 대한 설명이다.

12 현대 사회의 인권   정답 ⑤

제시된 자료는 현대 사회에 새롭게 등장하고 있는 인권의 종류와 특징을 나타낸다. ⑤ '자료 1', '자료 3'은 주거권(㉡), '자료 4'는 문화권(㉢)에 대한 내용이다. 따라서 '자료 2'는 주거권과 관련된 내용이므로 해당 내용은 (가)에 들어갈 수 있다.

❗ 오답 피하기
① ㉠에 해당하는 자료는 '자료 4'이다. ② 안전권, ④ 환경권에 해당하는 설명이다. ③ ㉡, ㉢ 모두에 해당하는 설명이다.

---

02 인권 보장을 위한 헌법의 역할과 시민 참여

시험 대비하기   본문 ○ 171 ~ 173쪽

01 ③	02 ②	03 ②	04 ③	05 ⑤	06 ③
07 ⑤	08 ②	09 ④	10 ①	11 ①	12 ⑤
13 ③					

01 입헌주의   정답 ③

③ 절대 군주의 권력 남용을 제한하는 과정에서 입헌주의가 등장하였다.

❗ 오답 피하기
입헌주의는 헌법을 통해 ④ 국민의 기본권을 명시하고 이를 보장하기 위해 ⑤ 국가 통치 기관의 존립 근거와 작용 등을 명시하여 ② 국가 권력을 제한함으로써 궁극적으로 ① 민주주의를 실현하고자 한다.

02 사회권   정답 ②

A는 사회권이다. ② 실업 수당은 사회 보장 제도로, 이는 사회권을 실현하기 위한 방안이다.

❗ 오답 피하기
① 선거에 출마한 것은 참정권을 행사한 사례이다. ③ 집회에 참여한 것은 자유권을 행사한 사례이다. ④ 소송을 제기한 것은 청구권을 행사한 사례이다. ⑤ 주민 투표에 참여한 것은 참정권을 행사한 사례이다.

03 기본권의 유형   정답 ②

(가)는 참정권, (나)는 청구권이다. ㄱ. 참정권은 국민이 정치 과정에 참여할 수 있는 권리이다. ㄷ. 청구권은 국민이 국가에 일정한 행위를 요구하거나 국민의 기본권이 국가나 타인에 의해 침해당하였을 때 구제를 청구할 수 있는 권리로, 수단적·적극적 성격의 권리이다.

❗ 오답 피하기
ㄴ. 기본권은 헌법 제37조 제2항에 의해 국가 안전 보장·질서 유지·공공

복리를 위하여 필요한 경우에 한하여 법률로써 제한할 수 있다. ㄹ. 국가 권력의 간섭을 받지 않을 소극적 권리는 자유권이다.

04 기본권의 유형   정답 ③

③ (다)는 선거권으로, 기본권 중 참정권에 해당한다. 프랑스 혁명을 통해서는 시민이 참정권을 얻었고, 차티스트 운동은 노동자들의 참정권 요구 운동이다.

❗ 오답 피하기
① (가)는 평등권, (나)는 자유권에 해당한다. 현대 사회에 와서 강조된 기본권은 (마) 사회권이다. ② 종교, 성별 또는 사회적 신분에 의한 차별을 금지하는 기본권은 평등권이다. ④ 자유권에 대한 설명이다. (라)는 청구권에 해당한다. ⑤ (마)는 사회권이다. 모든 기본권은 헌법에 의해 규정되어 법률로써 보장된다.

05 기본권의 유형   정답 ⑤

자유권과 사회권 그리고 청구권 중 역사적으로 가장 오래된 기본권은 자유권이다. 따라서 A는 자유권이다. 그리고 최소한의 인간다운 삶을 국가에 요구할 수 있는 권리는 사회권이다. 따라서 B는 사회권, C는 청구권이다. ⑤ 다른 기본권을 보장하기 위한 권리는 청구권이다.

❗ 오답 피하기
① 종교의 자유, 신체의 자유 등은 자유권에 해당한다. ② 노동 3권은 노동자의 노동 조건이나 경제적 지위 향상과 관련된 사회권에 해당한다. ③ 국가 배상 청구권은 국민이 공무원의 직무상 불법 행위 또는 공공시설 등의 설치 및 관리 하자로 인해 손해를 입었을 경우 국가에 배상을 요구할 수 있는 권리로 청구권에 해당한다. ④ 자유권은 근대 시민 혁명 이후에, 사회권은 현대 사회에 들어와서 등장하였다.

06 기본권의 유형   정답 ③

(가)는 자유권, (나)는 사회권, (다)는 청구권에 해당한다. ③ 청구권은 다른 기본권을 보장하기 위한 수단적 권리이다.

❗ 오답 피하기
차티스트 운동은 참정권 확대와 관련되며, 국가 권력의 간섭을 배제하는 권리는 자유권이다. 역사적으로 자유권이 사회권보다 앞서서 보장되었으며, 바이마르 헌법에 최초로 명시된 권리는 사회권만 해당한다.

07 국민 주권의 원리   정답 ⑤

우리나라의 헌법 제1조 제2항은 국민 주권의 원리를 표방하고 있다. 이는 주권이 국민에게 있다는 원리로, 국가의 중요한 의사 결정이 국민의 손에 의해 이루어짐을 말한다. ㄷ, ㄹ. 모두 국가의 최고 규범인 헌법과 대통령과 국회의원을 국민이 결정한다는 점에서 국민 주권의 원리에 부합한다.

❗ 오답 피하기
ㄱ, ㄴ. 헌법의 원리에 해당하지만 제시문과 관련이 없다.

08 권력 분립 제도   정답 ②

제시된 그림은 삼권 분립 제도를 나타낸 것이다. 삼권 분립을 통해 권력의 집중을 막고자 한 것이다. ② 통치의 효율성은 권력이 집중될 때 더 높아질 수 있지만, 독재로 이어져 국민의 기본권을 침해할 우려가 있다.

❗ 오답 피하기
삼권 분립 제도는 국가 권력을 크게 입법부, 사법부, 행정부로 나누고 어

느 한 기관에 권력이 집중되지 않도록 한 것이다. 이는 권력 집중으로 인한 권력 남용과 독재 세력의 형성 등을 막아 궁극적으로는 국민의 기본권을 보장하기 위한 것이다.

09 시민불복종
정답 ④

제시된 사례와 관련이 있는 운동은 시민불복종이다. ④ 시민불복종은 목적에 정당성이 있어야 한다. 따라서 시민불복종은 개인의 이익이 아닌 사회 정의 실현을 목적으로 한다.

오답 피하기

① 시민불복종은 불합리한 현행법의 준수를 거부하는 위법 행위이다. ②, ⑤ 시민불복종은 공개적으로 이루어져야 한다. ③ 시민불복종은 비폭력적인 방법을 사용하되, 최후의 수단으로 시행된다.

10 인권 보장을 위한 헌법의 역할
정답 ①

① 법률의 적용 및 해석을 통한 재판을 담당하는 국가 기관은 법원이다. 국회는 법률의 제정 및 개정과 국정 전반에 대한 국정 감사 등을 담당한다.

오답 피하기

② 권력 분립 제도는 국가 기관 간 견제를 통해 권력 남용을 방지하고자 한다. ③ 국민의 기본권 침해를 막기 위한 헌법 소원 심판은 헌법재판소에서 담당한다. ④ 자유권은 개인이 국가의 부당한 간섭을 받지 않을 권리이다. ⑤ 헌법은 인권 보장을 위한 국가의 최고법이다.

11 시민불복종의 정당화 조건
정답 ①

A는 시민불복종이다. 시민불복종은 정의롭지 못한 법이나 정책을 변혁시키려는 목적으로 행하는 의도적인 위법 행위이다. ㄱ. 시민불복종은 위법 행위에 대한 처벌을 기꺼이 감수함으로써 기본적으로 법을 존중한다는 점을 보여 주어야 한다. ㄴ. 시민불복종은 개인의 이익이 아닌 사회 정의 실현이 궁극적인 목적이다.

오답 피하기

ㄷ. 시민불복종은 비폭력적인 방법을 사용해야 한다. ㄹ. 시민불복종은 공개적으로 이루어져야 한다.

12 시민불복종의 정당화 조건
정답 ⑤

제시된 그림의 (가)에는 시민불복종의 정당화 조건이 들어갈 수 있다. ㄷ, ㄹ. 시민불복종의 정당화 조건에는 목적에 정당성이 있어야 한다는 것, 비폭력성을 가져야 한다는 것, 최후의 수단이어야 한다는 것, 위법 행위에 대한 처벌을 감수해야 한다는 것 등이 있다. 따라서 개인의 이익보다는 사회 정의 실현을 목표로 한다는 점과 최후의 수단이어야 한다는 점은 시민불복종의 정당화 조건이다.

오답 피하기

ㄱ. 시민불복종 운동은 위법 행위일 수 있다. 따라서 처벌을 감수할 수 있어야 한다. ㄴ. 시민불복종 운동은 반드시 비폭력성을 가져야 한다. 어떠한 경우라도 폭력을 행사해서는 안 된다.

13 시민불복종의 정당화 조건
정답 ③

시민불복종이란 잘못된 법이나 정책을 바로잡기 위해 법을 위반하는 행위로, 양심적이고 비폭력적이며 공공성을 가진 행위이다. 시민불복종이 정당화되기 위해서는 다음의 조건을 갖추어야 한다. 첫째, 행위의 목적이 정당해야 한다. 둘째, 위법 행위에 대한 처벌을 감수해야 한다. 셋째, 공개적이며 비폭력적이어야 한다. 넷째, 합법적인 수단으로 해결되지 않을 때 사용하는 최후의 수단이어야 한다.

시험 대비하기
본문 ○ 175 ~ 177쪽

01 ②	02 ④	03 ①	04 ③	05 ②	06 ①
07 ③	08 ⑤	09 ②	10 ⑤	11 ①	12 ③

01 사회적 소수자
정답 ②

갑국에서 A는 사회적 소수자에 해당하고, 을국에서 B는 사회적 소수자에 해당한다. ② A는 다른 인종이라는 사회적 소수자 집단과 다른 민족이라는 사회적 소수자 집단에 속해 있다. B는 비정규직 노동자라는 사회적 소수자 집단에 속해 있다. 따라서 A는 B와 달리 여러 사회적 소수자 집단에 중첩되어 속해 있다.

오답 피하기

① A와 B는 모두 사회의 주류 집단 구성원에게 차별을 받았다. ③ A와 B는 모두 권력의 열세로 인해 차별을 받았다. ④ A는 인종적·민족적 특성으로 인해 구분되고, B는 비정규직이라는 점에서 구분된다. 따라서 A와 B는 모두 식별 가능성으로 인해 차별의 대상이 되었다. ⑤ A는 민족과 인종이라는 선천적 요인으로 인해 차별을 받았고, B는 비정규직 노동자라는 후천적 요인으로 인해 차별을 받았다.

02 사회적 소수자
정답 ④

A는 사회적 소수자이다. ④ 사회적 소수자는 수적으로 반드시 소수를 의미하는 것은 아니다. 따라서 첫 번째 질문에 대한 답은 '아니요'이다. 사회적 소수자는 시대, 장소, 소속 집단의 범주 등에 따라 해당 여부가 달라진다. 따라서 두 번째 질문에 대한 답은 '예'이다. 적극적 우대 조치는 사회적 소수자가 아닌 주류 집단에 대한 역차별로 작용할 수 있다. 따라서 세 번째 질문에 대한 답은 '아니요'이다. 사회적 소수자를 규정하는 데에는 인종, 성별과 같은 선천적 요소뿐만 아니라 종교, 언어와 같은 후천적 요소도 기준이 될 수 있다. 따라서 네 번째 질문에 대한 답은 '아니요'이다.

03 사회적 소수자
정답 ①

ㄱ. 을국에서 갑국 출신 사람들이 이전과 달리 차별을 당하고 있다는 점에서 사회적 소수자에 해당하는 집단이 시대에 따라 달라짐을 알 수 있다. ㄴ. 비정규직 노동자의 수가 많음에도 불구하고 차별을 받고 있다는 점에서 구성원의 수가 사회적 소수자 규정의 절대적 기준이 아님을 알 수 있다.

오답 피하기

ㄷ. (가)와 (나)는 모두 사회적 소수자가 선천적 요인에 의해 결정됨을 보여 주고 있지 않다. ㄹ. 역차별은 사회적 소수자에 대한 적극적 우대 조치로 사회적 소수자가 아닌 집단이 받는 차별을 의미한다.

04 사회적 소수자
정답 ③

제시된 자료의 ㉠ 개인적 차원은 의식의 개선, ㉡ 사회적 차원은 법률과 정책적 지원 등이 해당한다. ③ 사회적 차원의 해결 방안에 해당한다.

오답 피하기

①, ② 사회적 차원의 해결 방안, ④, ⑤ 개인적 차원의 해결 방안에 해당한다.

05 청소년의 근로 계약   정답 ②

ㄱ. 연소 근로자도 성인과 동일하게 독자적으로 임금을 청구할 수 있다.
ㄷ. 연소 근로자는 단독으로 근로 계약을 체결할 수 있으나 친권자 또는
후견인의 동의를 얻어야 한다.

❗ 오답 피하기

ㄴ. 15세 이상 18세 미만인 자의 근로 시간은 1일 7시간, 1주일에 35시간
을 초과하지 못한다. 다만, 당사자 사이의 합의에 따라 1일에 1시간, 1주일
에 5시간을 한도로 연장 근로할 수 있다. ㄹ. 임금 계산 시 휴게 시간은
근무 시간에 포함되지 않으므로 A가 계약대로 근무할 경우 A의 1일 임금
은 60,000원이다.

06 청소년의 근로 계약   정답 ①

① 을이 18세 미만이라고 해도 성인과 동일한 최저 임금이 적용된다.

❗ 오답 피하기

② 을은 18세 미만이므로 친권자 또는 후견인의 동의서가 있어야 근로 계
약 체결이 가능하다. ③ 15세 이상 18세 미만인 자의 근로 시간은 연장 근
로를 제외하고 1일에 7시간을 초과할 수 없다. ④ 사용자는 근로자 본인
에게 임금을 직접 지급해야 한다. 따라서 갑은 을의 임금을 을의 보호자
명의가 아니라 을 본인 명의의 계좌에 입금해야 한다. ⑤ 사용자는 근로
계약 불이행에 대한 위약금 등을 내용으로 하는 계약을 체결하지 못한다.

07 청소년의 근로 계약   정답 ③

③ 연소 근로자의 1일 근로 시간은 최대 7시간이다. '오전 9시~오후 5시'
는 8시간이지만, 8시간에서 휴게 시간 1시간은 빼야 하므로 법정 근로 시
간을 준수하였다.

❗ 오답 피하기

① 제과점은 청소년 유해 업종에 해당하지 않는다. ② 하루에 7시간씩 주
4일 근로를 하므로, 주당 근로 시간은 28시간이다. 연소 근로자의 경우
주당 근로 시간이 최대 35시간이므로, 근로 기준법을 위반하지 않았다.
④ 법정 최저 임금인 시간당 9,860원을 초과하였으므로 법정 최저 임금
지급을 보장하였다. ⑤ 연소 근로자의 동의 여부와 관계없이 연소 근로자
의 임금은 본인에게 직접 지급해야 한다.

08 청소년의 노동권 보장   정답 ⑤

ㄷ. 연소 근로자도 성인과 동일하게 부모의 동의 없이 단독으로 임금을
청구할 수 있다. ㄹ. 갑, 을, 병은 모두 연소 근로자이므로 야간 근로가 원
칙적으로 금지된다.

❗ 오답 피하기

ㄱ. 최저 임금은 반드시 지켜야 하는 사항이다. 연소 근로자도 성인과 동
일한 최저 임금의 적용을 받아야 한다. ㄴ. 을이 계약대로 근무할 경우,
을의 1일 근무 시간은 휴게 시간 1시간을 제외한 6시간이므로, 을의 1일
임금은 60,000원(10,000원×6시간)이다.

09 빈곤 문제   정답 ②

영양 부족은 일반적으로 섭취하는 음식으로는 충분한 에너지를 얻을 수
없어 정상적이고 활동적이며 건강한 삶을 영위할 수 없는 상태를 말한다.
ㄱ, ㄷ. 빈곤 문제 등 세계 인권 문제를 해결하기 위해서는 개인적 차원에
서 세계시민 의식과 공동체 의식을 함양하여 국제적 연대에 동참해야 하
며, 사회적 차원에서 개별 국가와 국제기구 등을 통해 빈곤 국가에 경제
적 지원을 해야 한다.

❗ 오답 피하기

ㄴ. 세계 인권 문제를 해결하기 위해서는 국제 사회의 관심과 노력이 필
요하다. ㄹ. 국제 형사 재판소는 집단 살해죄, 전쟁 범죄, 반인도적 범죄
를 저지른 개인을 처벌하기 위한 상설 국제 법정이다.

10 아동 인권 문제   정답 ⑤

제시된 자료의 네팔 소년 A는 홀어머니를 모시고 사는, 가정 형편이 매우
어려운 소년 가장이다. A는 어머니의 병원비와 생계를 위해 집에서 먼 벽
돌 공장까지 다니면서 하루 종일 일을 한다. A는 심각한 아동 노동으로
인한 인권 침해를 당하고 있는 상황이다. ㄷ. A와 같은 아동의 경우 최소
한의 인간다운 삶 자체가 보장되지 않는 상황에 놓여 있으므로 사회 안전
망 구축이 필요하다. ㄹ. 또한 이와 같은 아동 인권 문제는 한 국가의 노
력만으로 해결되기 어려우므로 전 지구적인 공감대를 토대로 국제적인
공조나 연대를 통한 대응이 더 효과적일 수 있다.

❗ 오답 피하기

ㄱ. 국가의 정치적 의사 결정에 참여할 권리 보장은 참정권으로 제시문의
내용과는 관련이 없다. ㄴ. 개인의 자유를 보호하기 위한 국가의 개입 축
소는 일반적으로 자유권을 획득한 근대 사회에서 볼 수 있는 경우로 제시
문의 내용과는 관련이 없다.

11 인종 차별 문제   정답 ①

① 신문 칼럼은 코로나−19가 확산되는 상황에서 특정 인종에 대한 혐오
표현이 나타나는 모습을 보여 주며, 이러한 인종 차별에 대응하는 사회적
차원의 노력이 필요하다는 메시지를 전달하고 있다.

12 국제기구의 활동   정답 ③

제시된 자료의 (가) 국경 없는 기자회는 언론과 언론인들의 인권 보호를
통해 언론의 자유를 증진하기 위해, (나) 국경 없는 의사회는 의사의 구조
가 필요한 어떤 곳이라도 찾아가서 구조하기 위해 설립된 국제기구이다.
ㄴ. 세계 인권 문제의 해결을 위해서는 세계시민 의식의 함양이 필요하다.
ㄷ. 세계 인권 문제는 개별 국가 차원에서 해결하지 못하기 때문에 국제적
연대를 통해 해결해야 한다.

❗ 오답 피하기

ㄱ. 국제기구는 국제적 연대를 강조하는 것으로 인권 문제를 사회적 차원
에서 해결하고자 한 것이다. ㄹ. 두 기구 모두 인권 문제를 국제적 차원에
서 바라보고 있다.

II 사회정의와 불평등

01 정의의 의미와 실질적 기준

시험 대비하기

본문 ○ 179 ~ 181쪽

| 01 ④ | 02 ② | 03 ③ | 04 ③ | 05 ① | 06 ① |
| 07 ⑤ | 08 ④ | 09 ⑤ | 10 ④ | 11 ④ | 12 ④ |

01 정의에 대한 플라톤의 입장 　　정답 ④

㉠에 들어갈 단어는 '정의'이다. ④ 플라톤은 통치자는 지혜, 방위자는 용기, 생산자는 절제의 덕을 발휘하여 전체적으로 조화를 이룰 때 정의의 덕이 실현될 수 있다고 보았다.

02 분배적 정의의 다양한 기준 　　정답 ②

갑은 업적에 따른 분배, 을은 능력에 따른 분배, 병은 필요에 따른 분배, 정은 절대적 평등에 따른 분배를 주장하고 있다. ② 능력에 따른 분배는 개인이 뛰어난 재주나 능력을 타고나는 것은 우연적이고 선천적인 요인에 해당하므로, 그러한 능력을 타고나지 못한 사람에게는 불공정할 수 있다는 비판을 받는다.

❗ 오답 피하기

① 업적에 따른 분배는 과열 경쟁으로 사회적 갈등을 유발할 수 있다. ③, ④ 필요에 따른 분배와 절대적 평등에 따른 분배는 모두 개인의 성취 동기를 약화시켜 생산성 향상을 저해한다는 문제점을 지닌다. ⑤ 업적에 따른 분배와 능력에 따른 분배는 생산성 향상과 사회 발전에 유리하며, 필요에 따른 분배와 절대적 평등에 따른 분배는 사회적 약자 보호에 유리하다.

03 분배적 정의에 대한 아리스토텔레스의 입장 　　정답 ③

㉠에 들어갈 내용은 '분배적 정의'이다. ③ 아리스토텔레스는 분배적 정의란 '같은 것은 같게, 다른 것은 다르게' 각자의 가치에 따라 그에 비례하여 각자에게 각자의 정당한 몫을 분배하는 것이라고 보았다.

04 분배적 정의의 실질적 기준 　　정답 ③

장학금 지급과 관련하여 갑은 업적에 따른 분배, 을은 능력에 따른 분배, 병은 필요에 따른 분배를 주장하고 있다. ㄴ. 필요에 따른 분배는 사회적, 경제적 약자를 보호하기 위한 사회 보장 제도의 마련을 정당화하는 근거가 된다. ㄷ. 업적에 따른 분배는 이미 일어난 결과를 기준으로 하는 데 비해, 능력에 따른 분배는 개인의 잠재적 능력을 실현할 기회를 제공해야 한다고 본다.

❗ 오답 피하기

ㄱ. 업적에 따른 분배는 개인이 성취한 업적에 대한 객관적인 비교 평가가 용이하다는 장점을 지닌다. ㄹ. 업적, 능력, 필요 모두 분배적 정의의 대표적인 실질적 기준에 해당한다.

05 능력에 따른 분배 　　정답 ①

그림에서는 자질과 능력이 뛰어난 사람에게 더 많이 분배해야 한다는 능력에 따른 분배를 주장하고 있다.

❗ 오답 피하기

②, ⑤ 필요에 따른 분배, ③, ④ 업적에 따른 분배에 해당한다.

06 업적에 따른 분배 　　정답 ①

제시문은 업적에 따른 분배가 정의롭다는 입장이다. ㄱ. 업적에 따른 분배는 개인들로 하여금 높은 성취 동기를 갖게 하여 생산성을 높이는 데 기여할 수 있다는 장점이 있다. ㄴ. 업적에 따른 분배는 사회적 약자를 배려할 수 없으며 경제적 불평등, 과열 경쟁 등으로 인해 사회 통합이 저해될 수 있다는 단점을 가지고 있다.

❗ 오답 피하기

ㄷ. 업적에 따른 분배는 개인이 이룬 업적에 대한 객관적 평가와 측정이 용이하다. ㄹ. 업적에 따른 분배는 개인의 노력이 아니라 개인의 업적과 성과를 기준으로 분배가 이루어져야 한다는 입장이다.

07 필요에 따른 분배의 사례 　　정답 ⑤

제시문은 필요에 따른 분배가 정의롭다는 입장이다. ㄷ, ㄹ. 경제적 형편을 고려하여 사회적 약자의 기본적 욕구를 충족시키고자 최저 생계비를 지급하고 공공 임대 주택을 공급하는 것은 필요에 따른 분배의 사례로 적절하다.

❗ 오답 피하기

ㄱ. 능력에 따른 분배, ㄴ. 업적에 따른 분배의 사례로 적절하다.

08 필요에 따른 분배와 업적에 따른 분배 　　정답 ④

갑은 필요에 따른 분배, 을은 업적에 따른 분배를 주장하고 있다. ㄱ. 갑은 노력하지 않은 사람이라도 기본적인 욕구 충족을 위해 필요로 한다면 분배해야 한다는 입장이다. 이에 비해 을은 목표를 달성하기 위한 개인의 노력을 무의미한 것으로 만들지 않기 위해 분배는 개인의 필요가 아닌 개인의 업적을 기준으로 이루어져야 한다는 입장이다. ㄴ. 필요에 따른 분배는 한정된 재화로 모든 사람의 필요를 충족시킬 수는 없다는 비판을 받는다. ㄷ. 업적에 따른 분배를 강조하는 입장에서는 필요에 따른 분배를 주장하는 입장에 대해, 많은 성과를 낸 사람과 성과를 전혀 내지 못한 사람이 필요에 따라 동등하게 분배받는 것은 많은 성과를 낸 사람이 상대적으로 손해를 볼 수 있는 것이라고 비판할 수 있다.

❗ 오답 피하기

ㄹ. 필요에 따른 분배는 빈부 격차로 인한 사회적 갈등을 해소하는 것이 중요함을 간과하지 않고, 오히려 강조하는 입장이다.

09 아리스토텔레스의 정의관 　　정답 ⑤

아리스토텔레스에 의하면 일반적 정의는 법을 따르는 것이고, 분배적 정의는 사람의 가치에 따라 사회적 재화를 나누는 것이다. ⑤ 아리스토텔레스는 모든 사람이 지지하거나 추구하는 가치가 동일한 것은 아니라고 보았으며, 공정한 분배를 위해 모두가 동일한 가치만을 추구해야 한다고 주장하지 않았다.

❗ 오답 피하기

① 아리스토텔레스는 법을 지키는 것은 정의로운 것이고, 법을 어기고 지키지 않는 것은 부정의하다고 보았다. ②, ③, ④ 아리스토텔레스는 분배적 정의란 각자의 가치에 비례하여 정당한 각자의 몫을 분배하는 것으로, 동등한 것은 동등하게, 동등하지 않은 것은 동등하지 않게 분배하는 것이 정의라고 보았다.

10 업적에 따른 분배와 필요에 따른 분배 　　정답 ④

갑은 성과와 업적을, 을은 필요를 공정한 분배의 기준으로 제시하고 있다. ④ 필요에 따른 분배는 어느 수준의 필요까지 만족시켜야 하는지, 즉 사치와 필요의 경계를 판단하기가 모호하다는 한계점을 지닌다.

① 업적에 따른 분배는 개인의 노력과 성취에 따른 보상 체계를 갖출 것을 강조한다. ② 업적에 따른 분배는 사회적 약자 보호를 유일하게 정당한 분배 기준이라고 보지 않는다. ③ 개인의 기여도를 중요하게 고려하는 것은 업적에 따른 분배의 특징이다. ⑤ 업적에 따른 분배는 균등한 분배를 주장하지 않는다.

11 정의의 역할과 필요성　　　　정답 ④

제시문의 밑줄 친 '이것'은 정의이다. ④ 정의는 사회적 약자에 대한 차별을 정당화하는 것이 아니라, 오히려 사회적 약자에 대한 차별을 해소하고 평등을 실현하기 위해 요구된다.

! 오답 피하기

①, ②, ③, ⑤는 모두 정의의 역할과 필요성에 대한 옳은 설명이다.

12 분배적 정의의 다양한 기준　　　　정답 ④

갑은 업적, 을은 능력, 병은 필요를 공정한 분배의 기준으로 제시하고 있다. ④ 업적에 따른 분배와 능력에 따른 분배는 공통적으로 개인의 성취 동기를 고취시켜 사회 발전에 기여할 수 있다는 특징을 지닌다. 반면 필요에 따른 분배는 생산 의욕의 저하와 책임 의식의 약화라는 부정적 측면을 지니고 있다.

! 오답 피하기

① 업적에 따른 분배는 분배 기준이 기여도와 무관해야 한다고 보지 않는다. ② 업적에 따른 분배는 개인 간 성취를 비교할 객관적인 기준 마련에 용이하다. ③ 필요에 따른 분배에 대해 제기기할 수 있는 비판 내용으로 적절하다. ⑤ 필요에 따른 분배는 과열 경쟁이 사회 통합에 기여한다고 보지 않는다.

02　다양한 정의관

시험 대비하기　　　　본문 ∘ 183 ~ 185쪽

| 01 ③ | 02 ⑤ | 03 ⑤ | 04 ② | 05 ③ | 06 ⑤ |
| 07 ⑤ | 08 ④ | 09 ① | 10 ② | 11 ② | 12 ③ |

01 자유주의와 공동체주의 비교　　　　정답 ③

(가)는 자유주의, (나)는 공동체주의 입장이다. 자유주의에 비해 공동체주의 입장이 갖는 상대적 특징을 살펴보면, 'X : 개인은 공동체를 위한 책무에 충실해야 한다고 보는 정도'는 공동체주의에서 높고(ⓛ, ⓒ, ⓜ), 'Y : 공동체의 전통과 역사는 개인의 정체성 형성과 무관하다고 보는 정도'는 낮으며(ⓒ, ⓔ, ⓜ), 'Z : 개인과 공동체가 분리될 수 없는 유기적 관계라고 보는 정도'는 높다(ⓐ, ⓛ, ⓒ). 따라서 이를 모두 종합하면 공통적인 것은 ⓒ이다.

02 자유주의와 공동체주의　　　　정답 ⑤

갑은 자유주의, 을은 공동체주의 입장을 지니고 있다. ⑤ 자유주의 입장에 해당하지 않는다. 자유주의에서는 오히려 사회를 개인의 자유와 권리를 보장하기 위한 수단으로 본다.

03 롤스의 정의관　　　　정답 ⑤

제시문을 주장한 사상가는 롤스이다. ⑤ 롤스는 개인의 기본적 자유는 최소 수혜자의 이익을 위한다는 명분으로도 침해되거나 제한될 수 없다고 보았다.

! 오답 피하기

① 롤스에 따르면 양심의 자유, 언론의 자유 등 개인의 기본적 자유는 최대한 보장되어야 한다. ② 자유주의 사상가인 롤스는 개인의 사유 재산권을 인정하였다. ③ 롤스는 최소 수혜자에게 최대의 이익이 되는 경우 경제적 불평등이 허용될 수 있다고 보았다. ④ 롤스는 높은 직위와 직책에 오를 기회가 모든 사람에게 공평하게 보장되어야 한다고 보았다.

04 자유주의와 공동체주의 입장　　　　정답 ②

갑은 자유주의, 을은 공동체주의 입장을 지니고 있다. ② 개인의 자유와 개성을 중시하는 자유주의 입장에서는 공동체를 중시하는 공동체주의 입장에 대해 개인은 합리적 이성에 의해 스스로 삶의 목적을 선택하는 자율적 존재임을 간과한다고 비판할 수 있다.

! 오답 피하기

①, ③, ④ 공동체주의 입장에서 자유주의 입장에 대해 제기할 수 있는 비판으로 적절하다.

05 공동체주의와 자유주의적 정의관　　　　정답 ③

갑은 개인보다 공동체의 가치가 우선한다고 보는 공동체주의 입장이며, 을은 개인의 가치가 공동체의 가치보다 우선한다고 보는 자유주의 입장이다. ㄴ, ㄷ. 자유주의 입장에서는 공동체주의 입장에 대해, 공동선만을 지나치게 중시하여 개인의 자유와 권리를 침해하고 개인의 희생을 정당화할 수 있다고 비판할 수 있다.

! 오답 피하기

ㄱ, ㄹ. 공동체주의 입장에서 자유주의 입장에 대해 제기할 수 있는 비판으로 적절하다.

06 공동체주의적 정의관　　　　정답 ⑤

제시문은 공동체주의적 입장을 지닌 매킨타이어의 주장이다. ⑤ 매킨타이어는 현대 사회의 분열은 인간을 자유롭고 독립적인 존재로만 보는 자유주의적 인간관에서 비롯한다고 보았으며, 인간은 개인이라는 자격만으로는 결코 선을 추구할 수도 없고, 덕을 실천할 수도 없다고 보았다.

! 오답 피하기

① 매킨타이어는 개인은 자신이 속한 공동체의 맥락을 반영하여 그에 맞는 덕을 함양할 필요가 있다고 주장하였다. ② 매킨타이어는 공동체 속에서 진정한 자아 정체성을 형성할 수 있다고 보았다. ③, ④ 매킨타이어는 공동체가 개인의 삶에 도덕적 특수성을 부여하며, 공동체로부터 획득된 덕의 실천이 선한 삶의 토대가 된다고 보았다.

07 자유주의와 공동체주의　　　　정답 ⑤

갑은 자유주의적 정의관, 을은 공동체주의적 정의관을 지니고 있다. ⑤ 자유주의에 비해 공동체주의 입장에서 공동체의 문화적 전통과 시민의 연대성을 더욱 중시한다.

! 오답 피하기

①, ② 자유주의는 개인을 공동체에 우선하는 독립적이고 개별적인 존재로 파악하며, 개인의 자유와 권리를 최상의 가치로 추구한다. ③, ④ 공동체주의는 개인의 자아 정체성이 공동체와의 관계 속에서 형성된다고 보아 개인을 공동체에 소속된 존재로 파악하며, 공동의 목표와 공동선의 가치를 중시한다.

08 공동체주의와 자유주의 입장   정답 ④

갑은 공동체주의적 정의관, 을은 자유주의적 정의관을 지니고 있다. ④ 자유주의 입장에서는 공동체주의 입장에 대해, 공동체를 위한다는 명목으로 개인의 희생을 정당화함으로써 개인을 마치 사회의 부속품처럼 취급할 우려가 있다고 비판할 수 있다.

! 오답 피하기
①, ② 자유주의 입장에서 공동체주의에 대해 제기할 수 있는 비판으로 적절하다. ③, ⑤ 공동체주의 입장에서 자유주의 입장에 대해 제기할 수 있는 비판으로 적절하다.

09 개인선과 공동선   정답 ①

㉠은 개인선, ㉡은 공동선이다. ① 개인선의 실현은 국가의 소멸을 전제로 하지 않으며, 국가 안에서 개인선과 공동선을 조화롭게 실현할 수 있어야 한다.

! 오답 피하기
② 개인선만을 지나치게 강조하면 자신의 이익만을 추구하는 이기주의로 변질되어 공익이 훼손될 수 있다. ③, ④ 공동체의 가치와 전통에 따른 자아실현을 강조하는 공동체주의 입장에서 공동선만을 지나치게 강조하면 개인의 희생을 정당화하는 전체주의로 변질될 수 있다.

10 개인선과 공동선의 조화   정답 ②

제시문은 공동선을 추구하고자 하는 개인의 자발적인 참여가 개인의 이익 증대로도 이어져 개인과 공동체의 발전을 함께 이룰 수 있다는 내용이다.

! 오답 피하기
ㄴ. 제시문에는 구성원으로서의 책무에 충실하면 개인의 자유가 위축된다는 사례가 나타나 있지 않다. ㄹ. 법과 제도는 개인선과 공동선을 조화롭게 추구할 수 있도록 마련되어야 한다.

11 롤스와 노직의 입장   정답 ②

갑은 롤스, 을은 노직이다. ㄴ. 롤스는 개인이 지닌 자연적 운을 활용하여 얻은 이익을 그와 같이 자연적 운을 지니지 못한 사람들과 함께 나눌 경우 자연적 운에 따른 경제적 불평등은 허용될 수 있다고 보았다. 노직은 자연적 운 자체도 온전히 그 개인의 소유이므로 그에 따른 경제적 불평등은 허용될 수 있다고 보았다. ㄷ. 롤스는 사회적 약자를 위해 국가는 재분배 정책에 적극적으로 나서야 한다고 보았다. 노직은 취득과 이전(양도)의 과정에 부정의가 개입되어 있다면 교정의 원칙에 따라 국가가 개입하여 이를 바로잡아야 한다고 보았다.

! 오답 피하기
ㄱ. 롤스는 사회적 유용성에 따른 분배는 소수의 희생을 정당화할 수 있으므로 정의롭지 못하다고 보았다. ㄹ. 노직은 도둑질이나 사기 등과 같이 타인의 처지를 악화시키는 경우 개인의 노동이 투입되었더라도 정당한 소유권이 발생하지 않는다고 보았다. 노직은 타인의 처지를 악화시키지 않는 정당한 노동을 통해서만 정당한 소유 권리가 발생한다고 보았다.

12 자유주의적 정의관과 공동체주의적 정의관   정답 ③

갑은 사익을 중시하는 자유주의적 정의관, 을은 공익을 중시하는 공동체주의적 정의관을 지니고 있다. ③ 자유주의적 정의관은 공동체의 선을 위해 개인의 이익과 권리를 제한하는 것은 부당하다고 본다. 반면 공동체주의적 정의관에서는 공동선의 실현을 위해 개인의 이익과 권리를 제한할 수 있다고 본다.

! 오답 피하기
①, ②, ④, ⑤ 자유주의적 정의관의 입장에서 긍정, 공동체주의적 정의관의 입장에서 부정의 대답을 할 질문이다.

---

03   사회 불평등 현상과 해결 방안

시험 대비하기   본문 ○ 187~189쪽

| 01 ④ | 02 ② | 03 ⑤ | 04 ① | 05 ① | 06 ② |
| 07 ④ | 08 ② | 09 ③ | 10 ④ | 11 ② | 12 ④ |

01 대표적인 사회 불평등 현상   정답 ④

㉠은 '사회 불평등'이다. ㄱ, ㄴ, ㄷ. 수도권과 비수도권 지역 간의 공간 불평등, 중층이 줄어들고 상층과 하층의 비중이 증가하는 사회 계층의 양극화, 선입견과 편견 등의 비합리적 이유로 사회적 약자에 대한 차별은 모두 대표적인 사회 불평등 현상에 해당한다.

! 오답 피하기
ㄹ. 사회 불평등은 사회적 재화가 공정하지 않게 분배되기 때문에 발생하는 것이다.

02 사회 계층의 양극화 현상   정답 ②

제시된 자료에는 상위 20% 가구와 하위 20% 가구의 자산 격차가 점차 커지고 있음이 나타나 있다. ② 사회 계층 간 자산 격차가 크게 벌어질 경우 개인의 능력이나 업적에 따른 계층 이동을 막아 폐쇄적인 사회 구조가 형성될 수 있다.

! 오답 피하기
①, ③, ④, ⑤ 상층과 하층의 경제적 격차는 교육 기회의 격차와 같은 다양한 격차로 이어져 부모의 계층이 자녀에게 그대로 대물림되는 결과를 초래한다. 이러한 사회 계층의 양극화가 심화되면 계층 간에 갈등과 대립 및 위화감이 조성되어 사회 통합이 저해된다.

03 공공 부조의 특징   정답 ⑤

밑줄 친 '이것'은 공공 부조이다. 기초 연금 제도는 공공 부조에 해당한다. ㄷ. 공공 부조는 현재 생활 유지 능력이 없거나 생활이 어려운 저소득층을 대상으로 그들을 사회적 위험으로부터 구제하고 최소한의 인간다운 생활을 보장하기 위한 제도이다. ㄹ. 공공 부조는 국가와 지방 자치 단체가 필요한 복지 비용 전액을 부담하여 생계가 어려운 계층을 지원하는 복지 제도로, 복지 비용 부담자와 복지 수혜자가 서로 다르다.

! 오답 피하기
ㄱ. 공공 부조는 사회 보험이나 사회 서비스 등의 다른 복지 제도보다 소득 재분배 효과가 큰 복지 제도이다. ㄴ. 공공 부조는 사회적 약자와 저소득층의 복지를 위해 마련된 제도로, 경제 성장의 추구와는 거리가 멀다.

04 다양한 사회 복지 제도   정답 ①

① 국민연금은 사회 보험, 국민 기초 생활 보장 제도는 공공 부조, 장애인 활동 지원은 사회 서비스에 해당한다.

! 오답 피하기
②, ③, ④, ⑤ 사회 보험에 해당하는 것은 국민 건강 보험, 국민연금, 고용 보험, 노인 장기 요양 보험 등이 있다. 공공 부조에 해당하는 것은

국민 기초 생활 보장 제도, 의료 급여, 기초 연금 등이 있다. 사회 서비스에 해당하는 것은 노인 돌봄 서비스, 장애인 활동 지원, 가사·간병 서비스 등이 있다.

05 공간 불평등 현상의 원인 정답 ①

㉠에 들어갈 정책은 '성장 거점 개발 정책'이다. 성장 거점 개발 정책은 투자 효과가 크고 경제활동의 기반이 잘 구축된 지역을 성장 거점으로 선정하고, 그곳에 자본과 기술을 집중 투자하여 경제 발전의 효율성을 극대화하고 개발 효과가 주변 지역으로 파급되도록 하는 개발 방식이다.

! 오답 피하기
② 여성 공천 할당 정책은 남성과 여성의 성적 차별을 극복하기 위한 적극적 평등 실현 조치에 해당한다. ③ 지역 균형 개발 정책은 성장 거점 개발 정책으로 인해 초래된 공간 불평등을 완화하기 위한 지역 격차 완화 정책에 해당한다. ④, ⑤ 지방 중소기업 육성 정책과 공공 기관 지방 이전 정책은 수도권 집중화를 해소하기 위한 지역 격차 완화 정책에 해당한다.

06 공간 불평등 현상 정답 ②

② 도시와 농촌 간에는 농촌 지역에서 도시 지역으로 인구가 지속적으로 유출되어 지역 경제가 침체되고 있다.

! 오답 피하기
①, ③, ④, ⑤ 공간 불평등의 양상 및 영향에 대한 설명으로 적절하다.

07 지역 격차 완화 정책 정답 ④

④ 지역 격차를 완화하기 위해서는 수도권에서 지방으로 이전하는 기업에 세금 감면이나 규제 완화 등의 혜택을 제공해야 한다.

! 오답 피하기
①, ⑤ 지역 격차에 따른 공간 불평등을 해소하려면 수도권 과밀화를 해소할 필요가 있으며, 수도권에 집중된 공공 기관을 지방으로 이전하는 것이 가장 대표적이다. ②, ③ 낙후된 지역의 경쟁력을 높이고 발전을 끌어내기 위해서는 각 지역별로 발전 전략을 추진할 필요가 있다.

08 공간 불평등의 영향 정답 ②

제시된 신문 칼럼은 수도권에서 사용하는 전기의 생산을 위한 석탄 화력 발전소가 비수도권 지역에 집중되어 수도권과 비수도권 지역에 공간 불평등에 따른 환경 불평등이 나타나고 있다는 내용이다. 환경을 이용하여 이익을 누리는 지역과 그로 인한 피해 지역이 일치하지 않는 현상을 환경 불평등이라고 한다.

! 오답 피하기
① 사회 계층의 양극화는 중층의 비중이 줄고 상층과 하층의 비중이 늘어나는 것으로, 신문 칼럼에는 이와 관련한 언급이 없다. ③ 신문 칼럼에는 비수도권 지역 간의 문화 격차에 대한 내용이 나타나 있지 않다. ④ 신문 칼럼에는 기후변화에 대처하기 위해 석유나 석탄 등의 화석 연료 사용을 자제해야 한다는 내용이 없다. ⑤ 신문 칼럼은 공간 불평등에 따른 환경 불평등 문제에 대한 해결책을 마련할 필요가 있음을 강조하고 있다.

09 적극적 평등 실현 조치 정답 ③

ㄴ, ㄷ. 의약품의 안전 정보에 대한 점자 설명서 제공을 의무화하는 법률을 제정하는 것은 제도적 차원의 해결책이다. 이는 사회적 약자인 시각 장애인에 대한 차별을 금지하고 그들의 인권을 고려한 적극적 평등 실현 조치의 사례에 해당한다.

! 오답 피하기
ㄱ. 역차별이란 사회적 약자에게 직간접적 특혜를 제공하는 것이 오히려 또 다른 차별로 이어질 수 있다는 것이다. 제시문은 역차별이 아니라 사회적 약자에 대한 차별을 해소하기 위해 적극적 평등 실현 조치가 필요하다는 내용이다. ㄹ. ㉠은 경제적 수준과 무관하게 모든 시각 장애인을 대상으로 하는 조치이다.

10 적극적 평등 실현 조치에 대한 입장 정답 ④

그림의 강연자는 장애인 의무 고용제가 비장애인의 기회 박탈을 초래할 수 있으며, 여성 할당제가 남성의 기회 박탈로 이어질 수 있다고 주장하고 있다. 이는 적극적 평등 실현 조치가 또 다른 차별이나 역차별을 야기할 수 있다는 의미이다.

! 오답 피하기
① 적극적 평등 실현 조치가 정당하며 필요함을 강조하는 입장이다. ② 강연자는 이와 관련한 주장을 하고 있지 않다. ③ 적극적 평등 실현 조치에 반대하는 입장에서는 적극적 평등 실현 조치가 업적주의 원칙에 위배된다는 점을 지적한다. ⑤ 강연자는 사회 불평등 현상을 있는 그대로 수용해야 한다는 것이 아니라, 사회 불평등 현상을 해소하기 위한 적극적 평등 실현 조치가 부정적 측면을 지닐 수 있음을 주장하고 있는 것이다.

11 적극적 평등 실현 조치에 대한 입장 정답 ②

갑은 적극적 평등 실현 조치가 부당한 차별이 없는 경쟁을 위해 필요하다는 입장이며, 을은 적극적 평등 실현 조치가 또 다른 차별을 가져올 수 있다는 입장이다. ② 갑은 업적이 분배에 영향을 끼치지 못하게 해야 한다는 것이 아니라, 업적만을 고려해서는 사회적 약자에 대한 차별을 해소할 수 없으므로 공정한 경쟁을 보장하기 위해서라도 적극적 평등 실현 조치가 필요하다는 입장이다.

12 적극적 평등 실현 조치에 대한 입장 정답 ④

사회적 약자인 소수 집단에 대한 적극적 평등 실현 조치와 관련하여 갑은 반대하는 입장, 을은 찬성하는 입장이다. ④ 을은 오랫동안 지속적으로 차별을 받았던 소수 집단에게 과거부터 받았던 고통을 보상하는 것이 정당하다고 보는 입장이므로 소수 집단에게 직간접적인 혜택을 제공하는 적극적 평등 실현 조치를 취한 학교 측의 결정을 정의롭고 공정한 판단이라고 볼 것이다.

! 오답 피하기
①, ③ '학교 측'은 개인의 업적보다 소수 집단의 고통과 이익을 고려하여 결정을 하였다. ② 갑은 소수 집단에 대한 우대 정책을 통해 차별에 대한 책임이 없는 현세대에게 희생을 요구하는 것이 부당하다고 보는 입장이다. ⑤ 을이 아닌 갑의 입장에만 해당한다.

Ⅲ 시장경제와 지속가능발전

01 자본주의의 발달과 경제 체제

시험 대비하기

본문 ○ 191~193쪽

01 ①	02 ⑤	03 ⑤	04 ①	05 ⑤	06 ②
07 ①	08 ②	09 ①	10 ②	11 ③	12 ⑤
13 ⑤	14 ④				

01 자본주의의 특징 정답 ①

갑, 을. 자본주의는 사유 재산 제도를 바탕으로 자유로운 경제활동을 할 수 있도록 보장하는 경제 원리이다.

오답 피하기

병. 자본주의는 시장 가격에 의해 자원이 배분된다. 정. 자본주의는 시장에서의 경쟁을 통한 개인의 이익 추구를 인정한다.

02 자본주의의 전개 과정 정답 ⑤

(가)는 산업 자본주의, (나)는 수정 자본주의이다. ⑤ 산업 자본주의는 자유방임주의를 토대로 국가의 시장 개입을 최소화하는 작은 정부를 추구하였다. 반면에 수정 자본주의는 정부의 적절한 개입과 통제를 강조하는 큰 정부를 추구하였다.

오답 피하기

① 수정 자본주의 시기에 다양한 복지 정책이 시행되었다. ② 대공황의 문제를 해결하기 위해 수정 자본주의가 등장하였다. ③ 스태그플레이션의 문제에 직면해 정부의 역할을 축소해야 한다는 신자유주의가 등장하였다. ④ 수정 자본주의 시기에는 개인의 이익 추구 등에 대해 적절한 정부의 개입이 인정되었다.

03 자유방임주의 정답 ⑤

⑤ 애덤 스미스는 『국부론』에서 시장의 작동 원리를 '보이지 않는 손'에 비유하면서, 개인이 사익을 추구하는 과정에서 누가 의도하지 않아도 사회 전체의 이익이 자연스럽게 증가한다고 보는 자유방임주의를 강조하였다.

04 자본주의의 전개 과정 정답 ①

(가)는 수정 자본주의, (나)는 산업 자본주의, (다)는 상업 자본주의이다. ㄱ. 수정 자본주의는 정부가 적극적으로 시장에 개입하여 시장 실패를 해결해야 한다는 주장에 따라 등장하였다. ㄴ. 상업 자본주의는 절대 왕정 국가들이 중상주의 정책을 추진하면서 발전하였다.

오답 피하기

ㄷ. 수정 자본주의는 큰 정부를 지향하였고, 산업 자본주의는 작은 정부를 지향하였다. ㄹ. 자본주의는 (다) 상업 자본주의 → (나) 산업 자본주의 → (가) 수정 자본주의 순으로 전개되었다.

05 정부의 시장 개입 정답 ⑤

갑은 작은 정부를, 을은 큰 정부를 지향하고 있다. ⑤ 갑은 작은 정부를 지향하고 있으므로 큰 정부를 지향하는 을에 비해 시장 가격의 기능을 강조하고 있다.

오답 피하기

① 갑은 작은 정부를 지향하므로 복지 축소 정책에 찬성할 것이다. ② 갑은 작은 정부를 지향하므로 공기업의 민영화 정책에 찬성할 것이다. ③ 을이 자본주의 체제 자체를 부정하는 것은 아니므로 사유 재산 제도에 반대한다고 볼 수 없다. ④ 을은 큰 정부를 지향하므로 을의 주장은 수정 자본주의에 부합한다.

06 정부의 시장 개입 정답 ②

갑은 여름철 휴가지의 바가지요금 문제를 해결하기 위해 정부의 개입이 필요하다고 보고 있고, 을은 정부가 시장에 개입하면 오히려 음식점이 사라지게 될 수 있다고 보고 있다. ㄱ, ㄷ. 갑은 정부의 적극적인 시장 개입을 찬성할 것이고, 을은 시장의 자동 조절 기능을 신뢰하여 정부의 시장 개입을 반대할 것이다.

오답 피하기

ㄴ. 케인스는 정부가 지출을 확대하여 일자리를 늘리는 등 정부의 시장 개입을 강조하였다. 따라서 을의 주장은 케인스의 주장에 부합하지 않는다. ㄹ. 갑은 큰 정부를, 을은 작은 정부를 선호할 것이다.

07 대공황과 수정 자본주의 정답 ①

제시문에 나타난 상황은 대공황이다. 대공황은 자유방임주의에 대한 회의적 태도를 야기하여 이에 수정 자본주의를 도입하게 되었다. ㄱ, ㄴ. 대공황 이후 자유방임주의로 인해 나타난 다양한 부작용을 해결하기 위해 정부의 시장 개입을 확대하게 되었다. 즉, 대공황으로 인해 작은 정부론을 비판하며 큰 정부론을 수용하게 되었다.

오답 피하기

ㄷ. 중상주의 경제 정책은 16~18세기 유럽에서 나타난 상업 자본주의와 관련 있다. ㄹ. 경제 주체 간 무한 경쟁의 중요성을 강조하는 경제 이념은 신자유주의이다.

08 자본주의의 전개 과정 정답 ②

㉠ 애덤 스미스는 중상주의 정책을 통해 이어져 온 정부의 경제 개입을 비판하였다. ㉢ 대공황은 자유방임주의에서 수정 자본주의로 전환하는 중요한 계기가 되었으며, 그 과정에서 정부의 역할을 강조하였다.

오답 피하기

㉡ 애덤 스미스의 이론으로 인해 자유방임주의가 널리 전파되었고, 정부의 역할은 축소되었다. ㉣ 뉴딜 정책은 정부의 공공사업을 통한 일자리 창출, 노동자의 권리 확대 등을 내용으로 하였다. 복지 축소, 규제 완화는 신자유주의에 대한 내용이다.

09 자본주의의 전개 과정 정답 ①

① 수정 자본주의는 대공황으로 기업의 도산과 실업이 급증하면서 정부의 시장 개입의 필요성으로 인해 등장하였다. 따라서 ㉠은 대공황이다.

오답 피하기

② 국내 산업 보호를 위한 중상주의 정책을 지향한 것은 상업 자본주의이다. ③ 산업 자본주의에서 수정 자본주의로의 변화는 시장 실패로 인해 나타났다. ④ 산업 자본주의, 수정 자본주의, 신자유주의는 모두 사유 재산 제도를 인정한다. ⑤ 수정 자본주의는 정부의 시장 개입이 필요하다고 주장하므로 공기업 민영화, 복지 예산 축소를 지향하지 않는다.

10 수정 자본주의와 신자유주의 정답 ②

대공황을 배경으로 등장하여 정부의 적극적인 시장 개입을 옹호하는 것은 수정 자본주의이다. 따라서 A는 수정 자본주의, B는 신자유주의이다.

② 신자유주의는 자유 무역의 확대, 복지 축소, 경제 관련 규제 완화, 공기업의 민영화 등을 통한 국제 경쟁력 강화를 강조한다.

❗ 오답 피하기

① 수정 자본주의는 큰 정부를 지향한다. ③ 신자유주의는 자원 배분에 있어 효율성을 추구한다. ④ ㉠에는 '아니요'가 적절하다. ⑤ 수정 자본주의와 신자유주의는 모두 사유 재산 제도를 인정한다. 따라서 해당 질문은 (가)에 들어갈 수 없다.

11 우리나라 경제 체제의 특징   정답 ③

우리나라는 시장경제 체제를 기본으로 하면서 필요한 경우 계획경제 체제의 요소를 일부 도입한 혼합 경제 체제를 채택하고 있다. ㄴ. 헌법 제119조 제2항에서는 시장에 대한 정부의 개입을 인정하고 있으므로 계획경제 체제의 요소가 나타난다고 볼 수 있다. ㄷ. 헌법 제119조 제1항에는 개별 경제 주체의 자유로운 경제활동을 보장하는 내용이 나타나 있다.

❗ 오답 피하기

ㄱ. 우리나라는 시장의 자율성을 인정하는 시장경제 체제를 기본 경제 체제로 하고 있다. ㄹ. 모든 경제 문제를 정부의 계획과 명령에 따라 해결하는 경제 체제는 계획경제 체제이다. 우리나라는 시장경제 체제를 기본으로 하므로 경제 문제를 시장 원리에 따라 해결한다.

12 시장경제 체제와 계획경제 체제   정답 ⑤

경제활동의 자유 보장 정도는 시장경제 체제가 계획경제 체제보다 높다. 따라서 A는 시장경제 체제, B는 계획경제 체제이다. ⑤ 시장경제 체제는 계획경제 체제보다 시장 가격에 대한 신뢰 정도가 높다. 따라서 해당 내용은 (나)에 들어갈 수 있다.

❗ 오답 피하기

① 시장경제 체제는 원칙적으로 사유 재산권을 인정한다. ② 계획경제 체제는 생산 수단의 국유화를 추구한다. ③ 작은 정부를 최선의 정부라고 보는 경제 체제는 시장경제 체제이다. ④ 시장경제 체제에서 급격한 경기 변동이 나타날 수 있다. 따라서 해당 내용은 (가)에 들어갈 수 없다.

13 시장경제 체제와 계획경제 체제   정답 ⑤

생산 수단의 사적 소유가 금지되는 경제 체제는 계획경제 체제이다. 따라서 A는 시장경제 체제, B는 계획경제 체제이다. ⑤ 보이지 않는 손은 시장의 자율적인 가격 조정 능력을 의미한다. 시장경제 체제는 계획경제 체제에서와 달리 보이지 않는 손에 의한 경제 문제 해결을 강조한다. 따라서 해당 내용은 (나)에 들어갈 수 있다.

❗ 오답 피하기

① 시장경제 체제는 계획경제 체제에 비해 경제활동의 창의성과 활력이 높다. ② 경제적 유인을 강조하는 경제 체제는 시장경제 체제이다. ③ 시장경제 체제와 계획경제 체제 모두에서 기본적인 경제 문제가 나타난다. 따라서 해당 내용은 (가)에 들어갈 수 있다. ④ 분배 활동에서 형평성을 최우선으로 고려하는 경제 체제는 계획경제 체제이다. 따라서 해당 내용은 (가)에 들어갈 수 없다.

14 시장경제 체제와 계획경제 체제   정답 ④

생산 수단의 사유화를 금지하는 경제 체제는 계획경제 체제이다. 따라서 A는 계획경제 체제, B는 시장경제 체제이다. ④ 시장경제 체제와 계획경제 체제 모두에서 자원의 희소성으로 인한 경제 문제가 발생한다. 따라서 해당 내용은 (가)에 들어갈 수 있다.

❗ 오답 피하기

① 시장 가격에 의한 자원 배분을 추구하는 경제 체제는 시장경제 체제이다. ② 시장경제 체제는 큰 정부보다 작은 정부를 지향한다. ③ 경제적 유

인이 경제활동의 동기에 미치는 영향은 계획경제 체제보다 시장경제 체제에서 크다. ⑤ 시장경제 체제는 생산 활동에서 효율성을 추구한다. 따라서 해당 내용은 (나)에 들어갈 수 없다.

시험 대비하기   본문 ◦ 195~197쪽

01 ①	02 ②	03 ①	04 ⑤	05 ⑤	06 ①
07 ①	08 ④	09 ③	10 ③	11 ④	12 ④

01 합리적 선택의 방안   정답 ①

ㄱ, ㄴ. 합리적 선택을 위해서는 최소의 비용으로 최대의 편익을 얻을 수 있는 선택을 해야 한다. 이때 편익이 일정하다면 비용을 최소화할 수 있는 선택을 해야 하고, 비용이 일정하다면 편익을 최대화할 수 있는 선택을 해야 한다.

❗ 오답 피하기

ㄷ. 합리적 선택을 위해서는 선택에 따른 만족이 포기한 것의 가치보다 큰 것을 선택한다. ㄹ. 어떤 선택으로 인해 포기하는 것의 가치를 기회비용이라고 하며, 기회비용이 작은 것을 선택하는 것이 합리적이다.

02 합리적 선택   정답 ②

제시된 자료를 바탕으로 A~C 선택에 따른 편익, 명시적 비용, 암묵적 비용, 기회비용 및 편익-기회비용을 나타내면 다음과 같다.

(단위: 만 원)

구분	A	B	C
편익	80	100	120
명시적 비용	60	70	110
암묵적 비용	30	20	30
기회비용	90	90	140
편익 − 기회비용	−10	10	−20

ㄱ, ㄷ. 편익−기회비용은 A와 C를 선택할 경우 각각 음(−)의 값이고, B를 선택할 경우 양(+)의 값이므로 B를 선택하는 것이 합리적이다.

❗ 오답 피하기

ㄴ. B를 선택할 경우의 명시적 비용은 70만 원이다. ㄹ. A를 선택할 경우의 기회비용은 90만 원이고, C를 선택할 경우의 기회비용은 140만 원이다. 따라서 A를 선택할 경우의 기회비용은 C를 선택할 경우의 기회비용보다 작다.

> **개념노트 | 명시적 비용과 암묵적 비용**
> • 명시적 비용: 어떤 대안을 선택함으로써 실제로 지출된 비용
> • 암묵적 비용: 다른 대안을 선택함에 따라 얻을 수 있었으나 포기한 경제적 이익(실제로 지출된 비용이 아님)

03 합리적 선택   정답 ①

ㄱ. 갑은 영화를 보고 만족하였으므로 영화를 관람한 선택은 합리적이다. ㄴ. 기회비용은 명시적 비용인 16,000원과 암묵적 비용인 33,000원을 합한 49,000원이다.

ㄷ. 갑이 영화 관람을 통해 얻은 편익은 49,000원보다 크다. ㄹ. 명시적 비용은 16,000원이고, 편익은 49,000원보다 크므로 명시적 비용이 편익보다 작다.

04 합리적 선택   정답 ⑤

ㄷ. 직장을 그만두고 번역을 하게 되면 직장에서 받았던 연봉을 포기해야 한다. 따라서 암묵적 비용은 연 9,000만 원이다. ㄹ. 갑이 번역을 하게 되면 매월 50만 원의 자료 구입비가 발생한다. 따라서 연 600만 원의 명시적 비용이 발생한다.

ㄱ. 현재 연봉이 9,000만 원이고, 직장을 그만두고 번역을 하게 될 경우 예상 수입은 연 1억 800만 원이며, 번역을 함으로써 발생하는 자료 구입비는 연 600만 원이다. 즉, 갑이 직장을 계속 다닐 경우 기회비용은 연 1억 200만 원이다. 따라서 갑이 직장을 계속 다니는 것은 합리적이지 않다. ㄴ. 매몰 비용은 이미 지불하였으나 회수할 수 없는 비용이므로 연봉 9,000만 원은 매몰 비용에 해당하지 않는다.

05 독과점과 공공재   정답 ⑤

X재는 독점 기업이 공급하는 사적 재화이고, Y재는 국가가 공급하는 공공재이다. ㄷ. 공공재는 비용을 지불하지 않고 소비가 가능하므로 무임승차 문제가 발생할 수 있다. ㄹ. 독과점 시장과 공공재의 공급 부족은 모두 시장 실패에 해당한다.

ㄱ. X재는 사적 재화로 경합성과 배제성 모두를 가진다. ㄴ. 공공재의 사례로는 국방, 치안, 도로, 무료 기상 정보 제공 서비스 등을 들 수 있다.

06 외부 효과   정답 ①

(가)에서는 제삼자에게 의도하지 않은 이익을 주는 긍정적 외부 효과가 나타났고, (나)에서는 제삼자에게 의도하지 않은 피해를 주는 부정적 외부 효과가 나타났다. ㄱ. 부정적 외부 효과는 사회적 최적 수준보다 더 많이 생산된다. ㄴ. (가)에서는 긍정적 외부 효과가, (나)에서는 부정적 외부 효과가 나타난다.

ㄷ. 외부 효과가 발생하면 정부의 적절한 개입이 있어야 효율적 자원 배분이 이루어진다. ㄹ. (가)에서는 의도하지 않은 이익이 발생하였다.

07 외부 효과   정답 ①

(가)와 (나)에서는 부정적 외부 효과가 나타나 있고, (다)에서는 긍정적 외부 효과가 나타나 있다. ㄱ. (가)에서는 주택가 인근에 들어선 공장이 지역 주민들에게 피해를 입히고도 대가를 치르지 않는 현상이 나타나고 있다. 이는 부정적 외부 효과에 해당한다. ㄴ. (나)에서 실내 흡연은 사회적 최적 거래량보다 많이 거래되고 있으므로 부정적 외부 효과가 나타나고 있다.

ㄷ. (가)~(다)의 외부 효과는 모두 자원의 비효율적 배분을 초래한다. ㄹ. (가)와 (나)의 부정적 외부 효과의 경우 과태료, 세금 등과 같은 부정적인 경제적 유인의 제공을 통해 외부 효과를 개선할 수 있고, (다)와 같은 긍정적 외부 효과의 경우 보조금, 세제 혜택 등과 같은 긍정적인 경제적 유인의 제공을 통해 외부 효과를 개선할 수 있다.

08 공공재의 공급 부족과 정부의 역할   정답 ④

밑줄 친 ㉠에 나타난 현상은 공공재의 공급 부족이다. ④ 공공재의 공급 부족은 시장 실패의 유형 중 하나로, 공공재는 무임승차의 문제가 발생하여 시장을 통해 충분히 생산되지 않기 때문에 정부가 직접 생산하여 공급해야 한다.

①, ② 제시된 사례와는 관련 없는 내용이다. ③ 공공재의 공급 부족은 시장에서 자원이 효율적으로 배분되지 못하는 상태인 시장 실패에 해당한다. ⑤ 필요한 재화가 사회적 최적 수준보다 적게 생산되고 있다.

09 공공재와 외부 효과   정답 ③

A는 공공재, B는 외부 효과로, 이는 모두 합리적 선택의 한계로 나타나는 시장 실패에 해당한다. ③ 긍정적 외부 효과의 경우 보조금 지급 등을 통해 해결할 수 있고, 부정적 외부 효과의 경우 세금 부과 등을 통해 해결할 수 있다.

① 공공재는 비배제성으로 인해 무임승차자 문제가 발생한다. ② 공공재는 시장에만 맡길 경우 과소 생산된다. ④ 외부 효과는 시장에서 자원이 비효율적으로 배분됨을 보여 준다. ⑤ 외부 효과는 시장 실패의 원인에 해당하므로 이는 정부 개입을 확대해야 한다는 주장의 근거가 된다.

10 경제 주체의 역할   정답 ③

세금을 부과하고, 외부 효과를 해결하며, 불공정 거래 행위를 규제하는 역할을 하는 경제 주체는 정부이다. 이윤을 추구하고, 기술 혁신을 위해 노력하는 역할을 하는 경제 주체는 기업이다. 욕구 충족을 위해 재화를 구입하는 역할을 하는 경제 주체는 소비자이다. 따라서 A는 소비자, B는 기업, C는 정부이다. ③ 정부는 시장을 통해 충분히 공급되지 않는 공공재를 생산한다.

① 가계 소득의 원천을 제공하는 경제 주체는 기업이다. ② 기업은 이윤의 극대화를 추구한다. 효용의 극대화를 추구하는 경제 주체는 소비자이다. ④ 소비자의 행동은 기업이 자원 배분을 결정하는 데 영향을 준다. ⑤ 재화와 서비스의 공급자는 기업이다.

11 경제 주체의 역할   정답 ④

A는 기업, B는 가계, C는 정부이다. ㄴ. 가계는 소비 과정에서 소비자 주권을 행사한다. ㄹ. 공공재 생산의 주체는 기업이 아니라 정부이다.

ㄱ. 불공정 거래 행위를 규제하는 주체는 정부이다. ㄷ. 이윤을 추구하는 주체는 기업으로, 기업은 이윤을 추구하면서도 사회적 책임을 다해야 한다.

12 기업가 정신   정답 ④

밑줄 친 ㉠은 새로운 것을 창조하여 변혁을 일으키는 혁신의 사례에 해당한다. 갑, 병, 정. 기업가는 이윤 창출을 위해 위험과 불확실성을 무릅쓰고 모험적이고 창의적인 정신을 발휘할 필요가 있다. 혁신의 사례로는 새로운 상품과 기술의 개발, 새로운 시장의 개척, 새로운 조직 형성 등을 들 수 있다.

을. 이색적인 방법으로 쌀농사를 짓는 것은 기업의 사회적 책임과는 관련이 없다.

시험 대비하기

본문 ○ 199~201쪽

01 ④	02 ②	03 ④	04 ②	05 ④	06 ③
07 ④	08 ②	09 ②	10 ②	11 ②	12 ④
13 ③	14 ③				

01 자산 관리의 기본 원칙　　　　　정답 ④

A는 수익성, B는 안전성, C는 유동성이다. ㄴ. 은행 예금의 경우 원금과 이자를 합하여 5천만 원까지 보장받을 수 있다. 따라서 예금 규모에 따라 안전성의 정도는 다를 수 있다. ㄹ. 일반적으로 수익성이 높으면 안전성이 낮고, 안전성이 높으면 수익성이 낮다.

❗ 오답 피하기

ㄱ. 채권과 주식은 모두 수익성을 기대할 수 있다. ㄷ. 정기 예금은 요구불 예금에 비해 유동성이 낮은 편이다.

02 예금과 주식　　　　　정답 ②

예금은 주식에 비해 유동성이 높은 편이다. 따라서 A는 주식, B는 예금이다. ㄱ. 주식은 예금에 비해 수익성이 높은 편이고, 안전성이 낮은 편이다. 따라서 (가)에는 수익성, (나)에는 안전성이 들어갈 수 있다. ㄷ. 예금과 채권은 모두 이자 수익이 발생한다.

❗ 오답 피하기

ㄴ. 채권은 주식과 달리 만기가 존재한다. ㄹ. 주식은 예금과 달리 배당 수익을 기대할 수 있다.

03 정기 예금과 주식　　　　　정답 ④

ㄴ. 주식의 경우 관련 시장이 침체될 경우 주식 가격이 하락하여 원금 손실을 볼 수 있으므로 안전성이 낮다. ㄹ. 주식은 시장이 호황을 맞이할 경우 높은 수익을 기대할 수 있다.

❗ 오답 피하기

ㄱ. 정기 예금은 정해진 기간 동안 목돈을 맡겨 두는 금융 상품이다. ㄷ. 주식은 정기 예금과 달리 시세 차익을 기대할 수 있다.

04 채권과 주식　　　　　정답 ②

② 주식과 채권은 모두 시세 차익에 따른 수익을 기대할 수 있다. 따라서 해당 내용은 (가)에 들어갈 수 있다.

❗ 오답 피하기

① 주식은 채권과 달리 배당 수익을 기대할 수 있다. 따라서 해당 내용은 (가)에 들어갈 수 없다. ③ 주식과 채권은 모두 원금 손실이 발생할 수 있다. 따라서 해당 내용은 (나)에 들어갈 수 없다. ④ 주식과 채권은 모두 은행 예금에 비해 안전성이 낮다. 따라서 해당 내용은 (나)에 들어갈 수 없다. ⑤ 주식은 채권에 비해 수익성이 높은 편이다. 따라서 해당 내용은 (다)에 들어갈 수 없다.

05 금융 자산의 유형　　　　　정답 ④

안전성이 가장 높은 것은 정기 예금이고, 수익성이 가장 높은 것은 주식이다. 따라서 A는 정기 예금, B는 채권, C는 주식이다. ㄴ. 정기 예금은 채권, 주식과 달리 예금자 보호 제도의 적용을 받는다. ㄹ. 채권과 주식은 모두 시세 차익을 기대할 수 있다.

ㄱ. 정기 예금과 채권은 모두 만기가 존재한다. ㄷ. 정기 예금과 채권은 모두 이자 수익을 기대할 수 있다.

06 금융 자산의 유형　　　　　정답 ③

ㄴ. 채권과 예금은 이자 수익을 기대할 수 있고, 주식은 이자 수익을 기대할 수 없다. 따라서 해당 질문은 (가)에 들어갈 수 있다. ㄷ. 채권은 예금과 달리 시세 차익을 기대할 수 있다. 따라서 해당 질문은 (나)에 들어갈 수 있다.

❗ 오답 피하기

ㄱ. 주식은 증권 상품에 해당한다. 따라서 해당 질문은 (가)에 들어갈 수 없다. ㄹ. 채권과 예금은 모두 배당 수익을 기대할 수 없다. 따라서 해당 질문은 (나)에 들어갈 수 없다.

07 주식의 특징　　　　　정답 ④

④ A 회사의 주식 가격은 상승과 하락을 반복하고 있으며, 2022년 초에 비해 2023년 기준 2배 이상 가격이 상승하였다. 이를 통해 주식은 가격에 따라 높은 수익을 얻을 수 있음을 알 수 있다.

❗ 오답 피하기

① 주식은 수익성이 높다. ② 제시된 자료를 통해 유동성 여부는 파악할 수 없다. ③ 일정한 이자가 보장되는 금융 자산은 예금과 채권이다. ⑤ 주식 가격이 하락할 경우 원금 손실이 발생할 수도 있다.

08 생애 주기에 따른 소득과 소비　　　　　정답 ②

② 제시된 그림을 보면, 퇴직 이후에는 소득이 크게 줄어들면서 소득보다 소비가 더 크게 나타나고 있다.

❗ 오답 피하기

① A는 소득 곡선, B는 지출 곡선을 나타낸다. ③, ⑤ 제시된 그림을 보면, 개인이 생산 활동을 통해 소득을 얻는 시기는 한정되지만, 소비 생활은 평생에 걸쳐 이루어짐을 알 수 있다. ④ 소득은 청년기에 취업을 하면서 점차 증가하고, 중·장년기에 가장 많아진다.

09 재무 설계의 단계　　　　　정답 ②

② 자신의 재무 상태 및 이용 가능한 자산을 확인하는 것은 (나) 재무 상태 파악 단계에서 이루어진다.

❗ 오답 피하기

① (가) 단계에서는 자신의 가치관과 재무 상태 등을 고려하여 장·단기 재무 목표를 설정한다. ③ (다) 단계에서는 재무 목표의 우선순위와 시간 계획 등을 설정한다. ④ (라) 단계에서는 재무 목표 달성을 위한 계획을 실행한다. ⑤ (마) 단계에서는 목표 달성 정도를 평가하고 달성하지 못하였을 경우 문제점을 파악하고 수정한다.

10 재무 설계의 단계　　　　　정답 ②

② 재무 상태를 분석할 때에는 현재의 소득은 얼마인지, 그리고 그 소득이 정기적인 소득인지 일시적인 소득인지 등에 대해서도 파악하는 것이 필요하다.

11 환율 변동과 금융 의사 결정　　　　　정답 ②

원/달러 환율이 상승하면 원화 가치는 떨어지고 달러화 가치는 높아지므로 같은 양의 달러화를 얻기 위해 필요한 원화의 양이 많아진다. ② 갑과 을은 모두 원/달러 환율이 상승할 것으로 예상하여 원화 가치가 떨어지기 전에 달러화로 미리 환전하였다.

12 금리 변화와 금융 의사 결정　　　　　정답 ④

을. 지속적으로 금리가 인하되면 시중에 유통되는 화폐의 양이 증가하므로 화폐의 가치는 하락하게 된다. 정. 금리가 낮아지면 고정 금리가 적용되는 채권의 가치가 높아져 거래 가격이 상승하게 된다.

❗ 오답 피하기

갑. 경기 전망이 나빠져 마땅한 투자처가 없으면 은행 예·적금 가입자가 증가할 수 있지만, 금리의 지속적인 하락이 예상되는 상황에서 은행으로 자금이 몰린다고 단정할 수 없다. 병. 기준 금리의 하락은 전반적으로 시중 금리를 하락시키는데, 은행의 입장에서 이윤을 극대화하기 위해 대출 금리는 덜 낮추고 예금 금리를 더 낮추려고 할 것이다.

13 환율 변동과 금융 의사 결정　　　　　정답 ③

제시된 표에 나타난 기간에 원/달러 환율은 상승하고 있으므로 달러화 대비 원화의 가치는 하락하고 있다. 을. 원/달러 환율이 상승하면 수입품의 원화 표시 가격이 상승하므로 미국산 수입품을 구매하려는 사람이 감소할 것이다. 병. 원/달러 환율이 상승하면 미국 유학 중인 자녀를 둔 부모는 달러로 환산한 학비가 증가하여 경제적 부담이 증가하게 된다.

❗ 오답 피하기

갑. 원/달러 환율이 상승하면 여행 경비 부담이 증가하여 미국 여행을 가려는 사람이 감소할 것이다. 정. 원/달러 환율이 상승하면 미국 주식에 투자한 사람의 원화로 환산한 수익이 늘어나기 때문에 미국 주식을 계속 보유하려고 할 것이다.

14 물가 변화와 금융 의사 결정　　　　　정답 ③

을, 병. 물가가 상승하면 가계는 소비를 줄일 것이며, 화폐 가치가 떨어지므로 실물 자산에 대한 투자가 증가하게 된다.

❗ 오답 피하기

갑. 물가가 상승하면 화폐 가치가 떨어지므로 현금보다는 실물 자산을 선호하게 된다. 정. 물가가 하락할 때 나타나는 현상이다.

04　국제 분업과 무역

시험 대비하기　　　　　본문 ○ 203~205쪽

| 01 ⑤ | 02 ② | 03 ① | 04 ⑤ | 05 ⑤ | 06 ④ |
| 07 ① | 08 ④ | 09 ④ | 10 ② | 11 ⑤ | 12 ② |

01 국제 분업과 무역　　　　　정답 ⑤

ㄱ, ㄷ, ㄹ. 무역은 각 나라가 자신들이 생산한 재화와 서비스를 다른 나라와 거래하는 것을 말하며, 각 나라가 무역에 유리한 것을 특화하여 생산하는 것을 국제 분업이라고 한다. 무역은 과거에는 원자재나 천연자원 위주로 이루어졌으나, 오늘날에는 기술 및 서비스 분야로 거래의 범위가 확대되고 있으며 노동과 자본의 이동도 증가하고 있다.

❗ 오답 피하기

ㄴ. 무역이 확대되면서 국제 분업이 발달하고, 이는 다시 무역의 활성화로 이어진다.

02 절대 우위론과 비교 우위론　　　　　정답 ②

갑은 생산 비용을 단순 비교하여 더 저렴한 비용으로 생산할 수 있는 재화를 수출하는 것이 좋다고 말하고 있으므로 절대 우위론에 해당한다. 을은 상대국보다 생산 비용이 많이 드는 재화도 수출할 수 있다는 입장이므로 비교 우위론에 해당한다. ② 을은 비교 우위론에 입각해 있으므로 기회비용이 작게 드는 재화를 특화 생산하여 수출하게 되면 무역을 하기 전과 비교하여 양국 모두 더 많은 이익을 얻을 수 있다고 볼 것이다.

❗ 오답 피하기

① 갑의 입장에 따를 경우 상대국보다 더 저렴한 비용으로 재화를 생산할 수 없다면 무역을 할 수 없게 되므로 무역이 언제나 가능한 것은 아니다. ③ 을은 비교 우위론에 입각한 무역을 주장하고 있으므로 상대국에 비해 기회비용이 작은 재화를 특화 생산하여 수출하고, 기회비용이 큰 재화를 수입하는 것이 유리하다는 입장이다. ④ 갑의 절대 우위론과 을의 비교 우위론은 모두 자유 무역이 당사국 모두에 이익이 된다는 입장이다. ⑤ 갑은 생산 비용의 단순 비교를 통한 무역을 주장하고 있으므로 절대 우위론, 을은 비교 우위론에 기초하고 있다.

03 비교 우위　　　　　정답 ①

교역 전 X재 1개 생산의 기회비용은 갑국이 Y재 1개이고, 을국이 Y재 3개이다. 교역 전 Y재 1개 생산의 기회비용은 갑국이 X재 1개이고, 을국이 X재 1/3개이다. ㄱ. X재 1개 생산의 기회비용은 갑국이 을국보다 작으므로 갑국은 X재 생산에 비교 우위가 있다. ㄴ. 을국의 경우 Y재 1개 생산에 필요한 비용은 1달러이며, 1달러로 생산할 수 있는 X재는 1/3개이다.

❗ 오답 피하기

ㄷ. 비교 우위 재화에 특화하여 교역할 경우 갑국은 X재를, 을국은 Y재를 수출하게 된다. ㄹ. X재와 Y재의 교환 비율이 1 : 4라면, 갑국은 교역 전 X재 1개 생산의 기회비용보다 더 많은 Y재를 교역을 통해 얻을 수 있으므로 유리하다. 을국은 교역 전 Y재 1개 생산의 기회비용보다 더 적은 양의 X재를 교역을 통해 얻게 되므로 이익을 얻을 수 없다.

04 비교 우위와 기회비용　　　　　정답 ⑤

제시된 자료를 바탕으로 갑국과 을국의 쌀과 옷 1단위 생산의 기회비용을 나타내면 다음과 같다.

구분	갑국	을국
쌀 1단위 생산의 기회비용	옷 1/2단위	옷 1/3단위
옷 1단위 생산의 기회비용	쌀 2단위	쌀 3단위

ㄷ. 쌀 1단위를 생산하는 데 갑국은 1시간, 을국은 2시간이 필요하며, 옷 1단위를 생산하는 데 갑국은 2시간, 을국은 6시간이 필요하다. 따라서 갑국은 쌀과 옷 생산 모두에 절대 우위를 가진다. ㄹ. 을국은 갑국보다 쌀 1단위 생산의 기회비용이 작다. 따라서 을국은 쌀 생산에 비교 우위를 가진다.

❗ 오답 피하기

ㄱ. 갑국의 경우 쌀 1단위 생산의 기회비용은 옷 1/2단위이다. ㄴ. 을국의 노동 시간이 10시간일 경우 쌀 2단위와 옷 1단위를 동시에 생산할 수 있다.

05 국제 분업의 발생   정답 ⑤

갑국은 휴대 전화와 반도체를 생산하는 데 있어 다른 나라보다 생산비가 저렴하고, 을국은 커피와 바나나를 생산하는 데 있어 다른 나라보다 생산비가 저렴하다. 이와 같이 상대적으로 생산비가 저렴한 상품의 생산에 특화하여 무역을 하는 것을 절대 우위라고 한다. ⑤ 갑국은 반도체를 수출하므로 반도체 생산의 기회비용은 갑국이 을국보다 작을 것이고, 을국은 바나나를 수출하므로 바나나 생산의 기회비용은 을국이 갑국보다 작을 것이다.

❗ 오답 피하기

①, ②, ③, ④ 제시된 자료를 통해 파악할 수 없다.

06 절대 우위와 비교 우위   정답 ④

ㄴ. X재 1개 생산의 기회비용은 갑국이 Y재 2개, 을국이 Y재 1/2개이다. 따라서 X재 1개 생산의 기회비용은 갑국이 을국보다 크다. ㄹ. 갑국의 비교 우위 재화는 Y재, 을국의 비교 우위 재화는 X재이다. 따라서 양국이 교역할 경우 갑국은 Y재를, 을국은 X재를 수출한다.

❗ 오답 피하기

ㄱ. Y재 1개 생산의 기회비용은 갑국이 X재 1/2개, 을국이 X재 2개이다. ㄷ. X재 1개를 생산하는 데 필요한 노동자 수는 을국이 갑국보다 적고, X재 1개 생산의 기회비용은 을국이 갑국보다 작다. 따라서 을국은 X재 생산에 절대 우위와 비교 우위 모두를 가진다.

07 절대 우위와 비교 우위   정답 ①

ㄱ. 갑국은 X재 1단위 생산에 노동자가 2명, 을국은 X재 1단위 생산에 노동자가 4명이 필요하다. 즉, 갑국은 을국보다 더 적은 노동력으로 X재를 생산할 수 있다. 따라서 갑국은 X재 생산에 절대 우위를 가진다. ㄴ. Y재 1단위 생산의 기회비용은 갑국이 X재 3/2단위, 을국이 X재 3/4단위이다. 따라서 을국은 Y재 생산에 비교 우위를 가진다.

❗ 오답 피하기

ㄷ. 갑국의 X재 1단위 생산의 기회비용은 Y재 2/3단위이다. ㄹ. 을국의 Y재 1단위 생산의 기회비용은 X재 3/4단위이다.

08 무역 확대의 긍정적 영향   정답 ④

필자는 무역을 통해 국가 간 기술의 이전이 이루어지면서 개발 도상국이 경제 발전의 기회를 얻을 수 있다고 보고 있다. 즉, 국제 무역 확대의 긍정적인 측면에 주목하고 있다. ㄱ, ㄴ, ㄷ. 소비자의 상품 선택의 폭이 넓어져 편익이 증가하고, 국가 간 노동력과 기술 이전으로 정치적·사회적·문화적인 국제 협력의 기회가 증가하는 것은 모두 무역 확대의 긍정적인 영향에 해당한다.

❗ 오답 피하기

ㄹ. 국가 간 무역이 확대되면 국제 경쟁력을 갖추지 못한 산업이나 기업은 위축되거나 쇠퇴할 수 있다는 것은 국제 거래의 확대로 인한 문제점에 해당한다.

09 국제 분업과 무역의 영향   정답 ④

국제 분업과 무역의 확대는 ⓒ 소비자의 상품 선택의 폭을 확대하고 규모의 경제를 실현하여 국가 및 세계 경제가 성장할 수 있는 계기를 마련한다. 그러나 ⓔ 일부 국가에서는 아동 노동이나 강제 노동으로 인권 침해가 발생하기도 하고, 열악한 조건에서 낮은 임금을 받으며 일함에 따라 빈곤에 시달리기도 한다.

❗ 오답 피하기

㉠ 국제 분업과 무역의 확대로 물건을 대량 생산하는 과정에서 온실가스가 배출되어 환경 오염이 발생하기도 하는데, 이는 부정적 영향에 해당한다. ㉢ 국제 분업과 무역이 확대하면서 생산 규모가 커져 제품의 단위당 평균 생산 비용이 감소하는 규모의 경제가 실현될 수 있는데, 이는 긍정적 영향에 해당한다.

10 무역 확대의 부정적 영향   정답 ②

② A는 자본 시장의 자유화로 인해 한 국가의 경제 위기가 다른 나라로 확산될 수 있음을 강조하고 있다. 자본 시장의 자유화는 국가 간 무역의 확대를 의미하며, 이로 인해 경제 위기가 확대될 수 있음을 우려하고 있다.

❗ 오답 피하기

①, ③, ④, ⑤ 무역 확대의 부정적 영향에 해당하는 내용이지만, 제시문과 관련이 없는 내용이다.

11 지속가능한 국제무역을 위한 정부의 노력   정답 ⑤

을, 병, 정. 지속가능한 국제무역을 위해 정부는 국제 사회의 기후 협약을 이행하고, 기업의 친환경 기술 개발을 지원하며, 환경 보호를 위한 규제를 강화해야 한다. 또한 노동 조건의 개선을 위한 법과 제도를 만들어 관리 및 감독해야 한다.

❗ 오답 피하기

갑. 화석 연료의 가격을 인하하면 화석 연료의 사용량이 증가하여 온실가스의 배출량이 증가하게 된다. 국제무역의 증가로 심각해진 환경 오염을 막기 위해서는 화석 연료의 사용을 줄이고, 대체 에너지의 사용 비율을 늘려야 한다.

12 지속가능한 국제무역을 위한 노력   정답 ②

제시문은 불공정한 무역 구조로 인해 빈곤에 시달리는 개발 도상국의 노동자에 대한 내용이다. 갑, 병. 불공정한 무역 구조로 인해 발생하는 분배의 불평등을 해결하기 위해서는 공정 무역을 활성화하여 무역의 이익이 생산자와 노동자에게 돌아가도록 해야 한다.

❗ 오답 피하기

을. 임금이 저렴하다는 이유로 아동 노동으로 상품을 생산해서는 안 된다. 정. 선진국의 소수 대기업 위주로 운영되는 무역 구조를 개선해야 한다.

Ⅳ 세계화와 평화

01 세계화의 양상과 문제 해결 방안

시험 대비하기

01 ⑤	02 ②	03 ①	04 ④	05 ①	06 ⑤
07 ③	08 ③	09 ⑤	10 ③	11 ⑤	12 ④

01 세계화와 지역화 　　정답 ⑤

국가 경계가 약화되면서 세계가 하나로 통합되는 (가)는 세계화, 지역의 특성이 세계적 차원에서 가치를 가지게 되는 (나)는 지역화이다. ⑤ 전 세계를 대상으로 기업 활동을 하는 다국적 기업은 세계화의 사례, 지역 특성을 활용한 지역 축제는 지역화의 사례에 해당한다.

오답 피하기

① 세계화는 교통과 통신의 발달에 따른 시공간의 축소로 나타난 현상이다. ② 지역화는 문화의 다양성을 증대하는 요인이다. ③ 지역 간 차별화를 강조하는 것은 지역 특성을 활용하는 지역화이다. ④ 표준화된 상품을 생산, 판매하는 것은 세계화의 사례이다.

02 지역화 전략의 사례 　　정답 ②

파마산 치즈는 지리적 표시제에 등록되어 있다. 산티아고 순례길은 산티아고의 자산을 이용해 지역 경제를 활성화하므로 장소 마케팅의 사례이다. ② 지리적 표시제와 장소 마케팅 등은 지역의 특성을 활용해 지역 경쟁력을 강화하는 지역화 전략에 해당한다.

03 세계 무역 기구(WTO)의 설립 배경 　　정답 ①

국가 간 무역 분쟁을 조정하는 다자간 무역 기구인 (가)는 세계 무역 기구(WTO)이다. ㄱ. 세계 무역 기구(WTO)는 자유 무역을 통한 세계 경제의 발전을 도모하는 국제기구이다. ㄴ. 세계 무역 기구(WTO)는 국가 간 무역 분쟁을 조정하고 무역 질서를 확립하기 위한 구속력을 가지고 있다.

오답 피하기

ㄷ. 자국 산업 보호를 위해 과세를 부과하는 것은 보호 무역이다. 세계 무역 기구(WTO)는 무역 장벽을 철회하고 자유 무역 증대를 꾀하고 있다. ㄹ. 자원 카르텔에 대한 설명이다. 석유의 생산량과 가격을 조절하는 기구는 석유 수출국 기구(OPEC)이다.

04 지리적 표시제의 사례 　　정답 ④

지리적 표시제는 상품의 우수성이 생산 지역의 지리적 환경에 기인하고 있음을 증명하는 제도이다. 지리적 표시제, 장소 마케팅, 지역 브랜드 등은 지역 경제 활성화를 목적으로 하는 지역화 전략이다.

05 세계화와 지역화 　　정답 ①

세계적 중심지 역할을 하는 대도시인 (가)는 세계도시이다. 대표적인 세계도시로 뉴욕, 런던 등이 있다. 지역 브랜드 등을 개발하여 지역 경제를 활성화하는 전략인 (나)는 지역화 전략이다.

오답 피하기

② 세계화로 인해 지역 고유의 문화가 사라지고 전 세계에서 비슷한 문화를 공유하게 되는 현상을 문화의 획일화라고 한다. ③, ⑤ 다국적 기업이

06 다국적 기업의 성장 과정 　　정답 ⑤

ㄴ. (나)는 (가)보다 많은 지역에 공장이 입지하였으므로 판매를 담당하는 인력 규모가 커졌다. ㄷ. (다)는 (나)보다 지역 총괄 본부, 연구소, 공장이 많아졌으므로 본사의 관리 대상이 확대되었다. ㄹ. (가)에서 (다)로 갈수록 해외 공장이 많아졌으므로 국제적 생산 네트워크 체계는 강화되어야 한다.

오답 피하기

ㄱ. (가)에서 해외에 진출한 기능은 없다. 따라서 (가)는 국내 기업 단계이다.

07 세계도시 　　정답 ③

2016년 하계 올림픽 개최지, 남아메리카 대륙, 삼바 등을 통해 (가)는 브라질의 리우데자네이루임을 알 수 있다. ③ 브라질을 비롯한 남아메리카 대부분 지역은 라틴족의 식민 지배 영향으로 가톨릭교 신자의 비율이 높다.

오답 피하기

① 브라질의 수도는 브라질리아이다. 리우데자네이루는 과거 브라질의 수도였지만, 1960년대 내륙 개발 등을 이유로 내륙에 위치한 브라질리아로 수도를 이전하였다. ② 리우데자네이루는 대서양 연안에 위치한다. ④ 브라질은 포르투갈 식민 지배의 영향으로 포르투갈어를 사용한다. ⑤ 자유의 여신상은 뉴욕의 랜드마크이다.

08 지리적 표시제 상품 사례 　　정답 ③

(가)는 온화한 기후와 바다와 접해 있어 전국 최대의 녹차 재배 산지인 보성이다. (나)는 호남권 내륙에 위치한 배로 유명한 나주이다. (다)는 한라산 봉우리 모양과 비슷한 한라봉을 재배하는 제주이다.

09 세계도시 체계에 영향을 주는 요인 　　정답 ⑤

(가) 도시군은 런던, 뉴욕, 도쿄 등 세계 경쟁력 순위가 가장 높은 최상위 세계도시군이다. ㄴ, ㄷ, ㄹ. 최상위 세계도시는 그보다 낮은 계층의 세계도시보다 국제기구 본부의 수, 생산자 서비스업 종사자 수, 도시 간 국제 항공편 운항 횟수가 많다.

오답 피하기

ㄱ. 세계도시 순위와 도시의 면적은 직접적인 관계가 없다.

10 세계도시 체계 　　정답 ③

유럽에 위치한 최상위 세계도시인 A는 런던, 아시아에 위치한 최상위 세계도시인 B는 도쿄, 앵글로아메리카에 위치한 최상위 세계도시인 C는 뉴욕이다. 터널 효과는 최상위 세계도시를 통해야 주변의 다른 세계도시와 연결되는 현상이다. ㄴ. 뉴욕의 중심가에는 월스트리트, 브로드웨이 등이 있다. ㄷ. 오랜 역사와 전통을 가진 유럽의 도시는 건국 시기가 늦은 미국의 도시보다 도시 발달의 형성 역사가 길다.

오답 피하기

ㄱ. 유럽 연합(EU) 본부는 벨기에의 수도 브뤼셀에 있다. ㄹ. 세계에 미치는 영향력이 큰 상위 계층의 세계도시일수록 대체로 항공 운항 편수가 많다. 그림의 터널 효과를 보면 B에서 D로 가기 위해서는 A를 경유해야만 한다.

11 다국적 기업의 공간적 분업 사례   정답 ⑤

국내에 본사를 둔 H 기업은 해외 다양한 지역에 연구소, 판매 지사, 생산 공장 등을 두고 있다. ⑤ 생산 공장은 저렴한 인건비를 통한 생산비 절감을 위해 개발도상국에 주로 입지한다. 그러나 시장 개척을 위해 선진국에 입지하기도 한다. 중국에 설립된 생산 공장은 상대적으로 저렴한 인건비, 미국에 설립된 생산 공장은 상대적으로 시장 확보가 더 큰 비중을 차지한다.

> **오답 피하기**

①, ② H 기업의 기능들이 다양한 지역에 입지해 있으므로 다국적 기업의 공간적 분업이 나타남을 알 수 있다. ③ 본사는 본국의 대도시에 주로 입지한다. ④ 연구소는 우수한 전문 인력을 확보할 수 있는 선진국에 주로 입지한다. 생산 공장은 상대적으로 노동비가 저렴한 개발도상국에 입지하는 비율이 높다.

12 세계화의 긍정적 영향과 부정적 영향   정답 ④

㉠은 세계화로 인한 경제적 이득을 많이 본 선진국과 대기업 등이 참여하고 있다. ㉡은 세계화로 인한 문제점에 대한 논의를 하고 있다. 따라서 ㉠은 주로 세계화의 긍정적 효과, ㉡은 주로 세계화의 부정적 효과를 강조하는 회의이다. ㄴ. 지역 격차 심화는 세계화의 부정적 영향이므로 ㉡에서 논의될 내용이다. ㄹ. 개발도상국에 대한 경제적 지원 확대는 세계화로 인한 문제점을 해결하는 방안이므로 ㉡에서 논의될 내용이다.

> **오답 피하기**

ㄱ. 선진국 중심의 세계화를 반대하는 것은 세계화로 인한 부정적 영향을 강조하는 ㉡에서 논의될 내용이다. ㄷ. 다국적 기업의 부정적 영향을 강조하므로 ㉡에서 논의될 내용이다.

---

02   평화의 중요성과 국제 사회의 행위 주체

시험 대비하기   본문 ○ 211 ~ 213쪽

01 ③	02 ⑤	03 ⑤	04 ④	05 ④	06 ④
07 ②	08 ③	09 ⑤	10 ⑤	11 ①	12 ①
13 ②					

01 소극적 평화   정답 ③

제시문의 밑줄 친 '이것'은 소극적 평화이다. ③ 소극적 평화란 범죄, 폭행, 테러, 전쟁 등의 직접적이고 물리적인 폭력이 제거되어 사라진 상태를 의미한다.

> **오답 피하기**

④ 적극적 평화는 직접적 폭력뿐만 아니라 구조적 폭력과 문화적 폭력까지 모두 제거된 상태를 의미한다.

02 폭력의 구분   정답 ⑤

(가)는 직접적 폭력, (나)는 구조적 폭력, (다)는 문화적 폭력이다. 구조적 폭력과 문화적 폭력은 간접적 폭력에 해당한다. ⑤ 적극적 평화는 직접적 폭력뿐만 아니라 구조적 폭력과 문화적 폭력까지 모두 제거되어 사라지고 어떠한 종류의 폭력도 남아 있지 않은 상태에서 실현된다.

03 적극적 평화의 실현   정답 ⑤

제시문에서 강조하고 있는 밑줄 친 '평화'는 적극적 평화를 의미한다. ㄷ, ㄹ. 적극적 평화는 직접적인 폭력뿐만 아니라 문화적 폭력과 구조적 폭력까지 모두 사라진 상태를 의미하며, 인간의 존엄성과 정의, 복지, 삶의 질 등과 관련하여 넓은 의미의 평화 개념을 뜻한다.

> **오답 피하기**

ㄱ, ㄴ. 전쟁 방지나 국가 안보 차원에서의 평화, 물리적이고 직접적인 폭력이 제거된 상태의 평화는 소극적 평화의 개념에 해당한다.

04 진정한 평화의 의미   정답 ④

제시문은 평화 사상가인 갈퉁의 주장이다. ㄴ. 갈퉁은 평화는 어떤 경우에도 평화적 수단으로 성취해야 한다고 주장하고 있다. ㄹ. 갈퉁에 의하면 문화적 폭력의 기능은 직접적 폭력과 구조적 폭력을 은폐하거나 정당화하는 것이다.

> **오답 피하기**

ㄱ. 갈퉁은 소극적 평화를 직접적 폭력이 없는 상태로, 적극적 평화를 구조적·문화적 폭력까지 없는 상태로 규정한 후 적극적 평화를 진정한 평화라고 주장하였다. 갈퉁은 적극적 평화를 모든 형태의 폭력이 제거된 상태로 보았다. ㄷ. 갈퉁은 간접적으로 행해진 억압과 착취는 구조적 폭력에 해당한다고 보았다.

05 폭력과 평화에 대한 갈퉁의 입장   정답 ④

제시문을 주장한 사상가는 갈퉁이다. 갈퉁은 모든 종류의 폭력이 제거된 적극적 평화의 중요성을 강조하였다. ㄱ. 갈퉁은 인간다운 삶의 조건을 위협하는 문화적 폭력을 제거해야 한다고 보았다. ㄴ. 갈퉁은 부정의한 사회 구조나 제도로 인해 발생하는 구조적 폭력을 제거하기 위해서는 사회 구조 개선이 필요하다고 보았다. ㄹ. 갈퉁은 직접적 폭력은 신체적 폭력과 언어적 폭력으로 구분할 수 있다고 보았다. 갈퉁에 의하면 언어 폭력도 직접적 폭력의 일부이며, 언어의 상징성을 활용한 문화적 폭력은 폭력에 정당성을 부여하여 직접적 폭력으로 이어질 수 있다.

> **오답 피하기**

ㄷ. 갈퉁은 폭력이 항상 구조적 폭력과 문화적 폭력으로부터 시작되는 것은 아니라고 하였다. 갈퉁에 의하면 폭력은 항상 어느 지점에서나 시작될 수 있으며, 쉽게 다른 지점으로 전달된다.

06 평화 실현의 필요성   정답 ④

ㄱ, ㄴ, ㄹ. 평화의 실현은 인류의 다양한 문화유산을 보존하고, 인류를 전쟁의 위협 및 각종 차별과 불평등으로부터 벗어나게 해 주며, 인류가 인간답게 살 권리를 보장받고 삶의 질을 높일 수 있는 환경을 조성해 주므로 필요하다.

> **오답 피하기**

ㄷ. 평화의 실현은 현재 세대의 번영은 물론 미래 세대의 번영까지도 가능하게 하며, 인류의 존속을 위해서도 필요하다.

07 국제 사회의 행위 주체인 국가   정답 ②

제시문의 ㉠에 들어갈 내용은 '국가'이다. 국가는 일정한 영토와 국민을 바탕으로 독립적인 주권을 행사하는 국제 사회의 가장 대표적인 행위 주체이다.

08　국제 비정부 기구와 정부 간 국제기구　　　정답 ③

인류 전체의 공동선을 추구하며 개인이나 민간단체를 회원으로 하는 (가)는 국제 비정부 기구이다. 국가 간의 이해관계와 분쟁을 조정하고 각국의 정부를 회원으로 하는 (나)는 정부 간 국제기구이다.

09　국가와 국제 비정부 기구의 특징　　　정답 ⑤

⑤ 국제 연합은 국제 비정부 기구가 아니라, 국가를 회원으로 하는 대표적인 정부 간 국제기구에 해당한다.

! 오답 피하기
①, ② 국가는 영토, 국민, 주권을 지니며 자국의 이익과 자국민 보호를 우선으로 추구하는 국제 사회의 가장 기본적인 행위 주체이다. ③, ④ 국제 비정부 기구는 개인과 민간단체의 주도로 설립되며, 그린피스, 국경 없는 의사회, 국제 사면 위원회 등이 대표적이다.

10　국제 사회의 행위 주체　　　정답 ⑤

㉠은 국가, ㉡은 국제 비정부 기구, ㉢은 국제적으로 영향력 있는 개인이다. ⑤ 국제 연합은 대표적인 정부 간 국제기구에 해당하지만, 국제 사면 위원회는 인권 보호 등을 위해 활동하는 국제 비정부 기구에 해당한다.

! 오답 피하기
① 국가는 국제 사회의 가장 대표적이며 기본적인 행위 주체이다. ②, ③ 국제 비정부 기구에는 그린피스, 국경 없는 의사회, 국제 사면 위원회 등이 포함되며, 개인이나 민간단체가 회원으로 가입하여 활동할 수 있다.

11　국제 사회의 행위 주체로서의 개인　　　정답 ①

제시문에 소개된 인물들은 모두 국제 사회 속에서 큰 영향력을 행사하고 있다. ① 국제적으로 영향력이 큰 개인도 국제 사회의 행위 주체로 활동할 수 있다.

! 오답 피하기
② 개인은 자신이 속해 있는 국가를 벗어나 전 세계적으로 원조와 봉사활동을 할 수 있다. ③ 개인은 정부 간 국제기구가 아니라 국제 비정부 기구에 가입하여 활동할 수 있다. ④ 국제 사회의 문제는 특정 개인의 노력만으로는 해결할 수 없으며, 모든 국제 사회 행위 주체들의 다양한 노력이 요구된다. ⑤ 제시문에는 관련된 언급이 나타나 있지 않다.

12　국제 사회의 행위 주체　　　정답 ①

ㄱ. 국제 연합은 정부 간 국제기구이다. ㄴ. 국가는 국제 사회의 가장 기본적이고 대표적인 행위 주체이다.

! 오답 피하기
ㄷ. 국제 연합과 ○○ 난민 구호 단체는 모두 국제 사회의 행위 주체이다. ㄹ. 국제 연합은 개별 국가들을 회원으로 구성된 정부 간 국제기구이다.

13　국제 사회 행위 주체들의 노력　　　정답 ②

ㄱ. 국제기구는 국가들 사이의 이해관계를 조정하고 국가 간의 분쟁을 중재하는 역할에 충실히 임해야 한다. ㄹ. 개인은 한 국가의 구성원인 동시에 지구 공동체의 일원이라는 책임감을 느끼고, 지구촌 문제에 관심을 가지며 기부나 봉사활동 등에 적극 참여해야 한다.

! 오답 피하기
ㄴ. 국가는 힘의 논리에서 벗어나 대화와 타협으로 갈등을 평화적으로 해결하려고 노력해야 한다. ㄷ. 비정부 기구는 인도주의적 구호 활동에 힘써야 하지만, 이윤 창출 활동과는 무관하다.

03　남북 분단과 동아시아의 역사 갈등 해결

시험 대비하기　　　본문 ○ 215쪽

| 01 ② | 02 ④ | 03 ⑤ | 04 ④ | 05 ② | 06 ④ |

01　남북 분단의 배경　　　정답 ②

② 분단 이후 남북의 정상이 최초로 만나 합의한 6·15 공동 선언은 남북 관계 개선과 평화통일을 위한 노력에 해당한다.

! 오답 피하기
①, ④ 남북 분단의 국내적 배경에 해당한다. ③ 남북 분단을 고착화시킨 배경에 해당한다. ⑤ 남북 분단의 국제적 배경에 해당한다.

02　통일의 필요성　　　정답 ④

④ 통일이 되면 경제적 측면에서 볼 때, 군비 경쟁에 낭비되는 자원을 주민들의 삶의 질 향상을 위해 사용할 수 있게 된다.

! 오답 피하기
①, ② 정치적 측면, ③, ⑤ 경제적 측면에서 통일의 필요성에 대한 적절한 내용이다.

03　세계 평화를 위한 우리나라의 노력　　　정답 ⑤

⑤ 중국과 일본의 역사 왜곡에 대해서는 모른 척 외면하고 덮어두는 것이 아니라, 정확한 고증과 역사적 사실에 근거하여 단호히 대처해야 한다.

04　분단 비용과 통일 비용　　　정답 ④

제시문은 남북한이 통일된다면 장기적으로 볼 때 통일에 소모되는 비용을 상쇄하고도 남을 통일 편익이 생긴다고 보는 입장이다.

! 오답 피하기
① 분단 비용은 통일 이전까지 분단을 유지하는 데 소모되는 비용이다. ②, ③ 통일 비용은 통일 전후에 발생하는 것으로 서로 다른 체제를 통합하는 데 드는 비용이다. ⑤ 분단 비용이 아닌 통일 비용에만 해당한다.

05　중국의 역사 왜곡　　　정답 ②

중국은 동북공정을 통해 고조선, 고구려, 발해의 역사를 자신들의 지방사라고 왜곡된 거짓 주장을 하고 있다. 이에 따르면 고구려는 중국 중앙 정부에 예속된 지방 정권이라는 것이다.

06　동아시아의 역사 갈등　　　정답 ④

④ 제2차 세계 대전을 일으킨 A급 전쟁 범죄자들의 위패가 있는 야스쿠니 신사를 참배하는 것은 제국주의 침략 전쟁을 미화하고 정당화하는 것으로 주변국에 물의를 일으키고 있다.

! 오답 피하기
①, ② 중국은 동북공정을 통해 고구려의 역사가 중국의 지방사라고 왜곡된 주장을 하고 있다. 이는 중국 내 소수 민족의 분리 독립을 막고 국경 지역을 안정화시키려는 의도가 숨겨져 있는 것이다. ③ 일본은 왜곡된 역사 교과서에서 침략 전쟁의 강제성을 은폐하였다. ⑤ 독도를 자국의 영토라고 거짓된 주장을 하고 있는 국가는 일본이다. 중국과 일본은 센카쿠 열도(댜오위다오)를 놓고 영토 분쟁을 벌이고 있다.

V 미래와 지속가능한 삶

01 세계의 인구 문제와 해결 방안

시험 대비하기
본문 ○ 217~219쪽

| 01 ② | 02 ① | 03 ① | 04 ④ | 05 ③ | 06 ③ |
| 07 ⑤ | 08 ② | 09 ⑤ | 10 ④ | 11 ⑤ | 12 ⑤ |

01 선진국과 개발도상국의 인구 구조 정답 ②

지도에 표시된 국가는 유럽의 선진국인 영국과 아프리카의 개발도상국인 니제르이다. (가)는 (나)보다 65세 이상의 노년층 인구 비율이 높은 반면 0~14세의 유소년층 인구 비율이 낮다. 따라서 (가)는 유럽의 선진국인 영국이고, (나)는 아프리카의 개발도상국인 니제르이다. ② 선진국인 영국은 개발도상국인 니제르보다 경제 발전 수준이 높다.

오답 피하기

① 영국은 니제르보다 유소년층 인구 비율이 낮고 노년층 인구 비율이 높으므로 중위 연령이 높다. ③ 니제르는 영국보다 면적이 넓고 총인구가 적으므로 인구 밀도가 낮다. ④ 출산 장려 정책의 필요성은 저출생·고령화 문제가 심각한 영국에서 크게 나타난다. ⑤ 영국은 유럽, 니제르는 아프리카에 위치한다.

> **개념노트 | 선진국과 개발도상국의 인구 구조**
>
> | 선진국 | 출생률이 낮아 유소년층 인구 비율이 낮고, 기대 수명이 길어 노년층 인구 비율이 높음 → 중위 연령이 높음 |
> | 개발도상국 | 출생률이 높아 유소년층 인구 비율이 높고, 기대 수명이 짧아 노년층 인구 비율이 낮음 → 중위 연령이 낮음 |

02 선진국과 개발도상국의 인구 구조 정답 ①

① (가)는 (나)보다 15~64세의 청장년층 인구 비율이 낮으므로 총부양비가 높다. (나)는 (가)보다 0~14세의 유소년층 인구 비율이 낮은 반면 65세 이상의 노년층 인구 비율이 높으므로 중위 연령이 높다. 따라서 A에는 총부양비가 들어갈 수 있고, B에는 중위 연령이 들어갈 수 있다.

03 주요 인구 이동 정답 ①

① 카타르 국제 축구 대회 경기장 건설을 위해 인도, 파키스탄, 케냐 등에서 200만 명 이상의 노동자들이 카타르로 이주한 (가)는 경제적 요인에 의한 자발적 인구 이주에 해당한다. 탈레반에 의해 수도가 정복되자 아프가니스탄인이 국경을 넘어 파키스탄의 난민촌으로 이주한 (나)는 정치적 요인에 의한 강제적 인구 이주에 해당한다.

04 정치적 이동 정답 ④

지도는 최근 러시아의 침공을 받은 우크라이나에서 주변 국가로의 인구 이동과 정치적 상황이 복잡한 분쟁 지역인 시리아에서 주변 국가로의 인구 이동을 표현한 것이다. ④ 두 인구 이동은 공통적으로 분쟁 발생에 따른 난민의 이동에 해당한다.

05 세계의 인구 성장과 인구 분포 정답 ③

을. 남반구보다 북반구에, 내륙보다 해안에 인구가 집중해 있다. 병. 미국 북

동부 지역은 산업이 발달하고 도시가 많아 인구가 집중해 있다.

오답 피하기

갑. 개발도상국은 선진국보다 출생률이 높아 인구가 빠르게 증가하고 있다. 따라서 세계의 인구 성장은 선진국보다 개발도상국이 주도하고 있다. 정. 알래스카 북부 지역은 한대 기후가 나타나 인간 거주에 불리하므로 인구 희박 지역에 해당한다.

06 인구 이동의 요인과 유형 정답 ③

③ 임금 수준이 높고 고용 기회가 많은 지역으로 노동자가 이동하는 경제적 이동은 유입 지역의 노동력 부족 문제 해결에 도움을 준다.

오답 피하기

① 특정 지역의 인구를 다른 지역으로 밀어내 이동하게 만드는 요인인 ㉠은 배출 요인이다. ② 다른 지역으로부터 인구를 끌어들여 머무르게 하는 요인은 흡인 요인이고, 흡인 요인의 사례로는 높은 임금 수준, 풍부한 일자리, 쾌적한 주거 환경 등이 있다. ④ 해수면 상승으로 인해 남태평양 섬 주민이 주변 국가로 이동한 사례는 환경적 이동에 해당한다. ⑤ 환경적 이동을 자발적이고 일시적인 이동이라 보기는 어렵다.

07 경제적 이동 정답 ⑤

⑤ 지도를 보면 주로 개발도상국에서 일자리가 많고 평균 임금 수준이 높은 선진국으로 인구 이동이 이루어지고 있다. 따라서 지도에 제시된 인구 이동은 노동력의 이동으로 경제적 이동에 해당한다.

08 선진국과 개발도상국의 인구 구조 정답 ②

(가)는 (나)보다 1950~2020년 총인구 증가율이 높고 모든 시기에 0~14세의 유소년층 인구 비율이 높은 반면 65세 이상의 노년층 인구 비율이 낮다. 따라서 (가)는 아프리카의 개발도상국인 니제르이고, (나)는 유럽의 선진국인 독일이다. ㄱ. 니제르는 아프리카에 위치한 개발도상국이다. ㄷ. 개발도상국인 니제르는 선진국인 독일보다 산업화가 시작된 시기가 늦다.

오답 피하기

ㄴ. 선진국인 독일은 인구 순 유입 국가에 해당하므로 2020년 유입 인구보다 유출 인구가 적다. ㄹ. 그래프를 보면 독일은 니제르보다 1950~2020년 총인구 증가율이 낮다.

09 선진국과 개발도상국의 인구 구조 정답 ⑤

노년층 인구 비율이 20% 이상으로 높은 (가) 국가군은 유럽의 선진국들이 대부분 속해 있고, 노년층 인구 비율이 7% 미만으로 낮은 (나) 국가군은 아프리카의 개발도상국들이 대부분 속해 있다. ⑤ 아프리카의 개발도상국들이 대부분 속해 있는 (나) 국가군은 유럽의 선진국들이 대부분 속해 있는 (가) 국가군보다 출생률이 높아 인구의 자연 증가율이 높고, 산업 발달 수준이 낮아 1차 산업 종사자 수 비율이 높으며, 1인당 국내 총생산이 적다.

10 우리나라의 인구 구조 변화 정답 ④

그래프는 우리나라의 인구 구조 변화를 나타낸 것이다. ④ 2050년 우리나라의 인구 구조를 나타낸 그래프를 보면 0~14세의 유소년층 인구보다 65세 이상의 노년층 인구가 많아 인구 고령화 현상이 더욱 심각해질 것으로 예상된다.

오답 피하기

① 2020년 그래프를 보면 유소년층 인구 비율이 낮고 노년층 인구 비율이 높은 것으로 보아 아프리카의 개발도상국의 인구 구조에 해당한다고

보기 어렵다. 아프리카의 개발도상국은 유소년층 인구 비율이 높고 노년
층 인구 비율이 낮다. ② 1970년 유소년층 인구 비율이 높고 노년층 인구
비율이 낮은 것으로 보아 출생자 수보다 사망자 수가 적었다는 것을 알
수 있다. ③ 2020년 유소년층 인구 비율이 매우 낮은 것으로 보아 출산
장려 정책이 시행되었을 것이다. ⑤ 1970년보다 2020년 유소년층 인구
비율이 낮고 노년층 인구 비율이 높으므로 중위 연령이 높았을 것이다.

11 인구 문제의 해결 방안　　　　　　　정답 ⑤

유소년층 인구 비율이 높고 노년층 인구 비율이 낮은 (가) 국가에서는 인
구 과잉에 따른 인구 문제의 해결 방안이 필요하다. 유소년층 인구 비율
이 낮고 노년층 인구 비율이 높은 (나) 국가에서는 저출생 · 고령화에 따른
인구 문제의 해결 방안이 필요하다. ⑤ 출산 및 육아 비용을 지원하는
ㄱ과 정년 연장 및 노인 일자리를 창출하는 ㄴ은 저출생 · 고령화 문제의
해결 방안이다. 가족계획을 통한 출산 억제 정책을 실시한다는 ㄷ과 식량
생산 증대를 통해 인구 부양력을 높인다는 ㄹ은 인구 과잉 문제의 해결
방안이다. 따라서 (가) 국가에서는 ㄷ, ㄹ의 시행이 필요하고, (나) 국가에
서는 ㄱ, ㄴ의 시행이 필요하다.

12 지역(대륙)별 인구　　　　　　　　　정답 ⑤

모든 지역(대륙) 중에서 출생률이 가장 높은 (가)는 아프리카이다. (다)는
출생률보다 사망률이 높아 인구의 자연 감소가 나타나고 있으므로 저출
생 문제가 심각한 유럽이고, 유럽 다음으로 출생률이 낮은 (나)는 앵글로
아메리카이다. ㄷ. 유럽은 아프리카보다 산업화와 도시화가 먼저 시작되
었으므로 도시화율이 높다. ㄹ. 인구의 자연 증가율은 출생률에서 사망률
을 뺀 값이다. 그래프를 보면 2021년 인구의 자연 증가율은 (가) 아프리
카>(나) 앵글로아메리카>(다) 유럽 순으로 높다.

！오답 피하기
ㄱ. 아프리카는 앵글로아메리카보다 경제 발달 수준이 낮으므로 3차 산
업 종사자 비율이 낮다. ㄴ. 산업화는 유럽에서 가장 먼저 시작되었다. 따
라서 앵글로아메리카는 유럽보다 산업화가 시작된 시기가 늦다.

02~03 에너지 자원과 지속가능한 발전 ~ 미래 사회의 모습과 나의 삶

시험 대비하기　　　　　　　　　　본문 ○ 221~223쪽

| 01 ① | 02 ⑤ | 03 ⑤ | 04 ② | 05 ③ | 06 ③ |
| 07 ① | 08 ④ | 09 ① | 10 ① | 11 ⑤ | 12 ② |

01 천연가스와 석탄　　　　　　　　　정답 ①

미국, 러시아, 이란의 생산량이 많은 (가)는 천연가스이고, 중국의 생산량
이 가장 많으며 인도네시아, 인도, 오스트레일리아 등의 생산량이 많은
(나)는 석탄이다. ① 천연가스는 냉동 액화 기술의 발달로 운반과 사용이
편리해지면서 사용량이 급증하였다.

！오답 피하기
② 석탄은 주로 산업용으로 이용된다. ③ 천연가스는 석탄보다 상용화된
시기가 늦다. ④ 천연가스는 석탄보다 대기 오염 물질 배출량이 적다. ⑤
천연가스는 석탄보다 세계 1차 에너지 소비량에서 차지하는 비율이 낮다.

개념노트 | 화석 에너지

석탄	• 산업용으로 이용 • 연소 시 대기 오염 물질 배출량이 가장 많음 • 고생대 지층에 주로 매장 • 산업 혁명기의 주요 에너지원
석유	• 서남아시아에 집중적으로 매장 • 수송용, 산업용으로 이용 • 신생대 제3기층의 배사 구조에 주로 매장 • 내연 기관 발명, 자동차 보급 등으로 수요 급증
천연가스	• 가정용, 상업용, 산업용으로 이용 • 연소 시 대기 오염 물질 배출량이 가장 적음 • 신생대 제3기층의 배사 구조에 주로 매장 • 냉동 액화 기술의 발달로 수요 급증

02 화석 에너지　　　　　　　　　　　정답 ⑤

중국, 인도가 속한 아시아 및 오세아니아의 생산량 비율이 대부분을 차지
하고 있는 (가)는 석탄이다. 미국이 속한 앵글로아메리카와 러시아가 속
한 유럽 및 러시아의 생산량 비율이 높은 (나)는 천연가스이다. 사우디아
라비아가 속한 서남아시아의 생산량 비율이 가장 높은 (다)는 석유이다.
⑤ 석유는 천연가스보다 본격적으로 상용화된 시기가 이르다.

！오답 피하기
① 천연가스에 대한 설명이다. ② 석탄에 대한 설명이다. ③ 석탄에 대한
설명이다. ④ 천연가스는 석탄보다 연소 시 대기 오염 물질 배출량이 적다.

03 석유　　　　　　　　　　　　　　정답 ⑤

19세기 내연 기관의 발명과 자동차 보급의 확산으로 소비량이 급증하였
고 수송용으로 이용되는 비율이 높으며 플라스틱, 합성 섬유, 화장품, 의
약품 등을 만드는 주요 원료로 이용되는 (가)는 석유이다. ⑤ 석유는 세계
1차 에너지 소비량에서 차지하는 비율이 가장 높다.

！오답 피하기
① 석탄에 대한 설명이다. ② 화석 에너지인 석유는 재생 불가능한 에너지
로 고갈의 위험이 높다. ③ 석탄에 대한 설명이다. ④ 천연가스에 대한 설
명이다.

04 주요 국가의 1차 에너지 소비 구조　　정답 ②

산유국인 사우디아라비아에서 소비량 비율이 가장 높게 나타나는 A는 석
유이다. 천연가스 생산량 세계 2위 국가인 러시아에서 소비량 비율이 가장
높게 나타나는 B는 천연가스이다. 석탄 생산량 세계 2위 국가인 인도에
서 소비량 비율이 가장 높게 나타나는 C는 석탄이다. ② 천연가스는 냉동
액화 기술의 발달로 운반과 사용이 편리해지면서 소비량이 급증하였다.

！오답 피하기
① 석유는 주로 신생대 제3기층의 배사 구조에 매장되어 있다. ③ 천연가
스는 석탄보다 연소 시 대기 오염 물질의 배출량이 적다. ④ 석탄은 석유
보다 수송용으로 이용되는 비율이 낮다. ⑤ 세계 1차 에너지 소비 구조에
서 차지하는 비율은 석유>석탄>천연가스 순으로 높다.

05 주요 국가의 1차 에너지 소비 구조　　정답 ③

③ 세 국가 중 석유 소비량보다 석탄 소비량이 많은 (다)는 중국이다. 석
탄 소비량보다 석유 소비량이 많은 (가), (나)는 미국, 러시아 중 하나인데
(가)는 (나)보다 화석 에너지 총소비량이 많으므로 미국이고, 나머지 (나)
는 러시아이다.

06 천연가스와 석탄   정답 ③

생산량이 많은 국가에 러시아, 이란 등이 속해 있는 (가)는 천연가스이고, 천연가스 생산량이 가장 많은 A는 미국이다. 특정 국가(B)의 생산량 비율이 50%를 넘고 B 다음으로 인도, 인도네시아의 생산량이 많은 (나)는 석탄이다. 석탄 생산량이 가장 많은 국가인 B는 중국이다. ㄴ. 석탄은 천연가스보다 연소 시 대기 오염 물질 배출량이 많다. ㄷ. 중국은 세계 최대의 석탄 생산국이자 석탄 소비국이다. 따라서 미국은 중국보다 1차 에너지 소비 구조에서 석탄이 차지하는 비율이 낮다.

> **! 오답 피하기**
> ㄱ. 천연가스는 석탄보다 상용화된 시기가 늦다. ㄹ. 개발도상국인 중국은 선진국인 미국보다 1인당 1차 에너지 소비량이 적다.

07 석탄의 국제 이동   정답 ①

주요 생산지가 중국, 인도, 인도네시아, 오스트레일리아에 많이 분포하고 오스트레일리아와 인도네시아에서 동아시아 국가들로 많은 수출이 이루어지고 있는 화석 에너지는 석탄이다. ① 석탄은 산업 혁명기의 주요 에너지원이었다.

> **! 오답 피하기**
> ②, ⑤ 천연가스에 대한 설명이다. ③, ④ 석유와 천연가스에 대한 설명이다.

08 자원 민족주의와 지속가능한 발전   정답 ④

④ 자원 보유국들이 수출보다 국익을 우선시하며 자원 민족주의를 강화하고 있다. 따라서 (가)에는 '민족주의'가 들어가야 한다. 지속가능한 발전은 미래 세대의 필요를 충족시킬 수 있는 능력을 저해하지 않으면서 현세대의 필요를 충족하는 발전을 말한다. 따라서 (나)에는 '지속가능한'이 들어가야 한다.

09 온실가스 배출권 거래 제도의 효과   정답 ①

정부가 온실가스를 배출하는 사업장을 대상으로 연 단위로 배출권을 할당하고, 실질적 온실가스 배출량을 평가하여 여분 또는 부족분의 배출권에 대해서는 사고파는 것을 허용하는 제도인 (가)는 온실가스 배출권 거래 제도이다. ① 온실가스 배출권 거래 제도를 통해 온실가스의 배출량을 감축할 수 있다.

10 미래 사회의 모습 예측   정답 ①

갑. 미래 사회에는 대체 에너지 기술, 이산화 탄소 포집 기술 등을 이용하여 탄소중립을 실현할 수 있을 것이다. 을. 미래 사회에는 인공지능, 빅 데이터 기술을 활용한 스마트 농업으로 식량 문제를 해결할 수 있을 것이다.

> **! 오답 피하기**
> 병. 소품종 대량 생산 방식을 통한 공업 제품의 대규모 생산은 산업화 시대의 특징에 해당한다. 정. 미래 사회에는 사회적 평등, 환경 보호 등을 통해 지속가능한 발전을 실현하기 위한 정책들이 우선시될 것이다.

11 세계시민으로서의 자세   정답 ⑤

지구촌에서 발생하는 다양한 문제에 대해 관심을 가지고 해결하기 위해 노력하는 사람인 (가)는 세계시민이다. 을, 병, 정. 세계시민으로서 공감과 연대 의식을 바탕으로 다른 사람들과 소통 및 교류하는 역량이 필요하고 빠르게 변화하는 미래에 대비하여 삶의 목적과 방향을 미리 기획하고 설정해야 하며, 지구촌의 미래에 어떻게 기여할 수 있을지 생각하고 이에 필요한 능력을 갖추기 위해 노력하는 자세가 필요하다.

> **! 오답 피하기**
> 갑. 세계시민으로서 지속가능한 세계를 만들기 위해서는 인류의 보편적 가치에 대한 지식과 깊은 이해를 바탕으로 사회 현상을 비판적으로 분석하는 자세가 필요하다.

12 미래 사회의 모습   정답 ②

② 교통과 정보 통신 기술의 발달로 접근성이 향상되면서 미래 사회에서는 국경이 갖는 의미가 약화되고 있다.

본

本

개념의 근본이 된다
내신의 기본이 된다

본

통합사회2